KB188665

새로운 도서, 다양한 자료 동양북스 홈페이지에서 만나보세요!

www.dongyangbooks.com
m.dongyangbooks.com

※ 학습자료 및 MP3 제공 여부는 도서마다 상이하므로 확인 후 이용 바랍니다.

홈페이지 도서 자료실에서 학습자료 및 MP3 무료 다운로드

PC

❶ 홈페이지 접속 후 도서 자료실 클릭
❷ 하단 검색 창에 검색어 입력
❸ MP3, 정답과 해설, 부가자료 등 첨부파일 다운로드

* 원하는 자료가 없는 경우 '요청하기' 클릭!

MOBILE

* 반드시 '인터넷, Safari, Chrome' App을 이용하여 홈페이지에 접속해주세요. (네이버, 다음 App 이용 시 첨부파일의 확장자명이 변경되어 저장되는 오류가 발생할 수 있습니다.)

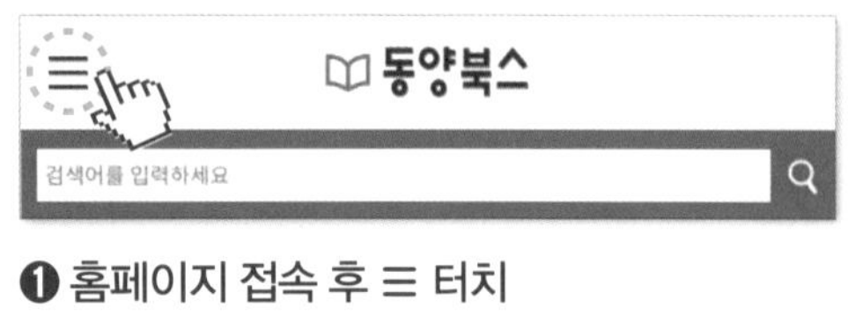

❶ 홈페이지 접속 후 ☰ 터치

❷ 도서 자료실 터치

❸ 하단 검색창에 검색어 입력
❹ MP3, 정답과 해설, 부가자료 등 첨부파일 다운로드

* 압축 해제 방법은 '다운로드 Tip' 참고

일본어능력시험

일단 합격 JLPT N1 완벽 대비

기본서 + 모의고사 + 단어장

황요찬, 김상효 지음 | 오기노 신사쿠 감수

동양북스

개정 1쇄 | 2025년 4월 10일

지은이 | 황요찬, 김상효
감 수 | 오기노 신사쿠
발행인 | 김태웅
책임 편집 | 이서인
디자인 | 남은혜, 김지혜
마케팅 총괄 | 김철영
온라인 마케팅 | 신아연
제 작 | 현대순

발행처 | (주)동양북스
등 록 | 제 2014-000055호
주 소 | 서울시 마포구 동교로22길 14 (04030)
구입 문의 | 전화 (02)337-1737 팩스 (02)334-6624
내용 문의 | 전화 (02)337-1762 dymg98@naver.com

ISBN 979-11-7210-099-5 13730

"시험이 끝났습니다"

홀가분한 표정으로 필기구와 가방을 정리하는 수험생, 약간은 어둡고 복잡한 마음으로 창밖을 바라보는 수험생, 휴대 전화를 켜고 누군가와 시험에 대해서 대화하는 수험생 등, 매년 일본어 능력시험이 종료되면 수많은 수험생들이 우르르 학교를 빠져나가는 모습을 볼 수 있다. 2010년에 개정된 신(新) 일본어 능력시험에 매년 응시하면서, 시험을 보기 전에는 시험의 난이도를 걱정하고, 시험 문제를 풀 때는 수험생들이 함정 문제들을 잘 간파할 수 있기를 바라며, 시험이 끝나면 모든 수험생들이 밝은 얼굴로 귀가할 수 있기를 기원한다.

본서는 이러한 기원을 담아 일본어 능력시험 N1 수험에 필요한 내용을 한 권으로 망라하려는 뜻에서 제작되었다. 따라서 수험의 기본인 핵심 정리와 문제 풀이를 통한 실력 확인에 포인트를 두었으며, 일본어 능력시험의 각 영역마다 학습의 길잡이가 되도록 출제 경향을 분석하고 학습 요령을 제시하여, 객관적인 난이도와 최신 경향을 독자 스스로 분석하고 파악할 수 있도록 하였다.

'문자 · 어휘'는 기출 한자 및 어휘를 제시하고 앞으로 출제 가능성이 높은 단어를 추가로 제시하였다. '문법'은 어휘와 더불어 어학 학습의 기본이 되므로 문법적 기초가 부족한 수험생도 읽어 가는 사이에 자신감이 붙을 수 있도록 분류 · 구성하였다. 특히, 혼동되기 쉬운 내용들에 대해서는 명쾌한 해설을 붙여, 제시된 예문과 설명만으로 최강의 문법 학습이 가능하도록 집필하였다.

'독해'는 어휘력과 문법에 관한 지식이 있다면 본서에 제시된 문장들을 꾸준하게 학습하는 것만으로도 고득점이 가능하도록 N1 출제 기준에 들어맞는 내용들을 제시하였다. '청해'는 출제 유형이 명확한 형태로서 유형화되어 있으며, 유형별 대비가 가능하도록 응용 가능성이 높은 문제들을 엄선하였다. 또한 청해의 핵심을 놓치지 않고 간파할 수 있도록 핵심 어휘를 제시하였다. 또한 본서의 마지막 부분에는 실제 시험과 같은 난이도로 구성된 모의고사가 있어서 본인의 실력을 점검할 수 있다. 이는 시험 전 최종 실력 확인에 유용하리라 믿는다.

수험생들에게는 결과가 절대적이다. 과정 따위는 결과 앞에서 백지와도 같은 것이다. 하지만 점수를 높이기 위해서는 과정 또한 굉장히 중요하다. 문제에 적응하면, 시험에 대한 두려움도 사라질 수 있다. 일본어 능력시험은 수험자의 학습 성취도를 측정하는 시험이다. 매회 출제되는 문제들은 출제 기관이 제시한 출제 기준에 충실하며, 본서 또한 그러한 경향에 맞추어 구성되어 있으므로 여러분을 합격으로 이끄는 데 큰 힘이 될 수 있으리라 확신한다.

본서를 충실히 학습한다면, 일본어 능력시험에 대한 철저한 대비는 물론, 여러분의 일본어 실력 향상에도 도움이 되리라 확신하는 바이다.

저자 일동

이 책의 구성과 활용법

이 책은 2010년부터 시행된 JLPT N1에 대비할 수 있도록 구성된 종합 학습서입니다. 각 과목별로 문제 유형과 최신 출제 유형을 분석하였으며, 각각의 유형마다 학습 팁과 실전 팁을 제시하였습니다. 또한 그동안의 기출 어휘 · 문법 정리와 더불어 충분한 문제 풀이를 통해 실전에 철저히 대비할 수 있도록 구성하였습니다.

문제 유형 공략법

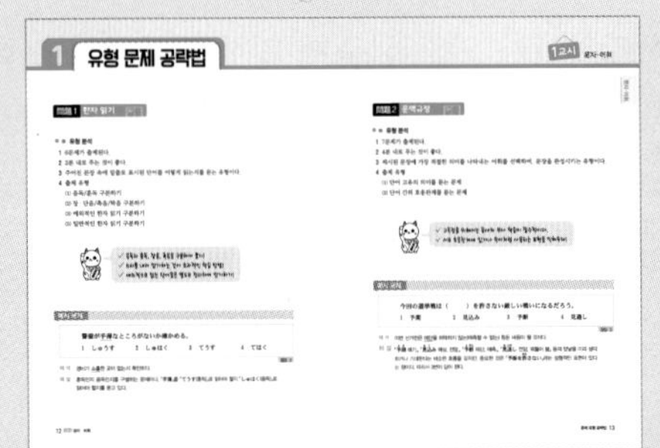

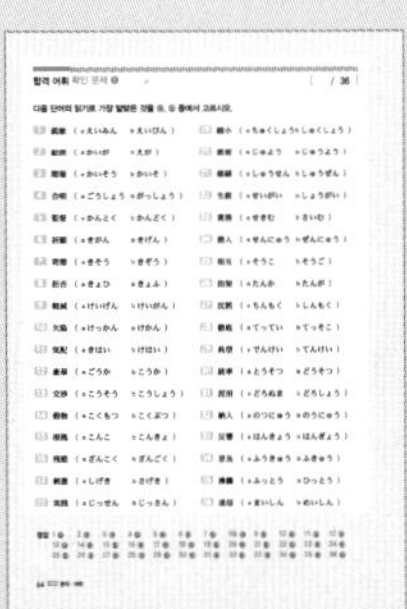

JLPT 각 영역마다 문제별로 유형을 분석하고 출제 경향을 정리하였습니다. 또한 예시 문제를 제시하여 처음 JLPT를 접하는 학습자도 시험 유형에 쉽게 적응할 수 있도록 구성하였으며, 평소 학습하는 데 도움이 될 수 있는 팁을 함께 정리하여 취약한 영역을 극복하고, JLPT에 철저히 대비할 수 있도록 하였습니다.

유형별 실전 문제

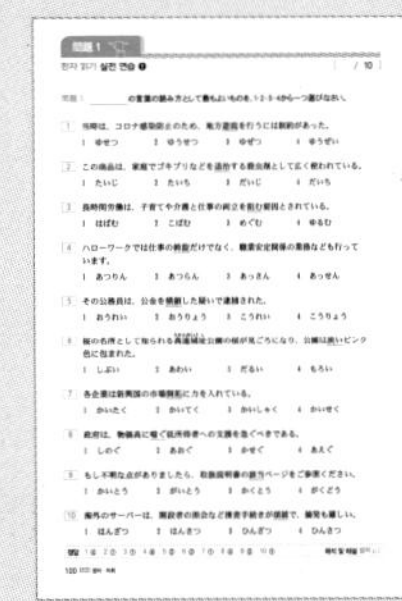

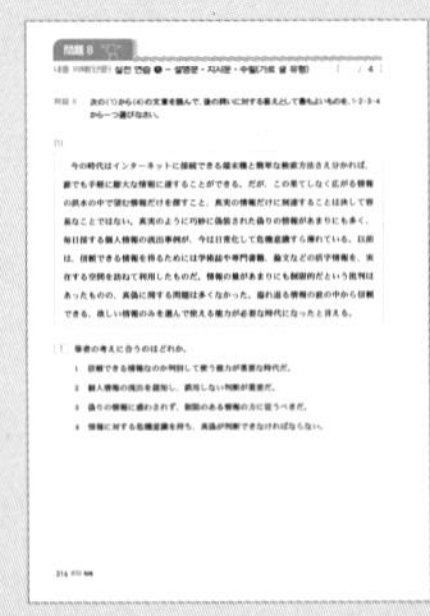

실제 JLPT N1과 동일한 형식의 문제를 풀어보며 실전 감각을 키울 수 있습니다. 앞에서 제시되었던 학습 팁과 문제 풀이 팁을 활용하며 문제를 풀이합니다. 문제 아래에 정답 번호가 제시되어 있어 정답을 확인하는 시간을 절약할 수 있으며, 보다 상세한 해설은 별책 해설서를 통해 확인할 수 있습니다.

파트별 특징

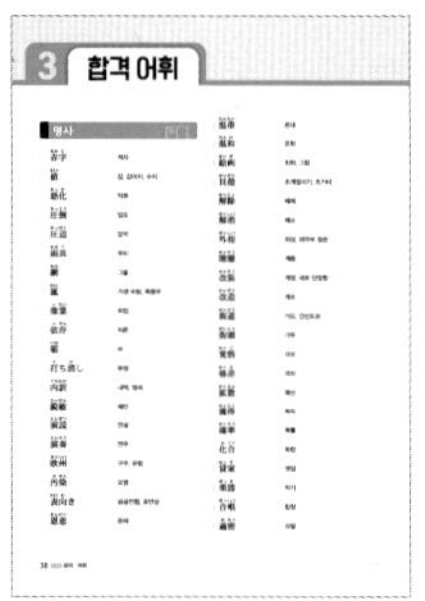
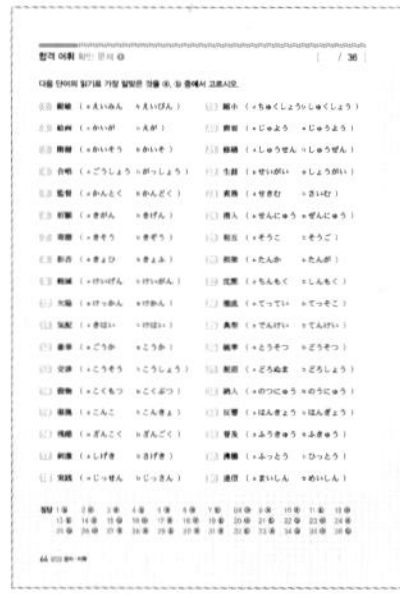

문자 · 어휘

기출 한자 및 어휘를 제시하고, 앞으로 출제 가능성이 높은 단어를 추가로 제시하였습니다. 지금까지 출제된 문제의 해답과 보기를 '합격 어휘'와 '고득점 어휘'로 분류하여 효율적으로 학습할 수 있도록 하였습니다. 또한 각 어휘 학습을 마친 후에는 '확인 문제'를 통해 성취도를 확인할 수 있습니다.

문법

기출 문법을 정리하고 출제 가능성이 높은 문법 항목을 상세히 설명하였습니다. [문자·어휘]와 마찬가지로 연도별로 '합격 문법'과 '고득점 문법'으로 분류하였으며, 오십음도 순서로 정리되어 있어 학습하고자 하는 문법을 쉽게 찾을 수 있고, '확인 문제'를 통해 성취도를 확인할 수 있습니다.

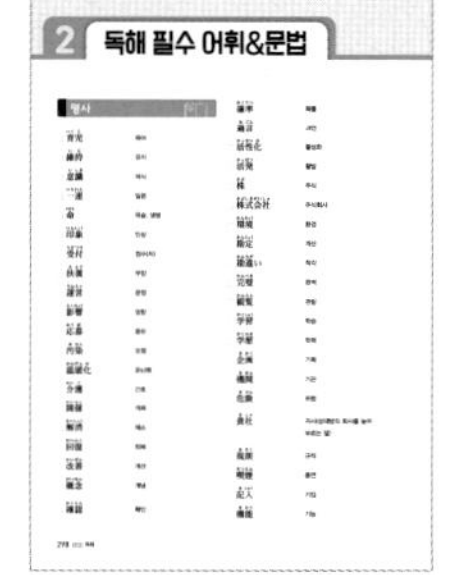

독해

각 문제별로 상세하게 유형을 분석하고 주로 출제되는 지문의 종류도 함께 정리하여 어렵게 느낄 수 있는 [독해]에 쉽게 적응할 수 있도록 하였습니다. 또한 각 유형마다 [독해] 문제 풀이 시간을 단축할 수 있는 팁과 고득점 팁을 제시하였으며 각 주제별로 주로 나오는 어휘들을 별도로 정리하여 문제 풀이에 도움이 될 수 있도록 하였습니다.

청해

각 문제별로 상세하게 유형을 분석하고 주로 출제되는 대화의 유형을 정리하였습니다. 시험에 자주 나오는 어휘와 축약·구어체 표현을 주제별로 정리하여 실전에 대비할 수 있도록 하였으며, 풀이 요령을 실제 문제 풀이에 적용하면서 자신만의 청해 학습 전략을 세워볼 수 있습니다.

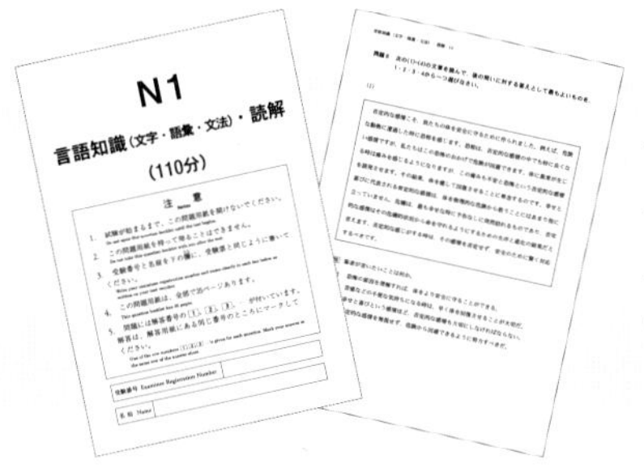

실전 모의고사 (2회분)

실제 시험과 같은 형식의 모의고사를 2회분 수록하였습니다. 시간을 재면서 실제 시험과 같은 환경에서 풀어 봅니다. 본책에서 학습한 내용을 최종 확인하고, 해설서를 참고하여 틀린 문제를 스스로 점검하도록 합니다.

JLPT(일본어 능력시험)란?

❶ JLPT에 대해서

JLPT(Japanese-Language Proficiency Test)는 일본어를 모국어로 하지 않는 사람의 일본어 능력을 측정하고 인정하는 시험으로, 국제교류기금과 재단법인 일본국제교육지원협회가 주최하고 있습니다. 1984년부터 실시되고 있으며 다양화된 수험자와 수험 목적의 변화에 발맞춰 2010년부터 새로워진 일본어 능력시험이 연 2회(7월, 12월) 실시되고 있습니다.

❷ JLPT 레벨과 인정 기준

레벨	과목별 시간		인정 기준
	유형별	시간	
N1	언어지식(문자 · 어휘 · 문법) 독해	110분	폭넓은 상황에서 사용되는 일본어를 이해할 수 있다. [읽기] 폭넓은 화제에 대한 신문 논설, 평론 등 논리적으로 다소 복잡한 글이나 추상도가 높은 글 등을 읽고, 글의 구성이나 내용을 이해할 수 있다. 내용의 깊이가 있는 글을 읽고 이야기의 흐름이나 상세한 표현 의도를 이해할 수 있다. [듣기] 폭넓은 상황에 있어 자연스러운 속도의 회화나 뉴스, 강의를 듣고 이야기의 흐름이나 내용, 등장인물의 관계, 내용의 논리적 구성 등을 상세하게 이해하고 요지를 파악할 수 있다.
	청해	55분	
N2	언어지식(문자 · 어휘 · 문법) 독해	105분	일상적인 상황에서 사용되는 일본어의 이해와 더불어, 보다 폭넓은 상황에서 사용되는 일본어를 어느 정도 이해할 수 있다. [읽기] 신문이나 잡지 기사, 해설, 쉬운 평론 등 논지가 명확한 글을 읽고 글의 내용을 이해할 수 있다. 일반적인 화제의 글을 읽고 이야기의 흐름이나 표현 의도를 이해할 수 있다. [듣기] 일상적인 상황과 더불어, 다양한 상황에서 자연스러운 속도의 회화나 뉴스를 듣고 이야기의 흐름이나 내용, 등장인물의 관계를 이해하거나 요지를 파악할 수 있다.
	청해	50분	
N3	언어지식(문자 · 어휘)	30분	일상적인 상황에서 사용되는 일본어를 어느 정도 이해할 수 있다. [읽기] 일상적인 화제에 대해 쓰인 구체적인 내용을 나타내는 글을 읽고 이해할 수 있다. 신문 기사 제목 등에서 정보의 개요를 파악할 수 있다. 일상적인 상황에서 난이도가 약간 높은 글은, 다른 말로 바꿔 제시되면 요지를 이해할 수 있다. [듣기] 일상적인 상황에서 자연스러움에 가까운 속도의 회화를 듣고 이야기의 구체적인 내용을 등장인물의 관계에 맞춰 거의 이해할 수 있다.
	언어지식(문법) · 독해	70분	
	청해	40분	
N4	언어지식(문자 · 어휘)	25분	기본적인 일본어를 이해할 수 있다. [읽기] 기본적인 어휘나 한자를 이용해서 쓰여진 일상생활에서 흔히 접할 수 있는 화제의 글을 읽고 이해할 수 있다. [듣기] 일상적인 상황에서 다소 느리게 말하는 회화라면 내용을 거의 이해할 수 있다.
	언어지식(문법) · 독해	55분	
	청해	35분	
N5	언어지식(문자 · 어휘)	20분	기본적인 일본어를 어느 정도 이해할 수 있다. [읽기] 히라가나, 가타카나, 일상생활에서 사용되는 기본적인 한자로 쓰인 정형적인 어구나 글을 읽고 이해할 수 있다. [듣기] 교실이나 주변 등 일상생활 속에서 자주 접하는 상황에서 천천히 말하는 짧은 회화라면 필요한 정보를 얻을 수 있다.
	언어지식(문법) · 독해	40분	
	청해	30분	

❸ 시험 결과의 표시

레벨	득점 구분	인정 기준
N1	언어지식(문자 · 어휘 · 문법)	0~60
	독해	0~60
	청해	0~60
	종합득점	0~180
N2	언어지식(문자 · 어휘 · 문법)	0~60
	독해	0~60
	청해	0~60
	종합득점	0~180
N3	언어지식(문자 · 어휘 · 문법)	0~60
	독해	0~60
	청해	0~60
	종합득점	0~180
N4	언어지식(문자 · 어휘 · 문법) · 독해	0~120
	청해	0~60
	종합득점	0~180
N5	언어지식(문자 · 어휘 · 문법) · 독해	0~120
	청해	0~60
	종합득점	0~180

❹ 시험 결과 통지의 예

다음 예와 같이 ① '득점구분별 득점'과 득점구분별 득점을 합계한 ② '종합득점', 앞으로의 일본어 학습을 위한 ③ '참고정보'를 통지합니다. ③ '참고정보'는 합격/불합격 판정 대상이 아닙니다.

＊ 예 N3을 수험한 Y씨의 '합격/불합격 통지서'의 일부 성적 정보(실제 서식은 변경될 수 있습니다.)

① 득점 구분별 득점			② 종합 득점
언어지식 (문자 · 어휘 · 문법)	독해	청해	120/180
50/60	30/60	40/60	

③ 참고 정보	
문자 · 어휘	문법
A	C

A 매우 잘했음 (정답률 67% 이상)

B 잘했음 (정답률 34%이상 67% 미만)

C 그다지 잘하지 못했음 (정답률 34% 미만)

목 차

N1

1교시

문자·어휘

問題 1 한자 읽기
問題 2 문맥 규정
問題 3 유의어
問題 4 용법

1 유형 문제 공략법

問題 1 한자 읽기

● ● 유형 분석

1 6문제가 출제된다.

2 2분 내로 푸는 것이 좋다.

3 주어진 문장 속에 밑줄로 표시된 단어를 어떻게 읽는지를 묻는 유형이다.

4 출제 유형

(1) 음독/훈독 구분하기

(2) 장 · 단음/촉음/탁음 구분하기

(3) 예외적인 한자 읽기 구분하기

(5) 일반적인 한자 읽기 구분하기

✓ 음독과 훈독, 장음, 촉음을 구분하여 풀기!
✓ 소리를 내며 암기하는 것이 효과적인 학습 방법!
✓ 예외적으로 읽는 단어들은 별도로 정리하여 암기하기!

예시 문제

警備が手薄なところがないか確かめる。

1 しゅうす　2 しゅはく　3 てうす　4 てはく

정답 3

해 석　경비가 소홀한 곳이 없는지 확인하다.

해 설　훈독인지 음독인지를 구별하는 문제이다. 「手薄」를 「てうす(훈독)」로 읽어야 할지 「しゅはく(음독)」로 읽어야 할지를 묻고 있다.

問題2 문맥규정

● ● 유형 분석

1 7문제가 출제된다.

2 4분 내로 푸는 것이 좋다.

3 제시된 문장에 가장 적절한 의미를 나타내는 어휘를 선택하여, 문장을 완성시키는 유형이다.

4 출제 유형

(1) 단어 고유의 의미를 묻는 문제

(2) 단어 간의 호응관계를 묻는 문제

✓ 고득점을 위해서는 동사와 부사 학습이 필수적이다.

✓ 서로 호응관계에 있거나 숙어처럼 사용되는 표현을 익혀두자!

예시 문제

今回の選挙戦は（　　　）を許さない厳しい戦いになるだろう。

1　予期　　2　見込み　　3　予断　　4　見通し

정답 3

해 석　이번 선거전은 예단을 허락하지 않는(예측할 수 없는) 힘든 싸움이 될 것이다.

해 설　「予期(よき) 예기」, 「見込み(みこ) 예상, 전망」, 「予断(よだん) 예단, 예측」, 「見通し(みとお) 전망, 꿰뚫어 봄」 등의 앞날을 미리 생각하거나 기대한다는 비슷한 흐름을 갖지만, 중요한 것은 「予断を許(ゆる)さない」라는 정형적인 표현이 있다는 점이다. 따라서 3번이 답이 된다.

問題3 유의어

●● 유형 분석

1 6문제가 출제된다.

2 2분 내로 푸는 것이 좋다.

3 제시된 단어나 표현과 의미가 가장 가까운 것을 선택하는 유형이다.

4 출제 유형

(1) 문제에 제시된 단어의 대체 가능한 단어 찾기

(2) 문제에 제시된 단어를 설명한 표현 고르기

5 한자 문제가 아니기 때문에 모든 품사에서 출제된다.

✓ 부사를 공략하자. 명사를 제외하면, 부사가 상당한 비중을 차지한다.

✓ 단어를 쉬운 일본어로 설명하는 연습도 유용하다.

예시 문제

それが一番気掛かりだった。

1　不満　　2　残念　　3　意外　　4　心配

정답 4

해석　그것이 가장 걱정이었다.

해설　문제로 제시된 단어를 '대체할 수 있는 단어를 찾는 유형'이다. 「気掛かり(きがかり)(걱정, 마음에 걸림)」를 대체할 수 있는 「心配(しんぱい)(걱정)」를 선택하면 된다.

問題 4 용법

● ● 유형 분석

1 6문제가 출제된다.

2 4분 내로 푸는 것이 좋다.

3 제시된 단어의 용법에 관한 지식을 묻는 문제로, 출제된 단어가 바르게 사용된 예를 선택하는 유형이다.

4 출제 유형

(1) 단어의 의미상 오류 구분하기

(1) 품사의 적절한 사용 구분하기

5 명사, 부사, 외래어 등 다방면의 단어가 출제된다.

✓ 부자연스러운 문장을 하나씩 지워 가며 푸는 연습을 한다.
✓ 전형적인 문장 패턴을 익히기 위해, 문장을 많이 읽어 보자.
✓ 문법 예문과 연계한 어휘 학습이 고득점의 지름길이다.

예시 문제

ほどける

1　ねじがほどけて、イスがぐらぐらしている。

2　靴のひもがほどけないようにしっかりと結んだ。

3　シャツのボタンがほどけているから、とめた方がいいよ。

4　グラスに浮かぶ氷がみるみるうちにほどけた。

정답 2

해 석 신발 끈이 풀리지 않도록 단단히 묶었다.

해 설 「ほどける」는 '끈이나 긴장이 풀리다'라는 의미로 사용되며, 이 문제의 경우 '신발 끈이 풀리다'는 문장이 적절한 용례이므로 2번이 답이 된다. 보기1과 보기3은 「緩(ゆる)む(느슨해지다)」, 보기4는 「溶(と)ける(녹다)」로 바꾸는 것이 적절하다.

2 기출 어휘

● 問題 1 한자 읽기

2010년

- □ 潤(うるお)う (1) 축축해지다 (2) 윤택해지다
- □ 契約(けいやく) 계약
- □ 壊(こわ)す 부수다, 망가뜨리다
- □ 手薄(てうす)な 허술한, 불충분한
- □ 華々(はなばな)しい 화려하다
- □ 伴奏(ばんそう) 반주
- □ 極(きわ)めて 매우, 지극히
- □ 推理(すいり) 추리
- □ (紐(ひも)を)締(し)める (끈을) 매다
- □ 練(ね)る 반죽하다, (계획, 문장을)다듬다
- □ 繁盛(はんじょう) 번성, 번창
- □ 本筋(ほんすじ) 본론, 본 줄거리

2011년

- □ 閲覧(えつらん) 열람
- □ 肝心(かんじん)な 매우 중요한
- □ 考慮(こうりょ) 고려
- □ 遮(さえぎ)る 차단하다
- □ 鈍(にぶ)る 둔해지다, 무디어지다
- □ 漠然(ばくぜん)と 막연하게
- □ 合併(がっぺい) 합병
- □ 兆(きざ)し 징조, 조짐
- □ 根拠(こんきょ) 근거
- □ 釈明(しゃくめい) 석명(해명, 설명)
- □ 逃(のが)れる 벗어나다, 피하다
- □ 利益(りえき) 이익

2012년

- □ 改革(かいかく) 개혁
- □ 克明(こくめい)に 극명하게
- □ 心地(ここち)よい 기분 좋다, 상쾌하다
- □ 手際(てぎわ) 일처리 솜씨, 수완
- □ 覆(くつがえ)す 뒤집어엎다
- □ 群衆(ぐんしゅう) 군중
- □ 費(つい)やす 사용하다, 소비하다
- □ 踏襲(とうしゅう)する 답습하다

- 名誉(めいよ) 명예
- 網羅(もうら) 망라
- 由緒(ゆいしょ) 유서, 내력
- 枠(わく) 틀, 테두리

2013년

- 跡地(あとち) 철거 부지
- 憤り(いきどお) 분노
- 憩い(いこ) 휴식
- おろかな 어리석은
- 緩和(かんわ) 완화
- 巧妙な(こうみょう) 교묘한
- 趣旨(しゅし) 취지
- 需要(じゅよう) 수요
- 貫く(つらぬ) 관철하다
- 日夜(にちや) 밤낮, 늘
- 把握(はあく) 파악
- 貧富(ひんぷ) 빈부

2014년

- 否めない(いな) 부정할 수 없다
- 概略(がいりゃく) 개략
- 凝縮(ぎょうしゅく) 응축
- 厳正な(げんせい) 엄정한
- 拒む(こば) 거부하다
- 遂行(すいこう) 수행
- 健やかな(すこ) 건강한
- 漂う(ただよ) 떠돌다, 감돌다
- 中枢(ちゅうすう) 중추
- 督促(とくそく) 독촉
- 臨む(のぞ) 임하다, (상황에)직면하다
- 躍進(やくしん) 약진

2015년

- 値する(あたい) ~할 가치가 있다
- 淡い(あわ) 연하다, 흐리다
- 画一的な(かくいつてき) 획일적인
- 興奮(こうふん) 흥분
- 慕われる(した) 추앙 받다, 존경 받다
- 承諾(しょうだく) 승낙
- 随時(ずいじ) 수시로
- 添付(てんぷ) 첨부
- 唱える(とな) 외치다, 주장하다
- 励む(はげ) 힘쓰다
- 破損(はそん) 파손
- 変遷(へんせん) 변천

2016년

- □ 賢(かしこ)い 똑똑하다
- □ 鑑定(かんてい) 감정(판정)
- □ 樹木(じゅもく) 수목(커다란 나무)
- □ 廃(すた)れる 쇠퇴하다
- □ 多岐(たき) 다기, 다방면
- □ 陳列(ちんれつ) 진열
- □ 偏(かたよ)る 치우치다, 편향되다
- □ 顕著(けんちょ)な 현저한
- □ 人脈(じんみゃく) 인맥
- □ 相場(そうば) 시세
- □ 蓄(たくわ)える 저축하다, 비축하다
- □ 華(はな)やかな 화려한

2017년

- □ 潤(うるお)す 축축하게 하다, 적시다
- □ 開拓(かいたく) 개척
- □ 指図(さしず) 지시
- □ 託(たく)す 맡기다, 부탁하다
- □ 阻(はば)む 저지하다, 가로막다
- □ 了承(りょうしょう) 승낙, 양해
- □ 怠(おこた)る 소홀히 하다
- □ 傾斜(けいしゃ) 경사, 기울기
- □ 殺菌(さっきん) 살균
- □ 暴露(ばくろ) 폭로
- □ 復興(ふっこう) 부흥
- □ 巡(めぐ)り 순회

2018년

- □ 回顧(かいこ) 회고
- □ 嫌悪感(けんおかん) 혐오감
- □ 戒(いまし)める (1) 훈계하다 (2) 금지하다
- □ 豪快(ごうかい)に 호쾌하게
- □ 募(つの)る (1) 모집하다 (2) (정도가)심해지다
- □ 滞(とどこお)る 밀리다, 정체되다
- □ 偽(いつわ)り 거짓, 허구
- □ 自粛(じしゅく) 자숙
- □ 丘陵(きゅうりょう) 구릉
- □ 忍耐(にんたい) 인내
- □ 膨大(ぼうだい)な 방대한
- □ 驚嘆(きょうたん)する 경탄하다, 놀라다

2019년

- □ 猛烈(もうれつ)に 맹렬히
- □ 崩(くず)れる 무너지다, 흐트러지다
- □ 克服(こくふく)する 극복하다
- □ 繁殖(はんしょく) 번식

□ 履歴(りれき) 이력
□ 披露(ひろう)する 피로하다, 공개하다
□ 執着(しゅうちゃく)する 집착하다
□ 貢献(こうけん)する 공헌하다
□ 映(は)える (1) 아름답게 빛나다 (2) 잘 어울리다
□ 砕(くだ)ける 부서지다, (기세 등이)꺾이다
□ 債務(さいむ) 채무
□ 潔(いさぎよ)い (미련없이)깨끗하다

2020년

※ 7월 시험 미실시

□ 干渉(かんしょう)する 간섭하다
□ 巧妙(こうみょう)な 교묘한
□ 措置(そち) 조치
□ 粘(ねば)る 끈기있게 버티다
□ 促(うなが)す 재촉하다, 독촉하다, 촉구하다
□ 振興(しんこう) 진흥

2021년

□ 遺憾(いかん)に 유감스럽게
□ 心遣(こころづか)い 배려
□ 貧富(ひんぷ) 빈부
□ 錯覚(さっかく) 착각
□ 枯渇(こかつ) 고갈
□ 克明(こくめい)に 극명하게
□ 閉鎖(へいさ)する 폐쇄하다
□ 憤(いきどお)る 분노하다, 분개하다
□ 治癒(ちゆ)する 치유하다
□ 尊(とうと)い 소중하다, 존귀하다
□ 慰(なぐさ)める 위로하다, 달래다
□ 緊迫(きんぱく)する 긴박하다

2022년

□ 勇敢(ゆうかん)に 용감하게
□ 慕(した)う (1) 그리워하다 (2) 따르다, 우러르다
□ 沈下(ちんか) 침하
□ 監督(かんとく) 감독
□ 透(す)ける 비쳐보이다, 들여다보이다
□ 臨(のぞ)む (1) 임하다 (2) 면하다
□ 忠告(ちゅうこく) 충고
□ 施錠(せじょう)する 자물쇠를 채우다, 잠그다
□ 阻(はば)む 저지하다, 막다
□ 派生(はせい) 파생
□ 恩恵(おんけい) 은혜
□ 如実(にょじつ)に 여실히

2023년

- □ 騒然(そうぜん) 시끄러운 상태, 떠들썩한 모습
- □ 秩序(ちつじょ) 질서
- □ 朗(ほが)らかな 명랑한
- □ 軌跡(きせき) 궤적
- □ 矛盾(むじゅん) 모순
- □ 賄(まかな)う (1) 식사를 제공하다 (2) 조달하다
- □ 諭(さと)す 잘 타이르다
- □ 潜伏(せんぷく) 잠복
- □ 振興(しんこう) 진흥
- □ 偏(かたよ)り 치우침, 편향
- □ 誇張(こちょう)する 과장하다
- □ 軽率(けいそつ)な 경솔한

2024년

- □ 腐敗(ふはい) 부패
- □ 粘膜(ねんまく) 점막
- □ 戒(いまし)める (1) 훈계하다 (2) 금지하다
- □ 絶叫(ぜっきょう) 절규
- □ 抱負(ほうふ) 포부
- □ 筋道(すじみち) 조리, 사리
- □ 粗(あら)い 거칠다
- □ 寿命(じゅみょう) 수명
- □ 誓約書(せいやくしょ) 서약서
- □ 背後(はいご) 배후
- □ 侮(あなど)る 무시하다
- □ 奔放(ほんぽう)な 분방한

● 問題 2 문맥 규정

2010년

- □ 円滑(えんかつ)な 원활한
- □ 完結(かんけつ) 완결
- □ 結束(けっそく) 결속
- □ 当(とう)(ホテル) 당 (호텔)
- □ 背景(はいけい) 배경
- □ 報(ほう)じる 알리다, 보도하다
- □ 綿密(めんみつ)な 면밀한
- □ 及(およ)ぼす (영향을)미치다, 끼치다
- □ キャリア 커리어, 경력
- □ (歴史(れきし))上(じょう) (역사)상
- □ 念願(ねんがん) 염원
- □ フォローする 보조하다, 지원하다
- □ 本音(ほんね) 본심, 속내
- □ やんわり 부드럽게, 살며시

2011년

- □ 逸材(いつざい) 일재, 뛰어난 인재
- □ 実情(じつじょう) 실정, 실제 사정
- □ ストック 스톡, 재고
- □ ニュアンス 뉘앙스
- □ 抜粋(ばっすい) 발췌
- □ 平行(へいこう) 평행
- □ 無謀(むぼう)な 무모한
- □ 会心(かいしん)(の出来(でき)) 회심(의 완성도 : 만족스런 결과)
- □ 修復(しゅうふく) 수복, 복원
- □ 強(つよ)み 강점
- □ 弾(はず)む 튀다, 들뜨다
- □ 不備(ふび) 불비, 미비, 불충분함
- □ まみれ ~투성이, ~범벅
- □ 猛(もう)(反対(はんたい)) 맹(반대 : 맹렬한 반대)

2012년

- □ 言(い)い張(は)る 우겨대다, 주장하다
- □ 改訂版(かいていばん) 개정판
- □ 急遽(きゅうきょ) 급거, 갑작스럽게
- □ 寄与(きよ) 기여
- □ ハードル 허들, 장애물
- □ 紛(まぎ)らわしい 혼란스럽다
- □ 和(やわ)らぐ 누그러지다
- □ 大筋(おおすじ) 요점, 대강
- □ 加工(かこう)する 가공하다
- □ 究明(きゅうめい)する 규명하다
- □ 妥協(だきょう) 타협
- □ 人出(ひとで) 인파, 밖으로 나온 사람들
- □ 催(もよお)す 개최하다
- □ リストアップ 리스트 업, 목록 작성

2013년

- □ 一任(いちにん) 일임(모두 맡김)
- □ 強硬(きょうこう)に 강경하게
- □ じめじめする 축축하다
- □ 立(た)て替(か)える 대신하여 지불하다
- □ とりわけ 특히
- □ 担(にな)う 짊어지다, 떠맡다
- □ 念頭(ねんとう) 염두
- □ 腕前(うでまえ) 솜씨, 실력
- □ (気(き)に)障(さわ)る (기분) 상하다 (불쾌하게 여겨지다)
- □ そわそわ 불안한 모습, 안절부절 못하는 모습
- □ ためらう 주저하다, 망설이다
- □ 荷(に)(が重(おも)い) 짐(이 무겁다)
- □ (対策(たいさく)を)練(ね)る (대책을) 짜다, 다듬다
- □ 無性(むしょう)に 몹시, 까닭 없이

2014년

□ 異色(いしょく) 이색, 매우 특색 있음

□ おびただしい 엄청나다, 수량이 매우 많다

□ 食(く)い止(と)める 저지하다, 막다

□ 心細(こころぼそ)い 불안하다

□ 絶大(ぜつだい)な(人気(にんき)) 지대한 (인기)

□ てきぱき 척척

□ 揺(ゆ)らぐ 흔들리다

□ ウエイト 웨이트, 중량

□ 可決(かけつ) 가결

□ 駆使(くし)する 구사하다

□ 支障(ししょう) 지장

□ (平行線(へいこうせん)を)たどる (평행선을) 달리다

□ ノルマ 노르마, 업무 할당량

□ 予断(よだん)(を許(ゆる)さない) 예단(을 용납하지 않는다 : 예단할 수 없다)

2015년

□ おおらかな 대범한

□ 稼働(かどう) 가동

□ 強制(きょうせい) 강제

□ 合意(ごうい) 합의

□ すさまじい 대단하다, 무시무시하다

□ 取(と)り戻(もど)す 되찾다, 회복하다

□ 紛(まぎ)れる 뒤섞이다

□ 該当(がいとう)する 해당하다

□ 起伏(きふく) 기복

□ くよくよ 끙끙 (사소한 일을 걱정하는 모습)

□ しいて 억지로, 굳이

□ 直面(ちょくめん)する 직면하다

□ 幅広(はばひろ)い 폭넓다

□ メディア 미디어

2016년

□ 愛着(あいちゃく) 애착

□ 基盤(きばん) 기반

□ 切(き)り出(だ)す 말을 꺼내다

□ すんなり 수월하게, 순조롭게

□ 尽(つ)くす 애쓰다, 있는 힘을 다하다

□ 頻繁(ひんぱん)に 빈번하게

□ 見(み)かける 발견하다

□ 一掃(いっそう) 일소(모두 제거함)

□ 教訓(きょうくん) 교훈

□ 染(し)みる 스며들다, 배다

□ センス 센스

□ ノウハウ 노하우

□ へとへと 기진맥진

□ 流出(りゅうしゅつ) 유출

2017년

- 一環(いっかん) 일환
- いとも 매우, 아주
- コンスタントに 일정하게, 꾸준하게
- 打診(だしん) 타진
- 念願(ねんがん) 염원
- 非(ひ) 비, 잘못, 부정
- もっぱら 오로지, 한결같이
- 逸脱(いつだつ) 일탈
- 経歴(けいれき) 경력
- シェア 점유
- たたえる 칭찬하다, 찬양하다
- 弾(はじ)く 튀기다, 튕겨내다
- まちまち 가지각색
- よみがえる 되살아나다, 소생하다

2018년

- 在庫(ざいこ) 재고
- 堅実(けんじつ)な 견실한
- がらりと(変(か)わる) 싹 (바뀌다) (급격하게 완전히 바뀌는 상태)
- 言及(げんきゅう) 언급
- レイアウト 레이아웃
- 駆(か)けつける 달려가다
- 盛大(せいだい)に 성대하게
- リスク 리스크, 위험
- 遮断(しゃだん) 차단
- なだめる 달래다
- 解除(かいじょ) 해제
- 起用(きよう) 기용
- 多角的(たかくてき)な 다각적인
- せかせかと 조급히, 분주히

2019년

- センサー 센서
- ここちよく 기분 좋게, 쾌적하게
- にじむ 번지다, 스며들다
- ひしひしと 절실히, 절절히 (강하게 느끼는 모양)
- 精力的(せいりょくてき)に 정력적으로
- 推移(すいい) 추이
- ずっしりと 묵직한 모습, 무거운 느낌
- 壮大(そうだい)な 장대한
- 従事(じゅうじ) 종사
- 禁物(きんもつ) 금물
- 表明(ひょうめい) 표명
- 気(き)がかり 걱정, 불안, 근심
- 危(あや)ぶむ 불안해하다, 위험하게 생각하다
- 歴然(れきぜん)としている 역력하다, 뚜렷하다, 분명하다

2020년

※ 7월 시험 미실시

- クレーム 클레임, 불만
- 壮大(そうだい)な 장대한
- 撤去(てっきょ) 철거
- うずうず 근질근질 (좀이 쑤시는 모양)
- 経緯(けいい) 경위
- みっちり 착실히, 충분히
- 危(あや)ぶむ 불안해하다, 위험하게 생각하다

2021년

- 却下(きゃっか)する 각하하다
- 施(ほどこ)す (1) 베풀다 (2) (장식, 세공, 가공 등을)하다
- 目先(めさき) 눈앞
- 担(にな)う 짊어지다, 맡다
- ～派(は) ~파
- もどかしい 답답하다, 안타깝다
- 拗(こじ)れる (1) (병 등이)도지다 (2) (일, 이야기, 문제 등이)꼬이다
- 旺盛(おうせい)だ 왕성하다
- 余波(よは) 여파
- ぎくしゃくする 원활하지 못하다, 껄끄럽다
- 存続(そんぞく) 존속
- 風習(ふうしゅう) 풍습
- 熟知(じゅくち) 숙지
- めきめき 두드러지게, 눈에 띄게, 부쩍

2022년

- 軽快(けいかい)な 경쾌한
- 仲裁(ちゅうさい) 중재
- 発覚(はっかく) 발각
- かみ合(あ)う (내용, 의견, 생각 등이)맞다
- 忠実(ちゅうじつ)に 충실히
- 念願(ねんがん) 염원
- 食(く)い込(こ)む (다른 영역, 범위 등에)파고들다
- サイクル 사이클
- しわざ 짓, 소행
- すべすべ (사물, 피부 등이)매끈매끈한 모양
- 保護(ほご) 보호
- すくう (액체 등을)뜨다
- ピント 핀트, 초점
- てっきり 틀림없이 (~인 줄 알다) 〈잘못된 판단〉

2023년

- 自立(じりつ) 자립
- どんより(と) 날씨가 잔뜩 흐린 모양
- 還元(かんげん) 환원
- ネック 장애물, 걸림돌, 방해물

- □ 発散(はっさん) 발산
- □ 行(ゆ)き届(とど)く 구석구석 빈틈없이 미치다
- □ 助長(じょちょう) 조장
- □ 結成(けっせい) 결성
- □ つくづく 절실히, 뼈저리게
- □ 紛(まぎ)らわしい 헷갈리다, 혼동되다
- □ 快挙(かいきょ) 쾌거
- □ 見返(みかえ)り 보답, 보상
- □ 手配(てはい) (1) 준비 (2) 수배
- □ 解(ほぐ)れる (매듭, 엉킴, 긴장, 기분, 몸 등이)풀리다

2024년

- □ 根底(こんてい) 근저, 근본, 밑바닥
- □ 取(と)り次(つ)ぐ (전화를)연결하다
- □ 難航(なんこう) 난항
- □ 手足(てあし)まとい 방해, 훼방, 걸림돌
- □ 掲(かか)げる 내걸다
- □ 足止(あしど)め 발이 묶임
- □ 払拭(ふっしょく) 불식
- □ 返上(へんじょう) 반납, 반려
- □ 交錯(こうさく)する 뒤섞여 엇갈리다, 교차하다
- □ がやがや 여럿이 시끄럽게 떠드는 모양, 왁자지껄
- □ 適応(てきおう) 적응
- □ 踏襲(とうしゅう) 답습
- □ へとへと 기진맥진한 모습
- □ とっさに 순간적으로

● 問題 3 유의어

2010년

- □ いやみ 불쾌한 언행 ≒ □ 皮肉(ひにく) 비꼼, 빈정거림
- □ 丹念(たんねん)に 정성껏, 꼼꼼하게 ≒ □ じっくりと 정성껏, 곰곰이
- □ どんよりした天気(てんき)だ 우중충한 날씨다 ≒ □ 曇(くも)っていて暗(くら)い 흐리고 어둡다
- □ なじむ 친숙해지다, 정들다 ≒ □ 慣(な)れる 익숙해지다
- □ はかどる 진척되다 ≒ □ 順調(じゅんちょう)に進(すす)む 순조롭게 진행되다
- □ 張(は)り合(あ)う 겨루다, 경쟁하다 ≒ □ 競争(きょうそう)する 경쟁하다
- □ まばらだ 드문드문 있다, 듬성듬성하다 ≒ □ 少(すく)ない 적다
- □ 見合(みあ)わせる 보류하다 ≒ □ 中止(ちゅうし)する 중지하다
- □ やむをえず 어쩔 수 없이 ≒ □ しかたなく 어쩔 수 없이
- □ ルーズな 느슨한, 단정치 못한 ≒ □ だらしない 단정하지 못한, 절도가 없는

□ 朗報(ろうほう) 낭보, 희소식 ≒ □ うれしい知(し)らせ 기쁜 소식

□ わずらわしい 성가시다, 번거롭다 ≒ □ 面倒(めんどう)だ 귀찮다, 성가시다

2011년

□ あっけない 어이없다 ≒ □ 意外(いがい)につまらない 의외로 시시하다

□ ありきたりの 흔한 ≒ □ 平凡(へいぼん)な 평범한

□ 画期的(かっきてき)な 획기적인 ≒ □ 今(いま)までになく新(あたら)しい 지금까지 없이 새로운

□ 極力(きょくりょく) 극력, 힘껏 ≒ □ できる限(かぎ)り 가능한 한

□ コントラスト 콘트라스트, 대조, 대비 ≒ □ 対比(たいひ) 대비

□ シビアな 엄격한, 어려운 ≒ □ 厳(きび)しい 엄격하다

□ 重宝(ちょうほう)する 애용하다 ≒ □ 便利(べんり)で役(やく)に立(た)つ 편리해서 쓸모가 있다

□ 手(て)がかり 단서, 실마리 ≒ □ ヒント 힌트

□ にわかには 갑자기는 ≒ □ すぐには 바로는, 당장에는

□ もくろむ 계획하다, 꾀하다 ≒ □ 計画(けいかく)する 계획하다

□ 落胆(らくたん)する 낙담하다 ≒ □ がっかりする 낙담하다, 실망하다

□ 歴然(れきぜん)としている 역연하다, 또렷하다 ≒ □ はっきりしている 분명하다

2012년

□ おっくうだ 귀찮다 ≒ □ 面倒(めんどう)だ 귀찮다

□ おのずと 저절로, 자연히 ≒ □ 自然(しぜん)に 자연히

□ 簡素(かんそ)だ 간소하다 ≒ □ シンプルだ 심플하다

□ けなされる 비난을 받다 ≒ □ 悪(わる)く言(い)われる 나쁜 말을 듣다

□ しきりに 자꾸, 연달아 ≒ □ 何度(なんど)も 몇 번이고

□ 触発(しょくはつ)される 촉발되다 ≒ □ 刺激(しげき)を受(う)ける 자극을 받다

□ すがすがしい 상쾌하다, 시원하다 ≒ □ さわやかだ 상쾌하다, 산뜻하다

□ スケール 스케일 ≒ □ 規模(きぼ) 규모

□ 先方(せんぽう) 상대 ≒ □ 相手(あいて) 상대

□ 断念(だんねん)する 단념하다 ≒ □ 諦(あきら)める 포기하다

□ 当面(とうめん) 당면, 당분간 ≒ □ しばらく 잠시

□ 密(ひそ)かに 은밀하게 ≒ □ こっそり 살짝, 몰래

2013년

□ あらかじめ 미리 ≒ □ 事前(じぜん)に 사전에

□ 裏(うら)づけ 뒷받침, 증거 ≒ □ 証拠(しょうこ) 증거

□ おおむね 대체로, 대강 ≒ □ 大体(だいたい) 대체로

□ 仰天(ぎょうてん)する 경악하다, 몹시 놀라다 ≒ □ とても驚(おどろ)く 매우 놀라다

□ ことごとく 전부 ≒ □ すべて 전부

□ 雑踏(ざっとう) 혼잡 ≒ □ 人込(ひとご)み 혼잡, 북새통

□ 従来(じゅうらい)の 종래의 ≒ □ これまでの 지금까지의

□ すべ 방법 ≒ □ 方法(ほうほう) 방법

□ せかす 재촉하다 ≒ □ 急(いそ)がせる 서두르게 하다

□ バックアップ 백업, 지원 ≒ □ 支援(しえん) 지원

□ 抜群(ばつぐん)だ 발군이다, 뛰어나다 ≒ □ 他(ほか)と比(くら)べて特(とく)によい 다른 것과 비교하여 특히 좋다

□ メカニズム 메커니즘 ≒ □ 仕組(しく)み 구조

2014년

□ 案(あん)の定(じょう) 역시, 예상대로 ≒ □ やはり 역시

□ いたって 지극히 ≒ □ 非常(ひじょう)に 매우, 몹시

□ 打(う)ち込(こ)む 몰입하다, 몰두하다 ≒ □ 熱心(ねっしん)に取(と)り組(く)む 열심히 몰두하다

□ お手上(てあ)げだ 두 손 들었다, 속수무책이다 ≒ □ どうしようもない 어쩔 방법이 없다

□ 回想(かいそう)する 회상하다 ≒ □ 思(おも)い返(かえ)す 돌아보다

□ 格段(かくだん)に 현격하게 ≒ □ 大幅(おおはば)に 대폭적으로

□ 気掛(きが)かり 걱정, 근심 ≒ □ 心配(しんぱい) 걱정, 근심

□ ストレートに 직설적으로 ≒ □ 率直(そっちょく)に 솔직하게

□ 手分(てわ)けする 분담하다 ≒ □ 分担(ぶんたん)する 분담하다

□ 不用意(ふようい)な 부주의한 ≒ □ 不注意(ふちゅうい)な 부주의한

☐ 無償(むしょう) 무상 ≒ ☐ ただ 공짜, 무료

☐ 厄介(やっかい)な 귀찮은 ≒ ☐ 面倒(めんどう)な 귀찮은

2015년

☐ ありふれる 흔하다 ≒ ☐ 平凡(へいぼん)だ 평범하다

☐ 糸口(いとぐち) 실마리 ≒ ☐ ヒント 힌트

☐ うろたえる 허둥거리다, 당황하다 ≒ ☐ 慌(あわ)てる 당황하다, 허둥지둥하다

☐ クレーム 클레임 ≒ ☐ 苦情(くじょう) 클레임, 불만

☐ 互角(ごかく)だ 호각이다, 백중세다 ≒ ☐ 大体同(だいたいおな)じだ 대체로 같다

☐ 誇張(こちょう) 과장(사실보다 크게 부풀림) ≒ ☐ 大(おお)げさ 과장, 호들갑

☐ 錯覚(さっかく)する 착각하다 ≒ ☐ 勘違(かんちが)いする 착각하다

☐ 殺到(さっとう)する 쇄도하다 ≒ ☐ 一度(いちど)に大勢来(おおぜいく)る 한꺼번에 많이 몰려들다

☐ 仕上(しあ)がる 마무리되다, 완성되다 ≒ ☐ 完成(かんせい)する 완성되다

☐ 助言(じょげん) 조언 ≒ ☐ アドバイス 조언, 충고

☐ 不意(ふい)に 갑자기 ≒ ☐ 突然(とつぜん) 돌연

☐ 弁解(べんかい)する 변명하다 ≒ ☐ 言(い)い訳(わけ)する 변명하다

2016년

☐ 安堵(あんど)する 안도하다 ≒ ☐ ほっとする 안심하다

☐ 意気込(いきご)み 열의, 패기 ≒ ☐ 意欲(いよく) 의욕

☐ おびえる 겁을 내다 ≒ ☐ 怖(こわ)がる 무서워하다

☐ かねがね 전부터 ≒ ☐ 以前(いぜん)から 이전부터

☐ かろうじて 겨우, 간신히 ≒ ☐ 何(なん)とか 그럭저럭

☐ 故意(こい)に 고의로 ≒ ☐ わざと 일부러

☐ ささいな 사소한 ≒ ☐ 小(ちい)さな 작은

☐ 自尊心(じそんしん) 자존심 ≒ ☐ プライド 프라이드

☐ 戸惑(とまど)う 어리둥절해하다, 당황하다 ≒ ☐ 困(こま)る 곤란하다

☐ 端的(たんてき)に 단적으로 ≒ ☐ 明白(めいはく)に 명백하게

- わずらわしい 번거로운 ≒ 面倒(めんどう)な 귀찮은
- 詫(わ)びる 사과하다 ≒ 謝(あやま)る 사과하다

2017년

- うすうす 희미하게, 어렴풋이 ≒ なんとなく 왠지 모르게, 어쩐지
- かたくなな 고집이 센 ≒ 頑固(がんこ)な 완고한
- 若干(じゃっかん) 약간 ≒ わずかに 아주 조금
- 照会(しょうかい)する 조회하다 ≒ 問(と)い合(あ)わせる 문의하다
- 撤回(てっかい)する 철회하다 ≒ 取(と)り消(け)す 취소하다
- 難点(なんてん) 난점 ≒ 不安(ふあん)なところ 불안한 점
- 入念(にゅうねん)に 꼼꼼하게, 정성들여 ≒ 細(こま)かく丁寧(ていねい)に 섬세하고 정성껏
- 粘(ねば)り強(づよ)く 끈기 있게 ≒ あきらめずに 포기하지 않고
- 張(は)り合(あ)う 경쟁하다 ≒ 競(きそ)い合(あ)う 경합하다
- 抱負(ほうふ) 포부 ≒ 決意(けつい) 결의
- むっとする 부루퉁해지다 ≒ 怒(おこ)ったような顔(かお)をする 화가 난 듯한 얼굴을 하다
- ゆとり 여유 ≒ 余裕(よゆう) 여유

2018년

- すみやかに 신속히 ≒ できるだけ早(はや)く 가능한 한 빨리
- 漠然(ばくぜん)としている 막연하다 ≒ ぼんやりしている 분명하지 않다
- 妨害(ぼうがい)する 방해하다 ≒ じゃまする 방해하다, 훼방 놓다
- エレガントな 우아한, 고상한 ≒ 上品(じょうひん)な 고상한, 품위 있는
- つかの間(ま)の 짧은, 잠깐 동안의 ≒ 短(みじか)い 짧은
- しくじる 실수하다, 실패하다 ≒ 失敗(しっぱい)する 실패하다, 실수하다
- スライスする 얇게 썰다 ≒ 薄(うす)く切(き)る 얇게 자르다
- めいめいに 각각에게, 각자에게 ≒ 一人(ひとり)一人(ひとり)に 한 사람 한 사람에게
- 克明(こくめい)に 극명하게, 정확하고 자세하게 ≒ 詳(くわ)しく丁寧(ていねい)に 자세하고 꼼꼼하게
- 手立(てだ)て 방법, 수단 ≒ 方法(ほうほう) 방법

□ ありありと 똑똑히, 뚜렷이 ≒ □ はっきり 확실히, 분명히

□ 返事(へんじ)をしぶっている 대답하기를 꺼리다, 주저하다 ≒ □ なかなか返事(へんじ)をしようとしない 좀처럼 대답하려고 하지 않다

2019년

□ コンパクトな 콤팩트한 ≒ □ 小型(こがた)の 소형인

□ 極力(きょくりょく) 될 수 있는 한 ≒ □ できるだけ 가능한 한

□ つぶやく 중얼거리다 ≒ □ 小(ちい)さな声(こえ)で言(い)う 작은 소리로 말하다

□ 不審(ふしん)な 수상한, 의심스러운, 미심쩍은 ≒ □ 怪(あや)しい 수상한, 의심스러운

□ ばてる 지치다, 녹초가 되다 ≒ □ 疲(つか)れる 피곤하다, 지치다

□ まっとうする 다하다, 완수하다 ≒ □ 完了(かんりょう)する 완료하다

□ 異例(いれい)の 이례인 ≒ □ 珍(めずら)しい 드문, 흔히 없는

□ 打(う)ち込(こ)む (1) 열중하다 (2) 박아넣다 ≒ □ 熱中(ねっちゅう)する 열중하다

□ ルーズな 루즈한, 칠칠맞은 ≒ □ だらしない 칠칠치 못한, 야무지지 못한

□ つぶさに (1) 자세하게, 상세하게 (2) 빠짐없이, 모두 ≒ □ 詳細(しょうさい)に 상세하게

□ 脈絡(みゃくらく) 맥락, 연관, 관련 ≒ □ つながり (1) 연계, 관계 (2) 연결

□ 吟味(ぎんみ) (1) 음미 (2) 자세히 조사함 ≒ □ 検討(けんとう)する 검토

2020년

※ 7월 시험 미실시

□ エキスパート 전문가 ≒ □ 専門家(せんもんか) 전문가

□ 凝視(ぎょうし)する 응시하다 ≒ □ じっと見(み)る 가만히 보다

□ 架空(かくう) 가공 ≒ □ 想像(そうぞう) 상상

□ かねがね 전부터, 진작부터 ≒ □ 以前(いぜん)から 이전부터

□ 当面(とうめん) 당면, 당분간 ≒ □ しばらくは 당분간은, 한동안은

□ ぼやく 투덜대다 ≒ □ 愚痴(ぐち)を言(い)う 불평하다, 푸념하다

2021년

□ 寡黙(かもく)な 과묵한	≒	□ 口数(くちかず)が少(すく)ない 말수가 적은
□ 紛糾(ふんきゅう)する 분규하다, 분규를 겪다	≒	□ 混乱(こんらん)する 혼란스럽다
□ ずれ込(こ)む 늦춰지다, 미루어지다	≒	□ 遅(おそ)くなる 늦어지다
□ ろくに(～ない) 제대로, 변변히 (~않다)	≒	□ 大(たい)して(～ない) 그다지, 별로 (~않다)
□ スケール 스케일	≒	□ 規模(きぼ) 규모
□ 寄与(きよ) 기여	≒	□ 貢献(こうけん) 공헌
□ リスク 리스크, 위험	≒	□ 危険(きけん) 위험
□ 絶賛(ぜっさん)する 절찬하다, 극구 칭찬하다	≒	□ 非常(ひじょう)に素晴(すば)らしいとほめる 매우 훌륭하다고 칭찬하다
□ くつろぐ 느긋이, 편하게 쉬다	≒	□ ゆっくりする 편하게 쉬다, 느긋이 시간을 보내다
□ うやむやに 흐지부지하게, 애매하게	≒	□ あいまいに 애매하게
□ 出馬(しゅつば)する 출마하다	≒	□ 選挙(せんきょ)に出(で)る 선거에 나가다
□ お手上(てあ)げだ 어쩔 도리가 없다	≒	□ どうしようもない 아무 방법이 없다

2022년

□ 触発(しょくはつ)される 촉발되다	≒	□ 刺激(しげき)される 자극받다
□ 閉口(へいこう)する 난처하다, 기막히다	≒	□ 困(こま)る 곤란하다
□ 気(き)ままな 제 마음대로인	≒	□ 自由(じゆう)な 자유로운
□ 若干(じゃっかん) 약간	≒	□ いくつか 몇 개쯤, 조금
□ 手分(てわ)け 분담, 나눔	≒	□ 分担(ぶんたん) 분담
□ てきぱきと 일을 솜씨 좋게 처리하는 모습, 척척	≒	□ 早(はや)く正確(せいかく)に 빠르고 정확하게
□ 調達(ちょうたつ)する 조달하다	≒	□ 用意(ようい)する 준비하다
□ 温和(おんわ)な 온화한	≒	□ おだやかな 온화한, 평온한
□ スポット 스폿, 장소	≒	□ 場所(ばしょ) 장소
□ 拮抗(きっこう)する 팽팽하다, 우열을 가릴 수 없다	≒	□ 差(さ)がない 차이가 없다
□ 風当(かぜあ)たり 비난	≒	□ 批判(ひはん) 비판
□ あどけない 천진난만하다	≒	□ 無邪気(むじゃき)な 천진난만한, 악의 없는

2023년

- 懸念(けねん)する 걱정하다, 우려하다 ≒ 心配(しんぱい)する 걱정하다
- やつれる 여위다, 수척해지다 ≒ やせ衰(おとろ)える 야위어 쇠약해지다
- 奮闘(ふんとう)する 분투하다 ≒ 必死(ひっし)に頑張(がんば)る 필사적으로 분발하다
- 不慮(ふりょ)の 뜻밖의, 예상 밖의, 불의의 ≒ 思(おも)いがけない 뜻밖이다, 생각지 못하다, 예상 밖이다
- 根(ね)こそぎ 전부, 모조리, 몽땅 ≒ すべて 모두
- 没頭(ぼっとう)する 몰두하다 ≒ 熱中(ねっちゅう)する 열중하다
- 尺度(しゃくど) 척도, 기준 ≒ 基準(きじゅん) 기준
- わずらわしい 귀찮다, 성가시다, 번거롭다 ≒ 面倒(めんどう)な 귀찮은, 성가신
- 肝心(かんじん)な 가장 중요한 ≒ 重要(じゅうよう)な 중요한
- はかどる 일이 잘 되고 있다, 진척되다 ≒ 順調(じゅんちょう)に進(すす)む 순조롭게 진행되다
- 辛抱(しんぼう)する 참다, 견디다 ≒ 我慢(がまん)する 참다
- しきたり 관습, 관례 ≒ 慣習(かんしゅう) 관습

2024년

- 委託(いたく)する 위탁하다 ≒ 任(まか)せる 맡기다, 위임하다
- すがすがしい 상쾌하다, 산뜻하다 ≒ 爽(さわ)やかな 상쾌한
- 工面(くめん)する (돈을)마련하다, 준비하다 ≒ 用意(ようい)する 준비하다
- ぞんざいな 거친, 난폭한 ≒ 雑(ざつ)な 거친, 조잡한, 함부로 하는
- うなだれる 머리를 숙이다, 고개를 떨구다 ≒ 下(した)を向(む)く 아래를 향하다, 머리를 숙이다
- 打撃(だげき) 타격 ≒ ダメージ 대미지, 타격
- 手腕(しゅわん) 수완 ≒ 能力(のうりょく) 능력
- ロスする 헛되이 쓰다 ≒ 無駄(むだ)にする 낭비하다
- おろそかに 소홀하게 ≒ いいかげんに 대충
- 目下(もっか) 목하, 현재 ≒ 今(いま) 지금
- 請(う)け負(お)う 청부 맡다 ≒ 引(ひ)き受(う)ける 맡다, 인수하다
- 進呈(しんてい)する 진정하다, 물건을 자진해서 드리다 ≒ 差(さ)し上(あ)げる 드리다

問題4 용법

2010년

□ 潔(いさぎよ)い 깨끗하다, 후련하다	□ 意地(いじ)(を張(は)る) 고집(을 부리다)
□ 細心(さいしん)(の注意(ちゅうい)を払(はら)う) 세심한 주의(를 기울이다)	□ 調達(ちょうたつ) 조달
□ 賑(にぎ)わう 활기차다, 번화하다	□ ひとまず 일단, 우선
□ 発足(ほっそく) 발족	□ 満喫(まんきつ)する 만끽하다
□ 見落(みお)とす 간과하다	□ 密集(みっしゅう) 밀집
□ めきめき(上達(じょうたつ)する) 눈에 띄게 (숙달되다)	□ 目先(めさき)(の利益(りえき)) 눈앞(의 이익)

2011년

□ (夢(ゆめ)が)かなう (꿈이) 이루어지다	□ 質素(しっそ)な 검소한, 소탈한
□ とっくに 진작에, 훨씬 전에	□ 配布(はいふ) 배포
□ 赴任(ふにん) 부임	□ 不服(ふふく) 불복
□ ほどける (매듭, 끈이)풀리다	□ まちまち 제각각, 가지각색
□ 見失(みうしな)う (시야에서)놓치다	□ 目覚(めざ)ましい 눈부시다, 주목할 만하다
□ ゆとり 여유	□ 連携(れんけい) 연계

2012년

□ 怠(おこた)る 게을리하다, 소홀히 하다	□ 広大(こうだい)な 광대한
□ 500人(にん)に満(み)たない 500명 이하이다, 500명에 못 미치다	□ 仕業(しわざ) 소행
□ 総(そう)じて 대체로, 전반적으로	□ 発散(はっさん) 발산
□ 秘(ひ)める 숨기다	□ ブランク 블랭크, 공백
□ 見込(みこ)み 예상, 전망	□ 無造作(むぞうさ)に 대수롭지 않게, 아무렇게나
□ 免除(めんじょ) 면제	□ 有数(ゆうすう)(の小麦生産国(こむぎせいさんこく)) 유수(의 밀 생산국)

2013년

- □ 当(あ)てはめる 적용하다
- □ 合致(がっち) 합치, 일치
- □ 加味(かみ)する 가미하다
- □ 気配(けはい) 기미, 기색
- □ 打開(だかい)する 타개하다
- □ 拍子(ひょうし) 박자
- □ 円滑(えんかつ)だ 원활하다
- □ かばう 두둔하다, 비호하다
- □ 口出(くちだ)し 간섭, 참견
- □ 処置(しょち) 처치, 조치
- □ 煩雑(はんざつ)な 번잡한
- □ 優位(ゆうい)(に立(た)つ) 우위(에 서다)

2014년

- □ 一律(いちりつ)に 일률적으로
- □ 抱(かか)え込(こ)む 끌어안다, 떠맡다
- □ 心構(こころがま)え 마음가짐
- □ 損(そこ)なう 손상시키다
- □ 携(たずさ)わる 종사하다
- □ 人一倍(ひといちばい) 남달리, 남보다 갑절
- □ 裏腹(うらはら) 정반대, 모순
- □ 工面(くめん) 자금 마련
- □ しがみつく 매달리다
- □ 耐(た)えがたい 견디기 힘들다
- □ はがす(剥(は)がす) 벗기다, 떼다
- □ 復旧(ふっきゅう) 복구

2015년

- □ 安静(あんせい) 안정(환자의 요양)
- □ 帯(お)びる 띠다, 그러한 성질을 지니다
- □ 軌道(きどう) 궤도
- □ 辞任(じにん) 사임
- □ はなはだしい 심하다
- □ 没頭(ぼっとう)する 몰두하다
- □ 今更(いまさら) 이제 와서, 새삼스럽게
- □ 思(おも)い詰(つ)める 골똘히 생각하다
- □ くまなく 구석구석까지, 샅샅이
- □ 統合(とうごう) 통합
- □ 人手(ひとで) 일손, 노동력
- □ もはや 이미, 벌써

2016년

- □ 内訳(うちわけ) 내역
- □ 還元(かんげん) 환원
- □ 規制(きせい) 규제
- □ 過密(かみつ) 과밀
- □ 閑静(かんせい)な 한적한, 조용한
- □ 食(く)い違(ちが)う 엇갈리다

- 経緯(けいい) 경위, 자초지종
- 退く(しりぞく) 물러나다, 후퇴하다
- たやすい 쉽다, 용이하다
- 察する(さっする) 헤아리다
- 素早い(すばやい) 재빠르다, 민첩하다
- 入手(にゅうしゅ) 입수

2017년

- うなだれる 고개를 숙이다
- 緊密(きんみつ) 긴밀
- 昇進(しょうしん) 승진
- 遂げる(とげる) 완수하다
- 発足(ほっそく) 발족
- 真っ先(まっさき) 제일 먼저
- 拠点(きょてん) 거점
- 重複(じゅうふく)/重複(ちょうふく) 중복
- 提起(ていき) 제기
- 配布(はいふ) 배포
- 滅びる(ほろびる) 멸망하다
- 見落とす(みおとす) 간과하다, 못 보고 넘기다

2018년

- 巧みだ(たくみだ) 정교하다, 능숙하다
- 乗り出す(のりだす) 적극적으로 나서다, 착수하다
- 抜粋(ばっすい) 발췌
- 作動(さどう) 작동
- かさばる 부피가 커지다
- 配属(はいぞく) 배속
- 面識(めんしき) 면식
- 心当たり(こころあたり) 짐작가는 데, 마음 짚이는 곳
- 備え付ける(そなえつける) 설치하다
- 交錯(こうさく) 뒤섞여 엇갈림, 교차
- しぶとい 고집이 세고 주눅들지 않다, 끈질기다, 강인하다
- 基調(きちょう) (1) 그림(장식 등에서 중심이 되는 색상) (2) 사상(작품, 행동 등의 바닥에 있는 기본 사고)

2019년

- 簡素(かんそ) 간소
- ほほえましい 흐뭇하다
- 様相(ようそう) 양상, 모습, 상태
- 要望(ようぼう) 요망
- 繁盛(はんじょう) (사업, 장사 등의)번창
- ひたむき 한 가지 일에 전념함, 한결같음, 오로지
- 解明(かいめい) 해명
- 目安(めやす) (1) 목표 (2) 기준
- 交える(まじえる) 섞다, 끼게 하다
- 覆す(くつがえす) 뒤엎다
- くじける 꺾이다, 굴하다, 좌절하다
- 互角(ごかく) 호각, 비등함

2020년

※ 7월 시험 미실시

- ☐ もはや 이미, 어느새
- ☐ 怠る(おこたる) 소홀히 하다, 태만히 하다
- ☐ 収容(しゅうよう) 수용
- ☐ 円滑(えんかつ) 원활
- ☐ 失脚(しっきゃく) 실각
- ☐ 実に(じつに) 실로

2021년

- ☐ 絶滅(ぜつめつ) 절멸, 멸종
- ☐ 露骨に(ろこつに) 노골적으로
- ☐ かたくな 완고함, 고집스러움
- ☐ 均等(きんとう) 균등
- ☐ 押収(おうしゅう) 압수
- ☐ 本場(ほんば) (1) 본고장 (2) 주요 산지
- ☐ 素早い(すばやい) 재빠르다, 신속하다
- ☐ 交付(こうふ) 교부
- ☐ なつく 친해져서 따르다
- ☐ リタイア (1) 기권 (2) 퇴직, 퇴직
- ☐ 望ましい(のぞましい) 바람직하다
- ☐ 秘める(ひめる) (1) 숨기다 (2) 간직하다

2022년

- ☐ 結末(けつまつ) 결말
- ☐ 遮断(しゃだん) 차단
- ☐ ぎこちない 어색하다, 부자연스럽다
- ☐ 出荷(しゅっか) 출하
- ☐ 底力(そこぢから) 저력
- ☐ 手痛い(ていたい) (비판, 타격, 손해, 실수 등이)심하다, 뼈아프다
- ☐ そそる (어떤 행동, 감정 등을)자아내다, 돋우다
- ☐ 要請(ようせい) 요청
- ☐ 断じて(だんじて) 결코, 절대 (~하지 않다)
- ☐ 譲る(ゆずる) (1) 양보하다 (2) 물려주다 (3) 팔아 넘기다
- ☐ 絶大(ぜつだい) 절대, 아주 큼
- ☐ 誘致(ゆうち) 유치

2023년

- ☐ 兆し(きざし) 징조, 조짐, 낌새
- ☐ さえる (1) 맑고 깨끗하다 (2) 잠이 깨다, 머리가 맑아지다
- ☐ 完結(かんけつ) 완결
- ☐ 解約(かいやく) 해약
- ☐ 収容(しゅうよう) 수용
- ☐ 痛烈(つうれつ) 통렬, 호됨
- ☐ もろい 무르다, 약하다, 깨지기 쉽다
- ☐ 特産(とくさん) 특산

- 問い詰める 캐묻다, 추궁하다, 따지다
- 改修 개수, 수리, 보수
- 手厚い 극진하다, 융숭하다
- デマ 헛소문, 유언비어, 가짜 뉴스

2024년

- 風潮 풍조
- もたらす 가져오다, 초래하다
- 撤回 철회
- 補填 보전(손실, 적자 등 부족한 부분을 채움)
- ずばり (정곡, 핵심 등을 정확히 찌르는 모양)바로, 정확히
- コンスタント 일정한 모양
- 加工 가공
- 養う 기르다, 양육하다
- 資質 자질
- ありきたり 흔함, 평범함
- 間柄 사이, 관계
- 正当 정당

3 합격 어휘

명사

- □ 赤字(あかじ) 적자
- □ 値(あたい) 값, 값어치, 수치
- □ 悪化(あっか) 악화
- □ 圧倒(あっとう) 압도
- □ 圧迫(あっぱく) 압박
- □ 雨具(あまぐ) 우비
- □ 網(あみ) 그물
- □ 嵐(あらし) 거센 바람, 폭풍우
- □ 偉業(いぎょう) 위업
- □ 依存(いぞん) 의존
- □ 稲(いね) 벼
- □ 打(う)ち消(け)し 부정
- □ 内訳(うちわけ) 내역, 명세
- □ 鋭敏(えいびん) 예민
- □ 演説(えんぜつ) 연설
- □ 演奏(えんそう) 연주
- □ 欧州(おうしゅう) 구주, 유럽
- □ 汚染(おせん) 오염
- □ 表向(おもてむ)き 공공연함, 표면상
- □ 恩恵(おんけい) 은혜
- □ 温帯(おんたい) 온대
- □ 温和(おんわ) 온화
- □ 絵画(かいが) 회화, 그림
- □ 貝殻(かいがら) 조개껍데기, 조가비
- □ 解除(かいじょ) 해제
- □ 解消(かいしょう) 해소
- □ 外相(がいしょう) 외상, 외무부 장관
- □ 階層(かいそう) 계층
- □ 改装(かいそう) 개장, 새로 단장함
- □ 改造(かいぞう) 개조
- □ 街道(かいどう) 가도, 간선도로
- □ 街頭(がいとう) 가두
- □ 覚悟(かくご) 각오
- □ 格差(かくさ) 격차
- □ 拡散(かくさん) 확산
- □ 獲得(かくとく) 획득
- □ 確率(かくりつ) 확률
- □ 化合(かごう) 화합
- □ 貸家(かしや) 셋집
- □ 楽器(がっき) 악기
- □ 合唱(がっしょう) 합창
- □ 過密(かみつ) 과밀

から	殻	껍질, 껍데기
かんかく	間隔	간격
かんこく	勧告	권고
かんせん	感染	감염
かんとく	監督	감독
かんばん	看板	간판
かんゆう	勧誘	권유
かんりょう	官僚	관료
きがい	危害	위해
きかく	企画	기획
きがん	祈願	기원
きけん	棄権	기권
きげん	起源	기원
きこう	機構	기구
きさい	記載	기재
きじゅつ	記述	기술
きしょう	起床	기상
きせい	帰省	귀성
きそ	基礎	기초
きぞう	寄贈	기증
きばん	基盤	기반
きふ	寄付	기부
きゃっかん	客観	객관
きょうかい	境界	경계
きょうしゅう	郷愁	향수
きょくげん	局限	국한
きょひ	拒否	거부
きり	霧	안개
きりつ	規律	규율
きんこう	近郊	근교
きんせん	金銭	금전
きんべん	勤勉	근면
きんろう	勤労	근로
くっせつ	屈折	굴절
くろうと	玄人	숙련자
くろじ	黒字	흑자
ぐんしゅう	群衆	군중
けいい	経緯	경위
けいき	契機	계기
けいげん	軽減	경감
けいじ	掲示	게시
けいしゃ	傾斜	경사
けいそつ	軽率	경솔
けしょう	化粧	화장
けっかん	欠陥	결함
けっかん	血管	혈관
けっこう	決行	결행
けっさん	決算	결산
けっそく	結束	결속
けっぺき	潔癖	결벽
けはい	気配	기미, 기색, 낌새
けびょう	仮病	꾀병

- 謙虚（けんきょ） 겸허
- 健康（けんこう） 건강
- 現行（げんこう） 현행
- 懸賞（けんしょう） 현상
- 憲法（けんぽう） 헌법
- 兼用（けんよう） 겸용
- 豪華（ごうか） 호화
- 抗議（こうぎ） 항의
- 好況（こうきょう） 호황
- 耕作（こうさく） 경작
- 鉱山（こうざん） 광산
- 公衆（こうしゅう） 공중
- 交渉（こうしょう） 교섭
- 香辛料（こうしんりょう） 향신료
- 降水（こうすい） 강수
- 洪水（こうずい） 홍수
- 高層（こうそう） 고층
- 構想（こうそう） 구상
- 抗争（こうそう） 항쟁
- 拘束（こうそく） 구속
- 肯定（こうてい） 긍정
- 購読（こうどく） 구독
- 興奮（こうふん） 흥분
- 項目（こうもく） 항목
- 行楽（こうらく） 행락
- 小切手（こぎって） 수표
- 穀物（こくもつ） 곡물
- 心地（ここち） 기분, 느낌
- 心得（こころえ） (1) 마음가짐 (2) 소양, 이해 (3) 수칙
- 心がけ（こころがけ） 마음가짐
- 故障（こしょう） 고장
- 戸籍（こせき） 호적
- 孤独（こどく） 고독
- 粉（こな） 가루, 분말
- 根拠（こんきょ） 근거
- 献立（こんだて） 메뉴
- 採決（さいけつ） 채결
- 細心（さいしん） 세심
- 逆立ち（さかだち） 물구나무
- 錯覚（さっかく） 착각
- 雑貨（ざっか） 잡화
- 酸化（さんか） 산화
- 残酷（ざんこく） 잔혹
- 残高（ざんだか） 잔고
- 仕入れ（しいれ） 구입, 매입
- 潮（しお） 조수
- 仕組み（しくみ） 구조
- 刺激（しげき） 자극
- 志向（しこう） 지향
- 視察（しさつ） 시찰
- 施設（しせつ） 시설
- 事態（じたい） 사태

□	支度(したく)	준비, 채비	
□	失格(しっかく)	실격	
□	実質(じっしつ)	실질	
□	実践(じっせん)	실천	
□	実態(じったい)	실태	
□	湿度(しつど)	습도	
□	指摘(してき)	지적	
□	地主(じぬし)	땅주인, 지주	
□	私物(しぶつ)	사물, 개인 소유의 물건	
□	脂肪(しぼう)	지방	
□	霜(しも)	서리	
□	地元(じもと)	현지	
□	車掌(しゃしょう)	차장	
□	従業員(じゅうぎょういん)	종업원	
□	宗教(しゅうきょう)	종교	
□	従事(じゅうじ)	종사	
□	終日(しゅうじつ)	종일	
□	充実(じゅうじつ)	충실	
□	修飾(しゅうしょく)	수식	
□	修繕(しゅうぜん)	수선	
□	執着(しゅうちゃく)	집착	
□	修行(しゅぎょう)	수행	
□	祝賀会(しゅくがかい)	축하회	
□	縮小(しゅくしょう)	축소	
□	趣旨(しゅし)	취지	
□	出産(しゅっさん)	출산	

□	出品(しゅっぴん)	출품
□	寿命(じゅみょう)	수명
□	樹木(じゅもく)	수목
□	需要(じゅよう)	수요
□	樹立(じゅりつ)	수립
□	瞬間(しゅんかん)	순간
□	循環(じゅんかん)	순환
□	順序(じゅんじょ)	순서
□	生涯(しょうがい)	생애
□	証拠(しょうこ)	증거
□	詳細(しょうさい)	상세
□	賞罰(しょうばつ)	상벌
□	徐行(じょこう)	서행
□	書籍(しょせき)	서적
□	素人(しろうと)	초심자
□	神経(しんけい)	신경
□	振興(しんこう)	진흥
□	申告(しんこく)	신고
□	真相(しんそう)	진상
□	推定(すいてい)	추정
□	水田(すいでん)	수전
□	筋(すじ)	(1) 힘줄 (2) 줄거리 (3) 소질 (4) 조리, 사리
□	裾(すそ)	옷자락
□	正規(せいき)	정규
□	政府筋(せいふすじ)	정부 소식통

責務	せきむ	책무
接触	せっしょく	접촉
宣言	せんげん	선언
潜水	せんすい	잠수
宣伝	せんでん	선전
潜入	せんにゅう	잠입
船舶	せんぱく	선박
占領	せんりょう	점령
相応	そうおう	상응
総額	そうがく	총액
倉庫	そうこ	창고
相互	そうご	상호
走行	そうこう	주행
総合	そうごう	종합
捜索	そうさく	수색
創作	そうさく	창작
創造	そうぞう	창조
騒動	そうどう	소동
遭難	そうなん	조난
装備	そうび	장비
測定	そくてい	측정
測量	そくりょう	측량
素材	そざい	소재
組織	そしき	조직
素質	そしつ	소질
祖先	そせん	조선, 조상
措置	そち	조치
袖	そで	소매
太鼓	たいこ	북
滞在	たいざい	체류
大衆	たいしゅう	대중
対処	たいしょ	대처
大陸	たいりく	대륙
滝	たき	폭포
脱出	だっしゅつ	탈출
達成	たっせい	달성
脱退	だったい	탈퇴
建前	たてまえ	(표면상의)방침, 원칙
担架	たんか	들것
探検	たんけん	탐험
淡水	たんすい	담수
着工	ちゃっこう	착공
調印	ちょういん	조인
聴講	ちょうこう	청강
挑戦	ちょうせん	도전
調停	ちょうてい	조정
直感	ちょっかん	직감
沈黙	ちんもく	침묵
通常	つうじょう	통상
追求	ついきゅう	추구
追跡	ついせき	추적
露	つゆ	이슬

手当て(てあて)	(1) 수당 (2) 치료
定義(ていぎ)	정의
抵抗(ていこう)	저항
手遅れ(ておくれ)	때 늦음
手がかり(てがかり)	단서
手順(てじゅん)	수순
手錠(てじょう)	수갑
手数(てすう)	수고, 폐
手相(てそう)	손금
徹底(てってい)	철저
手本(てほん)	본보기, 모범
手回し(てまわし)	준비
手分け(てわけ)	분담
転居(てんきょ)	전거, 이사
典型(てんけい)	전형
展示(てんじ)	전시
天井(てんじょう)	천장
伝染(でんせん)	전염
討議(とうぎ)	토의
動機(どうき)	동기
統制(とうせい)	통제
逃走(とうそう)	도주
統率(とうそつ)	통솔
逃亡(とうぼう)	도망
投与(とうよ)	투여
特許(とっきょ)	특허
特権(とっけん)	특권
突破(とっぱ)	돌파
取り締まり(とりしまり)	단속
土木(どぼく)	토목
泥沼(どろぬま)	수렁
度忘れ(どわすれ)	깜빡 잊음
半ば(なかば)	절반
仲人(なこうど)	중매인
雪崩(なだれ)	눈사태
名札(なふだ)	명찰
鍋(なべ)	냄비
虹(にじ)	무지개
偽物(にせもの)	가짜
音色(ねいろ)	음색
値打ち(ねうち)	값어치, 가치
値引き(ねびき)	값을 깎음
年少(ねんしょう)	나이가 젊음
燃焼(ねんしょう)	연소
燃料(ねんりょう)	연료
農耕(のうこう)	농경
濃度(のうど)	농도
納入(のうにゅう)	납입
軒(のき)	처마
軒並み(のきなみ)	집이 늘어선 모양
把握(はあく)	파악
裸(はだか)	알몸

□ 裸足(はだし)	맨발
□ 浜辺(はまべ)	해변
□ 馬力(ばりき)	마력
□ 繁栄(はんえい)	번영
□ 反響(はんきょう)	반향
□ 秘訣(ひけつ)	비결
□ 必修(ひっしゅう)	필수
□ 必需品(ひつじゅひん)	필수품
□ 一息(ひといき)	한숨 돌림
□ 人一倍(ひといちばい)	남들 갑절
□ 人気(ひとけ)	인기척
□ 一筋(ひとすじ)	한줄기, 외곬
□ 日取り(ひどり)	택일
□ 描写(びょうしゃ)	묘사
□ 普及(ふきゅう)	보급
□ 福祉(ふくし)	복지
□ 布告(ふこく)	포고
□ 縁(ふち)	가장자리, 테두리
□ 復活(ふっかつ)	부활
□ 復旧(ふっきゅう)	복구
□ 復興(ふっこう)	부흥
□ 物体(ぶったい)	물체
□ 沸騰(ふっとう)	비등
□ 赴任(ふにん)	부임
□ 普遍(ふへん)	보편
□ 噴火(ふんか)	분화
□ 噴出(ふんしゅつ)	분출
□ 噴水(ふんすい)	분수
□ 紛争(ふんそう)	분쟁
□ 粉末(ふんまつ)	분말
□ 弁護(べんご)	변호
□ 妨害(ぼうがい)	방해
□ 方策(ほうさく)	방책
□ 包装(ほうそう)	포장
□ 豊富(ほうふ)	풍부
□ 保温(ほおん)	보온
□ 保守(ほしゅ)	보수
□ 補充(ほじゅう)	보충
□ 補償(ほしょう)	보상
□ 保障(ほしょう)	보장
□ 発作(ほっさ)	발작
□ 発足(ほっそく)	발족
□ 没収(ぼっしゅう)	몰수
□ 墓地(ぼち)	묘지
□ 麻酔(ますい)	마취
□ 見込み(みこみ)	전망
□ 水気(みずけ)	물기, 수분
□ 密集(みっしゅう)	밀집
□ 密接(みっせつ)	밀접
□ 見積り(みつもり)	견적
□ 見通し(みとおし)	전망
□ 港(みなと)	항구

源	みなもと	(1) 수원 (2) 기원
身の上	み うえ	신상
見晴らし	み は	조망
身振り	み ぶ	몸짓
麦	むぎ	보리
名称	めいしょう	명칭
迷信	めいしん	미신
目処	め ど	목표
目盛り	め も	눈금
模型	も けい	모형
模様	も よう	모양
役職	やくしょく	관리직, 임원
融通	ゆうずう	융통
夕焼け	ゆう や	저녁노을
溶液	ようえき	용액
養護	よう ご	양호
要旨	よう し	요지
幼少	ようしょう	나이 어림
養生	ようじょう	양생
要素	よう そ	요소
要領	ようりょう	요령
良し悪し	よ あ	선악
嫁	よめ	(1) 신부 (2) 며느리
落下	らっ か	낙하
楽観	らっかん	낙관
立体	りったい	입체
立法	りっぽう	입법
領域	りょういき	영역
両替	りょうがえ	환전
良好	りょうこう	양호
漁師	りょう し	어부
領土	りょう ど	영토
歪曲	わいきょく	왜곡
割り当て	わ あ	할당
割り込み	わ こ	새치기

동사

相次ぐ	あい つ	잇따르다, 연달다
赤らむ	あか	붉어지다
あきれる		기막히다, 놀라다, 질리다
あざわらう		비웃다, 코웃음치다
宛てる	あ	(편지 등을)~앞으로 보내다
暴れる	あば	날뛰다
甘える	あま	응석부리다
操る	あやつ	조종하다
誤る	あやま	실수하다
歩む	あゆ	걷다
荒らす	あ	황폐하게 하다
改まる	あらた	새로워지다, 격식을 차리다
ありふれる		흔해빠지다, 쌔고 쌔다
案じる	あん	염려하다, 걱정하다
言い張る	い は	우기다

- ☐ 生(い)かす　살리다
- ☐ 意(い)気(き)込(ご)む　의욕을 보이다
- ☐ 生(い)ける　꽃꽂이하다
- ☐ いじる　만지작거리다
- ☐ 炒(いた)める　볶다
- ☐ 至(いた)る　이르다
- ☐ 営(いとな)む　경영하다
- ☐ 飢(う)える　굶다
- ☐ 受(う)かる　합격하다
- ☐ 受(う)け継(つ)ぐ　계승하다
- ☐ 打(う)ち合(あ)わせる　협의하다
- ☐ 打(う)ち明(あ)ける　털어 놓다
- ☐ 打(う)ち消(け)す　취소하다
- ☐ うつむく　머리를 숙이다
- ☐ 埋(う)まる　(1) 묻히다 (2) 메워지다
- ☐ 埋(う)める　(1) 묻다 (2) 메우다
- ☐ 演(えん)じる　연기하다, 역을 맡다
- ☐ 追(お)い込(こ)む　몰아넣다
- ☐ 老(お)いる　늙다
- ☐ 負(お)う　짊어지다, 업다
- ☐ 冒(おか)す　무릅쓰다
- ☐ 犯(おか)す　범하다
- ☐ 侵(おか)す　침범하다
- ☐ 遅(おく)らす　늦추다
- ☐ 遅(おく)らせる　늦추다
- ☐ 収(おさ)まる　수습되다
- ☐ 治(おさ)める　다스리다
- ☐ 納(おさ)める　(1) 납부하다 (2) 납품하다
- ☐ 押(お)し込(こ)む　억지로 들어가다
- ☐ 惜(お)しむ　아쉬워하다
- ☐ 襲(おそ)う　습격하다, 덮치다
- ☐ 恐(おそ)れ入(い)る　황송해하다
- ☐ 脅(おど)かす　위협하다
- ☐ 脅(おど)す　위협하다
- ☐ 重(おも)んじる　중요시하다
- ☐ 及(およ)ぶ　미치다, 끼치다
- ☐ 織(お)る　짜다
- ☐ 害(がい)する　해치다
- ☐ 輝(かがや)く　빛나다
- ☐ かき回(まわ)す　휘젓다
- ☐ 駆(か)けつける　서둘러 달려가다
- ☐ 賭(か)ける　내기하다
- ☐ 駆(か)ける　달리다
- ☐ かすむ　(1) 안개 끼다 (2) 침침해지다
- ☐ 稼(かせ)ぐ　벌다
- ☐ 傾(かたむ)ける　기울이다
- ☐ 庇(かば)う　감싸다, 두둔하다
- ☐ 構(かま)える　차리다, 준비하다
- ☐ 交(か)わす　주고받다, 교차하다
- ☐ 刻(きざ)む　새기다
- ☐ 競(きそ)う　경쟁하다
- ☐ 鍛(きた)える　단련하다

切(き)り替(か)える	전환하다
興(きょう)じる	흥겨워하다
禁(きん)じる	금하다
食(く)い違(ちが)う	어긋나다
下(くだ)す	(명령, 결정, 판단 등을)내리다
くちずさむ	읊조리다
配(くば)る	배포하다
組(く)み込(こ)む	짜 넣다
繰(く)り返(かえ)す	반복하다
煙(けむ)る	연기나다
心(こころ)がける	유념하다
試(こころ)みる	시도하다
拗(こじ)れる	악화되다
拘(こだわ)る	연연하다
ごまかす	얼버무리다
込(こ)み上(あ)げる	(감정 등이)복받치다
こもる	(1) 틀어박히다 (2) 깃들다
さえずる	지저귀다
裂(さ)ける	찢어지다
捧(ささ)げる	바치다
差(さ)し替(か)える	바꿔 꽂다
差(さ)し押(お)さえる	(1) 억누르다 (2) 압류하다
差(さ)し出(だ)す	내밀다
差(さ)し控(ひか)える	(1) 보류하다 (2) 삼가다
定(さだ)まる	결정되다
定(さだ)める	결정하다
察(さっ)する	헤아리다
さまよう	방황하다
さぼる	땡땡이치다
さらう	복습하다
仕(し)上(あ)げる	완성하다
強(し)いる	강요하다
仕(し)入(い)れる	사들이다
仕(し)かける	장치하다
仕(し)切(き)る	칸막이하다
沈(しず)める	가라앉히다
しつける	(예의 등을)가르치다
染(し)みる	스며들다
しゃれる	멋내다
称(しょう)する	칭하다
記(しる)す	적다
据(す)え付(つ)ける	설치하다
掬(すく)う	(액체 등을)뜨다
擦(こす)る	문지르다
擦(す)れる	스치다
制(せい)する	지배하다, 제압하다
狭(せば)める	좁히다
迫(せま)る	(1) 다가오다 (2) 강요하다
沿(そ)う	따르다
添(そ)える	곁들이다
損(そこ)なう	손상하다
損(そこ)ねる	손상하다

□	注(そそ)ぐ	(액체 등을)따르다
□	備(そな)えつける	설치하다
□	備(そな)える	(1) 대비하다 (2) 갖추다
□	備(そな)わる	(1) 대비되다 (2) 갖추어지다
□	そびえる	(산, 건물 등이)솟다
□	染(そ)まる	물들다
□	染(そ)める	물들이다
□	背(そむ)く	등돌리다
□	反(そ)る	(1) 휘다 (2) 뒤로 젖혀지다
□	題(だい)する	제목을 붙이다
□	耐(た)える	견디다
□	絶(た)える	끊기다, 중단되다
□	携(たずさ)える	휴대하다
□	立(た)ち去(さ)る	떠나가다
□	立(た)ち寄(よ)る	들르다
□	断(た)つ	끊다
□	脱(だっ)する	벗어나다
□	立(た)て直(なお)す	다시 세우다
□	辿(たど)り着(つ)く	힘들게 도착하다
□	辿(たど)る	헤매며 찾아가다
□	束(たば)ねる	다발로 묶다
□	溜(た)まる	모이다
□	賜(たまわ)る	(1) (윗사람에게)받다 (2) 하사하다
□	貯(た)める	모으다
□	保(たも)つ	유지하다
□	絶(た)やす	근절시키다, 끊다
□	縮(ちぢ)まる	줄다
□	縮(ちぢ)める	줄이다
□	費(つい)やす	소비하다
□	使(つか)いこなす	능숙하게 사용하다
□	使(つか)い捨(す)てる	쓰고 버리다
□	使(つか)い果(は)たす	다 써버리다
□	継(つ)ぐ	계승하다
□	付(つ)け加(くわ)える	덧붙이다
□	告(つ)げる	고하다
□	突(つつ)く	쑤시다
□	突(つ)っ張(ぱ)る	버티다
□	つねる	꼬집다
□	呟(つぶや)く	중얼거리다
□	つぶる	눈 감다
□	つまむ	집다
□	詰(つ)まる	막히다
□	摘(つ)む	따다
□	詰(つ)める	(1) 채우다 (2) 구체화하다 (3) 대기하다
□	連(つら)なる	줄지어 있다
□	貫(つらぬ)く	(1) 관통하다 (2) 일관하다
□	連(つら)ねる	줄지어 세우다
□	手(て)がける	손수 다루다
□	徹(てっ)する	철저하다
□	照(て)り返(かえ)す	반사하다
□	転(てん)じる	바뀌다

□ 問(と)い合(あ)わせる	문의하다
□ 問(と)い詰(つ)める	추궁하다
□ 問(と)う	묻다
□ 尊(とうと)ぶ	존중하다
□ 遠(とお)ざかる	멀어지다
□ とがめる	나무라다
□ 途切(とぎ)れる	끊기다
□ 遂(と)げる	이루다
□ 綴(と)じる	철하다
□ 途絶(とだ)える	두절되다
□ 滞(とどこお)る	지체되다
□ 整(ととの)う	정리되다, 정돈되다
□ 整(ととの)える	정리하다, 정돈하다
□ とどめる	멈추다, 만류하다
□ とぼける	시치미떼다
□ 富(と)む	풍부하다
□ 伴(ともな)う	동반하다
□ 取(と)り扱(あつか)う	취급하다
□ 取(と)り次(つ)ぐ	전달하다
□ 取(と)り付(つ)ける	설치하다
□ 取(と)り締(し)まる	단속하다
□ 取(と)り除(のぞ)く	제거하다
□ 取(と)り巻(ま)く	둘러싸다
□ 取(と)り混(ま)ぜる	뒤섞다
□ 取(と)り戻(もど)す	되찾다, 만회하다
□ とろける	녹다
□ なめる	핥다
□ 悩(なや)ます	성가시게 하다
□ 慣(な)らす	익숙하게 하다
□ 慣(な)れる	익숙해지다
□ 成(な)り立(た)つ	성립되다
□ 賑(にぎ)わう	붐비다
□ 担(にな)う	짊어지다, 떠맡다
□ 鈍(にぶ)る	둔해지다
□ にらむ	노려보다
□ 抜(ぬ)かす	거르다
□ 抜(ぬ)け出(だ)す	빠져나가다
□ 捻(ね)じれる	비틀어지다
□ 練(ね)る	(1) 반죽하다 (2) 다듬다
□ 逃(のが)す	놓치다
□ 逃(のが)れる	(1) 벗어나다 (2) 회피하다
□ 乗(の)っ取(と)る	탈취하다
□ 飲(の)み込(こ)む	(1) 삼키다 (2) 이해하다
□ 乗(の)り込(こ)む	올라타다
□ 乗(の)り出(だ)す	적극 나서다
□ 剥(は)がす	(스티커, 포스터 등을)벗기다
□ 図(はか)る	도모하다
□ 剥(は)ぐ	(동물의 가죽 등을)벗기다
□ 励(はげ)ます	격려하다
□ 剥(は)げる	벗겨지다
□ 化(ば)ける	둔갑하다
□ 恥(は)じらう	부끄러워하다

は	□ 恥じる	부끄러워하다
はず	□ 弾む	(1) 튀다 (2) 들뜨다
はた	□ 叩く	(1) (먼지 등을)털다 (2) 다 쓰다
は	□ 果たす	완수하다
は	□ 果てる	끝나다
	□ ばてる	지치다
はな	□ 離れる	(1) 떨어지다 (2) 떠나다
は	□ 生やす	기르다
	□ ばらまく	뿌리다
は	□ 腫れる	붓다
ひ	□ 引きずる	질질 끌다
ひ	□ 引っかく	할퀴다
ひ	□ 秘める	숨기다
ひ	□ 冷やかす	놀리다
ふく	□ 膨らむ	부풀다
ふく	□ 膨れる	(1) 부풀다 (2) (화가 나서)뾰로통해지다
ふ	□ 老ける	늙다
ふ	□ 踏まえる	입각하다
ふ かえ	□ 振り返る	뒤돌아보다, 회고하다
ふ	□ 振るう	휘두르다
ふる	□ 震える	흔들리다
ほう	□ 報じる	(1) 보답하다 (2) 보복하다
ほう こ	□ 放り込む	던져 넣다
ほう だ	□ 放り出す	내팽개치다
	□ ぼける	(1) 멍해지다 (2) 흐려지다

ほこ	□ 誇る	자랑하다
ほど	□ 解ける	풀어지다
	□ ぼやく	투덜대다
	□ ぼやける	희미해지다
ほろ	□ 滅びる	망하다
ほろ	□ 滅ぶ	망하다
ほろ	□ 滅ぼす	멸망시키다
ま	□ 舞う	(꽃잎 등이)흩날리다
まか	□ 任す	맡기다
ま	□ 負かす	이기다, 꺾다
まさ	□ 勝る	낫다, 우수하다
ま のぞ	□ 待ち望む	학수고대하다
まぬか / まぬが	□ 免れる / 免れる	면하다
まね	□ 招く	초대하다
まる	□ 丸める	둥글게 하다
み あ	□ 見合わせる	보류하다
み うしな	□ 見失う	(일행 등을)놓치다
み お	□ 見落とす	간과하다
み	□ 見せびらかす	과시하다
み	□ 満たす	(1) 채우다 (2) 충족하다
みだ	□ 乱す	흩뜨리다
みだ	□ 乱れる	흐트러지다
みちび	□ 導く	인도하다
み つ	□ 見積もる	어림잡다
み	□ 見なす	간주하다
み なら	□ 見習う	보고 익히다, 수습하다, 본받다

見逃す (みのが)	못 보고 넘기다, 빠뜨리고 보다, 눈감아 주다
見張る (み は)	망보다
見渡す (み わた)	멀리 바라보다
結びつく (むす)	이어지다
群がる (むら)	모여들다
群れる (む)	무리를 짓다
恵む (めぐ)	은혜를 베풀다
めくる	넘기다
目指す (め ざ)	목표로 하다
目覚める (め ざ)	(1) 눈뜨다 (2) 각성하다
設ける (もう)	마련하다
申し出る (もう で)	(희망, 요구 등을)말하다
もたらす	초래하다
もてなす	대접하다
もてる	인기가 있다
漏らす (も)	새게 하다, 누설하다
盛り上がる (も あ)	분위기가 고조되다
盛り上げる (も あ)	분위기를 고조시키다
漏る (も)	(액체가)새다
漏れる (も)	(1) 새다 (2) 누설되다 (3) 누락되다
養う (やしな)	기르다
病む (や)	앓다
やり通す (とお)	끝까지 하다
やり遂げる (と)	완수하다
有する (ゆう)	가지다
指さす (ゆび)	손가락질하다
緩む (ゆる)	(1) 느슨해지다 (2) 해이해지다
緩める (ゆる)	(1) 완화하다 (2) 느긋하게 하다
要する (よう)	필요로 하다
避ける (よ)	피하다
弱る (よわ)	약해지다
割り込む (わ こ)	끼어들다, 새치기하다

い형용사

勇ましい (いさ)	용감하다
著しい (いちじる)	두드러지다
後ろめたい (うし)	꺼림칙하다
疑わしい (うたが)	의심스럽다
奥深い (おくぶか)	심오하다
思いがけない (おも)	뜻밖이다
思わしい (おも)	바람직하다
かしましい	시끄럽다
気まずい (き)	서먹하다
決まり悪い (き わる)	쑥스럽다
清い (きよ)	맑다
くすぐったい	간지럽다
香ばしい (こう)	구수하다
心地よい (ここ ち)	기분 좋다
心強い (こころづよ)	마음 든든하다
心細い (こころぼそ)	불안하다

□	快(こころよ)い	상쾌하다
□	好(この)ましい	바람직하다
□	渋(しぶ)い	(1) 떫다 (2) 인색하다 (3) 차분한 멋이 있다
□	清々(すがすが)しい	상쾌하다
□	素早(すばや)い	재빠르다
□	切(せつ)ない	애절하다
□	忙(せわ)しい	바쁘다
□	騒々(そうぞう)しい	떠들썩하다
□	たくましい	늠름하다
□	たどたどしい	미숙하고 어설프다
□	容易(たやす)い	용이하다
□	だるい	나른하다
□	尊(とうと)い	고귀하다
□	貴(とうと)い	고귀하다
□	情(なさ)けない	한심하다
□	情(なさ)け深(ぶか)い	인정 많다
□	名高(なだか)い	유명하다
□	生臭(なまぐさ)い	비린내 나다
□	悩(なや)ましい	괴롭다
□	鈍(にぶ)い	(감각이)둔하다
□	望(のぞ)ましい	바람직하다
□	鈍(のろ)い	(움직임이)둔하다
□	ばかばかしい	매우 어리석다
□	華々(はなばな)しい	화려하다
□	腹立(はらだ)たしい	화가 나다
□	久(ひさ)しい	오래간만이다
□	平(ひら)たい	평평하다
□	分厚(ぶあつ)い	두툼하다
□	相応(ふさわ)しい	걸맞다
□	待(ま)ち遠(どお)しい	몹시 기다리다
□	眩(まぶ)しい	눈부시다
□	見苦(みぐる)しい	보기 흉하다
□	みすぼらしい	초라하다
□	みっともない	꼴불견이다
□	空(むな)しい	허무하다
□	目覚(めざ)ましい	눈부시다
□	物足(ものた)りない	어쩐지 부족하다
□	もろい	약하다
□	やかましい	시끄럽다
□	やむを得(え)ない	어쩔 수 없다
□	ややこしい	까다롭다
□	緩(ゆる)い	느슨하다
□	用心深(ようじんぶか)い	조심성이 많다
□	欲深(よくぶか)い	욕심이 많다
□	喜(よろこ)ばしい	기쁘다
□	若々(わかわか)しい	젊디젊다

な형용사

あざ	鮮やかな	선명한
あら	新たな	새로운
あんい	安易な	안이한
いがい	意外な	의외인, 뜻밖인
いだい	偉大な	위대한
いちりつ	一律な	일률적인
うちき	内気な	내성적인
えんかつ	円滑な	원할한
えんまん	円満な	원만한
おうせい	旺盛な	왕성한
おお	大げさな	과장된
おおはば	大幅な	대폭적인
おだ	穏やかな	평온한, 온화한
おんわ	温和な	온화한
かいてき	快適な	쾌적한
かくいつてき	画一的な	획일적인
かくじつ	確実な	확실한
かこく	過酷な	가혹한
かす	微かな	희미한, 어렴풋한
かっきてき	画期的な	획기적인
かびん	過敏な	과민한
かんけつ	簡潔な	간결한
かんさん	閑散な	한산한
かんせい	閑静な	조용한, 고요한
かんそ	簡素な	간소한
かんぺき	完璧な	완벽한
かんよう	肝要な	매우 중요한
きがる	気軽な	부담없는, 가벼운
きしょう	希少な	희소한, 매우 드문
きちょう	貴重な	귀중한
きまじめ	生真面目な	고지식한
きみょう	奇妙な	기묘한
きよう	器用な	재주가 있는
きょくたん	極端な	극단적인
きんべん	勤勉な	근면한
きんみつ	緊密な	긴밀한
けいかい	軽快な	경쾌한
けいそつ	軽率な	경솔한
けんきょ	謙虚な	겸허한
けんじつ	堅実な	견실한
げんじゅう	厳重な	엄중한
けんぜん	健全な	건전한
けんちょ	顕著な	현저한
げんみつ	厳密な	엄밀한
けんめい	賢明な	현명한
けんめい	懸命な	열심인, 필사적인
ごうか	豪華な	호화로운
こうしょう	高尚な	고상한
こうせい	公正な	공정한
こうみょう	巧妙な	교묘한

□	克明(こくめい)な	극명한
□	孤独(こどく)な	고독한
□	盛(さか)んな	왕성한, 번창한
□	雑(ざつ)な	거친, 조잡한
□	残酷(ざんこく)な	잔혹한
□	地味(じみ)な	수수한
□	周期的(しゅうきてき)な	주기적인
□	柔軟(じゅうなん)な	유연한
□	純粋(じゅんすい)な	순수한
□	順調(じゅんちょう)な	순조로운
□	詳細(しょうさい)な	상세한
□	真剣(しんけん)な	진지한
□	迅速(じんそく)な	신속한
□	慎重(しんちょう)な	신중한
□	健(すこ)やかな	건강한
□	速(すみ)やかな	재빠른, 신속한
□	精巧(せいこう)な	정교한
□	誠実(せいじつ)な	성실한
□	清純(せいじゅん)な	청순한
□	盛大(せいだい)な	성대한
□	精密(せいみつ)な	정밀한
□	切実(せつじつ)な	절실한
□	善良(ぜんりょう)な	선량한
□	率直(そっちょく)な	솔직한
□	素朴(そぼく)な	소박한
□	大胆(だいたん)な	대담한
□	多忙(たぼう)な	매우 바쁜
□	単調(たんちょう)な	단조로운
□	着実(ちゃくじつ)な	착실한
□	忠実(ちゅうじつ)な	충실한
□	抽象的(ちゅうしょうてき)な	추상적인
□	丁寧(ていねい)な	(1) 정중한 (2) 세심한, 꼼꼼한
□	手軽(てがる)な	손쉬운, 간편한
□	典型的(てんけいてき)な	전형적인
□	同等(どうとう)な	동등한
□	薄弱(はくじゃく)な	박약한
□	悲惨(ひさん)な	비참한
□	密(ひそ)かな	은밀한
□	微妙(びみょう)な	미묘한
□	敏感(びんかん)な	민감한
□	貧弱(ひんじゃく)な	빈약한
□	頻繁(ひんぱん)な	빈번한
□	貧乏(びんぼう)な	가난한
□	不可欠(ふかけつ)な	불가결한
□	不吉(ふきつ)な	불길한
□	不幸(ふこう)な	불행한
□	不順(ふじゅん)な	고르지 않은
□	不調(ふちょう)な	상태가 나쁜
□	不当(ふとう)な	부당한
□	無難(ぶなん)な	무난한
□	不服(ふふく)な	불복하는
□	不明(ふめい)な	불명한

封建的な(ほうけんてき)	봉건적인
豊富な(ほうふ)	풍부한
朗らかな(ほが)	명랑한
増しな(ま)	나은
未熟な(みじゅく)	미숙한
身近な(みぢか)	가까운, 친숙한
魅力的な(みりょくてき)	매력적인
無益な(むえき)	무익한
無口な(むくち)	말수가 적은
無効な(むこう)	무효인
無駄な(むだ)	쓸데없는
無茶な(むちゃ)	도리에 어긋난, 터무니없는
無謀な(むぼう)	무모한
明解な(めいかい)	분명히 알 수 있는
明瞭な(めいりょう)	명료한
明朗な(めいろう)	명랑한
綿密な(めんみつ)	면밀한
猛烈な(もうれつ)	맹렬한
憂うつな(ゆう)	우울한
勇敢な(ゆうかん)	용감한
優美な(ゆうび)	우아하고 아름다운
有望な(ゆうぼう)	유망한
幼稚な(ようち)	유치한
容易な(ようい)	용이한
良好な(りょうこう)	양호한
冷酷な(れいこく)	냉혹한
冷静な(れいせい)	냉정한
冷淡な(れいたん)	냉담한
劣等な(れっとう)	열등한
わずかな	근소한, 얼마 안 되는

부사/접속사

相変わらず(あいか)	변함없이
あいにく	공교롭게
あくまでも	어디까지나
あっさり	담백하게, 산뜻하게
あらかじめ	미리
いかに	어떻게
いかにも	자못, 정말이지
生き生き(いい)	생기가 넘치는 모양
いざ	정작, 막상
いずれにせよ	어쨌든
一気に(いっき)	단숨에
一挙に(いっきょ)	일거에
一切(いっさい)	일절, 전혀
一斉に(いっせい)	일제히
いっそう	한층, 더욱
今更(いまさら)	새삼, 이제 와서
今にして(いま)	이제 와서
今にも(いま)	당장에라도
いやいや	마지못해
いやに	(1) 묘하게 (2) 몹시

□	いよいよ	드디어
□	うずうず	근질근질
□	大(おお)いに	크게
□	おどおど	벌벌
□	思(おも)わず	나도 모르게
□	がさがさ	꺼칠꺼칠
□	がっくり	낙담하는 모양, 풀썩
□	がっしり	다부진 모양
□	がっちり	(1) 다부진 모양 (2) 야무진 모양
□	かつて	일찍이, 예전부터
□	からっと	바삭하게
□	からりと	활짝 개인 모양
□	軽々(かるがる)と	가뿐히
□	辛(かろ)うじて	겨우, 간신히
□	代(か)わる代(が)わる	번갈아
□	きちっと	제대로, 말끔히
□	きちんと	제대로, 말끔히
□	きっかり	정확히, 딱
□	きっちり	꼭 맞는 모양
□	きっぱり	딱 잘라
□	急遽(きゅうきょ)	급거
□	ぎょっと	섬뜩, 흠칫
□	極(きわ)めて	극히
□	くたくた	지친 모양
□	くっきり	또렷히, 선명히
□	ぐっすり	깊이 잠든 모양, 푹

□	ぐったり	아주 녹초가 된 모양
□	ぐっと	순간적으로 힘주는 모양, 홱
□	くよくよ	끙끙
□	ぐらぐら	흔들흔들
□	くれぐれも	부디, 아무쪼록
□	ぐんと	(1) 힘껏 (2) 눈에 띄게
□	げっそり	갑자기 살빠진 모양, 홀쭉히
□	こっそり	몰래
□	殊(こと)に	특히
□	ことによると	어쩌면
□	ごろごろ	(1) 데굴데굴 (2) 빈둥빈둥
□	再三(さいさん)	여러 번
□	さぞかし	아마, 필시, 확
□	早急(さっきゅう)に	조속히
□	さっと	날렵하게
□	ざっと	대충
□	さっぱり	(1) 산뜻한 모양 (2) (부정어 수반) 전혀
□	さほど	그다지, 별로
□	さらさら	술술
□	さらに	게다가
□	しっかり	확실히, 똑똑히
□	しっくり	딱 들어맞는 모양
□	じっくりと	차분히, 곰곰히
□	しっとり	촉촉하게
□	じめじめ	축축이

□ 若干(じゃっかん)	약간
□ しゃっきり	(자세 등이)바른 모양
□ 終始(しゅうし)	시종, 줄곧
□ 徐々に(じょじょ)	서서히
□ しょっちゅう	항상, 언제나
□ しょんぼり	풀 죽은 모양
□ すっかり	죄다, 몽땅, 완전히
□ すっきり	산뜻한 모양
□ ずっしり	묵직한 모양
□ ずばり	핵심을 찌르는 모양
□ ずらっと	늘어선 모습, 죽
□ ずらりと	늘어선 모습, 죽
□ ずるずる	질질
□ すんなり	(1) 날씬하게 (2) 순조롭게
□ せめて	하다못해
□ 即座に(そくざ)	그 자리에서
□ 即刻(そっこく)	즉각
□ そわそわ	안절부절
□ 大概(たいがい)	대개
□ 絶えず(た)	끊임없이
□ たかが	겨우, 고작
□ たっぷり	듬뿍
□ たとえ	설령
□ だぶだぶ	헐렁헐렁
□ 断然(だんぜん)	단연코
□ ちっとも	조금도
□ ちゃっかり	약삭빠른 모양
□ ちやほや	비위를 맞추는 모양
□ ちらっと	힐끗
□ ちらりと	힐끗
□ つい	그만, 무심결에
□ ついに	드디어, 마침내
□ つくづく	곰곰이
□ 努めて(つと)	애써
□ とうてい	도저히
□ どうにか	겨우, 가까스로
□ どうにかこうにか	「どうにか」를 강조한 말
□ 当分(とうぶん)	당분간
□ どうやら	아무래도, 어쩐지
□ とかく	자칫하면
□ とっくに	진작에
□ とりあえず	우선
□ とりわけ	특히, 유난히
□ どっさり	잔뜩, 듬뿍
□ どっしり	묵직한 모양
□ どんよりと	잔뜩 흐린 모양
□ なおさら	더 한층
□ なにとぞ	부디, 아무쪼록
□ なんとか	(1) 겨우, 간신히 (2) 어떻게든
□ にわかに	갑자기
□ なんだか	왠지
□ なんで	왜, 어째서

□ 如実(にょじつ)に	여실히
□ のろのろ	느릿느릿
□ 漠然(ばくぜん)と	막연하게
□ はっと	문득
□ ぱっと	순식간에 퍼지는 모양
□ はらはら	조마조마
□ はるかに	훨씬
□ ひっそり	조용히
□ ひとまず	우선, 일단
□ ひょっと	불쑥, 갑자기
□ ひらひら	팔랑팔랑
□ びっしょり	흠뻑 젖은 모양
□ びっしり	빽빽이, 꽉
□ ぴりっと	찌릿, 얼얼
□ ひんやり	썰렁한 모양
□ 不意(ふい)に	갑자기, 느닷없이
□ ぶかぶか	헐렁헐렁
□ 再(ふたた)び	다시, 재차
□ 普段(ふだん)	평소, 평상시
□ ふらふら	비틀비틀
□ ぶらぶら	어슬렁어슬렁
□ ふんわり	(1) 사뿐히 (2) 푹신푹신
□ ぺこぺこ	굽신굽신
□ ぼうっと	멍하니
□ ぼつぼつ	슬슬, 조금씩
□ ぽつんと	홀로 따로 있는 모양
□ 前(まえ)もって	미리
□ まさか	설마
□ まして	하물며, 더욱
□ まるごと	통째로
□ 万一(まんいち)	만일
□ 万(まん)が一(いち)	「万一(まんいち)」의 힘줌말
□ 自(みずか)ら	스스로, 몸소
□ むやみに	무턱대고, 함부로
□ めきめき	두드러지게
□ めそめそ	훌쩍훌쩍
□ もしかして	혹시, 어쩌면
□ もしくは	혹은
□ 専(もっぱ)ら	오로지, 한결같이
□ もはや	이미
□ やたらと	함부로, 덮어놓고
□ やむを得(え)ず	어쩔 수 없이
□ やんわり	넌지시
□ ゆったり	느긋하게
□ よほど	꽤, 상당히
□ わざわざ	일부러
□ わずか	불과

가타카나

□ アイデア	아이디어
□ アイデンティティ	정체성
□ アイロン	다리미
□ アクセル	액셀
□ アップ	(1) 업 (2) 상승, 인상
□ アピール	어필
□ アマチュア	아마추어
□ アルカリ	알칼리
□ アルコール	알코올
□ アンケート	앙케트
□ アンコール	앙콜
□ イコール	같음
□ インストール	인스톨
□ インターチェンジ	인터체인지
□ インターナショナル	인터내셔널
□ インターホン	인터폰
□ インテリ	인텔리
□ インパクト	임팩트
□ インフォメーション	인포메이션
□ インフレ	인플레, 인플레이션
□ インプット	인풋, 입력
□ インボイス	인보이스, 송장
□ ウェイトレス	웨이트리스
□ エアメール	항공 우편
□ エチケット	에티켓
□ エプロン	앞치마
□ エリア	에어리어, 지역
□ エンジニア	엔지니어
□ オーダー	오더, 주문
□ オートマチック	오토매틱
□ オートメーション	오토메이션
□ オープン	오픈
□ オプション	옵션
□ オリエンテーション	오리엔테이션
□ オンライン	온라인
□ カーペット	카펫
□ カクテル	칵테일
□ カット	커트
□ カムバック	컴백, 재기
□ カンニング	커닝
□ ガイド	가이드
□ ガイドブック	가이드북
□ ガソリンスタンド	주유소
□ ガム	껌
□ キープ	(1) 키프 (2) 유지함
□ キーワード	키워드
□ キャッチ	캐치
□ キャプテン	주장
□ キャラクター	캐릭터
□ キャリア	캐리어

- ギャング 갱, 강도
- クイズ 퀴즈
- クリーニング 세탁
- クレーム 클레임
- クレーン 크레인
- グランド 그랜드
- グレー 회색
- グローバル 글로벌
- ケース 케이스
- ケア 케어, 보살핌
- ゲスト 게스트
- コーナー 코너
- コスト 비용
- コック 요리사
- コマーシャル 광고
- コミュニケーション 커뮤니케이션
- コメント 코멘트
- コレクション 수집
- コンクール 콩쿠르
- コンセプト 콘셉트
- コンタクト 콘택트, 접촉
- コンテスト 콘테스트
- コンテンツ 콘텐츠
- コントロール 콘트롤
- コンプレックス 콤플렉스
- サイクル 사이클
- サクセス 성공
- サポート 서포트
- サンキュー 생큐, 감사합니다
- シート 자리
- システム 시스템
- シチュエーション 시추에이션
- シナリオ 시나리오
- シンポジウム 심포지움
- ジーパン 진 바지, 청바지
- ジャーナリスト 저널리스트
- ジャズ 재즈
- ジャンパー 점퍼
- ジャンボ 점보
- ジャンル 장르
- スキル 스킬, 기능
- スタイル 스타일
- スタジオ 스튜디오
- スチーム 스팀, 증기
- スチュワーデス 스튜어디스
- ステージ 무대
- ストロー 빨대
- スプリング 스프링
- スペース 스페이스, 공간
- スマート 스마트
- スライド 슬라이드
- セール 세일

□ セキュリティー	보안
□ セクション	섹션
□ セメント	시멘트
□ ソックス	양말
□ ソファー	소파
□ ソフト	소프트
□ ソロ	솔로
□ タイト	타이트
□ タイトル	타이틀
□ タイピスト	타이피스트
□ タイマー	타이머
□ タイミング	타이밍
□ タイル	타일
□ ダイナミック	다이내믹
□ ダイヤル	다이얼
□ ダイレクト	다이렉트
□ ダブル	더블
□ ダム	댐
□ ダメージ	(1) 대미지 (2) 손해, 피해
□ チェンジ	체인지
□ チャージ	충전
□ チャイム	차임
□ チャンネル	채널
□ ティッシュペーパー	화장지
□ テレックス	텔렉스
□ テンション	텐션
□ テンポ	템포
□ データ	데이터
□ デコレーション	데코레이션, 장식
□ デザート	디저트
□ デザイン	디자인
□ デッサン	데생
□ デモ	데모
□ デモンストレーション	데먼스트레이션
□ トータル	토탈
□ トーン	톤, 음조
□ トライ	트라이
□ トラウマ	트라우마
□ トラブル	트러블
□ トランジスタ	트랜지스터
□ トレーニング	훈련
□ トレンド	트렌드
□ トンネル	터널
□ ドライ	드라이
□ ドライバー	드라이버
□ ドライブイン	드라이브인
□ ドリル	드릴
□ ナプキン	냅킨
□ ナンセンス	넌센스
□ ニーズ	요구, 필요
□ ニュアンス	뉘앙스
□ ネックレス	목걸이

- □ ネット (1) 인터넷 (2) 그물
- □ ノイローゼ 노이로제
- □ ノウハウ / ノーハウ 노하우
- □ ハンガー 옷걸이
- □ バージョン 버전
- □ バッグ 백
- □ バッジ 배지
- □ バラエティー 버라이어티
- □ バランス 밸런스
- □ パート 파트
- □ パジャマ 잠옷
- □ パターン 패턴
- □ パッケージ (1) 패키지 (2) 포장
- □ パニック 패닉
- □ パンツ 바지
- □ ビジネス 비즈니스
- □ ビニール 비닐
- □ ピーク 피크
- □ ファイト 파이팅
- □ ファイル 파일
- □ ファン 팬
- □ フィルター 필터
- □ フィルム 필름
- □ フェア 페어, 공평
- □ フェリー 페리
- □ フォーク 포크
- □ フォーム 폼
- □ フリー 프리
- □ フレッシュ 참신한
- □ フロント 프론트
- □ ブーツ 부츠
- □ ブザー 버저
- □ ブレーキ 브레이크
- □ プライス 가격
- □ プライベート 프라이빗
- □ プラットホーム 플랫폼
- □ プラン 플랜
- □ プロジェクト 프로젝트
- □ ベース 베이스
- □ ペア 페어, 쌍
- □ ホース 호스
- □ ホール 홀
- □ ボイコット 보이콧
- □ ボルト 볼트
- □ ポーズ 포즈
- □ ポイント 포인트
- □ ポジション 포지션
- □ ポスト (1) 우체통 (2) 지위
- □ ポット 포트
- □ ポンプ 펌프
- □ マーク 마크
- □ マーケット 마켓

- マイクロホン　마이크로폰
- マスコミ　매스컴
- マッサージ　마사지
- ミュージック　뮤직
- ムード　무드
- メーカー　제조자
- メッセージ　메시지
- メディア　미디어
- メロディー　멜로디
- モダン　모던
- モニター　모니터
- モラル　모럴, 윤리
- ヤング　영
- ユーモア　유머
- ユニホーム　유니폼
- ライス　밥, 쌀
- ラッシュアワー　러시아워
- ラベル　라벨
- ランプ　램프
- リード　리드
- リアリティー　리얼리티
- リアル　리얼
- リコール　리콜
- リスク　리스크, 위험
- リズム　리듬
- リセット　리셋
- リットル　리터
- リフレッシュ　리프레시
- ルール　룰
- レース　레이스
- レギュラー　레귤러
- レクリエーション　레크리에이션
- レジャー　레저
- レッスン　레슨
- レディー　레이디
- レバー　레버
- レンジ　렌지
- ロープ　로프
- ロープウェイ　로프웨이, 케이블카
- ロビー　로비
- ロマンチック　로맨틱, 낭만

합격 어휘 확인 문제 ❶

[/ 36]

다음 단어의 읽기로 가장 알맞은 것을 a, b 중에서 고르시오.

1 鋭敏 (a えいみん b えいびん)

2 絵画 (a かいが b えが)

3 階層 (a かいそう b かいそ)

4 合唱 (a ごうしょう b がっしょう)

5 監督 (a かんとく b かんどく)

6 祈願 (a きがん b きげん)

7 寄贈 (a きそう b きぞう)

8 拒否 (a きょひ b きょふ)

9 軽減 (a けいげん b けいがん)

10 欠陥 (a けっかん b けかん)

11 気配 (a きはい b けはい)

12 豪華 (a ごうか b こうか)

13 交渉 (a こうそう b こうしょう)

14 穀物 (a こくもつ b こくぶつ)

15 根拠 (a こんこ b こんきょ)

16 残酷 (a ざんこく b ざんごく)

17 刺激 (a しげき b さげき)

18 実践 (a じっせん b じっさん)

19 縮小 (a ちゅくしょう b しゅくしょう)

20 需要 (a じゅよう b じゅうよう)

21 修繕 (a しゅうせん b しゅうぜん)

22 生涯 (a せいがい b しょうがい)

23 責務 (a せきむ b さいむ)

24 潜入 (a せんにゅう b ぜんにゅう)

25 相互 (a そうこ b そうご)

26 担架 (a たんか b たんが)

27 沈黙 (a ちんもく b しんもく)

28 徹底 (a てってい b てっそこ)

29 典型 (a でんけい b てんけい)

30 統率 (a とうそつ b どうそつ)

31 泥沼 (a どろぬま b どろしょう)

32 納入 (a のつにゅう b のうにゅう)

33 反響 (a はんきょう b はんぎょう)

34 普及 (a ふうきゅう b ふきゅう)

35 沸騰 (a ふっとう b ひっとう)

36 迷信 (a まいしん b めいしん)

정답 1 ⓑ 2 ⓐ 3 ⓐ 4 ⓑ 5 ⓐ 6 ⓐ 7 ⓑ 08 ⓐ 9 ⓐ 10 ⓐ 11 ⓑ 12 ⓐ
13 ⓑ 14 ⓐ 15 ⓑ 16 ⓐ 17 ⓐ 18 ⓐ 19 ⓑ 20 ⓐ 21 ⓑ 22 ⓑ 23 ⓐ 24 ⓐ
25 ⓑ 26 ⓐ 27 ⓐ 28 ⓐ 29 ⓑ 30 ⓐ 31 ⓐ 32 ⓑ 33 ⓐ 34 ⓑ 35 ⓐ 36 ⓑ

합격 어휘 확인 문제 ❷

[　　/ 36]

다음 단어의 읽기로 가장 알맞은 것을 a, b 중에서 고르시오.

1 演説 （ a えんぜつ　b えんせつ ）
2 解除 （ a かいじょ　b かいしょ ）
3 覚悟 （ a かくご　b かくごう ）
4 勧告 （ a けんこく　b かんこく ）
5 危害 （ a ぎがい　b きがい ）
6 棄権 （ a きけん　b けげん ）
7 基盤 （ a きばん　b きはん ）
8 屈折 （ a ぐっせつ　b くっせつ ）
9 傾斜 （ a かいしゃ　b けいしゃ ）
10 血管 （ a けっかん　b げっかん ）
11 謙虚 （ a けんきょう　b けんきょ ）
12 耕作 （ a こうさく　b けいさく ）
13 洪水 （ a こうすい　b こうずい ）
14 戸籍 （ a こせき　b こぜき ）
15 細心 （ a せいしん　b さいしん ）
16 残高 （ a ざんこう　b ざんだか ）
17 支度 （ a しど　b したく ）
18 湿度 （ a しつど　b おんど ）
19 趣旨 （ a しゅし　b しゅうし ）
20 循環 （ a しゅんかん　b じゅんかん ）
21 修行 （ a しゅぎょう　b しゅうぎょう ）
22 徐行 （ a しょこう　b じょこう ）
23 宣言 （ a せんげん　b せんごん ）
24 占領 （ a せんりょう　b せんれい ）
25 測定 （ a そくてい　b しょくてい ）
26 探検 （ a しんけん　b たんけん ）
27 追求 （ a つうきゅう　b ついきゅう ）
28 手本 （ a てほん　b しゅほん ）
29 伝染 （ a でんせん　b でんえん ）
30 逃亡 （ a とうぼう　b ちょうぼう ）
31 音色 （ a ねいろ　b おんいろ ）
32 把握 （ a はあく　b はいあく ）
33 秘訣 （ a ひげつ　b ひけつ ）
34 布告 （ a ふこく　b ふこう ）
35 発足 （ a ほっそく　b はっそく ）
36 融通 （ a ゆうつう　b ゆうずう ）

정답 1 ⓐ　2 ⓐ　3 ⓐ　4 ⓑ　5 ⓑ　6 ⓐ　7 ⓐ　8 ⓑ　9 ⓑ　10 ⓐ　11 ⓑ　12 ⓐ
13 ⓑ　14 ⓐ　15 ⓑ　16 ⓑ　17 ⓑ　18 ⓐ　19 ⓐ　20 ⓑ　21 ⓐ　22 ⓑ　23 ⓐ　24 ⓐ
25 ⓐ　26 ⓑ　27 ⓑ　28 ⓐ　29 ⓐ　30 ⓐ　31 ⓐ　32 ⓐ　33 ⓑ　34 ⓐ　35 ⓐ　36 ⓑ

합격 어휘 확인 문제 ❸

[/ 36]

다음 단어의 읽기로 가장 알맞은 것을 a, b 중에서 고르시오.

1 欧州 （ a おうしゅう b くうしゅう ）
2 漁師 （ a りょうし b ぎょうし ）
3 楽器 （ a らっき b がっき ）
4 感染 （ a かんえん b かんせん ）
5 勧誘 （ a かんゆう b けんゆう ）
6 起床 （ a きそう b きしょう ）
7 郷愁 （ a こうしゅう b きょうしゅう ）
8 群衆 （ a くんしゅう b ぐんしゅう ）
9 軽率 （ a けいそつ b けいりつ ）
10 潔癖 （ a けっぺき b けつへき ）
11 懸賞 （ a けんしょう b けんそう ）
12 鉱山 （ a こうさん b こうざん ）
13 項目 （ a こうめ b こうもく ）
14 孤独 （ a こどく b こうどく ）
15 錯覚 （ a しゃっかく b さっかく ）
16 潮 （ a しお b ふち ）
17 実質 （ a じしつ b じっしつ ）
18 執着 （ a しっちゃく b しゅうちゃく ）
19 寿命 （ a じゅみょう b じゅうみょう ）
20 従事 （ a しゅうじ b じゅうじ ）
21 樹木 （ a じゅもく b じゅぼく ）
22 推定 （ a すいてい b ついてい ）
23 潜水 （ a せんずい b せんすい ）
24 倉庫 （ a そうこ b そうこう ）
25 素質 （ a そしつ b そじつ ）
26 挑戦 （ a とうせん b ちょうせん ）
27 追跡 （ a つうせき b ついせき ）
28 転居 （ a てんきょ b せんきょ ）
29 討議 （ a とうき b とうぎ ）
30 突破 （ a とっぱ b とつは ）
31 農耕 （ a のうこう b のうごう ）
32 馬力 （ a ばりょく b ばりき ）
33 描写 （ a びょうしゃ b みょうしゃ ）
34 復活 （ a ふかつ b ふっかつ ）
35 麻酔 （ a まつい b ますい ）
36 領域 （ a りょういき b れいいき ）

정답 1 ⓐ 2 ⓐ 3 ⓑ 4 ⓑ 5 ⓐ 6 ⓑ 7 ⓑ 8 ⓑ 9 ⓐ 10 ⓐ 11 ⓐ 12 ⓑ
13 ⓑ 14 ⓐ 15 ⓑ 16 ⓐ 17 ⓑ 18 ⓑ 19 ⓐ 20 ⓑ 21 ⓐ 22 ⓐ 23 ⓑ 24 ⓐ
25 ⓐ 26 ⓑ 27 ⓑ 28 ⓐ 29 ⓑ 30 ⓐ 31 ⓐ 32 ⓑ 33 ⓐ 34 ⓑ 35 ⓑ 36 ⓐ

합격 어휘 확인 문제 ❹

[/ 36]

다음 단어의 읽기로 가장 알맞은 것을 a, b 중에서 고르시오.

1 鍛える (a きたえる b おとろえる)
2 記す (a しるす b しめす)
3 至る (a いたる b みのる)
4 暴れる (a のがれる b あばれる)
5 冒す (a のばす b おかす)
6 励ます (a はげます b さます)
7 担う (a ならう b になう)
8 織る (a おる b かる)
9 免れる (a あきれる b まぬかれる)
10 交わす (a かわす b こわす)
11 刻む (a はげむ b きざむ)
12 緩む (a あゆむ b ゆるむ)
13 秘める (a ひめる b からめる)
14 試みる (a かえりみる b こころみる)
15 飢える (a うえる b はえる)
16 捧げる (a かかげる b ささげる)
17 膨らむ (a ふくらむ b にらむ)
18 群がる (a むらがる b つながる)
19 襲う (a にあう b おそう)
20 添える (a そえる b そびえる)
21 携える (a うったえる b たずさえる)
22 賜る (a かたよる b たまわる)
23 貫く (a あばく b つらぬく)
24 滞る (a とどこおる b どとこおる)
25 競う (a きそう b あらそう)
26 鈍る (a にぶる b あぶる)
27 練る (a ける b ねる)
28 図る (a あさる b はかる)
29 裂ける (a ばける b さける)
30 営む (a いとなむ b いどむ)
31 操る (a あやつる b あやまる)
32 勝る (a あせる b まさる)
33 輝く (a うなずく b かがやく)
34 保つ (a はなつ b たもつ)
35 養う (a やしなう b うやまう)
36 背く (a そむく b あざむく)

정답 1 ⓐ 2 ⓐ 3 ⓐ 4 ⓑ 5 ⓑ 6 ⓐ 7 ⓑ 8 ⓐ 9 ⓑ 10 ⓐ 11 ⓑ 12 ⓑ
13 ⓐ 14 ⓑ 15 ⓐ 16 ⓑ 17 ⓐ 18 ⓐ 19 ⓑ 20 ⓐ 21 ⓑ 22 ⓑ 23 ⓑ 24 ⓐ
25 ⓐ 26 ⓐ 27 ⓑ 28 ⓑ 29 ⓑ 30 ⓐ 31 ⓐ 32 ⓑ 33 ⓑ 34 ⓑ 35 ⓐ 36 ⓐ

합격 어휘 확인 문제 ❺

[/ 36]

다음 단어의 읽기로 가장 알맞은 것을 a, b 중에서 고르시오.

1 切ない (a せつない b あっけない)

2 著しい (a あやしい b いちじるしい)

3 望ましい (a のぞましい b このましい)

4 緩い (a ゆるい b あわい)

5 快い (a こころよい b いさぎよい)

6 渋い (a けむい b しぶい)

7 勇ましい (a やかましい b いさましい)

8 疑わしい (a おもわしい b うたがわしい)

9 好ましい (a このましい b あつかましい)

10 鈍い (a にぶい b もろい)

11 眩しい (a ひさしい b まぶしい)

12 清い (a きよい b おそい)

13 騒々しい (a そうぞうしい b さわざわしい)

14 空しい (a むなしい b はかない)

15 香ばしい (a よろこばしい b こうばしい)

16 尊い (a とうとい b あやうい)

17 平たい (a くすぐったい b ひらたい)

18 心地よい (a こころちよい b ここちよい)

19 巧妙な (a こうみょうな b きょうみょうな)

20 大胆な (a たいたんな b だいたんな)

21 内気な (a ないきな b うちきな)

22 劣等な (a れっとうな b れつどうな)

23 朗らかな (a あきらかな b ほがらかな)

24 慎重な (a しんちょうな b しんじゅうな)

25 幼稚な (a ようちな b ゆうちな)

26 過敏な (a かみんな b かびんな)

27 素朴な (a そぼくな b そばくな)

28 豊富な (a ほうふな b ふうふな)

29 柔軟な (a ゆうなんな b じゅうなんな)

30 顕著な (a けんちょな b けんちょうな)

31 綿密な (a せんみつな b めんみつな)

32 健やかな (a すこやかな b おだやかな)

33 高尚な (a こうそうな b こうしょうな)

34 迅速な (a しんそくな b じんそくな)

35 精巧な (a せいこうな b せいきょうな)

36 鮮やかな (a すみやかな b あざやかな)

정답 1 ⓐ 2 ⓑ 3 ⓐ 4 ⓐ 5 ⓐ 6 ⓑ 7 ⓑ 8 ⓑ 9 ⓐ 10 ⓐ 11 ⓑ 12 ⓐ
13 ⓐ 14 ⓐ 15 ⓑ 16 ⓐ 17 ⓑ 18 ⓑ 19 ⓐ 20 ⓑ 21 ⓑ 22 ⓐ 23 ⓑ 24 ⓐ
25 ⓐ 26 ⓑ 27 ⓐ 28 ⓐ 29 ⓑ 30 ⓐ 31 ⓑ 32 ⓐ 33 ⓑ 34 ⓑ 35 ⓐ 36 ⓑ

합격 어휘 확인 문제 ❻

[/ 18]

다음 단어의 일본어 표현으로 가장 알맞은 것을 a, b 중에서 고르시오.

1 질책하다 (a とがめる b いためる)

2 털어놓다 (a かけつける b うちあける)

3 어이없다 (a あきれる b はなれる)

4 넘기다 (a めくる b めぐる)

5 소비하다 (a はやす b ついやす)

6 엇갈리다 (a すれちがう b くいとめる)

7 강요하다 (a ひきいる b しいる)

8 우기다 (a いいはる b いいつける)

9 간주하다 (a こなす b みなす)

10 악화되다 (a あきれる b こじれる)

11 만지작거리다 (a いじる b かじる)

12 다가오다, 강요하다 (a せまる b つらぬく)

13 철하다 (a はじる b とじる)

14 머리를 숙이다 (a そむく b うつむく)

15 물들이다 (a そめる b はめる)

16 비호하다 (a かばう b さぼる)

17 중얼거리다 (a なでる b つぶやく)

18 모으다 (a ためる b つめる)

정답 1 ⓐ 2 ⓑ 3 ⓐ 4 ⓐ 5 ⓑ 6 ⓐ 7 ⓑ 8 ⓐ 9 ⓑ
10 ⓑ 11 ⓐ 12 ⓐ 13 ⓑ 14 ⓑ 15 ⓐ 16 ⓐ 17 ⓑ 18 ⓐ

합격 어휘 확인 문제 ❼

[/ 18]

다음 단어의 일본어 표현으로 가장 알맞은 것을 a, b 중에서 고르시오.

1 끊임없이 (a あいにく b たえず)

2 썰렁 (a あっさり b ひんやり)

3 넌지시 (a やんわり b いたって)

4 생기있게 (a からっと b いきいき)

5 여러 번 (a いっそう b さいさん)

6 근질근질 (a うずうず b ぐずぐず)

7 더 한층 (a さっぱり b なおさら)

8 어쩔 수 없이 (a やむをえず b とりあえず)

9 차근차근 (a じわじわ b のんびり)

10 마지못해 (a ひそひそ b いやいや)

11 지친 모양 (a くたくた b ぶかぶか)

12 통채로 (a まるごと b こっそり)

13 겨우 (a さっきゅうに b かろうじて)

14 두드러지게 (a じゃっかん b めきめき)

15 애써 (a つとめて b すんなり)

16 엉겁결에 (a おもわず b なにとぞ)

17 무턱대고 (a むやみに b どうやら)

18 우물쭈물 (a はらはら b まごまご)

정답 1 ⓑ 2 ⓑ 3 ⓐ 4 ⓑ 5 ⓑ 6 ⓐ 7 ⓑ 8 ⓐ 9 ⓐ
10 ⓑ 11 ⓐ 12 ⓐ 13 ⓑ 14 ⓑ 15 ⓐ 16 ⓐ 17 ⓐ 18 ⓑ

합격 어휘 확인 문제 ❽

[　　/ 18]

다음 단어의 일본어 표현으로 가장 알맞은 것을 a, b 중에서 고르시오.

1 뜻밖이다 (a おもいがけない　b かしましい)

2 평평하다 (a たやすい　b ひらたい)

3 까다롭다 (a ややこしい　b なさけない)

4 상쾌하다 (a はなばなしい　b すがすがしい)

5 심호하다 (a ふさわしい　b おくぶかい)

6 과장된 (a おおげさな　b おおはばな)

7 부담없는 (a きがるな　b じみな)

8 재주있는 (a きような　b じみちな)

9 가까운 (a ごういんな　b みぢかな)

10 불가결한 (a ふかけつな　b むぼうな)

11 은밀한 (a さわやかな　b ひそかな)

12 고지식한 (a きまじめな　b なごやかな)

13 광고 (a コマーシャル　b コミュニケーション)

14 요구 (a コメント　b ニーズ)

15 보안 (a セキュリティー　b システム)

16 노하우 (a クレーム　b ノウハウ)

17 터널 (a ブランク　b トンネル)

18 기능 (a スキル　b キャリアー)

정답 1 ⓐ　2 ⓑ　3 ⓐ　4 ⓑ　5 ⓑ　6 ⓐ　7 ⓐ　8 ⓐ　9 ⓑ
10 ⓐ　11 ⓑ　12 ⓐ　13 ⓐ　14 ⓑ　15 ⓐ　16 ⓑ　17 ⓑ　18 ⓐ

4 고득점 어휘

명사

あいだがら	間柄	관계, 사이
あいま	合間	짬, 틈
あくへき	悪癖	나쁜 버릇
あっせん	斡旋	알선
ありさま	有様	모양, 상태
いきさつ	経緯	경위
いくじ	意気地	기개, 패기
いじ	意地	마음씨, 고집
いしょう	衣装	의상
いせき	遺跡	유적
いっかつ	一括	일괄
いんかん	印鑑	인감
いんきょ	隠居	은거
うず	渦	소용돌이
うわべ	上辺	겉, 표면
えいせい	衛生	위생
えたい	得体	참모습, 정체
えとく	会得	터득
えもの	獲物	어획물, 사냥감
えんがん	沿岸	연안
えもの	獲物	사냥감, 전리품, 어획물
おうとつ	凹凸	요철
おうりょう	横領	횡령
おおがら	大柄	몸집이 큼
おおすじ	大筋	줄거리
おおやけ	公	정부, 공공, 공개적
おしょく	汚職	부정부패
おもかげ	面影	모습, 얼굴 생김새
おもわく	思惑	생각
おりもの	織物	직물
かいきょう	海峡	해협
かいご	介護	개호, 간병
かいたく	開拓	개척
がいとう	該当	해당
かいふう	開封	개봉
かいほう	介抱	간호, 간병
かいぼう	解剖	해부
かきとめ	書留	등기
かきね	垣根	울타리
がくふ	楽譜	악보
がけ	崖	벼랑
かしょ	個所	군데, 부분
かじょう	過剰	과잉
かじょうがき	箇条書き	항목별 메모

化繊	かせん	화학 섬유
過疎	かそ	과소
花壇	かだん	화단
合致	がっち	합치, 일치
合併	がっぺい	합병
金物	かなもの	철물
貨幣	かへい	화폐
為替	かわせ	환율
還元	かんげん	환원
干渉	かんしょう	간섭
勘定	かんじょう	계산
歓声	かんせい	환성
勘弁	かんべん	용서
寛容	かんよう	관용
還暦	かんれき	환갑
緩和	かんわ	완화
戯曲	ぎきょく	희곡
飢饉	ききん	기아
喜劇	きげき	희극
岸	きし	물가
儀式	ぎしき	의식
奇数	きすう	홀수
犠牲	ぎせい	희생
偽造	ぎぞう	위조
気立て	きだて	마음씨
軌道	きどう	궤도
絹	きぬ	비단
起伏	きふく	기복
究極	きゅうきょく	구극, 궁극
宮殿	きゅうでん	궁전
窮乏	きゅうぼう	궁핍
丘陵	きゅうりょう	구릉
驚異	きょうい	경이
境遇	きょうぐう	경우
享受	きょうじゅ	향수
郷里	きょうり	향리, 고향
虚偽	きょぎ	허위
極限	きょくげん	극한
巨樹	きょじゅ	거목
亀裂	きれつ	균열
疑惑	ぎわく	의혹
均衡	きんこう	균형
吟味	ぎんみ	음미
偶数	ぐうすう	짝수
苦言	くげん	고언
愚痴	ぐち	푸념
駆使	くし	구사
蛍光	けいこう	형광
掲載	けいさい	게재
境内	けいだい	경내
軽蔑	けいべつ	경멸
傑作	けっさく	걸작

□ 欠如(けつじょ)	결여	□ 採掘(さいくつ)	채굴
□ 結晶(けっしょう)	결정	□ 採算(さいさん)	채산
□ 欠乏(けつぼう)	결핍	□ 採集(さいしゅう)	채집
□ 解熱(げねつ)	해열	□ 催促(さいそく)	재촉
□ 現状(げんじょう)	현상(현재 상태)	□ 採択(さいたく)	채택
□ 顕微鏡(けんびきょう)	현미경	□ 栽培(さいばい)	재배
□ 倹約(けんやく)	검약, 절약	□ 裁縫(さいほう)	재봉
□ 交易(こうえき)	교역	□ 細胞(さいぼう)	세포
□ 貢献(こうけん)	공헌	□ 詐欺(さぎ)	사기
□ 控除(こうじょ)	공제	□ 索引(さくいん)	색인
□ 控訴(こうそ)	항소	□ 削減(さくげん)	삭감
□ 酵素(こうそ)	효소	□ 錯誤(さくご)	착오
□ 光沢(こうたく)	광택	□ 削除(さくじょ)	삭제
□ 豪邸(ごうてい)	호화 저택	□ 挿絵(さしえ)	삽화
□ 鋼鉄(こうてつ)	강철	□ 指図(さしず)	지시, 지휘
□ 荒廃(こうはい)	황폐	□ 差し引き(さしひき)	차감, 공제
□ 降伏(こうふく)	항복	□ 殺到(さっとう)	쇄도
□ 合否(ごうひ)	합격 여부	□ 砂漠(さばく)	사막
□ 小柄(こがら)	몸집이 작음	□ 山岳(さんがく)	산악
□ 小銭(こぜに)	동전	□ 仕返し(しかえし)	복수
□ 誇張(こちょう)	과장	□ 指揮(しき)	지휘
□ 事柄(ことがら)	사정	□ 磁気(じき)	자기
□ 根底(こんてい)	근저, 근본, 밑바닥	□ 色彩(しきさい)	색채
□ 才覚(さいかく)	재각, 재치, 기지	□ 嗜好(しこう)	기호
□ 細菌(さいきん)	세균	□ 施行(しこう)	시행(법률에 근거하여 실행)
□ 細工(さいく)	세공	□ 試行(しこう)	시행(시험 삼아 해 봄)

示唆	しさ	시사
磁石	じしゃく	자석
滴	しずく	물방울
質疑	しつぎ	질의
失脚	しっきゃく	실각
実働	じつどう	실제 노동
実費	じっぴ	실비
執筆	しっぴつ	집필
児童	じどう	아동
芝居	しばい	(일본 전통)연극
紙幣	しへい	지폐
錠剤	じょうざい	정제
趣旨	しゅし	취지
仕様	しよう	사양
消去	しょうきょ	소거
衝撃	しょうげき	충격
賞賛	しょうさん	칭찬
症状	しょうじょう	증상
情状	じょうじょう	정상
消息	しょうそく	소식
衝突	しょうとつ	충돌
蒸発	じょうはつ	증발
譲歩	じょうほ	양보
蒸留	じょうりゅう	증류
奨励	しょうれい	장려
徐行	じょこう	서행
処罰	しょばつ	처벌
庶民	しょみん	서민
署名	しょめい	서명
仕業	しわざ	소행
信仰	しんこう	신앙
真珠	しんじゅ	진주
進呈	しんてい	진정, 드림
進展	しんてん	진전
親身	しんみ	가까운 친척
炊事	すいじ	취사
衰弱	すいじゃく	쇠약
推進	すいしん	추진
推測	すいそく	추측
垂直	すいちょく	수직
衰退	すいたい	쇠퇴
水滴	すいてき	물방울
出納	すいとう	출납
崇拝	すうはい	숭배
助っ人	すけっと	도와주는 사람
図示	ずし	도시(그림 표시)
制裁	せいさい	제재
精算	せいさん	정산
整然	せいぜん	정연
盛装	せいそう	성장(잘 차려입음)
晴天	せいてん	청천, 맑은 하늘
整列	せいれつ	정렬

☐ 是正（ぜせい） 시정

☐ 折衝（せっしょう） 절충(교섭하여 조정)

☐ 折衷（せっちゅう） 절충(합치는 것, 절충안)

☐ 繊維（せんい） 섬유

☐ 選考（せんこう） 전형

☐ 善処（ぜんしょ） 선처

☐ 先端（せんたん） 첨단

☐ 前途（ぜんと） 전도

☐ 臓器（ぞうき） 장기

☐ 相殺（そうさい） 상쇄

☐ 喪失（そうしつ） 상실

☐ 操縦（そうじゅう） 조종

☐ 総和（そうわ） 총화, 총계, 전체 합계

☐ 促進（そくしん） 촉진

☐ 速達（そくたつ） 속달

☐ 束縛（そくばく） 속박

☐ 阻止（そし） 저지

☐ 訴訟（そしょう） 소송

☐ 率先（そっせん） 솔선

☐ 存続（そんぞく） 존속

☐ 待遇（たいぐう） 대우

☐ 退治（たいじ） 퇴치

☐ 対峙（たいじ） 대치

☐ 体勢（たいせい） 자세

☐ 怠惰（たいだ） 나태

☐ 台無し（だいなし） 엉망이 된 모양

☐ 滞納（たいのう） 체납

☐ 怠慢（たいまん） 태만

☐ 妥協（だきょう） 타협

☐ 担架（たんか） 들것

☐ 蓄積（ちくせき） 축적

☐ 秩序（ちつじょ） 질서

☐ 窒息（ちっそく） 질식

☐ 宙（ちゅう） 허공, 공중

☐ 仲裁（ちゅうさい） 중재

☐ 中傷（ちゅうしょう） 중상(모략)

☐ 中枢（ちゅうすう） 중추

☐ 抽選（ちゅうせん） 추첨

☐ 中毒（ちゅうどく） 중독

☐ 彫刻（ちょうこく） 조각

☐ 徴収（ちょうしゅう） 징수

☐ 重複（ちょうふく） 중복

☐ 著名（ちょめい） 저명

☐ 陳列（ちんれつ） 진열

☐ 追及（ついきゅう） 추궁

☐ 束の間（つかのま） 순간, 아주 짧은 시간

☐ 堤（つつみ） 둑

☐ 提携（ていけい） 제휴

☐ 体裁（ていさい） (1) 외관 (2) 체면

☐ 停滞（ていたい） 정체

☐ 邸宅（ていたく） 저택

☐ 堤防（ていぼう） 제방

低迷	ていめい	부진
摘発	てきはつ	적발
手際	てぎわ	수완, 솜씨
鉄鋼	てっこう	철강
手配	てはい	(1) 수배 (2) 준비
手引き	てびき	(1) 인도 (2) 입문
転居	てんきょ	전거, 이사
転倒	てんとう	넘어짐
添付	てんぷ	첨부
陶器	とうき	도자기
統率	とうそつ	통솔
動揺	どうよう	동요
童謡	どうよう	동요
土手	どて	(흙으로 만든)둑
泥沼	どろぬま	수렁
問屋	とんや	도매상
苗	なえ	모종
名残	なごり	자취, 흔적, 여운
根回し	ねまわし	사전 교섭, 뿌리 돌리기
廃棄	はいき	폐기
廃棄物	はいきぶつ	폐기물
廃止	はいし	폐지
排除	はいじょ	배제
配布	はいふ	배포
漠然	ばくぜん	막연
暴露	ばくろ	폭로
端	はし	가장자리
発揮	はっき	발휘
鉢	はち	(1) 화분 (2) 사발
羽目	はめ	난처한 상황
繁栄	はんえい	번영
版画	はんが	판화
繁盛	はんじょう	번성
繁殖	はんしょく	번식
搬送	はんそう	반송, 운반하여 보내는 것
伴奏	ばんそう	반주
晩年	ばんねん	만년
万人	ばんにん	만인
控え室	ひかえしつ	대기실
匹敵	ひってき	필적
人影	ひとかげ	사람 그림자, 모습
人柄	ひとがら	인품
人質	ひとじち	인질
日向	ひなた	양지
描写	びょうしゃ	묘사
日和	ひより	(1) 날씨 (2) ~하기 좋은 날씨
微量	びりょう	미량
披露	ひろう	피로, 공개
貧窮	ひんきゅう	빈궁
頻繁	ひんぱん	빈번
貧富	ひんぷ	빈부
封鎖	ふうさ	봉쇄

- ☐ 複合（ふくごう） 복합
- ☐ 富豪（ふごう） 부호
- ☐ 符号（ふごう） 부호
- ☐ 布告（ふこく） 포고
- ☐ 夫妻（ふさい） 부처, 부부
- ☐ 負債（ふさい） 부채
- ☐ 負傷（ふしょう） 부상
- ☐ 侮辱（ぶじょく） 모욕
- ☐ 沸騰（ふっとう） 비등
- ☐ 腐敗（ふはい） 부패
- ☐ 踏み場（ふみば） 발 디딜 곳
- ☐ 扶養（ふよう） 부양
- ☐ 憤慨（ふんがい） 분개
- ☐ 奮闘（ふんとう） 분투
- ☐ 分別（ふんべつ） 분별, 지각력
- ☐ 分別（ぶんべつ） 분별, 구별
- ☐ 文房具（ぶんぼうぐ） 문방구
- ☐ 閉口（へいこう） 질림, 손듦
- ☐ 閉鎖（へいさ） 폐쇄
- ☐ 辟易（へきえき） 난처해 함
- ☐ 便宜（べんぎ） 편의
- ☐ 弁償（べんしょう） 변상
- ☐ 変遷（へんせん） 변천
- ☐ 防衛（ぼうえい） 방위
- ☐ 崩壊（ほうかい） 붕괴
- ☐ 方角（ほうがく） 방위, 방향
- ☐ 放棄（ほうき） 포기
- ☐ 方形（ほうけい） 사각형
- ☐ 封建（ほうけん） 봉건
- ☐ 奉仕（ほうし） 봉사
- ☐ 報酬（ほうしゅう） 보수
- ☐ 報償（ほうしょう） 보상
- ☐ 紡績（ぼうせき） 방적
- ☐ 膨大（ぼうだい） 팽대
- ☐ 膨張（ぼうちょう） 팽창
- ☐ 冒頭（ぼうとう） 모두
- ☐ 抱負（ほうふ） 포부
- ☐ 飽和（ほうわ） 포화
- ☐ 捕獲（ほかく） 포획
- ☐ 舗装（ほそう） 포장
- ☐ 没収（ぼっしゅう） 몰수
- ☐ 発端（ほったん） 발단
- ☐ 摩擦（まさつ） 마찰
- ☐ 麻酔（ますい） 마취
- ☐ 間取り（まどり） 방배치
- ☐ 慢性（まんせい） 만성
- ☐ 幹（みき） 나무줄기
- ☐ 岬（みさき） 곶
- ☐ 溝（みぞ） 도랑
- ☐ 矛盾（むじゅん） 모순
- ☐ 旨（むね） 취지, 뜻
- ☐ 芽（め） 싹

- 模索(もさく) 모색
- 目下(もっか) (1) 목하 (2) 눈앞 (3) 현재, 지금
- 模範(もはん) 모범
- 模倣(もほう) 모방
- 役場(やくば) 공무원이 일하는 곳
- 屋敷(やしき) 대저택, 부지
- 優遇(ゆうぐう) 우대
- 遊説(ゆうぜい) 유세
- 夕闇(ゆうやみ) 땅거미
- 猶予(ゆうよ) 유예
- 洋上(ようじょう) 양상, 해상
- 容積(ようせき) 용적
- 様相(ようそう) 양상
- 抑圧(よくあつ) 억압
- 抑制(よくせい) 억제
- 夜更(よふ)かし 밤 늦게까지 잠을 안 잠
- 夜更(よふ)け 심야
- 酪農(らくのう) 낙농
- 濫用(らんよう) 남용
- 利潤(りじゅん) 이윤
- 両立(りょうりつ) 양립
- 履歴(りれき) 이력
- 類似(るいじ) 유사
- 累積(るいせき) 누적
- 流布(るふ) 유포
- 老衰(ろうすい) 노쇠
- 朗読(ろうどく) 낭독
- 浪費(ろうひ) 낭비
- 枠(わく) (1) 틀 (2) 범위

동사

- 喘(あえ)ぐ 허덕이다
- 和(あ)える 버무리다
- 仰(あお)ぐ 우러러보다
- 明(あ)かす (1) 밝히다 (2) 밤새다
- 欺(あざむ)く 속이다
- 焦(あせ)る 초조해하다
- 褪(あ)せる 바래다, 퇴색하다
- 値(あたい)する 가치가 있다
- 誂(あつら)える 맞추다, 주문하다
- 侮(あなど)る 무시하다, 깔보다
- 危(あや)ぶむ 위태로워하다
- 労(いた)わる 노고를 위로하다
- 偽(いつわ)る 속이다
- 挑(いど)む 도전하다
- 否(いな)む 부정하다
- 威張(いば)る 거만하게 굴다, 뻐기다
- 受(う)け止(と)める 받아내다
- 打(う)ち切(き)る 중단하다
- 打(う)ち込(こ)む (1) 박아넣다 (2) 몰두하다
- 訴(うった)える (1) 호소하다 (2) 소송하다
- 促(うなが)す 재촉하다, 촉구하다

□ うぬぼれる	자만하다
□ 潤う（うるお）	(1) 수분을 머금다 (2) 윤택해지다
□ 潤す（うるお）	(1) 수분을 머금게 하다 (2) 윤택하게 하다
□ 怠る（おこた）	태만히 하다, 소홀히 하다
□ 押し寄せる（お・よ）	몰려오다
□ 煽てる（おだ）	치켜세우다, 부추기다
□ 陥る（おちい）	빠지다
□ 陥れる（おとしい）	빠뜨리다
□ 劣る（おと）	뒤떨어지다
□ 衰える（おとろ）	쇠약해지다, 쇠퇴하다
□ 怯える（おび）	겁먹다
□ 脅かす（おびや）	위협하다, 놀라게 하다
□ 帯びる（お）	(1) 띠다 (2) 차다
□ 赴く（おもむ）	향해 가다
□ 折り返す（お・かえ）	바로 회신하다
□ 顧みる（かえり）	(1) 회고하다 (2) 돌보다
□ 省みる（かえり）	반성하다
□ 掲げる（かか）	내걸다, 게재하다
□ 嵩張る（かさ・ば）	부피가 커지다
□ 嵩む（かさ）	(1) 부피가 커지다 (2) (비용이)늘어나다
□ かすれる	목이 쉬다
□ 兼ねる（か）	겸하다
□ かぶれる	물들다
□ 絡む（から）	(1) 얽히다 (2) 휘감기다
□ 涸れる（か）	(1) 마르다 (2) 고갈되다
□ 軋む（きし）	삐걱거리다
□ 築く（きず）	쌓다, 구축하다
□ 悔いる（く）	후회하다
□ 潜る（くぐ）	빠져나가다
□ 挫く（くじ）	삐다
□ くじる	후비다
□ 朽ち果てる（く・は）	썩어 문드러지다
□ 朽ちる（く）	(1) 썩어 형태가 무너지다 (2) 쇠퇴하다
□ 覆す（くつがえ）	뒤엎다
□ 狂う（くる）	(1) 미치다 (2) 고장나다 (3) 어긋나다
□ 企てる（くわだ）	기도하다, 계획하다
□ 貶す（けな）	폄하하다, 헐뜯다
□ 志す（こころざ）	뜻을 두다
□ 濾す（こ）	거르다, 여과하다
□ 擦る（こす）	문지르다, 비비다
□ 拒む（こば）	거부하다
□ 凝らす（こ）	한곳에 집중시키다
□ 懲りる（こ）	넌더리나다
□ 凝る（こ）	(1) 열중하다 (2) 응고하다 (3) 뻐근하다
□ 遮る（さえぎ）	차단하다
□ 冴える（さ）	맑고 깨끗하다
□ 栄える（さか）	번영하다

さ	□ 割く	할애하다
さ	□ 裂く	(1) 가르다 (2) 찢다
さぐ	□ 探る	(보이지 않는 것을)찾다
さ	□ 差しかかる	접어들다
さ つか	□ 差し支える	지장이 있다
さ ひ	□ 差し引く	제하다, 공제하다
さず	□ 授ける	(1) 하사하다 (2) 전수하다
さと	□ 悟る	깨닫다
さば	□ 裁く	중재하다, 재판하다
さわ	□ 障る	지장이 있다
	□ しくじる	실수하다
し け	□ 湿気る	습기 차다
した	□ 慕う	연모하다
し た	□ 仕立てる	(1) (옷을)만들다 (2) 양성하다
しな	□ 萎びる	(1) 시들다 (2) 쭈그러들다
しの	□ 凌ぐ	참고 견디다
じゅん	□ 準じる	준하다
	□ すすぐ	씻다
すた	□ 廃れる	쇠퇴하다, 한물가다
す	□ 澄む	맑다
せ	□ 急かす	재촉하다
	□ せがむ	조르다
そ	□ 添える	첨부하다
そこ	□ 損なう	손상하다
そく	□ 即する	입각하다
そ	□ 逸らす	(시선, 이야기, 얼굴 등을) 다른 데로 돌리다
たずさ	□ 携わる	종사하다
ただよ	□ 漂う	떠돌다
た か	□ 立て替える	대신 지불하다
たてまつ	□ 奉る	바치다
た	□ 垂らす	늘어뜨리다
た	□ 垂れる	처지다, 늘어지다
たる	□ 弛む	(1) 느슨해지다 (2) 해이해지다
ちょうほう	□ 重宝する	마음에 들어 요긴하게 쓰다
つか	□ 仕える	섬기다, 시중들다
つかさど	□ 司る	관장하다, 취급하다
つ	□ 尽きる	다하다, 끝나다
つ	□ 尽くす	(1) 다하다 (2) 헌신하다
つぐな	□ 償う	(1) 보상하다 (2) 속죄하다
つくろ	□ 繕う	수선하다
つつし	□ 慎む	삼가다, 조심하다
つと	□ 務まる	역할을 수행하다
つの	□ 募る	(1) 더해지다 (2) 모집하다
てい	□ 呈する	(1) 드리다 (2) (분위기 등을)띠다
と	□ 説く	(1) 설명하다 (2) 설득하다
と	□ 研ぐ	(1) (칼을)갈다 (2) (쌀을)씻다
と	□ 遂げる	이루다, 달성하다
とな	□ 唱える	(1) 소리내어 읽다 (2) 주장하다
とら	□ 捉える	(1) 파악하다 (2) 포착하다
と た	□ 取り立てる	(1) 징수하다 (2) 문제삼다
と よ	□ 取り寄せる	주문하다
なげ	□ 嘆く	한탄하다

□ 馴染む	なじ	(1) 친숙해지다 (2) 어울리다
□ 詰る	なじ	질책하다
□ なだめる		달래다
□ 懐く	なつ	(친숙해져서)따르다
□ 倣う	なら	따르다, 모방하다
□ 似通う	にかよ	닮다, 비슷하다
□ にじむ		번지다,스미다
□ 縫う	ぬ	(1) 꿰매다 (2) 누비고 가다
□ 妬む	ねた	질투하다
□ 強請る	ねだ	조르다
□ 粘る	ねば	끈기있게 버티다
□ 臨む	のぞ	(1) 임하다 (2) 면하다
□ 則る	のっと	(법, 기준, 규범 등을)따르다
□ 罵る	ののし	매도하다
□ のめり込む	こ	열중하다, 빠지다
□ 映える	は	잘 어울리다, 돋보이다
□ 捗る	はかど	진척되다
□ 諮る	はか	자문하다
□ 励む	はげ	힘쓰다
□ 弾く	はじ	(1) (손끝으로)튕기다 (2) 튕겨 내다
□ 阻む	はば	저지하다
□ はまる		빠지다
□ はらむ		(1) 임신하다 (2) 내포하다
□ 張り合う	は あ	경쟁하다
□ 控える	ひか	(1) 삼가하다 (2) 앞두다 (3) 기록하다
□ 率いる	ひき	인솔하다, 통솔하다
□ 引き落とす	ひ お	(공공요금 등을)이체하다
□ 引き取る	ひ と	(1) 물러나다 (2) 맡다
□ 歪む	ひず	일그러지다
□ 浸す	ひた	(액체에)담그다
□ 浸る	ひた	(액체에)잠기다
□ 翻す	ひるがえ	뒤집다
□ 耽る	ふけ	푹 빠지다, 몰두하다
□ ふやかす		(물에)불리다
□ ふやける		(물에)불다
□ ぶれる		흔들리다
□ 隔たる	へだ	(1) (공간이)떨어지다 (2) (시간이)흐르다 (3) 가로막히다 (4) (관계가)멀어지다
□ 隔てる	へだ	(1) (공간, 시간 등)사이를 두다 (2) (칸막이 등으로)가리다 (3) (관계를)갈라놓다
□ 遜る	へりくだ	자기를 낮추다
□ 経る	へ	(1) (시간이)흐르다 (2) 거치다
□ 葬る	ほうむ	(1) 매장하다 (2) (사실을)숨기다
□ 綻びる	ほころ	(1) (꿰맨 부분이)터지다 (2) (꽃봉오리가)조금 벌어지다 (3) 웃다
□ 施す	ほどこ	(1) 베풀다 (2) 시행하다 (3) (가공, 화장 등을)하다
□ 賄う	まかな	(1) 조달하다 (2) 식사 제공하다 (3) 꾸리다
□ 紛らす	まぎ	(다른 생각으로 시름, 걱정 등을) 잊다, 달래다

□ 紛(まぎ)れる	(1) (다른 일에 마음을 빼앗겨 시름, 걱정 등이)잊히다 (2) (비슷해서)혼동되다
□ まごつく	갈팡질팡하다
□ 交(まじ)える	(1) (인사, 의견, 말 등을)주고받다 (2) 섞다 (3) 교차시키다
□ 交(まじ)わる	(1) 교차하다 (2) 가까이 하다
□ またがる	(1) 걸터앉다 (2) 걸치다
□ 見立(みた)てる	(1) 비유하다 (2) 선정하다
□ 見計(みはか)らう	적당한 타이밍을 보다
□ むしる	(털, 풀 등을)뽑다, 뜯다
□ 蒸(む)れる	땀이 차다
□ もがく	발버둥치다
□ 潜(もぐ)る	(1) 잠수하다 (2) 잠입하다
□ 揉(も)める	분쟁이 생기다
□ 催(もよお)す	(1) 개최하다 (2) (어떤 상태를)자아내다
□ 和(やわ)らぐ	누그러지다, 완화되다
□ 和(やわ)らげる	누그러뜨리다, 완화하다
□ 歪(ゆが)む	(모양, 마음 등이)비뚤어지다
□ 揺(ゆ)さぶる	흔들다, 동요시키다
□ 濯(ゆす)ぐ	헹구다
□ 揺(ゆ)らぐ	흔들리다, 동요하다
□ 装(よそお)う	가장하다, ~척 하다
□ 蘇(よみがえ)る / 甦(よみがえ)る	되살아나다
□ 寄(よ)りかかる	(1) 기대다 (2) 의지하다
□ 寄(よ)り添(そ)う	꼭 붙어 있다

い형용사

□ あくどい	악랄하다
□ 浅(あさ)ましい	(1) 비열하다 (2) 개탄스럽다
□ あじけない	따분하다
□ あっけない	어이없다, 싱겁다
□ あどけない	천진난만하다
□ 荒(あら)っぽい	거칠다, 난폭하다
□ 淡(あわ)い	(맛, 색 등이)흐리다
□ 慌(あわ)ただしい	분주하다
□ いかがわしい	수상쩍다, 의심스럽다
□ 潔(いさぎよ)い	깨끗하다
□ 痛(いた)ましい	불쌍하다, 애처롭다
□ 愛(いと)しい	사랑스럽다
□ いぶかしい	의심스럽다
□ 忌(い)まわしい	불길하다, 꺼림칙하다
□ 卑(いや)しい	천박하다, 저속하다
□ 初々(ういうい)しい	앳되다, 풋풋하다
□ うさん臭(くさ)い	왠지 수상쩍다
□ うっとうしい	울적하다, 꿀꿀하다
□ 疎(うと)い	서먹하다
□ 恭(うやうや)しい	공손하다, 정중하다
□ おこがましい	(1) 주제넘다 (2) 어리석다
□ おっかない	두렵다, 무섭다
□ 夥(おびただ)しい	수량이 매우 많다
□ おぼつかない	의심스럽다, 미덥지 못하다

□ 重々(おもおも)しい　무게가 있다, 위엄이 있다

□ 輝(かがや)かしい　빛나다, 눈부시다

□ 堅苦(かたくる)しい　딱딱하다, 거북하다

□ 芳(かんば)しい　향기롭다

□ 気難(きむずか)しい　(성격이)까다롭다

□ きめ細(こま)かい　세심하다

□ 際(きわ)どい　아슬아슬하다

□ 汚(けが)らわしい　더럽다, 추잡스럽다

□ けたたましい　갑자기 큰 소리가 나다

□ 煙(けむ)たい　냅다, 거북하다

□ 心無(こころな)い　사려가 없다, 무분별하다

□ 心許(こころもと)ない　불안하다, 염려되다

□ しぶとい　끈질기다, 굳건하다

□ じれったい　안타깝다, 애타다

□ 凄(すさ)まじい　무시무시하다

□ すばしこい　재빠르다

□ せこい　쩨쩨하다

□ 忙(せわ)しない　바쁘다, 분주하다

□ そっけない　매정하다, 냉담하다

□ 猛々(たけだけ)しい　(1) 용맹하다 (2) 뻔뻔하다

□ だらしない　칠칠맞다

□ 拙(つたな)い　서툴다

□ つつがない　무탈하다, 이상 없다

□ 慎(つつ)ましい　조신하다, 조심스럽다

□ 倹(つま)しい　검소하다, 알뜰하다

□ 手厚(てあつ)い　극진하다, 융숭하다

□ 手強(てごわ)い　힘겹다, 버겁다

□ 手(て)っ取(と)り早(ばや)い　신속하다, 재빠르다

□ 照(て)れくさい　쑥스럽다

□ とげとげしい　가시돋치다

□ 途方(とほう)もない　터무니없다, 당치도 않다

□ 乏(とぼ)しい　(1) 부족하다 (2) 가난하다

□ 嘆(なげ)かわしい　한탄스럽다

□ 名残惜(なごりお)しい　아쉽다, 섭섭하다

□ 情(なさ)け深(ぶか)い　인정이 많다

□ 何気(なにげ)ない　무심하다, 별생각 없다

□ 生々(なまなま)しい　(기억 등이)생생하다

□ 馴(な)れ馴(な)れしい　(1) 허물없다 (2) 버릇없다

□ 粘(ねば)り強(づよ)い　끈기 있다

□ はかない　덧없다, 허무하다

□ 計(はか)り知(し)れない　헤아릴 수 없다

□ はしたない　상스럽다

□ 甚(はなは)だしい　매우 심하다

□ 紛(まぎ)らわしい　헷갈리다, 혼동되다

□ 瑞々(みずみず)しい　(1) (채소가)싱싱하다
(2) (피부가)윤기 있다

□ 未練(みれん)がましい　미련이 남다, 아쉽다

□ むごい　잔혹하다, 비참하다

□ むさ苦(くる)しい　누추하다, 남루하다

□ 胸苦(むなぐる)しい　가슴이 답답하다

□ 目(め)ざとい　보는 눈이 빠르다

□ 目(め)まぐるしい　(변화가 빨라)눈이 핑핑 돌다

□ 物々しい	ものもの	위엄이 있다, 장엄하다
□ ややこしい		까다롭다
□ やるせない		안타깝다, 애절하다
□ よそよそしい		서먹서먹하다
□ よんどころない		어쩔 수 없다, 부득이하다
□ りりしい		늠름하다, 씩씩하다
□ わざとらしい		부자연스럽다
□ 煩わしい	わずら	(1) 성가시다 (2) 복잡하다, 까다롭다

な형용사

□ あからさまな		분명한, 명백한
□ あべこべな		거꾸로인, 뒤바뀐
□ あやふやな		애매한
□ あらわな		노골적인, 공공연한
□ 哀れな	あわ	불쌍한, 가련한
□ 安直な	あんちょく	(1) 안이한 (2) 저렴한
□ 粋な	いき	세련된
□ 一途な	いちず	한결같은
□ 一様な	いちよう	똑같은, 한결같은
□ 歪な	いびつ	일그러진, 왜곡된
□ 陰気な	いんき	(성격이)음울한
□ 虚ろな	うつ	(1) 공허한 (2) 속인 빈
□ うやむやな		애매한
□ 婉曲な	えんきょく	완곡한
□ 大がかりな	おお	대규모인
□ 大雑把な	おおざっぱ	대략적인, 조잡한
□ 大まかな	おお	대범한, 대충인
□ 大らかな	おお	대범한, 느긋한
□ 臆病な	おくびょう	겁이 많은
□ 厳かな	おごそ	엄숙한
□ 億劫な	おっくう	귀찮은, 성가신
□ 愚かな	おろ	어리석은
□ 疎かな	おろそ	소홀한
□ 穏便な	おんびん	원만한
□ 皆無な	かいむ	전혀 없는
□ 果敢な	かかん	과감한
□ がさつな		조심성 없는, 거친
□ 過剰な	かじょう	과잉인
□ 頑なな	かたく	완고한
□ 頑固な	がんこ	완고한
□ 頑丈な	がんじょう	튼튼한
□ 肝心な	かんじん	가장 중요한
□ 感無量な	かんむりょう	감개무량한
□ 気障な	きざ	(복장, 언동 등이)아니꼬운, 거슬리는
□ 気障りな	きざわ	불쾌한, 아니꼬운
□ 几帳面な	きちょうめん	꼼꼼한
□ 気まぐれな	き	변덕스러운
□ 気ままな	き	제멋대로인
□ きゃしゃな		갸날픈, 호리호리한
□ 窮屈な	きゅうくつ	(1) 비좁아 답답한 (2) (옷이)꽉 끼는
□ 窮乏な	きゅうぼう	궁핍한
□ 強硬な	きょうこう	강경한

きよ	□ 清らかな	깨끗한, 맑은
	□ きらびやかな	화려하고 아름다운
けなげ	□ 健気な	기특한, 갸륵한
けんご	□ 堅固な	견고한
げんしゅく	□ 厳粛な	엄숙한
ごういん	□ 強引な	억지로 하는
こっけい	□ 滑稽な	익살스러운
こま	□ 細やかな	자상한, 세심한
ささい	□ 些細な	사소한
ささ	□ 細やかな	조촐한, 아담한
さっきゅう	□ 早急な	조속한
ざんしん	□ 斬新な	참신한
したた	□ 強かな	굳건한, 굳센
しっそ	□ 質素な	검소한
しつよう	□ 執拗な	집요한
しと	□ 淑やかな	얌전한, 정숙한
	□ しなやかな	나긋나긋한
じみち	□ 地道な	착실한, 견실한
しれつ	□ 熾烈な	치열한
じんじょう	□ 尋常な	예사로운
しんみ	□ 親身な	(혈연관계인 것처럼)세심한
すなお	□ 素直な	고분고분한
せいきゅう	□ 性急な	성급한
ぜつだい	□ 絶大な	절대적인, 아주 큰
せんさい	□ 繊細な	섬세한
そうだい	□ 壮大な	장대한
そまつ	□ 粗末な	(1) 조잡한 (2) 소홀히 하는
	□ ぞんざいな	거친, 난폭하고 무례한
たいまん	□ 怠慢な	태만한
たく	□ 巧みな	교묘한, 능란한
たっしゃ	□ 達者な	능숙한, 잘하는
たんねん	□ 丹念な	공들인, 정성들인
ちみつ	□ 緻密な	치밀한
ちゅうとはんぱ	□ 中途半端な	어중간한
ちょめい	□ 著名な	저명한
ちんぷ	□ 陳腐な	진부한
つきな	□ 月並みな	평범한, 진부한
つぶ	□ 円らな	동그란
ていちょう	□ 丁重な	정중한
てうす	□ 手薄な	허술한
てきかく	□ 的確な	적확한, 적절한
てきぎ	□ 適宜な	적당한, 적절한
てぢか	□ 手近な	(1) 가까운 (2) 흔히 있는
てみじか	□ 手短な	간략한, 간단한
どうよう	□ 同様な	같은, 마찬가지인
どんかん	□ 鈍感な	둔감한
	□ なおざりな	대충하는, 소홀한
なご	□ 和やかな	온화한
	□ なだらかな	(1) 완만한 (2) 원활한
なめ	□ 滑らかな	(1) (표면)매끄러운 (2) 순조로운
にゅうねん	□ 入念な	정성들인, 공들인
	□ にわかな	갑작스러운
ねんい	□ 念入りな	정성들인, 공들인
のうこう	□ 濃厚な	농후한

のどかな	한가로운
煩雑(はんざつ)な	번잡한
半端(はんぱ)な	어중간한
控(ひか)えめな	조심스러운
ひたむきな	한결같은
皮肉(ひにく)な	빈정대는, 비아냥대는
非力(ひりき)な	약한, 힘없는
不意(ふい)な	갑작스러운
不得手(ふえて)な	서툰, 못하는
不気味(ぶきみ)な	어쩐지 무서운
不器用(ぶきよう)な	손재주 없는, 서툰
不審(ふしん)な	수상한, 의심스러운
不振(ふしん)な	부진한
不備(ふび)な	미비한
不用意(ふようい)な	조심성 없는, 부주의한
ふんだんな	넉넉한, 풍부한
膨大(ぼうだい)な	방대한
奔放(ほんぽう)な	분방한
区々(まちまち)な	제각각인
まばらな	드문드문한
未練(みれん)な	미련이 남는
無邪気(むじゃき)な	천진난만한, 순진한
無造作(むぞうさ)な	(1) 아무렇게 하는 모양 (2) 대수롭지 않게 여기는 모양
無念(むねん)な	원통한
無闇(むやみ)な	무턱대고 하는 모양, 과도한
無用(むよう)な	쓸모없는
物好(ものず)きな	별난 것을 좋아하는
安(やす)らかな	편안한
厄介(やっかい)な	귀찮은, 성가신
悠長(ゆうちょう)な	느긋한
緩(ゆる)やかな	(1) 완만한 (2) 느슨한
陽気(ようき)な	(성격이)밝은
理不尽(りふじん)な	불합리한
歴然(れきぜん)な	분명한
ろくな	제대로 된, 변변한
露骨(ろこつ)な	노골적인

부사/접속사

あえて	굳이
悪(あ)しからず	양해해 주시길
案(あん)の定(じょう)	아니나다를까
幾多(いくた)	수많이
依然(いぜん)として	여전히
至(いた)って	극히, 매우
一概(いちがい)に	일률적으로, 싸잡아서
一見(いっけん)	언뜻 보기에
一向(いっこう)に	전혀
いっそ	도리어, 차라리
いとも	매우, 아주
未(いま)だ〜ない	아직 ~않다
未(いま)だに	아직
うっすら	어렴풋이
大方(おおかた)	대부분, 거의

□ おおむね	대체로, 대개
□ 自(おの)ずから	저절로
□ 自(おの)ずと	저절로
□ 折(おり)から	때마침, 마침 그때
□ 概(がい)して	대체로
□ かねて	진작부터, 전부터
□ 仮(かり)に	임시로
□ 元来(がんらい)	원래
□ 極力(きょくりょく)	온 힘을 다해
□ くまなく	빠짐없이
□ けろりと	천연덕스럽게
□ 快(こころよ)く	흔쾌히, 선뜻
□ ことごとく	죄다, 몽땅
□ こってり	맛, 색깔 등이 진한 모양
□ さも	자못, 참으로, 정말로
□ ざらに	수두룩이
□ 強(し)いて	억지로, 굳이
□ しきりに	자주, 빈번히
□ 若干(じゃっかん)	약간
□ しんなり	나긋나긋
□ 随時(ずいじ)	수시로
□ すかさず	지체없이
□ すこぶる	매우, 몹시
□ ずばり	정곡을 찌르는 모양, 바로
□ 総(そう)じて	전부 해서
□ 即座(そくざ)に	즉석에서, 그 자리에서
□ 大(たい)して	그다지, 별로

□ てきぱきと	일을 척척 처리하는 모양
□ てっきり	틀림없이
□ てんで	전혀, 도무지
□ 時折(ときおり)	때때로, 이따금
□ とっさに	순간적으로
□ 突如(とつじょ)	돌연, 갑자기
□ とびきり	월등히
□ なまじ	섣불리, 어설피
□ なるたけ	될 수 있는 한, 가급적
□ 願(ねが)わくは	원컨대, 아무쪼록
□ 軒並(のきな)み	모두, 일제히
□ はなはだ	매우, 몹시
□ ひいては	나아가서는
□ ひたすら	오로지
□ ひとえに	한결같이, 그저
□ ひときわ	한층 더, 유달리
□ ぼつぼつ	(1) 서서히 (2) 드문드문
□ まさしく	바로, 틀림없이
□ まるっきり	전혀
□ まるまる	전부, 몽땅
□ まんざら	아주, 전혀 (~않다)
□ みるみる	순식간에, 금세
□ 無性(むしょう)に	공연히, 까닭 없이
□ もろに	직접, 정면으로
□ やけに	(1) 몹시 (2) 무턱대고
□ ろくに	변변히, 제대로
□ わりと	비교적

가타카나

□ アーカイブ	자료 보존
□ アクセス	(1) 액세스 (2) 교통수단
□ アクティブ	능동적, 활동적
□ アプローチ	어프로치, 접근
□ アポ(アポイント)	약속
□ アルミ	알루미늄
□ アレンジ	(1) 배열 (2) 편곡
□ エレガント	우아함, 고상함
□ カテゴリー	카테고리, 범주
□ カルテ	진료 기록 카드
□ ガレージ	차고
□ ギャップ	갭
□ コミカル	코미컬, 희극적
□ コンスタント	일정함
□ コンセンサス	의견 일치, 합의
□ コントラスト	대조, 대비
□ シビア	혹독함, 가혹함
□ シェア	점유
□ シック	시크, 멋진, 세련된
□ シフト	근무 시간표
□ ステータス	사회적 신분, 지위
□ スト(ストライキ)	파업
□ ストック	(1) 재고품 (2) 비축
□ セレモニー	세리머니, 의식
□ ゼミ	세미나(대학교 수업의 한 형태)
□ タイムリー	적시
□ ダイヤ	(열차 등의)운행 계획표
□ ダース	타스(12개 들이)
□ デリケート	섬세함
□ ネガティブ	부정적
□ ネック	(1) 목 (2) 난관, 장애물
□ ノルマ	할당 노동량
□ ハードル	허들
□ パトカー	순찰차
□ ウイルス	바이러스
□ ファスナー	지퍼
□ フォロー	(1) 뒤쫓음 (2) 보조 (3) (SNS)팔로우
□ ブランク	공백
□ ポジティブ	긍정적
□ ポピュラー	대중적
□ ポリシー	정책
□ マグニチュード	지진 규모를 나타내는 단위
□ マニフェスト	선언
□ モチーフ	모티브
□ モチベーション	모티베이션, 동기 부여
□ ユニーク	유니크, 독특
□ ラフ	러프, 거친 모양
□ リーズナブル	(1) 타당함 (2) 가격이 적당함
□ ルーズ	루즈, 허술함
□ レジュメ	요약
□ レントゲン	엑스레이
□ ローカル	지방적인, 국지적인

고득점 어휘 확인 문제 ❶

[/ 36]

다음 단어의 읽기로 가장 알맞은 것을 a, b 중에서 고르시오.

1 悪癖 (a あくくせ b あくへき)

2 遺跡 (a いせき b ゆせき)

3 獲物 (a かくぶつ b えもの)

4 横領 (a おうりょう b おうれい)

5 面影 (a めんえい b おもかげ)

6 過剰 (a かじょう b かぜい)

7 金物 (a かなもの b かねぶつ)

8 還元 (a かんがん b かんげん)

9 丘陵 (a きゅうりょう b きゅうりゅう)

10 境遇 (a けいぐう b きょうぐう)

11 均衡 (a きんきょう b きんこう)

12 軽蔑 (a けいべつ b けいばつ)

13 解熱 (a げねつ b かいねつ)

14 控訴 (a こうそ b くうそ)

15 誇張 (a かちょう b こちょう)

16 裁縫 (a さいほう b さいぼう)

17 色彩 (a しょくさい b しきさい)

18 磁石 (a じしゃく b じせき)

19 徐行 (a じょこう b しょこう)

20 図示 (a ずし b ずじ)

21 先端 (a さきばし b せんたん)

22 相殺 (a そうさつ b そうさい)

23 待遇 (a たいぐう b たいゆう)

24 滞納 (a だいのう b たいのう)

25 中枢 (a ちゅうすう b じゅうすう)

26 堤 (a のき b つつみ)

27 摘発 (a てきはつ b てきばつ)

28 添付 (a せんぷ b てんぷ)

29 繁盛 (a はんぜい b はんじょう)

30 日向 (a ひなた b にっこう)

31 封鎖 (a ふうさ b ほうさ)

32 辟易 (a へきえき b へきい)

33 紡績 (a ほうせき b ぼうせき)

34 膨張 (a ばいちょう b ぼうちょう)

35 猶予 (a ゆうよ b ゆよう)

36 累積 (a ろうせき b るいせき)

정답 1 ⓑ 2 ⓐ 3 ⓑ 4 ⓐ 5 ⓑ 6 ⓐ 7 ⓐ 8 ⓑ 9 ⓐ 10 ⓑ 11 ⓑ 12 ⓐ
13 ⓐ 14 ⓐ 15 ⓑ 16 ⓐ 17 ⓑ 18 ⓐ 19 ⓐ 20 ⓐ 21 ⓑ 22 ⓑ 23 ⓐ 24 ⓑ
25 ⓐ 26 ⓑ 27 ⓐ 28 ⓑ 29 ⓑ 30 ⓐ 31 ⓐ 32 ⓐ 33 ⓑ 34 ⓑ 35 ⓐ 36 ⓑ

고득점 어휘 확인 문제 ❷ [/ 36]

다음 단어의 읽기로 가장 알맞은 것을 a, b 중에서 고르시오.

1 斡旋 (a あっせん b あっそん)

2 印鑑 (a いんかん b いんがん)

3 沿岸 (a えんかん b えんがん)

4 凹凸 (a おうとつ b ゆうとつ)

5 解剖 (a かいぶ b かいぼう)

6 楽譜 (a がくふ b らくふ)

7 合併 (a ごうへい b がっぺい)

8 岸 (a きし b きり)

9 軌道 (a きどう b けどう)

10 享受 (a きょうじゅ b きょうじゅう)

11 亀裂 (a きれつ b きんれつ)

12 駆使 (a くし b こうし)

13 欠如 (a けつにょ b けつじょ)

14 控除 (a くうじょ b こうじょ)

15 根底 (a こんてい b ねそこ)

16 指図 (a しず b さしず)

17 殺到 (a さっとう b そっとう)

18 滴 (a しずく b たき)

19 症状 (a じょうしょう b しょうじょう)

20 衰弱 (a すいじゃく b すいやく)

21 折衷 (a せっちゅう b せっしゅう)

22 束縛 (a そくはく b そくばく)

23 訴訟 (a そうしょう b そしょう)

24 怠惰 (a たいだ b だいだ)

25 仲裁 (a じゅうさい b ちゅうさい)

26 陳列 (a ちんれつ b じんれつ)

27 体裁 (a ていさい b たいさい)

28 土手 (a とて b どて)

29 暴露 (a ばくろ b ぼうろ)

30 人質 (a ひとじち b ひとしつ)

31 符号 (a ぶごう b ふごう)

32 便宜 (a べんぎ b べんき)

33 消去 (a しょうきょ b しょうこ)

34 舗装 (a ほそう b ほうそう)

35 酪農 (a はくのう b らくのう)

36 利潤 (a りじゅん b りゆん)

정답 1 ⓐ 2 ⓐ 3 ⓑ 4 ⓐ 5 ⓑ 6 ⓐ 7 ⓑ 8 ⓐ 9 ⓐ 10 ⓐ 11 ⓐ 12 ⓐ
13 ⓑ 14 ⓑ 15 ⓐ 16 ⓑ 17 ⓐ 18 ⓐ 19 ⓑ 20 ⓐ 21 ⓐ 22 ⓑ 23 ⓑ 24 ⓐ
25 ⓑ 26 ⓐ 27 ⓐ 28 ⓑ 29 ⓐ 30 ⓐ 31 ⓑ 32 ⓐ 33 ⓐ 34 ⓐ 35 ⓑ 36 ⓐ

고득점 어휘 확인 문제 ❸

[/ 36]

다음 단어의 읽기로 가장 알맞은 것을 a, b 중에서 고르시오.

1 意気地 (a いくじ b いきじ)
2 上辺 (a かみへん b うわべ)
3 流布 (a るふ b りゅうふ)
4 公 (a なさけ b おおやけ)
5 開拓 (a かいたく b かいせく)
6 垣根 (a かいね b かきね)
7 化繊 (a かせん b かぜん)
8 還暦 (a かんれき b かんりょく)
9 犠牲 (a きせい b ぎせい)
10 虚偽 (a きょい b きょぎ)
11 吟味 (a いんみ b ぎんみ)
12 境内 (a けいだい b きょうない)
13 結晶 (a けってい b けっしょう)
14 荒廃 (a こうはい b おうはい)
15 催促 (a さいそく b さいしょく)
16 挿絵 (a そうが b さしえ)
17 示唆 (a しさ b じさ)
18 錠剤 (a ちょうざい b じょうざい)
19 信仰 (a しんこう b しんごう)
20 出納 (a しゅつのう b すいとう)
21 是正 (a ぜせい b ぜしょう)
22 阻止 (a はし b そし)
23 退治 (a たいじ b たいち)
24 秩序 (a しつじょ b ちつじょ)
25 窒息 (a しっそく b ちっそく)
26 提携 (a ていきゅう b ていけい)
27 旨 (a むね b みぞ)
28 廃棄 (a へいき b はいき)
29 万人 (a まんびと b ばんにん)
30 披露 (a ひろ b ひろう)
31 憤慨 (a ふんがい b ぶんがい)
32 変遷 (a へんせん b へんぜん)
33 方角 (a ほうかく b ほうがく)
34 岬 (a みさき b ふち)
35 遊説 (a ゆうせつ b ゆうぜい)
36 濫用 (a なんよう b らんよう)

정답 1 ⓐ 2 ⓑ 3 ⓐ 4 ⓑ 5 ⓐ 6 ⓑ 7 ⓐ 8 ⓐ 9 ⓑ 10 ⓑ 11 ⓑ 12 ⓐ
13 ⓑ 14 ⓐ 15 ⓐ 16 ⓑ 17 ⓐ 18 ⓑ 19 ⓐ 20 ⓑ 21 ⓐ 22 ⓑ 23 ⓐ 24 ⓑ
25 ⓑ 26 ⓑ 27 ⓐ 28 ⓑ 29 ⓑ 30 ⓑ 31 ⓐ 32 ⓐ 33 ⓑ 34 ⓐ 35 ⓑ 36 ⓑ

고득점 어휘 확인 문제 ❹

[　　/ 36]

다음 단어의 읽기로 가장 알맞은 것을 a, b 중에서 고르시오.

1 罵る　(a はかどる　b ののしる)
2 掲げる(a とげる　b かかげる)
3 潤う　(a うるおう　b うやまう)
4 歪む　(a なじむ　b ゆがむ)
5 諮る　(a はかる　b おとる)
6 陥れる(a あばれる　b おとしいれる)
7 欺く　(a つぶやく　b あざむく)
8 喘ぐ　(a なげく　b あえぐ)
9 貶す　(a けなす　b ひたす)
10 悟る　(a さとる　b ほこる)
11 侮る　(a おこたる　b あなどる)
12 唱える(a とらえる　b となえる)
13 潜る　(a くぐる　b つまる)
14 褪せる(a あせる　b まかせる)
15 遮る　(a ほうむる　b さえぎる)
16 添える(a そえる　b ささえる)
17 阻む　(a こばむ　b はばむ)
18 覆す　(a くつがえす　b ひっくりかえす)
19 遜る　(a へりくだる　b うけたまわる)
20 赴く　(a おもむく　b かたむく)
21 和える(a つかえる　b あえる)
22 研ぐ　(a こぐ　b とぐ)
23 廃れる(a すたれる　b たれる)
24 翻す　(a ひるがえす　b おびやかす)
25 煽てる(a へだてる　b おだてる)
26 企てる(a くわだてる　b はてる)
27 漂う　(a ただよう　b よそおう)
28 偽る　(a あやつる　b いつわる)
29 償う　(a つぐなう　b はからう)
30 顧みる(a こころみる　b かえりみる)
31 労わる(a いたわる　b まじわる)
32 軋む　(a はげむ　b きしむ)
33 栄える(a ひかえる　b さかえる)
34 繕う　(a つくろう　b おぎなう)
35 慕う　(a したう　b おそう)
36 則る　(a あやまる　b のっとる)

정답 1 ⓑ　2 ⓑ　3 ⓐ　4 ⓑ　5 ⓐ　6 ⓑ　7 ⓑ　8 ⓑ　9 ⓐ　10 ⓐ　11 ⓑ　12 ⓑ
13 ⓐ　14 ⓐ　15 ⓑ　16 ⓐ　17 ⓑ　18 ⓐ　19 ⓐ　20 ⓐ　21 ⓑ　22 ⓑ　23 ⓐ　24 ⓐ
25 ⓑ　26 ⓐ　27 ⓐ　28 ⓑ　29 ⓐ　30 ⓑ　31 ⓐ　32 ⓑ　33 ⓑ　34 ⓐ　35 ⓐ　36 ⓑ

고득점 어휘 확인 문제 ❺

[　　/ 36]

다음 단어의 읽기로 가장 알맞은 것을 a, b 중에서 고르시오.

1 夥しい (a おびただしい　b いたましい)

2 甚だしい (a あわただしい　b はなはだしい)

3 浅ましい (a あさましい　b つつましい)

4 潔い (a いさぎよい　b こころよい)

5 際どい (a あくどい　b きわどい)

6 瑞々しい (a なれなれしい　b みずみずしい)

7 芳しい (a かんばしい　b とぼしい)

8 淡い (a せこい　b あわい)

9 卑しい (a いやしい　b あやしい)

10 初々しい (a たけだけしい　b ういういしい)

11 拙い (a つたない　b しぶとい)

12 頑丈な (a がんじょうな　b かんじょうな)

13 肝心な (a かんしんな　b かんじんな)

14 清らかな (a なめらかな　b きよらかな)

15 的確な (a てきかくな　b てっかくな)

16 鈍感な (a どんかんな　b とんかんな)

17 皮肉な (a かわにくな　b ひにくな)

18 緻密な (a ちみつな　b しみつな)

19 執拗な (a ひつような　b しつような)

20 厄介な (a やっかいな　b やくがいな)

21 丹念な (a たんねんな　b だんねんな)

22 愚かな (a にわかな　b おろかな)

23 皆無な (a かいむな　b がいむな)

24 健気な (a けなげな　b けんきな)

25 露骨な (a ろこつな　b ろうこつな)

26 煩雑な (a はんざつな　b ほんざつな)

27 婉曲な (a わんきょくな　b えんきょくな)

28 強引な (a ごういんな　b きょういんな)

29 陳腐な (a ちんぷな　b じんぷな)

30 区々な (a くくな　b まちまちな)

31 頑なな (a かたくなな　b がんなな)

32 厳かな (a おごそかな　b きよらかな)

33 適宜な (a てきじな　b てきぎな)

34 円らな (a つぶらな　b まばらな)

35 強かな (a おろそかな　b したたかな)

36 堅固な (a けんこな　b けんごな)

정답 1 ⓐ　2 ⓑ　3 ⓐ　4 ⓐ　5 ⓑ　6 ⓑ　7 ⓐ　8 ⓑ　9 ⓐ　10 ⓑ　11 ⓐ　12 ⓐ
13 ⓑ　14 ⓑ　15 ⓐ　16 ⓐ　17 ⓑ　18 ⓐ　19 ⓑ　20 ⓐ　21 ⓐ　22 ⓑ　23 ⓐ　24 ⓐ
25 ⓐ　26 ⓐ　27 ⓑ　28 ⓐ　29 ⓐ　30 ⓑ　31 ⓐ　32 ⓐ　33 ⓑ　34 ⓐ　35 ⓑ　36 ⓑ

고득점 어휘 확인 문제 ❻

[/ 18]

다음 단어의 일본어 표현으로 가장 알맞은 것을 a, b 중에서 고르시오.

1 임하다 (a はげむ b のぞむ)

2 누그러지다 (a やわらぐ b ののしる)

3 으스대다 (a いばる b いいはる)

4 띠다 (a かねる b おびる)

5 초조해하다 (a くいる b あせる)

6 중재하다 (a さばく b あばく)

7 인솔하다 (a ひきいる b あきれる)

8 탄식하다 (a はじく b なげく)

9 도전하다 (a いどむ b たるむ)

10 태만히 하다 (a おこたる b もがく)

11 격화되다, 모집하다 (a ひたる b つのる)

12 삼가다 (a ふやける b ひかえる)

13 발버둥치다 (a まごつく b もがく)

14 쇠퇴하다 (a おとろえる b よみがえる)

15 진척되다 (a はかどる b もよおす)

16 빠지다 (a おちいる b そびえる)

17 부피가 커지다 (a かさばる b しくじる)

18 뒤떨어지다 (a まさる b おとる)

정답 1 ⓑ 2 ⓐ 3 ⓐ 4 ⓑ 5 ⓑ 6 ⓐ 7 ⓐ 8 ⓑ 9 ⓐ
10 ⓐ 11 ⓑ 12 ⓑ 13 ⓑ 14 ⓐ 15 ⓐ 16 ⓐ 17 ⓐ 18 ⓑ

고득점 어휘 확인 문제 ❼

[/ 18]

다음 단어의 접두어 · 접미어로 가장 알맞은 것을 a, b 중에서 고르시오.

1	매우	(a おおむね	b はなはだ)
2	도리어	(a あえて	b いっそ)
3	나아가서는	(a ひいては	b いたって)
4	정면으로	(a まさに	b もろに)
5	아니나다를까	(a あんのじょう	b いぜんとして)
6	빠짐없이	(a くまなく	b いっこうに)
7	대체로	(a かりに	b がいして)
8	틀림없이	(a こころよく	b てっきり)
9	완전히	(a まるまる	b ずばり)
10	전부터	(a かねて	b やけに)
11	넉넉히	(a ひたすら	b ふんだんに)
12	억지로	(a てきぱきと	b しいて)
13	공연히	(a むしょうに	b ひとりでに)
14	자주	(a しきりに	b おのずと)
15	대단히	(a とっさに	b すこぶる)
16	한층 더	(a ろくに	b ひときわ)
17	지체 없이	(a すかさず	b わりと)
18	일제히	(a のきなみ	b あたかも)

정답 1 ⓑ 2 ⓑ 3 ⓐ 4 ⓑ 5 ⓐ 6 ⓐ 7 ⓑ 8 ⓑ 9 ⓐ
10 ⓐ 11 ⓑ 12 ⓑ 13 ⓐ 14 ⓐ 15 ⓑ 16 ⓑ 17 ⓐ 18 ⓐ

고득점 어휘 확인 문제 ❽

[/ 18]

다음 단어의 가타카나 표기로 가장 알맞은 것을 a, b 중에서 고르시오.

1 세심하다 (a きめこまかい b あどけない)

2 안타깝다 (a いとしい b じれったい)

3 분주하다 (a あわただしい b まぎらわしい)

4 벅차다 (a だらしない b てごわい)

5 미덥지 못하다 (a おぼつかない b わずらわしい)

6 거북하다 (a けむたい b しぶとい)

7 튼튼한 (a がんこな b がんじょうな)

8 난폭하고 무례한 (a ぞんざいな b あらわな)

9 애매한 (a あやふやな b あべこべな)

10 꼼꼼한 (a やすらかな b きちょうめんな)

11 공허한, 속이 빈 (a うつろな b はんぱな)

12 착실한 (a しとやかな b じみちな)

13 진료 기록 카드 (a カルテ b カテゴリー)

14 자료 보존 (a アーカイブ b ダイヤ)

15 요약 (a ノルマ b レジュメ)

16 혹독 (a デリケート b シビア)

17 비축 (a ストック b シェア)

18 일정함 (a コントラスト b コンスタント)

정답 1 ⓐ 2 ⓑ 3 ⓐ 4 ⓑ 5 ⓐ 6 ⓐ 7 ⓑ 8 ⓐ 9 ⓐ
10 ⓑ 11 ⓐ 12 ⓑ 13 ⓐ 14 ⓐ 15 ⓑ 16 ⓑ 17 ⓐ 18 ⓑ

문자 · 어휘 완전 정복을 위한 꿀팁!

문제를 풀어 본 후에는 반드시 복습을 해야 합니다. 본서에 제시된 예문들을 충실하게 학습해 두면 어떤 문제든 풀 수 있을 겁니다.

● **問題 1 한자 읽기**

음독과 훈독, 장음, 촉음을 구분하여 풉니다. 비슷한 형태의 한자는 같은 발음인 경우가 많습니다.

● **問題 2 문맥 규정**

다양한 품사가 출제되는데, 동사나 い형용사는 사전형을 떠올려 보고, 부사는 호응하는 단어를 찾아내면 확실하게 답을 구할 수 있습니다.

● **問題 3 유의어**

사전적인 의미가 완전히 같지 않더라도 문장의 의미가 손상되지 않는 경우에는 답이 될 수 있다는 것을 명심하세요.

● **問題 4 용법**

단어를 원래의 의미대로 사용한 것을 찾는 한편, 해당 단어가 원래의 품사대로 사용되고 있는지도 확인해 봅니다. な형용사의 경우, 어간만을 한자로 제시하므로 명사와 혼동하지 않도록 합니다. N1에서 출제되는 부사는 다양한 의미를 지닌 경우가 대부분이므로, 주어진 단어가 문장의 흐름에 가장 어울리는 선택지를 선택하도록 합니다.

1교시

문자 · 어휘

유형별 실전 문제

問題 1

한자 읽기 실전 연습 ❶

[　　/ 10]

問題 1 ＿＿＿＿＿の言葉の読み方として最もよいものを、1･2･3･4から一つ選びなさい。

1 当時は、コロナ感染防止のため、地方遊説を行うには制約があった。

1 ゆせつ　2 ゆうせつ　3 ゆぜつ　4 ゆうぜい

2 この商品は、家庭でゴキブリなどを退治する殺虫剤として広く使われている。

1 たいじ　2 たいち　3 だいじ　4 だいち

3 長時間労働は、子育てや介護と仕事の両立を阻む要因とされている。

1 はばむ　2 こばむ　3 めぐむ　4 ゆるむ

4 ハローワークでは仕事の斡旋だけでなく、職業安定関係の業務なども行っています。

1 あつりん　2 あつらん　3 あっさん　4 あっせん

5 その公務員は、公金を横領した疑いで逮捕された。

1 おうれい　2 おうりょう　3 こうれい　4 こうりょう

6 桜の名所として知られる高遠城址(たかとおじょうし)公園の桜が見ごろになり、公園は淡いピンク色に包まれた。

1 しぶい　2 あわい　3 だるい　4 もろい

7 各企業は新興国の市場開拓に力を入れている。

1 かいたく　2 かいてく　3 かいしゃく　4 かいせく

8 政府は、物価高に喘ぐ低所得者への支援を急ぐべきである。

1 しのぐ　2 あおぐ　3 かせぐ　4 あえぐ

9 もし不明な点がありましたら、取扱説明書の該当ページをご参照ください。

1 かいとう　2 がいとう　3 かくとう　4 がくどう

10 海外のサーバーは、開設者の照会など捜査手続きが煩雑で、摘発も難しい。

1 はんざつ　2 はんさつ　3 ひんざつ　4 ひんさつ

정답 1 ④　2 ①　3 ①　4 ④　5 ②　6 ②　7 ①　8 ④　9 ②　10 ①

해석 및 해설 별책 p.2

한자 읽기 실전 연습 ❷

[　　/ 10]

問題 1 ＿＿＿＿の言葉の読み方として最もよいものを、1･2･3･4から一つ選びなさい。

1 ピアノを習い始めたころの私は、楽譜がほとんど読めなかった。

1 がくほ　2 がくふ　3 らくほ　4 らくふ

2 原発の敷地決定については、その影響の重大さに鑑み、専門家の科学的調査は不可欠である。

1 こころみ　2 かえりみ　3 かんがみ　4 かいまみ

3 警察は、解剖の結果、死因は熱中症だったと発表した。

1 かいぶ　2 かいぶう　3 かいぼ　4 かいぼう

4 首相は、一刻も早く新しい体制をとり、国民の不信を払拭し、前進しなければならないと述べた。

1 ふっしき　2 ふっしょく　3 ぶっしき　4 ぶっしょく

5 不正商品レビューは、典型的な消費者を欺く行為であり、積極的に規制すべきである。

1 うつむく　2 あざむく　3 おもむく　4 つらぬく

6 日が暮れると、虫の鳴き声が境内に響きはじめた。

1 きょうない　2 けいない　3 きょうだい　4 けいだい

7 教育は未来への先行投資だ。資源の乏しい日本にとって、人材の育成こそ重要である。

1 まずしい　2 あやしい　3 とぼしい　4 ひとしい

8 会社は、虚偽報告に関する事実関係の確認と原因の調査を始めた。

1 ぎょい　2 ぎょぎ　3 きょい　4 きょぎ

9 スーパーコンピューターを駆使して、地球温暖化に対する精密な分析が行われている。

1 こうし　2 こし　3 くうし　4 くし

10 しんと静まり返った聖堂は、厳かな雰囲気が漂っていた。

1 あざやかな　2 おごそかな　3 ゆるやかな　4 はなやかな

정답 1② 2③ 3④ 4② 5② 6④ 7③ 8④ 9④ 10②　해석 및 해설 별책 p.2

한자 읽기 실전 연습 ❸

[　　/ 10]

問題 1 ＿＿＿＿＿の言葉の読み方として最もよいものを、1･2･3･4から一つ選びなさい。

1 その業者は、外国産のうなぎを国内産と偽って販売していた。

1 いつわって　2 あやつって　3 うやまって　4 うるおって

2 ふるさと納税は、居住地以外の自治体に寄付すると住民税などの一部が控除される制度である。

1 くうじょ　2 こうじょ　3 くうぜい　4 こうぜい

3 日本全国で森の荒廃が進んでいる。

1 こうはい　2 こうばい　3 こうへい　4 こうべい

4 地球環境問題は、最大の危機に直面していると言っても決して誇張ではない。

1 かちょう　2 かじょう　3 こちょう　4 こじょう

5 役員の浅ましい不正行為により、A社は多大な損害を被ることになった。

1 めざましい　2 このましい　3 あさましい　4 なやましい

6 航空業界は格安運賃航空会社の台頭もあり、コスト競争力の強化を強く求められている。

1 たいとう　2 だいとう　3 たいず　4 だいず

7 市長選挙に立候補した彼は、減税などの大胆な公約を掲げた。

1 かかげた　2 ささげた　3 やわらげた　4 とげた

8 市は、トンネル工事の進捗状況を点検し、住民の理解を得る必要がある。

1 しんてく　2 しんたく　3 しんしょく　4 しんちょく

9 隣国関係をさらに堅固にしていく地道な努力を両国は怠ってはならない。

1 けんこ　2 けんご　3 げんこ　4 げんご

10 食料の影響を真っ先に受けるのは、最も脆弱な人々、つまり途上国の貧困層だろう。

1 すいじゃく　2 すいやく　3 ぜいじゃく　4 ぜいやく

정답 1① 2② 3① 4③ 5③ 6① 7① 8④ 9② 10③　해석 및 해설 별책 p.2

한자 읽기 실전 연습 ❹

[　　/ 10]

問題 1 ＿＿＿＿＿の言葉の読み方として最もよいものを、1・2・3・4から一つ選びなさい。

1 東京地裁は、出納を記載した書類や明細書などを公開するよう命じた。

1 しゅつのう　2 すいとう　3 でのう　4 だしのう

2 日本の高速道路は、老朽化が急速に進んでいる。

1 ろうこうか　2 ろうきゅうか　3 ろうごうか　4 ろうぎゅうか

3 官僚の悪癖を捨てるのは、簡単ではないと言われている。

1 わるくせ　2 わるぐせ　3 あくへき　4 あくべき

4 A国は、これ以上孤立する愚かさを悟り、真剣に国際社会との対話に臨むべきだ。

1 さとり　2 おとり　3 かぶり　4 うなり

5 この建物は、ヨーロッパの建築様式を採用した和洋折衷の貴重な建築物とされている。

1 せっしょう　2 せっしゅう　3 せっちょう　4 せっちゅう

6 拙い日本語で申し訳ございませんが、よろしくお願いします。

1 つたない　2 しぶとい　3 あくどい　4 はかない

7 その映画に対して、作品性を重視する批評家からは、「脚本が陳腐」という声が出ている。

1 しんぶ　2 しんぷ　3 ちんぶ　4 ちんぷ

8 厚生労働省は、新型ウイルスの国内侵入を阻止するため、万全を尽くすと表明した。

1 しょうじ　2 しょうし　3 そし　4 そじ

9 社長は会議で一部社員の仕事ぶりを「怠惰」「おざなり」などと叱責した。

1 だたい　2 たいだ　3 たいな　4 ないな

10 首相は、国会演説で野党代表との握手を拒んだ。

1 はげんだ　2 こばんだ　3 ゆがんだ　4 はずんだ

정답 1② 2② 3③ 4① 5④ 6① 7④ 8③ 9② 10②　해석 및 해설 별책 p.3

한자 읽기 실전 연습 ❺

[　　/ 10]

問題 1 ＿＿＿＿の言葉の読み方として最もよいものを、1・2・3・4から一つ選びなさい。

1 マラドーナ選手は、華麗で奔放なプレーで日本人の心に強い印象を残している。
1 ふんぽう　2 ふんぼう　3 ほんぽう　4 ほんぼう

2 国際秩序の安定に努めるのが、大国の責務だと思う。
1 ちつぞ　2 ちっしょ　3 ちっちょ　4 ちつじょ

3 食品による窒息事故の主な原因となる食品に「もち」がある。
1 しっそく　2 しっちょく　3 ちっそく　4 ちっしょく

4 経済的に豊かになっても、文化芸術が廃れてしまっては真に豊かな社会とは言えない。
1 うぬぼれて　2 すたれて　3 おとずれて　4 のがれて

5 近所のスーパーでは、陳列食品の廃棄を避けるために値引きをしている。
1 ちんれつ　2 ちんねつ　3 しんれつ　4 しんねつ

6 有名人の私生活を暴露するフリーのカメラマンやライターをパパラッチと呼ぶ。
1 ぼうろ　2 ぼうろう　3 ばくろ　4 ばくろう

7 日本はイギリスに倣って孤独問題の担当大臣を置き、「望まぬ孤独」への対策に乗り出した。
1 うしなって　2 はかどって　3 はらって　4 ならって

8 当社は相続手続きなど、お客様にとって複雑で煩わしい申告を代行いたします。
1 けがらわしい　2 わずらわしい　3 まぎらわしい　4 ふさわしい

9 アメリカの大統領は、人質の安全を最優先に取り組んでいく考えを示した。
1 じんしつ　2 にんじち　3 ひとしつ　4 ひとじち

10 被災地では「伝染病の流行を防ぐため、被災地が封鎖される」という根拠のないうわさが広まっていた。
1 ふうさ　2 ほうさ　3 ふうさい　4 ほうさい

정답 1 ③　2 ④　3 ③　4 ②　5 ①　6 ③　7 ④　8 ②　9 ④　10 ①　해석 및 해설 별책 p.3

한자 읽기 실전 연습 ❻

[　　/ 10]

問題 1 ＿＿＿＿＿の言葉の読み方として最もよいものを、1･2･3･4から一つ選びなさい。

1 川で溺れた彼は、必死に泳いでやっと岸にたどり着いた。

1 がけ　2 きし　3 ふち　4 いそ

2 人類は、新型コロナウイルス感染症と対峙するための新たな知識を手にした。

1 たいし　2 たいち　3 たいじ　4 たいり

3 日本が直面している最大の危機を回避するためには、首相も頑なな姿勢を改めねばならない。

1 かんなな　2 がたくなな　3 がんなな　4 かたくなな

4 酵素は、人間が生きていく上で欠かせない、ありとあらゆる生命活動に必ず必要なものである。

1 ほうそ　2 ほそ　3 こうそ　4 こそ

5 会議の公開・非公開は、議会運営委員会に諮って決定することとなっている。

1 はかって　2 つちかって　3 やしなって　4 まさって

6 糖尿病の薬は、インスリンの分泌を促進することで血糖値を下げる働きを持っている。

1 ふんび　2 ふんぴつ　3 ぶんび　4 ぶんぴつ

7 個人がネット上に書く情報でも不確かな内容で他人の名誉を貶めてはならない。

1 ゆるめては　2 さだめては　3 おとしめては　4 とがめては

8 安定的な消費の方策を考え、日本の酪農業を支えていかなければならない。

1 やくのう　2 らくのう　3 だくのう　4 がくのう

9 先行きが不透明な時代だからこそ、政府には経済情勢の緻密な分析ときめ細かな対応が求められる。

1 しみち　2 しみつ　3 ちみち　4 ちみつ

10 新型コロナウイルスの日本国内の累積感染者が10万人を超えた。

1 りゅうせき　2 りゅうぜき　3 るいせき　4 るいぜき

정답 1② 2③ 3④ 4③ 5① 6④ 7③ 8② 9④ 10③　해석 및 해설 별책 p.3

問題 2

문맥 규정 실전 연습 ❶　[　　/ 10]

問題 2 (　　　)に入れるのに最もよいものを、1・2・3・4から一つ選びなさい。

1 その国は、安定した経済成長と政治状況を(　　　)している。

1 補給　2 融通　3 享受　4 調整

2 大地震で各地で道路が(　　　)され、余震が続いており、救助作業が遅れている。

1 中断　2 横断　3 寸法　4 寸断

3 被災地の避難所を訪問した首相は、村民に歩み寄り、「最初は水もなくて大変でしたね」と(　　　)いた。

1 労わって　2 添えて　3 繕って　4 にじんで

4 確かにプロ野球のシーズンは長く、選手には(　　　)活躍が求められる。

1 アクセスな　2 エレガントな　3 コントラストな　4 コンスタントな

5 ファンとの交流会で田村選手は、「今年こそ絶対優勝する」と今年の(　　　)を語った。

1 抱負　2 繁盛　3 完結　4 志願

6 車で市内に(　　　)際に、突然猛烈な集中豪雨に見舞われた。

1 粘った　2 率いた　3 差しかかった　4 賄った

7 G7サミットが開幕したが、警察の大型車両が会場を取り囲むように止まっており、(　　　)雰囲気が漂っていた。

1 物々しい　2 初々しい　3 馴れ馴れしい　4 たどたどしい

8 わが社は、子育てと仕事が(　　　)できる職場環境が整っている。

1 本音　2 発足　3 満喫　4 両立

9 その虫にとっては、ヒートアイランド化した都会の街は(　　　)快適のようだ。

1 すこぶる　2 あえて　3 一向に　4 とっさに

10 政府は、事故が起きれば(　　　)被害が及ぶとして、その原発の停止を命じた。

1 壮大な　2 甚大な　3 入念な　4 果敢な

정답 1③ 2④ 3① 4④ 5① 6③ 7① 8④ 9① 10②　해석 및 해설 별책 p.4

문맥 규정 실전 연습 ❷ [/ 10]

問題 2 (　　　　)に入れるのに最もよいものを、1・2・3・4から一つ選びなさい。

1 韓国には、国が養育費を（　　　）、父親から強制的に徴収したりする制度がある。

1 立て替えたり　2 払い戻したり　3 催したり　4 和らげたり

2 首相は、「事実にもとづかない決議は両国に重大な（　　　）を生じさせる」と批判した。

1 陰気　2 亀裂　3 冷淡　4 奨励

3 そんなにお金に執着したら、周りからお金のことしか頭にない（　　　）心の持ち主だと思われるリスクがある。

1 卑しい　2 煙たい　3 しぶとい　4 だらしない

4 今回のアジア大会で日本選手団は（　　　）良い成績を収めた。

1 一見　2 総じて　3 いまだに　4 極力

5 確かに、客観的な点数で（　　　）を決める方が公平だ。

1 復旧　2 合否　3 振興　4 実体

6 異常高温や洪水、干ばつなど、地球温暖化による異常気象の現象は（　　　）ではない。

1 頑固　2 緻密　3 悠長　4 尋常

7 この町には、江戸時代の（　　　）がそのまま残されている。

1 栽培　2 面影　3 契機　4 制限

8 被団協の会長は、「私たちの（　　　）の目標は、核兵器の廃絶だ」と述べた。

1 細心　2 実在　3 究極　4 連携

9 判決を言い渡されたその公務員は、「納得できない。直ちに（　　　）する」と述べた。

1 破格　2 口外　3 控訴　4 停滞

10 自分に国際映画祭の審査委員という大役が（　　　）のか、心配でならない。

1 務まる　2 携わる　3 耽る　4 寄り添う

정답 1 ①　2 ②　3 ①　4 ②　5 ②　6 ④　7 ②　8 ③　9 ③　10 ①　해석 및 해설 별책 p.4

문맥 규정 실전 연습 ❸

[/ 10]

問題 2 (　　　　)に入れるのに最もよいものを、1・2・3・4から一つ選びなさい。

1 日々の暮らしの中で今、最も不安が(　　　)のは物価高に関わる問題であろう。

1 潤う　2 励む　3 仰ぐ　4 募る

2 期間中、スマホ決済をご利用いただくと、ポイントを(　　　)いたします。

1 釈明　2 赴任　3 進呈　4 同伴

3 一人暮らしが長いと、時々母の手料理が(　　　)食べたくなる時がある。

1 無性に　2 いかにも　3 ひたすら　4 辛うじて

4 A社は、各工場の1日の勤務(　　　)を、2交代から3交代に変えたという。

1 ダイヤ　2 シフト　3 ストック　4 シビア

5 農家は、消費者の(　　　)を把握し、多様なお茶づくりを進める必要がある。

1 嗜好　2 追跡　3 待遇　4 偏在

6 貸金業者が債務者の家に訪問し、借金を(　　　)ことは法律により禁止されている。

1 取り寄せる　2 取り立てる　3 取り合わせる　4 取り返す

7 初めてもんじゃ焼きを注文した時は、(　　　)、大阪のお好み焼きのようなものだと思っていた。

1 くまなく　2 ことごとく　3 てっきり　4 軒並み

8 アメリカの大統領は、「パリ協定」からの離脱を(　　　)した。

1 閉鎖　2 偏在　3 示唆　4 飽和

9 その被告人は、(　　　)酌量により、執行猶予の判決を言い渡された。

1 一括　2 捕獲　3 微動　4 情状

10 通常の場合、昼間に比べて夜間の医療体制は、どうしても(　　　)なりがちだ。

1 手近に　2 手当てに　3 手軽に　4 手薄に

정답 1④ 2③ 3① 4② 5① 6② 7③ 8③ 9④ 10④ 해석 및 해설 별책 p.4

문맥 규정 실전 연습 ❹

[　　/ 10]

問題 2 (　　　)に入れるのに最もよいものを、1･2･3･4から一つ選びなさい。

1 飲酒運転の取り締まりが強化されると、飲酒運転の(　　　)数が大幅に減少した。

1 採取　　2 搾取　　3 摘出　　4 摘発

2 当店でのお支払いは「現金のみ」となります。(　　　)ご了承くださいませ。

1 一途に　　2 悪しからず　　3 依然として　　4 ことによると

3 体の機能が未発達な子犬の食事には、ドッグフードをお湯で(　　　)与えてください。

1 捉えて　　2 かすれて　　3 ふやかして　　4 唱えて

4 うちの部長は、(　　　)は自分のものにして、失敗は部下に押しつけるきらいがある。

1 抽選　　2 手柄　　3 選考　　4 手頃

5 その国家試験の(　　　)は非常に高く、今年度の合格者はわずか17人にとどまった。

1 ハードル　　2 ポリシー　　3 レジュメ　　4 インパクト

6 以前は電子メールを送り、ウイルス感染を狙う手口が主流だったが、最近の手口は、(　　　)タイトルを表記するなど巧妙化している。

1 夥しい　　2 甚だしい　　3 もっともらしい　　4 嘆かわしい

7 子どもにとって大切なのは、学習と生活の両面で(　　　)になって相談に乗ってくれる大人の存在だ。

1 親類　　2 親身　　3 親戚　　4 親友

8 労働者の健康や生命の安全を(　　　)にすべきではない。

1 いいわけ　　2 ふぞろい　　3 ないがしろ　　4 うつろ

9 教育費や住宅費が(　　　)東京は、子育てしやすい環境とは言えない。

1 施す　　2 揉める　　3 まごつく　　4 嵩む

10 道路が寸断された事故現場では、ヘリコプターの(　　　)が唯一の救出手段だ。

1 搬送　　2 送迎　　3 回送　　4 輸送

정답 1④ 2② 3③ 4② 5① 6③ 7② 8③ 9④ 10① 해석 및 해설 별책 p.4

문맥 규정 실전 연습 ❺ [/ 10]

問題 2 (　　　　)に入れるのに最もよいものを、1·2·3·4から一つ選びなさい。

1 人件費の抑制に(　　　)経営を続けていては、人材の確保はままならない。

1 寄りかかる　2 盛り上がる　3 取り次ぐ　4 使いこなす

2 本は、著作者の知恵と労力の(　　　)であると思います。

1 交錯　2 結晶　3 土壌　4 本業

3 先進国も途上国も互いの(　　　)を埋め、地球の気候安定に向けて協力し合う覚悟が必要である。

1 溝　2 沖　3 崖　4 滴

4 当塾ではハイレベルな問題にチャレンジし、勉強のやり方を(　　　)指導いたします。

1 ぎっしり　2 ひっそり　3 みっちり　4 やんわり

5 「賞味期限」と「消費期限」は、区別が(　　　)。

1 著しい　2 くすぐったい　3 おぼつかない　4 紛らわしい

6 その容疑者は、知人の息子を教員採用試験に合格させるよう依頼され、その(　　　)として現金を受け取ったという。

1 見栄え　2 見習い　3 見どころ　4 見返り

7 コンビニ店長に昇格すると、本部からの厳しい(　　　)と長時間労働が待っていた。

1 ステータス　2 カルテ　3 ノルマ　4 アイデンティティ

8 私は他人に(　　)されるのは嫌だし、できることなら妥協もしたくない。

1 指針　2 指図　3 指紋　4 指標

9 両国は領土問題でもめているが、外交関係が(　　　)ときこそ、首脳同士が会うべきだ。

1 もがく　2 交わる　3 歪む　4 軋む

10 世界で高く評価された「大将軍」は、戦国時代を舞台にした(　　　)歴史ドラマである。

1 盛大な　2 壮大な　3 広大な　4 窮屈な

정답 1① 2② 3① 4③ 5④ 6④ 7③ 8② 9④ 10②　해석 및 해설 별책 p.5

문맥 규정 실전 연습 ❻

[　　/ 10]

問題 2（　　　）に入れるのに最もよいものを、1・2・3・4から一つ選びなさい。

1 この市にはかつて10館以上の映画館があったが、時代の（　　　）とともに閉館が相次ぎ、現在は映画館がない。

1 異変　2 変革　3 変更　4 変遷

2 盛りつけ方ひとつで料理の印象は（　　　）変わるものだ。

1 いまだに　2 がらりと　3 たいして　4 ひとえに

3 インターネットという情報空間は、（　　　）勢いで人々の暮らしに入り込んでいる。

1 ややこしい　2 すさまじい　3 たくましい　4 うっとうしい

4 その選手は、「もう限界かもしれない」と言って、引退を（　　　）。

1 あきらめた　2 とどけた　3 ほのめかした　4 明らかになった

5 漁師たちは甲板の上でカニをサイズ別に（　　　）よく仕分けていた。

1 手薄　2 手際　3 手軽　4 手柄

6 祖父は、何もしなくても余裕で生きていけるくらい、貯金が（　　　）あるようです。

1 くまなく　2 かりに　3 うっかり　4 たんまり

7 給食センターは、災害時には（　　　）の拠点ともなり、被災者の食事提供にも活用できる。

1 炊き出し　2 引き出し　3 投げ出し　4 見出し

8 日本の裁判所は、まだまだ国民にとっては（　　　）が高いと言われている。

1 鳥居　2 敷居　3 長居　4 芝居

9 残高不足で、クレジットカードの利用代金の（　　　）ができなかった。

1 引き揚げ　2 引きずり　3 引き落とし　4 引き取り

10 写真のバランスには、光と影の（　　　）が大きく寄与している。

1 アプローチ　2 カテゴリー　3 コントラスト　4 ポリシー

정답 1④ 2② 3② 4③ 5② 6④ 7① 8② 9③ 10③ 해석 및 해설 별책 p.5

問題 3

유의어 실전 연습 ❶

[　　/ 10]

問題 3 ＿＿＿＿＿の言葉に意味が最も近いものを、1・2・3・4から一つ選びなさい。

1 その映画は、あっけない結末だった。

1 期待外れの　2 期待どおりの　3 悲しい　4 幸せな

2 彼の作品には、ありきたりな表現が多いと思う。

1 美しい　2 平凡な　3 優れた　4 否定的な

3 母はその知らせを聞いて、胸をなでおろした。

1 がっかりした　2 動揺した　3 ぞっとした　4 安心した

4 作り方はいたってシンプルです。

1 とても　2 確実に　3 案外　4 わりに

5 父は、リサイクル燃料の開発と普及に打ち込んでいる。

1 関心を持っている　2 時間を使っている
3 熱心に取り組んでいる　4 まったく興味がない

6 会議中、彼はずっとうなだれたままだった。

1 下を向いた　2 前を見つめた　3 黙った　4 目を閉じた

7 最近、外に出るのがだんだんおっくうになってきた。

1 つまらなく　2 気持ちよく　3 怖く　4 めんどくさく

8 大雪で、住民はみんなお手上げ状態だ。

1 興奮している　2 喜んでいる　3 驚いている　4 どうしようもない

9 私はかねがね広島を一度訪問してみようと思っていた。

1 一人で　2 以前から　3 いつか　4 早いうちに

10 そのガソリンスタンドの店長は、洗車やタイヤの交換などでかろうじて利益が出ていると話した。

1 たくさんの　2 いつも　3 わずかな　4 なんとか

정답 1① 2② 3④ 4① 5③ 6① 7④ 8④ 9② 10④ 해석 및 해설 별책 p.5

유의어 실전 연습 ❷

[　　/ 10]

問題 3 ＿＿＿＿＿の言葉に意味が最も近いものを、1･2･3･4から一つ選びなさい。

1　両候補の支持率は拮抗している。

1　急落している　2　差がない　3　上昇している　4　回復している

2　私はその記事を見て仰天した。

1　とても感動した　2　とても悲しんだ
3　とても驚いた　4　とてもうれしかった

3　住民の意向を極力尊重してあげよう。

1　まず　2　優先的に　3　できる限り　4　何よりも

4　子どもの教育費を工面するためにローンを組んだ。

1　返す　2　用意する　3　支払う　4　減らす

5　これはコンスタントに売れる商品です。

1　たくさん　2　高く　3　一定に　4　ネットで

6　君ならしくじらないと思うよ。

1　失敗しない　2　できる　3　まけない　4　成功する

7　コンビニのおにぎりは、ごはんの量が若干減っている。

1　相当　2　非常に　3　いつもより　4　わずかに

8　友人に触発されて、ボランティア活動を始めた。

1　だまされて　2　言われて　3　刺激されて　4　誘われて

9　別れるとき、２人ともすがすがしい表情で握手を交わした。

1　さわやかな　2　真剣な　3　残念な　4　歪んだ

10　あの企業の慈善事業は、スケールが違う。

1　規模　2　目的　3　方法　4　主催

정답　1 ②　2 ③　3 ③　4 ②　5 ③　6 ①　7 ④　8 ③　9 ①　10 ①　　해석 및 해설 별책 p.6

유의어 실전 연습 ❸

[　　/ 10]

問題 3 ＿＿＿＿の言葉に意味が最も近いものを、1・2・3・4から一つ選びなさい。

1 警察側から彼の家族に連絡するすべがないと言われた。

1 方法がない　2 理由がない　3 ひまがない　4 必要がない

2 この調子だと、飛行場の移設は、当初の計画より大きくずれ込みそうだ。

1 早まり　2 遅れ　3 大きくなり　4 小さくなり

3 中央銀行は、物価や賃金の動向を丹念に分析している。

1 ざっと　2 ひととおり　3 おおまかに　4 ていねいに

4 何より大事なのは、状況をつぶさに観察することだ。

1 詳細に　2 迅速に　3 じっと　4 繰り返し

5 資料は手分けして探そう。

1 分類　2 分解　3 分析　4 分担

6 農林水産大臣は、戦争による国内の小麦価格への影響は、当面ないと述べた。

1 直接的には　2 絶対　3 おそらく　4 しばらくは

7 新規プロジェクトははかどっている。

1 大幅に遅れている　2 全然進んでいない
3 順調に進んでいる　4 順調に進んでいない

8 田中君と山田君はいつも勉強で張り合っている。

1 助け合って　2 競争して　3 がんばって　4 尊重して

9 部長の冗談にみんな閉口している。

1 笑って　2 おもしろがって　3 慣れて　4 困って

10 私は記者として自分の任務をまっとうする覚悟です。

1 怠らない　2 果たす　3 指導する　4 継続する

정답 1① 2② 3④ 4① 5④ 6④ 7③ 8② 9④ 10②　해석 및 해설 별책 p.6

유의어 실전 연습 ❹

[　　/ 10]

問題 3 ＿＿＿＿の言葉に意味が最も近いものを、1・2・3・4から一つ選びなさい。

1 道を行き交う車は、まばらだった。

1 多かった　2 少なかった　3 速く走っていた　4 ゆっくり走っていた

2 最近は、家族めいめいが好きなものを食べる個食化が進みつつある。

1 みんな　2 それぞれ　3 同士　4 単位

3 社長は、工事の現場責任者について「ルーズな感じがした」と言っている。

1 明るい　2 気難しい　3 だらしない　4 細かい

4 両チームの戦力差は歴然としている。

1 あまり変わらない　2 はっきりしている

3 以前より大きくなっている　4 縮まっている

5 わずらわしい手続きが残っている。

1 簡単な　2 余計な　3 退屈な　4 面倒な

6 後ろのほうから耳になじんだ声が聞こえてきた。

1 いやな　2 聞き慣れた　3 初めて聞いた　4 聞き心地の良い

7 当時の私は、多少うぬぼれていたかもしれない。

1 興奮して　2 緊張して　3 落ち着いて　4 思いあがって

8 今回の出来事は、こっけいというほかない。

1 あかるい　2 かんたんな　3 おもしろい　4 まじめな

9 幼いころ、近所の犬に手をかまれて、手にはかすかに傷が残っている。

1 わずかに　2 常に　3 相変わらず　4 はっきり

10 実家は古いので、窓枠がゆがんでいる。

1 はずれて　2 くずれて　3 まがって　4 おれて

정답 1② 2② 3③ 4② 5④ 6② 7④ 8③ 9① 10③　해석 및 해설 별책 p.6

유의어 실전 연습 ❺

[/ 10]

問題 3 ＿＿＿＿＿の言葉に意味が最も近いものを、1･2･3･4から一つ選びなさい。

1 今春卒業の大学生の就職内定率は、依然低水準の状態である。

1 非常に 2 ふたたび 3 あいかわらず 4 事実上

2 事業計画書の大まかな内容を把握した。

1 くわしい 2 おもな 3 だいたいの 4 必要な

3 その患者は、普段よりいくぶん食べる量が増えている。

1 多少 2 いつからか 3 急に 4 あまりにも

4 友人の部屋は窮屈だ。

1 せまい 2 ひろい 3 きたない 4 きれいだ

5 著作権侵害行為は、現に行われている。

1 現在も 2 実際に 3 たまに 4 あちこち

6 事件の真相はほどなく解明されるだろう。

1 きっと 2 もうすぐ 3 結局 4 いつか

7 私は学生時代は勉強に明け暮れていた。

1 勉強につかれて 2 勉強に追われて
3 勉強がいやになって 4 勉強に熱中して

8 今年のコメの収穫量は例年並みだ。

1 例年を上回る 2 例年を下回る 3 例年と同じ水準だ 4 例年と比べられない

9 自治体は、投票終了時間を繰り上げることにした。

1 変更する 2 変更しない 3 早める 4 遅らせる

10 息子は成績にむらがある。

1 成績が上がらない 2 成績が一定だ
3 成績が不安定だ 4 成績が落ちない

정답 1③ 2③ 3① 4① 5② 6② 7④ 8③ 9③ 10③ 해석 및 해설 별책 p.6

유의어 실전 연습 ❻

[　　/ 10]

問題 3 ＿＿＿＿＿の言葉に意味が最も近いものを、1・2・3・4から一つ選びなさい。

1 あの人は飲み込みが早いと言う。

1 理解力が高い　2 早く飲める　3 たくさん飲める　4 仕事が早い

2 あの子は利口だ。

1 明るい　2 賢い　3 よくしゃべる　4 口数が少ない

3 彼はささやかなパーティーを催した。

1 豪華な　2 小さな　3 いつもの　4 楽しい

4 私もそろそろ身を固めようと思っている。

1 健康を考えようと　2 引退しようと
3 結婚しようと　4 お風呂に入ろうと

5 決勝戦は、予想とはうらはらな結果だった。

1 予想どおりの　2 予想に反する　3 予想しがたい　4 予想もつかない

6 山田さんは、いつも私にそっけない。

1 私をしかる　2 私をほめる　3 私にやさしくする　4 私に冷たくする

7 父は将棋に凝っている。

1 将棋に飽きている　2 将棋を習っている
3 将棋に夢中になっている　4 将棋をやめようとしている

8 今の仕事は、ストレスが半端ない。

1 まったくない　2 たまる　3 非常に多い　4 少ない

9 最近、飲酒運転の取り締まりがなまぬるくなったような気がする。

1 厳しくなった　2 緩くなった　3 増えた　4 大きく変わった

10 それは、何かを承諾するときに用いる言葉です。

1 断る　2 依頼する　3 許可する　4 要求する

정답 1① 2② 3② 4③ 5② 6④ 7③ 8③ 9② 10③　해석 및 해설 별책 p.6

問題 4

용법 실전 연습 ❶

[/ 10]

問題 4 次の言葉の使い方として最もよいものを、1・2・3・4から一つ選びなさい。

1 一括

1 お金が必要だったので、親しい友人から一括してもらった。
2 商品を一括購入することで、単価を下げられる。
3 最近は労働者を、SNSを通じて一括する企業もある。
4 後輩の一括となるよう、先輩としての自覚をもって行動するべきだ。

2 てきぱきと

1 A社はてきぱきと値下げに踏み切り、販売増を狙うことにした。
2 今日はよく晴れていて、てきぱきと富士山の姿が見える。
3 食事は抜くことが多く、服が全部てきぱきとなってしまった。
4 彼はどんなに忙しくても、てきぱきと仕事をこなしている。

3 実直

1 彼は政治家として豊富な経験を持ち、実直な人柄で知られている。
2 レジ袋は、もはや実直な有料化が当たり前ではないか。
3 相当苦しい心境だったのに、彼は実直に平静を装っていた。
4 息子は雨に降られて、全身が実直に濡れて帰ってきた。

4 羽目

1 最も心配なのは、やはり電力の安定供給への羽目だ。
2 終電に乗り遅れてしまったので、歩いて帰る羽目になった。
3 羽目なしで冬を乗り切ったある自治体の記事が報じられた。
4 住民のほとんどは、ダム建設に羽目している。

5 おっかない

1 海辺の漁村にはおっかない海風が吹いている。
2 その新人は開幕戦でおっかなくデビューした。
3 当時の野球部は、すごくおっかない先輩ばかりだった。
4 改革を通じて、おっかない社会システムを築く必要がある。

6 裏目

1 住民に情報を裏目に提供し、避難行動を促進するべきだ。
2 高収益を狙った海外投資が相次いで裏目に出てしまった。
3 彼はもともと体操選手で、今も驚くほど体が裏目だ。
4 急速な経済成長は、裏目な貧富の格差を広げた。

7 押し寄せる

1 彼は自分の利益のために、いつもまわりの人を押し寄せている。
2 人口約320人のその島には、年間20万人もの参拝客が押し寄せている。
3 これぐらいのことでそう簡単に押し寄せないでください。
4 今は製品の品質をどう押し寄せるかが問われている。

8 極める

1 大型連休は始まり、空港は利用客で混雑を極めていた。
2 おじは田舎で小さな自動車整備工場を極めている。
3 この繊維は、水を極めるので登山や探検などに使える。
4 大型台風の進路が極めて、やっと被害を免れた。

9 殺到

1 まだ2月なのに日中はとても殺到で、過ごしやすい日が多い。
2 学校には保護者からの問い合わせが殺到した。
3 標高の高い山に行くと、空気が殺到になるので気をつけてください。
4 選手たちは、スタートの合図で一斉に殺到しはじめた。

10 根回し

1 新しいドラマで、彼の役はとても根回しでぜんぜん目立たなかった。
2 田中さんはかなりの寒がりで、いつも暖かそうな根回しを着ている。
3 電気ポットの根回しでお湯をわかして、カップラーメンに注いだ。
4 彼は、懲戒処分を軽くするために根回しをしている。

정답 1② 2④ 3① 4② 5③ 6② 7② 8① 9② 10④ 해석 및 해설 별책 p.7

용법 실전 연습 ❷

[　　/ 10]

問題 4　次の言葉の使い方として最もよいものを、1・2・3・4から一つ選びなさい。

1　優遇

1　まわりの建物のいくつかの窓には、すでに優遇がついていた。
2　中小企業は、さまざまな税制上の優遇措置を受けています。
3　彼のお父さんはとても優遇な人で、怒っているのを見たことがない。
4　あの人はいかにも優遇そうなセーターを着ている。

2　質素

1　庭の水車が質素に回っているのが見えた。
2　私はいつも子どもたちの質素な成長を願ってやまない。
3　有名になっても、彼の質素な暮らしぶりは変わらなかった。
4　祖父はいつも質素な口調で話している。

3　そぐわない

1　彼の軽率な言動は、オリンピック精神にそぐわないと思う。
2　例年より早い梅雨入りだったが、今日は久しぶりにそぐわない朝を迎えた。
3　祖母が作ってくれる味噌汁は、素朴でどこかそぐわない味がする。
4　今年の新人たちはやる気に満ちあふれ、そぐわないものだった。

4　レッテル

1　レッテル的ではなく、もっと具体的に説明してください。
2　トラブルメーカーという不名誉なレッテルを再び貼られたくない。
3　私が試験で失敗したことを友人がみんなに言ってしまった。ひどいレッテルだ。
4　アルコールが体内に入ると、動作がレッテルになり、感覚も鈍くなる。

5　顧みる

1　その政治家の顧みた政治改革の思想は、国民から高く評価された。
2　そんな顧みた考え方では、このプロジェクトは遂行できないと思うよ。
3　改めて強調しておきますが、津波を顧みないでください。
4　父は、金もうけ一筋で家庭を顧みなかった。

6 束の間

1 この服が気に入ったけど、サイズが合うかどうか束の間です。
2 仕事の合間を縫って、束の間の休息を過ごすのが私は好きです。
3 新人育成のために、三週間の束の間を行うことになった。
4 うちの子はいつも勉強に束の間なので困っている。

7 せがむ

1 どんなに大変な時でも気持ちをせがめば乗り越えられる。
2 そのタレントは、握手をせがむ人に気さくに応じていた。
3 そのニュースは、ニュースで大きくせがまれた。
4 作業にせがむ前に、よくマニュアルを読んでください。

8 なりわい

1 このぐらいの傷はなりわいだから病院に行くことはないよ。
2 兄は素晴らしいなりわいを得ることができてとても幸せそうだ。
3 なりわいが急に必要になったので、親に要請して送ってもらった。
4 大震災で長年のなりわいを失った人は数え切れないほどいる。

9 風化

1 舞台に現れた息子の表情は明らかに風化していた。
2 政府への信頼が、日本の行方を決めるといっても決して風化ではない。
3 仮設住宅から通学する子供がまだいるのに、震災の記憶は風化しつつある。
4 自治体からの風化で、被災地にヘリコプターを飛ばすことになった。

10 アーカイブ

1 被団協は、被爆者に関するデジタルアーカイブを作成した。
2 子どもは思春期になると、親に対してアーカイブ的な態度をとることが多くなる。
3 地元の住民たちは、原子力施設の設置にアーカイブの声を上げている。
4 新しい校舎を建てるために、アーカイブの買収が行われた。

정답 1 ② 2 ③ 3 ① 4 ② 5 ④ 6 ② 7 ② 8 ④ 9 ③ 10 ① 해석 및 해설 별책 p.7

용법 실전 연습 ❸

[/ 10]

問題 4 次の言葉の使い方として最もよいものを、1・2・3・4から一つ選びなさい。

1 刷新

1 最新の教育事情に合わせ、教員の知識・技能を刷新する必要がある。
2 病院側は患者の痛みを刷新するために、新しい薬を使うことにした。
3 夜行性の動物なので、夜になるとその動向を刷新することができる。
4 企業のサーバーから、個人情報が刷新する事件が相次いだ。

2 親身

1 あのお嬢さんは、いつも親身に歩いている。
2 賞をもらったのに、彼はとても親身に話していた。
3 彼女はいつも友人の悩み事を親身になって聞いてくれる。
4 日頃忙しく過ごす人にとって休息の時間はとても親身なものだ。

3 合致

1 年間売上目標を合致した田中さんは、翌年、営業部長に就任した。
2 彼の証言は、事件現場の状況と合致している。
3 同じテーマでアンケートを合致したのに、結果が異なる場合がある。
4 来年の景気の動向について、政府の予測が合致された。

4 初々しい

1 兄にとって父親はいつも初々しい存在のようだった。
2 都会で一人暮らしをしているので、有事の際は初々しい。
3 Ａ社の会長は、自分の発言が初々しかったと認め、謝罪した。
4 初々しいランドセル姿の息子は、母と手をつないで学校に向かった。

5 追及

1 明日のパーテイーの追及を頼まれて、飲み物を買いに行つた。
2 電気を消すことは、費用ゼロで高い節電効果を得る優れた追及だ。
3 警察は、犯行の動機などをさらに追及している。
4 書類をカテゴリー別に追及して、書庫に納めてください。

6 かぶれる

1 問題がよけいにかぶれるから、君は黙っていてくれ。
2 会社側は、業務内容や人事評価方法などの見直しをかぶれている。
3 兄は学生時代、マルクスにかぶれていた。
4 彼の考えをかぶれて、計画を見直すことにした。

7 頑丈

1 この棚は、耐久性に優れた金属や木材で作られていてとても頑丈だ。
2 源氏物語は、日本が世界に頑丈する大恋愛長編小説である。
3 人間というのは、自分に頑丈の悪いようには言い訳などしないものだ。
4 父は年を重ねて、頑丈で怒りっぽくなった。

8 取り寄せる

1 失敗を取り寄せようとして、かえって信用を失ってしまった。
2 注文した商品は、コンビニでも取り寄せることができます。
3 韓流ドラマを録画したＤＶＤを韓国から取り寄せた。
4 この病院では、看護師１名が６名の患者を取り寄せることになっている。

9 折衝

1 マスコミで、その大臣の不正が折衝された。
2 医療をはじめ来年度の社会保障関連の予算折衝はほぼ決着した。
3 定年後、折衝を希望するなら、しっかりと準備しておかねばならない。
4 大きな災害が起きたら、いち早く安全な場所に折衝することが大切だ。

10 カルテ

1 カルテは、学生として絶対にしてはならない行為だ。
2 その件につきましては、出演者の都合によりカルテできません。
3 医師は、祖父のカルテは保存期間が切れて、残っていないと言っていた。
4 山田先輩から営業のカルテを一から学べて幸運でした。

정답 1 ① 2 ③ 3 ② 4 ④ 5 ③ 6 ③ 7 ① 8 ③ 9 ② 10 ③ 해석 및 해설 별책 p.7

용법 실전 연습 ❹

[　　/ 10]

問題 4 次の言葉の使い方として最もよいものを、1・2・3・4から一つ選びなさい。

1 ふんだん

1 百合子ちゃんは、高校レベルの難しい数学問題をふんだんに解いた。
2 魚介類をふんだんに入れた特製の吸い物を避難民に配った。
3 田中先生の質問はいつもふんだんで、学生たちを困惑させている。
4 ふんだんな性格の人の長所として、整理整頓が得意ということが挙げられる。

2 こつこつ

1 ホームステイ先の家族にはこつこつ親切にしてもらった。
2 どの会社にも、部下のやることにこつこつ文句をつけてくる上司がいる。
3 ご注文の商品が届き次第、こつこつお知らせいたします。
4 私は毎月、まじめにこつこつと保険料を払っています。

3 ぞんざい

1 私は、本をぞんざいに扱うのを絶対に許しません。
2 想定外な出来事が起こり、計画はぞんざいには進まなかった。
3 「誰にも言わないで」と言われたら、ぞんざいに話したくなるものだ。
4 私は健康だし、ぞんざいな借金は少しあるが、衣食住には困っていない。

4 箇条書き

1 この切手は、絵が左右あべこべに箇条書きされている。
2 必要なことを箇条書きにして落ち着いて考えると、アイデアが浮かぶ。
3 そんなあやふやな箇条書きではなく、もっと明確な診断をお願いします。
4 入会申込書に箇条書きをご記入の上、メールあるいは郵送でお申し込みください。

5 芳しい

1 新製品の売れ行きは、あまり芳しくないようです。
2 今度の数学テストは芳しい問題が多くて、全部は解けなかった。
3 新しくオープンした焼き肉屋へ行ってみたが、肉は芳しくなくてまずかった。
4 リーダーとして芳しい人物の共通点は何だと思いますか。

6 猶予

1 来月から、コロナ禍で猶予されていた学生ローンの返済が再開される。
2 この箱は猶予だから、人が上に乗っても大丈夫です。
3 厚労省の調べでは、働く女性の多くは自分の希望に猶予して仕事を辞めている。
4 高校3年生になったので、受験のために部活動はそろそろ猶予しようと思っている。

7 醸す

1 昨日から降り続いた大雪が、ようやく醸した。
2 その民間団体は、戦争や内紛で傷ついた子どもたちを醸している。
3 その大臣は、過去にも不用意なコメントで物議を醸してきた人物だ。
4 地震が起こり、テレビ局は番組を醸してニュースを伝えた。

8 相殺

1 引越しや就活などの理由で、バイトを相殺しないといけない場合がある。
2 日本の国民健康保険は、世帯ごとに相殺する仕組みである。
3 地域で大切にされてきた文化財は、必ず次世代に相殺するべきである。
4 そのパッケージツアーはここ1年、契約と解約で相殺されて、ほぼ横ばいだった。

9 閉口

1 学校体育施設の利用後は、戸締りの確認を閉口してください。
2 福岡市に来てまず閉口させられたのは、道路事情だった。
3 遺跡発掘チームは一定の成果をあげ、閉口することになった。
4 安全のために、暗証番号を定期的に閉口することをお勧めします。

10 ストック

1 彼は顔色のストックをまったく気にしない性格だ。
2 大規模災害に備え、3日分の食料や飲料水をストックしておいた。
3 彼の携帯についているストックは、なかなか便利なようだ。
4 仕事の都合で旅行に行けなくなり、ホテルの宿泊予約をストックした。

정답 1② 2④ 3① 4② 5① 6① 7③ 8④ 9② 10② 해석 및 해설 별책 p.7

용법 실전 연습 ❺

[　/ 10]

問題 4 次の言葉の使い方として最もよいものを、1・2・3・4から一つ選びなさい。

1 陽気

1 あの双子は顔が陽気で、しかも性格までそっくりだ。
2 仕事帰りに屋台に寄ると、隣に座ったおっちゃんが陽気に話しかけてきた。
3 その製品には陽気な欠陥が見つかり、回収する必要がある。
4 じゃがいもを陽気なうちにつぶして、牛乳、塩を加えて混ぜれば出来上がり。

2 いたって

1 部長は、田中さんの勤務態度はいたってまじめだと評価している。
2 結婚するのは簡単かもしれないが、いたって離婚となったら大変ですよ。
3 その大統領は、国民のことをいたって考える立派な政治家だ。
4 いたって破壊された自然環境を修復するということは、不可能に近い。

3 中傷

1 祖母の９０歳の誕生日には、たくさんの人を中傷した。
2 原子力発電所の事故で、彼は放射能を中傷してしまった。
3 インターネットでの中傷被害が後を絶たない。
4 価格については、もうこれ以上、中傷することはできない。

4 乗じる

1 東日本大震災のとき、混乱に乗じて人々の不安をあおるデマが広がっていた。
2 大雨の影響で、地下鉄のダイヤが一日中乗じてしまった。
3 佐藤先生は、今年は６年生を乗じることになったそうだ。
4 自然農法とは、農薬や化学肥料に依存せず、自然に乗じるやり方である。

5 思惑

1 すみません、自分が借りた本の思惑を教えてもらえませんか。
2 両社の思惑は大きく食い違っており、統合への道のりは険しい。
3 今日は、寒い冬でも室内を温かく保つ思惑などについてご紹介します。
4 課長は普段は温暖な思惑の人だが、本気で怒ると本当に怖い。

6 繰り上げる

1 来春から首都圏の終電を30分ほど繰り上げるそうだ。
2 作業に繰り上げる前に優先順位を決めたら、早く済ませるようになった。
3 本当の友達とは、悩みを隠さず繰り上げることができる人だと思う。
4 開発を競っていた時代から、共存の時代へと繰り上げつつある。

7 冤罪

1 A社では返品された製品を冤罪して、新品の7割程度の価格で販売している。
2 時間内に結論が出なかったら、全員が合意するまで会議を冤罪することにした。
3 少年事件で冤罪が起きたら、その子に与える傷は計り知れない。
4 沖縄では、台風の影響で運動会が冤罪になることはよくあるそうだ。

8 栄える

1 この本は、子育ての常識を栄える画期的な本だと高く評価されている。
2 この町は、かつては炭鉱で栄えていた。
3 ワークライフバランスとは、仕事と生活のバランスが栄えた状態のことを意味する。
4 50人以上の労働者を使用する事業場は、衛生委員会の設置が栄えている。

9 立ちはだかる

1 生活習慣を立ちはだかることで、生活習慣病の発症のリスクを大きく下げることができる。
2 日本のスプリンターの前に立ちはだかってきた「10秒の壁」がついに破られた。
3 環境省は、優先的にリスク管理を立ちはだかるべき有害化学物質についてまとめた。
4 記憶障害とは、その名のとおり過去の記憶を立ちはだかる状態のことを言う。

10 上辺

1 ビニールハウスの温室の上辺でいちごがたくさん育っている。
2 旅行カバンの上辺が壊れ、カメラが出せなくなった。
3 語学の上辺はその人の性格や考え方にも大きく影響される。
4 上辺だけの調査では、国民の疑念を晴らすことはできない。

정답 1② 2① 3③ 4① 5② 6① 7③ 8② 9② 10④ 해석 및 해설 별책 p.8

용법 실전 연습 ❻

[　　/ 10]

問題 4 次の言葉の使い方として最もよいものを、1·2·3·4から一つ選びなさい。

1 円滑

1 デパートの閉店セールでスーツが１万円円滑で売られていた。
2 かつての日本では出身地を尋ねることが対人関係を円滑にした。
3 この町は、気候も比較的円滑で、自然環境にも恵まれている。
4 事前にご予約されたお客様は、座席を円滑することができます。

2 無造作

1 日本人ほど国境に対する意識の低い国民は世界的に見ても無造作に珍しい。
2 私は近距離の場合は、無造作に徒歩で移動するようにしています。
3 定年後は田舎で好きなことをしながら、無造作に過ごす生活を夢見ている。
4 札束の入った紙袋が机の上に無造作に転がっていた。

3 体裁

1 大人は、本質よりも体裁にこだわりがちである。
2 気候の体裁は、日本の農業に深刻な影響を及ぼしている。
3 明日登山に行くかどうかは、体裁を見て決めましょう。
4 ４月といえば、日本では入学や入社など、新しい生活が始まる体裁だ。

4 手厚い

1 何かと手厚い毎日だが、こんな日常生活が何よりも大切だと思う。
2 これ、手厚いものですが、よろしければどうぞ皆さんで召し上がってください。
3 首相は、低所得者層への手厚い救済策を打ち出した。
4 熱中症が疑われる場合は、手厚く応急処置を行いましょう。

5 人柄

1 父はきさくな人柄で、近所の人たちに慕われる存在だった。
2 時には公共の福祉のために、基本的人柄が制限されることもある。
3 人間は大きな人柄を迎えるときは、いつも不安や恐怖を感じる。
4 ここで発している意見は、あくまでも私の人柄的な意見です。

6 しくじる

1 家具屋に注文して、新しいベッドをしくじってもらった。
2 新商品の発売に伴い、100人の消費者にしくじるらしい。
3 弟は勉強を怠らないが、なぜか試験本番ではしくじるタイプだ。
4 賃金の安い外国人労働者をしくじるなどして、コスト削減を図る企業が増えている。

7 のめり込む

1 私は、辛くてもあきらめなければ、夢は必ずのめり込むと信じています。
2 突然の雨で、外に干していた洗濯物が全部のめり込んでしまった。
3 庭で長年大切に育てていた庭木がのめり込んでしまった。
4 最近、オンラインギャンブルにのめり込む若者が増えています。

8 ごった返す

1 彼は自転車から転落し、コンクリートにごった返して歯を折ってしまった。
2 地震が発生したときは、周囲をごった返してから避難しましょう。
3 休日の家電量販店は、人でごった返していた。
4 息子は、家族旅行のお土産を学校へ持って行って、クラス全員にごった返した。

9 拮抗する

1 私はコーヒーに砂糖をたくさん入れて拮抗して飲むのが好きです。
2 取り込んだ洗濯物を拮抗して、クローゼットに入れておいた。
3 いつもは無表情な彼も子供の話になるといつも拮抗している。
4 首相を支持する世論と退陣を求める世論は拮抗している。

10 ネック

1 この食品はネックなので、過剰摂取は禁物だ。
2 充電インフラの不足は、電気自動車の普及の大きなネックとなっている。
3 建物は、もちろんネックも重要だが、構造の方をもっと重要視すべきだ。
4 この洗剤は、普通の洗剤では落ちにくいネックもきれいに落としてくれる。

정답 1② 2④ 3① 4③ 5① 6③ 7④ 8③ 9④ 10② 해석 및 해설 별책 p.8

N1

1교시

문법

問題 5 문법 형식 판단
問題 6 문장 완성
問題 7 문맥 이해

1 문제 유형 공략법

問題 5 문법 형식 판단

유형 분석

1 10문제가 출제된다.
2 5분 내로 푸는 것이 좋다.
3 가장 기본적인 출제 유형으로 문법 내용에 맞는 표현 형식을 묻는다.
4 명사, 조사, 그리고 접미어 관련 표현 외에도, 경어와 부사 관련 표현들이 자주 출제된다.
5 하나의 문장에 2개 이상의 문법 포인트를 사용하여 출제하는 경우가 많다.
6 하위 단계에 속하는 N2 수준의 핵심적인 문법 내용을 상당수 포함한다.
7 출제 유형
 (1) 문형 접속 이해하기
 (2) 문형 의미 이해하기

✓ 평소에 문장을 소리 내어 정확히 읽는 연습하기!
✓ 다양한 변형 및 응용 문제 출제! 단순 암기는 No!
✓ 경어 정리, 부사 정리 필수!

예시 문제

このカメラは新品だと５万円はするが、中古なら２、３万円（　　　）。

1　に限る	2　にのぼる
3　どころではない	4　といったところだ

정답 4

해 석　이 카메라는 새것이라면 5만 엔이지만, 중고라면 2, 3만 엔 정도이다.

해 설　～といったところだ는 '(대략) ～정도이다'라는 의미로, 앞에 제시되는 내용을 대략적으로 설명할 때 사용한다.

問題 6 문장 완성

● ● 유형 분석

1 5문제가 출제된다.

2 3분 내로 푸는 것이 좋다.

3 선택지 1, 2, 3, 4의 표현들을 재구성하여 문장을 완성하는 유형이다.

4 문장 완성 후 ★ 부분에 해당되는 순서의 표현을 선택하여 답을 체크한다.

✓ 문제를 풀기 위한 핵심 포인트는 대부분 선택지에 있다!
✓ 평소 필수 문형의 의미와 문장을 함께 익혀 두기!
✓ N2, N3 수준의 문법 내용도 잊지 말기!
✓ 긴 문장 속에서의 단어 간의 수식 관계를 확인하는 연습을 해 두자!

예시 문제

このドラマは、_____ _____、 __★__ _____ 大人気だ。

1 ストーリーの良さも　　2 俳優の演技力が

3 さることながら　　4 素晴らしく

정답 2 (1-3-2-4)

해 석　이 드라마는 스토리가 좋은 점도 그러하지만, 배우의 연기력이 훌륭해서 매우 인기가 있다.(1-3-2-4)

해 설　～もさることながら는 '～도 그러하지만'이라는 의미를 나타낸다. 앞에 제시되는 내용도 중요하지만 뒤에 오는 내용을 더욱 강조하는 느낌을 나타낸다.

問題 7 문맥 이해

●● 유형 분석

1 4문제가 출제된다.

2 5분 내로 푸는 것이 좋다.

3 독해의 중문 형식에 해당하는 약 600~700자 정도의 글을 읽고, 문맥에 맞는 표현을 선택하여 전체 문장을 완성하는 유형이다.

4 단순한 포인트 암기 위주의 문법이 아니라 문장에 대한 이해도를 강조한 유형이다.

5 전형적인 N1 수준의 문법 외에도 접속사, 기초 문법의 응용 표현들을 요구하는 경우도 있다.

6 출제 유형

(1) 적절한 문말 표현 넣기

(2) 적절한 접속사 넣기

(3) 적절한 지시어 넣기

✓ 문말 표현은 필수 출제! 놓치지 말자!

✓ 접속사 문제에서는 역접 표현이 자주 등장한다!

✓ 지시어 문제에서는 반드시 지시어의 앞쪽 문장에 주목하자!

예시 문제

…(前略) いざ、審査員の点数が出ようとするその直前に、ポンとＣＭが割って入る。あるいは、クイズ番組の中で正解が発表されようとするその瞬間に、サッと画面がＣＭに入れ替わる。ああいうせこいことは [　　　] 。

1	やめようと思う	2	やめてほしいのだ
3	やめるのだろうか	4	やめられるものではない

정답 2

해 석 정작 심사 위원의 점수가 나오기 직전에 갑자기 CM이 끼어든다. 혹은 퀴즈 프로그램에서 정답이 발표되려는 그 순간에 재빨리 화면이 CM으로 바뀐다. 그런 치사한 짓은 그만두었으면 좋겠다.

해 설 문장의 흐름상, 점수 발표나 정답 발표를 기대하는 순간에 광고(CM)가 끼어드는 것을 「せこい(교활하다, 치사하다)」로 표현하고 있으므로, 그러한 행동에 대한 자신의 의견을 나타내고 있는 '그만두었으면 좋겠다'가 적절하다.

2 기출 문법

● 問題5 문법 형식 판단

2010년

문형	의미	문형	의미
□ ～いただく	～받다 〈겸양〉	□ いっさい～ない	일절 ～하지 않는다
□ お詫び申し上げる	사죄의 말씀을 드리다 〈겸양〉	□ ～かというと	～인가 하면
□ ～きわまりない	～하기 그지없다	□ ～する思いだ	～하는 심정이다
□ するまま	～하는 대로	□ ～つつある	～하는 중이다
□ ～では	～로는	□ ～ではないか	～하지 않아? 〈의문, 반문〉
□ ～でもしたら	～라도 하게 되면	□ ～として	～라고 하여
□ ～にしても	～라고 할지라도	□ ～にすぎない	～에 지나지 않는다
□ ～はしない	～하지는 않겠다	□ ～はずだ	～할 것이다 〈확신〉
□ ～べきだ	～해야 한다	□ ～ほどのことではない	～할 정도의 일이 아니다
□ ～ものか	～하지 않겠다	□ ～を機に	～을 계기로, ～을 기회로

2011년

□ ～あげく	～한 끝에	□ お出(だ)しする	제공하다 〈겸양〉
□ 思(おも)えるくらい	생각이 들 정도로	□ ～がたい	～하기 곤란하다
□ ～かっていうと	～인가 하면	□ ～こととする	～하기로 하다
□ ～させられる	～하게 되다 〈사역수동〉	□ ～した＋ではないか	하는 것이 아닌가! 〈놀람〉
□ ～する以上(いじょう)	～하는 이상	□ つもり	생각, 작정
□ ～でしかない	～밖에 되지 않는다	□ ～ではあるまいし	～도 아닐 테고
□ ～と	～라는 〈내용 제시〉	□ ～とあって	～라서 〈원인〉
□ ～といったところだ	～라는 정도다	□ ～としても	～라고는 해도
□ ～ないでもない	～않는 것도 아니다	□ ～ならではの	～다운, ～만의
□ ～につけ	～할 때마다	□ ～願(ねが)えますか	～해 주시겠습니까?
□ ～待(ま)っていただく	기다려 주시다	□ ～ゆえに	～때문에
□ ～わけではない	～인 것은 아니다	□ ～わけにはいかない	～할 수는 없다
□ ～を受(う)けて	～을 반영하여, ～의 영향을 받아		

2012년

□ あがる	찾아 뵙다 〈겸양〉	□ いたす	하다 〈겸양〉
□ ～かねる	～하기 곤란하다	□ ～から言(い)えば	～로 보아
□ ご変更願(へんこうねが)いたい	변경을 부탁 드리고 싶다	□ ～させられる	～하게 되다 〈사역수동〉

□ ～ざる	～할 수 없는	□ ～そうにない	～할 것 같지 않다
□ ～そうになる	～할 것 같이 되다	□ ～のためを思(おも)って	～을 위해서, ～을 염려하여
□ ～だろうと～だろうと	～이든 ～이든	□ ～てほしいものだ	～해 주었으면 좋겠다
□ ～といいましょうか	～라고나 할까	□ ～として	～라고 하여
□ ～に伴(ともな)って	～에 따라서	□ ～べく	～하기 위해서
□ まず～ない	거의 ～않는다	□ ～も	～도 〈강조〉
□ AもA	A도 A (A를 강조)	□ もらってやってください	받아 주세요
□ (동사의 ます형) +よう	～하는 방법	□ ～ようがない	～할 방도가 없다

2013년

□ おっしゃってくださる	말씀해 주시다 〈존경〉	□ 思(おも)われる	생각이 들다
□ かつ	및, 또한	□ ～きわまりない	～하기 그지없다
□ ご覧(らん)になる	보시다 〈존경〉	□ 存(ぞん)じる	생각하다 〈겸양〉
□ ～だけでも	～만으로도	□ ～だけに	～인 만큼 〈당연〉
□ ～とあっては	～라면	□ ～といったらない	몹시 ～하다
□ どうしたものか	어떻게 하면 좋을까?	□ ～と思(おも)いきや	～라고 생각했더니
□ ～とく	～해 두다 (～ておく의 축약)	□ ～とするか	～하기로 할까 〈결심〉
□ ～させてくれる	～하게 해 주다	□ ～に言(い)わせると	～의 이야기로는, ～의 의견으로는

□ ～にもほどがある	～에도 정도가 있다	□ はたして～だろうか	과연 ～할까?
□ ＡをＡで終(お)わらせない	A를 A만으로 끝내지 않겠다	□ ～をもって	～로 〈시간〉

2014년

□ するかしないかのころ	막 ～했을 무렵	□ ～して＋まいる	～해 가다 〈겸양〉
□ それを	그것을	□ ～たら～たで	～하면 하는 대로
□ 頂戴(ちょうだい)する	받다 〈겸양〉	□ ～ておらず	～하지 않고 〈상태〉
□ できる限(かぎ)り	할 수 있는 한	□ ～てならない	너무 ～하다
□ ＡというＡ	모든 A는	□ ～といっても過言(かごん)ではない	～라고 해도 과언이 아니다
□ どうやら	아무래도	□ ～ないで済(す)む	～하지 않아도 된다
□ ～なくはない	～않는 것도 아니다	□ ～にしては	～치고는
□ ～ものを	～텐데	□ ～もん	～라니까 〈감정 표현〉
□ ～ようがない	～할 방도가 없다	□ ～ようとも	～할지라도
□ ～を受(う)けて	～을 반영하여, ～의 영향을 받아	□ ～を最後(さいご)に	～을 끝으로

2015년

□ いっさい～ない	일절 ～하지 않는다	□ 大人(おとな)は大人(おとな)で	어른은 어른대로 〈고유한 상태〉
□ 思(おも)い出(だ)される	생각이 떠오르다	□ 決(けっ)して～ない	결코 ～않는다
□ 存(ぞん)じ上(あ)げる	알고 있다 〈겸양〉	□ ～だけあって	～인 만큼 〈당연〉

□ ～だろうか	～한 것일까?	□ ～でいい	～로 좋다, ～면 된다 〈선택〉
□ ～ていただけると助(たす)かります	～해 주시면 좋겠습니다 〈겸양〉	□ ～てからでは	～하고 나서는
□ ～てしまわないか	～해 버리지 않을래	□ ～ても始(はじ)まらない	～해도 어쩔 수가 없다 〈무의미〉
□ ～ないで済(す)む	～하지 않아도 된다	□ ～なければ～ことはない	～하지 않는다면 ～하는 일은 없다
□ ～に決(き)まっている	～할 것임에 틀림없다, ～하게 되어 있다	□ ～にしてみれば	～입장에서는
□ ～べき	～해야 할	□ まるで～ない	전혀 ～않는다
□ ～ものだ	～로구나 〈감동〉	□ ～をもって	～으로써

2016년

□ おいでになる	계시다 〈존경〉	□ ～させてもらう	～하다 〈겸양〉
□ ～しかない	～할 수밖에 없다	□ ～次第(しだい)では (명사＋次第)	～에 따라서는
□ ～ては	～하면	□ ～てみせる	～하고야 말겠다
□ ～というものではない	～인 것은 아니다	□ ～といったところだ	～정도다
□ ～ともなれば / ～ともなると	～라도 되면	□ ～に越(こ)したことはない	～이 최고다
□ はたして～だろうか	과연 ～할까?	□ ～もしない	～도 하지 않는다
□ もっとも	다만	□ ～ものと思(おも)われる	～할 것으로 생각된다 〈확신〉
□ ～ものの	～이지만	□ ～も～も	～도 ～도

☐ ～ゆえに	～때문에	☐ ～(よ)うと	～할지라도
☐ ～ように(문장 끝)。	～하기를 〈희망〉	☐ ～をよそに	～을 뒷전으로 하고, ～에도 아랑곳하지 않고

2017년

☐ お＋ます형＋願(ねが)う	～해 주세요, ～해 주시기 원합니다	☐ ～かぎり	～하는 한
☐ ～がゆえに	～이기에, ～때문에	☐ ～きれる	전부 ～할 수 있다
☐ ご説明(せつめい)なさる	설명하시다 〈존경〉	☐ ～(さ)せる	～시키다
☐ ～末(すえ)に	～한 끝에	☐ ～た＋つもり	～한 셈, ～했다는 생각
☐ ～っこない	～할 리가 없다	☐ ～つつある	～하는 중이다
☐ つもり	생각, 작정	☐ ～と＋している	～라고 하고 있다 〈주장, 생각〉
☐ ～とすれば	～라고 한다면	☐ ～ないまでも	～하지는 않더라도
☐ ～なんか	～같은 것	☐ なんら～ない	아무런 ～없다
☐ ～において	～에 있어서	☐ ～に先(さき)だち	～에 앞서
☐ ～ぬく	끝까지 ～하다	☐ ～は否(いな)めない	～은 부정할 수 없다
☐ ～ばかりとなる	～하기만 하면 된다	☐ ～ようにする	～하도록 하다
☐ ～んじゃなかった	～하는 게 아니었다 〈후회〉	☐ ～んなら	～것이라면 (のなら의 변형)

2018년

□ ～と引(ひ)きかえに	～와 맞바꾸어	□ ～べく	～하기 위해
□ なにも～ない	구태여 ～하지 않다	□ ～ったって	～라고 해도
□ なんと～ことか	얼마나 ～인가	□ そうかと思(おも)えば	그런가 싶더니
□ ～をいいことに	～을 틈타	□ ～せていただく	～하다
□ ～しかあるまい	～밖에 없겠지	□ ～ばよかったのに	～하면 좋았을 텐데
□ ～に	～에 〈추가〉	□ ～ならではの	～만의
□ なかなか	꽤	□ ～ところだった	～할 뻔 했다
□ ～かねない	～할 지도 모른다	□ ～にも～ない	하려야 ～할 수 없다
□ ～までになる	～하기까지 되다	□ ～なきゃ	～하지 않으면
□ ～ておけばいい	～해 두면 된다	□ ～おそれがある	～우려가 있다

2019년

□ ～こそ～が	비록 ～은 ～이지만	□ ～ことだから	～이니까
□ どうやら～ようだ	아무래도 ～인 것 같다	□ ～ないものか	～못하는가
□ ～じゃない	～지 않아?	□ ～とかで	～라는 이유로
□ ～ておらず	～하지 않고	□ ～たり～なかったり	～하거나 ～안 하거나
□ 危(あや)うく～ところだった	하마터면 ～할 뻔 했다	□ ～ってわけじゃない	～인 것은 아니다

표현	의미	표현	의미
□ ～を余儀なくされる	어쩔 수 없이 ~할 수 밖에 없다	□ そう～ない	~하지 않다
□ ～を控えて	~을 앞두고	□ ～でもあるまい	~도 아니다
□ ～ことと存じます	~이시리라 생각합니다	□ ～たとたんに	~하자마자
□ ～べきところを	~해야 하는 상황을	□ ～ようがない	~할 방법이 없다
□ ～んじゃなかった	괜히 ~했다	□ ～ないともかぎらない	~하지 말라는 법도 없다

2020년

※ 7월 시험 미실시

표현	의미	표현	의미
□ ～ならではの	~만의	□ ～たばかりに	~한 탓에
□ それが	그게 〈변명〉	□ ～をもってすれば	~가 있으면
□ ～ないうちから	~하기 전부터	□ ～くせに	~이면서
□ ～ている	~한 적이 있다	□ あがる	가다 〈겸손어〉
□ ～どころではない	~할 상황이 아니다	□ ～ってもんだ	~라는 것이다

2021년

표현	의미	표현	의미
□ ～ならまだしも	~라면 모르나	□ ～極まりない	~하기 짝이 없다
□ ～を皮切りに	~을 필두로	□ ～だろうと～だろうと	~이든 ~이든
□ ～たばかりに	~한 탓에	□ ～あまり	~한 나머지
□ ～て～ないことはない	~하려면 ~못 할 것은 없다	□ ～かねない	~할 지도 모른다
□ ～にすぎまい	~에 불과할 것이다	□ ～次第です	~인 바입니다

□ ～はどうあれ	～은 어쨌든	□ なんら～ない	전혀 ~없다
□ ～ものを	～일 것을	□ ～かと思(おも)いきや	～할 줄 알았더니
□ ～といて	～해 두고	□ おいでいただく	오시다
□ ～どころではない	～할 상황이 아니다	□ ～にもほどがある	～에도 정도가 있다
□ ～きれない	～할 수 없다	□ ～ぐらいだ	～정도이다

2022년

□ いっさい	일절, 전혀	□ ～と相(あい)まって	～과 아우러져
□ ～につけ	～할 때마다	□ ～そうにない	～하지 않을 것 같다
□ ～かというと	～냐 하면	□ ～ことから	～라서
□ 見込(みこ)み	예상, 전망	□ ～てはいられない	～하고 있을 수는 없다
□ ～んだっけ	～하는 거지?	□ ～つもりはない	～할 생각은 없다
□ ～をも	～도	□ いつか	언젠가
□ ～をもって	～을 끝으로	□ ～まま	～하는 채
□ ～を除(のぞ)いて	～을 제외하고	□ ～とは存(ぞん)じます	～이시리라 생각합니다
□ ～てからというもの	～하고 나서부터	□ ～っぱなしだ	～한 채이다
□ ～なんてもんじゃない	매우 ~하다	□ ～ものだ	～하곤 했다

2023년

□ ～に思(おも)う	～로 생각하다	□ ～からしか～ない	～에서 밖에 ～않다
□ ～そのものだ	그 자체이다	□ ～うちに	～하는 사이에
□ ～ところ	～때, ～상황에	□ ～んじゃないか	～하는 게 아닌가
□ ～なくもない	～못할 것도 없다	□ おいでくださる	와 주시다
□ ～たつもり	～한 셈, ～한 기분	□ ～もん	～인 걸
□ ～を機(き)に	～을 계기로	□ ～あっての	～있고 나서
□ ～返(かえ)す	되풀이 하여 ～하다	□ ～てばかりいる	～만 하고 있다
□ ～といたしましては	～로서는	□ ～はいいが	～하긴 했는데
□ ～思(おも)いをする	～기분이 들다	□ 見(み)える	오시다
□ ～ようとしている	～하려 하다	□ ～に決(き)まっている	～임에 틀림없다

2024년

□ ～はする	～하기는 하다	□ ～にして	～가 되어
□ お越(こ)しになる	오시다	□ ～かどうか	～인지 아닌지
□ ～かのごとく	～인 것처럼	□ ～始末(しまつ)だ	～꼴이다
□ ～だけのことだ	～일 뿐이다	□ ～ことはない	～할 필요 없다
□ 見込(みこ)み	예상, 전망	□ ～ものだ	～인 법이다
□ だけ無駄(むだ)だ	～할 필요 없다	□ ～を受(う)けて	～로 인해

□ ～なり	～하자 마자	□ ～恐(おそ)れがある	우려가 있다
□ ～きれない	～할 수 없다	□ ～ところだ	～상황이다
□ ～てみせる	～해 보이다	□ ～という	～라고 한다
□ ～てはならない	～해서는 안 된다	□ ～なんかでいい	～로 괜찮다

● 問題6 문장 완성

2010년

□ ～あっての	～있고 나서의	□ ～からして	～부터가
□ ～からには	～하는 이상에는	□ ～さえ～ば	～만 ～하면
□ ～だけあって	～인 만큼	□ ～って	～라는 (～という)
□ ～というような	～와 같은	□ ～ならではの	～만의, ～다운
□ ～によるところが大(おお)きい	～에 의한 바가 크다	□ ～ばかりに	～탓에

2011년

□ ～からといって	～라고 해서	□ ～こそ	～야말로
□ ～ごとく	～처럼, ～같이	□ ～だけのことだ	～하면 되는 일이다
□ ～てまで	～해서까지	□ ～と思(おも)いきや	～라고 생각했더니
□ ～として	～라고 하여	□ ～となると	～가 되면

□ ～ないように	～하지 않도록	□ ～のみならず	～뿐만 아니라
□ ～ようがない	～할 방도가 없다	□ ～わけではない	～인 것은 아니다

2012년

□ ～次第(しだい)だ	～에 달려 있다	□ ～しようと	～할지라도
□ ～しようとしまいと	～하든 ～말든	□ ～っていう	～라는 (～という)
□ ～つもり	～하는 생각	□ ～て参(まい)る	～해 가다 〈겸양〉
□ ～と(でも)	～라고(라도)	□ ～にあって	～에서
□ ～ばこそ	～하기에	□ ～(よ)うにできない	～하려고 해도 할 수 없다

2013년

□ ～からすれば	～로 보아	□ ～ぐらい	정도
□ すくなからぬ	적지 않다	□ それっきり	그것을 끝으로
□ ～ついでに	～하는 김에	□ ～というような	～와 같은
□ ～ところを見(み)ると	～인 상황을 보면	□ ～として	～로서
□ ～ながらも	～하면서도	□ ～によるところが大(おお)きい	～에 의한 점이 크다
□ ～のみ	～뿐, ～만	□ ～分(ぶん)	～만큼 〈정도, 상태〉

□ ～もさることながら	～도 그렇지만	□ ～ものがある	～한 데가 있다
□ ～ようと	～할지라도		

2014년

□ ～かというと	～인가 하면	□ ～からといって	～라고 해서
□ ～こそ	～야말로	□ ～といったら	～로 말하자면
□ ～とは	～라니	□ ～とみられる	～로 보인다
□ ～なくして	～없이	□ ～に至(いた)る	～에 이르다
□ ～にして	～에, ～으로 〈수량의 강조〉	□ ～には	～에게는 (～にとっては)
□ ～までに	～할 정도로	□ ～ようがない	～할 방도가 없다
□ ～ように	～하기를 〈희망,의뢰〉	□ ～をもって	～으로써

2015년

□ ～かもしれない	～할지도 모른다	□ ～ことなく	～하는 일 없이
□ ～として	～로서	□ ～との	～라는 (～という)
□ ～なんて	～라니	□ ～にしても	～라고 하더라도, ～하는 경우에서
□ ～にたえる	～할 만하다	□ ～にとって	～에게 있어서

□ ～には	～하는 경우에는, ～하려면	□ ～への	～으로의
□ ～みたいだ	～인 것 같다	□ ～ものか	～하지 않겠다
□ ～ようにする	～하도록 하다		

2016년

□ ～か否(いな)か	～인지 어떤지	□ ～きる	완전히 ～하다, 전부 ～하다
□ ～させてくれる	～하게 해 주다	□ ～だけでなく	～뿐만 아니라
□ ～たつもり	～한 셈, ～했다는 생각	□ 誰(だれ)かしら	누군가
□ ～という	～라는 〈생략〉	□ どうだって	아무래도 (どうでも)
□ ～とか	～라든가	□ ～として	～라고 하여
□ ～に至(いた)る	～에 이르다	□ ～ほど	～정도

2017년

□ ～以上	～하는 이상	□ ～ことから	～로부터
□ ～こともあって	～하려고 해서	□ ～という	～라는
□ ～として	～로서 〈자격〉	□ ～直(なお)す(を)繰(く)り返(かえ)し	고치기를 반복하여 〈생략〉
□ ～なくして	～없이	□ ～なりに	～나름대로

□ ～にかけては	～에 관한 한	□ ～によって	～에 의해서
□ ～はずだ	～할 것이다 〈확신〉	□ ～まじき	～해서는 안 될
□ ～ようだ	～한 것 같다	□ ～わけにはいかない	～할 수 없다

2018년

□ ～を機(き)に	～을 계기로	□ ～つつ	～하면서도
□ ～ことにする	～하기로 하다	□ ～と言(い)えば	～라고 하면
□ 要(よう)するに	요컨대	□ ～ごとき	～와 같은
□ ～ことなしに	～하지 않고	□ ～として	～라고 해서
□ ～における	～의	□ ところを	～상황을
□ ～ことにする	～하기로 하다	□ ～わけにもいかず	～할 수도 없어
□ ～にあって	～라서	□ ～にして	～가 되어
□ それで	그것으로	□ たとえ～ても	설령 ～라 해도

2019년

□ ～ことなく	～하지 않고	□ ～がちだ	～하기 십상이다
□ ～だけに	～인 만큼	□ ～には	～하려면

□ ～かといえば	～냐 하면	□ ～としては	～로서는
□ ～からには	～이상	□ きっかけ	계기
□ ～ことは～が	～하기는 ～했지만	□ ～くらい	～정도로
□ ～についてなら	～에 관해서라면	□ ともかく	어쨌든
□ 何(なに)かしら	무언가	□ ～ために	～하기 위해
□ ～なかったりで	～없거나 해서		

2020년

※ 7월 시험 미실시

□ ～うえで	～하는 데 있어	□ ～として	～로서
□ ～てまで	～하면서까지	□ 無理(むり)に	억지로
□ ～こそ	～야말로	□ ～ないように	～하지 않도록
□ ～ことから	～여서	□ ～ようと	～하려고

2021년

□ ～までもない	～할 필요도 없다	□ ～だってこと	～라는 사실
□ ～くらい	～정도	□ ～だろうに	～일 텐데
□ ～のみならず	～뿐만 아니라	□ そのものも	그 자체도

□ ～というところで	~라는 상황에서	□ ～にあたって	~에 즈음하여
□ ～べきか	~해야 할 것인가	□ ～いうことだ	~라는 것이다
□ ～に応(こた)える	~에 부응하다	□ ～なり	~하자 마자
□ ～きる	끝까지 ~하다	□ ～だったら	~라면
□ ～ぐらいで	~정도로	□ ～たりしないで	~하거나 하지 말고
□ ～というものだ	~라는 것이다	□ ～となると	~가 되면
□ ～における	~의	□ そのうち	곧
□ ～の中(なか)で	~중에	□ ～のみに	~만에

2022년

□ ～限(かぎ)り	~한	□ ～ところ	~했더니
□ ～ばこそ	~하기에 〈이유 강조〉	□ ～もさることながら	~도 물론이거니와
□ ～を機(き)に	~을 계기로	□ ～かのような	~인 것 같은
□ ～も～ば～も	(1) ~도 ~하고 (2) ~이고 ~도	□ ～ほどの	~정도의
□ ～や～といった	~나 ~같은	□ ～こともあって	~이기도 해서
□ ～ようとも	~할지라도	□ ～かどうかは	~할지 아닌지는

□ ～にかかっている	～에 달려 있다	□ ～か否(いな)か	～인가 아닌가

2023년

□ ～において	～에 있어	□ ～こともある	～경우도 있다
□ ～の反面(はんめん)	～인 반면	□ あまりに	너무
□ かえって	도리어	□ ～に居(い)ながらにして	～에 있으면서
□ ～でさえも	～조차도	□ ～ほど	～정도
□ ～にあたり	～에 즈음하여	□ ～と言(い)えば	～라고 하면
□ 今(いま)でこそ	지금이야말로	□ ～との	～라는
□ ～たところ	～했더니	□ ～だけあって	～하는 만큼
□ ～ほど	～정도로	□ ～限(かぎ)りでは	～하는 한
□ ～に沿(そ)って	～에 따라	□ ～だけで	～만으로

2024년

□ ～だって	～도	□ しかも	게다가
□ ～に限(かぎ)っての	～에 한해서의	□ ～を控(ひか)えた	～을 앞둔
□ ～のに	～하는 데	□ ～ことにする	～하기로 하다

□ ～うえに	～인데다	□ ～を踏まえ	～에 입각하여
□ ～なんて	～라니	□ ～だけで	～만으로
□ ～をはじめとする	～을 비롯한	□ ～つつも	～하면서도
□ ～に至る	～에 이르다	□ ～こそ～が	비록 ～은 ～이지만
□ ～すぎる	～지나치다	□ ～がゆえに	～라서
□ ～がちだ	～하기 쉽다	□ ～というと	～라고 하면
□ ～と思ったら	～한 줄 알았더니	□ どんなに～でも	아무리 ～라도
□ ～ないことには	～하지 않고서는	□ ～も～ないも	～하지 않는 것도

● 問題7 문맥 이해

2010년

□ 通う人もいるほどだ	다니는 사람도 있을 정도다	□ 親しまれることになる	친숙해지게 된다
□ ～てしまうだけである	～되어 버릴 뿐이다	□ そういう父親の子ども	그러한 아버지의 자녀
□ その結果	그 결과	□ それにつまずいてしまった	그것에 좌절해 버렸다
□ 対等	대등	□ 父ではない	아버지가 아니다
□ とはいえ	그렇다고는 해도	□ はたして健全なのだろうか	과연 건전한 것일까?

2011년

□ あれ以来(いらい)	그 이후로	□ 一方(いっぽう)	한편
□ 貸(か)したままなのは	빌려 준 채로 있는 것은	□ 君(きみ)から	너에게서
□ しましょうか	할까요?	□ たしかに～ことは間違(まちが)いない	분명히 ~라는 것은 틀림없다
□ 入(はい)るのはいい	들어가는 것은 좋다	□ ぼく/みんな	나 / 모두
□ 見(み)させてしまう	보게 만들어 버린다	□ やめてほしいのだ	그만두었으면 좋겠다

2012년

□ 大人(おとな)	어른	□ 思(おも)わされた	생각하게 되었다
□ こと	것	□ ～しなければ	~하지 않으면
□ そういう	그러한	□ そうだろうか	그럴까?
□ そして	그리고	□ ～ではないか	~가 아닐까?
□ ～というものである	~인 것이다	□ なぜならば	왜냐하면

2013년

□ 朝(あさ)だと思(おも)って頂(いただ)きたい	아침이라고 생각해 주었으면 좋겠다	□ いたっていいんです	있어도 되는 것입니다
□ いつごろになろうか	언제쯤이 될 것인가?	□ 犬(いぬ)の	개의

□ 買(か)ってきましょう	사 옵시다	□ 気(き)が揉(も)めるのである	마음을 졸이게 되는 것이다
□ 気(き)にかかるといっても	신경이 쓰인다고는 해도	□ すると	그러면
□ その上(うえ)で	그후에	□ よだれを流(なが)して迎(むか)えてくれる	침을 흘리며 맞이해 준다

2014년

□ 嬉(うれ)しそうにこういった	기쁜 듯이 이렇게 말했다	□ 彼(かれ)	그 사람
□ 子供(こども)ながらに感(かん)じた	어린 마음에 느꼈다	□ 全然悪(ぜんぜんわる)くなかったのだ	전혀 나쁘지 않은 것이다
□ そこで	그래서	□ そんな日(ひ)には	그런 날에는
□ 助(たす)かった	도움이 되었다	□ 出会(であ)えたと思(おも)った	만날 수 있었다고 생각했다
□ ～でもないのかもしれない	~도 아닐지도 모른다	□ ～も	~도

2015년

□ 一冊(いっさつ)といえる	한 권이라고 말할 수 있다	□ 聞(き)くだけだった	들을 뿐이었다
□ こうして	이렇게 해서	□「じゃあね」はないだろう	'그럼 잘 가'는 말이 안 되잖아
□ すなわち	즉, 이를테면	□ 育(そだ)ち続(つづ)けるに違(ちが)いない	계속 성장할 것임에 틀림없다
□ そんな彼女(かのじょ)の	그러한 그녀의	□ ～である	~이다

□ 当時(とうじ)	당시	□ なってきたのだ	되기 시작한 것이다

2016년

□ あの～	그～	□ あの若者(わかもの)だ	저 젊은이다
□ いたらなあ	있으면 좋을 텐데	□ こちらにいえるとは限(かぎ)らない	이쪽에도 말할 수 있다고는 단정할 수 없다
□ トイレのことだ	배변에 관한 것이다	□ ところがである	그런데 말이다
□ 飛(と)び出(だ)してきたのだろう	뛰쳐나온 것이겠지	□ なのに	그런데도
□ 認識(にんしき)させられる出来事(できごと)だった	인식하게 된 일이었다	□ 私(わたし)	나

2017년

□ ある日(ひ)	어느 날	□ いたいです	있고 싶습니다
□ 思(おも)って	생각해서	□ ～が	～이(가)
□ 聞(き)いています	묻고 있습니다	□ ただ	다만, 단
□ ～ていたころでした	～하고 있던 때였습니다	□ ～にとっても	～에게 있어서도
□ 母親(ははおや)に会(あ)いたくなって	어머니를 만나고 싶어져서	□ よく思(おも)う	자주 생각하다

2018년

□ 消(け)すように	끄도록	□ やつ	녀석
□ が	그러나	□ 外(はず)すわけにもいかない	뺄 수도 없다
□ 励(はげ)ます	격려하다	□ 見(み)つけられなかった	찾을 수 없었다
□ 一方(いっぽう)で	한편	□ その時(とき)のことである	그때의 일이다
□ こうした	이러한	□ 持(も)っているのだ	갖고 있는 것이다

2019년

□ まず	우선	□ 別(べつ)の	다른
□ いれば	있으면	□ わかってくるはずだ	알게 될 것이다
□ しかしその一方(いっぽう)で	그러나 그 한편에서	□ わたしにとって	나에게 있어
□ もしかしたら	어쩌면	□ 否定(ひてい)しているわけではない	부정하고 있는 것은 아니다
□ 生(う)まれるからだが	생겨나기 때문이지만	□ なり得(え)ないのだと思(おも)う	될 수 없는 것이라고 생각한다

2020년

※ 7월 시험 미실시

□ 力(ちから)である	힘이다	□ あるとき	언젠가
□ 思(おも)えてきた	생각되기 시작했다	□ そういえば	그러고 보니

2021년

□ 思(おも)ったのである	생각한 것이다	□ ～なら	~라면
□ とはいえ	그렇지만	□ こうして	이렇게
□ 驚(おどろ)くほどだ	놀랄 정도이다	□ 片付(かたづ)けなくても	정리하지 않아도
□ プロセスなのだと	과정인 것이라고	□ 戻(もど)すことにしていこう	되돌리기로 해 가자

2022년

□ そうした保育園(ほいくえん)	그런 보육원	□ ただ	다만
□ 入学(にゅうがく)したとたん	입학하자마자	□ たくましく思(おも)えます	늠름하게 생각됩니다
□ たしかに	확실히	□ そのためだ	때문이다
□ ～すら	~마저	□ 使者(ししゃ)のようでもある	사신 같기도 하다

2023년

□ 小説(しょうせつ)であってもだ	소설이어도 말이다	□ 褒(ほ)めたり叱(しか)ったりする	칭찬하기도 야단치기도 한다
□ 否定(ひてい)せずにいられなくなる	부정하지 않을 수 없게 된다	□ ～とは	~란
□ 選(えら)ばなければならない	선택해야 한다	□ ～ということだ	~란 것이다
□ 小説(しょうせつ)	소설	□ アプローチかもしれない	접근일지도 모른다

2024년

□ 話(はな)すことで	이야기하는 것으로	□ 会(あ)ってこそ	만나야 비로소
□ 思(おも)い出(だ)してください	떠올려 주세요	□ ～というわけです	～라는 것입니다
□ 気(き)を使(つか)わせられはしない	신경쓰게 할 수는 없다	□ それにもかかわらず	그럼에도 불구하고
□ 承知(しょうち)していれば	알고 있으면	□ ～だって	～도

3 합격 문법

□ 01 ～あっての～ ～이 있고 나서～

접속 명사① あっての 명사②

의미 명사①이 있기에 명사②도 성립된다. 즉 명사①이 없으면 명사②도 성립될 수 없다는 뜻이다.

- 国民(こくみん)の信頼(しんらい)あっての政治家(せいじか)であることを常(つね)に忘(わす)れないでいてほしい。
  국민의 신뢰가 있고 정치가란 사실을 항상 잊지 말기 바란다.

□ 02 ～いかん ～여하, ～여부

접속 명사(の)いかん / 명사(の)いかんだ / 명사(の)いかんで / 명사(の)いかんでは

의미 명사 여하 / 명사 여하이다 / 명사 여하로 / 명사 여하로는
(명사의 내용, 상태에 의해, 따라)

- その事件(じけん)は、今後(こんご)の捜査(そうさ)いかんで、史上最悪(しじょうさいあく)の詐欺事件(さぎじけん)になる可能性(かのうせい)も指摘(してき)されている。
  그 사건은 앞으로의 수사 여하로 사상 최악의 사기사건이 될 가능성도 지적되고 있다.

□ 03 ～(の)いかんによって ～여하에 따라 ～(の)いかんによっては ～여하에 따라서는

접속 명사(の)いかんによって / 명사(の)いかんによっては

의미 명사 여하에 따라 / 명사 여하에 따라서는 (명사의 내용 · 상태에 의해서는, 따라서는)

- 同(おな)じ商品(しょうひん)だとしても、陳列方法(ちんれつほうほう)いかんによって、売上(うりあげ)が大(おお)きく変(か)わることがある。
  같은 상품이라고 해도 진열 방법 여하에 따라 매상이 크게 달라지는 경우가 있다.

□ 04 ～(の)いかんにかかわらず ～여하에 상관없이, 관계없이
～(の)いかんによらず ～여하에 의하지 않고
～(の)いかんを問わず ～여하를 불문하고

접속 명사(の)いかんにかかわらず / 명사(の)いかんによらず / 명사(の)いかんを問わず

의미 명사 여하에 상관없이, 관계없이 / 명사 여하에 의하지 않고 / 명사 여하를 불문하고 (명사의 내용, 상태, 상황 등에 상관없이, 관계없이)

- いったんお支払いいただいた料金は、理由のいかんを問わず返金いたしかねます。
  일단 지불하신 요금은 이유 여하를 불문하고 환불해 드리기 어렵습니다.

□ 05 言わずもがな ① 말하지 않는 것이 좋다 ② 물론이고, 말할 나위도 없고

관용구 言わずもがなのことを言う。(말하지 않는 편이 나은)쓸데없는 소리를 하다.

- 言わずもがなのことだが、災害時、災害弱者にはさまざまな助けが必須だ。
  말할 필요도 없지만, 재난 시, 재난 약자에게는 다양한 도움이 필수다.

□ 06 ～かいがある(ない) ～보람이 있다(없다)

접속 명사のかいがある(ない) / 동사た형かいがある(ない) / 동사ます형がいがある(ない)

- 彼は、一人暮らしのお年寄りに食事を届けるボランティア活動は楽しくてやりがいがあると語っている。
  그는 독거 노인에게 식사를 전달하는 봉사활동은 즐겁고 보람이 있다고 말하고 있다.

□ 07 ～たが最後(さいご) ～한 이상

접속 동사 た형 たが最後(さいご)

의미 일단, 한 번 동사했다 하면 / 동사한 이상 ('일단, 한 번 어떤 일이 일어났다하면 반드시, 기필코'라는 뜻이며, 뒤 문장에는 말하는 사람의 의지나 피할 수 없이 반드시 일어나는 상황이 이어진다.)

- カンニングがばれたが最後(さいご)、停学(ていがく)は免(まぬが)れないだろう。
  커닝이 들통난 이상, 정학은 면치 못할 것이다.

□ 08 ～かたがた ～하는 김에

접속 명사 かたがた

의미 명사 하는 김에, 겸하여, 겸사겸사

- 仕事(しごと)で母校(ぼこう)に来(き)たついでに、お礼(れい)かたがたお世話(せわ)になったゼミの担当教授(たんとうきょうじゅ)の研究室(けんきゅうしつ)を訪問(ほうもん)した。
  일 때문에 모교에 온 김에 인사드릴 겸 신세진 세미나 담당 교수님의 연구실을 방문했다.

□ 09 ～かたわら ～하는 한편, 하면서

접속 명사 のかたわら / 동사 사전형 かたわら

의미 ～하는 한편, 하면서 (앞 문장에는 주된 내용(主), 뒤 문장에는 종속된 내용(従)이 온다.)

- 祖父(そふ)は母校(ぼこう)の教授(きょうじゅ)を務(つと)めるかたわら、水泳連盟会長(すいえいれんめいかいちょう)などの要職(ようしょく)を歴任(れきにん)した。
  할아버지는 모교 교수를 맡는 한편, 수영 연맹 회장 등의 요직을 역임했다.

□ 10 ～がてら ～하는 김에, 겸하여, 겸사겸사

접속 명사 がてら / 동사 ます형 がてら

주의 「かたがた 겸하여, ~하는 김에」의 유의어

- その神社(じんじゃ)では、花見(はなみ)がてら見物(けんぶつ)に訪(おとず)れた外国人観光客(がいこくじんかんこうきゃく)が記念撮影(きねんさつえい)をしていた。
  그 신사에는 꽃구경 겸 구경하러 방문한 외국인 관광객이 기념 촬영을 하고 있었다.

□ 11 ～かというと(いえば)～ない ～하냐 하면 ～(하지)않다

접속 명사 かというと(いえば) / 동사 보통형 かというと(いえば) /
イ형용사 보통형 かというと(いえば) / ナ형용사 보통형 かというと(いえば)

의미 ～하냐 하면 (꼭 그렇지도) 않다

- レジ袋(ぶくろ)の有料化(ゆうりょうか)で、プラごみが大幅(おおはば)に削減(さくげん)されたかといえば、そうでもない。
  비닐 봉투 유료화로 플라스틱 쓰레기가 대폭으로 삭감되었느냐 하면, 그렇지도 않다.

□ 12 ～きらいがある ～하는 경향이 있다

접속 명사 のきらいがある / 동사 보통형 きらいがある

- 人(ひと)は見(み)た目(め)にとらわれ、それを現実(げんじつ)の世界(せかい)だと思(おも)い込(こ)むきらいがある。
  사람은 겉모습에 사로잡혀, 그것을 현실 세계로 믿는 경향이 있다.

□ 13 ～こと ～인가, ～구나 <감탄>

접속 명사 だこと / ナ형용사 だこと・ナ형용사 なこと / イ형용사 いこと / 동사 ていること

- なんてきれいな花(はな)だこと！ 이 얼마나 예쁜 꽃인가!
- まぁ、元気(げんき)だこと！ 아, 힘이 넘치는구나!

□ 14 ことここにいたっては 일이 이쯤에 이르렀다면

의미 '여기까지(이렇게까지) 문제가 심각해졌다면'이란 의미이다.

- その企業(きぎょう)では情報流出(じょうほうりゅうしゅつ)が繰(く)り返(かえ)されている。ことここにいたっては、経営体制(けいえいたいせい)を刷新(さっしん)するしかないだろう。
  그 기업에서는 정보 유출이 반복되고 있다. 일이 이쯤에 이르렀다면 경영 체제를 쇄신할 수 밖에 없을 것이다.

□ 15 ～ことだし ～이고, ～이겠다

접속 보통형 ことだし

의미 어떤 판단, 결정에 대한 이유나 근거가 되는 사항을 말할 때

- 新年度(しんねんど)も始(はじ)まったことだし、今(いま)までの人生(じんせい)を振(ふ)り返(かえ)る意味(いみ)で日記(にっき)をつけてみることにした。
새해도 시작되었고, 지금까지의 인생을 되돌아보는 의미에서 일기를 써 보기로 했다.

□ 16 ～ことなしに(は) ～하지 않고(서는), ～안 하고(서는), ～하는 일 없이(는)

접속 동사 사전형 ことなしに(は)～ない

의미 「Ⓧることなしに、Ⓨできない」의 형태로 'Ⓧ를 하지 않고서는 Ⓨ할 수 없다'로 해석한다.

- エネルギーや食糧(しょくりょう)の問題(もんだい)に適切(てきせつ)に対応(たいおう)することなしに、アフリカ諸国(しょこく)の持続的(じぞくてき)な発展(はってん)はありえない。
에너지와 식량 문제에 적절히 대응하지 않고, 아프리카 국가들의 지속적인 발전은 있을 수 없다.

□ 17 この(ここ) 시제 명사 というもの

의미 최근 시제 명사 동안 (시제 명사를 강조하는 용법. 「というもの」는 생략 가능)

- 山田君(やまだくん)は、ここ3ヶ月(かげつ)というもの入院生活(にゅういんせいかつ)を送(おく)っている。
야마다 군은 최근 3개월 동안 입원 생활을 보내고 있다.

□ 18 ～次第(しだい)だ ～한 바이다, ～나름이다

의미 어떤 일의 과정, 추세 등에서 지금에 이르게 된 사정, 까닭 등을 논할 때 사용한다. 문어체 표현이다.

- 大変申(たいへんもう)し訳(わけ)ございません。交通渋滞(こうつうじゅうたい)に巻(ま)き込(こ)まれ、到着時間(とうちゃくじかん)が遅(おく)れた次第(しだい)です。
정말 죄송합니다. 교통 정체에 휘말려 도착 시간이 늦어진 바입니다.

□ 19 ～始末だ(しまつ) ～모양이다, 꼴이다, 형편이다

접속 동사~る 始末(しまつ)だ
(この始末だ 이런 형편이다 / その始末だ 그런 형편이다/ あの始末だ 저런 형편이다)

의미 어떤 행위에 의해 곤란한, 피해를 주는 상황이 생긴다는 뜻. 주로 나쁜 결과

- その大学(だいがく)は不祥事(ふしょうじ)が続(つづ)いており、文部科学省(もんぶかがくしょう)から事実調査(じじつちょうさ)や関係者(かんけいしゃ)の処分(しょぶん)を強(つよ)く求(もと)められる始末(しまつ)だ。
그 대학은 불상사가 계속되고 있어, 문부과학성으로부터 사실 조사나 관계자의 처분을 강력히 요구받는 형편이다.

□ 20 ～すら

접속 ① 명사 すら / 명사 ですら(주격일 때 「で」를 잘 붙인다.)
② 명사 すら / 명사 ですら / 명사 にすら (～ない)

의미 ① 명사 조차, 마저
② 명사 조차 / 명사 마저 / 명사 에게도 (~하지 않다, 할 수 없다) (「さえ」와 같은 뜻)

- 事故(じこ)は深刻(しんこく)で、収束(しゅうそく)の見通(みとお)しすら立(た)っていない。
사고는 심각하며, 수습 전망조차 서 있지 않다.

□ 21 ただ～のみ 그저(단지) ~할 뿐, ~일 뿐

접속 ただ 명사 のみ / ただ 명사 あるのみ / ただ 동사~る のみ (「ただ」는 생략 가능)

의미 주어진 사항 이외는 없다는 한정의 뜻. 그것뿐

- 国民(こくみん)としては、貴重(きちょう)な税金(ぜいきん)が泡(あわ)のように消(き)えてしまわないようただ願(ねが)うのみです。 국민들로서는 귀중한 세금이 거품처럼 사라지지 않기를 단지 바랄 뿐입니다.

□ 22 ただ～のみならず 그저(단지) ~뿐만 아니라

접속 ただ 명사 のみならず～も / ただ 동사 のみならず～も (「ただ」는 생략 가능)

의미 「～だけでなく～も ~뿐만 아니라 ~도」

- 韓流(かんりゅう)の勢(いきお)いは日本(にほん)のみならず、欧州(おうしゅう)や中東(ちゅうとう)などにも広(ひろ)がり、とどまるところを知(し)らない。 한류의 기세는 일본뿐 아니라, 유럽이나 중동 등에도 확산되어, 멈출 줄을 모른다.

□ 23 ～たところで ～해 봤자

접속 동사た형たところで（～ない）

의미 ① 동사해 봤자 (～않다, 소용없다) ② 동사해 봤자 (기껏해야, 고작해야 ～정도이다)

- 経営(けいえい)に対(たい)する不安(ふあん)や疑問(ぎもん)が残(のこ)っている限(かぎ)り、いくら社長(しゃちょう)をかえてみたところで、会社(かいしゃ)の再生(さいせい)はおぼつかない。
  경영에 대한 불안과 의문이 남아 있는 한, 아무리 사장을 바꿔 봤자 회사의 재생은 의심스럽다.

□ 24 ～だろうに ～일텐데, ～이련만

접속 보통형だろうに（앞에「ば」,「たら」가 잘 온다.）

의미 어떤 사실이 일어나지 않았음을 아쉬워하는 마음

- もっと上手(じょうず)に英語(えいご)が話(はな)せたら、楽(たの)しいアメリカ旅行(りょこう)になっただろうに…。
  좀 더 잘 영어를 할 수 있었으면, 즐거운 미국 여행이 되었을 텐데….

□ 25 ～っぱなし ～한 채로

접속 동사ます형っぱなし（앞에「ば」,「たら」가 잘 온다.）

의미 동사한 채로 (방임, 계속)

- 車(くるま)の助手席(じょしゅせき)には、カメラが置(お)きっぱなしだった。
  자동차 조수석에는 카메라가 놓여 있는 채였다.

□ 26 ～であれ ～라도, ～일지라도, ～라고 해도, ～이든

접속 명사であれ（앞에「たとえ」가 잘 온다.）

- どんな組織(そしき)であれ、勇気(ゆうき)のある発言(はつげん)をする人々(ひとびと)が増(ふ)えれば、その組織(そしき)はもっと良(よ)くなる。
  어떤 조직이든 용기 있는 발언을 하는 사람들이 많아지면, 그 조직은 더욱 좋아진다.

□ 27 ～てからというもの ～하고 나서부터

접속 동사 て형 からというもの

의미 동사 하고 나서부터, 동사 하는 것을 계기로
(어떤 일을 계기로 안 하던 행동을 하거나, 없던 일이 발생한다는 뜻)

- ワープロで文書(ぶんしょ)を作成(さくせい)してからというもの、漢字(かんじ)が書(か)けなくなった。
  워드프로세서로 문서를 작성하고 나서부터, 한자를 못 쓰게 되었다.

□ 28 ～でなくてなんだろう ～가 아니고 무엇이란 말이냐

접속 명사 でなくてなんだろう

의미 '명사 이다'를 강조

- アフリカでは多(おお)くの人々(ひとびと)が飢餓(きが)に苦(くる)しんでいる。
  これが悲劇(ひげき)でなくてなんだろう。
  아프리카에서는 많은 사람들이 기아에 시달리고 있다. 이게 비극이 아니고 무엇이란 말인가.

□ 29 ～ではあるまいし(～じゃあるまいし)/ ～でもあるまいし ～도 아닐 것이고

접속 명사 では(じゃ)あるまいし / 명사 でもあるまいし

의미 명사 도 아닐 것이고 (주로 상대방의 행동이나 태도를 한심히 여기고 말할 때 자주 사용)

- 子供(こども)じゃあるまいし、自分(じぶん)の部屋(へや)くらい自分(じぶん)で片(かた)づけなさい。
  어린아이도 아닐 것이고, 자기 방 정도는 직접 정리하거라.

□ 30 ～ても差(さ)し支(つか)えない ～해도 좋다, 지장 없다

접속 동사 て형 も差(さ)し支(つか)えない

의미 동사 해도 좋다, 지장 없다

- スマホさえあれば、辞書(じしょ)を持(も)っていなくても差(さ)し支(つか)えない。
  스마트폰만 있으면 사전을 갖고 있지 않아도 지장 없다.

□ 31 ～ても始(はじ)まらない ～해도 소용없다, 의미 없다

접속 동사 て형 も始(はじ)まらない

- 過(す)ぎ去(さ)ったことを後悔(こうかい)しても始(はじ)まらないよ。
  지나간 일을 후회해도 소용없어.

□ 32 ～てやまない ～해 마지 않다

접속 동사 て형 てやまない

의미 동사 해 마지 않다 (대개 「愛(あい)する 사랑하다」, 「祈(いの)る 기도하다, 빌다」, 「期待(きたい)する 기대하다」, 「願(ねが)う 바라다, 원하다」, 「後悔(こうかい)する 후회하다」, 「尊敬(そんけい)する 존경하다」 등 감정동사에 접속)

- 明日(あした)結婚(けっこん)する娘(むすめ)の幸(しあわ)せを願(ねが)ってやまない。
  내일 결혼하는 딸의 행복을 바라마지 않는다.

□ 33 ～と・も相(あい)まって ～와 어우러져, 더불어서, 함께

접속 명사 と・も相(あい)まって

- 運(うん)と実力(じつりょく)が相(あい)まって、彼(かれ)に今(いま)の成功(せいこう)をもたらした。
  운과 실력이 어우러져, 그에게 지금의 성공을 가져다 주었다.

□ 34 ～といい～といい ～를 보나 ～를 보나, ～도 ～도, ～이든 ～이든

접속 명사① といい 명사② といい (여기 쓰인 「いい」는 형용사가 아니라 동사 「言(い)う」의 중지형)

의미 보기로 두 가지 명사를 들 때 사용한다. 이때 반드시 두 가지만을 지칭하는 것이 아니라, 다른 유사한 것도 포함되어 있다는 뉘앙스가 강하다

- このアパートは、交通(こうつう)の便(べん)といい、買(か)い物(もの)の便利(べんり)さといい、申(もう)し分(ぶん)ない。
  이 아파트는 교통편을 보나 쇼핑의 편리함을 보나, 더할 나위 없다.

□ 35 ～というか～というか ~라 할까 ~라 할까

접속 명사 というか 명사 というか / 보통형 というか 보통형 というか

의미 Ⓧ라 할까 Ⓨ라 할까 (≒ ⓍといおうかⓎといおうか)

- 彼(かれ)の行動(こうどう)は勇敢(ゆうかん)というか無謀(むぼう)というか、とにかく私(わたし)には理解(りかい)できない。
  그의 행동은 용감하다고 할까 무모하다고 할까, 어쨌든 나에게는 이해할 수 없다.

문법

□ 36 ～というところだ、～といったところだ ~정도이다

접속 명사 というところだ / 명사 といったところだ

(「いう」이건 「いった」이건 뜻에는 상관없다.)

의미 (대충, 대략) ~정도이다, ~쯤이다, 그쯤 된다

('그리 많지 않다, 크지 않다, 대단하지 않다'는 의미)

- これくらいのノートパソコンなら、3万円(まんえん)といったところだろう。
  이 정도의 노트북이라면 3만 엔 정도 할 것이다.

□ 37 ～といわず～といわず ~이든 ~이든

접속 명사① といわず 명사② といわず

- 息子(むすこ)は、食事中(しょくじちゅう)といわず入浴中(にゅうよくちゅう)といわずスマホを手放(てばな)さない。
  아들은 식사 중이든 목욕 중이든 스마트폰을 손에서 놓지 않는다.

□ 38 ～ところだった ~할 뻔 했다

접속 (危(あや)うく・あわや・もう少(すこ)しで) 동사 るところだった・동사 ないところだった

의미 (하마터면) 동사 할 뻔했다. (실제로 일어난 것은 아니다.)

- 地震(じしん)でたんすが倒(たお)れ、危(あや)うく下敷(したじ)きになるところだった。
  지진으로 장롱이 쓰러져, 하마터면 밑에 깔릴 뻔했다.

□ 39 ～ところを ～하고 있는 상황을, 장면을, 상태를

접속 명사 のところを / ナ형용사 なところを / イ형용사 いところを /
동사 ているところを・동사 たところを
(대개 뒤에 「見る、見つかる、見つける、発見する」 등이 온다.)

- その男は、神前に置かれた２００円に手を出したところを職員に目撃され、捕まった。
  그 남자는 신전에 놓인 200엔에 손 대는 장면을 직원에게 목격되어, 체포되었다.

□ 40 ～ところ(を) ～인데, ～이실텐데

접속 명사 のところ(を) / ナ형용사 なところ(を) / イ형용사 いところ(を) /
동사 ます형 ますのところ(を)・동사 ます형 ます中のところ(を)
(의뢰, 사과, 감사 표현이 뒤에 온다.)

- 部長、お忙しいところ恐縮ですが、少々お時間いただけますか。
  부장님, 바쁘실 텐데 죄송합니다만, 잠시 시간을 내 주시겠습니까?

□ 41 ～とは ① ～란 ② ～라니

접속 ① 명사 (だ)とは ② 명사 (だ)とは / ナ형용사 (だ)とは / イ형용사 とは / 동사 とは

의미 ① ～란 (～이다) : 정의를 내릴 때 ② (세상에) ～라니 : 놀라움, 질림, 감탄, 기막힘

- 世界ランキング１位のあの選手が負けるとは、信じられない。
  세계 랭킹 1위인 저 선수가 지다니, 믿을 수 없다.

□ 42 ～とはいえ ～라고는 하지만, ～라고는 해도

접속 명사 (だ)とはいえ / ナ형용사 (だ)とはいえ / イ형용사 とはいえ / 동사 とはいえ

의미 기대, 예상과 결과가 어긋나는 경우에 사용한다. 「とはいっても」

- 電気自動車は、補助金があるとはいえ、価格はまだ割高だ。
  전기 자동차는 보조금이 있다고는 하지만, 가격은 여전히 비싸다.

□ 43 ～ともなしに / ～ともなく ～하려고 한 건 아니지만

접속 동사 るともなく / 동사 るともなしに

의미 무의식 중에, 아무생각 없이, 굳이 하려는 의도없이 ~하다
(「見(み)る、聞(き)く、考(かんが)える、話(はな)す、言(い)う、読(よ)む、寝(ね)る」 등의 동사를 받아서 그 동작이 확실한 의도나 목적없이 행해지고 있다는 뜻)

- そのカフェはとても静(しず)かで、聞(き)くともなくまわりの話(はなし)が聞(き)こえてきた。
  그 카페는 너무 조용해서, 안 들으려고 해도 주위의 이야기가 들려왔다.

□ 44 ～ともなると / ～ともなれば ～쯤 되면

접속 명사・동사 るともなると / 명사・동사 るともなれば

의미 '이쯤되면'이라는 의미로, 뒤 문장에는 앞 문장에 나온 기대치에 걸맞는 결과, 상황이 온다.

- やはり50歳(さい)ともなると、体力(たいりょく)も衰(おとろ)えてくる。
  역시 50세쯤 되면 체력도 쇠약해진다.

□ 45 ～ながらに・～ながらの ～하면서부터, ~한 상태로, ~인 채로

접속 명사 ながらに・명사 ながらの / 동사 ます형 ますながらに・동사 ます형 ますながらの

의미 그 상태가 변하지 않음을 뜻하며 관용적으로 사용되는 단어만 사용한다.

いつもながら：항상, 늘 하던대로　　昔(むかし)ながら：옛날 그대로
涙(なみだ)ながら：울면서, 눈물로　　生(う)まれながら：태어날 때부터, 타고 난

- 彼女(かのじょ)は涙(なみだ)ながらに、自分(じぶん)の潔白(けっぱく)を訴(うった)えた。
  그녀는 울면서 자신의 결백을 호소했다.

□ 46 ～ながら(も) ～하면서도, ~이면서도 〈역접〉

접속 명사 ながら(も) / 동사 ます형 ますながら(も) / イ형용사 いながら(も) / ナ형용사 ながら(も)

- 彼(かれ)は事実(じじつ)を知(し)っていながらも、ずっと知(し)らないふりをしていた。
  그는 사실을 알고 있으면서도, 계속 모른 척하고 있었다.

□ 47 ～なくして(は) ～없이(는)

접속 명사 なくして(は)

의미 명사가 없으면 안 된다, 명사가 중요하다

- 国際社会の結束なくして、気候危機を解決することは不可能だ。
  국제사회의 결속 없이, 기후 위기를 해결하는 것은 불가능하다.

□ 48 ～なしに ～없이

접속 명사 なしに / 동사 ることなしに

의미 ~없이 (~하다, ~할 수 없다)

- 彼は連絡なしに遅刻して、上司に怒られた。
  그는 연락 없이 지각해서, 상사에게 혼났다.

□ 49 ～なり ～하자마자

접속 동사 るなり

의미 동사 하자마자 (유의어: 동사 るやいなや、동사 たとたん)

- 最近の若者は、電車に乗るなりスマホに熱中して周りが見えないようだ。
  요즘 젊은이는 전철을 타자마자 스마트폰에 열중하여 주위가 보이지 않는 것 같다.

□ 50 ～なりに(は) / ～なりの ～나름대로(는) / ～나름대로의

접속 명사 なりに(は)・명사 なりの 명사 / 보통형 なりに(は)・보통형 なりの 명사

의미 ~나름대로(는) / ~나름대로의 명사

- 自分なりに真剣に考えて出した結論です。
  나름대로 진지하게 생각해낸 결론입니다.

□ 51 ～にはあたらない ～할 필요는 없다

접속 동사 るにはあたらない

의미 (이 정도의 이유로) 동사 할 필요는 없다, 동사 할 것까지는 없다

- 失敗を恐れるにはあたらない。
  大切なのは、失敗から学んで繰り返さないことだ。
  실패를 두려워할 필요는 없다. 중요한 것은 실수에서 배워 반복하지 않는 것이다.

□ 52 ～に至る / ～に至って ～에 이르다 / ～에 이르러

접속 명사 ・ 동사 るに至る / 명사 ・ 동사 るに至って

- 館内の防犯カメラの映像などをもとに捜査を進め、窃盗犯の逮捕に至った。
  관내 방범 카메라 영상 등을 토대로 수사를 진행하여, 절도범 체포에 이르렀다.

□ 53 ～にかかわる ～가 걸린, ～가 달린, ～에 관계된

접속 명사 にかかわる（※ 関る：관계되다, 상관있다）

의미 명사 가 걸린, 명사 가 달린, 명사 에 관계된
(주로 「命、生命、生死、名誉、信用」 등과 같이 잘 쓰인다.)

- 原発問題は、人間の生命にかかわる重大な問題である。
  원전 문제는 인간의 생명에 관련된 중대한 문제이다.

□ 54 ～にひきかえ ～에 비해, ～와는 반대로

접속 명사 にひきかえ

의미 명사 에 비해, 명사 와는 반대로 (대조적인 두 가지를 비교. 「명사 に比べて」의 유의어)

- 陰気な僕にひきかえ、弟は社交的な性格だ。
  음울한 나에 비해, 동생은 사교적인 성격이다.

□ 55 ～にもほどがある ~에도 한계, 정도가 있다, 지나치게 ~이다

접속 명사 にもほどがある / 동사 るにもほどがある・동사 ないにもほどがある /
イ형용사 いにもほどがある・イ형용사 くないにもほどがある /
ナ형용사 어간 にもほどがある (반드시 현재시제에만 접속한다.)

의미 도를 넘어선 행동을 비난할 때 사용한다.

- 妊婦(にんぷ)の前(まえ)で平気(へいき)でタバコ吸(す)うなんて、**非常識(ひじょうしき)にもほどがある**。
  임산부 앞에서 아무렇지도 않게 담배를 피우다니, **몰상식에도 정도가 있다.**

□ 56 ～にもまして ~보다 더, ~이상으로

접속 명사 にもまして

의미 대개 앞에 오는 명사에는「前(まえ)、以前(いぜん)、昨日(きのう)、先週(せんしゅう)、先月(せんげつ)、去年(きょねん)」등 과거를 뜻하는 단어가 잘 쓰여 '전보다 더, 이전보다 더'라는 뜻이 된다.

- 今年(ことし)は**例年(れいねん)にもまして**、天候(てんこう)の悪(わる)い日(ひ)が多(おお)かった。
  올해는 **예년보다 더,** 날씨 나쁜 날이 많았다.

□ 57 ～によらず ~와는 관계없이

접속 명사 によらず

- 他国(たこく)の**状況(じょうきょう)によらず**、日本(にほん)は化石燃料(かせきねんりょう)の大量消費(たいりょうしょうひ)に歯止(はど)めをかけるべきだ。
  다른 나라 **상황에 관계없이,** 일본은 화석연료의 대량 소비에 제동을 걸어야 한다.

□ 58 ～によるところが大(おお)きい ~에 힘입은 바가 크다

접속 명사 によるところが大(おお)きい

의미 명사 에 크게 의존하여 떼어 놓을 수 없는 관계를 나타낸다.

- その企業(きぎょう)が実績(じっせき)を上(あ)げてきたのは、社長(しゃちょう)の**人脈(じんみゃく)によるところが大(おお)きい**と言(い)われる。
  그 기업이 실적을 올려 온 것은 사장의 **인맥에 힘입은 바 크다**고 한다.

□ 59 ～はおろか ～는 커녕, ～는 고사하고

접속 명사 はおろか

의미 「Ⓧはおろか、Ⓨも(まで、さえ、すら)～ない」로 잘 쓰여, 'Ⓧ는 커녕 (고사하고) Ⓨ도(까지, 조차, 마저) ～없다, ～않다'란 뜻이다. (「～どころか」의 유의어)

- 初恋の人は、名前はおろか、顔さえ忘れてしまった。
  첫사랑의 사람은 이름은 고사하고, 얼굴조차 잊어버렸다.

문법

□ 60 ～はさておき ～는 어쨌든, 내버려두고

접속 명사 はさておき

의미 명사는 어쨌든, 내버려두고 (다른 일을 우선하겠다)

- あいさつはさておき、新プロジェクトについて話し合いましょう。
  인사는 차치하고, 새 프로젝트에 관해 상의합시다.

□ 61 ～はしない ～하지는 않는다 (부분 부정)

접속 동사ます형 はしない

- 仲間と一緒に過ごした日々は、いつまでも忘れはしない。
  동료와 함께한 날들은 언제까지고 잊지 않겠다.

□ 62 ～までもない / ～までのこともない

접속 동사 るまでもない / 동사 るまでのこともない

의미 동사 할 것까지도 없다 / 동사 할 필요없다
(「言うまでもない 말할 필요도 없다」가 잘 쓰인다.)

- 防災の取り組みが重要なのは言うまでもない。
  방재 대처가 중요한 것은 말할 것도 없다.

□ 63 ～もさることながら ～도 물론이거니와

접속 명사 もさることながら

의미 「ⓍもさることながらⓎ」로 쓰여 'Ⓧ도 물론 ~하지만, Ⓨ쪽이 더 ~하다'라는 뜻으로 사용된다. 즉 Ⓧ보다는 뒤에 나오는 Ⓨ쪽에 더 비중을 두는 용법이다.

- 教師(きょうし)の負担(ふたん)を軽(かる)くするためには、教員増(きょういんぞう)もさることながら、学校(がっこう)を外(そと)から支(ささ)える仕組(しく)みを築(きず)くべきだ。
  교사의 부담을 가볍게 하기 위해서는 교원 증가도 물론이거니와 학교를 밖에서 지지하는 구조를 구축해야 한다.

□ 64 ～や / ～やいなや ～하자마자

접속 동사 るや / 동사 るやいなや

의미 동사 하자 마자 (「동사 たとたん」의 유의어)

- 新首相(しんしゅしょう)は就任(しゅうにん)するやいなや、内外(ないがい)の多(おお)くの試練(しれん)に直面(ちょくめん)した。
  새 수상은 취임하자마자, 안팎의 많은 시련에 직면했다.

□ 65 ～をおいて ～를 제외하고, 빼고

접속 명사 をおいて（～ない）

의미 명사 를 제외하고, 빼고 (~없다)

- 世界(せかい)の平和(へいわ)と安定(あんてい)のために、中心的(ちゅうしんてき)な役割(やくわり)を担(にな)える国(くに)は、やはりアメリカをおいてほかにないだろう。
  세계의 평화와 안정을 위해 중심적인 역할을 할 수 있는 나라는 역시 미국을 제외하고는 없을 것이다.

□ 66 ～を押(お)して ～를 무릅쓰고

접속 명사 を押(お)して

- その女優(じょゆう)は高熱(こうねつ)を押(お)して、舞台(ぶたい)あいさつに出席(しゅっせき)した。
  그 여배우는 고열을 무릅쓰고, 무대 인사에 출석했다.

□ 67 ～を限りに ～를 끝으로, 마지막으로

접속 명사 を限りに

- 父は、今日を限りに禁煙すると家族に宣言した。
  아버지는 오늘을 끝으로 금연하겠다고 가족들에게 선언했다.

□ 68 ～を皮切りに ～를 시작으로, 필두로, 시초로

접속 명사 を皮切りに

- BTSは東京を皮切りに、日本全国でライブを行う。
  BTS는 도쿄를 시작으로 일본 전국에서 라이브를 행한다.

□ 69 ～を機に ～를 계기로

접속 명사 を機に

- 出産を機に、仕事をあきらめてしまう女性はまだ多いという。
  출산을 계기로 일을 포기해 버리는 여성은 아직 많다고 한다.

□ 70 ～を禁じえない ～를 금할 수 없다

접속 명사 を禁じえない

의미 눈물, 동정, 분노, 연민, 기쁨 등의 감정을 억누를 수 없다.

- AI技術の進歩には、驚きを禁じ得ない。
  AI기술의 진보에는 놀라움을 금할 수 없다.

□ 71 ～をよそに ～를 무시하고, 아랑곳 않고, 관계없이

접속 명사 をよそに

의미 비난, 비판, 기대, 걱정, 소문, 루머 등에 붙어 그것을 무시하고, 아랑곳하지 않고 자신의 의지대로 어떤 행위를 한다는 뜻이다.

- 被災者らの不安をよそに、デマがネットなどに出回っている。
  이재민들의 불안을 아랑곳 않고 유언비어가 인터넷 등에 떠돌고 있다.

합격 문법 확인 문제 ❶

[　　/ 16]

다음 문장의 괄호 안에 들어갈 가장 알맞은 말을 a, b 중에서 고르시오.

1 彼が優勝したからといって、驚く(a にはあたらない　b おそれがある)。

2 今さら文句を言っても(a 始まらない　b もどらない)よ。

3 これ以上議論した(a にしては　b ところで)、結論は出ないだろう。

4 木村先生は、私は尊敬して(a やまない　b ならない)先生です。

5 今週はテストに(a くわえて　b あたって)レポートも出さなければいけない。

6 この図書館は本当に静かだ(a こと　b もの)。

7 彼は、期末テストでカンニングしている(a とおりを　b ところを)ばれてしまった。

8 田中君はここ１週間(a というもの　b ならではの)、ずっと授業を休んでいる。

9 そのことならもう知っているし、説明する(a わけがない　b までもない)。

10 理由の(a いかんにかかわらず　b いかんによっては)、無断欠勤は許されません。

11 政治は、国民の信頼(a ながらに　b なくしては)成り立たない。

12 感動的な映画に心を(a 打たせた　b 打たれた)。

13 息子は学校から帰ってくる(a なり　b しだい)、ゲームを始めた。

14 努力すること(a がてら　b なしに)成功はありえない。

15 太っているからたくさん食べる(a かというと　b としたら)、そうでもない。

16 新人では(a いざしらず　b あるまいし)、それくらい自分でやりなさいよ。

정답 1 ⓐ　2 ⓐ　3 ⓑ　4 ⓐ　5 ⓐ　6 ⓐ　7 ⓑ　8 ⓐ
9 ⓑ　10 ⓐ　11 ⓑ　12 ⓑ　13 ⓐ　14 ⓑ　15 ⓐ　16 ⓑ

해석 및 해설 별책 p.9

합격 문법 확인 문제 ❷ [/ 16]

다음 문장의 괄호 안에 들어갈 가장 알맞은 말을 a, b 중에서 고르시오.

1 彼は、明日を(a めぐって b 限りに)会社を退職することになっている。

2 肉は食べない(a わけではない b はずではない)が、そんなに好きではない。

3 娘は親の心配を(a 受けて b よそに)、アメリカひとり旅に出た。

4 これから先のことなんて、誰も(a わかりはしない b わかるものだ)。

5 お酒を(a やめてからというもの b やめたからといって)、甘いものを欲するようになった。

6 このことは親友に(a すら b こそ)言えないよ。

7 買い物(a かたわら b がてら)、商店街をぶらぶらしてきた。

8 職場のパワハラは、人権に(a かかわる b あっての)問題です。

9 彼の実力(a をもって b からすると)、合格は無理だろう。

10 彼は会社勤めの(a かたわら b だけあって)、小説家としても活躍している。

11 父はかぜで具合が悪いのに、無理(a をもとに b を押して)仕事に行った。

12 未成年者(a をはじめ b とはいえ)、他人に損害を加えたならしっかり責任を持つべきだ。

13 ゴールデンウィーク(a ともなると b ともなしに)、空港は多くの利用客で混雑する。

14 トムさんは日本に来たばかりで、漢字は(a おろか b ぬきに)、ひらがなさえまだろくに読めない。

15 電車内で大声で電話するなんて、マナーがないにも(a ほど b くらい)がある。

16 彼女の不幸な人生を聞いて、涙を(a 余儀なくされた b 禁じ得なかった)。

정답 1 ⓑ 2 ⓐ 3 ⓑ 4 ⓐ 5 ⓐ 6 ⓐ 7 ⓑ 8 ⓐ
9 ⓑ 10 ⓐ 11 ⓑ 12 ⓑ 13 ⓐ 14 ⓐ 15 ⓐ 16 ⓑ

해석 및 해설 별책 p.9

합격 문법 확인 문제 ❸

[　　/ 16]

다음 문장의 괄호 안에 들어갈 가장 알맞은 말을 a, b 중에서 고르시오.

1 息子は勉強もしないで遊びまくって、ついには学校も辞める(a まい　b 始末だ)。

2 金さんは以前(a のみならず　b にもまして)、日本語の勉強に励んでいる。

3 こんな簡単な問題も解けない(a とは　b だに)、本当情けないな…。

4 あいつは、マイクを握った(a が最後　b どころか)、30分は歌い続けるよ。

5 テレビを見る(a ばかりに　b ともなしに)見ていたら、高校の同級生が出ていてびっくりした。

6 忘年会の参加者は多くても20名といった(a ところ　b ばかり)だ。

7 入院(a ともなると　b を機に)、タバコもお酒もやめることにした。

8 土日はあっという間に終わっていく。それに(a 即して　b ひきかえ)平日はどうしてこうも長いのか。

9 彼の冗談はおもしろくて、(a 笑わないではいられない　b 笑ってたまらない)。

10 新規事業を任せられる人は、小田さんを(a おいて　b 押して)他にいない。

11 断り(a なしに　b とばかりに)他人の部屋に入らないでください。

12 そのバッグは、(a 色というかデザインというか　b 色といいデザインといい)、本当に素敵だ。

13 彼は相手が誰(a であれ　b でしか)、思ったことはストレートに言う人です。

14 この駐車場は1時間(a とつき　b につき)200円となっております。

15 災害時に素早く安全に行動できるかは、日頃の備えによる(a ところ　b もの)が大きいと考えられます。

16 このノートパソコンはデザイン(a もさることながら　b に関してだけは)、性能がとてもいいので人気がある。

정답 1 ⓑ　2 ⓑ　3 ⓐ　4 ⓐ　5 ⓑ　6 ⓐ　7 ⓑ　8 ⓑ
9 ⓐ　10 ⓐ　11 ⓐ　12 ⓑ　13 ⓐ　14 ⓑ　15 ⓐ　16 ⓐ

해석 및 해설 별책 p.9

합격 문법 확인 문제 ❹

[/ 16]

다음 문장의 괄호 안에 들어갈 가장 알맞은 말을 a, b 중에서 고르시오.

1 3時間も(a 並んだかい b 並んでこそ)があって、おいしいラーメンが食べられた。

2 台風で旅行は(a あきらめざるを得ない b あきらめようもない)。

3 仕事が忙しくて、危うく結婚記念日を忘れる(a ところだった b ものがあった)。

4 少々狭い(a ながらも b ついでに)、とてもおしゃれな部屋でした。

5 このミカンは、優しい甘さと香り(a の代わりに b が相まって)さわやかな味わいが感じられます。

6 この製品は、ただ価格が安い(a のみならず b だけあって)、性能も優れている。

7 彼女は何でもすぐにあきらめてしまう(a までのことだ b きらいがある)。

8 成功するかどうかは、結局あなたの努力(a どおり b いかん)です。

9 自分の仕事や成果が評価されたとき、(a やりがい b やりよう)を感じます。

10 その仕事はみんなやりたがらないので、私がやる(a に相違なかった b よりほかなかった)。

11 そのラーメン屋は、東京に店を出したことを(a 皮切りに b もとにして)、いろいろな都市にも支店を出した。

12 子供は子供(a なりに b といえども)考えています。

13 父は(a 平日なり週末なり b 平日といわず週末といわず)働いている。

14 もう少し注意深い人なら、そんな間違いはしなかった(a ものか b だろうに)。

15 雨も止んだ(a ことだし b とはいえ)、散歩にでも行かない？

16 整備の仕方(a いかんを問わず b いかんによっては)、燃費が悪くなる可能性がある。

정답 1 ⓐ 2 ⓐ 3 ⓐ 4 ⓐ 5 ⓑ 6 ⓐ 7 ⓑ 8 ⓑ
9 ⓐ 10 ⓑ 11 ⓐ 12 ⓐ 13 ⓑ 14 ⓑ 15 ⓐ 16 ⓑ

해석 및 해설 별책 p.10

합격 문법 확인 문제 ❺

[　　/ 16]

다음 문장의 괄호 안에 들어갈 가장 알맞은 말을 a, b 중에서 고르시오.

1 犠牲者が出る(a からして　b に至って)、問題の深刻さに気付いた。

2 犬の散歩(a ぬきに　b かたがた)、コンビニに寄ってプリンを買ってきた。

3 大学受験は終わりました。あとはただ結果を待つ(a のみ　b まま)です。

4 エアコンを(a つけっぱなしで　b つけてからというもの)寝てしまい、風邪をひいてしまった。

5 熱などがなければ、入浴しても(a 相違　b 差し支え)ありません。

6 一人娘が結婚することになって、(a 嬉しいというか寂しいというか　b 嬉しいといわず寂しいといわず)、複雑な気持ちなった。

7 (a お疲れであれ　b お疲れのところ)をお邪魔して申し訳ございません。

8 その町では、伝統的な景観を守ろうと、(a 昔にとって　b 昔ながら)の方法で田植えが行われた。

9 原因の(a いかんによらず　b いかんによっては)、遅刻は認められません。

10 仕事の話は(a さておき　b もってのほか)、今日は思いっきり楽しみましょう。

11 彼の小説は発売される(a やいなや　b とたん)、すぐに売り切れてしまった。

12 昨日は彼氏に2時間も(a 待たれた　b 待たされた)。

13 接客業は、お客様(a あっての　b まみれの)仕事です。

14 これが税金の無駄づかい(a よりほかない　b でなくてなんだろう)。

15 彼なりによく考えた(a すえに　b そばから)出した結論です。

16 彼女は見かけ(a のいたり　b によらず)頑固で気が強い。

정답 1 ⓑ　2 ⓑ　3 ⓐ　4 ⓐ　5 ⓑ　6 ⓐ　7 ⓑ　8 ⓑ
9 ⓐ　10 ⓐ　11 ⓐ　12 ⓑ　13 ⓐ　14 ⓑ　15 ⓐ　16 ⓑ

해석 및 해설 별책 p.10

□ 01 ～か否(いな)か ～인지 아닌지

접속 보통형 か否(いな)か

- 彼(かれ)に対(たい)する評価(ひょうか)は経済的能力(けいざいてきのうりょく)よりも、品格(ひんかく)を示(しめ)せるか否(いな)かで定(さだ)まる。
  그에 대한 평가는 경제적 능력보다도 품격을 보여줄 수 있는지 아닌지로 결정된다.

□ 02 ～限(かぎ)りだ (너무도, 매우) ～하다

접속 명사 の限(かぎ)りだ / ナ형용사 な限(かぎ)りだ / イ형용사 い限(かぎ)りだ

의미 그 상황, 상태에서의 감정이 말로 표현하기 힘들 정도로 크고 대단하다는 뜻이다.

- 本格的(ほんかくてき)な冬(ふゆ)が始(はじ)まり、厳(きび)しい寒(さむ)さに苦(くる)しんでいる難民(なんみん)の姿(すがた)は痛(いた)ましい限(かぎ)りだ。
  본격적인 겨울이 시작되어, 혹독한 추위에 시달리고 있는 난민들의 모습은 너무도 애처롭다.

□ 03 ～かのごとく・～かのごとき (마치) 그런 것처럼

접속 명사 であるかのごとく・명사 であるかのごとき /
보통형 かのごとく・보통형 かのごとき

의미

(古)		(現)	
～かのごとし	→	～かのようだ	～인 것 같다
～かのごとき		～かのような	～인 것 같은
～かのごとく		～かのように	～인 것 같이, 처럼

- 課長(かちょう)はいつも、人(ひと)から聞(き)いたことを自分(じぶん)の意見(いけん)であるかのごとく話(はな)している。
  과장님은 언제나 남에게 들은 것을 자기 의견인 것처럼 말하고 있다.

□ 04 ～るが早(はや)いか ～하자마자 (순식간에, 거의 동시에) ～다른 일이 벌어진다

접속 동사 るが早(はや)いか

- 信号(しんごう)が青(あお)に変(か)わるが早(はや)いか、その車(くるま)は走(はし)り出(だ)した。
  신호등이 파랑으로 바뀌자마자, 그 차는 달리기 시작했다.

□ 05 ～からある / ～からする ～나 되는 / ～나 하는

접속 수량 명사 からある / 수량 명사 からする

의미 명사 나 되는, 명사 나 하는

(수량을 강조. 크기, 무게, 길이, 양 등은 からある, 금액에는 からする)

- 健康のために、毎朝10キロからある距離を走っている。
  건강을 위해, 매일 아침 10km나 되는 거리를 달리고 있다.

□ 06 ～からなる ～로 이루어진, 구성된

접속 명사 からなる

- 外部の弁護士からなる調査委員会が報告書をまとめた。
  외부 변호사로 구성된 조사위원회가 보고서를 정리했다.

□ 07 ～極まりない / 極まる ～하기 짝이 없다 / 극히, 매우 ～하다

접속 ナ형용사 어간 極まりない / ナ형용사 어간 極まる

- 多くの国民は、不透明極まりない「政治とカネ」の実態に驚いている。
  많은 국민은 불투명하기 짝이 없는 '정치와 돈'의 실태에 놀라고 있다.

□ 08 ～るくらい(ぐらい)なら ～할 꺼라면, ～할 바에는 (차라리)

접속 동사 るくらい(ぐらい)なら

Ⓧくらいなら Ⓨの方がましだ(いい) Ⓧ할 꺼라면 (차라리) Ⓨ쪽이 낫다(좋다)

- いじめられるくらいなら、学校に行かなくてもいいと考える保護者が増えている。
  괴롭힘을 당할 바에는 학교에 가지 않아도 된다고 생각하는 보호자가 늘어나고 있다.

□ 09 ～のは～くらい(ぐらい)のものだ ～하는 것은 ～뿐이다, 밖에 없다

접속 동사 るのは 명사 くらい(ぐらい)のものだ

- あんな高級別荘を買えるのは、ごく一部の金持ちくらいのものだ。
  저런 고급 별장을 살 수 있는 사람은 극히 일부의 부자 정도뿐이다.

□ 10 ～こそ～が(けれども) ～는 ～하지만

접속 명사 こそ～が(けれども)

의미 「ⓧこそⓨが(けれども)」로 쓰여, '(비록) ⓧ는 ⓨ하지만'
(주어)에 대해 ⓧ가 ⓨ하다는 것을 일단은 인정한 후, 뒤 문장에는 앞 문장과 대립되는 내용이 온다.

- この会社(かいしゃ)のパソコンは、値段(ねだん)こそ高(たか)いが、品質(ひんしつ)は優(すぐ)れている。
  이 회사의 PC는 가격은 비록 비싸지만, 품질은 뛰어나다.

□ 11 ～ごとき / ～ごとく ① ～과 같은 ② ～따위, 같은 것

접속 ① 명사 のごとき・ごとく / 동사 る(が)ごとき・ごとく / 동사 た형(が)ごとき・ごとく
② 명사 ごとき

의미 ① [비유] ～ごとき 명사 : ～과 같은 명사 (비유의 뜻. 「～ような」로 해석)
～ごとく 동사 : ～과 같이 동사 하다 (비유의 뜻. 「～ように」로 해석)
② 명사 따위, 같은 것 (명사 ごとき / ごとく) (무시 혹은 겸손)

- かつては、行方不明者(ゆくえふめいしゃ)の名前(なまえ)は当然(とうぜん)のごとく公表(こうひょう)され、報(ほう)じられてきた。
  예전에는 행방불명자의 이름이 당연하다는 듯 공표되었고, 보도되어 왔다.
  借金(しゃっきん)ごときで命(いのち)を捨(す)てないでください。
  빚 따위로 목숨을 버리지 마세요.

□ 12 ～こととて ～여서, 이므로

접속 명사 のこととて /
보통형 こととて (동사 ないこととて、동사 ぬこととて / ナ형용사 なこととて)
(동사 접속 시 부정형 「동사 ない」와 「동사 ぬ」에 잘 접속하며, '동사 안 해서, 동사 못해서'로 해석한다.)

의미 ～여서, 이므로 (뒤 문장에 나오는 결과의 이유를 설명)

- はじめてケーキを作(つく)ってみたが慣(な)れないこととて、あまり上手(じょうず)には作(つく)れなかった。
  처음으로 케이크를 만들어 보았는데 익숙하지 않아서, 그다지 잘 만들지 못했다.

□ 13 ～ずくめ ～투성이, 일색

접속 명사 ずくめ

（いいことずくめ、楽しいことずくめ、規則ずくめ、黒ずくめ、白ずくめ、結構ずくめ、ごちそうずくめ、残業ずくめ、幸せずくめ 등 관용적인 표현만 사용하니, 그대로 암기해 주기 바란다.）

의미 특정명사에 접속하여 주위에 온통 그것 투성이라는 뜻, 몇 가지 관용적인 명사에만 사용

- 少年は上下とも黒ずくめの服を着ていた。 소년은 위아래 모두 검정 일색의 옷을 입고 있었다.

□ 14 ～ずじまいだ ～못하고 끝났다

접속 동사ない형 ずじまいだ

의미 하려고 계획, 생각했던 것이나 하고 싶었던 일을 하지 못한 채 끝나버려 아쉽다는 의미

- 楽しみにしていた沖縄旅行だったが、仕事が忙しくて結局行けずじまいだった。
  기대하고 있던 오키나와 여행이었지만, 일이 바빠서 결국 가지 못했다.

□ 15 ～ずにはおかない / ～ないではおかない

① 반드시 ～하겠다 〈강한 결의〉 ② 자연스럽게 ～하게 된다

접속 동사ない형 ずにはおかない / 동사 ないではおかない

- 部長は、彼女のミスを指摘せずにはおかないだろう。
  부장님은 그녀의 실수를 지적하지 않을 수 없을 것이다.

  この物語は、読む人を感動させずにはおかない。 이 이야기는 읽는 사람을 감동하게 만든다.

□ 16 ～ずにはすまない / ～ないではすまない

～하지 않고는 해결되지 않는다, 끝나지 않는다

접속 동사ない형 ずにはすまない / 동사 ないではすまない

의미 어떤 행위(동사)를 하지 않을 수 없다는 표현이다. 바꿔 말해 그 어떤 행위를 반드시 해야겠다는 뜻이 된다.

- 私のせいでみんなに迷惑をかけてしまった。みんなに謝らずにはすまないだろう。
  내 탓에 모두에게 폐를 끼치고 말았다. 모두에게 반드시 사과해야할 것이다.

□ 17 ～そばから ～하면 바로, ～하는 족족

접속 동사 るそばから / 동사 たそばから (현재형과 과거형에 다 접속 가능하지만 뜻은 같다.)

의미 어떤 동작을 하고 '바로 곧, 지체없이'라는 뜻이다.

- あの店(みせ)のメンチカツは本当(ほんとう)においしくて、出来上(できあ)がったそばから売(う)れていく。
  저 가게의 멘치가츠는 정말 맛있어서, 만드는 족족 팔려나간다.

□ 18 ～そびれる ～할 기회를 놓치다, ～하려다 못 하다

접속 동사 ます형 そびれる

言(い)いそびれる 말할 기회를 놓치다 / 寝(ね)そびれる 잠을 설치다

- 最近(さいきん)、仕事(しごと)が忙(いそが)しくて夕食(ゆうしょく)をとりそびれる日(ひ)が多(おお)い。
  요즘 일이 바빠서 저녁식사를 못 하는 날이 많다.

□ 19 ～だけましだ 그나마 다행이다

접속 명사 であるだけましだ / 보통형 だけましだ (ナ형용사 なだけましだ)

의미 별로 좋지 않은 상황이지만, 더욱 심한 상태가 되지 않고, 이 정도로 끝나서 다행이라는 의미이다.

- このアパートは駅(えき)から遠(とお)いし、店(みせ)も少(すく)ないが、コンビニがあるだけましだ。
  이 아파트는 역에서 멀고 가게도 적지만, 편의점이 있어 그나마 다행이다.

□ 20 ～てかなわない ～해 못 견디겠다, ～해 죽겠다

접속 동사 てかなわない / イ형용사 くてかなわない / ナ형용사 でかなわない

- 日本(にほん)の夏(なつ)は暑(あつ)くてかなわない。
  일본의 여름은 더워서 견딜 수가 없다.

□ 21 ～だに ① ～하는 것만으로도 ② ～조차

접속 ① 동사 るだに ② 명사 (に)だに～ない

의미 ① 동사 하는 것만으로도 (≒「동사 るだけでも」 앞에는 주로 「考える、思う、聞く、思い出す、想像する、口に出す」가 잘 온다.)

② 명사 조차 하지 않다 (≒「명사 さえ～ない」)

- その連続殺人犯の名前は、聞くだに恐ろしい。그 연쇄살인범의 이름은 듣기만 해도 무섭다.
- 宝くじで３億円が当たるなんて夢にだに思わなかったよ。
  복권에서 3억 엔이 당첨될 줄은 꿈조차 못 꾸었어.

□ 22 ～たりとも～ない ～라도, 마저도 ～하지 않는다

접속 명사 たりとも～ない

의미 명사 라도, 마저도 (뒤에는 주로 부정문이 와서 아주 작은 수, 양도 허용하지 않겠다는 뜻이 된다. 대개 '1'이 온다.)

- 税金は１円たりとも無駄にするべきではない。세금은 1엔이라도 낭비해서는 안 된다.

□ 23 ～たる者 ～인 자

접속 명사 たる者

의미 명사 인 자, 명사 란 자격을 가지고 있는 자

- 政治家たる者、ただひたすら国民を第一に考えなければならない。
  정치인인 자, 오로지 국민을 첫 번째로 생각해야 한다.

□ 24 ～つ～つ ～하거니 ～하거니, ～하기도 하고 ～하기도 하고

접속 동사ます형① つ 동사ます형② つ

① 동사 반대어 : 예 行く - 戻る ② 원형과 수동형 : 예 押す - 押される

의미 동사① 하거니 동사② 하거니, 동사① 하기도 하고 동사② 하기도 하고

- 昨日の自動車レースは、実に手に汗を握る抜きつ抜かれつの大接戦だった。
  어제 자동차 경주는 실로 손에 땀을 쥐는 앞서거니 뒤서거니의 대접전이었다.

□ 25 ～であれ～であれ ～이든 ～이든

접속 명사① であれ 명사② であれ

의미 명사① 이든 명사② 이든 (어떤 경우일지라도 결과는 변함이 없다는 뜻)

- 政治家(せいじか)であれ国民(こくみん)であれ、法律(ほうりつ)は守(まも)らなければならない。
  정치가이든 국민이든 법은 지켜야만 한다.

□ 26 ～てしかるべきだ ～하는게 당연하다, 마땅히 ～해야 한다

접속 동사 てしかるべきだ

의미 동사 하는게 당연하다, 마땅히 동사 해야 한다

- 財政(ざいせい)と金融(きんゆう)は、切(き)り離(はな)してしかるべきではないか。
  재정과 금융은 분리해 마땅한 것이 아닌가.

□ 27 ～てでも ～해서라도

접속 동사 てでも

의미 동사 해서라도 (뒤에는 강한 의지, 희망 표현이 옴. 자신의 목표, 목적, 꿈 등의 실현을 위하여 강경한, 극단적인 수단을 사용할 수 도 있다는 의미)

- 開発規制(かいはつきせい)という手法(しゅほう)を使(つか)ってでも、緑(みどり)を復元(ふくげん)すべきだ。
  개발 규제라는 방법을 사용해서라도 숲을 복원해야 한다.

□ 28 ～ては～、～ては～ ～하고는 ～하고, ～하고는 ～하고

접속 동사① ては 동사② ます형 、 동사① ては 동사② ます형 /
동사① ては 동사② て 、 동사① ては 동사② て

의미 두 가지 동사를 같은 순서로 2번 반복하여, 어떤 동작이나 현상이 반복하여 일어남을 의미

- 書(か)いては破(やぶ)り、書(か)いては破(やぶ)り、何度(なんど)も何度(なんど)もセリフを書(か)き直(なお)した。
  썼다 찢고 썼다 찢고, 몇 번이고 몇 번이고 대사를 다시 썼다.

□ 29 ～た手前 ～한 체면상(～한 체면 때문에)

접속 동사 たてまえ

● もうお酒は絶対飲まないと言い切った手前、どんなにストレスがたまっても飲むわけにはいかない。
이제 술은 절대 마시지 않겠다고 잘라 말한 체면상, 아무리 스트레스가 쌓여도 마실 수는 없다.

□ 30 ～てもともとだ（～てももともとだ） ～해도 그만이다

의미 주로「だめで、失敗して、落ちて、断られて＋もともとだ」로 잘 쓰여 '～해도 그만이다, 본전이다'란 뜻이다.

● だめでもともとだから、この企業に応募してみよう。
안 되도 그만이니까, 이 기업에 응모해 보자.

□ 31 ～とあって ～라서, ～인만큼, ～라는 상황이라서

접속 명사 とあって / 보통형 とあって

의미 ～라서, ～인만큼, ～라는 상황이라서 (やっぱり～だから)

● そのデザインは許可申請すれば無料で使用できるとあって、申請件数は累計8,000件ほどに上った。
그 디자인은 허가 신청하면 무료로 사용할 수 있어서, 신청 건수는 누계 8,000건 정도에 이르렀다.

□ 32 ～とあっては ～라면

접속 명사 とあっては / 보통형 とあっては

의미 그런 상황이라면 어쩔 수 없다. 뒤에는「～しないわけにはいかない / ～するほかない / ～しかない」등이 잘 온다.

● 高級官僚が税金滞納の常習者とあっては、国民はとうてい納得できない。
고위 관료가 세금 체납 상습자라면, 국민은 도저히 납득할 수 없다.

□ 33 ～とあれば ～라면, ～이라 하면

접속 명사 とあれば / 보통형 とあれば

의미 ～라면, ～이라 하면 (≒～なら)

- 社長の命令とあれば、従わないわけにはいかない。
  사장의 명령이라면, 따르지 않을 수 없다.

□ 34 ～といえども ～라고 해도

접속 명사 といえども

의미 어떤 뛰어난 능력이 있는 사람이나 물건 등을 예로 들며, '그렇게 뛰어나도'라는 의미이다.
「≒ でも」

- 専門家といえども、万能ではない。 전문가라고 해도 만능은 아니다.

□ 35 ～(とい)ったらありはしない / ～(とい)ったらありゃしない 매우 ～하다

접속 명사 (とい)ったらありはしない / 명사 (とい)ったらありゃしない
イ형용사 い(とい)ったらありはしない / イ형용사 い(とい)ったらありゃしない
동사 る(とい)ったらありはしない / 동사 る(とい)ったらありゃしない
(※「～ったらありはしない / ～ったらありゃしない」로 생략해 사용할 수 있다.)

의미 「～といったらない」와 거의 같은 의미이지만, 마이너스 평가에만 사용한다.

- JLPT N1の漢字は、難しいといったらありはしない。 JLPT N1의 한자는 너무 어렵다.

□ 36 ～(とい)ったらない 지극히 ～하다, ～하기 이를 데 없다

접속 명사 (とい)ったらない / イ형용사 い(とい)ったらない
(※「～ったらない」로 생략해서 쓰기도 한다.)

의미 플러스적 의미, 마이너스적 의미 모두 사용 가능하다.

- 門司港名物焼きカレーは、おいしいといったらない。毎日食べたい。
  모지항 명물 야끼 카레는 정말 맛있다. 매일 먹고 싶다.

□ 37 ～てはばからない 서슴지 않고 (거리낌 없이, 자신 있게) 말하다, 잘라 말하다, 단언하다

접속 (～と言って・言い切って・断言して)はばからない

- 市長は施設移転に対して「1ミリも動かさない」と言ってはばからなかった。
  시장은 시설 이전에 대해 '1mm도 움직이지 않겠다'며 서슴지 않고 말했다.

□ 38 ～と思いきや / ～かと思いきや ～라고 생각했더니, ~한 줄 알았는데

접속 보통형 と思いきや (명사 だと思いきや / ナ형용사 だと思いきや)
보통형 かと思いきや (명사 かと思いきや / ナ형용사 어간 かと思いきや)

의미 실제로는 그에 반하는 뜻밖의 결과가 나타난다는 뜻이다.

- ある学校の成績がいいから教え方がいいのかと思いきや、塾に通う学生が多いだけだった。
  어떤 학교의 성적이 좋아서 가르치는 방식이 좋은 줄 알았는데, 학원에 다니는 학생이 많을 뿐이었다.

□ 39 ～ときたら ～는

접속 명사 ときたら

의미 뒤에는 명사에 대한 비난, 불만 등을 나타내는 표현이 온다.

- うちの息子ときたら、ゲームばかりしていて、ちっとも勉強しない。
  우리 아들은 게임만 하고 조금도 공부하지 않는다.

□ 40 ～とて ～일지라도, ～도, ～입장에서도

접속 명사 とて

- いくら優しい彼とて、やはり人間だから怒ることはあるよ。
  아무리 착한 그일지라도 역시 사람이기 때문에 화낼 때는 있어.

□ 41 ～とばかり(に) (마치) ～란 듯이

접속 보통형 とばかり(に) / 동사 명령형 とばかり(に)

의미 예「この時とばかりに」「ここぞとばかりに」: '지금이 예상도 못했던 절호의 기회라고 생각한다'거나 마치 '지금밖에 기회가 없다는 듯이'라는 의미

- 交差点の歩行者用信号が、「早く渡れ」とばかりに点滅している。
  교차로의 보행자용 신호가 '빨리 건너'라는 듯이 깜빡이고 있다.

문법

□ 42 ～ないとも限らない ～하지 말라는 법도 없다

접속 동사 ないとも限らない

- また金融危機が起きないとも限らない。
  다시 금융 위기가 일어나지 말라는 법도 없다.

□ 43 ～ないまでも ～까지는 하지 않더라도, ～할 수는 없어도

접속 동사 ないまでも

(※「～とは言わないまでも、～とは言えないまでも」로 잘 사용된다.)

의미 그 정도는 아니더라도, 하다 못해 그 동사 아래 단계 정도는 해야 한다.

- 二酸化炭素の排出をゼロにしないまでも、従来より量を減らしていかなければならない。
  이산화탄소 배출을 제로까지는 하지 않더라도, 종래보다 양을 줄여 나가야 한다.

□ 44 ～ないものでもない ～안 할 것도 없다, 못 할 것도 없다

접속 동사 ないものでもない (「동사 なくもない」로 바꿔쓸 수 있다.)

의미 소극적이며 불확실하게 표현할 때 사용한다.

- 条件次第では、その仕事を引き受けないものでもない。
  조건에 따라서는 그 일을 맡지 못할 것도 없다.

□ 45 ① ～ならでは ② ～ならではの～

① ～가 아니고는, ～에게만 있는 ② ～이 아니고는 할 수 없는, 볼 수 없는 ～ (～만의 ～)

접속 ① 명사 ならでは ② 명사① ならでは 명사②

의미 그 명사 가 아니면 '할 수 없다, 볼 수 없다, 있을 수 없다'란 뜻으로, 명사 에 높은 평가를 내릴 때 사용한다.

- この食堂(しょくどう)では、港町(みなとまち)ならではの新鮮(しんせん)な魚介類(ぎょかいるい)を食(た)べることができる。
  이 식당에서는 항구도시만의 신선한 어패류를 먹을 수 있다.

□ 46 ～ならまだしも ～라면 또 모르나, 모르겠으나

접속 명사 ならまだしも / 보통형 ならまだしも

- 1度(ど)ならまだしも、2度(ど)も3度(ど)もドタキャンされるとがまんならない。
  1번이면 몰라도 2번이나 3번이나 직전에 약속을 취소당하면 참을 수 없다.

□ 47 ① ～なり～なり ② ～るなり～るなり

① ～이든지 ～이든지 ② ～하든지 ～하든지

접속 ① 명사① なり 명사② なり ② 동사① るなり 동사② るなり

의미 둘 중 하나를 선택하지만 가능성은 더 있다.

- 健康(けんこう)のために、カロリー制限(せいげん)するなり運動(うんどう)するなりしましょう。
  건강을 위해, 칼로리 제한하든지 운동하든지 합시다.

□ 48 ～るに～ない ～할려야 ～할 수 없다

접속 동사 るに 동사 가능형 ない

- 歯(は)が痛(いた)くて、寝(ね)るに寝(ね)られなかった。 이가 아파서, 잘려야 잘 수 없었다.

□ 49 ～にあって ～여서, ～라서

접속 명사 にあって

의미 명사 라는 중요한, 특별한 상황이라서

- 先(さき)の見(み)えない時代(じだい)にあって、優(すぐ)れたリーダーの育成(いくせい)は企業(きぎょう)にとって重要(じゅうよう)な課題(かだい)です。 앞이 보이지 않는 시대여서, 우수한 리더의 양성은 기업에 있어 중요한 과제입니다.

□ 50 ～にかかっている ～에 달려 있다

접속 명사 にかかっている / 보통형 かにかかっている

- 新しい制度が効果をあげられるかどうかは、国民の協力にかかっている。
  새로운 제도가 효과를 거둘 수 있을지 어떨지는 국민의 협조에 달려 있다.

□ 51 ～にかこつけて (직접적인 이유나 원인도 아닌데) ～를 핑계삼아, 구실삼아

접속 명사 にかこつけて

- コロナ対策にかこつけて、個人の自由が脅かされることがあってはならない。
  코로나 대책을 구실로 개인의 자유가 위협받는 일이 있어서는 안 된다.

□ 52 ～にかたくない 쉽게 ～할 수 있다

접속 명사 にかたくない / 동사 るにかたくない

의미 주로「想像(する)、理解(する)、同情(する)、予想(する)、予測(する)、察する」 등과 사용된다.

- 両国の関係が新しい局面を迎えることは、想像にかたくない。
  양국 관계가 새로운 국면을 맞이할 것이라는 것은 쉽게 상상할 수 있다.

□ 53 ～にかまけて ～에 집중하여, ～가 바빠서, ～에 정신팔려

접속 명사 にかまけて

의미 주로 뒤에 '다른 일이 소홀해진다, 해야 할 일을 못했다'의 내용이 온다.

- バイトにかまけて、勉強がおろそかになってしまった。
  아르바이트에 매달리다 공부가 소홀하게 되고 말았다.

□ 54 ～に越したことはない ～가 낫다, 좋다, ～하는게 낫다, 좋다

접속 명사 に越したことはない / 보통형 (현재형만)に越したことはない

- 税金は安いに越したことはない。 세금은 싼 것보다 좋은 것은 없다.

□ 55 ～にして ① ~조차, ~마저 ② ~가 되어, ~에 이르러서어, ~쯤 되야 ③ ~이면서 또한

접속 명사 にして

의미 ① 앞에 능력 있는 사람이 나와, 그 사람도 못하니 그보다 못한 사람들은 오죽하겠냐는 뜻으로 잘 쓰인다.

② 어떤 단계에 도달해 비로소 어떤 일이 일어난다는 뜻으로, 「명사 にしてはじめて、명사 にしてようやく」로 잘 쓰인다.

③ 나열의 의미

- 彼(かれ)は5回目(かいめ)にして、やっと東京大学(とうきょうだいがく)に合格(ごうかく)することができた。
  그는 5번 만에, 간신히 도쿄 대학에 합격할 수 있었다.

  彼女(かのじょ)は高校(こうこう)の音楽(おんがく)の先生(せんせい)にして、有名(ゆうめい)な作曲家(さっきょくか)でもある。
  그녀는 고등학교 음악 선생님이자, 유명한 작곡가이기도 하다.

□ 56 ～に即(そく)して / ～に即(そく)した～ ~에 입각해/ ~에 입각한 ~

접속 명사 に即(そく)して / 명사① に即(そく)した 명사②

- この件(けん)に関(かん)しては、具体的事例(ぐたいてきじれい)に即(そく)して判断(はんだん)すべきものだ。
  이 건에 관해서는 구체적 사례에 입각하여 판단해야 할 것이다.

□ 57 ～にたえる / ～にたえない

~할 가치가 있다 / (너무 형편 없어서) ~할 가치가 없다

접속 명사 にたえる・동사 るにたえる / 명사 にたえる・동사 るにたえない

의미 「鑑賞(かんしょう)、批判(ひはん)、聞(き)く、見(み)る、読(よ)む」 등이 잘 온다.

- この本(ほん)は読(よ)むにたえる内容(ないよう)だ。 이 책은 읽을 만한 내용이다.

  彼(かれ)の歌声(うたごえ)は聞(き)くにたえない。 그의 노랫소리는 차마 못 들어 주겠다.

□ 58 ～にたえない ~해 마지 않다, 매우 ~하다

접속 명사 にたえない

의미 주로 「感謝(かんしゃ)、感激(かんげき)、遺憾(いかん)」 등에 붙어 그 기분을 강조한다.

- 母校(ぼこう)の野球(やきゅう)チームが優勝(ゆうしょう)して、感激(かんげき)にたえない。 모교 야구팀이 우승하여, 너무도 감격스럽다.

□ 59 ① ～に足りる、足る ② ～に足りない、足らない

① ～할 만하다, ～할 만한 가치가 있다, ～하기 충분하다 ② ～할 가치가 없다

접속 ① 명사 동사 るに足りる、足る ② 명사 동사 るに足りない、足らない

- 田中さんは信頼するに足りる人物です。 다나카 씨는 신뢰할 만한 인물입니다.

  彼らは、取るに足らないことでもめている。 그들은 하찮은 일로 다투고 있다.

□ 60 ～にはおよばない ～할 필요는 없다, ～안 해도 좋다, ～할 것까지는 없다

접속 ① 명사 にはおよばない / 동사 るにはおよばない

의미 ≒ ～にはあたらない

- その文法ならもう知っています。説明するにはおよびません。
  그 문법이라면 이미 알고 있습니다. 설명할 필요는 없습니다.

□ 61 ～の至り 지극히 ～함, ～하기 그지 없음

접속 명사 の至り

의미 「光栄、感激、恐縮、若気」 등 특정 명사만 쓰며, 그 명사의 최고 상태임을 뜻한다. 관용적인 표현

- 最優秀賞をいただき、光栄の至りです。
  최우수상을 받게 되어 너무도 영광입니다.

□ 62 ～の極み 극도의 ～이다, ～의 극치이다

접속 명사 の極み

의미 「光栄、感激、恐縮、混乱、ぜいたく、痛恨、疲労、多忙、悲嘆」 등 특정 명사에 접속하여, 이 이상 없을 정도로 극한에 이르렀음을 나타낸다. 관용적인 표현

- 大谷選手と握手できるなんて、感激の極みだ。
  오타니 선수와 악수할 수 있다니, 감격스럽기 짝이 없다.

□ 63 ～のなんのって 매우 ～하다, 몹시 ～하다

접속 보통형 のなんのって / ナ형용사 なのなんのって

의미 정도를 강조

- このカレー、おいしいのなんのって。이 카레, 정말 맛있어.

□ 64 ～は言うに及ばず、～も(まで) ～는 말할 것도 없고, ～도(까지, 마저)

접속 명사 は言うにおよばず、명사 も(まで)

의미 「Ⓧは言うにおよばず、Ⓨも(まで)」로 쓰여, 'Ⓧ는 말할 것도 없고, Ⓨ도 (까지, 마저)'

- ミネラルは健康食品として有用なことは言うに及ばず、化粧品や入浴剤としても使われる。
미네랄은 건강식품으로서 유용한 것은 말할 것도 없고, 화장품이나 입욕제로서도 사용된다.

□ 65 ～は(なら、だったら)いざしらず、～は ～는(라면) 모르겠지만, ～는

접속 명사 は(なら、だったら)いざしらず、～は

의미 「Ⓧは(なら、だったら)いざしらず、Ⓨは」로 쓰여, 'Ⓧ는(라면) 모르겠지만, Ⓨ는' Ⓧ와 Ⓨ는 대비적인 내용이 오는데, Ⓨ에 대한 기대치가 더 높다.

- 小学生ならいざしらず、大学生がこんな簡単な漢字も読めないとは…。
초등학생이라면 몰라도 대학생이 이런 간단한 한자도 못 읽다니….

□ 66 ～ばこそ ～하기에, 하기 때문에

접속 명사 であればこそ / ナ형용사 であればこそ / イ형용사 ければこそ / 동사 ばこそ

의미 이유를 강조. 대개 から로 바꿀 수 있으나 이 경우 이유를 강조하는 의미가 사라진다.

- 美しい海岸があればこそ、観光客が訪れるのだ。
아름다운 해안이 있기에, 관광객이 방문하는 것이다.

□ 67 ～ば(たら)それまでだ ～하면 그만이다, 끝이다, 그 이상은 없다

접속 동사 ば(たら)それまでだ

- どんなに頑張って勉強しても、テストを受けなければそれまでだ。
  아무리 열심히 공부해도, 시험을 안 보면 그만이다.

□ 68 ～るべからざる～ ～할 수 없는 ～, ～해서는 안 되는 ～

접속 동사 るべからざる 명사 (※するべからざる 명사 / すべからざる 명사)

의미 동사 할 수 없는 명사, 동사 해서는 안 되는 명사 (「동사 るべきでない 명사」의 문어체)

- 飲酒運転で事故を起こすとは、公務員として許すべからざる犯罪だ。
  음주운전으로 사고를 일으키다니, 공무원으로서 용서할 수 없는 범죄이다.

□ 69 ～るべからず ～하면 안 된다, ～해선 안 된다

접속 동사 るべからず (※するべからず / すべからず)

의미 게시판 등에 사용하는 금지 표현으로, 회화체에서는 쓰지 않는다.

- 働かざる者食うべからず。 일하지 않는 자 먹지도 말라.

□ 70 ～るべく ～하기 위해, ～하려고

접속 동사 るべく (※するべく / すべく)

의미 ≒「동사 るために」、「동사 ることができるように」 회화체에서는 잘 안 쓰인다.

- 被災地や被災者を助けるべく、多くのボランティアが現地を訪れた。
  재해지나 이재민을 돕기 위해, 많은 자원봉사자가 현지를 방문하였다.

□ 71 ～るべくもない 도저히 ～할 수 없다, ～하려 해도 불가능하다

접속 동사 るべくもない (※するべくもない / すべくもない)

의미 주로「考える、比べる、想像する、知る、望む」 등과 잘 쓰인다.

- 不安定な収入のために結婚や出産をためらう人たちが増えたのでは、少子化の改善など望むべくもない。
  불안정한 수입 때문에 결혼이나 출산을 망설이는 사람들이 증가해서는 저출산 개선을 바랄 수도 없다.

□ 72 ～まじき ～해서는 안 되는

접속 동사 るまじき 예 あるまじき 있을 수 없는, 그래서는 안 될 許(ゆる)すまじき 허락할 수 없는
인칭 명사 に(として)あるまじき 명사 (こと、行為(こうい)、発言(はつげん))
(실제로는 「인칭 명사 に(として)あるまじき 명사」로 잘 쓰여, '인칭 명사 에게 있을 수 없는 명사 (こと、行為(こうい)、発言(はつげん))'란 뜻이 된다.

- わいろを要求(ようきゅう)したなんて、警官(けいかん)としてあるまじき行為(こうい)だ。
  뇌물을 요구했다니, 경찰로서 있을 수 없는 행위다.

□ 73 ～までして / ～てまで ～까지 해가면서 / ～해 가면서까지

접속 명사 までして / 동사 てまで

- 借金(しゃっきん)をしてまで投資(とうし)をするのはおすすめしません。
  빚까지 내가면서 투자하는 것은 추천하지 않습니다.

□ 74 ～までだ、までのことだ ① ～하면 그만이다 ② ～했을 뿐이다, 한 것 뿐이다

접속 ① 동사 るまでだ、동사 るまでのことだ ② 동사 たまでだ、동사 たまでのことだ

의미 ① 지금 방법이 아니면 다른 방법을 취하면 그만이라는 뜻이다.
② 다른 이유, 의도는 없다. (반드시 동사 「た」형에만 접속한다.)

- 終電(しゅうでん)を逃(のが)したが、歩(ある)いて帰(かえ)るまでのことだ。
  막차를 놓쳤는데, 걸어서 돌아가면 그만이다.

  意見(いけん)を求(もと)められたので、答(こた)えたまでです。
  의견을 요구받아서, 답했을 뿐입니다.

□ 75 ～まみれ ～투성이, ～범벅

접속 명사 まみれ (「だらけ」에 비해 「汗(あせ)、血(ち)、ほこり、油(あぶら)、泥(どろ)」 등 지저분한 명사만 사용)

- 彼(かれ)の顔(かお)は、暑(あつ)さと緊張(きんちょう)で汗(あせ)まみれになっていた。
  그의 얼굴은, 더위와 긴장으로 땀범벅이 되어 있었다.

□ 76 ～めく ～다워지다, ～스러워지다

접속 명사 めく

의미 주로 계절, 특히 봄, 가을에 잘 사용하며, 「じょうだん、皮肉」와도 잘 쓰인다.

- 朝夕は半袖では肌寒いほどの風が吹き抜け、めっきり秋めいてきた。
  아침저녁은 반팔로는 쌀쌀할 정도의 바람이 불어, 부쩍 가을색이 완연해졌다.

□ 77 ～ものを ～일 것을, ～이련만, ～일텐데

접속 보통형 ものを（ナ형용사 なものを）

의미 주로 앞에 「ば、たら、なら」가 오며, 바람직하지 못한 결과가 발생하여 유감스럽다, 후회된다란 뜻이며, 「のに」와 거의 같은 용법이다

- 連絡くれれば、空港まで迎えに行ったものを…。
  연락주었으면, 공항까지 마중 나갔을 텐데….

□ 78 ～ゆえ(ゆえに、ゆえの) ～때문에, 이기에 / ～때문인, 때문의 〈원인, 이유〉

접속 명사 (の) ゆえ・명사 であるがゆえ / ナ형용사 なゆえ、ナ형용사 であるがゆえ
イ형용사 보통형 (が) ゆえ、ゆえに、ゆえの / 동사 보통형 (が) ゆえ、ゆえに、ゆえの

- 地震や大雨などの災害時に、災害弱者ゆえ逃げ遅れたケースも少なくない。
  지진이나 호우 등의 재해시에, 재해 약자이기 때문에 미처 피하지 못한 케이스도 적지 않다.

□ 79 ～ようが / ～ようと ～해도, ～하더라도

접속 동사 ようが / 동사 ようと

의미 「～ても」 화자의 의지, 결의를 의미

- 親にいくら反対されようが、本人が愛していれば関係ない。
  부모에게 아무리 반대를 당해도, 본인이 사랑하고 있으면 상관없다.

□ 80 ～ようが～ようが / ～ようと～ようと

(설령) ～하더라도, ～할지라도, ～일지라도

접속 동사 ようが(と) 동사 ようが(と) / イ형용사 かろうが(と) イ형용사 かろうが(と) / 명사 だろうが(と) 명사 だろうが(と)

의미 정반대 혹은 비슷한 단어를 중복사용하여 무슨일이 있어도 어떤 일을 해내겠다는 화자의 의지, 결의를 의미하는 표현이 잘 온다.

- 雨が降ろうが風が吹こうが、決勝戦は行われます。
  비가 오든 바람이 불든, 결승전은 거행됩니다.

□ 81 ～ようが～まいが / ～ようと～まいと

～하거나 ～말거나, ～하든 ～말든

접속 동사 ようが 동사 まいが / 동사 ようと 동사 まいと

의미 같은 동사의 의지형과 부정의지형을 써서 어느쪽 행동을 취하든 간에 상관없다라는 뜻으로, 「동사 ても 동사 なくても」라는 의미이다.

- 酒が飲めようが飲めまいが、楽しい時間を持てるかどうかは本人次第だ。
  술을 마실 수 있든 못 마시든, 즐거운 시간을 가질 수 있을지 어떨지는 본인에게 달려 있다.

□ 82 ～ようにも～れない ～할려야 ～할 수 없다

접속 동사 ようにも 동사 가능형 ない

- 隣の部屋がうるさくて、寝ようにも寝られなかった。
  옆방이 시끄러워서 자려야 잘 수 없었다.

□ 83 ～を受けて ～로 인해

접속 명사 を受けて

- 多数の死傷者が出た事故を受けて、国土交通省は調査団を現地に派遣することを決めた。
  다수의 사상자가 나온 사고로 인해, 국토교통성은 조사단을 현지에 파견하기로 결정하였다.

□ 84 ～を踏(ふ)まえて ～에 입각하여, ～에 근거하여, ～를 토대로

접속 명사 を踏(ふ)まえて

• 政府(せいふ)は、専門家(せんもんか)の意見(いけん)を踏(ふ)まえて、対応策(たいおうさく)を検討(けんとう)すると発表(はっぴょう)した。
정부는 전문가의 의견에 입각하여, 대응책을 검토하겠다고 발표했다.

□ 85 ～をもって ～로써, ～로

접속 명사 をもって

의미 ① 명사 로써, 명사 로　예 身(み)をもって 몸소, 직접
② 명사 をもってすれば ⇒ 명사 があれば
③ 명사 をもってしても ⇒ 명사 があっても

• 合格者(ごうかくしゃ)には合格通知書(ごうかくつうちしょ)を速達郵便(そくたつゆうびん)で送付(そうふ)し、合格通知書(ごうかくつうちしょ)をもって正式(せいしき)な合格(ごうかく)とします。
합격자에게는 합격 통지서를 속달 우편으로 송부하고, 합격 통지서로써 정식 합격으로 합니다.

当店(とうてん)は、本日(ほんじつ)をもって閉店(へいてん)いたします。
저희 가게는 오늘을 끝으로 폐점합니다.

□ 86 ～をものともせず(に) ～를 아랑곳하지 않고, 신경 쓰지 않고, 무시하고

접속 명사 をものともせず(に)

• 登山隊(とざんたい)は悪天候(あくてんこう)をものともせずに、山頂(さんちょう)に到達(とうたつ)した。
등산대는 악천후를 아랑곳하지 않고, 산 정상에 도달했다.

□ 87 ～を余儀(よぎ)なくされる ～를 어쩔 수 없이 당하다 (어쩔 수 없이 ～할 수 밖에 없다)

접속 명사 を余儀(よぎ)なくされる

• 新型(しんがた)インフルエンザの影響(えいきょう)で、修学旅行(しゅうがくりょこう)の中止(ちゅうし)を余儀(よぎ)なくされた。
신종 플루의 영향으로 어쩔 수 없이 수학여행을 중단할 수 밖에 없었다.

□ 88 ～んがため(に) ～하기 위해

접속 동사ない형 んがため（に）（※주의 : する는 せんがため）

의미 「동사 るために」의 문장체

- 選手(せんしゅ)たちは試合(しあい)に勝(か)たんがために、厳(きび)しい訓練(くんれん)に耐(た)えてきた。
  선수들은 경기를 이기기 위해, 혹독한 훈련에 견디어 왔다.

□ 89 ～んばかりだ / ～んばかりに / ～んばかりの～

(당장이라도) ～할 듯하다 / ～할 듯이 / ～할 듯한 ～

접속 동사ない형 んばかりだ / 동사ない형 んばかりに / 동사ない형 んばかりの 명사

의미 실제로 그 행동을 취한 것은 아니지만 당장이라도 그렇게 할 것 같은 모습, 한거나 다름없는 상태를 뜻한다.

- どんぶりに、キャベツやもやしがあふれんばかりに盛(も)られていた。
  사발에 양배추와 콩나물이 넘칠 듯이 담겨 있었다.

5 경어

1. 존경어 : 존경어 공식

(1) お+동사 ます형+になる

① 의미 : ~하시다

② 접속 : 1 お+동사 ます형+になる

かく 쓰다 → おかきになる 쓰시다

よむ 읽다 → およみになる 읽으시다

- 田中(たなか)さんにお会(あ)いになりましたか。 다나카 씨를 만나셨습니까?

  イギリスからいつお帰(かえ)りになりましたか。 영국에서 언제 돌아오셨습니까?

  これは先生(せんせい)がお書(か)きになった本(ほん)です。 이것은 선생님이 쓰신 책입니다.

2 ご+명사(한자)+になる

説明(せつめい) 설명 → ご説明(せつめい)になる 설명하시다

利用(りよう) 이용 → ご利用(りよう)になる 이용하시다

- 修士課程(しゅうしかてい)にご進学(しんがく)になりますか。 석사 과정에 진학하시겠습니까?

  お名前(なまえ)をご記入(きにゅう)になってください。 이름을 기입해 주세요.

  会議(かいぎ)にご出席(しゅっせき)になりますか。 회의에 출석하십니까?

(2) れる・られる

① 의미 : [동사]하시다

② 접속 : れる・られる의 수동태 접속과 똑같다.

いく 가다 → いかれる 가시다

おきる 일어나다 → おきられる 일어나시다

する 하다 → される 하시다

くる 오다 → こられる 오시다

- いつ行(い)かれますか。 언제 가십니까?

  きのうは何時(なんじ)に起(お)きられましたか。 어제는 몇 시에 일어나셨습니까?

  歩(ある)いて帰(かえ)られますか。 걸어서 돌아가십니까?

  社長(しゃちょう)、これから何(なに)をされますか。 사장님, 이제부터 무엇을 하십니까?

  韓国(かんこく)にはいつ来(こ)られますか。 한국에는 언제 오실 겁니까?

(3) **お＋동사 ます형＋ですか**

① 의미 : [동사]하십니까?

② 접속 : お＋동사 ます형＋ですか

もつ 가지다 → おもちですか 가지고 계십니까?
でかける 외출하다 → おでかけですか 외출하십니까?
かえる 돌아가다 → おかえりですか 귀가하십니까?

- 部長(ぶちょう)、会議(かいぎ)の資料(しりょう)をお持(も)ちですか。 부장님, 회의 자료를 가지고 계십니까?
  お出(で)かけですか。 외출하십니까?
  部長(ぶちょう)、今(いま)お帰(かえ)りですか。 부장님, 지금 귀가하시는 겁니까?
  ご注文(ちゅうもん)はお決(き)まりですか。 주문은 정하셨습니까?

(4) **お＋동사 ます형＋ください**

① 의미 : 해 주세요

② 접속 : 1 お＋동사 ます형＋ください

まつ 기다리다 → おまちください 기다려 주세요

- ご住所(じゅうしょ)をお書(か)きください。 주소를 적어 주세요.
  少々(しょうしょう)お待(ま)ちください。 잠시 기다려 주세요.
  どうぞおかけください。 자, 앉으세요.

2 ご＋명사(한자)＋ください

説明(せつめい) 설명 → ご説明(せつめい)ください 설명해 주세요
利用(りよう) 이용 → ご利用(りよう)ください 이용해 주세요

- ご応募(おうぼ)ください。 응모해 주세요.
  ご連絡(れんらく)ください。 연락해 주세요.
  ふるってご参加(さんか)ください。 자진해서 참가해 주세요.

---

(2) 겸손어 : 겸손어 공식

(1) **お＋동사 ます형＋する・いたす**

① 의미 : ~하다

② 접속 : 1 お＋동사 ます형＋する・いたす

まつ 기다리다 → おまちします・おまちいたします 기다리겠습니다
あう 만나다 → おあいします・おあいいたします 만나겠습니다

- ここでお待ちいたします。 이곳에서 기다리고 있겠습니다.

  荷物は私がお持ちします。 짐은 제가 들겠습니다.

  あとでお知らせします。 나중에 알려드리겠습니다.

2 ご＋명사(한자)＋する・いたす

- ご説明いたします。 설명하겠습니다.

  私がご案内します。 제가 안내하겠습니다.

  ご報告いたします。 보고하겠습니다.

---

(3) 경어 족보

존경어	일반 동사	겸손어
なさる 하시다	する 하다	いたす 하다
いらっしゃる おいでになる お越しになる 가시다	行く 가다 訪ねる 방문하다	まいる うかがう あがる 찾아뵙다
いらっしゃる おいでになる 見える・お見えになる お越しになる 오시다	来る 오다	まいる 오다
いらっしゃる 계시다	いる 있다	おる 있다
めしあがる 드시다, 잡수시다	食べる 먹다 飲む 마시다	いただく 먹다, 마시다
おっしゃる 말씀하시다	言う 말하다	申す 申し上げる 말씀드리다, 여쭙다
ご覧になる 보시다	見る 보다	拝見する 보다
	見せる 보여주다	ご覧に入れる お目にかける 보여 드리다
お会いになる 만나시다	会う 만나다	お目にかかる 만나뵙다
お聞きになる 물으시다, 들으시다	聞く 묻다, 듣다	うかがう 여쭙다
ご存知だ 아시다	知る 알다	存じる・存じあげる 알다
召す お召しになる 입으시다	着る 입다	

	受ける 받다	承る 받다	
	もらう 받다	いただく 賜る 頂戴する	받다
お気に召す 마음에 드시다	気に入る 마음에 들다		

(4) N1 기출 경어문제

92년 すでに準備してございます。(= すでに準備してあります。) 이미 준비되어 있습니다.

93년 お近くにお越しの節はぜひお立ち寄りください。근처에 오실 때는 꼭 들러 주세요.

先生がお書きになったご本 선생님이 쓰신 책

94년 拝見させていただきます。보겠습니다.

お年を召していらっしゃる方 나이 드신 분

95년 お気に召す。마음에 드시다.

お届けにあがってもよろしいでしょうか。전해드리러 찾아뵈어도 괜찮을까요?

98년 わざわざお出迎えくださる。일부러 마중나오시다.

00년 先生におかれましては、선생님께서는

08년 お元気でお過ごしのことと存じます。건강하게 잘 지내고 계시리라 생각합니다.

10년 7월 どうかご理解いただきたく、よろしくお願い申し上げます。
부디 이해해 주시기, 잘 부탁드리겠습니다.

10년 12월 深くおわび申し上げます。깊은 사과말씀 드립니다.

11년 7월 お客様に食事をお出しする以上、…。손님께 식사를 드리는 이상, ….

11년 12월 今のお気持ちをお聞かせ願えますか。지금의 마음을 들려주실 수 있겠습니까?

12년 7월 ご変更願いたいのですが、…。변경 부탁드리고 싶습니다만….

12년 12월 お届けに上がりたいのですが、…。전해드리러 찾아뵙고 싶습니다만….

13년 7월 ご検討いただければ幸いに存じます。검토해 주시면 감사하겠습니다.

利用規約をご覧になった上で、お申し込みください。
이용 규약을 읽으신 다음에 신청해 주세요.

13년 12월 店長から一言おっしゃってくださいませんか。 점장님이 한 말씀 해 주시겠습니까?

14년 7월 市長として私自らが先頭に立って実行してまいります。
시장으로서 제 스스로가 선두에 서서 실행해 가겠습니다.

14년 12월 当ホテルにご宿泊いただいたお客様から頂戴したご意見
저희 호텔에 숙박해 주신 고객님께 받은 의견

16년 7월 一日も早く回復されますように…。 하루라도 빨리 회복되시기를….

16년 12월 村に初めて汽車が走ったときのことを鮮明に覚えておいでになり、その記憶力に驚いた。
마을에 처음으로 기차가 달렸을 때를 선명하게 기억하고 계셨으며, 그 기억력에 놀랐다.

17년 7월 課長がご説明なさいます。 과장님이 설명하시겠습니다.

17년 12월 参加希望者は１月15日までに人事課田中までお知らせ願います。
참가희망자는 1월 15일까지 인사과 다나카에게 알려주시기 부탁드립니다.

19년 12월 お忙しい毎日をお過ごしのことと存じますが、…。
바쁘신 매일을 보내고 계시리라 생각합니다만….

20년 12월 最寄りの森川駅までスタッフがお迎えにあがりますので、…。
가장 가까운 모리카와역까지 스태프가 마중하러 찾아뵐 테니….

21년 12월 先生においでいただくからには、…。 선생님이 와 주시는 이상은….

22년 12월 お忙しいとは存じますが…。 바쁘시다고는 생각합니다만….

23년 7월 たくさんの方がおいでくださいました。 많은 분들이 와 주셨습니다.

23년 12월 部長、ABC商事の高山さんが見えました。 부장님, ABC 상사의 다카야마 씨가 오셨습니다.

24년 7월 当センター相談窓口にお越しになる際は、…。 저희 센터 상담창구에 오실 때에는….

고득점 문법 확인 문제 ❶

[　　/ 16]

다음 문장의 괄호 안에 들어갈 가장 알맞은 말을 a, b 중에서 고르시오.

1 責任を果たせなかったことは遺憾に（ a たえない　b たりない ）。

2 ハワイへ旅行に（ a 行くなり　b 行くべく ）、お金を貯めている。

3 なにか心配ごとでもあるのか、彼は廊下を（ a 行きつ戻りつ　b 行こうが戻ろうが ）していた。

4 彼女はアイドル（ a にして　b までして ）、作家でもある。

5 この国の未来は、若者に（ a かかっている　b もとづいている ）。

6 パチンコにお金を使う（ a ほどなら　b くらいなら ）、おしゃれな洋服でも買った方がましだ。

7 指定喫煙場所（ a にひきかえ　b ならまだしも ）、歩きたばこはやめてほしいものだ。

8 息子は家に帰る（ a が早いか　b しだい ）、ゲームを始めた。

9 彼の言い方はいつも（ a 皮肉めいて　b 皮肉どおりで ）不愉快だ。

10 接待に（ a あるまじき　b かこつけて ）、高級ウイスキーを思いっきり飲んだ。

11 犯罪を犯したなら、未成年者（ a ゆえ　b とて ）許すわけにはいかない。

12 ご確認いただけましたら、返信（ a にほかなりません　b にはおよびません ）。

13 アンケートの結果（ a を踏まえて　b につけ ）、新製品の開発を進めることにした。

14 社長は出て（ a 行けとばかりに　b 行くまいと ）、ドアを指さした。

15 新人（ a ともなると　b ならいざしらず ）、課長の君がこんなミスをするなんて…。

16 二人のボクサーは、（ a 血ずくめ　b 血まみれ ）になって戦った。

정답 1 ⓐ　2 ⓑ　3 ⓐ　4 ⓐ　5 ⓐ　6 ⓑ　7 ⓑ　8 ⓐ
9 ⓐ　10 ⓑ　11 ⓑ　12 ⓑ　13 ⓐ　14 ⓐ　15 ⓑ　16 ⓑ

해석 및 해설 별책 p.10

고득점 문법 확인 문제 ❷

[　　/ 16]

다음 문장의 괄호 안에 들어갈 가장 알맞은 말을 a, b 중에서 고르시오.

1 彼は、ぜいたくな暮らしを続けている（ a だに　 b ゆえに ）、お金がいくらあっても足りないだろう。

2 試合が終わるまで、一瞬（ a ごとに　 b たりとも ）油断してはいけない。

3 近所で殺人事件だなんて、（ a 怖くなんてない　 b 怖いといったらありはしない ）。

4 わからないことがあったら、（ a 先生なり先輩なりに　 b 先生といい先輩といい ）聞いてください。

5 その事件は、疑う（ a ことなしに　 b べくもない ）歴史の事実である。

6 このアニメは、大人も鑑賞（ a にたえる　 b にいたる ）作品だ。

7 A社は経営状況の悪化（ a にあって　 b をもって ）、早期退職を募集することになった。

8 欧州連合は27か国（ a からある　 b からなる ）政治経済同盟である。

9 彼は会社のルール（ a にして　 b に即して ）懲戒解雇された。

10 燃料費や人件費の高騰（ a を受けて　 b に沿って ）、魚介類の価格も値上げされた。

11 道に（ a 迷ってからというもの　 b 迷わないとも限らない ）ので、早めに出発することにした。

12 医師（ a といえども　 b にあたって ）、病気にかかる。

13 ほしかったコートが半額（ a ともなく　 b とあっては ）、買うしかない。

14 それは政治家として（ a あってしかるべきの　 b あるまじき ）発言だ。

15 こんな高級ホテルで結婚式を挙げるなんて、（ a ぜいたくの極みだ　 b ぜいたくの至りだ ）。

16 金さんの実力（ a をきっかけに　 b をもってすれば ）、N1など恐れるに足りない。

정답 1 ⓑ　2 ⓑ　3 ⓑ　4 ⓐ　5 ⓑ　6 ⓐ　7 ⓐ　8 ⓑ
9 ⓑ　10 ⓐ　11 ⓑ　12 ⓐ　13 ⓑ　14 ⓑ　15 ⓐ　16 ⓑ

해석 및 해설 별책 p.11

고득점 문법 확인 문제 ❸ [/ 16]

다음 문장의 괄호 안에 들어갈 가장 알맞은 말을 a, b 중에서 고르시오.

1 表現の自由は、(a 守ってたまらない b 守られてしかるべきだ)。

2 店員は、早く帰れと(a 言わんばかりに b 言わざるを得なく) 食器を片づけはじめた。

3 事情を言ってくれたら、助けてあげた(a ものを b ことを)、どうして何も言わなかったの？

4 怒らないでください。私は事実を述べた(a までです b 次第です)。

5 飲み放題では、たくさん(a 飲もうか飲むまいか b 飲もうと飲むまいと) 料金は同じです。

6 まさかこんな結果になるとは、(a 予想だに b 予想なり) しなかった。

7 この会社のパソコンは、(a 値段すら高いし b 値段こそ高いが)、品質は優れている。

8 どんなに仕事を(a がんばろうと b がんばったら)、給料は変わらない。

9 キムチは韓国(a だけあって b ならではの) 食べ物です。

10 韓国料理にニンニクは(a 欠くべからざる b 欠かずにはいられない) ものだ。

11 私は今年度(a をもとにして b をもちまして) 退職いたします。

12 落ちて(a やまないと b もともとと) 思うと、なんだか気持ちが落ち着いてきた。

13 借りたドレスをひどく汚してしまったので、(a 弁償せずにはすまない b 弁償してならない)。

14 (a 正社員なりパートなり b 正社員であれパートであれ)、遅刻は許されない。

15 日本へ来て、初めて地震の怖さを(a 身をもって b 身と相まって) 感じることができた。

16 彼は47歳(a にあって b にして)、やっと大学を卒業した。

정답 1 ⓑ 2 ⓐ 3 ⓐ 4 ⓐ 5 ⓑ 6 ⓐ 7 ⓑ 8 ⓐ
9 ⓑ 10 ⓐ 11 ⓑ 12 ⓑ 13 ⓐ 14 ⓑ 15 ⓐ 16 ⓑ

해석 및 해설 별책 p.11

고득점 문법 확인 문제 ❹

[　　/ 16]

다음 문장의 괄호 안에 들어갈 가장 알맞은 말을 a, b 중에서 고르시오.

1 飲酒運転は、(a 危険極まりない　b 危険極まらない) 行為だ。

2 大地震など、(a 想像といえども　b 想像するだに) 恐ろしい。

3 若いころは、(a 若気の至り　b 若気の極み) で大人気ないことをしたと反省している。

4 今回のテストは100点とは (a 言わないまでも　b 言ったところで)、せめて80点は取りたい。

5 会社のお金を横領したので、彼を (a 処罰せずにはおかない　b 処罰させるに相違ない)。

6 育児 (a にかまけて　b にかけては)、趣味を楽しむ余裕もない。

7 もし今年ダメだったら、来年もう1度挑戦 (a するわけにはいかない　b するまでだ)。

8 赤ん坊は、まるで天使である (a といえども　b かのごとき) 寝顔で眠っている。

9 突然の災害で、多くの住民が避難所での生活を (a 余儀なくされている　b 余儀なくさせている)。

10 彼はJLPTに合格 (a すると思いきや　b せんがために)、一日も休むことなく日本語の勉強に励んだ。

11 門司港へ行ったのに、焼きカレーを (a 食べずじまいだった　b 食べないではおかなかった)。

12 息子の部屋は、(a 汚ければそれまでだ　b 汚いといったらない)。

13 最近の若者 (a とともに　b ときたら)、上手に敬語を使うこともできない。

14 家が揺れるくらいの雷で (a 怖いのなんのって　b 怖くないことはない)。

15 スマホに写真を保存しておいても、スマホをなくしてしまえば (a それまでだ　b それというものだ)。

16 ほしいカバンがあるが、お金がなくて (a 買うだけのことはある　b 買うに買えない)。

정답 1 ⓐ　2 ⓑ　3 ⓐ　4 ⓐ　5 ⓐ　6 ⓐ　7 ⓑ　8 ⓑ
9 ⓐ　10 ⓑ　11 ⓐ　12 ⓑ　13 ⓑ　14 ⓐ　15 ⓐ　16 ⓑ

해석 및 해설 별책 p.11

고득점 문법 확인 문제 ❺ [/ 16]

다음 문장의 괄호 안에 들어갈 가장 알맞은 말을 a, b 중에서 고르시오.

1 （ a 慣れてきて　b 慣れぬこととて ）、失敗の連続だった。

2 父は家族のため（ a にしては　b とあれば ）、どんな辛いことでも我慢していた。

3 漢字を覚えた（ a そばから　b かたわら ）忘れてしまう。

4 娘は勉強しているかと（ a 思いきや　b 思えば ）、マンガを読んでいた。

5 お正月やすみは、（ a 食べようが食べまいが　b 食べては寝て食べては寝て ）、すっかり太ってしまった。

6 彼女にふられた彼の気持ちは、理解するに（ a かかっている　b かたくない ）。

7 その選手は今シーズン、満足する（ a に足る　b べく ）成績を残した。

8 欧米人は、相手を友達と（ a 思えばこそ　b 思うだに ）、徹底的に思うところを説明しようとする。

9 カンニング（ a することなしに　b までして ）試験に受かりたくはない。

10 その光景はあまりにも惨めで、（ a 見るにたえなかった　b 見るきらいがあった ）。

11 今日は祝日（ a たりとも　b とあって ）、遊園地は家族連れでにぎわっていた。

12 （ a 大人向けと子供向けと　b 大人だろうと子供だろうと ）、社会のルールは守らなければならない。

13 彼は足のケガを（ a ものともせずに　b 皮切りに ）、最後まで走りぬいた。

14 外国で荷物を盗まれたが、パスポートが無事（ a なだけましだ　b なだけのことはある ）。

15 教師（ a ときたら　b たる者 ）、学生のお手本にならなければならない。

16 宝くじで1億円当たったなんて、（ a うらやましいというところだ　b うらやましい限りだ ）。

정답 1 ⓑ　2 ⓑ　3 ⓐ　4 ⓐ　5 ⓑ　6 ⓑ　7 ⓐ　8 ⓐ
9 ⓑ　10 ⓐ　11 ⓑ　12 ⓑ　13 ⓐ　14 ⓐ　15 ⓑ　16 ⓑ

해석 및 해설 별책 p.12

6 N2 핵심 문법

□ 001 ～あげく ～한 끝에 (대개 뒤에는 부정적인 결과가 온다.)

- デパートで 3 時間も悩んだあげく、結局何も買わなかった。
  백화점에서 3시간이나 고민한 끝에, 결국 아무것도 사지 않았다.

□ 002 ～一方(で) 한편(으로)

의미 '어떤 일을 하는 것과 나란히 또 다른 일을 한다'는 뜻으로, 뒤 문장에는 그와는 별도의 일이 온다.

- 働く女性は増えている一方、男女の賃金格差の問題は解消されていない。
  일하는 여성은 늘어나고 있는 한편, 남녀 임금 격차 문제는 해소되지 않고 있다.

□ 003 (～ないでは、～ずには)いられない ～하지 않고는 견딜 수 없다, 있을 수 없다

접속 (동사 ないでは、동사 ずには)いられない

의미 동사 하지 않고는 견딜 수 없다, 있을 수 없다 (대개「泣く、思い出す、怒る、笑う、感動する」등 주로 감정을 나타내는 동사와 어울려, 어떤 감정이 생기는 것을 이성으로 누를 수 없어, 자신의 의지와는 관계없이 그렇게 되고 만다는 뜻이 된다.)

- 彼の冗談はおもしろくて、笑わずにはいられなかった。
  그의 농담은 재미있어서 웃지 않을 수 없었다.

□ 004 ～上で(は)

① [동사]하는데 있어, [동사]하는 과정에서 (※ 반드시 [동사 현재형]에 접속)
② [동사]한 후에, [동사]한 다음에 (※ 반드시 [동사 과거형]에 접속)
③ [명사]상으로(는)

- 外国語を学ぶ上で大切なことは何ですか。
  외국어를 배우는데 있어 중요한 것은 무엇입니까?

  風邪薬は使用上の注意をよく読んだ上で、服用してください。
  감기약은 사용상의 주의를 잘 읽은 다음에 복용해 주세요.

  あの二人は、法律の上ではまだ夫婦です。
  저 두 사람은 법률상으로는 아직 부부입니다.

□ 005 **～上(に)** ～인데다, ～한데다 (어떤 일, 상태에 대해 더 추가되는 내용이 있음을 나타내는 뜻이다.)

- あの食堂は高い上に、料理もまずいので行きたくない。
  저 식당은 비싼 데다, 요리도 맛없어서 가고 싶지 않다.

□ 006 **～上は** [동사]한 이상, [동사]한 이상은

의미 어떤 일을 할 때 생기는 책임이나 각오 등을 나타내는 표현이다. 뒤 문장에는 그에 따르는 결심, 결의, 의무 등이 온다. (「～以上は、からには」의 유의어)

- やると決心した上は、最後まであきらめないでやり通す。
  하겠다고 결심한 이상은 끝까지 포기하지 않고 해내겠다.

□ 007 **～うる、～える** [동사]할 수 있다, [동사]할 가능성이 있다 〈가능 표현〉

- この豊かな味わいは、本物の材料と技術だけが成しうるわが社を代表する味わいです。
  이 풍부한 맛은 진짜 재료와 기술만이 만들 수 있는 우리 회사를 대표하는 맛입니다.

□ 008 **～限り(1)** ① ～한 (범위를 나타냄 「～かぎりでは」) ② ～한 (어떤 한계, 극한까지, 모두, ～할 수 있는 한)

- 私の知っている限りでは、彼はまだ韓国へ行ったことがないはずだ。
  내가 알고 있는 한, 그는 아직 한국에 가 본 적이 없을 거야.

  チームのみんなは、力の限り戦いました。 팀의 모두는 있는 힘껏 싸웠습니다.

□ 009 **～限り(2)** ① ～한, ～하고 있는 한
('그 조건이 계속되는 동안은' 조건이 바뀌면 거기서 성립되는 상태도 바뀐다는 뜻이다.)
② [명사]를 끝으로, [명사]뿐, [명사]만, [명사(장소)]에서만의
(시간, 회수, 장소를 나타내는 명사에 접속하여 그것이 한도임을 나타낸다.)

- 元気な限り、ランニングを続けようと思う。
  건강한 한 달리기를 계속할 생각이다.

  毎年の年賀状も今年限りで失礼したいと思います。
  매년 보내던 연하장도 올해를 끝으로 실례하고 싶습니다(그만 보내겠습니다).

□ 010 **～る(か)と思うと、～る(か)と思ったら** [동사]하나보다 했더니
～た(か)と思うと、～た(か)と思ったら [동사]했는가 했더니

접속 뒤에는 뜻밖의 발견, 의외이다, 기가막힘, 놀라움 같은 표현이 주로 온다.

- 娘は勉強を始めたかと思うと、マンガを読んでいた。
  딸은 공부를 시작했는가 했더니, 만화책을 읽고 있었다.

□ 011 ～るか～ないかのうちに / ～たか～ないかのうちに [동사]하자마자

- 店員は私が食べたか食べないかのうちに皿を片づけはじめた。
  점원은 내가 먹자마자 접시를 치우기 시작했다.

□ 012 ～かねない [동사]할지도 모른다, [동사]할 수도 있다

의미 [동사]할 가능성, 위험성이있다는 뜻인데, 나쁜 결과나 내용을 말할 때 쓴다.

- 居眠り運転は、命に関わる重大な事態になりかねないきわめて危険な行為です。
  졸음운전은 생명과 관련된 중대한 사태가 될 수 있는 극히 위험한 행위입니다.

□ 013 ～かねる [동사]하기 어렵다, 힘들다, 불가능하다

주의 「동사 ます형 +かねる」는 긍정형이지만 '[동사]하기 어렵다'로 부정으로 해석해야 하고
「동사 ます형 +かねない」는 부정형이지만 뜻은 긍정이 된다.

- その問題に関しては、私一人で判断しかねます。
  그 문제에 관해서는 저 혼자 판단하기 어렵습니다.

□ 014 ～かのようだ (실제로는 아니지만) 마치 ~인 것처럼, ~인양 (※ 앞에 「まるで」가 잘 온다.)

- その作家の彫刻は、まるで生きているかのように見える。
  그 작가의 조각은 마치 살아 있는 것처럼 보인다.

□ 015 ～からいって (いうと / いえば / いったら)

① [명사]의 입장에 서서 판단하자면, 보자면 (인칭명사 뒤에 바로 올 수 없음)

② [명사]로 보면, [명사]로 판단하면, [명사]로생각하면 (판단, 추측의 근거를 나타냄)

- 私の経験からいうと、この成績では東大合格は難しい。
  내 경험에서 말하자면, 이 성적으로는 도쿄대 합격은 어렵다.

  彼女の今の態度からいって、相当不満があるようだ。
  그녀의 지금의 태도로 보아, 상당히 불만이 있는 것 같다.

□ 016 ～からして (すると / すれば / したら)

[명사]로 보아, [명사]로 판단해, [명사]로 생각해 (판단, 추측의 근거를 나타냄)

- 彼の表情からすると、すべてがうまくいったに違いない。
  그의 표정으로 보면 모든 것이 잘 된 게 틀림없다.

□ 017 ~からみて（みると / みれば / みたら）

[명사]로 보면, [명사]로 판단하면, [명사]로 생각하면 (판단, 추측의 근거를 나타냄)

- あの発音(はつおん)から見(み)ると、彼(かれ)は日本人(にほんじん)ではないようだ。
  저 발음으로 보면 그는 일본인이 아닌 것 같다.

□ 018 ~からして ① [명사]로 보아, [명사]로 판단해, [명사]로 생각해 (판단, 추측의 근거를 나타냄)

② [명사]부터해서 (예시)

- あの画家(がか)の絵画(かいが)は、色(いろ)づかいからして独特(どくとく)だ。
  저 화가의 그림은 채색부터 해서 독특하다.

□ 019 ~からには ~이상은 (※「~上(うえ)は、~以上(いじょう)は」의 유의어)

- 日本代表(にほんだいひょう)に選(えら)ばれたからには、優勝(ゆうしょう)を目指(めざ)して頑張(がんば)りたい。
  일본 대표로 뽑힌 이상은 우승을 목표로 열심히 하고 싶다.

□ 020 ~きり ① [동사]한 것을 끝으로 ~하지 않는다 (그것을 마지막으로 다음에 예상할 수 있는 일이 일어나지 않는다.)

② 쭉 [동사]만 한다 (다른 일은 안 하고 쭉 그 일만 한다.)

③ ([명사]에 붙어서) [명사]뿐이다

- 山田(やまだ)さんとは卒業(そつぎょう)した翌年(よくとし)に一度(いちど)会(あ)ったきりで、一度(いちど)も会(あ)っていない。
  야마다 씨와는 졸업한 다음 해에 한 번 만났을 뿐으로, 한 번도 만나지 않았다.

□ 021 ~気(げ)だ ~인 것 같다, ~인 듯하다

- 彼女(かのじょ)はいつも寂(さび)し気(げ)な顔(かお)をしている。
  그녀는 항상 쓸쓸한 듯한 얼굴을 하고 있다.

□ 022 ~こそ ① [명사]야말로 N3 ② [동사]하고 나서 비로소 ③ ~이기에 (「からこそ」로 쓰여 이유 강조)

- 親(おや)になってこそ、親(おや)の気持(きも)ちが分(わ)かるものだ。
  부모가 되고 나서 비로소 부모의 마음을 알게 되는 법이다.

  体(からだ)の変化(へんか)が実感(じっかん)できるからこそ、楽(たの)しみながらダイエットができると思(おも)う。
  몸의 변화를 실감할 수 있기 때문에 즐기면서 다이어트를 할 수 있다고 생각한다.

□ 023 의문사 ことか (얼마나) ~인가, ~한가, ~했던가 (그 느낌, 기분이 '말로 할 수 없을 만큼 대단하다'는 뜻)

- 外国(がいこく)での一人暮(ひとりぐ)らしは、どんなに寂(さび)しいことか。
  외국에서 혼자 사는 것은 얼마나 쓸쓸한 것인가.

□ 024 ～ことから ① ～해서, ～이기 때문에 〈원인, 이유〉 ② ～라는 이유(연유)에서 (이름의 유래 등)

- カキは数多くの栄養成分を豊富に含むことから、海のミルクと呼ばれる。
  굴은 수많은 영양 성분을 풍부하게 포함하고 있어, 바다의 우유라고 불리운다.

□ 025 사람 のことだから [사람]이니까 (앞에는 사람의 특징이 오고, 뒤에는 예상, 추측이 온다.)

- 時間にルーズな彼のことだから、今日も遅れてくるだろう。
  시간에 허술한 그니까 오늘도 늦게 올 것이다.

□ 026 ～ることなく [동사]하지 않고, [동사]하는 일 없이 (≒ ～ないで)

- 父は２０年間、１日も休むことなく、会社に通い続けた。
  아버지는 20년 동안, 하루도 쉬지 않고 회사에 계속 다녔다.

□ 027 ～ことに ～하게도

- 残念なことに、合格者の中に友達の名前はなかった。
  유감스럽게도 합격자 중에 친구 이름은 없었다.

□ 028 ～ごとに ～할 때마다, ～마다

- ワールドカップは、４年ごとに開催されることになっている。
  월드컵은 4년마다 개최되게 되어 있다.

□ 029 ～ことは～が ～이긴 ～인데, ～하긴 ～한데 (일단 인정은 하지만, 뒤 문장에는 그에 반하는 내용이 옴)

- このパソコン、高いことは高いが、本当に使いやすい。
  이 컴퓨터, 비싸긴 비싼데 정말 사용하기 좋다.

□ 030 ～さえ～ば / ～さえ～たら ～만 ～하면 (그것만 실현된다면)

- 彼女は、子供さえいれば、ほかには何も要らないと言っている。
  그녀는 아이만 있으면, 다른 것은 아무것도 필요 없다고 한다.

□ 031 ～ざるを得ない ～할 수밖에 없다, 그 방법밖에 없다

접속 동사ない형＋ざるをえない

- 会社の方針だから、従わざるを得ない。
  회사 방침이니 따르지 않을 수 없다.

문법

□ 032 **～次第** [동사]하는 즉시

●福岡に着き次第、お電話ください。
후쿠오카에 도착하는 즉시, 전화 주세요.

□ 033 **～次第だ** [명사]나름이다, [명사]하기 나름이다

●期末テストの成績次第では、卒業できないかもしれない。
기말고사 성적 나름으로는 졸업 못 할지도 모른다.

□ 034 **～上、～上は、～上も** [명사]상, [명사]상으로는, [명사]상으로도

●野焼きは、法律上禁止されている。
잡초 태우기는 법률상 금지되어 있다.

□ 035 **～末に** ~끝에

●彼はよく考えた末に、イギリス留学を決めた。
그는 잘 생각한 끝에 영국 유학을 결정했다.

□ 036 **～たことで** ~한 것으로 (그 행동이 이유, 원인 또는 계기가 되어)

●オリンピックでメダルを取ったことで、彼は多くの人に知られるようになった。
올림픽에서 메달을 딴 것으로 그는 많은 사람들에게 알려지게 되었다.

□ 037 **～だけに、～だけあって** ~인만큼, ~한만큼
(「～だけのことはある」로 잘 쓰임. 그만한 가치가 있다.)

●一流ホテルだけあって、食事もおいしかった。
특급 호텔인 만큼 식사도 맛있었다.

このホテルは食事がおいしい。さすが一流ホテルだけのことはある。
이 호텔은 식사가 맛있다. 과연 일류 호텔인 만큼의 가치가 있다.

□ 038 **たとえ～ても** 설령, 가령 ~해도

●たとえ試合に負けても、いい経験にはなると思います。
비록 시합에 지더라도 좋은 경험은 되리라 생각합니다.

□ 039 **～たところ** [동사]한 바, [동사]했던 바, [동사]했더니

●ネットで調べたところ、若い世代の投票率が低いことが分かった。
인터넷으로 조사한 바, 젊은 세대의 투표율이 낮다는 것이 밝혀졌다.

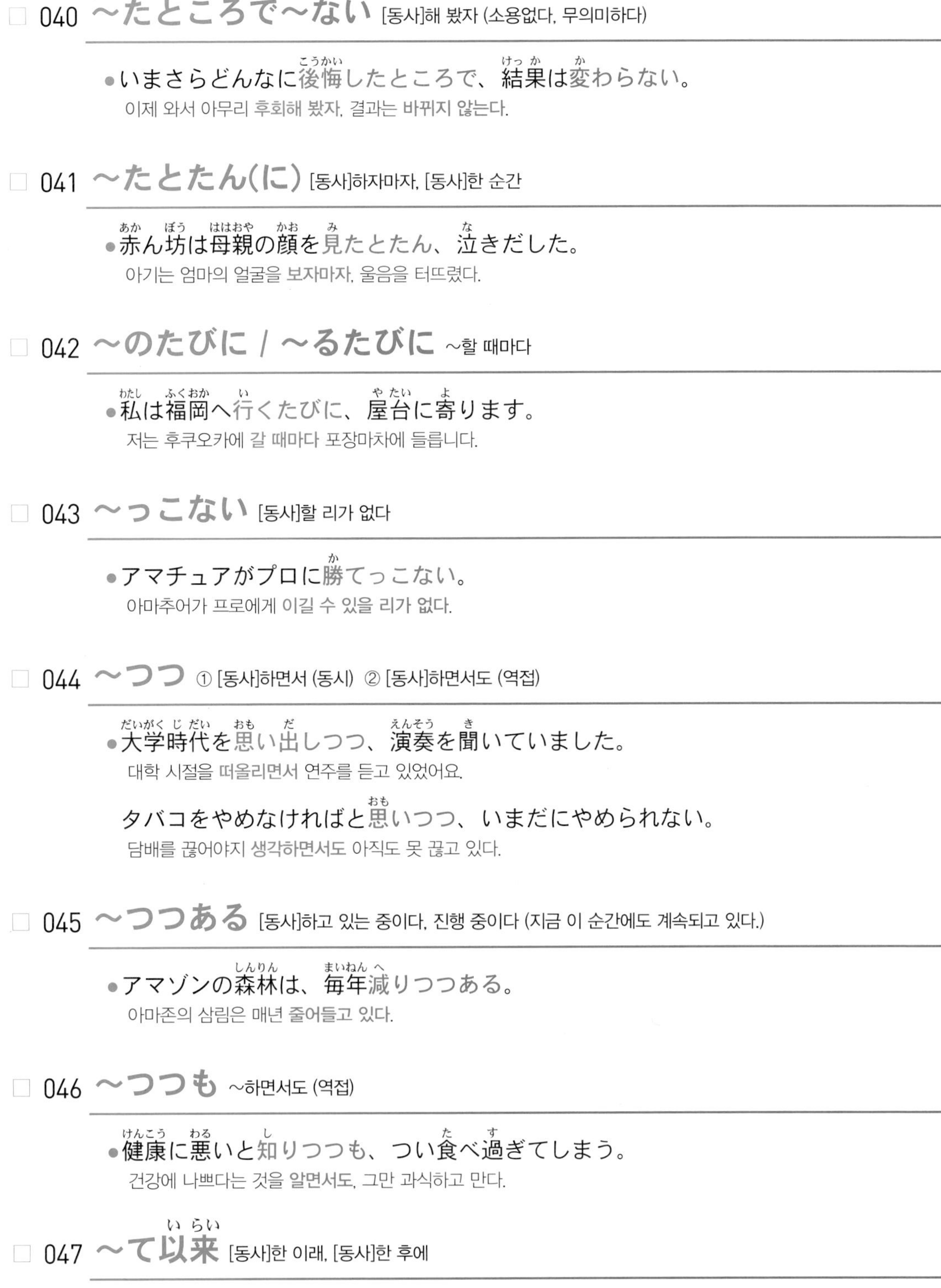

□ 040 ～たところで～ない [동사]해 봤자 (소용없다, 무의미하다)

• いまさらどんなに後悔したところで、結果は変わらない。
이제 와서 아무리 후회해 봤자, 결과는 바뀌지 않는다.

□ 041 ～たとたん(に) [동사]하자마자, [동사]한 순간

• 赤ん坊は母親の顔を見たとたん、泣きだした。
아기는 엄마의 얼굴을 보자마자, 울음을 터뜨렸다.

□ 042 ～のたびに / ～るたびに ~할 때마다

• 私は福岡へ行くたびに、屋台に寄ります。
저는 후쿠오카에 갈 때마다 포장마차에 들릅니다.

□ 043 ～っこない [동사]할 리가 없다

• アマチュアがプロに勝てっこない。
아마추어가 프로에게 이길 수 있을 리가 없다.

□ 044 ～つつ ① [동사]하면서 (동시) ② [동사]하면서도 (역접)

• 大学時代を思い出しつつ、演奏を聞いていました。
대학 시절을 떠올리면서 연주를 듣고 있었어요.

タバコをやめなければと思いつつ、いまだにやめられない。
담배를 끊어야지 생각하면서도 아직도 못 끊고 있다.

□ 045 ～つつある [동사]하고 있는 중이다, 진행 중이다 (지금 이 순간에도 계속되고 있다.)

• アマゾンの森林は、毎年減りつつある。
아마존의 삼림은 매년 줄어들고 있다.

□ 046 ～つつも ~하면서도 (역접)

• 健康に悪いと知りつつも、つい食べ過ぎてしまう。
건강에 나쁘다는 것을 알면서도, 그만 과식하고 만다.

□ 047 ～て以来 [동사]한 이래, [동사]한 후에

주의 절대로 た형에는 접속하지 않는다.

• 一人暮らしを始めて以来、インスタント食品や冷凍食品をたくさん食べるようになった。
혼자 살기 시작한 이래, 인스턴트 식품이나 냉동 식품을 많이 먹게 되었다.

문법

□ 048 **～てからでないと(なければ、なかったら)～ない**

[동사]하고 나서가 아니면 ～하지 않는다(할 수 없다) (앞 사항이 이루어지지 않으면 뒤 사항도 이루어질 수 없다.)

- アパートを直接見てからでないと、契約はできません。
  아파트를 직접 보고 나서가 아니면 계약은 할 수 없습니다.

□ 049 **～というものだ** ～라는 것이다 (그것이 당연하다는 화자의 생각, 주장 등을 말할 때)

- 初めて会った女性に年齢を聞くのは、失礼というものだ。
  처음 만난 여성에게 나이를 묻는 것은 실례라는 것이다.

□ 050 **～というものではない / ～というものでもない**

(반드시, 꼭) ～인 것은(인 것도) 아니다

접속 어떤 생각, 주장에 대해 꼭 그렇지만도 않다는 의미로, 주로 「～ばいいというものではない」로 잘 쓰여, '～라고 다가 아니다'로 해석한다.

- 多数の意見が、いつも正しいというものではない。
  다수의 의견이 항상 옳다는 것은 아니다.

□ 051 **～とかで** 듣자하니 ～라는 이유로 (원인, 이유 부분을 남에게 전해 듣고 다시 전할 때)

- 交通事故があったとかで、道路が混んでいる。
  교통사고가 있다든가 해서, 도로가 막히고 있다.

□ 052 **～どころか** ～는 커녕, ～는 고사하고

- お金がなくて、海外旅行どころか、飲み会にも行けない。
  돈이 없어서 해외여행은 커녕, 회식에도 못 간다.

□ 053 **～どころではない** ～할 상황(상태, 조건, 환경)이 아니다

- 昨日は寒すぎて、お花見どころではなかった。
  어제는 너무 추워서 꽃구경 할 상황이 아니었다.

□ 054 **～ところをみると** ～를 보아, 보면, 보니 (※뒤에 「らしい、ようだ、～にちがいない」가 잘 온다.)

- いつも行列ができているところをみると、あの店はおいしいに違いない。
  항상 줄이 서 있는 걸 보면, 저 가게는 맛있는 게 틀림없다.

□ 055 **～としたら / ～とすれば** ～라면, ～라고 한다면 (가정)

- もしも、宝くじで１億円が当たったとしたら、何に使いますか？
  만약, 복권에서 1억 엔이 당첨되었다고 한다면, 무엇에 쓰겠습니까?

□ 056 **～とはかぎらない** 반드시(꼭) ～인 것은 아니다

- 日本人だからといって、必ずしも正しい日本語を使っているとはかぎらない。
  일본인이라고 해서 반드시 정확한 일본어를 사용하고 있다고는 할 수 없다.

□ 057 **～ない限り** [동사]하지 않는 한

- 両親が許さない限り、留学には行けない。
  부모님이 허락하지 않는 한, 유학은 갈 수 없다.

□ 058 **～ないことには** [동사]하지 않으면, [동사]하지 않고서는 (ⓍないことにはⓎできない)

- 何事も自分でやってみないことには、その大変さはわからない。
  무슨 일이든 직접로 해 보지 않고서는 그 힘든 점은 알 수 없다.

□ 059 **～ないことはない / ～ないこともない**

[동사]하지 않을 것은 없다, [동사]하지 못할 것은 없다 / [동사]하지 않을 것도 없다, [동사]하지 못할 것도 없다

- パンは食べないことはないが、やはりご飯の方がいいですね。
  빵은 안 먹는 건 아니지만, 역시 밥 쪽이 더 좋군요.

□ 060 **～ないで(～ずに / ～なくて)すむ** (원래는 해야 하는 일을)～하지 않고 끝나다, 해결되다

- 先輩がパソコンを譲ってくれたので、買わないですんだ。
  선배가 컴퓨터를 양보해 주어서 안 사도 되었다.

□ 061 **～ながら** ① [동사]하면서 (동시) ② ～이면서도, ～하면서도 (역접) (≒ ながらも)

- 彼は金持ちでありながらも、とても質素な生活をしている。
  그는 부자이면서도 아주 검소한 생활을 하고 있다

□ 062 **～なんて** ～다니, ～라니 (놀라움, 뜻밖이다, 한심하다, 무시, 경멸 등의 내용이 오는 경우가 많다.)

- 自分が認知症だなんて、誰も認めたくないだろう。
  자신이 치매라니 아무도 인정하고 싶지 않을 것이다.

□ 063 ～に当(あ)たって ～에 즈음하여

● 新年(しんねん)を迎(むか)えるに当(あ)たって、大掃除(おおそうじ)をして正月飾(しょうがつかざ)りの準備(じゅんび)をした。
새해를 맞이하여, 대청소를 하고 설날 장식을 준비했다.

□ 064 ～において [명사]에 있어서 (※ [명사(장소)]において → [명사(장소)]で : [명사]에서)

● 2028年(ねん)のオリンピックは、アメリカのロサンゼルスにおいて行(おこな)われる。
2028년 올림픽은 미국 로스앤젤레스에서 거행된다.

□ 065 ～に応(おう)じて [명사]에 따라, 맞게, 걸맞게

● ボーナスは、業績(ぎょうせき)に応(おう)じて支払(しはら)われることになっている。
보너스는 실적에 맞게 지급되게 되어 있다.

□ 066 명사① における 명사② [명사①]의 [명사②], [명사①]에 있어서의 [명사②]

● これは介護現場(かいごげんば)における感染対策(かんせんたいさく)マニュアルです。
이것은 개호 현장의 감염 대책 매뉴얼입니다.

□ 067 ～にかかわらず / ～にかかわりなく ～에 관계없이, 상관없이

● 食欲不振(しょくよくふしん)とは、何(なに)も食(た)べていないにもかかわらず、食欲(しょくよく)が出(で)ない状態(じょうたい)をいう。
식욕부진이란, 아무것도 먹지 않았음에도 불구하고, 식욕이 생기지 않는 상태를 말한다.

□ 068 ～に限(かぎ)って [명사]만은, 꼭 [명사]일 때

● デートのある日(ひ)に限(かぎ)って、残業(ざんぎょう)を頼(たの)まれる。
꼭 데이트가 있는 날에 야근을 부탁받는다.

□ 069 ～に限(かぎ)り [명사]에 한해 (특별한 경우)

● 先着(せんちゃく) 100名様(めいさま)に限(かぎ)り半額(はんがく)になります。
선착순 100분에 한해 반값이 됩니다.

□ 070 ～に限(かぎ)らず [명사]에 한하지 않고, [명사]뿐만 아니라

● 女性(じょせい)に限(かぎ)らず、男性(だんせい)も家事(かじ)をするべきだ。
여성뿐만 아니라 남성도 집안일을 해야 한다.

□ 071 **～に限る** ～가(하는 게) 최고다, 제일이다

● 寒い冬の夜は、ラーメンに限る。
추운 겨울밤에는 라멘이 최고다.

□ 072 **～にかけて** (명예, 이름, 신용, 체면, 목숨 등)을 걸고

● 父の名にかけて誓います。
아버지의 이름을 걸고 맹세합니다.

□ 073 **～にかけては** [명사]에 관해서는 ('자신 있다, 최고다'라는 문장이 뒤에 온다.)

● 山田君は足の速さにかけては、この学校で１番です。
야마다 군은 발 빠르기에 관해서는 이 학교에서 1등입니다.

□ 074 **～に応えて** (기대, 희망, 요망, 요구, 요청 등)에 부응하여

● 親の期待に応えて、大学に進学することにした。
부모님의 기대에 부응하여, 대학에 진학하기로 했다.

□ 075 **～に際して** ～에 즈음하여, 즈음해서, ～할 때

● レンタルオフィスの入居に際して、簡単な面談が行われます。
렌탈 오피스 입주에 즈음하여, 간단한 면담이 행해집니다.

□ 076 **～に先立って** ～에 앞서, 앞서는

● 工事開始に先立って、住民説明会が開催された。
공사 개시에 앞서 주민설명회가 개최되었다.

□ 077 **～にしたがって** ① (규칙, 룰, 법률, 지시 등)에 따라
② ～함에 따라서, ～과 함께
('한 쪽의 변화와 따라 다른 쪽의 변화도 함께 일어난다'는 의미)

● 年をとるにしたがって、病気にかかりやすくなる。
나이를 먹음에 따라, 병에 걸리기 쉬워진다.

□ 078 **～にしたら / ～にすれば** (사람)에게는, 입장에서는

● 子供にしたら、やっぱり夏休みは長いほうがいいだろう。
어린이 입장에서는 역시 여름방학은 긴 편이 좋을 것이다.

□ 079 ～にしては ～치고는

● 彼女(かのじょ)のケーキは、はじめて作(つく)ったにしては、けっこうおいしかった。
그녀의 케이크는 처음 만든 것 치고는 꽤 맛있었다.

□ 080 ～にしろ(せよ、しても) 설령(가령) ~라고 해도, ~라고 쳐도

● どんな理由(りゆう)があったにしろ、無断欠勤(むだんけっきん)は許(ゆる)されない。
어떤 이유가 있다고 해도, 무단결근은 허용되지 않는다.

□ 081 ～にしろ～にしろ / ～にせよ～にせよ / ～にしても～にしても
~이든 ~이든, ~하든 ~하든

● 出席(しゅっせき)するにしろ、欠席(けっせき)するにしろ、ご返信(へんしん)のほどよろしくお願(ねが)いいたします。
출석하든 결석하든, 답장해 주시기 부탁드립니다.

□ 082 ～に相違(そうい)ない ~임에 틀림없다 (≒ ～に違(ちが)いない)

● 犯人(はんにん)はあの男(おとこ)に相違(そうい)ない。
범인은 저 남자임에 틀림없다.

□ 083 ～に沿(そ)って ① (장소)를 따라 ② (규칙, 기준, 계획, 절차, 매뉴얼 등)에 따라 ③ (희망, 요망, 요청) 에 따라

● 線路(せんろ)に沿(そ)って、桜(さくら)の木(き)が植(う)えられている。
선로를 따라 벚나무가 심어져 있다.

マニュアルに沿(そ)って、データを入力(にゅうりょく)してください。
매뉴얼에 따라 데이터를 입력해 주세요.

□ 084 ～に対(たい)して ① [명사]에 대해서 N3

② [사람]한테, [사람]에게

③ [명사]에 비해, [명사]인데 비해 (두 가지를 비교할 때)

● その言葉(ことば)は、目上(めうえ)の人(ひと)やお客様(きゃくさま)に対(たい)して使(つか)うのは失礼(しつれい)に当(あ)たります。
그 말은 윗사람이나 손님에게 사용하는 것은 실례에 해당합니다.

日本人(にほんじん)の平均寿命(へいきんじゅみょう)は、男性(だんせい)が81歳(さい)であるのに対(たい)して、女性(じょせい)は87歳(さい)となっています。
일본인의 평균 수명은 남성이 81세인데 비해, 여성은 87세로 되어 있습니다.

☐ 085 ～につき ① [명사]라서, [명사]이기 때문에 (주로 게시판이나 안내문에 사용한다.)
② [명사]당 (1回につき / 一人につき / 一件につき)

- 工事中につき駐車はご遠慮願います。
  공사 중이니 주차는 삼가해 주시기 바랍니다.

  このスポーツ施設の使用料は、1時間につき1,000円になります。
  이 스포츠 시설의 사용료는 1시간당 1,000엔이 됩니다.

☐ 086 ～につけ ① [명사]에 관련하여 (주로 「何事につけ、何かにつけ」 등 관용적인 표현으로 쓰임)
② [동사]할 때마다 (주로 「見る、聞く、思う、考える」에 접속)

- 彼女は何かにつけ、私に文句を言う。
  그녀는 무슨 일이든 나에게 불평을 한다.

  この写真を見るにつけ、楽しかった学生時代を思い出す。
  이 사진을 볼 때마다, 즐거웠던 학창시절이 생각난다.

☐ 087 ～につけ～につけ ～이든～이든, ～이건～이건 (두 가지 대비적인 내용을 놓고 그중 어느 쪽이라도)

- 嬉しいにつけ悲しいにつけ、いつも音楽は私を支えてくれている。
  기쁠 때나 슬플 때나 항상 음악은 나를 지탱해 주고 있다.

☐ 088 ～につれて ～에 따라서

- 父は年を取るにつれて、性格が穏やかになってきた。
  아버지는 나이를 먹음에 따라 성격이 온화해지기 시작했다.

☐ 089 ～に伴って ～와 함께, 따라 (변화)

- 科学技術の進歩に伴って、より精度の高い手術ができるようになった。
  과학기술의 진보에 따라 보다 정밀도 높은 수술을 할 수 있게 되었다.

☐ 090 ～にひきかえ [명사]에 비해 (대조적인 두 가지 사항을 비교할 때)

- 勤勉な娘にひきかえ、息子はゲームばかりしている。
  근면한 딸에 비해, 아들은 게임만 하고 있다.

☐ 091 ～にほかならない (다름아닌) 바로 ～이다, 그것 외엔 없다 〈단정〉

- 彼に今の成功をもたらしたのは、日々の努力の結果にほかならない。
  그에게 지금의 성공을 가져다준 것은 다름 아닌 매일매일의 노력의 결과이다.

□ 092 **～に向けて** [명사]를 위해 〈목적을 뜻함〉 (≒ [명사]のため(に))

- 労働環境の改善に向けて努力していきます。
  노동 환경의 개선을 위해 노력해 가겠습니다.

□ 093 **～にもかかわらず** ～에도 불구하고

- 悪天候にもかかわらず、たくさんのファンが集まってくれました。
  악천후에도 불구하고 많은 팬들이 모여 주었습니다.

□ 094 **～にもとづいて** [명사]에 근거(기초)하여

- テスト結果にもとづいて、フィードバックを行います。
  테스트 결과에 근거하여 피드백을 행하겠습니다.

□ 095 **～抜き** [명사]빼고, 제외하고, 생략하고

- 堅苦しいあいさつは抜きにして、早速本題に入りましょう。
  딱딱한 인사는 생략하고 바로 본론으로 들어갑시다.

□ 096 **～ぬく** ① (어려움, 난관 등을 극복하고) 끝까지 ～해내다 ② 매우, 아주, 몹시 ～하다

- 彼は、はじめてのフルマラソン挑戦で、42.195キロを走り抜いた。
  그는 첫 풀 마라톤 도전에서 42.195km를 끝까지 뛰었다.

□ 097 **～のみならず** ～뿐만 아니라

- 地球の温暖化は、日本のみならず世界各国で深刻な問題となっている。
  지구의 온난화는 일본뿐 아니라 세계 각국에서 심각한 문제가 되고 있다.

□ 098 **～のもとで** [명사]아래에서, [명사]하에서 ([명사]에는 사람 「両親、先生、監督」 등이 주로 오며, 그 사람의 영향이 미치는 범위 안에서라는 느낌이 강하다.)

- 私は藤原先生のもとで、生け花を習っています。
  저는 후지와라 선생님 밑에서 꽃꽂이를 배우고 있습니다.

□ 099 **～のもとに** [명사]아래에서, [명사]하에서 ([명사]를 조건으로, [명사]라는 상황에서)

- 互いの合意のもとに、契約にサインした。
  서로의 합의하에 계약에 사인했다.

□ 100 ～ばかりか～も(まで) ～뿐만 아니라 ～도(까지)

- ストレスは心身に不調をもたらすばかりか、病気の原因にもなる。
  스트레스는 심신에 컨디션 난조를 초래할 뿐 아니라, 병의 원인이 되기도 한다.

□ 101 ～たばかりに ～한 탓에

- 彼は才能がありながらも、環境に恵まれなかったばかりに、野球をあきらめるしかなかった。
  그는 재능이 있으면서도 환경이 좋지 못한 탓에 야구를 포기할 수밖에 없었다.

□ 102 ～はともかく(として) [명사]는 어찌 되었건, 그렇다 치고

- この肉じゃが、見た目はともかく味は失敗していないよ。
  이 니쿠쟈가(고기와 감자 조림), 겉보기는 어쨌든 맛은 실패하지 않았어.

□ 103 ～はもとより(～も、～まで) [명사]은 물론이고 (～도, 까지)

- BTSのソウル公演には韓国人はもとより、多くの外国人が観覧に来た。
  BTS의 서울 공연에는 한국인은 물론이고, 많은 외국인이 관람하러 왔다.

□ 104 ～るべきだ / ～るべきではない [동사]해야 할, [동사]해야 한다 / [동사]해선 안 된다

- 学生なら、しっかり勉強するべきだ。
  학생이라면 제대로 공부해야 한다.

□ 105 ～るほかない (～るほかはない、～るほかしかたがない)

(바람직하지는 않지만 달리 방법이 없어, 할 수 없이) [동사]하다 (※ 앞에 「より」가 잘 옴)

- 大雪で交通機関が止まってしまい、歩いて帰るよりほかなかった。
  대설로 교통이 멈춰 버려, 걸어 돌아갈 수밖에 없었다.

□ 106 ～まい [동사]하지 말아야지 〈부정 의지〉 / [동사]하지 않겠지 〈부정 추측〉

- 健康のために、夜食は食べまいと思っているが、なかなか実践できない。
  건강을 위해 야식은 먹지 않으려 하는데, 좀처럼 실천할 수 없다.

□ 107 ～ようか～まいか [동사]할까 [동사]말까

- 息子は今の仕事を辞めようか辞めまいか、迷っているようだ。
  아들은 지금의 일을 그만둘까 말까, 망설이고 있는 것 같다.

□ 108 ～もかまわず ～도 개의치 않고, 상관치 않고, 아랑곳 않고

- 電車(でんしゃ)の中(なか)で人目(ひとめ)もかまわず、化粧(けしょう)する人(ひと)がいる。
  전철 안에서 남의 눈도 아랑곳 않고 화장하는 사람이 있다.

□ 109 ～ものがある ～라는 점이 있다 (어떤 특징을 볼 수 있다는 의미. 강조 용법이라 생략 가능)

- 彼(かれ)の演奏(えんそう)には、人(ひと)を引(ひ)きつけるものがある。
  그의 연주에는 사람을 끌어당기는 특징이 있다.

□ 110 ～ものだ ① ～인 법이다, ～인 것이다 (본성) ② ～해야 한다 (충고, 가벼운 명령 등) ③ ～하고 싶다 (희망을 강조) ④ ～하곤 했다 (과거에 습관적으로 행해진 일을 감탄하며 회상할 때) ⑤ 감탄

- 緊張(きんちょう)したら、うまく話(はな)せないものだ。
  긴장하면, 제대로 말 못하는 법이다.

  遅(おく)れそうになったときは、事前(じぜん)に連絡(れんらく)するものだ。
  늦을 것 같게 되었을 때는, 사전에 연락해야 한다.

  いつか北極(ほっきょく)へ行(い)きたいものだ。
  언젠가 북극에 가고 싶다.

  子供(こども)のころは、この公園(こうえん)でよく遊(あそ)んだものだ。
  어렸을 때는 이 공원에서 자주 놀곤 했다.

  時間(じかん)が経(た)つのは、本当(ほんとう)に早(はや)いものだ。
  시간이 흐르는 것은 정말 빠르구나.

□ 111 ～るものではない [동사]하지 말아야 한다, [동사]하는 것이 아니다

- 人(ひと)の悪口(わるくち)は言(い)うものではない。
  남의 욕은 말하지 말아야 한다.

□ 112 ～れるものなら～たい [동사]할 수만 있다면 ～하고 싶다

의미 가능동사에 접속하여 '(실제로는 거의 불가능한 일을) 할 수만 있다면 ～하고 싶다'란 의미로 쓰인다. 뒤에는 [동사 たい]가 흔히 온다.

- 火星(かせい)に行(い)けるものなら、ぜひ行(い)ってみたい。
  화성에 갈 수 있다면, 꼭 가 보고 싶다.

□ 113 ～ようものなら [동사]하려 하면 ('큰일난다, 난리난다'가 뒤에 옴)

- 遅刻でもしようものなら、部長にさんざん怒られる。
  지각이라도 하려 하면, 부장님께 엄청나게 혼난다.

□ 114 ～ものの ～이긴 하지만, 했지만 〈역접〉 (※ ～とはいうものの : ～라고는 하지만)

- 大学を卒業したものの、就職先が見つからないままだ。
  대학을 졸업했지만 일자리를 찾지 못한 채이다.

□ 115 ～も～ば(なら)～も ～도 ～이고(하고) ～도

- 学食は、値段も安ければ量も多い。
  학생식당은 값도 싸고 양도 많다.

□ 116 ～や～といった～ Ⓐ나 Ⓑ와 같은 Ⓒ (Ⓒ는 Ⓐ와 Ⓑ를 포함한 전체) 〈예시의 기능〉

- 私はサバやサンマといった魚料理が好きです。
  저는 고등어나 꽁치 같은 생선 요리를 좋아합니다.

□ 117 ～やら～やら ～하기도 하고 ～하기도 하고, ～라든가 ～라든가 〈나열, 열거〉

- 兄は、勉強やらバイトやらで忙しいようだ。
  형은 공부하랴 아르바이트하랴 바쁜 것 같다.

□ 118 ～ようがない / ～ようもない [동사]할 수가 없다 / [동사]할 수도 없다

- 部品がないので、修理しようがない。
  부품이 없어서 수리할 방법이 없다.

□ 119 ～ようでは [동사]한 상태로는, [동사]할 것 같아서는

접속 뒤에는 기대에 반하는 결과나 「困る、だめだ」 같은 마이너스 평가가 주로 온다.

- これくらいの問題も解けないようでは、合格は難しいと思うよ。
  이 정도 문제도 못 풀 것 같아서는 합격은 어려우리라 생각해.

□ 120 ～ようでは(じゃ)ないか [동사]하지 않겠는가, 하지 않을까 〈권유〉 (≒ ～ましょう)

- 夏休みになったら、みんなで沖縄へ行こうではないか。
  여름방학이 되면, 다 같이 오키나와에 가자.

□ 121 ～わけにはいかない [동사]할 수는 없다
～わけにもいかない [동사]할 수도 없다

- 国民の利便性向上のためにも、行政手続のオンライン化を推進しないわけにはいかない。
  국민의 편리성 향상을 위해서도 행정 수속의 온라인화를 추진해야 한다.

□ 122 ～わりに / ～わりには ～에 비해서 / ～에 비해서는

- 今のバイトは、仕事が大変なわりに、時給はよくない。
  지금의 아르바이트는 일이 힘든 것에 비해 시급은 좋지 않다.

□ 123 ～を問わず [명사]를 불문하고

- この仕事は、年齢や性別、経験の有無を問わず、誰でも応募できる。
  이 일은 연령이나 성별, 경험 유무를 불문하고 누구나 응모할 수 있다.

□ 124 ～をめぐって [명사]를 둘러싸고, [명사]를 둘러싼

- 駅前の再開発をめぐって、市と商工会が対立している。
  역앞 재개발을 둘러싸고, 시와 상공회가 대립하고 있다.

□ 125 ～をもとに(して) [명사]를 근거로, 기초로, 토대로, 바탕으로

- 彼女は自らの体験をもとに、この小説を書いたそうです。
  그녀는 자신의 체험을 바탕으로 이 소설을 썼다고 합니다.

7 N3 핵심 문법

□ 01 ～あまり ～한 나머지

- 面接では緊張のあまり、思いを上手に伝えることができなかった。
  면접에서는 너무 긴장한 나머지, 생각을 제대로 전하지 못했다.

□ 02 ～以上(は) ～한 이상(은) (≒ ～上は、～からには)

- 仕事を引き受けた以上は、最後まで責任を持ってやり遂げます。
  일을 맡은 이상은 끝까지 책임을 지고 해내겠습니다.

□ 03 ～る一方だ [동사]하기만 할 뿐이다

- 日本を訪れる外国人の数は増える一方だ。
  일본을 방문하는 외국인의 수는 늘어나기만 할 뿐이다.

□ 04 ～うちに / ～うちは ～동안에 / ～동안은

- 子供が寝ているうちに家事を済ませた。 아이가 자고 있는 동안에 집안일을 끝냈다.
  そばは、伸びないうちに食べたほうがおいしいよ。 메밀국수는 불기 전에 먹는 게 맛있어.

□ 05 ～おかげだ / ～おかげで ～덕분이다 / ～덕분에

- 先生のおかげで、テストに受かりました。 선생님 덕분에 시험에 합격했습니다.

□ 06 ～おそれがある ～염려가 있다, ～우려가 있다

- 祖父は検査の結果、「認知症のおそれがある」と判定された。
  할아버지는 검사 결과, '치매 우려가 있다'고 판정받았다.

□ 07 동사 ます형 かけだ、동사 ます형 かける [동사]하던 도중이다
동사 ます형 かけの 명사 [동사]하던 도중이던 [명사]

- 編みかけのセーターをほどいて、手袋を編んだ。
  뜨개질하다만 스웨터를 풀고, 장갑을 짰다.

□ 08 **동사 ます형 がたい** [동사]하기 어렵다 (거의 불가능)
(「동사 ます형+にくい」와 해석은 거의 같으나 실현 가능성은 현저히 낮다.)

- その科学体験プログラムは、参加者全員にとって、忘れがたい夏休みの体験となりました。
  그 과학 체험 프로그램은 참가자 전원에게 있어, 잊기 힘든 여름 방학 체험이 되었습니다.

□ 09 **〜がちだ** 〜하기 쉬운 경향이 있다, 툭하면 〜한다

- 冬は、どうしても運動不足になりがちです。 겨울은 아무래도 운동 부족이 되기 쉽습니다.

□ 10 **〜からといって** 〜라고 해서 ('단지 ⓧ라는 이유만으로 반드시 ⓨ가 성립되는 것이 아니다'라는 뜻)

- 日本人だからといって、みんな日本文化に詳しいわけではありません。
  일본인이라고 해서 모두 일본 문화에 대해 잘 아는 것은 아닙니다.

□ 11 **〜から〜にかけて** [명사①]에서 [명사②]에 걸쳐서 ([명사①]과 [명사②]에는 시제와 장소 명사 가능)

- あすは夜中から朝にかけて、大雨になるそうだ。
  내일은 한밤중에서 아침에 걸쳐, 큰 비가 온다고 한다.

□ 12 **〜かわりに** 〜대신에 (대리로, 대용으로)

- 忙しい両親のかわりに、いつも姉が弟の面倒をみてくれる。
  바쁜 부모님 대신에 항상 누나가 남동생을 돌봐 준다.

□ 13 **〜気味だ** 어떤 모습, 어떤 경향이 있다, 좀 그런 느낌이 든다

- 試合の途中で、少し焦り気味になってしまった。
  시합 도중에 조금 초조한 기색이 되어 버렸다.

□ 14 **동사 ます형 きる** ① 다 [동사]하다 〈완료〉 ② 완전히 [동사]하다 (충분히, 매우)

- 彼は一人で、ラーメン10杯を食べきった。 그는 혼자서 라면 10그릇을 다 먹었다.

□ 15 **동사 ます형 きれる / 동사 ます형 きれない**

다, 끝까지 [동사]할 수 있다 / [동사]할 수 없다 ('[동사]를 완료할 수 있다, 없다'라는 뜻)

- おばあちゃんは、食べきれない量を出すのがもてなしのマナーだと思っているようだ。
  할머니는 다 먹을 수 없는 양을 내는 것이 대접의 매너라고 생각하고 있는 것 같다.

□ 16 ～くせに / ～くせして ～인 주제에 / ～이면서도

- 何も知らないくせに、そう簡単に言わないでくれよ。
  아무것도 모르면서, 그렇게 간단히 말하지 말아 줘.

□ 17 ～くらいだ、～ぐらいだ ～정도이다, ～쯤이다

- 私はビビンバが大好きで、毎日食べたいくらいだ。
  나는 비빔밥을 너무 좋아해서, 매일 먹고 싶을 정도이다.

□ 18 ～ことだ / ～ないことだ [동사]해야 한다 / [동사]하지 말아야 한다 (상대에게 간접적으로 충고, 조언, 명령 등을 할 때)

- やせたいなら、まず食べる量を減らすことだ。
  살을 빼고 싶다면, 우선 먹는 양을 줄여야 한다.

□ 19 ～ることにしている [동사]하기로 하고 있다 (본인의 의사로 결정.주로 습관적인 행위)

- 私は毎朝、10キロを走ることにしています。
  저는 매일 아침 10킬로미터를 뛰기로 하고 있습니다.

□ 20 ～ることにする [동사]하기로 하다 (개인의 결정, 취급)

- お正月は、ひさしぶりに帰省することにしました。
  설날에는 오랜만에 귀성하기로 했습니다.

□ 21 ～ることになっている [동사]하기로 되어 있다 (남의 의견, 생각, 주위환경으로 결정. 예정, 관습, 법률, 규칙, 관례 등)

- 韓国では、車は右車線を走ることになっている。
  한국에서는 자동차는 우측 차선을 달리게 되어 있다.

□ 22 ～ることになる [동사]하기로 되다 (미래의 행위에 대해서, 어떤 결정, 합의에 의해 어떤 결과가 된다는 뜻)

- 明日から1週間、福岡に出張することになった。
  내일부터 일주일동안, 후쿠오카에 출장하게 되었다.

□ 23 ～ることはない [동사]할 필요는 없다, [동사]하지 않아도 좋다

- 何とかなるから、そんなに心配することはありませんよ。
  어떻게든 될 테니, 그렇게 걱정할 필요는 없습니다.

□ 24 ～際(さい) ～일 때, ～할 때 (※「とき」와 바꿔 쓸 수 있다.)

- お車(くるま)でお越(こ)しの際(さい)は、来客用駐車場(らいきゃくようちゅうしゃじょう)をご利用(りよう)ください。
  차로 오실 때는 방문객용 주차장을 이용해 주세요.

□ 25 ～最中(さいちゅう)だ 한창 ～하고 있는 중이다

- 昨日(きのう)は、ウェブ会議(かいぎ)の最中(さいちゅう)に子供(こども)が泣(な)きだして大変(たいへん)だった。
  어제는 한창 화상 회의하고 있는 중에 아이가 울어서 큰일이었다.

□ 26 ～さえ / ～でさえ [명사]조차, [명사]마저, [명사]도 (※「で」는 주로 주어에 접속)

- 妻(つま)はまったく料理(りょうり)ができず、味噌汁(みそしる)さえろくに作(つく)れない。
  아내는 전혀 요리를 못하며, 된장국조차 제대로 못 만든다.

□ 27 ～るしかない [동사]할 수 밖에 없다

- スマホが壊(こわ)れてしまったので、買(か)い替(か)えるしかなかった。
  스마트폰이 고장났기 때문에, 바꿀 수밖에 없었다.

□ 28 ～せいだ / せいで / せいか ～탓이다 / ～탓으로 / ～탓인가 〈원망〉

- 風邪薬(かぜぐすり)を飲(の)んだせいか、急(きゅう)に眠(ねむ)くなってきた。
  감기약을 먹은 탓인가, 그런지 갑자기 졸립기 시작했다.

□ 29 ～たばかりだ (지금 막) [동사]했다

- まだ入社(にゅうしゃ)したばかりなので、仕事(しごと)に慣(な)れていません。
  아직 입사한 지 얼마 안 되어, 일에 익숙하지 않습니다.

□ 30 ～ため(に) ① ～위해서, ～위하여 〈목적〉 ② ～때문에 〈원인, 이유〉

- 外資系企業(がいしけいきぎょう)に就職(しゅうしょく)するために、英語(えいご)を勉強(べんきょう)しています。
  외국계 기업에 취직하기 위해, 영어를 공부하고 있습니다.

□ 31 ～だらけ [명사]투성이

- 彼(かれ)の出(だ)した資料(しりょう)は間違(まちが)いだらけだった。
  그가 낸 자료는 틀린 것 투성이였다.

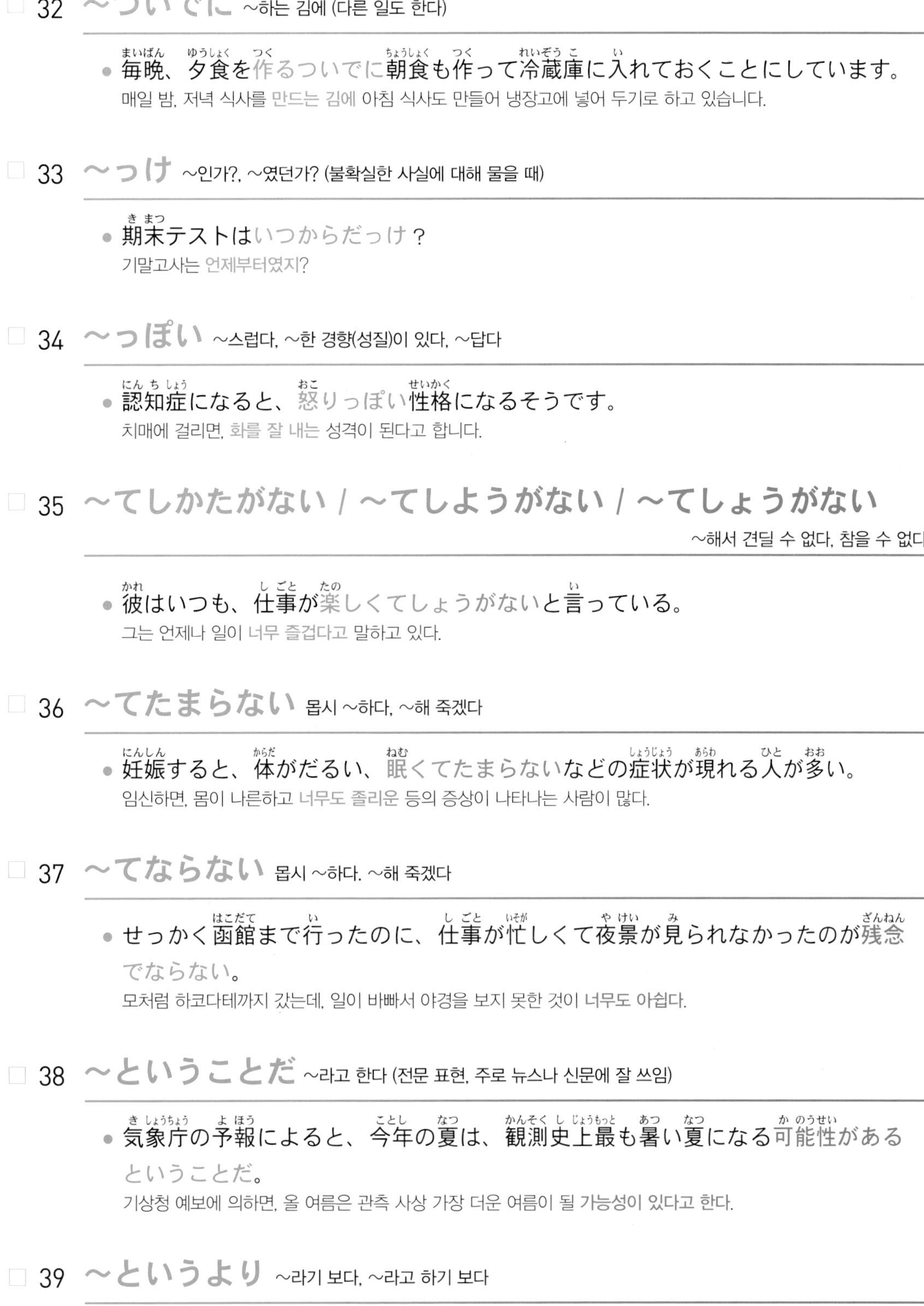

□ 32 **～ついでに** ～하는 김에 (다른 일도 한다)

- 毎晩、夕食を作るついでに朝食も作って冷蔵庫に入れておくことにしています。
  매일 밤, 저녁 식사를 만드는 김에 아침 식사도 만들어 냉장고에 넣어 두기로 하고 있습니다.

□ 33 **～っけ** ～인가?, ～였던가? (불확실한 사실에 대해 물을 때)

- 期末テストはいつからだっけ？
  기말고사는 언제부터였지?

□ 34 **～っぽい** ～스럽다, ～한 경향(성질)이 있다, ～답다

- 認知症になると、怒りっぽい性格になるそうです。
  치매에 걸리면, 화를 잘 내는 성격이 된다고 합니다.

□ 35 **～てしかたがない / ～てしようがない / ～てしょうがない** ～해서 견딜 수 없다, 참을 수 없다

- 彼はいつも、仕事が楽しくてしょうがないと言っている。
  그는 언제나 일이 너무 즐겁다고 말하고 있다.

□ 36 **～てたまらない** 몹시 ～하다, ～해 죽겠다

- 妊娠すると、体がだるい、眠くてたまらないなどの症状が現れる人が多い。
  임신하면, 몸이 나른하고 너무도 졸리운 등의 증상이 나타나는 사람이 많다.

□ 37 **～てならない** 몹시 ～하다, ～해 죽겠다

- せっかく函館まで行ったのに、仕事が忙しくて夜景が見られなかったのが残念でならない。
  모처럼 하코다테까지 갔는데, 일이 바빠서 야경을 보지 못한 것이 너무도 아쉽다.

□ 38 **～ということだ** ～라고 한다 (전문 표현, 주로 뉴스나 신문에 잘 쓰임)

- 気象庁の予報によると、今年の夏は、観測史上最も暑い夏になる可能性があるということだ。
  기상청 예보에 의하면, 올 여름은 관측 사상 가장 더운 여름이 될 가능성이 있다고 한다.

□ 39 **～というより** ～라기 보다, ～라고 하기 보다

- 彼は、医者というより政治家のようだ。
  그는 의사라기보다 정치가인 것 같다.

□ 40 ～といえば / ～というと / ～といったら

[명사]라 하면 (어떤 화제에 관련된 대표적인 것, 연상되는 것을 말할 때)

- 和食といえば、どんなものが思い浮かびますか。
  일본 음식하면 어떤 것이 떠 오릅니까?

□ 41 ～といっても ~라고 해도

- 韓国語が話せるといっても、簡単な日常会話くらいです。
  한국어를 할 수 있다고 해도 간단한 일상 회화 정도입니다.

□ 42 ～通り(通り) / ～通りに(通りに) ~대로

- 処方された薬は、医師の指示通りに服用してください。
  처방받은 약은 의사 지시대로 복용해 주세요.

□ 43 ～ところに / ～ところへ / ～ところを ~하고 있는(있던) 때(상황)에, 모습(장면, 때, 상황)을

- 部屋でくつろいでいるところへ、急に窓から何かが当たる音がした。
  방에서 쉬고 있을 때, 갑자기 창문에서 무언가 부딪치는 소리가 났다.

□ 44 ～として / ～としては / ～としても [명사]로서 / [명사]로는 / [명사]로도 (입장, 자격, 신분 등)

- 初めて医者として評価されたのが、何よりうれしかった。
  처음으로 의사로서 평가받은 것이 무엇보다 기뻤다.

□ 45 ～としても 라고 해도 〈가정〉 (と+する+ても)

- たとえ失敗したとしても、決してあきらめません。
  설령 실패했다고 해도, 결코 포기하지 않겠습니다.

□ 46 ～とともに ① [명사]와 함께(같이)

② ~와 함께, 동시에 (한쪽의 변화에 따라 다른 쪽도 동시에 변화가 일어난다는 의미)

③ ~과 동시에, ~이자, ~이면서

- 人々の考え方は時代の流れとともに変わっていくものだ。
  사람들의 사고방식은 시대의 흐름과 함께 바뀌어 가는 것이다.

□ 47 ～など(なんか、なんて) [명사]등, [명사]같은 것, [명사] 따위 〈① 예시 ② 겸손 ③ 무시, 경멸〉

- その島で売っていたものは木彫りの置物など、日本では珍しいものばかりだった。
  그 섬에서 팔고 있던 것은 목각 장식물 등, 일본에서는 보기 드문 것들뿐이었다.

□ 48 ～にかわって、かわり [명사]대신, 대신하여

- もうすぐ人に代わってロボットが家事をするという時代が来るだろう。
  이제 곧 사람을 대신하여 로봇이 집안일을 하는 시대가 올 것이다.

□ 49 ～に関する [명사]에 관한

- その自治体は、新型コロナウイルスに関する相談窓口を設置した。
  해당 지자체는 신종 코로나바이러스에 관한 상담창구를 설치했다.

□ 50 ～に関して [명사]에 관해서

- 納期に関してお願いがありますが…。
  납기에 관해 부탁이 있습니다만….

□ 51 ～に決まっている 틀림없이 ～이다, ～한다 / ～임이 뻔하다

- 日本のトップクラスのシェフが作った料理だから、おいしいに決まっている。
  일본의 톱 클래스 셰프가 만든 요리니까, 맛있을 게 틀림없다.

□ 52 ～に比べて / ～と比べて [명사]에 비해 / [명사]와 비교해서

- 日本郵便は、今年元日に配達された年賀状は、前年に比べて34%も減ったと発表した。
  일본우편은 올해 새해 첫날 배달된 연하장은 전년에 비해 34%나 줄었다고 발표했다.

□ 53 ～に加えて [명사]에 더하여, 가하여, 그 위에 〈추가〉

- 当社は、健康に関わる研究に加えて、美容に関しても科学的根拠をもとにした研究を行っています。
  당사는 건강에 관련된 연구에 더해, 미용에 관해서도 과학적 근거를 바탕으로 한 연구를 행하고 있습니다.

□ 54 ～にすぎない ～에 불과하다, ～에 지나지 않는다

- 専門家たちは、現在はまだ「生成AIの始まり」にすぎないと言っている。
  전문가들은 현재는 아직 '생성 AI의 시작'에 불과하다고 말하고 있다.

☐ 55 **～に対(たい)して** [명사]에 대해서

- 私(わたし)はその意見(いけん)に対(たい)して反対(はんたい)です。 저는 그 의견에 대해 반대입니다.

☐ 56 **～に違(ちが)いない** ~임에 틀림없다, 분명하다

- この本(ほん)は、子供(こども)の教育(きょういく)にきっと役立(やくだ)つに違(ちが)いない。
  이 책은 자녀 교육에 꼭 도움이 될 게 틀림없다.

☐ 57 **～について** [명사]에 관해서

- これからスケジュール変更(へんこう)について説明(せつめい)します。
  지금부터 스케줄 변경에 관해 설명하겠습니다.

☐ 58 **～にとって** ~에게 있어서

- 商品(しょうひん)の価格(かかく)は、企業(きぎょう)にとって収益(しゅうえき)の改善(かいぜん)を決定(けってい)づける大切(たいせつ)な要素(ようそ)である。
  상품의 가격은 기업에 있어 수익 개선을 결정짓는 중요한 요소이다.

☐ 59 **～に反(はん)して** [명사]에 반해

- その銀行(ぎんこう)は、予想(よそう)に反(はん)して金利(きんり)を引(ひ)き下(さ)げた。
  그 은행은 예상에 반하여 금리를 인하했다.

☐ 60 **～によって** [명사]에 의해, 따라

- ガソリン価格(かかく)が、地域(ちいき)によって異(こと)なる理由(りゆう)は何(なん)ですか。
  휘발유 가격이 지역에 따라 다른 이유는 무엇입니까?

☐ 61 **～によると(よれば)** [명사]에 의하면, 따르면

- 関係者(かんけいしゃ)の話(はなし)によると、会長(かいちょう)は辞任(じにん)を考(かんが)えているらしい。
  관계자의 말에 따르면, 회장님은 사임을 생각하고 있는 것 같다.

☐ 62 **～にわたって** [명사]에 걸쳐서

- その戦争(せんそう)は、20年(ねん)にわたって続(つづ)いた。 그 전쟁은 20년에 걸쳐 계속되었다.

☐ 63 **～はずがない** ~할 리가 없다, ~일 리가 없다

- 彼(かれ)のようなまじめな人(ひと)が、そんな無責任(むせきにん)なことを言(い)うはずがないよ。
  그와 같은 성실한 사람이 그런 무책임한 말을 할 리가 없어.

☐ 64 **～ば～ほど** ～하면 ～할수록

- 彼の言葉を考えれば考えるほど腹が立って、夜も眠れなくなった。
  그의 말을 생각하면 생각할수록 화가 나, 밤에도 잠 못자게 되었다.

☐ 65 **～はもちろん ～も(まで)** [명사]는 물론 ～도(까지)

- この店は、ラーメンはもちろん、チャーハンも本当においしい。
  이 집은 라면은 물론 볶음밥도 정말 맛있어.

☐ 66 **～反面** ～인 반면, ～한 반면

- 日本代表に選ばれてとても嬉しい反面、とても緊張している。
  일본 대표로 뽑혀 정말 기쁜 반면, 매우 긴장하고 있다.

☐ 67 **～向き** ① [명사]용 〈적성〉 ② [명사]향 〈방향〉

- この登山コースは初心者向きだ。
  이 등산 코스는 초보자용이다.

  北向きの部屋は、日当たりが良くない。
  북향 방은 햇볕이 잘 들지 않는다.

☐ 68 **～向け** [명사]용 〈적성〉

- このおもちゃは幼児向けです。
  이 장난감은 유아용입니다.

☐ 69 **～もの(もん)** ～인걸 (이유 설명 혹은 변명할 때)

- 注射はしたくない。だって痛いんだもん。
  주사는 맞고 싶지 않아. 왜냐하면 아픈 걸.

☐ 70 **～ものか(もんか)** ～할까 보냐, ～할쏘냐

- あのチームなんかに負けるものか。
  저 팀 따위에게 질쏘냐.

☐ 71 **～ものだから** ～이니까 (※「から」와 바꿀 수 있으나 「から」와 달리 뒤에 주관적 표현은 올 수 없다.)

- 私は数学が苦手なものだから、文系を選んだ。
  나는 수학을 잘 못해서, 문과를 선택했다.

□ 72 **～のような** [명사]같은 〈예시, 비유〉

- 山のような波が押し寄せてきた。
  산더미 같은 파도가 밀려왔다.

□ 73 **～ように** ① ~같이, 처럼 〈예시, 비유〉 ② ~하도록 〈목표, 권고, 기원〉

- 皆さんもご存じのように、来週から期末テストが始まります。
  여러분도 아시다시피, 다음 주부터 기말고사가 시작됩니다.
  後ろでもよく見えるように、大きな字で書いてください。
  뒤에서도 잘 보이도록 큰 글씨로 써 주세요.

□ 74 **～るわけがない、～るわけはない** ~할 리가 없다, ~일 리가 없다.

- こんなうるさいところで、勉強に集中できるわけがない。
  이런 시끄러운 곳에서 공부에 집중할 수 있을 리가 없다.

□ 75 **～わけだ** ① ~인 것이다 〈설명, 결론〉 ② ~일만도 하다, ~할만도 하다 (상황으로 보아 그럴만도 하다)

- この商品は、技術力で省エネできることを証明したわけだ。
  이 상품은 기술력으로 에너지 절약할 수 있다는 것을 증명한 셈이다.
  台風が近づいている。海が荒れるわけだ。
  태풍이 다가오고 있다. 바다가 거칠만도 하다.

□ 76 **～わけではない / ～わけでもない** ~인 것은 아니다 / ~인 것도 아니다 (현 상황에서 당연히 이끌어지는 결과를 부정할 때 사용)

- 韓国人だからといって、みんなキムチが好きなわけではない。
  한국인이라고 해서 모두 김치를 좋아하는 것은 아니다.

□ 77 **～をきっかけに** [명사]를 계기로

- 体にいろいろな不調が出てきたことをきっかけにダイエットを始めた。
  몸에 여러 가지 문제가 생긴 것을 계기로 다이어트를 시작했다.

□ 78 **～を契機に** [명사]를 계기로

- 入院を契機に、健康に気をつかうようになった。
  입원을 계기로 건강에 신경을 쓰게 되었다.

□ 79 ～を込(こ)めて [명사]를 담아서

- 感謝(かんしゃ)の気持(きも)ちを込(こ)めて、手紙(てがみ)と花束(はなたば)を贈(おく)った。
  감사의 마음을 담아, 편지와 꽃다발을 보냈다.

□ 80 ～を中心(ちゅうしん)に [명사]를 중심으로

- 健康(けんこう)のために、これからは野菜(やさい)を中心(ちゅうしん)に食(た)べるようにします。
  건강을 위해 앞으로는 채소를 중심으로 먹도록 하겠습니다.

□ 81 ～を通(つう)じて ① [명사]를 통해서 ② [명사]에 걸쳐서, [명사]내내 〈공간, 시간〉

- 就職活動(しゅうしょくかつどう)を通(つう)じて、働(はたら)くことの大切(たいせつ)さがわかりました。
  취직 활동을 통해, 일하는 것의 중요성을 알았습니다.

  その作曲家(さっきょくか)は、生涯(しょうがい)を通(つう)じて曲(きょく)を作(つく)り続(つづ)けた。
  그 작곡가는 평생에 걸쳐 곡을 계속 만들었다.

□ 82 ～を通(とお)して ① [명사]를 통해서 ② [명사]에 걸쳐서, [명사]내내 〈공간, 시간〉

- 新人研修(しんじんけんしゅう)を通(とお)して、会社(かいしゃ)の経営理念(けいえいりねん)を学(まな)んだ。
  신입 연수를 통해, 회사의 경영 이념을 배웠다.

  シーズンを通(とお)して応援(おうえん)してくれたサポーターやファンに感謝(かんしゃ)したいです。
  시즌 내내 응원해 준 서포터와 팬들에게 감사드리고 싶습니다.

□ 83 ～をはじめ(はじめとして) [명사]를 비롯해

- 私(わたし)の家(いえ)には犬(いぬ)をはじめ、猫(ねこ)やうさぎなど、たくさんの動物(どうぶつ)がいます。
  저희 집에는 강아지를 비롯해 고양이나 토끼 등 많은 동물이 있습니다.

□ 84 ～をはじめとする～ [명사①]을 비롯한 [명사②]

- 静岡県(しずおかけん)には、富士山(ふじさん)をはじめとする有名(ゆうめい)な観光地(かんこうち)がたくさんある。
  시즈오카 현에는 후지산을 비롯한 유명한 관광지가 많이 있다.

문법 완전 정복을 위한 꿀팁!

N1 문법에서는 N2, N3 수준을 포함한 다양한 수준의 문법 실력을 테스트합니다. PART 1의 고득점 문법 및 N2, N3 핵심 문형 정리에 나오는 표현들을 내 것으로 만든다면 시험에서 좋은 결과를 얻을 수 있을 것입니다.

● 問題 5 문법 형식 판단

단순 문법이 아닌 다양한 변형 문제가 출제됩니다. 선택지 하나하나의 뜻을 살펴본 뒤 답을 고르도록 합니다.

● 問題 6 문장 완성

문법을 아는 것뿐 아니라 문장을 제대로 구성하는 것이 중요합니다. 자칫 순서를 착각해서 답을 놓칠 수 있으므로 반드시 공란에 번호를 적어 가면서 풀도록 합니다.

● 問題 7 문맥 이해

전체 내용 이해가 중요합니다. 독해 파트를 풀 때처럼 단락을 나누면서 공란에 내용을 요약하면 지문을 읽는 시간을 절약할 수 있습니다.

1교시 문법

유형별 실전 문제

問題 5

문법 형식 판단 실전 연습 ❶

[　　/ 8]

問題 5　次の文の(　　)に入れるのに最もよいものを、1・2・3・4から一つ選びなさい。

1　放送を見ながらＳＮＳ上で視聴者が感想や意見を書き込むのは、ネット時代（　　　）楽しみ方だろう。

1　あっての　　2　ならではの　　3　おいての　　4　あげくの

2　自分の出した企画が会社の上層部に認められ、感激の（　　　）です。

1　最中　　2　極め　　3　限り　　4　至り

3　こんな低スペックパソコンを買うのは、初心者（　　　）だろう。

1　くらいのもの　　2　にもほどがある
3　だけのことはある　　4　といったらない

4　事件現場付近は、歩行者天国で日曜日（　　　）かなり混雑していたという。

1　にして　　2　のすえに　　3　をよそに　　4　とあって

5　中国は面積が広い（　　　）、変化にも時間がかかると思う。

1　どころか　　2　ものを　　3　がゆえに　　4　かたわら

6　人から借りたものを壊したなら、（　　　）だろう。

1　弁償してもはじまらない　　2　弁償せずにはすまない
3　弁償するきらいがある　　4　弁償してもかまわない

7　大企業（　　　）倒産する時代だから、中小企業はもっと大変だろう。

1　までして　　2　にしては　　3　として　　4　にして

8　彼は、仕事を（　　　）被災地で献身的に尽くしていた。

1　辞めたものの　　2　辞めてまで
3　辞めたからといって　　4　辞めるべく

정답　1②　2④　3①　4④　5③　6②　7④　8②　해석 및 해설 별책 p.12

문법 형식 판단 실전 연습 ❷

[　　/ 8]

問題 5 次の文の(　　)に入れるのに最もよいものを、1・2・3・4から一つ選びなさい。

1 当時は、まだ男性中心の放送業界（　　　）、女性の視点に立った彼女の作品は異彩を放った。

1 のもとで　　2 を限りに　　3 にあって　　4 をもって

2 誘拐は、絶対（　　　）重大な犯罪である。

1 許すまでもない　　2 許すにかたくない
3 許さないまでも　　4 許すべからざる

3 そのレストランのメニューはすべて自然食で、（　　　）元気がわいてくるような感じさえする。

1 食べたところで　　2 食べる反面
3 食べるそばから　　4 食べるかたわら

4 取引先の倒産で、倒産に（　　　）著しく経営難に陥る企業が激増している。

1 至ろうが　　2 至らないまでも　　3 至るどころか　　4 至ってみると

5 地方都市のショッピングモールは個人消費の低迷（　　　）、閉鎖する店が相次いでいる。

1 を受けて　　2 を込めて　　3 にもとづいて　　4 といっても

6 中央教育審議会の基本計画では、増やすべき教員の数には（　　　）。

1 触れてもしかたない　　2 触れるきらいがある
3 触れないものでもない　　4 触れずじまいだった

7 年末になって急に仕事量が２倍以上に増え、（　　　）。

1 忙しいおそれがある　　2 忙しいといったらありはしない
3 忙しいとはいえない　　4 忙しいだけのことはある

8 データバックアップはすでに完了しておりますので、ご心配（　　　）。

1 には及びません　　2 というものではない
3 どころではない　　4 を禁じ得ない

정답 1③ 2④ 3③ 4② 5① 6④ 7② 8①　　해석 및 해설 별책 p.12

문법 형식 판단 실전 연습 ❸ [/ 8]

問題 5 次の文の（　　）に入れるのに最もよいものを、1・2・3・4から一つ選びなさい。

1 日本のアニメ作品は世界で高い評価を受けており、大人も鑑賞（　　）作品が多い。

1 における　2 にかかわる　3 にたえる　4 にたえない

2 カレーの材料はエビやホタテ（　　）、サバで、その相性のよさにびっくりした。

1 ときたら　2 かと思いきや　3 かのようで　4 からして

3 真実を追求することは、学者（　　）ものの使命である。

1 なりの　2 あっての　3 ごとき　4 たる

4 今月は仕事が忙しい（　　）、毎日のように残業している。

1 のなんのって　2 と思いきや　3 といったら　4 とはいえ

5 被災地では、家族と離れ離れに暮らすことを（　　）いる人も多い。

1 余儀なくされて　2 余儀なくさせて
3 余儀なくせずに　4 余儀なくいかずに

6 若い女性の多くは、体を（　　）やせたいと思っているようだ。

1 壊したが最後　2 壊すまでもなく
3 壊すものなら　4 壊してでも

7 ネットの世界には、（　　）書き込みがあふれている。

1 悪質極まらない　2 悪質極まりない
3 悪質極める　4 悪質極めない

8 今回の汚職事件は、市長の責任も（　　）だろう。

1 問っておかない　2 問わせていただかない
3 問わずにはおかない　4 問ってもさしつかえない

정답 1③ 2② 3④ 4① 5① 6④ 7② 8③　해석 및 해설 별책 p.13

문법 형식 판단 실전 연습 ❹

[　　/ 8]

問題 5 次の文の（　　）に入れるのに最もよいものを、1・2・3・4から一つ選びなさい。

1 不安定な収入のために結婚や出産をためらう人たちが増えたのでは、少子化の改善など（　　）。

1 望むべくもない　2 望んでもかまわない
3 望んでやまない　4 望むところだ

2 ことここにいたっては、専門家の彼（　　）手の打ちようがないだろう。

1 やら　2 なり　3 とは　4 とて

3 いつも買っているお菓子だが、パッケージが変わっていて（　　）ところだった。

1 買わない　2 買ってもいい　3 買いそびれる　4 買わずにいる

4 そのアイドルは、毎日5,000通（　　）ファンレターをもらっているそうだ。

1 からある　2 かたわら　3 ところの　4 ぬきの

5 誰が何と（　　）、自分が可愛いと思った服を着るのが一番いいです。

1 言うまいと　2 言わずもがな　3 言うべく　4 言おうと

6 彼の企画はアイデア（　　）すばらしいが、実行するのは難しい。

1 だけ　2 こそ　3 すら　4 のみ

7 今度の新人は、いつも仕事を終える（　　）、すぐに帰ってしまう。

1 次第　2 が早いか　3 とたん　4 まま

8 （　　）から、思い切って彼女に告白してみることにした。

1 断ってもいい　2 断らせてもらってもいい
3 断るべくもない　4 断られてもともとだ

정답 1 ① 2 ④ 3 ③ 4 ① 5 ④ 6 ② 7 ② 8 ④　　해석 및 해설 별책 p.13

문법 형식 판단 실전 연습 ❺

[　　/ 8]

問題 5 次の文の（　　）に入れるのに最もよいものを、1・2・3・4から一つ選びなさい。

1 過疎化で廃校となった小学校の校舎が、体験交流センターとして生まれ変わる（　　）改修工事が進んでいる。

1 だに　　2 とは　　3 なり　　4 べく

2 幼いころに、親の仕事の関係で言葉も文化も知らない外国に行った場合、子どもたちの定着が難しいことは想像（　　）。

1 にたりない　　2 するまでない
3 しようではないか　　4 にかたくない

3 就活は大変だったが、希望通りの会社に就職できたときの（　　）。

1 うれしさにほかならなかった　　2 うれしさといったらなかった
3 うれしくならずにはいられなかった　　4 うれしさゆえにたまらなかった

4 彼は自分の店を（　　）、融資を受けることにした。

1 持たんがために　　2 持つべきで　　3 持ったばかりに　　4 持とうが持つまいが

5 東日本大震災の際、世界各国が救援隊の派遣を申し出てくれていた。感謝（　　）。

1 にたる　　2 にかかわる　　3 にたえない　　4 にかたくない

6 少子高齢化によって、都会（　　）地方（　　）、公立小学校が姿を消しつつある。

1 なり・なり　　2 とか・とか
3 というと・というと　　4 であれ・であれ

7 今回の（　　）事件は、２度とあってはならない。

1 ごとき　　2 ごとく　　3 そうな　　4 らしい

8 彼女はあんなにたくさん食べるのにスタイルがいいので、うらやましい（　　）。

1 ところだ　　2 ばかりだ　　3 ものか　　4 限りだ

정답 1④ 2④ 3② 4① 5③ 6④ 7① 8④　　해석 및 해설 별책 p.13

문법 형식 판단 실전 연습 ❻

[/ 8]

問題 5 次の文の(　　)に入れるのに最もよいものを、1・2・3・4から一つ選びなさい。

1 サンマが今が旬(　　)、スーパーに並べられていた。

1 と言わんばかりに　　2 とは言うものの
3 と言えば終わり　　4 とは言わないまでも

2 首相は、A大臣の発言に対し、「大臣に(　　)発言だ」と強く叱責した。

1 あってもいい　2 あるがままの　3 あるまい　4 あるまじき

3 安いゲストハウス(　　)、五つ星ホテルでこんなにサービスが悪いなんて絶対あり得ない。

1 にもまして　2 ならいざ知らず　3 をかわきりに　4 をぬきにして

4 近年、忙しさ(　　)、お墓参りに行っていなかった。

1 にかまけて　　2 はともかく
3 もさることながら　　4 にひきかえ

5 看板商品の品質表示がいい加減(　　)、ほかの商品の製造や管理もきちんと行われていないのではないかと疑われるようになる。

1 ともなると　2 と思いきや　3 といえども　4 とあっては

6 大人(　　)子供(　　)、社会のルールは守らなければならない。

1 として・として　　2 だろうが・だろうが
3 だの・だの　　4 だし・だし

7 私たちの暮らしは、もはやパソコンなくしては一日(　　)成り立たない。

1 いかんで　2 がてら　3 たりとも　4 ばかりも

8 専門家ら9人(　　)研究会の初会合では、ペットボトルの再利用の制度化を求める声が上がった。

1 からなる　2 からする　3 ながらに　4 をもって

정답 1① 2④ 3② 4① 5④ 6② 7③ 8①　　해석 및 해설 별책 p.13

문법 형식 판단 실전 연습 ❼ [/ 8]

問題 5 次の文の（ ）に入れるのに最もよいものを、1・2・3・4から一つ選びなさい。

1 金融危機や世界不況などで、大企業（ ）収益悪化は避けられない。

1 ならではの　2 ともなると　3 といえども　4 を問わず

2 あまりにずさんな年金の管理にあきれて、「もう年金なんて要らない」（ ）、年金保険料を支払わない若い人が増えているようです。

1 かのごとく　2 ものなら　3 としてまで　4 とばかりに

3 彼女と別れたのには、（ ）事情があるんだよ。もう聞かないでくれ…。

1 言うなら言える　2 言うに言えない
3 言おうが言うまいが　4 言うか否かの

4 田中：不景気のため、給料が減らされましたよ。
山田：私はリストラされましたよ。田中さんは仕事がある（ ）よ。

1 ならけっこうです　2 だけのことはあります
3 だけましです　4 まじきことです

5 楽しいこと（ ）だった正月休みが、あっという間に終わってしまった。

1 ずくめ　2 まみれ　3 かぎり　4 ところ

6 A大臣の発言をめぐって、放送を私物化し、政治利用する（ ）発言だと、批判が殺到している。

1 に応えての　2 ついでに　3 べからざる　4 かのごとき

7 沖縄は、梅雨入り後（ ）、梅雨入り前から湿度は高めで蒸し暑い日が多い。

1 をもってすれば　2 は言うに及ばず
3 とは言うものの　4 をものともせずに

8 今日がオープン日なのに、初日からバイト３人に（ ）。

1 休んではばからなかった　2 休ませなければよかった
3 休まれてはかなわない　4 休もうにも休めない

정답 1③ 2④ 3② 4③ 5① 6④ 7② 8③ 해석 및 해설 별책 p.14

문법 형식 판단 실전 연습 ❽

[　　/ 8]

問題 5 次の文の（　　）に入れるのに最もよいものを、1・2・3・4から一つ選びなさい。

1 皆様のご期待に沿うことが出来ず、痛恨の（　　）です。

1　ぎみ　　2　ずくめ　　3　極み　　4　上限

2 事情を言ってくれたら、助けてあげた（　　）、どうして何も言わなかったの？

1　ものを　　2　ことを　　3　ところを　　4　ばかりを

3 災害時は、その時々の状況（　　）、取り得る最善の選択をしなければならない。

1　とあって　　2　にしても　　3　ときたら　　4　を踏まえ

4 英語は苦手だが、簡単な日常会話くらいなら、（　　）。

1　話さなくても済ませる　　2　話せないものでもない
3　話してしかるべきだ　　4　話せなくてもさしつかえない

5 費用が百億円単位になる事業（　　）、国民が知らないでは済まされない。

1　とあれば　　2　であれ　　3　にして　　4　とはいっても

6 合コンの会費が3,000円くらい（　　）、5,000円は高すぎるよ。

1　といえども　　2　ならまだしも　　3　にひきかえ　　4　ともなれば

7 工場長はいつも「小さなミスが、安全上大きなトラブルに（　　）」といっている。

1　つながりかねる　　2　つながるほどのことではない
3　つながったところで　　4　つながらないとも限らない

8 彼らの熱い思い（　　）、必ず復興すると信じています。

1　をもってしても　　2　をものともせずに
3　をもとにして　　4　をもってすれば

정답　1③　2①　3④　4②　5①　6②　7④　8④　해석 및 해설 별책 p.14

문법 형식 판단 실전 연습 ❾ [/ 8]

問題 5 次の文の（　　）に入れるのに最もよいものを、1・2・3・4から一つ選びなさい。

1 お客さんが来たが、（　　）、何のおもてなしもできなかった。

1 急なだけあって　2 急なこととて　3 急に言われても　4 急に来させられて

2 どんなにお金を貯めても、健康を損なえば（　　）。

1 それまでだ　2 その限りだ
3 そこは見逃せない　4 それにも無理はない

3 世界同時不況（　　）、この際、不振事業を片づけてしまおうという企業の思惑も見える。

1 であればこそ　2 というものなら
3 にかこつけて　4 とは言わないまでも

4 新型コロナウイルスの追加対策は、実態（　　）実効性のある対策にしなければならない。

1 にかかわりなく　2 に即して　3 にもまして　4 にもとづいて

5 うちの主人（　　）、休みの日は何もせずに一日中スマホばかりいじっている。

1 ともなると　2 でさえ　3 ときたら　4 なりには

6 首相は国民に対し、税金を下げると公約（　　）、今さら取り消すわけにはいかないだろう。

1 してでも　2 するや　3 するどころか　4 した手前

7 難しい問題で（　　）、論点を整理して、判断の基準を示すべきだ。

1 あればこそ　2 ありながら　3 ありつつも　4 あって以来

8 あおり運転は、重大な交通事故の発生につながる（　　）極まる行為です。

1 危険　2 危険に　3 危険な　4 危険の

정답 1② 2① 3③ 4② 5③ 6④ 7① 8①　해석 및 해설 별책 p.14

문법 형식 판단 실전 연습 ⑩

[　 / 8]

問題 5 次の文の（　　）に入れるのに最もよいものを、1・2・3・4から一つ選びなさい。

1 選手たちはコロナ下の不自由な練習環境（　　　）、憧れの甲子園を目指してがんばっている。

1 というところで　　2 をものともせず
3 もさることながら　　4 とあいまって

2 あの地下鉄サリン事件は、想像する（　　　）恐ろしい。

1 だに　　2 とて　　3 には　　4 だの

3 パソコンが壊れたとき、修理（　　　）新品を買った方が安上がりな場合もある。

1 しようが　　2 するかと思うと　　3 しようものなら　　4 するくらいなら

4 運転技能検査の対象者である（　　　）、送付される書類でご確認ください。

1 といっても　　2 かいなかは　　3 かといえば　　4 かぎりでは

5 彼女はアイドル（　　　）民謡歌手でもある。

1 として　　2 にして　　3 であれ　　4 ではあるまいし

6 父：お母さん今忙しいから、掃除（　　　）洗濯（　　　）手伝ってあげなさい。
娘：は〜い。

1 なり・なり　　2 といい・といい
3 だろうが・だろうが　　4 とも・とも

7 会社は、どんな問題も乗り越えられる、有能で信頼（　　　）人材を起用していかねばならない。

1 しかねる　　2 にたえる　　3 しがちな　　4 に足る

8 内定を取り消しされた学生は、企業に十分な補償などを（　　　）。

1 求めるべくもない　　2 求められて当たり前だ
3 求めてしかるべきだ　　4 求めようもないに決まっている

정답 1② 2① 3④ 4② 5② 6① 7④ 8③

해석 및 해설 별책 p.14

問題 6

문장 완성 실전 연습 ❶

[/ 8]

問題 6 次の文の ★ に入る最もよいものを、1·2·3·4から一つ選びなさい。

1 食品安全委には、安全 ___ ___ ★ ___ 、消費者の立場に立った情報提供が求められる。

1 回答する　2 だけでなく　3 か否かを　4 単に

2 日本で取得した ___ ___ 、★ ___ 特許を取得しなければならない。

1 国内限りで　2 国ごとに
3 特許の効力は　4 海外で活用しようと思えば

3 私は小さい頃から「うちは貧乏だから」と言われて ___ 、___ ★ ___ 受け入れていた。

1 あるかのごとく　2 また　3 育ち　4 それを当然で

4 脱炭素化が難しいとされてきた航空機や製鉄などの ___ 、___ ★ ___ 技術の研究開発に本腰を入れている。

1 水素を利用する　2 化石燃料の
3 業界も　4 代わりに

5 急速に進む核家族化と高齢化で高齢者だけの世帯が増え、___ ___ ★ ___ が浮かび上がった。

1 頼らざるを得ない　2 介護も
3 高齢者に　4 現状

6 ペットボトルは ___ ___ 、★ ___ などの問題があるという。

1 物質を吸着しやすく　2 洗浄コストが
3 ガラス瓶と違って　4 かかる

7 雑木林や沢など多様な ___ ___ ★ ___ には、希少種が多く集まる。

1 環境　2 から　3 里山　4 なる

8 1日単位で契約する日雇い派遣という働き方は、明日の仕事の保証 ___ ___ ★ ___ きわまりない。

1 不安定　2 すら　3 生活は　4 なく

정답 1① 2④ 3④ 4④ 5① 6② 7④ 8③ 　해석 및 해설 별책 p.15

문장 완성 실전 연습 ❷

[　　/ 8]

問題 6 次の文の ＿★＿ に入る最もよいものを、1・2・3・4から一つ選びなさい。

1 経済界や消費者の間には、＿＿ ＿＿ ＿★＿ ＿＿ だという声も根強い。

1 使い道に困る　　2 減税すべき
3 道路予算が余って　　4 くらいなら

2 この検索サイトでは、身近な ＿＿ ＿＿ ＿★＿ ＿＿、家族介護のノウハウまで、総合的な情報を提供する。

1 照会や　　2 介護事業者の
3 有料老人ホームなどの　　4 施設一覧

3 私は、＿＿ ＿＿ ＿★＿ ＿＿ の才能は開花しないと思っている。

1 習い事　　2 で　　3 子ども　　4 ごとき

4 企業健保は、従業員の家族の健診にも責任を持ち、＿＿ ＿＿ ＿★＿ ＿＿ もまた極めて多い。

1 一見すると　　2 疑問点
3 ずくめのようだが　　4 結構

5 被災地で多くの人が亡くなっているのに、年賀状を送っては ＿＿、＿＿、＿★＿ ＿＿ 新年を迎えた。

1 じまいで　　2 悩んだあげく　　3 出さず　　4 いけないと思って

6 満員電車とは、1メートル四方に6人以上が立つ状態だというが、＿＿ ＿＿ ＿★＿ ＿＿ 気がする。

1 想像　　2 息苦しい　　3 だに　　4 する

7 アイドルの世界は、毎年数百グループがデビューしても ＿＿ ＿＿ ＿★＿ ＿＿ 厳しい世界です。

1 日の目を見る　　2 消えていく　　3 その多くが　　4 ことなく

8 あんなに焦って運転をしても、＿＿ ＿＿ ＿★＿ ＿＿、どうしてあんなに乱暴運転をするのか。

1 だろうに　　2 わけでもない
3 時間短縮になる　　4 いくらも

정답 1④ 2③ 3② 4③ 5③ 6③ 7④ 8②　해석 및 해설 별책 p.15

문장 완성 실전 연습 ❸

[　　/ 8]

問題 6　次の文の ＿★＿ に入る最もよいものを、1・2・3・4から一つ選びなさい。

1　その専門家は、日本の経済政策は、短期的な成果や評価を ＿＿ ＿＿ ＿★＿ ＿＿ と述べた。

1　重視　　2　きらい　　3　しすぎる　　4　がある

2　その親方は、元横綱の名誉 ＿＿ ＿＿ ＿★＿ ＿＿ なかったと述べた。

1　相撲を取ったことは　　2　にかけて
3　一度たりとも　　4　八百長と言われるような

3　一流選手であれば、好成績を期待され、プレッシャーと ＿＿、＿＿ ＿★＿、＿＿ は許されない。

1　どのような理由　　2　薬物使用　　3　であれ　　4　戦わねばならないが

4　海であれ、空であれ、乗客は運行事業者を ＿＿ ＿＿ ＿★＿ ＿＿、その身を委ねる。

1　こそ　　2　して　　3　信頼　　4　いれば

5　過労死・過労自殺者を一人でも出した企業は、社内の労働時間管理や ＿＿ ＿＿ ＿★＿ ＿＿ だと思う。

1　再発防止策がなされて　　2　仕事量の
3　見直しなど　　4　しかるべき

6　この年ごろの子供たちは、他人の分を ＿＿ ＿＿ ＿★＿ ＿＿、お菓子を食べずに取っておき、小さな子にあげていた。

1　でも　　2　たくさん食べたい
3　だろうに　　4　奪って

7　A社は、自動車や電車などで ＿＿ ＿＿ ＿★＿ ＿＿ をスムーズに送受信できるかどうか、実験する方針だ。

1　映画やドラマ　　2　高画質の動画　　3　といった　　4　移動中でも

8　日本では、＿＿ ＿＿ ＿★＿、＿＿ 多額のコストがかかっています。

1　多くのごみを　　2　廃棄するため
3　食品ロスを含めた　　4　ごみ処理に

정답　1②　2①　3③　4④　5①　6②　7③　8②　　해석 및 해설 별책 p.15

문장 완성 실전 연습 ❹

[　/ 8]

問題 6 次の文の ＿★＿ に入る最もよいものを、1・2・3・4から一つ選びなさい。

1 インターネットは、＿＿ ＿＿、＿★＿ ＿＿ と言える。
1 もたらした　2 便利さ、快適さを
3 劇的に私たちの生活を変え　4 わずか10年余りで

2 汚染された米が ＿＿ ＿＿ ＿★＿ ＿＿、日本人の食生活の最も大切な部分が踏みにじられたことになる。
1 偽って　2 食用と　3 売られていた　4 とあっては

3 国家のため、国民のためとあれば、批判を ＿＿ ＿＿ ＿★＿ ＿＿ の第一の務めであると考える。
1 行動するのが　2 者　3 恐れず　4 政治家たる

4 説明不足というより、彼は ＿＿ ＿＿ ＿★＿ ＿＿ のである。
1 にも　2 できない　3 説明　4 説明しよう

5 資源を輸入に頼る日本はもちろん、アメリカ ＿＿、＿＿ ＿★＿ ＿＿、自国の繁栄を展望することはできない。
1 を抜きにして　2 いまや
3 他国との協調関係　4 といえども

6 今年は猛暑続きで、ウナギ屋さんもさぞかし ＿＿ ＿＿、＿★＿ ＿＿、客足が落ち込んだとのことだった。
1 繁盛しただろう　2 を受け
3 と思いきや　4 ウナギの産地偽装

7 レジ袋の辞退率は有料化前の約三割から七割強にまで増えた。ただし、それでプラごみが ＿＿ ＿＿ ＿★＿、＿＿。
1 そうはならない　2 かというと　3 削減される　4 大幅に

8 首相の発言に対して野党側は、「首相として ＿＿ ＿＿、＿★＿ ＿＿」と厳しく批判した。
1 軽率で　2 極まりない　3 無責任　4 あまりにも

정답 1② 2③ 3④ 4③ 5③ 6④ 7② 8③　해석 및 해설 별책 p.16

문장 완성 실전 연습 ❺

[　　/ 8]

問題 6 次の文の ＿★＿ に入る最もよいものを、1・2・3・4から一つ選びなさい。

1 名前は、個人が ＿＿ ＿＿ ＿★＿ 、＿＿ 理解を得られる制度が必要だ。
1 基礎となり　2 広く国民の
3 上での　4 社会生活を送る

2 大地震が起きる可能性も ＿＿ 、＿＿ ＿★＿ ＿＿ 、備えを固める必要がある。
1 できない　2 排除せず　3 までも　4 すべてに十分な用意は

3 出張で、＿＿ ＿＿ ＿★＿ 、＿＿ までも会社の経費で使ってはいけない。
1 まだしも　2 だけなら　3 本人分　4 家族の宿泊費

4 真偽の ＿＿ ＿＿ ＿★＿ 、＿＿ 簡易・迅速にアクセスできる環境を整えることはますます重要になっている。
1 現代社会にあって　2 拡散しやすい
3 不確かな情報が　4 信頼できる資料に

5 政治家 ＿＿ ＿＿ ＿★＿ ＿＿ 、関係者のこれからの取り組みにかかっている。
1 ことができる　2 か否かは　3 信頼を取り戻す　4 への

6 感染の ＿＿ ＿＿ ＿★＿ ＿＿ 、すべてのイベントを中止したり延期したりするのは現実的でない。
1 が　2 のに
3 越したことはない　4 リスクを少なくする

7 景気対策は、＿＿ ＿＿ 、＿★＿ ＿＿ 、適切にやらなければならない。
1 日本経済の　2 効果が期待できる施策を
3 現状に即して　4 遅れることなく

8 知事は、「県立施設で ＿＿ ＿＿ 、＿★＿ ＿＿ 、深くお詫び申し上げる」と述べた。
1 痛恨の　2 不祥事が起きたことは
3 このような　4 極みであり

정답 1① 2① 3① 4① 5① 6③ 7② 8①　해석 및 해설 별책 p.16

문장 완성 실전 연습 ❻

[/ 8]

問題 6 次の文の ＿★＿ に入る最もよいものを、1・2・3・4から一つ選びなさい。

1 本学は、＿＿＿ ＿＿＿、＿★＿ ＿＿＿ 社会福祉士の育成を目的としている。

1 貢献できる　2 言うに及ばず
3 福祉社会の構築に　4 社会福祉の専門職は

2 ツアーバスは ＿＿＿ ＿＿＿、＿★＿ ＿＿＿ 形で運営されている。

1 乗客を募り　2 運行をゆだねる　3 旅行会社が　4 バス会社に

3 人工衛星の衝突は、半世紀以上に及ぶ ＿＿＿、＿＿＿、＿★＿ ＿＿＿ いい。

1 初めての事態だが　2 起きたといっても
3 宇宙開発史上　4 起こるべくして

4 日本ペンクラブは、憲法で保障された言論や表現の自由への介入だ、との抗議声明を発表したが、＿＿＿ ＿＿＿ ＿★＿ ＿＿＿ なものではない。

1 無制限　2 表現の　3 といえども　4 自由

5 全国で ＿＿＿ ＿＿＿ ＿★＿ ＿＿＿、運輸事業者は飲酒運転防止対策を進めている。

1 事故が　2 を受け　3 相次いだこと　4 飲酒運転による

6 ほとんどの保育所は、＿＿＿ ＿＿＿ ＿★＿ ＿＿＿、月１回かそれ以上の避難訓練をしている。

1 地域に　2 記憶を　3 踏まえ　4 刻まれた災害の

7 その議員の発言は、＿＿＿ ＿＿＿ ＿★＿ ＿＿＿、女性団体から批判が相次いでいる。

1 の内容で　2 子育ては　3 言わんばかり　4 女性の仕事と

8 日本が、国際社会の高い期待に十分 ＿＿＿ ＿＿＿、＿★＿ ＿＿＿。

1 応えてきた　2 言い切れない　3 そうも　4 かといえば

정답 1③ 2④ 3④ 4③ 5③ 6② 7③ 8③　해석 및 해설 별책 p.16

問題 7

문맥 이해 실전 연습 ❶

[　　/ 4]

問題 7　次の文章を読んで、文章全体の趣旨を踏まえて、1から4の中に入る最もよいものを1・2・3・4から一つ選びなさい。

早期離職とは、採用した社員が３年以内に離職することをいう。

企業の立場からいうと、せっかく時間やコストなどをかけて採用し、教育してきた社員に　1　ことは、大きなダメージとなる。実際に採用した社員が早期退職した場合、採用コストや教育コストの高騰など、計算可能な目に見える損失だけで数百万円にも上ると言われている。　2　、既存の社員のモチベーション低下や企業のイメージダウンなど、目に見えない損失も存在する。

早期離職率は、事業所の規模によっても大きく異なる。新規大卒就職者の離職率を見てみると、事業所の規模が小さいほど離職率が高い傾向にあることがわかる。離職率が一番高い「５人未満」規模と、離職率が一番低い「1000人以上」規模を比較すると、２倍以上の　3　がある。

早期離職が起こる原因の一つとして、採用のミスマッチがあげられる。採用の段階で自社の社風とマッチする人材を適切に把握できていないと、入社後のギャップにより離職につながる可能性が高くなる。

労働時間や給与など、待遇面への不満が原因で早期離職が生じている場合には、労働条件の改善や福利厚生の導入などの待遇改善を検討すべきである。具体的な改善策としては、フレックスタイム制度や短時間勤務制度など、柔軟な働き方を選べるような制度の導入も有効である。

また、個人の業務の将来性のみならず、会社のビジョンがわからなかったり、事業が不安定であったりすることが、社員に不安やストレスを与えることもある。それがきっかけで、会社への貢献意欲を失わせることにも　4　。

1

1 辞めてしまう
2 辞めさせてしまう
3 辞められてしまう
4 辞めさせられてしまう

2

1 それでも
2 ひいては
3 その反面
4 ときに

3

1 開き
2 規模
3 歩み
4 係り

4

1 つなぎかねる
2 つなぎかねない
3 つながりかねる
4 つながりかねない

정답 1 ③ 2 ② 3 ① 4 ④ 해석 및 해설 별책 p.17

문맥 이해 실전 연습 ❷

[　　/ 4]

問題 7　次の文章を読んで、文章全体の趣旨を踏まえて、[1]から[4]の中に入る最もよいものを1・2・3・4から一つ選びなさい。

ニッチ市場は、比較的規模が小さな市場のことで、「隙間市場」や「ニッチマーケット」とも呼ばれる。市場規模の大きなマス市場と比較すると、ニーズが限定されているのが特徴である。恒久的、あるいは一般的に需要が発生するものやサービスではなく、人生の一時期や特殊な [1] 需要が発生するものやサービスがニッチ市場を構成している。

ニッチ市場のため、見込み客の数は少ないが、特定の層に確実な需要がある点が特徴である。

そのため、需要をしっかりと捉えることができれば、ニッチ商品が事業の [2] ことも珍しくないし、ニッチ市場を開拓できれば、小規模事業者でも安定した収益を得られる可能性がある。

ニッチな商品は、サステナビリティ関連やペット関連、子ども関連や旅行関連などで数多く存在する。また環境に配慮した商品、すなわち製造から販売、廃棄までの全過程で地球環境や社会、経済に配慮した商品は一部消費者から強いニーズがあるため、この分野ではニッチ商品が数多く存在する。

リソースが限られる小規模事業者や中小企業にとって、市場での地位を築くための有効な手段としてニッチ戦略がある。ニッチ戦略とは、ニッチ市場をターゲットに定め、ものやサービスを提供する手法のこと。競合が少ない市場に特化した商品やサービスを提供することで、市場の顧客を独占しようとする狙いがある。ニッチ戦略がうまくいけば、価格競争から抜け出し、より高い利益率を実現できる。[3]、ものやサービスが持つ独自性が事業者のブランド価値を高めてくれる利点もある。

ニッチ市場は、特定のニーズに応える商品を提供しているのが特徴で、確実に需要があり、リピーターやファンを獲得しやすい。参入している企業が少ないことから、市場は小さいが、ライバルも少なく、収益を 4 、需要の有無を的確に見極めないと初期投資の回収に時間がかかるリスクも隠れている。そのため、競合が少ない市場を見つけたら、まずはなぜ競合が少ないのかを考えることが重要である。

1

1　状況でのみ　　2　状況でしか
3　状況だけも　　4　状況では

2

1　務めとなる　　2　預けとなる
3　狙いとなる　　4　支えとなる

3

1　そういえば　　2　というのも
3　要するに　　4　さらに

4

1　伸ばしづらいものの　　2　伸ばしやすいものの
3　伸ばしてからというもの　　4　伸ばしてしかるべきで

정답 1 ① 2 ④ 3 ④ 4 ②　　해석 및 해설 별책 p.17

問題 7 次の文章を読んで、文章全体の趣旨を踏まえて、1から4の中に入る最もよいものを1･2･3･4から一つ選びなさい。

野菜は、健康的な食生活に欠かせないものであり、十分な量の野菜を飽きずに食べ続けるためには、１日に必要な野菜の量を知り、調理法や味付けなどを工夫する必要がある。

第５次国民健康づくり対策として厚生労働省が２０２４年に開始した「21世紀における第三次国民健康づくり運動」では、生活習慣病などを予防し、健康な生活を維持するために必要な野菜の摂取目標を、１日３５０g [1]。

この運動では、このうち１２０g以上は緑黄色野菜から摂ることが望ましいとされているので、１日の野菜は「緑黄色野菜１２０g以上＋淡色野菜２３０g以上」が [2] である。

緑黄色野菜は一般的に、緑色や黄色・赤色などの色の濃い野菜のことで、代表的な緑黄色野菜は、トマト、ピーマン、ブロッコリー、チンゲン菜、ほうれん草、ニラ、にんじん、アスパラガスなどがある。

淡色野菜は、緑黄色野菜以外の野菜の総称である。代表的な淡色野菜には、玉ねぎ、キャベツ、なす、れんこん、白菜、きゅうりなどがある。

野菜を [3]、そのほかの食品の摂取がおろそかになっては本末転倒だから、主食・主菜・副菜を組み合わせて、バランス良く栄養をとることを心がけよう。

野菜を多く摂ることには、次のようなメリットがある。

まず野菜には、健康的な生活を送る上で重要なビタミン、ミネラル、食物繊維が含まれている。[4]、ビタミンＢ群は、糖質がエネルギーに変わるのを助ける働きがあり、摂取した栄養素の有効利用に欠かせない。また、体の機能の維持・調節を担うミネラルのうち、カリウムは余分なナトリウムの排出を促す働きがある。

食物繊維を多く含む野菜はかさが多く、満腹感を得られる食べ物である。野菜の摂取量を増やしたいときは、加熱調理を上手に使うといい。蒸したり電子レンジで加熱したりすることで、かさが減って生のままよりも多く食べられる。加熱すると野菜の組織が柔らかくなって食べやすくなり、消化吸収もしやすくなる。

1

1 にしよう
2 もされている
3 としている
4 とされている

2

1 上辺
2 目安
3 合否
4 仕業

3

1 摂りそびれて
2 摂るくらいなら
3 摂らずじまいで
4 摂ろうとするあまり

4

1 例えば
2 それとも
3 おまけに
4 かくして

정답 1③ 2② 3④ 4①

해석 및 해설 별책 p.18

문맥 이해 실전 연습 ❹

[　　/ 4]

問題 7 次の文章を読んで、文章全体の趣旨を踏まえて、[1]から[4]の中に入る最もよいものを1･2･3･4から一つ選びなさい。

男性が家庭で子育てに参加することが肯定的に捉えられるようになった。企業の人事・労務では、「イクメン」を支援するための育児休暇の取得促進や柔軟な勤務体系の導入など、ワークライフバランスの向上を目指す施策が重要視されていつ。「イクメン」とは、「育児を積極的に行う男性」を指す言葉で、日本で社会現象として浸透したのは２０００年代後半からである。２０１０年には流行語大賞にもランクインするなど、[1] 市民権を得た感がある。

イクメンの最も顕著な特徴は、育児に積極的に参加することである。オムツ替えや授乳など、子育ての様々な場面で主体的に関わる。単に母親の手伝いをするのみならず、自分から進んで育児に関わる姿勢が見られる。またイクメンは、子どもとの時間を大切にする。仕事で忙しい [2]、子どもと一緒に遊んだり、話をしたりする時間を作る。子どもの成長を間近で見守り、親子の絆を深めることを大切にしている。

さらにイクメンは、家事全般にも積極的に関わる。育児だけでなく、料理や掃除、洗濯など、家事全般を率先して行う。家事を分担することで、妻の負担を減らし、家庭生活を円滑に進めていく役割を担っている。

このようにイクメンは、積極的に育児に関わり、子育てを楽しみながら、父親としての役割を果たしている。仕事と家庭のバランスを [3]、子どもの成長を見守り、サポートしていく存在なのである。

現代社会において、イクメンの存在は非常に重要な意味を持つ。母親だけでなく、父親も積極的に育児に参加することで、子育ての負担が軽減され、より良い家庭環境を作ることができる。また、イクメンの姿は、これからの時代の父親像を示すロールモデルとしても機能する。

イクメンが増えることで、社会全体の子育て意識が高まり、男性の育児参加がより一般的なものになっていくことが期待される。企業側も、男性の育児休暇取得を推奨するなど、イクメンを支援する体制を整えていく必要がある。

これからの時代、イクメンがますます増えていくことを [4]。イクメンの活躍が、子どもたちの健やかな成長と、より良い社会の実現につながっていくことを期待したい。

[1]

1 したがって　2 すっかり
3 それゆえ　4 しかるに

[2]

1 時間を押して　2 時間をもらって
3 時間を機に　4 時間を縫って

[3]

1 保とうと　2 保ちつつ
3 保つそばから　4 保つだに

[4]

1 願ってやまない　2 ってもともとだ
3 願ってはばからない　4 願うにはおよばない

정답 1② 2④ 3② 4①　해석 및 해설 별책 p.18

問題 7 次の文章を読んで、文章全体の趣旨を踏まえて、1から4の中に入る最もよいものを1・2・3・4から一つ選びなさい。

口コミとは、実際に商品やサービスを利用した顧客が、口コミサイトを利用して情報を発信することをいう。近年増えているのは、実際に店舗を訪問した人の、味の評価や店の雰囲気、サービスなどに対する感想が写真付きで書かれているもので、わかりやすく参考になる。

飲食店を選ぶ際に多くの人が利用しているのがこの口コミサイトであり、飲食店側も口コミサイトをお店の集客ツールとして活用しており、今では外食産業に欠かせない存在となっている。

口コミのメリットとして挙げられるのは、企業の広告に比べて、費用対効果が高いということである。企業が発信する広告よりも、利用者側の意見はセールス効果が高く、 1 情報として評価されているためである。通常の広報活動は、多額の費用を投じたにもかかわらず、あまり効果がない場合もある。しかし、口コミなら、低コストで顧客を集めることができる。

2 、この手法で拡散に成功すれば、一般消費者が次々と情報発信者となり、雪だるま式に情報が広がっていくケースがあるためである。口コミにより情報が拡散すれば、費用をあまりかけていなくても、広告出稿と同じような効果が得られる。 3 、企画コストを上回る広告効果が出ることさえある。

一方で、口コミの信頼性が常に問題となっている。悪質な店舗の中には人を雇い、お客を装ってよい口コミだけを書かせて店舗の評価や点数を上げようとするところもある。こうした不正を避けるために各口コミサイトでは点数の基準を定期的に改めるなどして、様々な対策を取っている。

口コミは、確かに費用対効果が高い手法である。 4 、良い評判ばかりでなく、悪い評判が広まるリスクがあることを知っておかなくてはならない。

1

1 信頼にたる
2 信頼すべからざる
3 信頼からなる
4 信頼すべくもない

2

1 さりながら
2 ならびに
3 はたまた
4 というのも

3

1 さらには
2 そもそも
3 おって
4 ましてや

4

1 すかさず
2 なんなりと
3 ことごとく
4 とはいえ

정답 1 ① 2 ④ 3 ① 4 ④ 해석 및 해설 별책 p.19

N1

1교시

독해

問題 8 내용 이해(단문)
問題 9 내용 이해(중문)
問題10 내용 이해(장문)
問題11 종합 이해
問題12 주장 이해(장문)
問題13 정보 검색

1 유형 문제 공략법

問題 8 내용 이해 (단문)

● ● 유형 분석

1 4지문, 4문제가 출제된다.

2 주로 생활, 학습, 일상적인 화제, 비즈니스 문서를 주제로 200~300자 정도의 짧은 글을 읽고 내용을 이해하고 있는지를 묻는 문제이다. 세로 글도 1문제가 출제된다.

3 문제 당 2~3분 내외로 푸는 것이 좋다.

4 출제 유형

(1) 필자의 생각이나 주장을 묻는 문제 - 평균 2문제 이상
필자의 생각이나 주장을 찾는 문제는 주로 마지막 부분에 결정적인 힌트가 주어지는 경우가 많다.

(2) 밑줄 친 부분의 의미 파악 문제 - 평균 1문제 이하
단문 독해에서 밑줄 친 부분에 대한 문제는 자주 출제되는 유형은 아니다.
설령, 출제가 되더라도 전체적인 문장의 흐름을 잘 파악해 두면 어렵지 않게 풀 수 있다.

(3) 내용 파악 문제 - 평균 1문제 이하
역시 단문 독해에서 자주 출제되는 유형은 아니지만 간혹 출제되기도 하니 파악은 해 두도록 하자.

✓ 문제를 먼저 읽고 지문을 읽자!
✓ 단문 독해는 마지막 1~2줄이 중요하다!
✓ 문장의 전체적인 흐름을 파악할 것!

예시 문제

次の文章を読んで、後の問いに対する答えとして最もよいものを、1・2・3・4から一つ選びなさい。

現代は、個人の自由と権利が何よりも重要視される社会になった反面、団体や地域共同体の意識が薄れた社会になってしまったことも否定できない。ここで、一体自分は何のために生きていきたいのか考えてみよう。今している仕事や行動は誰のためのものなのか。人間の寿命は有限であり、時間も限られている。幸せと不幸の基準は相対的なものであるが、富と権力を追求する人生だけではなく、もう少し価値のある人生を送ってみようではないか。金持ちは数えきれないほどいるし、権力者も予測するのが難しいほど多い。このような平凡な「個人」になることよりは、誰かのために少しは価値があり、特別な「人」になるために努力してみるのはどうだろうか。

1 この文章で筆者が一番言いたいことは何か。

1 現代は、他人のために個人の自由と権利を放棄することは仕方がない。

2 個人の幸福を追求するのみならず、他人のために価値がある人生でありたい。

3 幸福と価値を判断するのは絶対的な基準ではなく相対的な基準による。

4 富と名誉だけを追求する思想を捨てて、幸せな個人になるための準備をするべきだ。

정답 2

해석 다음 글을 읽고, 다음의 물음에 대한 답으로 가장 알맞은 것을 1 · 2 · 3 · 4에서 하나 고르시오.

현대는 개인의 자유와 권리가 무엇보다도 중요시되는 사회가 된 반면, 단체나 지역 공동체의 의식이 희미해진 사회가 되어 버린 것도 부정할 수 없다. 여기서 도대체 자신은 무엇을 위해서 살아가고 싶은 것인지 생각해 보자. 지금 하고 있는 일이나 행동은 누구를 위한 것인가. 인간의 수명은 유한하고, 시간도 한정되어 있다. 행복과 불행의 기준은 상대적인 것이지만, 부와 권력을 추구하는 삶뿐만 아니라, 조금 더 가치가 있는 삶을 살아 보지 않겠는가. 부자는 헤아릴 수 없을 정도로 있고, 권력자도 예측하기 어려울 정도로 많다. ⓐ이러한 평범한 '개인'이 되는 것보다는 누군가를 위해서 조금은 가치 있고 특별한 '사람'이 되기 위해서 노력해 보는 것은 어떨까?

1 이 글에서 필자가 가장 말하고 싶은 것은 무엇인가?

1 현대 사회는 타인을 위해서 개인의 자유와 권리를 포기하는 것은 어쩔 수 없다.
2 개인의 행복을 추구하는 것뿐만 아니라, 타인을 위한 가치 있는 삶이고 싶다.
3 행복과 가치를 판단하는 것은 절대적인 기준이 아니라 상대적인 기준에 의한 것이다.
4 부와 명예만을 추구하는 사상을 버리고, 행복한 개인이 되기 위한 준비를 해야 한다.

해설 ⓐ 제시문의 마지막 문장에서 필자는 돈과 권력의 추구보다는 누군가를 위한 특별한 사람이 되자고 주장하고 있다. 따라서 정답은 선택지 2번이다.

Tip 필자의 주장을 묻는 문제는 마지막 부분에 정답에 관한 힌트가 나오는 경우가 많다.

단어 現代(げんだい) 현대 | 個人(こじん) 개인 | 権利(けんり) 권리 | ~反面(はんめん) ~반면 | 地域(ちいき) 지역 | 意識(いしき) 의식 | 薄(うす)れる 희미해지다, 점차 줄다 | 否定(ひてい) 부정 | 寿命(じゅみょう) 수명 | 限(かぎ)る 제한하다, 한정하다 | 富(とみ) 부 | 権力(けんりょく) 권력 | 追求(ついきゅう) 추구 | 価値(かち) 가치 | ~きれない 다 ~할 수 없다 | 予測(よそく) 예측 | 平凡(へいぼん)평범 | 特別(とくべつ) 특별 | 努力(どりょく)노력 | 放棄(ほうき)포기 | 基準(きじゅん) 기준 | 思想(しそう) 사상 | ~べきだ ~해야 한다

問題 9 내용 이해 (중문)

● ● 유형 분석

1 4지문, 8문제가 출제된다.

2 주로 500~700자 정도의 신문 또는 잡지의 기사나 평론, 일상적인 화제에 관한 글을 읽고 내용을 이해했는지를 묻는 문제이다.

3 지문당 5분 30초 내외로 푸는 것이 좋다.

4 출제 유형

(1) 밑줄 친 부분의 의미 파악 문제 – 평균 2문제 이상
중문 독해에서 가장 자주 출제되는 유형이 바로 밑줄 친 부분에 대해 묻는 것이다. 많이 출제될 때는 한 지문에서 2문제 이상이 출제되기도 한다.

(2) 필자의 생각이나 주장을 묻는 문제 – 평균 3문제 이상
필자의 주장이나 문장의 결론을 찾는 문제는 주로 마지막 부분에 결정적인 힌트가 주어지는 경우가 많다.

(3) 내용 파악 문제 – 평균 3문제 이상

✓ 마지막 1~2줄에 결정적 힌트가 나오는 경우가 많다!
✓ 문제를 먼저 읽고, 본문을 2~3개의 단락으로 나누는 연습을 하자!

독해

예시 문제

次の文章を読んで、後の問いに対する答えとして最もよいものを、1・2・3・4から一つ選びなさい。

社会人になると、職場での拘束時間が長くなる。職場で多くの時間を消費しなければならないだけに、職場内での対話は非常に重要になる。職場においての対話では、友達や恋人関係でみられる水平的なコミュニケーションとは異なり、垂直的なコミュニケーションが現れる場合が多い。職場での対話は、一方的な指示の体制を基礎にした上下関係の対話が多い。そもそも、職場のような階級社会では相互間の協力と対話よりも、一方的な指示と伝達の体制がさらに効果的なのである。

　コミュニケーションというのは、発信者と受信者の両方向の対話が基本である。リーダーから出た発言がチームの人々に伝えられるだけでは、コミュニケーション自体が成り立たない。一方、社員たちの雰囲気がいい会社の共通点があるが、それはまさに、リーダーの優秀なコミュニケーション能力である。対話ということの前提は、相互尊重であり、最も大切なことである。互いに自分の立場だけを主張して固執すれば、職場での効率性とはかけ離れた業務になってしまいかねない。（中略）

　リーダーのコミュニケーション能力と同様に、部下のコミュニケーション能力も重要である。部下の立場の人の最も重要なコミュニケーション能力は、傾聴というものである。相手の言葉を聞くこと、その自体は難しいことではない。重要なのは、聞く姿勢である。話をする人の感情や雰囲気を察し、話の目的を予知することが最も重要である。相手の話がよく聞ける人は、相手に自分の話もよくできるようになるのである。

1　筆者は、優秀なリーダーのコミュニケーション能力についてどう考えているのか。

1　リーダーは職場の雰囲気を主導し、導いていくための丁寧な言い方が必要だ。

2　部下たちの立場を十分認知した上に、効率的な指示を工夫しなければならない。

3　序列関係にとらわれず、ある特定の人物の肩を持つのは自制するべきだ。

4　個人の人格と立場を十分配慮して、一方的な作業指示のような行為は慎むべきだ

2 筆者が考えている、部下のコミュニケーション能力とは何か。

1 どんな状況においても上司が言う意図を逃すまいとする姿勢が必要だ。

2 対話の主体となって内容を発信することも重要だが、正確に受信する能力も必要だ。

3 低い地位にいる人ほど、上司の言葉をよく聞き入れる練習が必要だ。

4 話を聞くのも重要だが、発信者の姿を観察することも必要だ。

정답 4/4

해 석　다음 글을 읽고, 다음의 물음에 대한 답으로 가장 알맞은 것을 1 · 2 · 3 · 4에서 하나 고르시오.

사회인이 되면, 직장에서의 구속 시간이 길어진다. 직장에서 많은 시간을 소비해야 하는 만큼, 직장 내에서의 대화는 굉장히 중요하다. 직장 내 대화에서는 친구나 연인 관계에서 보이는 수평적인 커뮤니케이션과는 달리, 수직적인 커뮤니케이션이 나타나는 경우가 많다. 직장에서의 대화는 일방적인 지시 체제를 기초로 한 상하관계의 대화가 많다. 애초에 직장과 같은 계급사회에서는 상호 간의 협력과 대화보다는 일방적인 지시와 전달 체제가 더욱 효과적인 것이다.

커뮤니케이션이라고 하는 것은 발신자와 수신자의 양방향 대화가 기본이다. 리더에게서 나온 발언이 팀원들에게 전달되는 것만으로는 커뮤니케이션 자체가 성립되지 않는다. 한편, 사원들의 분위기가 좋은 회사의 공통점이 있는데, 그것은 바로 리더의 우수한 커뮤니케이션 능력이다. ⓐ대화라는 것의 전제는 상호존중이고, 가장 중요한 것이다. 서로가 자신의 입장만을 주장하고 고집한다면, 직장에서의 효율성과는 동떨어진 업무가 되어 버릴 수도 있다. (중략)

리더의 커뮤니케이션 능력과 마찬가지로, 부하의 커뮤니케이션 능력도 중요하다. 부하의 입장에 있는 사람의 가장 중요한 커뮤니케이션 능력은 경청이라는 것이다. 상대의 말을 듣는 것, 그 자체는 어려운 일이 아니다. ⓑ중요한 것은 듣는 자세이다. 말을 하는 사람의 감정이나 분위기를 살피고, 이야기의 목적을 알아내는 것이 가장 중요하다. 상대의 이야기를 잘 들을 수 있는 사람은 상대에게 자신의 이야기도 잘 할 수 있게 되는 것이다.

1 필자는 우수한 리더의 커뮤니케이션 능력에 대해서 어떻게 생각하고 있는가?

1 리더는 직장의 분위기를 주도하고 이끌어 가기 위한 공손한 말투가 필요하다.

2 부하들의 입장을 충분히 인지한 후에, 효율적인 지시를 연구해야 한다.

3 서열 관계에 얽매이지 않고, 어떤 특정 인물의 편을 드는 것은 자제해야 한다.

4 개인의 인격과 입장을 충분히 배려하고, 일방적인 작업 지시와 같은 행위는 삼가야 한다.

2 필자가 생각하는 부하의 커뮤니케이션 능력이라는 것은 무엇인가?

1 어떤 상황에서도 상사가 말하는 의도를 놓치지 않으려고 하는 자세가 필요하다.

2 대화의 주체가 되어서 내용을 발신하는 것도 중요하지만, 정확하게 수신하는 능력도 필요하다.

3 낮은 지위에 있는 사람일수록 상사의 말을 잘 들어주는 연습이 필요하다.

4 이야기를 듣는 것도 중요하지만, 발신자의 모습을 관찰하는 것도 필요하다.

해설 1 ⓐ 일방적인 지시가 아닌, 상호 존중의 대화와, 자신의 입장만을 고집해서는 안 된다고 말하고 있다. 따라서 정답은 선택지 4번이다.

2 ⓑ 상대방의 이야기를 그냥 듣는 것이 아니라, 감정이나 분위기, 이야기를 하는 목적을 살피는 것이 중요하다고 말하고 있다. 따라서 정답은 선택지 4번이다.

단어 職場(しょくば) 직장 | 拘束(こうそく) 구속 | 消費(しょうひ) 소비 | 非常(ひじょう)に 매우, 상당히 | ~において ~에 있어서, ~에서 | 異(こと)なる 다르다 | 垂直(すいちょく) 수직 | 指示(しじ) 지시 | 体制(たいせい) 체제 | 基礎(きそ) 기초 | 階級(かいきゅう) 계급 | 協力(きょうりょく) 협력 | 伝達(でんたつ) 전달 | 効果(こうか) 효과 | 成(な)り立(た)つ 성립하다 | 優秀(ゆうしゅう) 우수 | 尊重(そんちょう) 존중 | 固執(こしつ) 고집 | かけ離(はな)れる 멀리 떨어지다, 동떨어지다 | 傾聴(けいちょう) 경청 | 導(みちび)く 이끌다 | 序列(じょれつ) 서열 | 肩(かた)を持(も)つ 편들다 | 自制(じせい) 자제 | 行為(こうい) 행위 | 状況(じょうきょう) 상황 | 逃(のが)す 놓치다 | 姿勢(しせい) 자세 | 観察(かんさつ) 관찰

問題 10 내용 이해 (장문)

유형 분석

1 1지문, 3문제가 출제된다.

2 주로 1,000~1,100자 정도의 논리적인 이해 전개가 비교적 평이한 신문 또는 잡지의 기사나 평론, 일상적인 화제에 관한 글을 읽고 내용을 이해했는지를 묻는 문제이다.

3 지문당 10분 내외로 푸는 것이 좋다.

4 출제 유형

(1) 밑줄 친 부분의 의미 파악 문제 – 평균 1문제 이상
장문 독해에서 가장 자주 출제되는 유형이 바로 밑줄 친 부분에 대해 묻는 것이다. 많이 출제될 때는 한 지문에서 2문제 이상이 출제되기도 한다.

(2) 필자의 주장을 묻는 문제 – 평균 1문제 이상
장문 독해에서 가장 자주 출제되는 유형으로, 필자의 주장이나 문장의 결론을 찾는 문제이다. 주로 마지막 부분에 결정적인 힌트가 주어지는 경우가 많다.

(3) 내용 파악 문제 – 평균 1문제 이상

✓ 마지막 1~2줄에 결정적 힌트가 나오는 경우가 많다!
✓ 문제를 먼저 읽고, 본문을 3~4개의 단락으로 나누는 연습을 하자!

독해

예시 문제

次の文章を読んで、後の問いに対する答えとして最もよいものを、1・2・3・4から一つ選びなさい。

多くの人が健康のために走っている。僕もまた増えた体重と、運動不足を補うために新年から走っている。ジムでの運動は何度か失敗した経験があるので、今年は放棄することにした。すらりとして素敵な筋肉を誇る人々の中で、強いストレスと侮辱感を感じるだけだったのだ。

走ることはダイエットのための 最高の運動である。そのために、まず、私たちの身体のメカニズムを理解しなければならない。２０分以下のランニングは血液や筋肉の脂肪をエネルギー源として使用してしまうだけなので、それ以上でなければ、ダイエットには効果がないのである。ダイエットが目的ではなく、健康のためにランニングを行っている人なら、走る時間よりは弛まぬ努力を続けることがより重要だ。米国のある研究チームの発表によると、健康のための最も効率的なランニングは、一週間に２回、20～30分ほどだという。屋外でのランニングは気温が下がるほど、体が収縮するので、柔軟性と弾力性が落ちることになる。寒い気候によって、筋肉や関節に大きな無理が伴う可能性があるということだ。蒸し暑い日のランニングには脱水症状と筋肉の痙攣が起こりやすいため、普段よりスローペースで短い距離を走るのが望ましい。

すべての運動と同じように、走ることにも効果的な運動方法が存在する。自分の健康状態に合わせて距離を調節するのはもとより、走りに適したランニングシューズを購入することも非常に重要だ。衝撃をよく吸収する靴か、着用感はどうかなど、きめ細かいチェックが必要だ。初めてランニングをする人は、怪我をしないように走る前に体の主要関節をほぐすことが重要だ。膝と足首だけでなく、腰や肩、首、手首などの関節も十分にほぐさなければならない。ランニングの正しい姿勢は思ったより難しいことだが正しい姿勢を身につけることは基本中の基本である。

ところで、ランニングのオアシスと呼ばれるランナーズ・ハイのことを知っているだろうか。心拍数が１分に120回以上の状態で、30分以上走っている場合に限って、誰にでも訪れるという。肉体の苦痛を軽減するために脳から送られる強力なホルモンであるベータエンドルフィンがまさにそのことだ。苦痛の代わりに快感を与えると言われているが、麻薬成分が含まれた鎮痛剤のようなこのホルモンを感じることができたら、走ることが楽しくてたまらなくなるようだ。僕にも早く訪れてくれることを祈りながら、今日も靴ひもを結んでいる。

1 走ることについての説明の中、本文の内容に合っているものはどれか。

1 健康を目的とする走りの場合、その効果は必ずしも時間の長さと関連しない。

2 蓄積された脂肪を燃やすまで走らない限り、健康に役立つことはない。

3 やせるためにランニングをする時は、制限された時間と回数を守ることが重要である。

4 寒い気候で行われる走りは筋肉痙攣などの現象をもたらしがちである。

독해

2 効果的なランニングの内容に合っていないものはどれか。

1 本人の体の状態に応じて適切なコースを選択しなければならない。

2 ランニングを目的とした靴を購入するとき、安全検査項目を把握しなければならない。

3 ランニングのための準備運動として体の関節を十分弛緩(しかん)させなければならない。

4 正しい姿勢を維持しながら走ることにも気をつけた方がいい。

3 筆者が言うランナーズ・ハイとは何か。

1 ランナーが体の苦痛にたえるために服用する薬物

2 人の体から生成されるホルモンに近い効果がある麻薬物質

3 苦痛を克服するために人の体内で作られる物質

4 ランニングをしているとき、まれに起こる異常疲労現象

정답 1/2/3

해 석 다음 글을 읽고, 다음의 물음에 대한 답으로 가장 알맞은 것을 1 · 2 · 3 · 4에서 하나 고르시오.

많은 사람이 건강을 위해 달리기를 하고 있다. 나 또한 늘어난 체중과 운동 부족을 보충하기 위해 새해부터 달리고 있다. 체육관에서의 운동은 몇 번인가 실패한 경험이 있기 때문에 올해는 포기하기로 했다. 날씬하고 멋진 근육을 뽐내는 사람들 속에서 강한 스트레스와 모욕감을 느낄 뿐이었기 때문이다.

달리기는 다이어트를 위한 최고의 운동이다. 그것을 위해서 먼저 우리 몸의 메커니즘을 이해해야 한다. 20분 이하의 달리기는 혈액이나 근육의 지방을 에너지원으로 사용해 버릴 뿐이기 때문에, 그 이상이 아니라면 다이어트에는 효과가 없는 것이다. 다이어트가 목적이 아니고, ⓐ건강을 위해서 달리기를 하고 있는 사람이라면, 달리는 시간보다는 꾸준한 노력을 계속하는 것이 더욱 중요하다. 미국의 어떤 연구팀의 발표에 의하면, 건강을 위한 가장 효율적인 달리기는 일주일에 2회, 20~30분 정도라고 한다. 야외에서의 달리기는 기온이 떨어질수록 몸이 수축되기 때문에 유연성과 탄력성이 떨어지게 된다. 추운 날씨에 의해서 근육이나 관절에 큰 무리가 동반될 가능성이 있다는 것이다. 무더운 날씨의 달리기에는 탈수 증상과 근육 경련이 일어나기 쉽기 때문에 평소보다 느린 페이스로 짧은 거리를 뛰는 것이 바람직하다.

모든 운동과 마찬가지로 달리기에도 효과적인 운동법이 존재한다. 자신의 건강 상태에 맞추어 거리를 조절하는 것은 물론이고, 달리기에 적합한 러닝 슈즈를 구입하는 것도 매우 중요하다. ⓑ충격을 잘 흡수하는 신발인지, 착용했을 때의 불편한 점은 없는지 등, 꼼꼼한 체크가 필요하다. 처음으로 달리기를 하는 사람은 다치지 않도록 달리기 전에 몸의 주요 관절을 풀어주는 것이 중요하다. 무릎과 발목뿐만 아니라, 허리나 어깨, 목, 손목 등의 관절도 충분히 풀어 주어야 한다. 달리기의 올바른 자세는 생각보다 어렵지만, 올바른 자세를 익히는 것은 기본 중의 기본이다.

그런데 달리기의 오아시스라고 불리는 러너스 하이를 알고 있는가? 심박수가 1분에 120회 이상의 상태에서 30분 이상의 달리기를 하고 있을 경우에 한해 누구에게나 찾아온다고 한다. ⓒ육체의 고통을 줄이기 위해서 뇌로부터 보내지는 강력한 호르몬인 베타엔도르핀이 바로 그것이다. 고통 대신에 쾌감을 준다고 하는데, 마약 성분이 포함된 진통제와 같은 이 호르몬을 느낄 수 있다면, 달리는 것이 즐거워서 견딜 수 없게 되는 것 같다. 나에게도 빨리 찾아와 주기를 바라면서, 오늘도 운동화 끈을 묶고 있다.

1 달리기에 대한 설명 중 본문의 내용과 맞는 것은 어느 것인가?

1 건강을 목적으로 하는 달리기의 경우, 그 효과는 반드시 시간의 길이와 관련되지는 않는다.
2 축적된 지방을 태울 때까지 달리기를 하지 않는 한, 건강에 도움이 되는 것은 없다.
3 살을 빼기 위해서 달리기를 할 때는 제한된 시간과 횟수를 지키는 것이 중요하다.
4 추운 날씨에서 이루어지는 달리기는 근육 경련 등의 현상을 초래하기 쉽다.

2 효과적인 달리기의 내용으로 맞지 않는 것은 어느 것인가?

1 본인의 몸 상태에 따라서 적절한 코스를 선택해야 한다.
2 달리기를 목적으로 한 신발을 구매할 때, 안전 검사 항목을 파악해야 한다.
3 달리기를 위한 준비 운동으로 몸의 관절들을 충분히 이완시켜야 한다.
4 올바른 자세를 유지하며 달리는 것에도 신경을 쓰는 것이 좋다.

3 필자가 말하는 러너스 하이라는 것은 무엇인가?

1 달리기 선수들이 육체의 고통을 견디기 위해서 복용하는 약물

2 사람의 몸에서 생성되는 호르몬에 가까운 효과가 있는 마약 물질

3 고통을 극복하기 위해서 사람의 체내에서 만들어지는 물질

4 달리기를 하고 있을 때, 드물게 생기는 이상 피로 현상

해설 1 ⓐ 건강을 위한 달리기에서 중요한 것은 달리는 시간보다 끊임없는 노력이 중요하다고 말하고 있다. 따라서 정답은 선택지 1번이다. 선택지 2번은 다이어트를 위한 달리기이고, 선택지 3번은 건강을 위한 달리기이다. 따라서 선택지 2번과 3번은 정답이 될 수 없다. 근육 경련이 일어나는 것은 추운 날이 아니라 더운 날이기 때문에 선택지 4번도 정답이 아니다.

2 ⓑ 달리기를 위한 신발을 구매할 때, 안전 검사 항목을 파악하는 것이 아니라, 착용감 등을 본인이 체크하는 것이 중요하다고 말하고 있다. 따라서 정답은 선택지 2번이다.

3 ⓒ 러너스 하이란, 고통을 줄이기 위해서 사람의 몸에서 만들어지는 베타엔도르핀이라는 호르몬이라고 말하고 있다. 따라서 정답은 선택지 3번이다.

단어 健康(けんこう) 건강 | 体重(たいじゅう) 체중 | 補(おぎな)う 보충하다, 채우다 | 放棄(ほうき) 포기 | 筋肉(きんにく) 근육 | 誇(ほこ)る 자랑하다 | 侮辱感(ぶじょくかん) 모욕감 | 血液(けつえき) 혈액 | 脂肪(しぼう) 지방 | 効果(こうか) 효과 | 弛(たゆ)む 방심하다, 해이해지다 | 努力(どりょく) 노력 | 効率的(こうりつてき)효율적 | 収縮(しゅうしゅく) 수축 | 柔軟(じゅうなん) 유연 | 弾力(だんりょく) 탄력 | ～によって ～에 의해서, ～에 따라서 | 伴(ともな)う 따르다, 수반하다 | 症状(しょうじょう) 증상 | 痙攣(けいれん) 경련 | 状態(じょうたい) 상태 | 調節(ちょうせつ) 조절 | 非常(ひじょう)に 매우, 상당히 | 衝撃(しょうげき) 충격 | 吸収(きゅうしゅう) 흡수 | ほぐす 풀다 | 膝(ひざ) 무릎 | 姿勢(しせい) 자세 | 身(み)につける 몸에 익히다 | ～に限(かぎ)って ～에 한해서 | 訪(おとず)れる 찾아오다, 방문하다 | ～代(か)わりに ～대신에 | 快感(かいかん) 쾌감 | 与(あた)える 주다, 수여하다 | 鎮痛剤(ちんつうざい) 진통제 | 制限(せいげん) 제한 | ～に応(おう)じて ～에 따라서, ～에 응해서 | 把握(はあく) 파악 | ～として ～로서 | 弛緩(しかん) 이완 | 物質(ぶっしつ) 물질 | 克服(こくふく) 극복 | まれに 드물게

問題 11 종합 이해

●● 유형 분석

1 2문제가 출제된다.

2 한 가지 주제에 대한 두 지문을 비교하면서 읽고 종합하면서 이해했는지 묻는다.
보통 신문 사설이나 잡지, 비평 형태의 지문이며 합계 600~700자 정도로 구성된다.

3 총 7분 내외로 푸는 것이 좋다.

4 출제 유형
(1) 필자의 입장을 묻는 문제 – 평균 1문제
(2) 공통된 의견 찾는 문제 – 평균 1문제

예시 문제

次のAとBの文章を読んで、後の問いに対する答えとして最もよいものを、1・2・3・4から一つ選んでください。

A

一人だけの世界に浸っている芸術だけが価値があるというのは間違った考えである。それは単に純粋芸術に相対的な優位性を付けただけの行為に過ぎない。純粋芸術という単語自体も、大衆芸術が発達した後に出たものである。言い換えれば、芸術というのは、元々その範疇(はんちゅう)(注)に限界を置いていないが、純粋芸術という表現は大衆芸術を批判するために作られたものに過ぎないということである。芸術は時代を反映するものであり、時代の流れとともに変貌するものである。その時代の多くの人々がその純粋芸術を楽しんで、愛するなら、大衆芸術になってしまうのである。純粋芸術、大衆芸術と分類して、それを評価しながら差別する行動が、むしろ芸術の純粋性を害する行為なのである。

(注) 範疇(はんちゅう)：同じような性質(せいしつ)のものが含(ふく)まれる範囲(はんい)。

B

芸術というのはどのような利益関係にも影響を受けない純粋な美的享受のためのものである。純粋芸術や大衆芸術が利益を出すための手段に転落してしまってはならない。すべて芸術性や芸術的動機によって創造された作品でなければならないのである。クラシック音楽やオペラなどの古典的な芸術作品はその大衆性が立証されているし、純粋芸術が大衆的な影響を受けながら作られたミュージカルや実用音楽、応用芸術などの芸術作品と利益の追求のために作られたものは厳然と違うのである。純粋的な創造意識以外の不純物が含まれたものを芸術作品と命名してはならないのである。芸術家という職業に就いている人々は、その目的を忘れてしまってはならない。

1 芸術の区分について、AとBはどのような考え方を持っているか。

1 Aは芸術を区分することは意味がない行動だと考え、Bは純粋芸術以外のことを芸術の範囲に適用することに対して否定的だ。
2 Aは時代の流れによって芸術を区分しなければならないと考え、Bは創造目的によって芸術を区分しなければならないと考えている。
3 AもBも、大衆芸術と純粋芸術を区分(くぶん)することは望(のぞ)ましくないと考えている。
4 AもBも、大衆芸術と純粋芸術は明確に区分しなければならないと考えている。

2 大衆芸術について、AとBはどう述べているか。

1 Aは純粋芸術に対する批判(ひはん)として述(の)べ、Bは純粋芸術とは関連(かんれん)がないジャンルだと述べている。
2 Aは大衆芸術と純粋芸術に価値の違いはないと述べ、Bは作品を作った動機(どうき)に純粋性がない大衆芸術については批判的に述べている。
3 AもBも、時代の流れによる大衆芸術の変遷(へんせん)について肯定(こうてい)的に述べている。
4 AもBも、純粋芸術より大衆芸術に対して批判的に述べている。

정답 1/2

해 석 다음 A와 B의 글을 읽고, 다음의 물음에 대한 답으로 가장 알맞은 것을 1 · 2 · 3 · 4에서 하나 고르시오.

A

ⓐ혼자만의 세계에 빠져 있는 예술만이 가치가 있다는 것은 잘못된 생각이다. 그것은 단지 순수예술에 상대적인 우위성을 부여한 행위에 지나지 않는다. 순수예술이라는 단어 자체도 대중예술이 발달한 이후에 나온 것이다. 다시 말하자면, 예술이라는 것은 원래 그 범주(주)에 한계를 두고 있지 않지만, 순수예술이라는 표현은 대중예술을 비판하기 위해서 만들어진 것에 지나지 않는다는 것이다. 예술은 시대를 반영하는 것이자, 시대의 흐름과 함께 변모하는 것이다. 그 시대의 ⓑ많은 사람들이 그 순수예술을 즐기고 사랑하면 대중예술이 되어 버리는 것이다. ⓒ순수예술, 대중예술이라고 분류하고, 그것을 평가하면서 차별하는 행동이 오히려 예술의 순수성을 해치는 행위인 것이다.

(주) 범주 : 같은 성질의 것이 포함된 범위.

B

예술이라는 것은 어떠한 이익 관계에도 영향을 받지 않는 순수한 미적 향수를 위한 것이다. ⓓ순수예술이나 대중예술이 이익을 내기 위한 수단으로 전락해 버려서는 안 된다. 모두 예술성이나 예술적 동기에 의해서 창조된 작품이 아니면 안 된다는 것이다. 클래식 음악이나 오페라와 같은 고전적인 예술 작품은 그 대중성이 입증되어 있고, 순수예술이 대중적인 영향을 받으면서 만들어진 뮤지컬이나 실용음악, 응용미술 등의 예술 작품과 이익의 추구를 위해서 만들어진 것은 엄연히 다른 것이다. ⓔ순수한 창조 의식 이외의 불순물이 포함된 것을 예술 작품이라고 명명해서는 안 되는 것이다. 예술가라는 직업에 종사하는 사람들은 그 목적을 잊어버려서는 안 된다.

1 예술의 구분에 대해서, A와 B는 어떠한 생각을 가지고 있는가?

1 A는 예술을 구분하는 것은 의미가 없는 행동이라고 생각하고, B는 순수예술 이외의 것을 예술의 범위에 적용하는 것에 대해서 부정적이다.

2 A는 시대의 흐름에 따라서 예술을 구분해야 한다고 생각하고, B는 창조 목적에 따라서 예술을 구분해야 한다고 생각하고 있다.

3 A도 B도 대중예술과 순수예술을 구분하는 것은 바람직하지 않다고 생각하고 있다.

4 A도 B도 대중예술과 순수예술은 명확하게 구분해야 한다고 생각하고 있다.

2 대중예술에 대해서 A와 B는 어떻게 말하고 있는가?

1 A는 순수예술에 대한 비판으로 말하고, B는 순수예술과는 관련이 없는 장르라고 말하고 있다.

2 A는 대중예술과 순수예술에 가치의 차이는 없다고 말하고, B는 작품을 만든 동기에 순수성이 없는 대중예술에 대해서는 비판적으로 말하고 있다.

3 A도 B도 시대의 흐름에 따른 대중예술의 변천에 대해서 긍정적으로 말하고 있다.

4 A도 B도 순수예술보다 대중예술에 대해서 비판적으로 말하고 있다.

해 설 **1** ⓒ A는 예술의 구분이나 차별에 대해서 바람직하지 않다고 생각하고 있고, ⓔ B는 순수한 창조 의식 이외의 것이 포함된 것을 예술 작품이라고 부르면 안 된다고 말하고 있다.

2 ⓐⓑ A는 순수예술만이 가치가 있는 것이 아니라고 말하고 있고, 순수예술과 대중예술의 차이가 없다고 말하고 있다. ⓓⓔ B는 예술 작품에 예술성이나 예술적 동기 이외의 불순한 것들을 비판하고 있다. 따라서 정답은 선택지 2번이다.

단 어 浸(ひた)る 빠지다 | 優位(ゆうい) 우위 | 純粋(じゅんすい) 순수 | 言(い)い換(か)える 바꿔 말하다 | 限界(げんかい) 한계 | 批判(ひはん) 비판 | 変貌(へんぼう) 변모 | 害(がい)する 해치다, 상하게 하다 | 享受(きょうじゅ) 향수 | 就(つ)く 종사하다, 취직하다 | 範囲(はんい) 범위 | ～として ～로서 | 関連(かんれん) 관련 | 変遷(へんせん) 변천 | 肯定(こうてい) 긍정

問題 12 주장 이해(장문)

●● 유형 분석

1 1지문, 3문제가 출제된다.

2 1,000~1,100자 정도의 사설이나 평론 등 추상적이고 논리적인 지문이 제시된다.

3 10분 내외로 푸는 것이 좋다.

4 출제 유형 : 기본적으로 내용 이해(중문) 독해와 유사하다.

(1) 밑줄 친 부분의 의미 파악 문제

(2) 필자의 주장을 묻는 문제

(3) 내용 파악 문제

독해

예시 문제

次の文章を読んで、後の問いに対する答えとして最もよいものを、1・2・3・4から一つ選びなさい。

外部の力が作用しない限り、物体はその運動状態を維持しようとする性質を持つ。いわゆる、慣性というものである。例えば、道を歩いていて石につまずいた場合、歩いている状態を維持するために、体は引き続き前に進もうとするが、外部の力として作用される石がその進行を遮る。その結果、足はとまるが、その他の部分は前に進もうとするために、倒れそうになるのである。もし慣性が作用をしなかったら、石につまずいた時に体が前にのめらず、その場に停止するようになる。

難しい科学の授業だけに留まらず、慣性は我々の日常の中でも、まず任された任務を全(まっと)うしている。例えば、10年以上仕事をしてきた人が仕事をやめた時、最初は心安らかな気持ちになるという。しかし、しばらく経つとその余裕のある感情があせりや不安に変わるという。体と心は長い間仕事をしてきた行動に影響を受けてしまい、仕事をずっと維持しようとする性質を持つようになる。つまり、ある性質を失うことになると、その副作用により違う感情が出てくるのである。一方、仕事をやめた後、休んでいる期間が長期化すれば、今回はずっと休もうとする慣性が生じることとなる。（中略）

我々の人生に現れる慣性の法則は、時間と強い関係を持つ。習慣というのは、慣性の力が大きく作用をしているときに現れるものであると言える。自分の人生の助けになる習慣であればかまわないが、残念なことに、我々はだれでも悪い習慣を持っている。変えようとしても簡単に変えることもできない習慣、これもまた慣性の影響ということである。慣性は外部の力が作用しないという前提条件を持っている。自分の内部の力ではなく、外部の他人の力を作用させることができるのであれば、長く持続されてきた、例えば、喫煙や飲酒などの悪い習慣も直すことができる。

自分の悪い慣性の法則を破ることができる唯一の方法は挑戦である。挑戦を始めると、慣性は少しずつ消えることになる。その挑戦により、それまで堅固に作用していた慣性の力に少しずつ亀裂(きれつ)(注)ができ始め、徐々に慣性は消滅し、新たな変化を迎える準備ができるようになる。（中略）

無理にでも良い考えをして道徳的な行いを優先した方が良い。それを積み重ねることによって、良い習慣に発展させることができるのである。このように、慣性を利用し、慣性を拒否することこそ、豊かな生活が享受できる秘密なのである。

（注）亀裂(きれつ)：亀の甲の模様のように、ひびが入ること。

1　筆者が考える慣性とはどれか。

1　物理的な力の作用に基づいた科学的な常識に分類されること

2　外部の力と内部の力を調節できる物理概念

3　他の力が作用しない限り、その行動を維持しようとする性質

4　外部の力の副作用によって現れる一時的な現象

2 筆者は、習慣と慣性の関係についてどう言っているのか。

1 時間の経過によって習慣の反対概念である慣性が作用することになる。

2 習慣は慣性の力によって作られた結果である。

3 よくない習慣は、慣性の影響を大きく受けることになる。

4 慣性に外部的な力と時間が加えられる時、習慣に変わることになる。

3 慣性について、筆者が言いたいことは何か。

1 習慣と慣性の相互影響を理解し、効果的な力の作用について考えなければならない。

2 豊かな人生のために、よい習慣を維持することが何より重要である。

3 よい習慣を維持するための努力と、悪い習慣を改めるための努力が伴うべきである。

4 慣性の力を利用してよい習慣を作り、それを維持するための努力が重要である。

정답 3/2/3

독해

해 석　다음 글을 읽고, 다음 질문에 대한 답으로 가장 알맞은 것을 1 · 2 · 3 · 4에서 하나 고르시오.

ⓐ외부의 힘이 작용하지 않는 한, 물체는 그 운동 상태를 유지하려는 성질을 가진다. 이른바 관성이라고 하는 것이다. 예를 들면, 길을 걷다가 돌에 걸려 넘어지는 경우, 걷고 있는 상태를 유지하기 위해서 몸은 계속 앞으로 나아가려 하지만, 외부의 힘으로 작용되는 돌이 그 진행을 가로막는다. 그 결과 발은 멈추지만, 그 외의 부분은 앞으로 나아가려 하기 때문에, 넘어질 듯이 되는 것이다. 만약 관성이 작용하지 않았다면, 돌에 걸렸을 때에 몸이 앞으로 고꾸라지지 않고 그 자리에 정지하게 된다.

어려운 과학 수업에만 그치지 않고, 관성은 우리의 일상 속에서도 우선 맡겨진 임무를 완수하고 있다. 예를 들면, 10년 이상 일을 하던 사람이 일을 그만두었을 때, 처음에는 편안한 마음이 든다고 한다. 그러나 얼마 지나면 그 여유로운 감정이 초조함과 불안감으로 바뀐다고 한다. 몸과 마음은 오랫동안 일을 해 온 행동에 영향을 받아서, 일을 계속 유지하려는 성질을 가지게 된다. 즉 어떤 성질을 잃게 되면, 그 부작용에 의해서 다른 감정이 나오는 것이다. 한편, 일을 그만둔 후 쉬고 있는 기간이 장기화되면, 이번에는 계속 쉬고 싶어하는 관성이 생기게 된다. (중략)

우리의 삶에 나타나는 관성의 법칙은 시간과 강한 관계를 가진다. ⓑ습관이라는 것은 관성의 힘이 크게 작용을 하고 있을 때 나타나는 것이라고 할 수 있다. 자신의 삶에 도움을 주는 습관이라면 상관없지만, 아쉽게도 우리는 누구나 나쁜 습관을 가지고 있다. 바꾸려고 해도 쉽게 바꿀 수 없는 좋지 않은 습관, 이것 또한 관성의 영향이라는 것이다. 관성은 외부의 힘이 작용을 하지 않는다는 전제 조건을 가지고 있다. 자신의 내부의 힘이 아닌, 외부의 타인의 힘을 작용시킬 수 있다면, 오래 지속되어 온, 예를 들면 흡연이나 음주 등의 나쁜 습관도 고칠 수 있다.

자신의 나쁜 관성의 법칙을 깰 수 있는 유일한 방법은 도전이다. 도전을 시작하면 관성은 조금씩 사라지게 된다. 그 도전에 의해, 그전까지 굳건하게 작용하고 있던 관성의 힘에 조금씩 균열(注)이 생기기 시작하고, 서서히 관성은 소멸되며, 새로운 변화를 맞이할 준비를 할 수 있게 된다. (중략)

억지로라도 좋은 생각을 하고 도덕적인 행위를 우선하는 것이 좋다. 그것을 거듭해서 쌓는 것에 의해서, 좋은 습관으로 발전시킬 수 있는 것이다. 이처럼 ⓒ관성을 이용하고 관성을 거부하는 것이야말로 풍요로운 삶을 누릴 수 있는 비밀인 것이다.

(注) 균열 : 거북이 등의 무늬처럼 금이 가는 것.

1 필자가 생각하는 관성이라는 것은 어느 것인가?

1 물리적인 힘의 작용에 기초한 과학적인 상식으로 분류되는 것
2 외부의 힘과 내부의 힘을 조절할 수 있는 물리 개념
3 다른 힘이 작용하지 않는 한, 그 행동을 유지하려고 하는 성질
4 외부의 힘의 부작용에 의해 나타나는 일시적인 현상

2 필자는 습관과 관성의 관계에 대해서 어떻게 말하고 있는가?

1 시간의 경과에 따라서 습관의 반대 개념인 관성이 작용하게 된다.
2 습관은 관성의 힘에 의해서 만들어진 결과물이다.
3 좋지 않은 습관은 관성의 영향을 크게 받게 된다.
4 관성에 외부적인 힘과 시간이 가해질 때, 습관으로 바뀌게 된다.

3 관성에 대해서 필자가 말하고 싶은 것은 무엇인가?

1 습관과 관성의 상호 영향을 이해하고, 효과적인 힘의 작용에 대해서 생각해야 한다.

2 풍요로운 삶을 위해서 좋은 습관을 유지하는 것이 무엇보다 중요하다.

3 좋은 습관을 유지하기 위한 노력과 나쁜 습관을 고치기 위한 노력이 함께 동반되어야 한다.

4 관성의 힘을 이용하여 좋은 습관을 만들고, 그것을 유지하기 위한 노력이 중요하다.

해설 1 ⓐ 외부의 힘이 작용하지 않는 한, 물체는 그 상태를 유지하려고 한다고 말하고 있다. 따라서 정답은 선택지 3번이다.

2 ⓑ 습관은 관성의 힘에 의해서 나타난다고 언급하고 있기 때문에, 정답은 선택지 2번이다.

3 ⓒ 좋은 관성은 유지하고, 나쁜 관성은 거부하는 것이 중요하다고 말하고 있기 때문에, 정답은 선택지 3번이다.

Tip 필자의 주장은 마지막에 나오는 경우가 많다.

단어 ～ない限(かぎ)り ～하지 않는 한 | 状態(じょうたい) 상태 | 維持(いじ) 유지 | 性質(せいしつ) 성질 | いわゆる 소위, 이른바 | 慣性(かんせい) 관성 | 例(たと)えば 예를 들면 | つまずく 걸려 넘어지다 | 遮(さえぎ)る 차단하다 | 停止(ていし) 정지 | ～に留(とど)まらず ～에 머물지 않고, ～에 그치지 않고 | 任(まか)す 맡기다 | 任務(にんむ) 임무 | 全(まっと)うする 완수하다, 다하다 | ～ようになる ～하게 되다 | 心安(こころやす)らか 마음이 편안한 | 経(た)つ 경과하다, 지나다 | 失(うしな)う 잃어버리다 | 生(しょう)じる 생기다 | 現(あらわ)れる 나타나다 | ～ことに ～하게도 | 条件(じょうけん) 조건 | 破(やぶ)る 깨뜨리다, 부수다 | 挑戦(ちょうせん) 도전 | 消(き)える 사라지다 | 消滅(しょうめつ) 소멸 | 迎(むか)える 맞이하다 | 優先(ゆうせん) 우선 | 積(つ)み重(かさ)ねる 겹겹이 쌓다, 포개어 쌓다 | 拒否(きょひ) 거부 | 豊(ゆた)かだ 풍부하다, 풍요롭다 | 享受(きょうじゅ) 향수 | 秘密(ひみつ) 비밀 | ～に基(もと)づく ～에 입각한, ～에 기초한 | 常識(じょうしき) 상식 | 調節(ちょうせつ) 조절 | 副作用(ふくさよう) 부작용 | 現象(げんしょう) 현상 | 加(くわ)える 더하다, 보태다 | 改(あらた)める 고치다, 개선하다 | 伴(ともな)う 수반하다 | ～べきだ ～해야 한다

問題 13 정보 검색

●● 유형 분석

1 1지문, 2문제가 출제된다.

2 700~800자 정도로 구성된다. 주로 일상 생활과 관련된 정보성 글(전단지, 홍보지, 팸플릿 등)이나 신청 안내(수강생 모집, 아르바이트 모집, 대회 참가 희망자 등)에 관한 글에서 필요한 정보를 찾을 수 있는지를 묻는다.

3 7~8분 내외로 푸는 것이 좋다.

4 출제 유형

(1) 내용 파악 문제

(2) 정보 검색 문제

예시 문제

右のページは、青山市立図書館の会議室利用の案内である。下の問いに対する答えとして、最もよいものを1・2・3・4から一つ選びなさい。

1 会議室の利用申請についての説明として正しいものはどのようなものか。

1 会議室の利用のためには、必ず２ヵ月前に申請しなければならない。

2 会議室を利用する上で、費用は一切かからない。

3 電話でも会議室利用の予約をすることができる。

4 会議室の利用を申請後、１週間以内に図書館事務局に連絡をしなければならない。

2 この図書館の会議室の利用にあたって、注意しなければならない点は何か。

1 会議室利用のための空間の配置などは、あらかじめ担当者に知らせなければならない。

2 会議室の利用時間内に後片付けまで終わらせなければならない。

3 貴重品の紛失が心配される場合には、事前に事務局に預けなければならない。

4 利用人員が収容人数を超える場合、事前に事務局に知らせなければならない。

青山市立図書館　会議室利用のお知らせ

■貸出時間

午前９時～午後８時 (午前:9時～12時00分、午後:13時～16時30分、夜間:17時～20時)

※使用時間は厳守してください。使用時間には、準備・後片付けの時間を含みますので、ご留意ください。

※土日、祝日、年末年始（12月29日～1月3日）は休館となります。

■使用申し込み

1 所定の申請書に記入のうえ別表料金表の使用料を添えてお申し込みください。

2 電話による仮予約も受付けいたしますが、必ず１週間以内に窓口へお越しください。１週間が経過してもご連絡が無い場合は、取り消しと致します。

3 申込みは、３ヶ月前より受付けます。

※受付時間：9:00～17:00（土・日・祝日除く）

■使用にあたっての注意

1 会議室のご使用は、準備・後片付けを含んだ使用区分時間内でお願いします。机、椅子等の配置は、使用者にてお願いします。

2 会議室の貸出時間は、午前９時～午後８時までの間とします。

3 各室の収容人員は厳守願います。

4 会議室等を間仕切りでご利用される場合はマイクをご利用いただけません。

5 廊下等共用の場所での受付けはできません。必ず会場内でお願いします。

6 施設・備品を損傷及び紛失されたときは、その実費を弁償していただきます。

7 事前の荷物等のお預かりはいたしておりません。

8 飲食物の館内持ち込みは、原則として禁止します。

9 火気の使用はご遠慮願います。尚、会議室はすべて禁煙ですので、おたばこはご遠慮ください。

■お問い合わせ先

青山市立図書館 事務局 電話 082-1234-7777（直通）

FAX 082-5678-7777　　E-Mail bunka@aoyama.or.jp

정답 3/2

해 석 오른쪽 페이지는 아오야마 시립도서관 회의실 이용 안내이다. 아래 질문에 대한 대답으로 가장 알맞은 것을 1 · 2 · 3 · 4 에서 하나 고르시오.

1 회의실 이용 신청에 관한 설명으로 올바른 것은 어떤 것인가?

1 회의실 사용을 위해서는 반드시 2개월 전에 신청해야 한다.

2 회의실을 이용하는 데 있어서 비용은 일절 들지 않는다.

3 전화로도 회의실 이용 예약을 할 수 있다.

4 회의실 이용 신청 후 1주일 이내에 도서관 사무국에 연락을 해야 한다.

2 이 도서관의 회의실 이용에 있어서 주의해야 할 점은 무엇인가?

1 회의실 이용을 위한 공간의 배치는 미리 담당자에게 알려야 한다.

2 회의실 이용 시간 내에 뒷정리까지 끝내지 않으면 안 된다.

3 귀중품의 분실이 걱정될 경우에는 사전에 사무국에 맡겨야 한다.

4 이용 인원이 수용 인원을 넘는 경우, 사전에 사무국에 알려야 한다.

아오야마 시립도서관 회의실 이용 안내

■ **대여 시간**

오전 9시~오후 8시(오전 : 9시~12시 00분, 오후 : 13시~16시 30분, 야간 : 17시~20시)

※사용 시간은 엄수하세요. 사용 시간에는 준비・정리 시간을 포함하오니 유의하십시오.

※토일, 국경일, 연말연시(12월 29일~1월 3일)는 휴관입니다.

■ 사용 신청

1 ⓐ소정의 신청서에 기입 후 별표 요금표의 사용료를 첨부해서 신청해 주세요.

2 ⓑ전화에 의한 임시 예약도 받습니다만, 꼭 1주일 이내에 창구로 오세요. 1주일이 경과해도 연락이 없는 경우는 취소하겠습니다.

3 ⓒ신청은 3개월 전부터 접수 받습니다.

※접수 시간 : 9:00~17:00 (토・일・휴일 제외)

■ 사용에 있어서의 주의

1 ⓓ회의실의 사용은 준비・뒷정리를 포함한 사용 구분 시간 내에 부탁합니다.
책상, 의자 등의 배치는 사용자가 해 주십시오.

2 회의실 대여 시간은 오전 9시~오후 8시 사이입니다.

3 ⓔ각 방의 수용 인원은 준수 바랍니다.

4 회의실 등을 칸막이로 나누어 이용하실 경우 마이크를 이용할 수 없습니다.

5 복도 등 공용 장소에서 접수할 수 없습니다. 꼭 대회장 안에서 부탁합니다.

6 시설・비품을 손상 및 분실할 때에는 그 실비를 변상해 주십시오.

7 ⓕ사전에 짐 등의 보관은 해 드리지 않습니다.

8 음식물의 관내 반입은 원칙적으로 금지합니다.

9 화기의 사용은 삼가 주시기 바랍니다. 또한 회의실은 모두 금연이므로, 담배는 삼가 주십시오.

■ 문의처

아오야마 시립도서관 사무국 전화 082-1234-7777 (직통)

FAX 082-5678-7777 E-Mail bunka@aoyama.or.jp

해설 1 ⓐ 회의실 이용할 때 사용료를 지불해야 하는 것을 알 수 있기 때문에, 선택지 2번은 정답이 될 수 없다. ⓑ 전화에 의한 예약이 가능하다는 것과 전화 예약 후에 1주일 이내로 방문해야 한다는 것을 알 수 있다. 따라서 선택지 4번은 정답이 될 수 없고, 선택지 3번이 정답이다. ⓒ 회의실 신청은 3개월 전이기 때문에 선택지 1번은 정답이 아니다.

2 ⓓ 회의실 사용 시간에 뒷정리 시간까지 포함된 것과 책상이나 의자 등의 배치는 사용자가 직접 해야 한다. 따라서 선택지 1번은 정답이 될 수 없고, 선택지 2번이 정답이다. ⓔ 수용 인원을 준수해야 하고, ⓕ 귀중품의 보관은 사무국에서 하지 않는다는 것을 확인할 수 있다. 따라서 선택지 3번과 4번은 정답이 아니다.

단어 ～に対(たい)する ～에 대한 | ～として ～로서 | 申請(しんせい) 신청 | 一切(いっさい) 일체, 일절 | ～にあたって ～할 때 | 後片付(あとかたづ)け 뒤처리, 뒷정리 | 貴重品(きちょうひん) 귀중품 | 紛失(ふんしつ) 분실 | 預(あず)ける 맡기다 | 収容(しゅうよう) 수용 | 厳守(げんしゅ) 엄수 | 留意(りゅうい) 유의 | 祝日(しゅくじつ) 국경일 | 年末年始(ねんまつねんし) 연말연시 | 添(そ)える 첨부하다, 더하다 | ～による ～에 의한, ～에 따른 | 受付(うけつけ) 접수 | 経過(けいか) 경과 | 取(と)り消(け)し 취소 | 廊下(ろうか) 복도 | 弁償(べんしょう) 변상 | 遠慮(えんりょ) 사양, 삼가

2 독해 필수 어휘&문법

명사

育児	いくじ	육아
維持	いじ	유지
意識	いしき	의식
一連	いちれん	일련
命	いのち	목숨, 생명
印象	いんしょう	인상
受付	うけつけ	접수(처)
扶養	ふよう	부양
運営	うんえい	운영
影響	えいきょう	영향
応募	おうぼ	응모
汚染	おせん	오염
温暖化	おんだんか	온난화
介護	かいご	간호
開催	かいさい	개최
解消	かいしょう	해소
回復	かいふく	회복
改善	かいぜん	개선
概念	がいねん	개념
確認	かくにん	확인
確率	かくりつ	확률
過言	かごん	과언
活性化	かっせいか	활성화
活発	かっぱつ	활발
株	かぶ	주식
株式会社	かぶしきがいしゃ	주식회사
環境	かんきょう	환경
勘定	かんじょう	계산
勘違い	かんちがい	착각
完璧	かんぺき	완벽
観覧	かんらん	관람
学習	がくしゅう	학습
学歴	がくれき	학력
企画	きかく	기획
機関	きかん	기관
危険	きけん	위험
貴社	きしゃ	귀사(상대방의 회사를 높여 부르는 말)
規則	きそく	규칙
喫煙	きつえん	흡연
記入	きにゅう	기입
機能	きのう	기능

基盤	きばん	기반
希望	きぼう	희망
客観的	きゃっかんてき	객관적
教育	きょういく	교육
享受	きょうじゅ	향수(감동을 음미하고 누림)
脅迫	きょうはく	협박
恐怖	きょうふ	공포
業務	ぎょうむ	업무
協力	きょうりょく	협력
虚偽	きょぎ	허위
拒否感	きょひかん	거부감
距離	きょり	거리
禁止	きんし	금지
金融	きんゆう	금융
区役所	くやくしょ	구청
警戒	けいかい	경계
経験	けいけん	경험
傾向	けいこう	경향
軽率	けいそつ	경솔
原因	げんいん	원인
喧嘩	けんか	싸움, 다툼
研究	けんきゅう	연구
検査	けんさ	검사
現実	げんじつ	현실
現象	げんしょう	현상
幻想	げんそう	환상
行為	こうい	행위
効果	こうか	효과
口座	こうざ	계좌(은행)
交渉	こうしょう	교섭
構造	こうぞう	구조
肯定的	こうていてき	긍정적
強盗	ごうとう	강도
購入	こうにゅう	구입
効率	こうりつ	효율
交流	こうりゅう	교류
考慮	こうりょ	고려
高齢化	こうれいか	고령화
顧客	こきゃく	고객
個人	こじん	개인
誇張	こちょう	과장
頃	ころ	무렵, 쯤
混合	こんごう	혼합
献立	こんだて	식단, 메뉴
困難	こんなん	곤란
際	さい	때, 즈음
災害	さいがい	재해
細菌	さいきん	세균
才能	さいのう	재능
搾取	さくしゅ	착취
指図	さしず	지시
参加	さんか	참가

□ 残業	ざんぎょう	잔업
□ 幸せ	しあわ	행복
□ 支援	しえん	지원
□ 刺激	しげき	자극
□ 資源	しげん	자원
□ 持参	じさん	지참
□ 指示	しじ	지시
□ 姿勢	しせい	자세
□ 施設	しせつ	시설
□ 躾	しつけ	예의범절
□ 実施	じっし	실시
□ 実践	じっせん	실천
□ 老舗	しにせ	오래된 점포
□ 諮問	しもん	자문
□ 若干	じゃっかん	약간
□ 習慣	しゅうかん	습관
□ 執着	しゅうちゃく	집착
□ 集中	しゅうちゅう	집중
□ 重複	じゅうふく	중복
□ 祝日	しゅくじつ	국경일
□ 障害	しょうがい	장해
□ 奨学金	しょうがくきん	장학금
□ 状況	じょうきょう	상황
□ 条件	じょうけん	조건
□ 詳細	しょうさい	상세
□ 症状	しょうじょう	증상
□ 正体	しょうたい	정체
□ 承諾	しょうだく	승낙
□ 承認	しょうにん	승인
□ 消費	しょうひ	소비
□ 情報	じょうほう	정보
□ 職業	しょくぎょう	직업
□ 職種	しょくしゅ	직종
□ 所有	しょゆう	소유
□ 処理	しょり	처리
□ 深刻	しんこく	심각
□ 申請	しんせい	신청
□ 迅速	じんそく	신속
□ 出納	すいとう	출납
□ 生産	せいさん	생산
□ 性質	せいしつ	성질
□ 精神	せいしん	정신
□ 成長	せいちょう	성장
□ 性別	せいべつ	성별
□ 責任	せきにん	책임
□ 設置	せっち	설치
□ 選択	せんたく	선택
□ 先方	せんぽう	상대방
□ 専門家	せんもんか	전문가
□ 遭遇	そうぐう	조우
□ 倉庫	そうこ	창고
□ 捜査	そうさ	수사

- □ 操縦（そうじゅう） 조종
- □ 想像（そうぞう） 상상
- □ 措置（そち） 조치
- □ 存在（そんざい） 존재
- □ 損傷（そんしょう） 손상
- □ 対応（たいおう） 대응
- □ 対処（たいしょ） 대처
- □ 対象（たいしょう） 대상
- □ 態度（たいど） 태도
- □ 代表（だいひょう） 대표
- □ 互いに（たがいに） 서로
- □ 類（たぐい） 종류
- □ 打撃（だげき） 타격
- □ 立入禁止（たちいりきんし） 출입금지
- □ 達成（たっせい） 달성
- □ 団体（だんたい） 단체
- □ 担当者（たんとうしゃ） 담당자
- □ 蓄積（ちくせき） 축적
- □ 抽選（ちゅうせん） 추첨
- □ 躊躇（ちゅうちょ） 주저
- □ 長所（ちょうしょ） 장점
- □ 調節（ちょうせつ） 조절
- □ 挑戦（ちょうせん） 도전
- □ 治療（ちりょう） 치료
- □ 鎮圧（ちんあつ） 진압
- □ 墜落（ついらく） 추락
- □ 提示（ていじ） 제시
- □ 提出（ていしゅつ） 제출
- □ 手数（てすう） 수고
- □ 手数料（てすうりょう） 수수료
- □ 伝達（でんたつ） 전달
- □ 問い合わせ（といあわせ） 문의, 조회
- □ 投資（とうし） 투자
- □ 導入（どうにゅう） 도입
- □ 特定（とくてい） 특정
- □ 特別（とくべつ） 특별
- □ 取引先（とりひきさき） 거래처
- □ 努力（どりょく） 노력
- □ 鈍感（どんかん） 둔감
- □ 納得（なっとく） 납득
- □ 認識（にんしき） 인식
- □ 年末年始（ねんまつねんし） 연말연시
- □ 脳（のう） 뇌
- □ 能力（のうりょく） 능력
- □ 把握（はあく） 파악
- □ 埋葬（まいそう） 매장(땅속에 묻음)
- □ 配慮（はいりょ） 배려
- □ 莫大（ばくだい） 막대(대단히 큼)
- □ 犯罪（はんざい） 범죄
- □ 判断（はんだん） 판단
- □ 被害（ひがい） 피해
- □ 比較（ひかく） 비교

- 筆者（ひっしゃ） 필자
- 必着（ひっちゃく） 필착
- 否定（ひてい） 부정
- 批判（ひはん） 비판
- 評価（ひょうか） 평가
- 表現（ひょうげん） 표현
- 敏感（びんかん） 민감
- 福祉（ふくし） 복지
- 普段（ふだん） 평소
- 復旧（ふっきゅう） 복구
- 吹雪（ふぶき） 눈보라
- 振込（ふりこみ） 납입
- 故郷（ふるさと） 고향
- 振る舞い（ふるまい） 행동
- 紛失（ふんしつ） 분실
- 弊害（へいがい） 해, 폐해
- 弊社（へいしゃ） 폐사(자신이 속한 회사를 낮추어서 부르는말)
- 変化（へんか） 변화
- 変更（へんこう） 변경
- 返事（へんじ） 대답, 답장
- 報告（ほうこく） 보고
- 防止（ぼうし） 방지
- 法律（ほうりつ） 법률
- 募金（ぼきん） 모금
- 保険（ほけん） 보험
- 保護（ほご） 보호
- 募集（ぼしゅう） 모집
- 発作（ほっさ） 발작
- 満喫（まんきつ） 만끽
- 魅力（みりょく） 매력
- 面接（めんせつ） 면접
- 持ち込み（もちこみ） 가지고 들어옴, 지참
- 遺言（ゆいごん） 유언
- 郵送（ゆうそう） 우송(우편 발송)
- 要求（ようきゅう） 요구
- 翌日（よくじつ） 다음날
- 欲望（よくぼう） 욕망
- 予防（よぼう） 예방
- 余裕（よゆう） 여유
- 羅列（られつ） 나열
- 了承（りょうしょう） 양해
- 履歴書（りれきしょ） 이력서
- 歴史（れきし） 역사
- 賄賂（わいろ） 뇌물
- 災い（わざわい） 재앙, 재난
- 話題（わだい） 화제
- 我々（われわれ） 우리들

동사

☐	あざむ	欺く	속이다
☐	あた	与える	주다
☐	あつか	扱う	다루다, 취급하다
☐	あなど	侮る	깔보다, 얕보다
☐	あらわ	現れる	나타나다
☐	う あ	打ち明ける	털어놓다, 고백하다
☐	う き	打ち切る	중지하다, 중단하다
☐	う け	打ち消す	부정하다
☐	うった	訴える	호소하다, 소송하다
☐	うば	奪う	빼앗다
☐	うやま	敬う	존경하다, 공경하다
☐	お こ	追い込む	몰아넣다, 빠뜨리다
☐	おう	応じる	응하다
☐	おぎな	補う	채우다, 보충하다
☐	おこな	行う	행하다, 실시하다
☐	お つ	押し付ける	강요하다
☐	おちい	陥る	(구멍, 계략에)빠지다
☐	おとず	訪れる	방문하다, 찾아오다
☐	おと	劣る	뒤떨어지다
☐	おとろ	衰える	(세력이)약해지다
☐	お	帯びる	(몸에)두르다, 띠다
☐	おも だ	思い出す	생각해내다, 떠올리다
☐	およ	及ぼす	미치게 하다
☐	かえ	返す	돌려주다
☐	きず	傷つける	상처를 입히다(주다)
☐	き	気づく	깨닫다, 알아차리다
☐	くず	崩れる	무너지다
☐	く	朽ちる	썩다, 쇠퇴하다
☐	く かえ	繰り返す	반복하다, 되풀이하다
☐	こと	異なる	다르다
☐	ことわ	断る	거절하다
☐	こば	拒む	거절하다
☐	さ	避ける	피하다
☐	さだ	定める	정하다
☐	したが	従う	따르다
☐	し はら	支払う	지불하다
☐	し	占める	차지하다, 점하다
☐	しょう	生じる	발생하다, 생기다
☐	しん	信じる	믿다
☐	すく	救う	구하다
☐	すぐ	優れる	뛰어나다, 우수하다
☐	すす	勧める	권하다
☐	すた	廃れる	쇠퇴하다, 한물가다
☐	そな	備える	준비하다, 갖추다
☐	たがや	耕す	(밭을)갈다, 경작하다
☐	ただよ	漂う	떠돌다, 감돌다, 헤매다
☐	たよ	頼る	기대다, 의지하다
☐	だま	黙る	입을 다물다, 침묵하다
☐	つ	就く	종사하다
☐	つくろ	繕う	꿰매다, 바로잡다, 수선하다

- □ 培(つちか)う　가꾸다, 기르다, 재배하다
- □ 勤(つと)める　근무하다, 종사하다
- □ 努(つと)める　노력하다
- □ 繋(つな)がる　이어지다, 연결되다
- □ 滞(とどこお)る　밀리다, 정체하다
- □ 整(ととの)える　정돈하다, 조정하다
- □ 唱(とな)える　외치다, 주창하다
- □ 伴(ともな)う　동반하다, 수반하다
- □ 取(と)り消(け)す　취소하다
- □ 眺(なが)める　바라보다
- □ 慰(なぐさ)める　위로하다
- □ 悩(なや)む　괴로워하다, 고민하다
- □ 倣(なら)う　모방하다
- □ 担(にな)う　담당하다
- □ 望(のぞ)む　바라다
- □ 述(の)べる　기술하다, 말하다
- □ 図(はか)る　도모하다
- □ 離(はな)れる　떨어지다, 멀어지다
- □ 省(はぶ)く　생략하다
- □ 含(ふく)める　포함시키다
- □ 隔(へだ)てる　사이를 두다, 칸을 막다
- □ 経(へ)る　지나다, 거치다
- □ 滅(ほろ)びる　멸망하다, 없어지다
- □ 賄(まかな)う　마련하다, 조달하다
- □ 間違(まちが)う　잘못되다, 틀리다
- □ 免(まぬが)れる　모면하다
- □ 招(まね)く　초래하다
- □ 守(まも)る　지키다
- □ 磨(みが)く　갈다, 닦다
- □ 満(み)たす　채우다
- □ 見逃(みのが)す　못 보고 지나치다
- □ 迎(むか)える　맞이하다, 마중하다
- □ 目指(めざ)す　목표로 하다, 노리다
- □ 目立(めだ)つ　눈에 띄다
- □ 設(もう)ける　설치하다, 마련하다
- □ 申(もう)し込(こ)む　신청하다
- □ 求(もと)める　요구하다, 바라다
- □ 辞(や)める　그만두다
- □ 詫(わ)びる　사죄하다, 사과하다

형용사

- □ 厚(あつ)かましい　뻔뻔하다
- □ 怪(あや)しい　수상하다
- □ 潔(いさぎよ)い　떳떳하다, 미련 없이 깨끗하다
- □ 著(いちじる)しい　두드러지다, 현저하다
- □ うっとうしい　우울하다, 성가시다
- □ 大(おお)げさだ　과장되다, 야단스럽다
- □ 幼(おさな)い　어리다
- □ 惜(お)しい　아깝다
- □ 恐(おそ)ろしい　두렵다, 무섭다
- □ 愚(おろ)かだ　어리석다

- □ 疎(おろそ)かだ　소홀하다, 부주의하다
- □ 賢(かしこ)い　현명하다
- □ 勝手(かって)だ　제멋대로이다
- □ 感心(かんしん)だ　감탄하다, 기특하다
- □ 肝心(かんじん)だ　중요하다, 요긴하다
- □ 気軽(きがる)だ　소탈하다, 부담 없다
- □ 気楽(きらく)だ　마음 편하다
- □ 悔(くや)しい　분하다
- □ 汚(けが)らわしい　불결하다, 더럽다
- □ 濃(こ)い　진하다
- □ 心強(こころづよ)い　든든하다
- □ 心細(こころぼそ)い　불안하다
- □ 滑稽(こっけい)だ　우스꽝스럽다, 익살맞다
- □ 細(こま)かい　자세하다
- □ 幸(さいわ)いだ　다행이다
- □ 爽(さわ)やかだ　상쾌하다
- □ 渋(しぶ)い　떫다, 수수하다
- □ 親(した)しい　친하다
- □ 地味(じみ)だ　수수하다
- □ 鋭(するど)い　예리하다, 날카롭다
- □ ずうずうしい　뻔뻔하다
- □ 健(すこ)やかだ　튼튼하다, 건전하다
- □ 速(すみ)やかだ　빠르다, 신속하다
- □ 切(せつ)ない　애절하다, 절실하다
- □ そそっかしい　경솔하다
- □ 退屈(たいくつ)だ　지루하다
- □ 台無(だいな)しだ　엉망이 되다
- □ 巧(たく)みだ　교묘하다
- □ 手(て)ごろだ　적당하다
- □ 情(なさ)けない　한심하다
- □ 懐(なつ)かしい　그립다
- □ 鈍(にぶ)い　둔하다
- □ 望(のぞ)ましい　바람직하다
- □ 激(はげ)しい　심하다, 격렬하다
- □ 甚(はなは)だしい　(정도가)심하다
- □ 華(はな)やかだ　화려하다
- □ ふさわしい　어울리다
- □ 朗(ほが)らかだ　명랑하다
- □ 紛(まぎ)らわしい　헷갈리기 쉽다
- □ 貧(まず)しい　가난하다
- □ 稀(まれ)だ　드물다
- □ 無邪気(むじゃき)だ　천진난만하다, 악의가 없다
- □ 無茶(むちゃ)だ　터무니없다, 형편없다
- □ 空(むな)しい　허무하다
- □ 目覚(めざま)しい　눈부시다
- □ 申(もう)し訳(わけ)ない　미안하다, 죄송하다
- □ 厄介(やっかい)だ　성가시다, 귀찮다
- □ 豊(ゆた)かだ　풍부하다, 풍족하다
- □ 理不尽(りふじん)だ　부당하다, 불합리하다
- □ 煩(わずら)わしい　번거롭다, 성가시다

부사/접속사

□ あたかも	마치, 흡사
□ 相変(あいか)わらず	변함없이, 여전히
□ 改(あらた)めて	새삼스럽게, 다시
□ あらゆる	모든
□ あるいは	또는, 혹은
□ いきなり	갑자기
□ 一切(いっさい)	일절, 일체
□ 一体(いったい)	도대체
□ いつの間(ま)にか	어느새
□ いわゆる	소위, 이른바
□ うきうき	신이 나서 마음이 들뜨는 모양
□ うっかり	깜박
□ うんざり	지긋지긋함, 몹시 싫증남
□ 自(おの)ずから	저절로, 자연히
□ 及(およ)び	및
□ かえって	오히려, 도리어
□ かつて	일찍이, 이전에
□ 仮(かり)に	가령, 설령
□ 辛(かろ)うじて	겨우, 간신히
□ がっかり	실망, 낙담하는 모양
□ きっぱり	단호하게, 딱 잘라
□ くっきり	선명하게, 또렷이
□ ぐったり	녹초가 된 모양, 축 처진 모양
□ ことごとく	전부, 모조리
□ ざっと	대충, 대강
□ しかも	게다가, 더욱더
□ したがって	따라서
□ じっくり	곰곰이, 차분히
□ すっきり	상쾌한 모양, 산뜻한 모양
□ すでに	이미, 벌써
□ すなわち	즉, 다시 말하면
□ すると	그러자, 그러면
□ そこで	그래서, 그런데
□ そして	그리고
□ そのうえ	게다가, 더구나
□ それとも	그렇지 않으면, 혹은
□ ただし	단, 다만
□ 例(たと)えば	예를 들면
□ たまたま	가끔, 우연히
□ ちらっと	흘끗, 언뜻
□ つまり	즉, 다시 말해서
□ ところが	그러나, 그런데
□ ところで	그런데 (화제 전환)
□ とりわけ	특히
□ なお	더군다나, 또한
□ 果(は)たして	과연
□ はらはら	조마조마
□ ひいては	더 나아가서는
□ ひたすら	오로지, 한결같이
□ 再(ふたた)び	다시, 재차

□ ふと	문득
□ ほっと	마음 놓는 모양, 한숨 짓는 모양
□ まして	하물며, 더구나
□ むしろ	오히려
□ もしくは	혹은, 또는
□ 最(もっと)も	가장
□ もっぱら	오로지
□ わざと	고의로
□ わざわざ	일부러

독해

문법/표현

□ ～恐(おそ)れがある	～우려가 있다
□ ～きらいがある	～경향이 있다
□ ～きり	～한 채
□ ～切(き)れない	다 ～못 하다
□ ～次第(しだい)で	～에 따라서
□ ～しまつだ	～하는 지경이다, ～하는 꼴이다
□ ～すら	～조차
□ ～ずに	～하지 않고 (=～ないで)
□ ～ずにはいられない	～하지 않고는 있을 수 없다
□ ～せいで	～때문에, ～탓으로
□ ～たあげく	～한 끝에
□ ～度(たび)に	～할 때마다
□ ～ために	～를 위해서, ～때문에
□ ～だけに	～인 만큼
□ ～つつある	～하고 있다
□ ～てほしい	～해 주길 바라다
□ ～である	～이다
□ ～通(とお)り	～대로
□ ～として	～로서
□ ～とともに	～와 함께
□ ～ない限(かぎ)り	～하지 않는 한
□ ～直(なお)す	다시 ～하다
□ ～ならではの	～만의, ～가 아니고는 안 되는
□ ～において	～에서, ～에 있어서
□ ～にかかわらず	～에 상관 없이, ～에 관계 없이
□ ～に関(かん)して	～에 관해서
□ ～に関(かん)する	～에 관한
□ ～に決(き)まっている	～임에 틀림없다, 반드시 ～이다

□ ～に比(くら)べて	～에 비해서
□ ～に越(こ)したことはない	～보다 나은 것은 없다
□ ～に先立(さきだ)って	～에 앞서서
□ ～に過(す)ぎない	～에 지나지 않는다
□ ～に対(たい)して	～에 대해서
□ ～に対(たい)する	～에 대한
□ ～に違(ちが)いない	～임에 틀림없다
□ ～につき	～당
□ ～にほかならない	～이나 다름없다, 바로 ～이다
□ ～に基(もと)づいて	～에 기초해서
□ ～による	～에 의한, ～에 따른
□ ～によると	～에 의하면, ～에 따르면

□ ～にわたる	～에 걸친
□ ～のみならず	～뿐만 아니라
□ ～はずがない	～일 리가 없다
□ ～べきだ	～해야 한다
□ ～わけがない	～일 리가 없다
□ ～わけではない	～인 것은 아니다
□ ～を通(つう)じて	～을 통해서
□ ～お通(とお)して	～을 통해서
□ ～を問(と)わず	～을 불문하고
□ ～をはじめ	～을 비롯해
□ ～をめぐって	～을 둘러싸고
□ ～をもとに	～을 토대로

독해 어휘&문법 확인 문제 ❶

[/ 18]

다음 단어의 일본어 표현으로 가장 알맞은 것을 a, b 중에서 고르시오.

1 협력 (a 協力(きょうりょく) b 吸収(きゅうしゅう))

2 평가 (a 評価(ひょうか) b 平等(びょうどう))

3 처리 (a 処理(しょり) b 勝利(しょうり))

4 책임 (a 索引(さくいん) b 責任(せきにん))

5 제출 (a 出張(しゅっちょう) b 提出(ていしゅつ))

6 신청 (a 心理(しんり) b 申請(しんせい))

7 법률 (a 法律(ほうりつ) b 方法(ほうほう))

8 범죄 (a 犯罪(はんざい) b 最悪(さいあく))

9 금지 (a 禁止(きんし) b 緊張(きんちょう))

10 교육 (a 教育(きょういく) b 育成(いくせい))

11 빼앗다 (a 働(はたら)く b 奪(うば)う)

12 주다 (a もらう b 与(あた)える)

13 눈에 띄다 (a 目立(めだ)つ b 望(のぞ)む)

14 현명하다 (a 貧乏(びんぼう)だ b 賢(かしこ)い)

15 바람직하다 (a のんきだ b のぞましい)

16 즉 (a すなわち b しかし)

17 ~와 함께 (a ~とおり b ~とともに)

18 ~에 따라서 (a ~しだいで b ~にかかわらず)

정답 1 ⓐ 2 ⓐ 3 ⓐ 4 ⓑ 5 ⓑ 6 ⓑ 7 ⓐ 8 ⓐ 9 ⓐ
10 ⓐ 11 ⓑ 12 ⓑ 13 ⓐ 14 ⓑ 15 ⓑ 16 ⓐ 17 ⓑ 18 ⓐ

독해 어휘&문법 확인 문제 ❷

[/ 18]

다음 단어의 일본어 표현으로 가장 알맞은 것을 a, b 중에서 고르시오.

1	효율	(a 効率(こうりつ)	b 効果(こうか))
2	거래처	(a 取引先(とりひきさき)	b 連絡先(れんらくさき))
3	직업	(a 就職(しゅうしょく)	b 職業(しょくぎょう))
4	지원	(a 支援(しえん)	b 知恵(ちえ))
5	수수료	(a 手数料(てすうりょう)	b 領収書(りょうしゅうしょ))
6	소비	(a 組織(そしき)	b 消費(しょうひ))
7	상황	(a 増加(ぞうか)	b 状況(じょうきょう))
8	복지	(a 福祉(ふくし)	b 服装(ふくそう))
9	계좌	(a 口座(こうざ)	b 通帳(つうちょう))
10	갖추다	(a 崩(くず)れる	b 備(そな)える)
11	지불하다	(a 支払(しはら)う	b 補(おぎな)う)
12	노력하다	(a 図(はか)る	b 努(つと)める)
13	자세하다	(a 肝心(かんじん)だ	b 細(こま)かい)
14	가난하다	(a 貧(まず)しい	b 親(した)しい)
15	그러나, 그런데	(a ところが	b つまり)
16	오히려	(a ただし	b むしろ)
17	~에 비해서	(a ~に比(くら)べて	b ~に対(たい)して)
18	~할 때마다	(a ~たびに	b ~ついでに)

정답 1 ⓐ 2 ⓐ 3 ⓑ 4 ⓐ 5 ⓐ 6 ⓑ 7 ⓑ 8 ⓐ 9 ⓐ
10 ⓑ 11 ⓐ 12 ⓑ 13 ⓑ 14 ⓐ 15 ⓐ 16 ⓑ 17 ⓐ 18 ⓐ

독해 어휘&문법 확인 문제 ❸

[/ 18]

다음 단어의 일본어 표현으로 가장 알맞은 것을 a, b 중에서 고르시오.

1 희망 (a 希望(きぼう) b 希薄(きはく))

2 현상 (a 現在(げんざい) b 現象(げんしょう))

3 학력 (a 学校(がっこう) b 学歴(がくれき))

4 잔업 (a 解消(かいしょう) b 残業(ざんぎょう))

5 육아 (a 育成(いくせい) b 育児(いくじ))

6 접수(처) (a 施設(しせつ) b 受付(うけつけ))

7 면접 (a 保険(ほけん) b 面接(めんせつ))

8 담당자 (a 担当者(たんとうしゃ) b 販売者(はんばいしゃ))

9 개인 (a 個性(こせい) b 個人(こじん))

10 실시하다 (a 含(ふく)める b 行(おこな)う)

11 믿다 (a 訴(うった)える b 信(しん)じる)

12 그만두다 (a 断(ことわ)る b 辞(や)める)

13 잘못되다 (a 間違(まちが)う b 担(にな)う)

14 불안하다 (a 心細(こころぼそ)い b おおげさだ)

15 죄송하다 (a 空(むな)しい b 申(もう)し訳(わけ)ない)

16 혹은 (a および b もしくは)

17 ~해 주길 바라다 (a ~てほしい b ~に違(ちが)いない)

18 ~할 리가 없다 (a ~べきだ b ~はずがない)

정답 1 ⓐ 2 ⓑ 3 ⓑ 4 ⓑ 5 ⓑ 6 ⓑ 7 ⓑ 8 ⓐ 9 ⓑ
10 ⓑ 11 ⓑ 12 ⓑ 13 ⓐ 14 ⓐ 15 ⓑ 16 ⓑ 17 ⓐ 18 ⓑ

독해 어휘&문법 확인 문제 ❹

[　　/ 18]

다음 단어의 일본어 표현으로 가장 알맞은 것을 a, b 중에서 고르시오.

1	행위	(a 行為(こうい)	b 行動(こうどう))
2	표현	(a 価値(かち)	b 表現(ひょうげん))
3	정보	(a 精神(せいしん)	b 情報(じょうほう))
4	의식	(a 意識(いしき)	b 医者(いしゃ))
5	욕망	(a 応募(おうぼ)	b 欲望(よくぼう))
6	상상	(a 選択(せんたく)	b 想像(そうぞう))
7	매력	(a 魅力(みりょく)	b 努力(どりょく))
8	역사	(a 未来(みらい)	b 歴史(れきし))
9	따르다	(a 眺(なが)める	b 従(したが)う)
10	반복하다	(a 繰(く)り返(かえ)す	b 生(しょう)じる)
11	신청하다	(a 申(もう)し込(こ)む	b 返(かえ)す)
12	취급하다	(a 扱(あつか)う	b 伴(ともな)う)
13	어리다	(a 少(すく)ない	b 幼(おさな)い)
14	분하다	(a 悔(くや)しい	b 惜(お)しい)
15	지루한	(a 退屈(たいくつ)な	b 親切(しんせつ)な)
16	그러자	(a すると	b たとえば)
17	~를 불문하고	(a ~をもとに	b ~を問(と)わず)
18	~를 통해서	(a ~をとおして	b ~をきっかけに)

정답 1 ⓐ　2 ⓑ　3 ⓑ　4 ⓐ　5 ⓑ　6 ⓑ　7 ⓐ　8 ⓑ　9 ⓑ
10 ⓐ　11 ⓐ　12 ⓐ　13 ⓑ　14 ⓐ　15 ⓐ　16 ⓐ　17 ⓑ　18 ⓐ

독해 어휘&문법 확인 문제 ⑤

[/ 18]

다음 단어의 일본어 표현으로 가장 알맞은 것을 a, b 중에서 고르시오.

1 환경 (a 環境(かんきょう) b 感情(かんじょう))

2 증상 (a 症状(しょうじょう) b 調節(ちょうせつ))

3 재해 (a 被害(ひがい) b 災害(さいがい))

4 자원 (a 資源(しげん) b 認識(にんしき))

5 온난화 (a 自動化(じどうか) b 温暖化(おんだんか))

6 오염 (a 影響(えいきょう) b 汚染(おせん))

7 연구 (a 研究(けんきゅう) b 研修(けんしゅう))

8 보호 (a 保母(ほぼ) b 保護(ほご))

9 다르다 (a 優(すぐ)れる b 異(こと)なる)

10 지키다 (a 守(まも)る b 参(まい)る)

11 방문하다 (a 訪(おとず)れる b 離(はな)れる)

12 두렵다 (a 濃(こ)い b 恐(おそ)ろしい)

13 날카롭다 (a 鋭(するど)い b 鈍(にぶ)い)

14 풍부한 (a 貧乏(びんぼう)な b 豊(ゆた)かな)

15 게다가 (a いきなり b しかも)

16 일부러 (a わざわざ b ふと)

17 ~에 지나지 않는다 (a ~にわたる b ~に過(す)ぎない)

18 다시 ~하다 (a ~直(なお)す b ~切(き)る)

정답 1 ⓐ 2 ⓐ 3 ⓑ 4 ⓐ 5 ⓑ 6 ⓑ 7 ⓐ 8 ⓑ 9 ⓑ
10 ⓐ 11 ⓐ 12 ⓑ 13 ⓐ 14 ⓑ 15 ⓑ 16 ⓐ 17 ⓑ 18 ⓐ

독해 완전 정복을 위한 꿀팁!

독해는 특히 집중력이 요구되는 문제입니다. 밑줄이 의미하거나 가리키는 것을 가려내거나 필자의 생각이나 주장을 파악하는 것이 주요 과제입니다. 필자의 생각이나 주장은 지문 마지막 부분에 제시되므로, 지문 전체를 읽고 마지막 부분을 더 신중하게 읽는 방법으로 정답 찾기에 주력합시다.

● **問題8 내용 이해(단문)**

대부분 필자의 생각이나 주장을 묻는 문제이기 때문에 지문의 마지막 부분에 집중해야 합니다. 문제를 먼저 보고, 이 글의 목적이 무엇인지를 정리합니다.

● **問題9 내용 이해(중문)**

중문 독해에서는 단락 나누는 연습이 중요합니다. 문제를 먼저 본 후에 지문을 2~3단락으로 나누면서 문제의 힌트를 찾습니다.

● **問題10 내용 이해(장문)**

먼저 세 개의 문제를 파악한 후 지문을 3~4단락으로 나누면서 문제의 힌트를 찾아갑니다. 밑줄 친 문제는 그 앞뒤 문장을, 필자의 생각이나 주장은 마지막 2~3줄을 파악하는 것이 중요합니다.

● **問題11 종합 이해**

가장 중요한 것은 A와 B의 공통점과 차이점을 찾는 것입니다(ex. 찬성 VS 반대 or 긍정 VS 부정). 선택지를 보면서 A와 B, 어느 쪽의 의견인지 파악하는 것이 중요합니다.

● **問題12 주장 이해(장문)**

문제가 세 개이므로 지문을 3~4단락으로 나누는 것이 무난합니다. 각 단락에 문제 하나의 힌트가 숨겨져 있습니다. 다른 문제에 비해 내용이 다소 어렵지만, 글의 길이에 압도당하지 말고 침착하게 대응하는 것이 좋습니다.

● **問題13 정보 검색**

문제 두 개이고, 각 문제에 어떤 조건이 주어지므로, 조건에 해당하는 내용을 체크하며 지문을 읽으면 의외로 쉽게 풀 수 있습니다. 난이도가 높은 편은 아니므로 되도록 두 문제 모두 맞출 수 있도록 합시다.

1교시

독해

유형별 실전 문제

問題 8

내용 이해(단문) 실전 연습 ❶ – 설명문・지시문・수필(가로 글 유형) [/ 4]

問題 8　次の(1)から(4)の文章を読んで、後の問いに対する答えとして最もよいものを、1・2・3・4から一つ選びなさい。

(1)

今の時代はインターネットに接続できる端末機と簡単な検索方法さえ分かれば、誰でも手軽に膨大な情報に達することができる。だが、この果てしなく広がる情報の洪水の中で望む情報だけを探すこと、真実の情報だけに到達することは決して容易なことではない。真実のように巧妙に偽装された偽りの情報があまりにも多く、毎日接する個人情報の流出事例が、今は日常化して危機意識すら薄れている。以前は、信頼できる情報を得るためには学術誌や専門書籍、論文などの活字情報を、実在する空間を訪ねて利用したものだ。情報の量があまりにも制限的だという批判はあったものの、真偽に関する問題は多くなかった。溢れ返る情報の波の中から信頼できる、欲しい情報のみを選んで使える能力が必要な時代になったと言える。

1　筆者の考えに合うのはどれか。

1　信頼できる情報なのか判別して使う能力が重要な時代だ。

2　個人情報の流出を認知し、誤用しない判断が重要だ。

3　偽りの情報に惑わされず、制限のある情報の方に従うべきだ。

4　情報に対する危機意識を持ち、真偽が判断できなければならない。

(2)

映像を媒介にした広告は製品のイメージをより鮮明に消費者に認知させることができる確実な効果を持つため、他の広告とは比較にならないほど高コストであるにもかかわらず、多くの企業が選択しているわけです。しかし、生放送で行われるテレビコマシャールというのは、視聴者を限定することが不可能です。コマシャールを流す時間帯に関する工夫はされていると判断できますが、依然として家族が集まって生放送でテレビを見る場合、幼い年齢層の子供には多少刺激的、または暴力的な広告になりかねません。現在、他の映像メディアでは、広告を見なくてもいい機能が視聴者に大きな支持を得ています。それだけ広告というものを忌避する現象と見ない権利が著しく現れているということです。映像による広告を作る側は、このような局面に対する理解と対策が必要です。

2 テレビコマシャールについて、筆者はどう述べているか。

1 消費者の年齢層に対する理解のない広告は見ない方が良い。

2 他の広告とは異なる差別化について考えなければならない。

3 特定の年齢層に被害を与えかねない広告制作は避けなければならない。

4 視聴者に広告視聴に関する選択肢を与えなければならない。

(3)

やさしくて面白く読まれる本が読書の楽しさを与えるとすれば、難しい文を読むことは自我を一段階発展させてくれると言える。難しい文を読むほど、知識の拡張、認知能力の向上、批判的な思考の強化に役立つからだ。本を読む時はストレスも伴う。なぜこのような文章を書いたのかに対する理解に先立ち、この単語がどういう意味なのかをはかりかねる時が一度や二度ではない。しかし、難解に書かれた文であれ、絵などで面白く書かれた文であれ、著者が言いたいことを伝えるだけだ。その本を読んで同意や共感、あるいは反対するのは個人の自由だ。ただし、自己批判のない同意や反対は危険もありうる。盲目的な追従と批判は、誤った価値観と行動にまで現れかねないと思う。

3 筆者の考えに合うのはどれか。

1 難しい文章を読むことは、読書の楽しさを一層大きくしてくれる。

2 文章を書いた目的と理由について考えてみるのが良い。

3 理解しやすい本であれ理解しにくい本であれ、その価値は等しい。

4 著者の考えに追従する前に、批判することが重要だ。

(4)

僕は偶然が大嫌いな人だ。特に悪いことの方ではなおさらだ。偶然失敗する人は絶対いないと断言しきれるし、偶然の成功も信じがたい。しかし、人間は偶然を信じたいようだ。人の力ではどうしようもないと判断する時は、干天(かんてん)の慈雨(じう)(注)のように、さらに偶然を慕うようだ。連日報道される数々の事故で、儚くも消えた人の命と残された者の悲しみ。偶然の事故に遭って生涯を終えることになるの。本当にそうなるのであれば、すべての生命の存在価値は消えてしまう。自分の力ではどうしようもない偶然に頼らなければならないからだ。偶然な事故なんかない。事故はすべて必然的な結果に過ぎず、事故が起きる理由があって起きただけなのだ。当然、予防が不可能な事故もあってはならない。そうなることではじめて、自ら作っていく人生に意味が付与される。

(注) 干天(かんてん)の慈雨(じう)：日照り続きのときに降る、恵みの雨。

4 偶然について、筆者はどう述べているか。

1 偶然は自分の人生を否定することに過ぎない。

2 いくら切実でも偶然による成功は避けるべきだ。

3 偶然な事故で命を失う人がいることもある。

4 予防が不可能な偶然の事故でも、備えなければならない。

정답 1① 2③ 3② 4①

해석 및 해설 별책 p.20

독해

問題 8　次の(1)から(4)の文章を読んで、後の問いに対する答えとして最もよいものを、1・2・3・4から一つ選びなさい。

(1)

建築様式とインテリアの発達により、家さえも一つの芸術的な空間としてみなされる時代である。しかし、私はそんな家には住みたくない。私にとって家というのは、心身の疲れをとってくれる休息空間であり、厳しい競争社会に生きている不安や萎縮を癒す安心区域でもある。適当に散らかっている空間で余裕を感じ、何でもやりたいことができる満足感も得られる。綺麗な空間で暮すのは、健康上からも勿論、重要であるが、家事を完璧にこなすことほど疲れることもない。愛する家族とともに食卓に着いて、あれこれ様々な話ができる場所。私はテレビに出てくる成功した事業家の広くて洒落(しゃれ)た家より、母の小言と父がテレビを見る音が響く家がもっと好きである。

1　家について、筆者が最も言いたいこと何か。

1　自分の個性に合わせた構造と雰囲気よりは、生活の機能性が強調された空間が重要である。

2　最も私的で安らかな空間であると同時に、家族との協力が必要な空間にならなければならない。

3　自分だけの空間が存在するとともに、家族と共有できる空間も備えなければならない。

4　実用性をもとに行われた配置と、気楽な雰囲気を醸成することができる空間が重要である。

(2)

理解できない内容、気になる内容に対するメカニズムの結果が質問という形で発現する。このような質問は難題の解決につながり、新しい発見や発明に発展する場合が数限りない。問題を解決するためには、必ず質問が存在しなければならないのだ。他者との意見共有の場、学術、発表の場では質問をするのが当然だが、質問による冷淡な雰囲気の演出、答える人を不快にさせる質問があまりにも多い。相手への配慮と尊重、内容の理解から行われていない場合には、発信者の活動内容に対する全面否定や無視につながりがちだ。結局この部類の質問は、問題解決と新しいものにつながらなくなる。質問の本来の機能を発揮するための、方式に関する考察が必要だ。

2 質問に対して、筆者の考えに合うのはどれか。

1 内容が理解できない場合は、質問を受けない方がよい。

2 質問を受け入れる前に、質問する人に対する配慮があるべきだ。

3 問題を解決するためには、質問に対する工夫が必要だ。

4 難題の解決と発展のためには、受信者を無視してはならない。

(3)

現代社会は速度の社会とも言える。時間を効率的に使用するための最も重要な要素は集中力である。最近では、集中力を高めるための様々な方法に関心が高まっている。その中でも食べ物の摂取を通じた集中力の向上が注目されている。ある会社の研究結果によると、脳が必要とするエネルギー源はブドウ糖という。夜にも休まず、活動を続けている脳の作用により、人間の体内に蓄積されたブドウ糖は朝になるとほとんど消耗されてしまう。ブドウ糖が豊富に含まれている食べ物を摂取することにより、持続的に変わっていく現代社会の速度に引けを取らない敏捷(びんしょう)(注)性を維持できるようになる。

(注) 敏捷(びんしょう)：理解や判断が早いこと。また、そのさま。

3 この文章で筆者が一番言いたいことは何か。

1 忙しい日常でも必須ビタミンを十分に摂取できる食事を疎かにしてはならない。

2 体内に蓄積されたブドウ糖の成分を通じ、脳の活性化を促進させることができる。

3 食べ物の摂取が脳の活性化による集中力の向上に役に立つ。

4 集中力を維持するためには、体内に蓄積されたブドウ糖の消耗を抑えなければならない。

(4)

内向的な人々の思考のメカニズムは、外向的な人々とは大きく異なる。内向的な人々は自分を代弁することに慣れていないから、外向的な人々に誤解される場合もしばしばある。また、自分だけの空間を大切に思い、その空間に侵入する人に恐怖を感じ、自分を理解してくれない人を恨む場合も多い。このような内向的な性格を改善しようとする人には、他の人に自分からあいさつをする行動が、良い解決策に繋がることもある。しかし、その場合重要なことは、あいさつをする行為自体に意味があるのであり、相手の反応を期待してはならないということである。他人の視線に萎縮されず、もう少し自分が思うように行動してもよい。あなたが考えているよりもはるかに、あなたに関心がない人が多い。

4 本文の内容に合っているものはどれか。

1 消極的な性格を改善するための最も良い方法は、挨拶する仕方を変えることだ。

2 他の人の視線と反応に、あまりにも敏感に反応をする必要はない。

3 内向的な人々の行動を非難して、厳しい評価をすることは正しくない。

4 他人を配慮しながら、本人の幸せを追求する方法を探すことが重要だ。

정답 1③ 2③ 3③ 4②　　해석 및 해설 별책 p.25

問題 8　次の(1)から(4)の文章を読んで、後の問いに対する答えとして最もよいものを、1・2・3・4から一つ選びなさい。

(1)

以下は、ある会社が取引先に出したメールである。

> 桜株式会社
> 営業部 佐藤 弘 様
>
> 南物産株式会社
> 営業部　安部　太郎
>
> 拝啓　貴社、益々ご清祥のこととお慶び申し上げます。
>
> さて、2月17日付で発送いたしました製品に不良品が混入していたとのことで、貴社にご迷惑をおかけしてしまい、心よりお詫び申し上げます。その製品につきましては、新しい製品に交換し、弊社の工場より製品が準備でき次第、直送させていただきます。今回発生した事態の原因究明につきましても、徹底的に調査をいたします。
>
> 今後は、このような間違いがないよう、誠心誠意に品質管理に努めてまいる所存です。ご不明な点がございましたら、何なりとお申し付けください。今後ともご愛顧をいただきますよう、よろしくお願い申し上げます。
>
> 敬具

1　このメールから分かることは何か。

1　工場側の納品間違いにより、製品交換に支障が発生した。

2　取引先への納品の手違いの謝意とその原因を究明する。

3　新しい製品の交換のため、工場の日程の調整が必要である。

4　納品した製品に異常が発生し、代金を賠償しなければならない。

(2)

以下は、ある会社の社内メールの内容である。

回覧

歓迎会のご案内

お疲れ様です。人事部の北川です。

さて、このたび、新しく赴任された高橋支社長と、今年度の新入社員の皆さまの歓迎会を下記のようにとり行うこととなりました。よりスムーズな業務を行うためにも、お互いの親睦を深める絶好の機会と存じます。お忙しいとは存じますが、ぜひ、ご参加いただきたく思っております。なお、準備の都合上、出欠につきましては、別紙に書き込んで頂き、4月6日までに幹事あてご提出ください。ご協力よろしくお願い申し上げます。

記

日時：４月２０日(金)１９時～２２時
場所：サクラホテル　3階
電話：０３２−１２３４
会費：4,500円（新入社員は無料です。）
幹事：人事部　北川

2 この文書の内容に合っていないものはどれか。

1 新入社員を除いて、すべての人は会費を支払わなければならない。

2 この文書の目的は、新入社員たちの歓迎と社員たちの親睦である。

3 決まった期限内に、出席の如何を幹事に知らせなければならない。

4 歓迎会に出席できない人も、担当者に書面提出しなければならない。

(3)

以下は、ある高校が出した公開授業参観に対する案内の文書である。

20XX年 11月7日
東京桜高等専門学校　教務主事

11月21日（火）・22日（水）の公開授業参観のご案内

日頃より本校の教育活動にご理解とご協力を賜り、厚くお礼申し上げます。

さて、本校では、11月21日(火)・22日(水)におきまして、下記のとおり公開授業参観を実施いたします。本校受験を考えている小中学生やその保護者の皆様、在校生の保護者の皆様には日頃の本校の授業を参観する良い機会と存じます。ご多用中とは存じますが、どうぞご来校いただきますよう、お願い申し上げます。

記

- 公 開 日：11月21日(火)・22日(水)
- 公開時間：8時50分から16時00分まで
  ※ 開始時間の20分前に3階の演習室にお集まりください。
- 公開場所：東京桜高等専門学校
  校内の教室、体育館、グラウンドなど（案内資料は受付にて配布予定)。
- 申し込み：不要。来校されましたら、受付にお寄りください。
  ※ 受付は1階の学生課前にございます

3　この案内文の内容に合っていないものはどれか。

1　二日にわたって実施される公開授業参観の案内文で、対象が限られている。

2　公開授業参観に関した日付と時間が明確に記載されている。

3　授業開始20分前には、公開授業参観の申請をしなければならない。

4　学校施設を見学することができ、学校に関する資料が無料で提供される。

(4)

以下は、ある会社の社内メールの内容である。

社員各位

お疲れ様です。経理部の吉岡です。出張費精算について、経理部からお願いです。最近精算表を提出の際、領収書の貼り忘れ等の不備が目立ちます。提出される前に、改めて確認するよう、お願い致します。

尚、今月分の出張費精算書の提出期限は、５月２９日(火曜)までとなっておりますが、営業Bチームはまだ提出されていないようです。 経理事務の都合上、至急提出をお願い致します。

より効率的な業務処理のために経費請求システムの点検を６月１２日から３日にわたって行いますので、精算書の提出に支障が予想されます。ご不明な点がありましたら、経理部の吉岡(内線203)まで、お問い合わせください。

以上、よろしくお願い致します。

4 この文書の目的は何か。

1 営業部の出張費領収書の添付に関する催促と、経理部のシステム点検の案内

2 出張費精算書の提出期間の厳守に対するお願いと、経費請求システムの点検案内

3 経理部の業務処理のためのお願いと、経費請求システム点検の案内

4 経理部システムの再編成のためのお知らせと担当者の変更に対する案内

정답 1② 2② 3③ 4③ 해석 및 해설 별책 p.29

問題 9

내용 이해(중문) 실전 연습 ❶ – 설명문, 지시문 [/ 6]

問題 9　次の(1)から(3)の文章を読んで、後の問いに対する答えとして最もよいものを、1・2・3・4から一つ選びなさい。

(1)

一般の人々が普通知っていたり、知るべきである知識を常識という。法的な効力を持っているわけではないが、世の中を生きていく上で、もう少しうまく生きていくための潤滑油のようなものだ。また、幼い頃から詰め込まれてきたもの、長い時間と労力をかけて作られた人間の行動規範のような感じもする。常識的ではない行動や、そういう人は非難されやすい。たまにニュースで見られるような反人間的な行為を犯した人は、常識という枠組みから大きく外れた行動をしたことに対して大衆から非難を浴びる。常識を持っていない者は、集団の一員、組織の構成員としてふさわしくない判断を受けてしまう。

常識を疑う行動は非常に難しいことだ。長い時間をかけて作られた常識は、集団催眠と類似した面もあり、既存の権威に挑戦する危険要素と見なされやすいからだ。だが、誰がいつ作ったのかも分からないもの、疑いの余地なく当然視されるものには、警戒が必要だ。新しい進化と発見ができる人は、常識に抗い、疑う人のみだ。昨日までは常識だったことが、今日はすでに常識的ではなくなってしまうケースが増えており、さらに速くなりつつある。今よりも発展した世界を作り、より良い決定を下したいのなら、従来の当然の常識と見なされることを疑わなければならない。常識は無欠の完全なものではない。

1 筆者によると、常識とはどういうものか。

1 必ず知っておくべき基本的な規則や原則のようなもの

2 長きにわたって、様々な検証をもとに作られたもの

3 子供の頃の洗脳によって作られる、集団催眠のようなもの

4 人間としての生の営みを、もう少し楽にしてくれるもの

2 常識を疑うことについて、筆者はどのように考えているか。

1 誤った知識を正し、人間の発展可能性を提示することができる。

2 集団的催眠のような危険な要素を、事前に取り除くことができる。

3 疑いに先立ち、正しい情報であるかに関する警戒が必要だ。

4 新しい権威を創造し、人間の暮らしを豊かにしてくれる。

(2)

他の文化を受け入れることを厭(いと)わない日本は、食器においても和食器よりも重さのある洋食器文化が主流を成し始めた。洒落ていて華やかな西洋式のライフスタイルに憧れる若い夫婦の増加により、和食器の販売不振につながってしまったのである。またそれに伴って居間で一緒に食事をするスタイルから、台所という空間で食事をするスタイルに変わっている。（中略）

日本は良質の土を焼いた陶器の食器文化を持っている。自分の器を手で持って食べる日本の食文化により、軽くて質感のいい器を好むようになったと見ることができる。西洋では石を砕いてできた石の粉が主な材料になる磁器が、食器の大半をなしている。また、器を置いてフォークとナイフで食べるので、食器が傷つかないように硬度が優れている。一方、主に木で作られた箸を食事の道具に使用している日本は、食器の硬度を考える必要がなかったのである。陶器に慣れている日本人は、洋食器を持ってご飯を食べる場合、思ったより重さを感じることもあると思う。（中略）

日本は四季があり、自然や食べ物や和食器からも季節感を感じることができる。季節にふさわしい色合いの食器を使うことにより、口先だけで食事を楽しむのではなく、目を通して料理の味を一層豊かにすることが、日本の食文化である。一方、用途に応じた容器の種類が多いため、一回の食事には多くの食器が必要になり、その後の食器洗いも大変である。しかし、余裕ある食事を楽しむことができる環境作りが簡単ではない現代社会の流れが、その国の固有のものを押し出す現象が、残念でならない。

3 日本の食文化と西洋の食文化に対する説明のうち、正しいものはどれか。

1 西洋ではフォークとナイフの使用によって、硬い食器を使うようになった。

2 日本では良質の土を利用することにより、質感と耐久性の優れた食器を使用してきた。

3 西洋におけるほとんどの食器は磁器で、軽くて丈夫な食器の使用を好んでいる。

4 日本の食事道具の箸は主に木で出来ているため、質感を強調したものが多い。

4 この文章で、筆者が一番言いたいことは何か。

1 季節ごとに温度と環境に合った食器を使用することで、食べ物の味をもっと豊かにすることができる。

2 季節ごとに味わうことができる食べ物は制限されているため、時期に合う材料の選択が優先されるべきだ。

3 現代社会は変化が必要な時期であるが、固有の文化を守るための努力も必要だ。

4 料理の種類に合う多様な食器を備え、食器の色についても考慮した方がいい。

(3)

日本も、西欧化の影響により、肉食中心になりつつあるが、タンパク質が豊富に含まれた肉に対する消費促進が、地球環境に良くないということを認知している人は多くないだろう。ある国の研究によると、牛からタンパク質1ポンドを得るためには、21ポンドに当たるタンパク質が必要であるということが分かったという。天然資源の量が限定されているということを考慮すると、とても非効率的なメカニズムであることに違いない。飼育されている牛は一日に15キロ以上の草を食べたり、10キロ以上の穀物飼料を食べる。中央アメリカでは、牛を育てる牧草地を作るために森を燃やしている。

地球温暖化の主原因である温室効果ガスの比重を最も多く占めているのは水蒸気、二酸化炭素、メタンガスの順である。牛一頭が排出するメタンガスの量は、年間50キロで、これは、全世界メタンガスの排出量の約20%に迫っている。アメリカのカリフォルニア州では、牛を飼う牧場にメタンガス処理施設の設置を求める法案を通過させた。多くの酪農業者たちの反発を招いたが、地球温暖化防止に大きな役割を果たすことは否定できない。また、牛によって排出されるメタンガスを、効果的なエネルギー源として使用する研究も行われている。（中略）

海水面と水温の上昇で、地球の生態系においては激しい変化が起きている。地球環境の危機と温暖化現象に、我々の食習慣の変化も大きな役割を果たしている。食べたい肉を思い切り食べることの代わりに、環境に優しい食習慣を持ったほうがいいと思われる。

5 非効率的なメカニズムが指すものは何か。

1 肉類から得られるタンパク質の量は、魚に比べて効率的ではないということ

2 牛の飼育のためには、多くの量の水と飼料が必要であるということ

3 牛から得られるタンパク質の量に比べ、飼育に必要なタンパク質の量がはるかに多いということ

4 牛が生息できる環境を作るために、多くの労働力が求められるということ

6 この文章で、筆者が最も伝えたいことは何か。

1 偏向的な食習慣の変化により、地球が脅かされかねないということを警戒するべきだ。

2 肉類のほかに、たんぱく質を得ることができる食材料に関する考察が必要だ。

3 海水面と水温の上昇を予防することが、地球温暖化の対策となりうる。

4 地球温暖化により、動物だけでなく、植物の絶滅も行われている。

독해

정답 1④ 2① 3① 4③ 5③ 6①

해석 및 해설 별책 p.34

問題 9　次の（1）から（3）の文章を読んで、後の問いに対する答えとして最もよいものを、1・2・3・4から一つ選びなさい。

(1)

足りない自分の姿に向き合ってしまったとき、自己批判をしてみるのもいい方法だ。今している行動についてのことや、今日決めた大小様々なことに関しても構わない。批判を通して足りない部分に気付き、そこを満たしながら成長していくのだ。自分を批判できない人は、自分の非力を絶対に満たせない人だと言える。時には、批判と非難を混同する人もいる。批判は非難のように否定的な言葉として考える人もいるが、実は全く異なる。

批判は、客観的な基準や根拠がなければならず、その客観性を失う時は非難に変わりやすい。相手への配慮があれば、批判の範疇（はんちゅう）に入り、配慮がなければ非難に近いとも言える。少しでもその批判の対象に感情が生まれた場合にも非難になりがちだ。自分を批判するということは、客観的な基準を持ち、自分の配慮がなければならず、感情に振り回されてはならない。自分を非難するのは非常に危険なことだ。自尊心の低下につながり、外部からのフィードバックを受け入れにくくする。自分の声に耳を傾けようとしない状況で、他人からの助言や批判はますます受け入れにくくなってしまう。

1 自己批判をしてみるのもいい方法とあるが、なぜか。

1 他人の視線で、自分を振り返ることも時には必要だから

2 足りない部分を埋めていき、批判との混同を避けることができるから

3 自分の未熟な部分に気づき、補うことができるから

4 成熟した自我の成長に必ず必要で、一日を反省することができるから

2 非難と批判に対して、筆者の考えに合うのはどれか。

1 非難と批判の両方とも人を成長させるためには必要なものだ。

2 感情に傾いた批判は、自尊心の低下につながる可能性がある。

3 自分に対する非難せずに正確な基準に基づいて批判していくべきだ。

4 他人の助言や非難を、絶対受け入れる必要はない。

(2)

もう長いこと教壇に立っているが、教えている最中にぎくりとすることがある。ある分野の専門的な知識を長く積んできたとしても、その知識を展開する過程で発生しやすい過ちが多いからだ。僕の考えと主張がところどころ混じって出てくるのだ。僕の主張が、生徒たちの主張になってはならない。教育は、ある面においては一種の催眠のようなものだという思いがする。生徒たちは先生の言うことを盲信する傾向があり、誤った知識と思考の伝達によって、真実とは全く違う真実の姿で彼らにつくこともありうるからだ。

僕は授業中に一方的な授業展開による生徒たちの退屈さを紛らわすためや熱中しすぎることを防止する目的で、冗談をよく言う。しかし、そんな冗談までメモする生徒もいる。そういう姿を見たら、先生という職業にさらに使命感を持つと同時に言葉と行動は慎重になる。喫煙場所であるにもかかわらず、周囲を見回し、はらはらしながらタバコをくわえたことがある。僕の行動は犯罪に当たるものでもなく、生徒たちから自分の姿を隠すための行動でもなかった。ただ、タバコを吸っている人に対する偏見によって、彼らと僕の間の信頼感が消失することの心配からだった。

人を教えるということは、とても大変で重要なことだ。教える者も教えられる者もそれぞれ違った人格を持った独立した個体であるからだ。完璧な考えや教えなどはないのだ。授業に集中し、熱心にメモして、熱情に満ちた眼で僕を見つめている生徒を見ると、殊勝(しゅしょう)(注)と応援の心も生じるが、心配になることも多い。先生の考えや意見を批判と洞察(どうさつ)なしで学習してしまうのは、良くない学習につながりかねないためだ。

(注) 殊勝(しゅしょう)：心がけや行動などが感心なさま。けなげであるさま。

3 筆者はなぜ、教育は、ある面においては一種の催眠のようなものだという思いがすると述べているか。

1 一方的な知識伝達の教育によって、催眠にかかることもありうるため

2 指導を受けている人は、教える人を無条件的に信頼する恐れがあるため

3 真実を隠して偽りで教える行為は、教育を受ける人に良くない影響を与えやすいため

4 人の口から出てくる知識は、伝える過程で多様な過ちが発生しやすいため

4 筆者は、教わることについてどう述べているか。

1 すべての先生が、同じパターンと考えを持っていることはありえないことだ。

2 情報の正確性だけでなく、受容の過程にも注意を払わなければならない。

3 生徒たちは、それぞれの個性と人格を持っているということを認識しているべきだ。

4 生徒に間違った知識を伝達しないために、常に努力しなければならない。

(3)

家族を含め、自分が属している集団、または群れでは役割を強いられる。俗世から完全に離れた所で、一人で自給自足しながら生活しない限り、人や社会との関係から自由にはなれない。国や社会、集団からの完全な独立というのは不可能に近いもので、私たちは自分も認知できない状態で、多くの人々と関係を結んで生きていく。他人と関係を結ぶことになれば、もちろん肯定的な面もあるだろうが、大なり小なり摩擦が起きることになり、この摩擦が悲しみ、猜忌(さいき)、嫉妬、イライラ、不快、恐怖、ストレスなどの否定的な感情に影響を及ぼす。人間はこのような感情から解放されることはできず、何とかうまく交わりながら、抑えながら生きていかなければならないのだ。

ストレスに代表される否定的な感情を解消する最善の方法は、その分の肯定的な何かを得ることだ。それも他人と関係を結ばないのならなおさらだ。つまり、一人でよく遊べなければならないということだ。美術、書道、工芸などの自己啓発とは観点が少し異なる。もちろん、それが我慢できないほどの楽しさと喜びを与えるのなら論外だろうが、そうでない場合には、ストレスの原因が一つ加わるだけだ。自分に安らかで幸せな瞬間を作ってあげること、あるいはいかなる負担も感じない遊びが必要だ。他の人とは隔離された空間や時間で、ひたすら私にだけ集中できる、いや、自分のことさえ忘れさせてくれるものを探すべきだ。幸せな人生というものに興味があるなら、人生のほとんどを共にする、もしかしたら全てとも言える、自分にもっと関心を持ってみてはどうだろうか。

5 他人との関係について、筆者が述べていることはどれか。

1 特定の役割を強いられて、一人では振り払うことができない。

2 国や社会等の組織における関係は否定的な要素として作用する。

3 肯定的な影響よりは、主に摩擦による否定的な感情を持たせる。

4 長い人生を送るにあたって、仕方なく伴わなければならない。

6 筆者が言いたいことは何か。

1 自分への関心を高めることで、幸せな人生を作ることができる。

2 ストレスを解消するために、自分の役に立つことを学ぶべきだ。

3 自分に喜びや楽しさの感情を与えることを発見しなければならない。

4 他人と完全に隔離することで、良くない感情を解消することができる。

정답 1③ 2③ 3② 4② 5④ 6①

해석 및 해설 별책 p.40

問題 10

내용 이해(장문) 실전 연습 ❶

[　　/ 3]

問題 10　次の文章を読んで、後の問いに対する答えとして最もよいものを、1・2・3・4から一つ選んでください。

以下は、ある大学の教授が聞くことに関して書いた文章である。

上手に話すのが長所だった以前とは違って、今は聞くことの重要性が強調される時代です。自分の主張だけを掲げる人や企業は成功しにくい時期になったということでしょう。問題解決のための基本は、要求する内容を聞くことです。ただ聞くのではなく、よく聞くことが必要です。対話を通じて発信者が要求することに気づくべきであり、相手の感情やイントネーション、ニュアンスからより具体的な情報を得なければなりません。よく聞くということはそれだけ難しいですが、ものすごい価値のある武器です。

今の時代は発信が飛び交う時代です。スマートフォンの台頭とともにSNSの躍進が目立ち、公共放送ではなく、私的な領域から発信される放送や映像はその数が計り知れないほど多いです。誰かに向かって話し続ける人だけが増えているということです。自分が被害を受けたやるせない思いを分かってほしいし、自分の悩みや不満を思う存分発信して、自分という人に対して知ってほしい時代になりました。そして発信の形態は非常に多様で、直接的な対話以外にも、本、音楽、映画などもすべて発信の領域と言えます。映画監督、本の著者、音楽の作曲者などからも、公衆に自分のメッセージや言葉を伝えてほしい発信者の姿を見ることができます。しかし、発信者は受信者がいないと存在できないことを知るべきです。自分が言いたいことを、誤解や偏見なく、よく聞いてくれる人が必要だということです。自分の言いたいことを聞いてくれる人がいなければ、発信というものは何の意味もない行動です。

(中略)

ほとんどの人は、耳という部分の数多くの器官を通じて音を聞くことになります。先天的な障害のない人なら、誰でも聞く能力が与えられているということです。しかし、ただ聞くことと、よく聞くことは全く別の話です。よく聞くためには、相手の言葉に注意を払う必要があり、相手の感情に共感できなければなりません。相手を見つめていなかったり、意識が他のところに向いていて集中できなかったり、どんな内容なのか理解しようとする努力なしには聞ける力を育てることができません。また、相手の言葉を途中で切らず、最後まで聞くことも大切です。よく理解できない内容については、傾聴した後に丁寧に質問をしたり、確認をするのも良いでしょう。このような訓練の弛(たゆ)まない反復を通じて、よく聞く人になることができます。

一目瞭然に話せる人はあまりいません。その結果、自分が発信したことによって意図しない誤解を招いたり、誹謗を浴びたりします。文法の誤り、単語の誤りなどで飾られた難しい発信内容と、その正体が分からない数多くの危険な発信から自分と自分の財産を守り、その中で意味のあるものをよく聞くことができなければなりません。よく聞く人が必要な時代になりました。

1 発信について、筆者はどう考えているか。

1 自分が言おうとしていることを、分かりやすく表現すべきだ。

2 様々な人々に、自分が伝えようとするメッセージを伝えるべきだ。

3 発信した内容を受け取る側があってこそ意味を持つ。

4 相手の感情や情報をよく聞いてから行われなければならない。

독해

2 筆者によると、よく聞くためにはどうしなければならないと述べているか。

1 先天的な障害がなく、感覚器官に損傷があってはならない。

2 どんな内容なのか把握するために意識を集中しなければならない。

3 相手に集中して、見なくても感情を共有できなければならない。

4 相手の話を最後まで聞いてから、その意図を確認しなければならない。

3 よく聞く人が必要な時代になりましたとあるが、なぜか。

1 危険な内容を分別し、必要な情報だけを選ばなければならないから

2 意図しないミスによって、相手に誤解されてはいけないから

3 情報を正確に伝えて受信するためには、絶え間ない訓練が必要だから

4 エラーによって歪曲された情報の本質を把握しなければならないから

정답 1③ 2② 3①　　해석 및 해설 별책 p.46

問題 10　次の文章を読んで、後の問いに対する答えとして最もよいものを、1・2・3・4から一つ選んでください。

すでに作られた固定的な概念が自由な思考を妨害するという意味を持つ先入観。先入観に対する辞書的な意味は、多少否定的であると言える。また、正しい主張のためには、先入観を抜きにして対象を見なければならない、先入観を持ってはならないという言葉を、誰もが一度は聞いたことがあるだろう。つまり、先入観とは、辞書的な意味だけでなく、ほとんどの人々にも否定的な認識が強いということである。

先入観を入れずに自己主張をするためにはどうしたらよいのだろうか。先入観は一種の情報と同じようなものであり、ほとんどの人が、十分に共感できるような事実といえる。問題になるのは、自由意思のためには先入観というものを排除させなければならないという主張である。つまり、ほとんどの人々の共感の枠組みで作られた情報を警戒し、自分の考えはこれとは異なるということを証明してはじめて、先入観の枠から脱した自由な思考を展開することができるということである。

ある話題について自分の主張を言う時に、必ず必要なものが情報である。いくらでも収集可能な多くの情報には、大勢の人の共通意見、又は共感の内容が必ずといって良いほど、含まれている。これがなければ、その情報を信用すること自体が問題になるからである。だが、こういう情報を集めるとき、また再び先入観による問題が発生する。自分に必要な、自分の望む情報のみを得ることは不可能なのだ。情報というのは、主に文章から収集されるが、そこには情報だけでなく、この文を書いた人の主張も共に入っているためである。その思想や主張を受け入れるか、批判するかは完全に本人にかかっているにもかかわらず、影響を一切受けないとは言えないのである。

先入観を否定する人々の論理から言えば、自分の考えを、先入観の影響を排除して語るには、自ら体験するしかないのである 。自分の体験を除き、それに対する事前の知識が全く無い時、すなわち、他人の意見に一切接していない時に出るのが純粋な自分の主張というわけである。先入観というのは、必ずしも悪いことばかりではない。先入観とは、言い換えれば、常識または知恵でもある。常識や先祖たちの知恵のおかげで、経験したことがない良くない現象に、十分対応ができるようになった。先入観なしに本人の考えを語れと教えるのではなく、先入観まで十分に考慮して考えた後、自分なりの主張を語るように指導することが必要である。

1 自由意思のためには先入観というものを排除させなければならないとあるが、なぜか。

1 他の人たちの共感を得られない意思は正しい意思ではないため

2 自分の主張は、他の人の考えに影響を受けていてはならないため

3 一般的な常識として認識されていることとは異なる主張をしなければならないため

4 先入観に対する批判なしには、自己主張と言えないため

2 この文章で、筆者が考える情報に最も近いものは何か。

1 多様なメディアを通して得られるもので、自分の共感と同意が成立しているもの

2 他人の思想に影響されていないもので、体験の客観性だけを維持しているもの

3 信用性に問題がないもので、文を作成する筆者の主張と意見があるもの

4 印刷媒体やインターネットを通して収集可能で、検証された内容が含まれているもの

독해

3 この文章で、筆者が一番言いたいことは何か。

1 他人の意見に頼らず、素直な自分の感情を十分に表現しなければならない。

2 先入観に対する否定的な思考を持たせる教育はやめるべきである。

3 先入観の概念の中に、一般常識と知恵まで含まれていることを知っておくべきである。

4 自分の考えを表現する時は、十分な情報収集が必要である。

정답 1② 2③ 3②

해석 및 해설 별책 p.49

問題 10　次の文章を読んで、後の問いに対する答えとして最もよいものを、1・2・3・4から一つ選んでください。

人生の成功のために、実現の可能性もない目標を立てる人が多いが、目標は、ある程度実現可能なものでなければならない。そして、自分の価値観からはずれる目標も、やはり正しい目標とは言えない。①このような種類の目標は、ある事件やきっかけによってそれまでの自分の人生を否定するためのものであったり、一種の報復行為のために建てられる目標だったりする可能性が高い。しかし、自分の過ちを悟り、反省する過程を経て、生活を改善するためのことなら、歓迎すべきことである。このように今までの人生を完全に覆すことではない目標を立てるのであれば、先に自分の性格と能力を把握しておかなければならない。最終目標を立てることも重要だが、その目標に到達するための中間目標や段階目標も共に立てた方が良い。

(中略)

新しい年が始まると、目標を立てる人は多いが、それを実現するための期限のことまで考える人は少ない。仮に運動に対する目標を立てるのであれば、前もって運動の目標と期限を決めておくのである。そうすれば、そのための中間目標とその下位概念である段階目標も立てやすくなる。期限を確実に決めておくことにより、達成感も得やすくなる。このような達成感を通して次の目標に行ける力を得ることができ、最終目標にも到達できるようになるのである。ここで留意すべきことは、最終目標を忘れて目の前の目標にのみとらわれてしまう行為である。(中略)

目標の達成よりも過程の方を重要と考える人もいるが、失敗した目標は良くない影響を与える可能性が非常に高い。目標に向かって疾走(しっそう)していたすべてのエネルギーや力は、その間の苦労に対する補償を求めるようになり、それが誤った方向に変質する場合が多いからである。事業に失敗した人が、自殺を選択したり、犯罪に踏み込んだりする行為も、このような②補償心理から始まったのである。

目標を達成するために必要な過程も重要だが、最も大切なことはやはり正しい目標を立てることである。正しい目標というのは、自分を成長させるとともに、家族や地域共同体に利益を与える目標であるといえる。自分の欲求実現のための目標をたてることが、社会に害を与える結果をもたらしてはならない。目標を立て、それに向けて努力する全ての人を応援したいが、社会に否定的な影響を与えながら、ただ自分だけのために努力して精進する人は応援したくない。

1　①このような種類の目標とはどのような目標なのか。

1　これから先の人生に大幅な変化が予想される目標

2　実現可能性がある程度予想される目標

3　自己反省を通じて再誕生した最終目標

4　最終目標に到達するための中間段階の目標

2　②補償心理について、筆者はどのように考えているか。

1　自ら定めた期限内に目標を達成することによって得られる満足感

2　達成できなかった目標の失敗の原因を合理化しようとする努力

3　目標の失敗による損失を他の目標から復旧しようとする心

4　目標の達成と失敗をすべて考慮して、過程と時間を最小化するための努力

3　筆者の意見と合っているのはどれか。

1　目標というのは、他人の助けになることができるものでなければならない。

2　成功的な目標達成も重要だが、そのための過程も非常に重要である。

3　失敗に対する危険性を認知して、目標達成のための段階を作ることが重要である。

4　自分の目標のために、他の人に被害を与える行動をしてはならない。

정답　1①　2③　3④　　해석 및 해설 별책 p.52

내용 이해(장문) 실전 연습 ❹ [　　/ 3]

問題 10　次の文章を読んで、後の問いに対する答えとして最もよいものを、1・2・3・4から一つ選んでください。

非営利を目的とする会社を除いて、大半の会社は、利益追求を会社の一番重要な運営目標として規定している。複雑で様々な会社の運営の指針を簡単に要約すると、製品を売って利益を残すことが目的だということである。製品を売るために、消費者が欲しがる製品を作るための開発部と、その製品を人々に売るための営業部が会社の中枢であると言える。どんな企業であれ共通の悩みは製品の売り上げを増やすことである。会社の規模にかかわらず、①この問題から解放される会社は皆無である。

自分の会社だけが良い製品を販売しているのであれば、申し分ないが、惜しくも、どの会社も競争の仕組みから脱することはできない。他社と競争して製品の売上の増加を達成するためには、効果的な営業が欠かせないのである。会社のすべての部署のうち、最も大変な部署は営業部だと断言できる。厳しい自然環境の中でも、外を歩き回らねばならず、競争会社の営業と、最後には自分自身と戦わなければならないのである。離職率と退社率が最も高いという営業マンになるためには②特別な何かを持っていなければならない。そうでなければ、食物連鎖(しょくもつれんさ)[注1]のような苛酷(かこく)な環境で生き残ることは不可能であるから。自分だけの営業技術を持っていない人を決して許容しない世界がまさに営業の世界である。

脳性麻痺(のうせいまひ)[注2]という致命的な欠陥を持っていたにもかかわらず伝説の販売王になったビル・ポッターという人がいる。右手に障害を持っていた彼は、左手でかばんを持ち、左手で製品を取り出した。数多くの困難な条件を克服して、年間売上４万３千ドル(約６００万円)を達成した彼の記録は、今もその会社の最高記録として残っている。55年という間、営業の世界で過ごしてきたその男が言った有名な言葉がある。「忍耐して、忍耐して、最後まで忍耐せよ」。私はこれこそ営業の技術であり、精神であると言いたい。

営業の世界で断りと無視はつきものである。自社の作り出した製品が、ライバル企業のものに比べて劣るという考えを持ってはならない。その場で成果を実現できず、契約できなかったのは、ただその人にもっと必要な製品を持って来られなかっただけであり、その代わりに改善が必要な製品のアイデアも得ることができる。焦りを捨て、忍耐の営業ということを忘れなければ、あなたも伝説の営業マンになることができる。

(注1) 食物連鎖(しょくもつれんさ)：自然界における食うものと食われるものとの一連の関係。
(注2) 脳性麻痺(のうせいまひ)：筋肉の動きや運動機能の障害を症状とする疾患。

1 この文章で言う、①この問題が指すものは何か。

1 会社の利益を増やすために、成功的な販売を収めなければならない問題

2 多くの製品を売るために、定期的に部署を再編しなければならない問題

3 消費者の希望する商品を作るための制度改善が行われなければならない問題

4 会社の営業方針を設定して、下位部署の仕組みを整備する問題

2 ②特別な何かを持っていなければならないというのはどういう意味か。

1 会社内部の競争で淘汰されないためには絶え間ない自己開発が求められること

2 業務の特性を完全に理解して、外勤の厳しい環境に耐えられる精神力が求められること

3 競争で生き残るために、自分の長所になることができる能力を養わなければならないこと

4 肉体的にきつい営業の仕事を耐えられる体力を育てなければならないこと

3 営業について、筆者が一番言いたいことは何か。

1 目の前の成功にだけ執着しないで、消費者に無視されるのを恐れてはならない。

2 成功のためには、消費者の要求と市場の需要を調べられる洞察力が必要である。

3 営業の競争で勝ち残るためには、失敗を通じた分析と改善が必ず必要である。

4 自分が勤務している会社の製品性能について疑ってはいけない。

정답 1① 2③ 3①

해석 및 해설 별책 p.54

종합 이해 실전 연습 ❶

[　　/ 2]

問題 11　次のAとBの文章を読んで、後の問いに対する答えとして最もよいものを、1・2・3・4から一つ選びなさい。

A

　科学の発展は今や、望む人間を作り出す段階にまで至った。実際、ゲノム編集技術を利用して、2018年に中国で双子が生まれた。HIV、すなわちエイズの感染に関与する遺伝子が除去されたまま生まれたのだ。理論上、この双子はHIVの病気から解放されたと考えられる。これが果たして、子供たちにとって幸せなのだろうか。ちなみに、この子たちについては全く知られていない。無事に生まれたのか、どんな人生を送っているのか全く分からない。

　人間は、ある種の危険に備えることに最も適した動物である。そして、その能力こそ、現在の人類を誕生させた原動力といえる。命を脅かす数多くの動物、自然、病気と闘った末に得た戦利品なのだ。これからは努力しなくても結果が得られるようになった。人間の欲にはキリがない。人間は興味本位といたずらで同じ生命体を殺すことができる存在だ。

　金の力と貪欲は、人の命をなんとも思わない権力まで生んでしまった。ゲノム編集を利用して、不死を夢見る悪党が、いくらでも現れる可能性がある。病気や老衰により、新しい臓器が必要な時、それに代わる人を作ることができてしまう。誰かの代替品になってしまった人間を、人間と呼べるだろうか。いくら悪魔のような犯罪者でも、死の前ではすべてが平等であったが、地球最悪の不老不死の犯罪者の誕生が次第に近づいているのだ。

B

先天的な病気を持って生まれた子供に対する親の気持ちはどうでしょうか。できるなら自分が代わりに病気になり、自分の臓器でも子どもにあげたいのが親の心です。生まれた時から死ぬ時が予測できたら、ちゃんとした人生を保てるでしょうか。ゲノム編集の技術を利用すると、死から子供や家庭を救うことができます。それだけでなく、革新的な医療発展につながり、これまで治せなかった病気を治すのにも大いに役立ちます。死んでいく人を助ける技術が生まれるのです。

人間の尊厳を守るために、遺伝子組み換えという技術が、まるで間違っているかのように考える人が多いです。人間を救うことほど偉大な技術はありません。私たちが開発してきた、開発している、開発すべきすべての技術は、結局のところ、人間の生活を守るための手段です。人間の尊厳性を保つという名目から尊厳死という死が作られましたが、オランダ、カナダなどのごく一部の国を除くすべての国は、今も尊厳死を法的に認めていません。人の命というのは、比較できないほど貴重なものだからです。

治療の目的としての遺伝子治療は、アメリカや中国、欧州連合などで臨床実験と治療法が承認されています。優れた外見や頭脳などを目的としたデザイナーベービのためではなく、当然治してコントロールしなければならない病気に関する遺伝子治療を、一日も早く受け入れなければなりません。

1　AとBの認識で共通していることは何か。

1　人間の命は、何よりも優先されなければならない。

2　人間の尊厳に害を及ぼす、遺伝子治療はしてはならない。

3　病気の治療のためには、倫理意識に基づいた実験が必要だ。

4　人間の欲を警戒しながら、子供に関する治療だけを許容すべきだ。

2　ゲノム編集技術について、AとBはど述べているか。

1　AもBも、人の命のためには許されるべきだと言っている。

2　AもBも、倫理的な厳しい統制下において臨床実験が行われるべきだと述べている。

3　Aはゲノム編集技術の悪用について述べ、Bは子供を除く治療目的で利用すべきだと述べている。

4　Aは遺伝子を利用した犯罪の可能性について述べ、Bは遺伝子治療に関する導入が急がれると述べている

정답　1 ①　2 ④　　해석 및 해설 별책 p.58

종합 이해 실전 연습 ❷ [/ 2]

問題 11　次のAとBの文章を読んで、後の問いに対する答えとして最もよいものを、1・2・3・4から一つ選びなさい。

A

貿易において重要なのは、その国の事情を十分に考慮してから、輸入する品目と輸出する品目を定めることである。このような貿易の分野において、自分の国だけのための保護貿易は、国家間の葛藤や世界市民意識を妨害する大きな要因となっている。また、保護貿易の高い関税の賦課(ふか)(注1)を避けるために、密輸などの不法行為が後を絶たない。一方、他の国と貿易することで得られる利益で、それらの国に対する援護活動を行うことも可能になりうるのである。消費者は一つの品物を購買する行為が、企業や社会、国にいかなる影響を及ぼしているかについて自覚しなければならない。賢明な消費は、国家間の紛争を和らげ、世界平和に貢献することができる。

(注1) 賦課(ふか)：租税などを割り当てて負担させること。

B

今日の貿易は、国の経済、技術、資源の差によって、比較優位(ひかくゆうい)(注2)が発生する。このような比較優位が発生している国のほとんどは、いわゆる先進国である。一方、あらゆる国の政策の基本は、自国民のためのものでなければならない。貿易においても同様であるが、現代社会の経済メカニズムは、富裕な人が、さらに富を蓄積できるシステムである。したがって、豊かな国は相対的に貧しい国を保護していかなければならないのである。保護貿易によって、貧しい国が富裕になれる資本を提供し、最終的にそれらの国が経済的に豊かになれば、それらの国に役立ったことになるのである。人間は一人では生きていくことができないが、国も同様である。

(注2) 比較優位(ひかくゆうい)：相対的に優越した位置にあること。

1 保護貿易について、AとBはどのような考え方を持っているか。

1 Aは国家間の競争に不要なことだと考え、Bは撤廃されなければならないことだと考えている。

2 Aは効率的な貿易のためには必要なことだと考え、Bは不要な紛争を招くことだと考えている。

3 Aは国家間の摩擦を引き起こすことだと考え、Bは国民を保護するために必要なことだと考えている。

4 Aは貧しい国の経済に役立つことだと考え、Bは、先進国の経済に役立つことだと考えている。

2 AとBは、貿易の方向性についてどう述べているか。

1 Aは消費者の意識の変化が必要だと述べ、Bは比較優位を得るために、さらに力を入れるべきだと述べている。

2 Aは相対的に貧しい貿易協力国家の支援につながるべきだと述べ、Bは自由貿易強化で国民を保護するべきだと述べている。

3 AもBも、相対的に貧しい国に対する支援が必要だと述べている。

4 AもBも、公正な貿易を活性化させるためには、制度の改善が必要だと述べている。

정답 1 ③ 2 ③ 해석 및 해설 별책 p.61

問題 11 次のAとBの文章を読んで、後の問いに対する答えとして最もよいものを、1・2・3・4から一つ選びなさい。

A

握手を強要して、それを拒否するのは無礼だと考える人がいる。普通握手をする理由は、挨拶や感謝、親しみや仲直りなどを目的と理解することができる。それなら、握手の目的からは問題点を見つけることはできない。問題になるのは距離だが、握手をするためには非常に密接した距離を保たなければならない。つまり、極めて個人的な空間で行われる行為に、不快や不安を感じる人が多いということだ。愛する人や家族など、心理的に最も親密な関係だけが踏み入れる空間に他人を許可することは容易ではない。もし、上記の目的ではなく、脅威という行動が目的なら、握手というのは良い利用にもなりうる。握手を悪手として利用することもできるということだ。

風邪などの伝染性を持つウイルスは、手を介した感染症伝播の確率が非常に高い。病原菌にさらされた手は、自分も意識しないうちに、目や鼻、口などの体のいろいろなところに届くことがあるからだ。握手は、衛生面からすれば、非常に不適切な意思疎通の方法として見ることができる。

握手は、非常に一方的で高圧的なコミュニケーションだ。握手を拒否することに対して礼儀がないと思ってはいけない。握手したい人がいれば、様々な理由で握手がしたくない人もいる。相手に配慮して明確な目的と、それに見合った雰囲気を形成してから、握手という行動を提案することが良い。

B

握手の起源に関しては、はっきりしていないが、確かなことは、握手は善意を示すための行動であるということだ。自分の手に相手を攻撃したり、傷つけたりする、いかなる武器も持っていないことを証明するための手段であるからだ。握手は世界的な挨拶の方法でもあり、相手に対する尊重と礼儀はもちろん、相手を認める表現の手段でもある。野球やサッカー、バスケットボールなどのプロスポーツ、柔道や空手道などの格闘技、純粋なスポーツ精神を強調するオリンピック競技でも、相手チームの監督と選手たちは握手を交わす。相手に対する尊重の気持ちを表すためだ。

握手の仕方については、難しくてその方法を調べようとする人も多いという。ネットで検索してみると、握手の仕方や注意点について詳しく記述されているが、相手をよく見て思いやる気持ちさえ忘れなければ、その場所や状況におけるベストな握手の仕方が自然に見つかるはずだ。高圧的な握手や女性に性的羞恥心を抱かせるための握手、場所や状況に適さない握手は、犯罪にまでなりかねない非常に無礼で誤った方法だ。このような人は、いかなる形であれ関わらないことが望ましい。相手を思いやり、尊重の意味が込められていない握手は、何の意味も役割もなさない。

1 握手について、AとBはどのように述べているか。

1 AもBも、女性に握手を強要するのは正しくないと述べている。

2 AもBも、握手の仕方と個人同士の距離が大事だと述べている。

3 Aは主に握手という行為に対する批判に対して述べ、Bは主に握手の機能と方法について述べている。

4 Aは主に握手の短所について述べ、Bは主に握手の起源と注意点について述べている。

2 握手の仕方について、AとBの認識で共通していることは何か。

1 意思疎通の目的や文化によって握手する方法が変わることもある。

2 相手に対する思いやりや尊重の意図のない握手は、正しい意思疎通と見なすことができない。

3 相手を警戒し、状況や場所に応じた握手のマナーについて考える必要がある。

4 握手のためには手を衛生的に管理し、相手に害を与える過激な仕方は避けるべきだ。

정답 1③ 2②

해석 및 해설 별책 p.63

問題 11 次のAとBの文章を読んで、後の問いに対する答えとして最もよいものを、1・2・3・4から一つ選びなさい。

A

動物実験を通して犠牲にされる動物の数は、一年におよそ5億匹という。人間と動物が共有している疾患は、わずか2％に満たないというのに、一日に130万匹以上の動物が、実験のせいで生涯を終えてしまう現実が納得できない。人間の細胞組織、人工的な皮膚組織、コンピューターシミュレーションの研究など、動物実験を代替することができるものはいくらでもあるはずである。動物実験を通して、捏造(ねつぞう)された遺伝子を持つ、今まではなかった種まで作り出している。そして、偉大な種の存続を続けようとしている動物の命を、人間の知的好奇心のために犠牲させることはできない。いかなる場合も、生命の尊厳性は守られるべきである。

B

人々が副作用なく、薬を服用できるようになるまでには、徹底的な研究が繰り返し行われる必要がある。そのために全世界の国で、薬品の市販に先立って、動物実験をしなければならないことを義務化しているのである。動物実験を経て開発された薬のおかげで、我々は放置すれば死ぬしかない疾病から身を治療し、暮らしを維持できるようになったのである。最近では、世界の色々な国において、動物実験に関する法律や規則などが作られている。代替実験の有無を優先し、実験に使用される動物数の減少に努め、動物の苦痛を最小限に抑える麻酔を推奨するなどの原則を掲げている。動物実験の目的は、決して無慈悲に動物を殺すためのものではないのである。

1 動物実験について、ＡとＢはどのように述べているか。

1 Ａは人間のための犠牲に過ぎないと述べ、Ｂは治療が困難な薬を開発するための目的に限って、実験が必要だと述べている。

2 Ａは動物実験の必要性について否定的に述べ、Ｂは動物実験の否定的見解について批判的に述べている。

3 ＡもＢも、動物実験の残酷な行為を批判し、法的な制裁が必要だと述べている。

4 ＡもＢも、動物実験に改善されるべき問題点はあるが、人類のためにはやむをえない選択だと述べている。

2 ＡとＢが共通して延べていることはどれか。

1 生命の尊厳性を守るために、倫理に基づいた原則を違反する動物実験は廃止されるべきだ。

2 人間に役立つ薬を作るために行われる動物実験は、仕方のないことだ。

3 動物実験という過酷な環境の中で、動物を虐待する行為などは行われてはならない。

4 動物実験に対する基準と制限を扱う法律の制定に先立ち、実験機関の倫理的誓約が必要だ。

정답 1② 2③ **해석 및 해설** 별책 p.66

주장 이해(장문) 실전 연습 ❶

[/ 3]

問題 12　次の文章を読んで、後の問いに対する答えとして最もよいものを、1・2・3・4から一つ選びなさい。

他人とは違う、自分だけの長所を個性だと考えがちだ。特に、芸術界や文学界に携わっている人は、自分だけの個性を発現させることに血眼にもなる。個性は、作っていくものだとか、良い個性を得るべきだと考えるのは間違っている。個性は、開発したり、得られるものではなく、最初から自分に与えられているものであるからだ。

個性自体は、それほど大したものでも、大げさなものでもない。笑ったり、泣いたりする時、全く同じように行動したり、声を出したりすることは不可能だ。もう少し大げさに泣く人、もう少し口を開けて笑う人、顔に手を当てて泣く人、お腹を抱えて笑う人など、似たような行動をする人は多いだろうが、全く同じ行動をする人はいない。また、甘い味が好きなのも個性といえる。ただ、甘さの段階がレベル１から最低でも１億は超えるということだ。甘さの好きな段階のレベルが5555と5556とでは異なる。ほんの少し違うだけだが、それが個性というものだ。これが他人と自分を区別する要素で、自分だけが持っているもの、自分を自分にしてくれる個性というものだ。

（中略）

個性には善と悪がなく、良い個性と悪い個性もなく、長所と短所などはない。前述したように、個性はそれほど大げさなものではないからだ。他人と自分を区分する非常に繊細な違いが個性だと言える。しかし、これをうまく利用すれば、他の人には絶対まねできない、専ら自分だけができることを作ることができる。同じ材質とサイズの画用紙に描いた絵、同じ原稿用紙に書かれた文章、全く同じ条件でも全く異なる結果が生まれる。個性というものが発揮されたのだ。非常に小さな個性の違いは、全く異なる結果をもたらす。線一本を描いても、同じ長さと同じ太さで描く人はいない。自分の個性をうまく活用すれば、良い結果を生むことができ、その個性を活用するためには不断の努力と時間が必要だ。

他人の持つ個性を羨むのは当然だ。人間の持つ嫉妬と妬みというものを考えると、それほど驚くことではない。だが、個性の模倣には何の意味もない。完璧に同じものになれるわけがなく、100%に限りなく近い結果を出しても自分のものとは言えないからだ。他人のものを手に入れようとするほど、似合わない服を着たように不快に感じるだろう。自分ならではの個性を理解して覗いてみよう。誰も私の個性を持つことはできない。私だけが私の個性を有することができる。そんな自分の個性が、人生という画用紙に自分の結果を示してくれるだろう。

独解

1 個性自体は、それほど大したものでも、大げさなものでもないとあるが、なぜか。

1 個性は開発していく要素を持っているから

2 個性にはそれほど大きな差はないから

3 個性は誰でも発見できるありふれたものだから

4 個性は生まれた時から誰にでも与えられたものだから

2 筆者によると、個性とはどんなものだと述べているか。

1 自分の活用次第で、良いことにも悪いことにもなり得るもの

2 完璧に同じ条件で、全く異なる結果を生み出すことができるもの

3 努力と時間によっては、長所を見つけて鍛錬できるもの

4 平凡な個性でも、活用次第では異なる結果をもたらすもの

3 筆者が言いたいことは何か。

1 他人の持つ個性を羨んだり、嫉妬したりしてはいけない。

2 自分だけの個性を利用して結果を出すことが重要だ。

3 自分だけが持てる個性を有することが重要だ。

4 個性を持とうと一生懸命努力しなくてもいい。

정답 1② 2② 3②

해석 및 해설 별책 p.68

問題 12 次の文章を読んで、後の問いに対する答えとして最もよいものを、1・2・3・4から一つ選びなさい。

多くの人々がそれぞれの立場で文章を書いている。学生はレポートや論文などの課題を、職場で働く人は報告書や計画書、提案書などを、また趣味としてSNSに投稿したり、職業として専門的な文章を書く人も多い。文章を書くために資料を収集し、多くの本を読み、品詞の調整、文体の簡潔化や統一性のために努力する。

文章を書くための最高の方法は、やはり多読である。多様な文をたくさん読むと、文を書くための文章の構成や長さ、単語の組み合わせ、文体の特徴と適切な例などの技術的なことを身に付けることができる。また、文の目的と対象を正確に把握していなければならない。例えば、子供たちを対象にする文に、各種の図やグラフ、難しい用語の羅列が入った文章は難しい。また、客観的な事実を伝える内容を書くか、自分の意見を主張する文章を書くかによって、文体や文章の作成要領が一変する。情報を提供することを目的とする文は、信頼性のある資料収集が極めて重要である。それに比べて論文や評論、社説などの文章を書くときは、一貫した論調をもとに、自分の考えを明確に伝えるための文章と展開の仕方が必要である。文章を書くとき、目的と対象を確実に決めておくと、文章の方向を定めることに大いに役立つ。

文章が完成すれば、３回ぐらい声を出して読んでみた方が良い。全体的な主題と内容の流れに合わない内容なら、思い切って捨てなければならない。脱稿(だっこう)(注)する過程で音を出して読んでみると、文章のリズムと韻律も感じることができる。流れに合わないリズムや表現があれば、すぐに削除することが、よい文章を書けるポイントだと言える。作成された文を読み上げながら、完成度を害した表現を取り出すことが、筆者の欲も取り出すことができるようになるのである。(中略)

독해

文をうまく書くことと良い文を書くのは明らかに異なる。うまく書かれた文章とは、技術的な面が優れた文章である。模倣と稽古(けいこ)を通じて誰でも十分に上手になる。しかし、良い文章というのは、それを読んだ対象に何かを伝えられなくてはならない。感動、悟り、思索を抱かせる文章こそ、良い文章であると思う。そのためには澄んだ精神を維持して、きれいな心の状態を作ることが重要である。澄んだ精神のためには十分に睡眠を取り、よい行いをして、罪を犯さないように努力しなければならない。良い文章は良い人から誕生するものである。

(注) 脱稿(だっこう)：原稿を書きおえること。

1 筆者はなぜ、多読が重要だと述べているか。

1 職業として文字を書く人たちの職業意識を学ぶことができるから
2 よい成果を出すための資料が必要であるから
3 文を書くための多様な技術を学ぶことができるから
4 他人の文を通じて、対象を選定する方法を身につけることができるから

2 筆者が文章を何回か声を出して読んでみた方がいいと述べている理由は何か。

1 不足した部分を詰めることによって、文章の完成度を高めることができるため
2 文章の流れや内容の加減を判断するための効果的な方法であるため
3 全体的なテーマに関した内容をさらに強調できるため
4 筆者の欲求を制限して、文章を読む読者の要求を把握することができるため

3 筆者は良い文章について、どう考えているか。

1 文章の精巧さと模倣を通じた創造こそ、良い文章の条件だと考えている。

2 良い人格を持っている人が文章を作成するとき、現れるものだと考えている。

3 周辺環境について考えさせる文章が、良い文章だと考えている。

4 善良な行動をするための動機づけを持たせる文章が、良い文章の条件だと考えている。

정답 1③ 2② 3②

해석 및 해설 별책 p.71

問題 12 次の文章を読んで、後の問いに対する答えとして最もよいものを、1・2・3・4から一つ選びなさい。

植物は地中に根を下ろし、自分の身を堅く固定させ、水と養分を吸収する。雨風や台風、洪水などの過酷な自然から生き残るためには、地中深く、広く根を下ろすことが非常に重要だ。長い間、その場に黙々と佇み、厳しい苦難や波風に揉(も)まれながらも屈せずに自分の人生を生きていくイメージに、最も適した生命体が木をはじめとする植物だろう。自然や人から受ける数多の苦難や難くせにもかかわらず、ただ受け入れ、我慢してくれる存在という<u>イメージ</u>が強い。しかし、植物はそのように受動的な生活を送る存在として見ることはできない。

植物の生存戦略は熾烈(しれつ)(注1)だ。砂漠地域に自生するタンブルウィードは、水不足になるとカラッと乾き、根、または茎が切れて風に乗ってあちこちに転がる。一見、枯れて死んでしまったともいえるその状態のまま、雨が降ったり、水のあるところに偶然行ったりすると、根を下ろして茎を伸ばす。すべてを凍らせてしまいそうな極寒の地域に代表される北極と南極でも花が咲く。南極でも花を咲かせる植物はナンキョクコメススキとナンキョクミドリナデシコという二種類があり、北極ではなんと三千種を超える植物の中で二千種余りが花を咲かせる。どのような方法で極寒の地域を征服したのか、そこに定着するまでにどれだけの時間がかかったのか、想像しようもない。この世のあらゆる地域を掌握しているのは、人間ではなく、植物なのかもしれない。

極地の植物だけでなく、すべての植物は生存のための工夫をしている。少しでも日光を浴びるために高く上がろうとし、葉も広く広げようとする。地中に根を下ろすことも戦場を彷彿(ほうふつ)とさせる(注2)。植物の繁殖に最適な条件として、植物に楽園のように見える中南米の熱帯雨林でも、生存のために少しでも広い地域を獲得するための根が、絡み合っている。植物も動物と同様に生存のための熾烈な生存競争をしているのだ。

（中略）

子孫を残すための繁殖という羈絆[注3]は、植物もまた決して避けて通れない。花の場合は、美しい花を咲かせて匂いをさせて、昆虫や虫を誘引、または誘惑した後、それらを媒介体として移動した数多の種のうちのごく一部が、適切な条件の大地から発芽する。木もまた、実の中に種を抱き、動物に好かれる匂いや色で誘惑する。動物を通して移動した後、排泄された地域がちょうどその種子に最適な環境である、ごく一部の種が芽生えることになる。極悪の確率だが、生命体の本能に反する、繁殖を諦めるなんてことは想像できない。

自然は植物に対して寛大ではなく、動物に対してはさらに過酷だ。そこに人間による気候変動により既に絶滅してしまったり、絶滅の危機に瀕している個体も数え切れないほどだ。過酷な自然の中で生き残るための方法を工夫し、会得し、進化してきた動物や植物は、あまりにも早く変わっていく状況で、適応と進化の能力を発現できなくなったのだ。人間もまた、危機に適応して対応する時間が十分だとはいえない。

(注1) 熾烈（しれつ）：勢いが盛んで激しいこと

(注2) 彷彿（ほうふつ）とさせる：ここでは、ありありと想像したり、あるものを思い浮かべたりすること

(注3) 羈絆（きはん）：ここでは、行動する者の妨げになるものや事柄

1 イメージについて、筆者はどのように述べているか。

1 植物は生存のために熾烈な戦いをする存在だ。

2 大変な苦難に耐えてまで、人間に利益を与えている。

3 長い間、苦難と逆境を喜んで耐えることができる。

4 受動的な生活から抜け出し、自ら生存のために努力している。

2 植物の生存戦略について、筆者はどう考えているか。

1 極地の植物はそれなりの方法で、環境に合わせて進化している。

2 過酷な環境にあるほど、長年にわたって蓄積された生存への渇望が強い。

3 環境の厳しさとは関係なく、植物は必死の生存をしている。

4 酷寒と酷暑の地域の植物は、厳しい環境でも繁殖している。

3 筆者が一番言いたいことは何か。

1 自然という存在は、生命体にとって決して寛大ではない。

2 人間の活動による結果が、自らに災いをもたらしかねない。

3 自然と人間が協力し合わなければ、絶滅は避けられない。

4 進化と環境適応に遅れをとると、急速に変わる時代に対応できない。

정답 1③ 2③ 3② 해석 및 해설 별책 p.73

問題 12 次の文章を読んで、後の問いに対する答えとして最もよいものを、1・2・3・4から一つ選びなさい。

本を身近に置く子供は、同年代のほかの子供たちに比べて集中力と思考力、そして想像力の部分において優れているという研究結果がある。子供の個性というものは、ある程度の自我と人格が形成できている成人の個性とは大きく異なる。5歳から7歳までの子供の個性は、真っ白な画用紙と同じである。何もないのではなく、あまりにも多様で複合的な個性を、成人の基準では判断できないというわけである。その紙に字を書き放題、絵を描き放題に個性が現れる。言語の発達と教育の統制を受けながら弱くなった個性は、徐々に消滅してその中で最も強いものが個性として現れる。すべてのことを受け入れることができるが、すべてのことを忘れることもできるのが、子供が持っている特別さである。(中略)

自分の子どもを注意深く観察すると、特定のものや映像に反応することが発見できる。これと関連がある本を子供に渡すと子供は夢中になって、それを読み始める。文を読み始めたばかりの低年齢層の子どもの集中力は信じられないほどであるため、子供に本を勧める時には注意が必要である。本の内容が子供に及ぼす影響が少ないと言えず、本を読みながら知りたいことを質問する子供も多い。そういうわけで、親は子供より先に本を読んでおかなければならない。本を読み終わったら、子供をほめて、激励してあげるのがいい。本が好きな子供は、そうでない子供よりも道徳的な個性を持ちやすく、忍耐と適応力に優れている。ここで注意すべき点は、子供の結論が、自分の思った範囲から外れることもあるという点である。善と悪が完璧に判断できない存在が、子供であることを肝に銘じなければならない。(中略)

本を読み聞かせる時は、普段より、はるかに大げさに読むことが重要である。子供の想像力に大きく役立つためである。本を読んであげる父親の声は認知能力の発達のみならず、情緒的な安定感を高め、思考力と想像力を拡張させる。母親より父親が読んであげるほうが、すべての面において子どもによい影響を与える。

本がいやな子供に本を強要するのは、子供の教育はもとより、情緒的な発達にもよくないし、強要の結果、本をずっと嫌がる子供へと成長する可能性もある。本を読まない権利を子供にもあげるのが良い。子供に本を読ませるのが親の権利ではない。子供は本を読むこともあれば、読まないこともある。また、休んでから読むこともあれば、最後まで読まないこともある。読者としての権利というのが親によって無視されてはならないことである。親はその本の読者ではない。

1 筆者は、子供の個性の特徴は何だと述べているか。

1 子供の人格を決定する必須不可欠な要素

2 大人の個性とは異なり、さまざまなものが混合されているもの

3 最も発達した一つの個性が、他のものを吸収しながら現れるもの

4 教育の影響を与えられなかったことによって、表には全く表れていないもの

2 本を読んであげる親に対する筆者の意見は何か。

1 本をありのままに読んであげるのではなく、途中に質問も混ぜたほうがいい。

2 子供に本を読んであげることは、なるべく父親が担当したほうがいい。

3 子供を褒めながら本を読んであげることで、読書の楽しさを養わせることができる。

4 本を読んであげる人の声に反応して、子供は独自の思考力を育てていく。

3 筆者は読者としての子供の権利についてどう述べているか。

1 本を読むことを嫌がっている子供に、無理に本を読ませる必要はない。

2 子供が読書の楽しさを知っていくように、本を選ぶ権利を与えなければならない。

3 本を嫌がる子供に育たないように、本を読む時間を必ず提供しなければならない。

4 両親は、子供が本を読みきれなくても、忍耐心を持って待ったほうがいい。

정답 1② 2② 3①

해석 및 해설 별책 p.76

정보 검색 실전 연습 ❶ [/ 2]

問題 13 右のページは、桜市の文化センターが主催する公開講座の案内である。下の問いに対する答えとして、最もよいものを1・2・3・4から一つ選びなさい。

1 千堂さんは、今年32歳の独身男性である。平日午後や週末に文化センターの公開講座を受講しようとしているが、6月の出張の支度により、5月20日まで受講できる講座を調べている。千堂さんが受講できる講座はいくつか。

1 1つもない

2 1つ

3 2つ

4 3つ

2 この公開講座に関する説明のうち、合っているものはどれか。

1 公開講座に申請するためには、必ず3月28日までに利用申込書を提出しなければならない。

2 受付期間が過ぎても、文化センター支援課に必要書類を提出すれば受講可能である。

3 毎週月曜日は受講できる講座がなく、場合によっては休館になる日もありうる。

4 施設や備品を損傷させない限り、受講を継続することに支障はない。

さくら市文化センター公開講座案内

アクアロビック	日本茶道教室	生け花体験教室
期間：４月１０日～５月３０日 時間：日曜日午後３時～５時 ※女性のみ ※小学生以下の場合、安全上参加不可	期間：４月１５日～５月１８日 時間：土日午後７時～９時 ※２人以上参加可能 ※外国人を対象にする ※土曜日は簡単な食べ物と一緒にお茶を楽しめる時間があり	期間：４月２３日～５月２２日 時間：毎週火曜日午前１０時 木曜日午後７時 ※誰でも参加可能 ※２回とも参加できる方を対象にする
卓球会	**バドミントン教室**	**音楽家教室**
期間：４月～５月の初旬 時間：土曜日午前１０時～１１時半 ※１０歳以上参加可能。家族単位もOK！(先着順３０人) ※土曜日は初級クラス 日曜日は中級クラス	期間：４月３日～５月２８日 時間：毎週土曜日の午前１１時から４時間程度 ※地域の大学の外国人留学生たちと文化交流を図る ※誰でも参加可能 ※１時間の昼休みがあること ※三回以上は参加すること	期間：４月２日～４月３０日 時間：毎週日曜日午後１時～３時 ※７歳以上参加可能 ※必ず子供と一緒に参加してください

◆ 申込方法
申し込みにあたっては、事前に電話等で「桜市文化センター支援課」にご相談ください。「講座利用申込書」の提出をもって正式な受付となります。

◆ 受付期間
受講希望日の１０日前まで受付いたします。ただし、３月２９日は受付を行いません。
※利用予定日の１０日前を切っても受付できる場合がありますので、その場合はご相談ください。

◆ 注意事項
施設設備の点検のためご利用できない日があります。詳細についてはお問い合せ下さい。

◆ 使用承認ができない場合
● 公の秩序を乱し、または善良な風俗を害すおそれがあると認めるとき。
● 施設、附帯設備、備品を毀損、または滅失するおそれがあると認めるとき。
● その他、桜市長が文化センターの管理上支障があると認めるとき。

정답 1② 2③ 해석 및 해설 별책 p.79

問題 13 右のページは、あるフォトコンテスト募集要項である。下の問いに対する答えとして、最もよいものを1・2・3・4から一つ選びなさい。

1 このフォトコンテストに応募できる人は次のうち、誰か。

1 日本の山に関した写真５枚を、ネットで応募しようとする女子高生

2 海外で撮った桜の写真を、ウェブを通して応募しようとする外国人

3 友達と一緒にバーベキューをした写真を応募しようとするプロのカメラマン

4 沖縄の夕日の写真１枚を、宅配で応募しようとする外国人留学生

2 この募集要項の注意事項について、正しいものはどれか。

1 応募のためには、個人情報の活用に対する同意をしなければならない。

2 応募した作品は、いかなる場合にも返却が行われない。

3 過去に他の団体に応募した作品は、入賞の如何にかかわらず応募できない。

4 写真に人が写った場合、応募後、その人の同意を受けなければならない。

第7回　フォトコンテスト募集要項

第７回フォトコンテストの作品募集を９月４日(月)より開始します。一般社団法人桜写真協会が主催する今回の写真コンテストは、「日本の四季」に関するテーマで、自分ならではの個性と感情が込まれている写真を募集します。

テーマ	「写真で語る日本の四季」
応募期間	９月４日(月)～10月13日(金)　18:00pm　必着
応募資格	日本国内に在住の方に限ります。 ※アマチュア、プロフェッショナル、国籍、年齢、性別不問。
応募方法	指定の送付先への郵送・宅配便、もしくは、桜写真協会の事務局へ直接持込、またウェブからの応募も可能です。 (1)ウェブによる応募の場合 ・応募ページへアクセスし、必要事項を登録してご応募ください。(http://www.sAkurA-photo.or.jp) ・応募点数は３点までとします。 (2)郵送・宅配便等による応募の場合 ・応募作品と応募作品の裏面に必要事項(作品名、撮影場所、氏名、住所、電話番号、e-mailアドレス)を記入したうえ、封筒に入れて応募票を貼ってください。応募票は応募作品一点につき一枚必要です。 ・応募点数は、５点までとします。
賞品	・最優秀賞(1名)：旅行券10万円分 ・優秀賞(季節ごとに５名の計20名)：旅行券５万円分 ・佳作(季節を問わず30名)：旅行券１万円分

◆ 注意事項

- 画像処理(合成変形)及びそれに準じたものは不可とします。
- ご記入頂きました個人情報については、上記の利用目的以外では、応募者の同意なく第三者に開示することはありません。
- 応募作品は返却いたしません。作品の返却をご希望の場合、必ず封筒に「返却希望」と書き、返信用封筒(切手添付・宛先明記)をご同封ください。
- 作品は未発表の写真に限ります。過去に他のコンテストに応募した作品、応募中または応募予定の作品は応募できません。
- 被写体に人物が含まれている場合は、事前にその方の承諾を得るなど、肖像権の侵害等が生じないように応募者本人がご確認ください。

◆ お問い合わせ先

桜写真協会お客さまセンター直通　Tel：1234-56-7890

정답 1④　2③　　　해석 및 해설 별책 p.82

정보 검색 실전 연습 ❸ [/ 2]

問題 13 右のページは、ある企業の補助金についての内容である。下の問いに対する答えとして最もよいものを、1・2・3・4から一つ選びなさい。

1 吉澤さんは、１月にAIビジネス活用講座と、ITコーディネーター講座を受講しようと思っている。会社からいくらの補助金がもらえるか。

1 受講料55,000円、登録費用と教材費は6,500円もらえる。

2 受講料50,000円、登録費用と教材費はもらえない。

3 受講料44,000円、登録費用と教材費はもらえない。

4 受講料44,000円、登録費用と教材費は6,000円もらえる。

2 大谷さんは、３月２０日にWEB関連講座を申請して、５月２０日までに受講を完了しようと思っている。補助金の申請はどうしなければならないか。

1 ①から④までの書類を作成し、５月２０日までに人事課に申請する。

2 ①から④までの書類を作成し、７月２０日までに人事課に申請する。

3 ②から④までの書類を作成し、来年書類①を作成後、人事課に申請する。

4 書類①と④を先に提出し、受講が終わり次第、書類②と③を人事課に提出する。

桜企業の人材育成支援事業の補助金について

桜企業では、業務能力の増進のために社員の皆様のために、一部の外部講座の受講に際して補助金を交付します。

◎ 補助金対象者

・桜企業の系列会社(子会社を含む)の全社員を対象とします。

・勤続年数は問いません。

◎ 補助金交付対象講座及び補助金額

講座名	受講料	登録費用	教材費
WEB関連講座	30,000円	1,500円	2,000円
AIビジネス活用講座	25,000円	1,000円	1,500円
ITサービスマネージャー	35,000円	1,500円	1,500円
ITコーディネーター	30,000円	2,000円	2,000円

※ 講座受講料の８０%を補助金として交付します。

※ 講座受講に必要な登録費用、および教材は補助金の対象外です。

※ 同一講座の重複受講は、補助金の対象には含まれません。

※ 一人につき二つの講座まで、上限５万円まで補助金の交付を申し込むことができます。

※ 上記の講座以外にも、業務能力向上講座と認められる場合、補助金の交付を受けることができます。(詳しくは、人事課の担当者にお問い合わせください。)

◎ 必要書類

① 補助金交付申請書

② 講座の内容が分かる資料（チラシ、パンフレットなど）

③ 講座に出席したことを証明できる資料（講座修了証など）

④ 社員証のコピー

※ 補助金交付の可能な講座を受講後、二ヵ月以内に人事課にご提出ください。
二つの講座を受講した場合は、講座ごとに提出してください。

◎ 申し込み期間

・２月２日まで
（２月３日以降にお申し込みになった場合は、翌年の補助金対象者となります。）

・申し込み額が予算額(1,500万円)に達し次第、募集終了とさせていただきます。
(終了後にお申込みの場合は、翌年の補助金対象者となります。)

◎ 補助金支給日

・３月２０日（補助金が支給されなかった方は、人事課担当者にお問い合わせください。）

◎ お問い合わせ

・人事課　上原　(内線:123)

정답 1③　2②　　해석 및 해설 별책 p.85

N1

2교시

청해

1 유형 문제 공략법

問題 1 과제 이해

●● 유형 분석

1 5문항이 출제된다.

2 대화 다음에 어떤 행동을 할 것인지에 대해 묻는 문제.
어떤 일에 대해 수정을 요구하거나 부탁하는 내용이 많이 출제된다.

3 출제 유형
(1) 가장 먼저 해야 할 일 고르기
(2) 앞으로 할 행동 고르기

4 대화 장소별 출제 유형
(1) 회사에서 이루어지는 대화
이미 실시한 업무를 수정하는 문제 또는 업무에 관련된 사항을 부탁하는 내용의 문제가 다수 출제된다.
(2) 학교에서 이루어지는 대화
선생님과 학생의 대화에서는 제출한 과제를 수정하는 문제가, 친구 사이의 대화에서는 이후 가장 먼저 해야 할 행동에 대한 문제가 자주 출제된다.
(3) 기타 장소에서 이루어지는 대화
회사와 학교 이외의 생활 장소에서 이루어지는 남녀의 대화로, 앞으로 어떤 행동을 할 것인지를 묻는 문제가 자주 출제되고 있다.

✓ 시간 단축을 위해 문제 시작 전에 선택지를 미리 읽어 두자!
✓ 평소 선택지를 빠르고 정확하게 읽는 훈련을 해 두자!

예시 문제 01-01.mp3

問題 1

問題1では、まず質問を聞いてください。それから話を聞いて、問題用紙の1から4の中から、最もよいものを一つ選んでください。

例

1 製品機能を追加する
2 グラフを修正する
3 会議室を予約する
4 備品を確認する

정답 2

스크립트와 해석

会社で男の人と女の人が企画書について話しています。男の人は、この後すぐ、何をしなければなりませんか。

M 課長、来週の会議の企画書見ていただけましたか。
F うん、読みやすくて、よくできてるわね。
M ありがとうございます。でも、実は製品の機能についての説明が少し足りないんじゃないかと心配なんですが、いかがでしょうか。

회사에서 남자와 여자가 기획서에 대해서 이야기하고 있습니다. 남자는 이후에 바로 무엇을 해야 합니까?

M 과장님, 다음주 회의 기획서 보셨나요?
F 응, 읽기 쉽고, 잘 만들었네.
M 감사합니다. 그런데, 실은 제품 기능에 대한 설명이 조금 부족하지 않을까 하고 걱정인데요, 어떨까요?

F　それは気にしなくて大丈夫よ。十分アピールできるように整理されてるから。一つ気になるのは、企画書に入れたグラフの数字が小さくて見にくい点ね。

M　あぁ…、すぐ直します。

F　では、それと当日に使う会議室は予約した？

M　はい、もうしてあります。

F　それからパソコンとかマイクとか、前もってチェックしておいた方がいいわよ。

M　はい、今朝確認しておきましたが、会議の前日にもう一度するつもりです。

男の人は、この後すぐ、何をしなければなりませんか。

F　그건 신경쓰지 않아도 괜찮아. 충분히 어필할 수 있도록 정리되어 있으니까. 한 가지 신경이 쓰이는 것은 기획서에 넣은 그래프의 숫자가 너무 작아서 보기 불편한 점이야.

M　아…, 바로 고치겠습니다.

F　그럼, 그거랑 당일에 사용할 회의실은 예약했어?

M　네, 이미 해 두었습니다.

F　그리고 컴퓨터나 마이크 같은 거, 미리 체크해 두는 편이 좋아.

M　네, 오늘 아침에 확인해 두었지만, 회의 전날에 다시 한 번 할 예정입니다.

남자는 이후에 바로 무엇을 해야 합니까?

1　製品機能を追加する
2　グラフを修正する
3　会議室を予約する
4　備品を確認する

1　제품 기능을 추가한다
2　그래프를 수정한다
3　회의실을 예약한다
4　비품을 확인한다

해설　제품 기능에 관한 설명은 충분하다고 말하고 있기 때문에, 선택지 1번은 정답이 될 수 없고, 그래프를 수정해야 한다고 말하고 있기 때문에, 정답은 선택지 2번이다. 회의실 예약은 이미 했고, 비품 체크도 했다고 말하고 있다. 따라서 선택지 3번과 4번도 정답이 아니다.

단어　**企画書** 기획서 | **～について** ～에 대해서 | **製品** 제품 | **機能** 기능 | **気にする** 신경을 쓰다, 마음에 두다 | **気になる** 신경이 쓰이다, 마음에 걸리다 | **前もって** 미리 | **確認** 확인 | **追加** 추가 | **修正** 수정 | **備品** 비품

問題 2 포인트 이해

●● 유형 분석

1 6문항이 출제된다.

2 남녀의 대화 또는 혼자서 말하는 내용을 들려 주고,
어떤 행동을 한 이유나 원인에 대해서 묻는 문제가 많다.

3 대화에서 강조하는 포인트를 잘 캐치하는 것이 관건이다.

4 출제 유형

(1) 가장 적절한 이유 찾기

4개의 선택지 중에서 질문의 내용에 맞는 가장 적절한 이유를 찾는 문제이다.
행동의 주체가 남자인지 여자인지 잘 들어 두어야 한다.

(2) 가장 큰 이유 찾기

대화에서 언급되는 이유 중에서 가장 큰 이유를 찾는 문제이다.
4개의 선택지 내용이 모두 대화에서 언급되므로, 얼핏 까다롭게 느껴질 수 있다.
제시되는 이유 중 강조하고 있는 선택지를 찾는 것이 포인트이다.

(3) 이유 찾기 이외의 문제

이유를 묻는 문제가 아닌 다른 형태의 문제이다. '~라고 생각합니까?',
'~라고 말하고 있습니까?', '~ 합니까?' 등 일반적인 내용의 문제가 출제된다.

(4) 일방적 주장을 듣고 답하는 문제

한 사람의 일방적인 주장 또는 설명을 듣고 질문에 답하는 문제이다.
대화문에 비해 말하는 속도가 빠르게 느껴지겠지만 그다지 긴 내용이 아니므로
연습을 통해 속도에 적응하면 충분히 맞힐 수 있는 유형이다.

✓ 문제 시작 전에 선택지를 미리 읽어 두자!
✓ 질문을 잘 듣는 것이 중요하다!

청해

예시 문제 01-02.mp3

問題 2

問題 2 では、まず質問を聞いてください。その後、問題用紙のせんたくしを読んでください。読む時間があります。それから、話を聞いて、問題用紙の 1 から 4 の中から、最もよいものを一つ選んでください。

例

1 旅行に出かけるから
2 店長が休むから
3 店を改装するから
4 家族と過ごしたいから

정답 3

스크립트와 해석

男の人と女の人が話しています。男の人は、どうして明日からバイトに行かないと言っていますか。

M いよいよ明日から連休だね。久しぶりに旅行にでも行って来ようかな。
F うん？ 連休？ 明日はバイトの日じゃないの？
M あ、明日はバイトに行かなくてもいいんだ。
F え！ また、体の具合が悪いって嘘ついたんじゃないの？
M 違うよ。今回は店長から休むようにって言われたんだよ。
F そう？ 何で、急に？ あ、店長の子供がついに生まれたの？

남자와 여자가 이야기하고 있습니다. 남자는 왜 내일부터 아르바이트에 가지 않는다고 말하고 있습니까?

M 드디어 내일부터 연휴네. 오랜만에 여행이라도 다녀올까?
F 응? 연휴? 내일은 아르바이트하는 날 아니야?
M 아, 내일은 아르바이트에 가지 않아도 돼.
F 앗! 또 몸이 안 좋다고 거짓말한 것 아니야?
M 아니야. 이번에는 점장님이 쉬라고 했단 말이야.
F 그래? 왜, 갑자기? 아, 점장님 아이가 드디어 태어났구나?

M いや。まだだよ。それは来月(らいげつ)ごろだろう。実(じつ)は、店(みせ)の内装工事(ないそうこうじ)で一週間(いっしゅうかん)はまともな営業(えいぎょう)が出来(でき)ないんだよ。 F あ、そうなんだ。よかったね。家(いえ)でゆっくりすることもできるじゃない。	M 아니, 아직이야. 그건 다음달 쯤일걸? 실은, 가게 내부 공사로 일주일은 제대로된 영업을 할 수 없어. F 아, 그렇구나. 잘됐네. 집에서 푹 쉴 수도 있겠네.
男の人は、どうして明日からバイトに行かないと言っていますか。	**남자는 왜 내일부터 아르바이트에 가지 않는다고 말하고 있습니까?**

1 旅行に出かけるから
2 店長が休むから
3 店を改装するから
4 家族と過ごしたいから

1 여행을 가기 때문에
2 점장이 쉬기 때문에
3 가게를 수리하기 때문에
4 가족과 시간을 보내고 싶기 때문에

청해

해설 여행을 가기 위해서 아르바이트를 쉬는 것은 아니고, 점장이 쉬기 때문도 아니다. 따라서 선택지 1번과 2번은 정답이 아니다. 가게 내부 공사로 영업을 할 수 없기 때문에 아르바이트를 가지 않는다고 말하고 있다. 따라서 정답은 선택지 3번이다. 가족에 대한 언급은 없으므로 선택지 4번도 정답이 될 수 없다.

단어 連休(れんきゅう) 연휴 | 体(からだ)の具合(ぐあい)が悪(わる)い 컨디션이 좋지 않다 | 生(う)まれる 태어나다 | 内装(ないそう) 내장. 내부 설비 또는 장치 | 工事(こうじ) 공사 | 営業(えいぎょう) 영업 | 改装(かいそう) 개장, 수리

問題 3 개요 이해

●● 유형 분석

1 5문항이 출제된다.

2 선택지가 문제지에 인쇄되어 있지 않다.

3 질문이 미리 나오지 않기 때문에 내용 파악에 초점을 맞춰야 한다.

4 독백(4문항 이상)과 남녀의 대화문(1문항 이하)이 출제된다.

5 출제 유형

(1) 이야기의 주제 찾기
주로 회사, 여행사, 도서관과 관련된 상황에서의 일정 변경이나 부탁, 또는 안내와 관련된 내용이 나온다.

(2) 화자의 주장이나 생각 찾기
전체적인 이야기의 주제나 화자의 주장을 묻는 문제로, 일상생활에서 일어나는 주제에 관한 내용을 다루기 때문에 비교적 쉽게 맞힐 수 있다.

✓ 독백 유형은 말하기 속도가 대화문에 비해 빠르지만 내용은 쉬운 편!

✓ 전체적인 이야기 흐름을 생각하면서 요약해 두기!

예시 문제 01-03.mp3

問題 3

問題3では、問題用紙に何も印刷されていません。この問題は、全体としてどんな内容かを聞く問題です。話の前に質問はありません。まず話を聞いてください。それから、質問とせんたくしを聞いて、1から4の中から、最もよいものを一つ選んでください。

― メモ ―

정답 3

스크립트와 해석

テレビで、女の人が話しています。

F　最近、ネット上で売り上げが伸びている人気の製品があります。「オチドメ」と呼ばれる人形です。個性的なキャラクターの人形で、見た目も十分かわいいです。特に大学進学を目指している高校生やいろいろな資格試験の受験準備をしている会社員たちに大変人気だそうです。「落ちるのを止める」という意味で名付けられたこの人形は、これからもずっと人気を維持していくだろうと専門家たちは言っています。

女の人は、何について話していますか。

TV에서 여자가 이야기하고 있습니다.

F　최근 인터넷상에서 매상이 오르고 있는 인기 제품이 있습니다. '오치도메'라고 불리는 인형입니다. 개성적인 캐릭터 인형으로, 외모도 충분히 귀엽습니다. 특히 대학 진학을 목표로 하고 있는 고등학생이나 여러 가지 자격 시험의 수험 준비를 하고 있는 회사원들에게 큰 인기라고 합니다. '떨어지는 것을 막는다'라는 의미에서 이름이 붙여진 이 인형은 앞으로도 계속 인기를 유지해 갈 것이라고 전문가들은 말하고 있습니다.

여자는 무엇에 대해서 이야기하고 있습니까?

1　ある人形の名前に関する意味
2　ある人形のキャラクターの個性の紹介
3　ある人形の脚光を浴びている理由
4　ある人形の今後の展望

1　어떤 인형의 이름에 관한 의미
2　어떤 인형 캐릭터의 개성 소개
3　어떤 인형이 각광을 받는 이유
4　어떤 인형의 앞으로의 전망

해설　어떤 인형이 인기를 얻고 있는 이유에 대해서 언급하고 있기 때문에 정답은 선택지 3번이다.

단어　売り上げ 매상, 매출 | 個性 개성 | 見た目 외관, 외모 | 進学 진학 | 目指す 목표로 하다, 노리다 | 資格 자격 | 名付ける 이름을 짓다 | 維持 유지 | ～に関する ～에 관한 | 脚光を浴びる 각광을 받다 | 展望 전망

問題 4 즉시 응답

유형 분석

1 11문항이 출제된다.

2 선택지가 문제지에 인쇄되어 있지 않다.

3 상대방의 짧은 질문이나 말에 대해서 가장 적절한 응답을 찾는 문제이다.

4 선택지는 3개이며, 정답을 고르는 데 시간적인 여유가 충분하지는 않으니 정답을 고를 때 너무 고민하지 않도록 한다.

✓ 다음 문제를 푸는 데 지장이 없도록 순발력 있게 풀기!

✓ 각 선택지의 내용을 간단히 메모하면서 듣기!

예시 문제 01-04.mp3

問題(もんだい) 4

問題(もんだい)4では、問題用紙(もんだいようし)に何(なに)も印刷(いんさつ)されていません。まず文(ぶん)を聞(き)いてください。それから、それに対(たい)する返事(へんじ)を聞(き)いて、1から3の中(なか)から、最(もっと)もよいものを一(ひと)つ選(えら)んでください。

— メモ —

정답 2

스크립트와 해석

F 先輩(せんぱい)、大学(だいがく)に行(い)ってもバンドはやめないですよね。	F 선배, 대학에 가도 밴드는 그만두지 않을 거죠?
M 1 うん、やめさせるようにする。 2 しばらく忙(いそが)しいだろうけど、続(つづ)けるつもりだよ。 3 今(いま)のバイトはやめなくちゃね。	M 1 응, 그만두도록 할게. 2 당분간 바쁘겠지만, 계속할 생각이야. 3 지금 하는 아르바이트는 그만두어야겠지.

해설 밴드를 그만둘 거냐는 여자의 질문에, 계속할 거라고 대답한 선택지 2번이 정답이다.

問題 5 종합 이해

유형 분석

1 3문항이 출제된다.

2 다소 긴 대화를 듣고 여러 가지 정보를 비교하면서 풀어 나가는 유형이다.

3 긴 내용으로 인해 실제 시험에서는 유일하게 연습 문제가 없다.

4 출제 유형

(1) 세 사람의 대화 문제
청해 시험 중 유일한 세 사람의 대화문이다. 가족이 대화하는 내용이 자주 출제되는 편이다.

(2) 설명문과 대화문이 함께 나오는 문제
선택지를 문제 시작 전에 미리 읽어 둔다. 책, 영화, 여행지, 선거의 후보자 등 다양한 주제가 나온다. 대화에서 선택지의 내용을 직접적으로 언급하지 않으므로 메모해 둔 특징이나 성질을 통해 정답을 유추해야 한다.

✓ 메모를 못 하면 문제를 풀기 힘들다! 메모 필수!

✓ 평소 연습을 통해서 충분히 숙달해 두자!

청해

예시 문제 01-05.mp3

問題 5

問題5では、長めの話を聞きます。この問題には練習はありません。
問題用紙にメモをとってもかまいません。

1番

問題用紙に何も印刷されていません。まず話を聞いてください。それから、質問とせんたくしを聞いて、1から4の中から、最もよいものを一つ選んでください。
では始めます。

— メモ —

정답 3

스크립트와 해석

食品会社の会議で、上司と二人の部下が話しています。

M 来月、発売予定の弁当に、いくつかの問題点が出てきてね。
F1 どのような問題ですか。
M うん、販売価格の面で、他社に比べて高いという消費者のアンケート結果がでているんだよ。
F2 やっぱり、うちの会社は弁当の材料に力を入れていますから。いい材料を使えば、結局、価格は高くなるものですね。
M うん、そういうわけだね。会社の方針が安くておいしい弁当を販売することだから、値段が高くなることに対しては営業部をはじめいろんな部署が懸念をいだいているんだよ。
F1 お弁当を大量に作るとしたら、材料は安く購入することができるのではないでしょうか。

식품 회사의 회의에서 상사와 부하 두 명이 이야기하고 있습니다.

M 다음달에 발매 예정인 도시락에 몇 가지 문제점이 나와서 말이지.
F1 어떤 문제인가요?
M 음, 역시 판매 가격 면에서 다른 회사에 비해 비싸다는 소비자 앙케트 결과가 나왔어.
F2 역시, 저희 회사는 도시락의 재료에 힘을 쏟고 있으니까요. 좋은 재료를 사용하면, 결국 가격이 높아지는 것이네요.
M 응, 그런 셈이지. 회사의 방침이 싸고 맛있는 도시락을 판매하는 것이라서, 가격이 비싸지는 것에 대해서는 영업부를 비롯한 여러 부서가 걱정을 하고 있지.
F1 도시락을 대량으로 만든다면 재료는 싸게 구입할 수 있지 않을까요?

M ⓐでも、新鮮さが強調される弁当の世界で、いくら上質な材料の保管ができるとしてもやっぱり質の低下に繋がることになりかねないから。材料の賞味期限のことも考えると…。

F2 あのう、ⓑお弁当のサイズを少し小さくしてみるのはどうでしょうか。中身を10%ぐらい削減することができたら、値段も下げることができると思います。

M ⓒう～ん、そうだね。味を落とすわけじゃないから、大丈夫かもしれないね。**今日、午後の会議に社長も出席されるから話してみるよ。**

男の人は、どんな報告をしますか。

M ⓐ하지만 신선함이 강조되는 도시락의 세계에서, 아무리 뛰어난 재료 보관이 가능하다고 해도 역시 질적 저하로 이어질 수도 있으니까. 재료의 유통 기한에 대한 것을 생각한다면….

F2 저어, ⓑ도시락 사이즈를 조금 작게 해 보는 것은 어떨까요? 내용물을 10% 정도 줄일 수 있다면 가격도 내릴 수 있을 것 같습니다.

M ⓒ음, 그렇군. 맛을 떨어뜨리는 것은 아니니까 괜찮을 수도 있겠네. **오늘 오후 회의에 사장님도 참석하시니 얘기해 볼게.**

남자는 어떤 보고를 합니까?

1 使用する材料を大量に買うこと
2 冷凍保存で新鮮さを維持させること
3 商品の大きさを変更すること
4 味に対する部分を譲ること

1 사용할 재료를 대량으로 사는 것
2 냉장 보존으로 신선함을 유지시키는 것
3 상품의 크기를 변경하는 것
4 맛에 대한 부분을 양보하는 것

풀이　ⓐ 재료를 대량으로 구입하면, 질적인 저하로 이어질 수 있다고 말하고 있기 때문에, 선택지 1번은 정답이 아니다. ⓑ 도시락의 사이즈를 작게 하는 것으로 가격도 내릴 수 있고, ⓒ 맛을 떨어뜨리는 것이 아니라서 괜찮을 거라고 말하고 있다. 따라서 정답은 선택지 3번이고, 선택지 4번은 정답이 될 수 없다. 선택지 2번에 관한 언급은 없었다.

단어　**上司** 상사 | **発売** 발매 | **販売** 판매 | **価格** 가격 | **～に比べて** ～에 비해서 | **材料** 재료 | **方針** 방침 | **～に対して** ～에 대해서 | **～をはじめ** ～을 비롯해 | **懸念** 걱정, 우려 | **購入** 구입 | **新鮮な** 신선한 | **強調** 강조 | **上質** 질이 좋음 | **保管** 보관 | **繋がる** 이어지다, 연결되다 | **～かねない** ～할지도 모른다, ～할 듯하다 | **賞味期限** 유통기한 | **中身** 내용, 알맹이 | **削減** 삭감 | **味** 맛 | **冷凍** 냉동 | **保存** 보존 | **維持** 유지 | **譲る** 양보하다

2 주제별 청해 필수 어휘

회사

あいさつ	挨拶	인사
あきら	諦める	포기하다
う あ	打ち合わせ	협의, 미팅
せ わ	お世話になる	신세를 지다
たが	お互いに	서로
かいじょう	会場	회장, 모임의 장소
かた づ	片付ける	정리하다
がっぺい	合併	합병
き かくしょ	企画書	기획서
きゅうりょう	給料	급료, 월급
きょうしゅく	恐縮ですが	송구스럽지만(대단히 죄송하지만)
ぎょう む	業務	업무
く ろう	苦労	수고, 고생
けいかく	計画	계획
けいやくしょ	契約書	계약서
けん	件	건
けんとう	検討	검토
こ きゃく	顧客	고객
ぶ さ た	ご無沙汰	오랫동안 격조함(만나지 못함)

さいよう	採用	채용
さ あ	差し上げる	드리다
し てん	支店	지점
し き	締め切り	마감
しゅうせい	修正	수정
じょうけん	条件	조건
し りょう	資料	자료
じん じ い どう	人事異動	인사이동
しんちょう	慎重	신중
	すでに	이미, 벌써
せき はず	席を外す	자리를 비우다
せんじつ	先日	일전, 요전
せんぽう	先方	상대방
そうりつ	創立	창립
ただいま	只今	지금, 현재
たんとうしゃ	担当者	담당자
ちょうせい	調整	조정
ていあん	提案	제안
てい き てき	定期的	정기적
て つだ	手伝う	돕다

転勤	てんきん	전근
特別	とくべつ	특별
取引先	とりひきさき	거래처
～直す	なお	다시 ～하다
長引く	ながび	오래 끌다, 지연되다
日程	にってい	일정
変更	へんこう	변경
報告書	ほうこくしょ	보고서
参る	まい	가다 〈겸양〉
前もって	まえ	미리
間違う	まちが	틀리다, 잘못되다
申し上げる	もう・あ	말씀드리다
譲る	ゆず	양보하다
用件	ようけん	용건
要約	ようやく	요약

학교

行う	おこな	행하다, 실시하다
甲斐	かい	보람
課題	かだい	과제
企業	きぎょう	기업
競争率	きょうそうりつ	경쟁률
距離	きょり	거리
気を使う	き・つか	신경을 쓰다
気を付ける	き・つ	조심하다
具体的	ぐたいてき	구체적
掲示板	けいじばん	게시판
研究室	けんきゅうしつ	연구실
謙譲語	けんじょうご	겸양어
現場	げんば	현장
構成	こうせい	구성
語学	ごがく	어학
参考文献	さんこうぶんけん	참고 문헌
資格	しかく	자격
事情	じじょう	사정
就活	しゅうかつ	취활('취직 활동'의 준말)
就職	しゅうしょく	취직
就職説明会	しゅうしょくせつめいかい	취직 설명회
主張	しゅちょう	주장
状況	じょうきょう	상황
初日	しょにち	첫날
事例	じれい	사례
申請	しんせい	신청
精一杯	せいいっぱい	최대한, 힘껏
卒業論文	そつぎょうろんぶん	졸업 논문
尊敬語	そんけいご	존경어
対象	たいしょう	대상
注意事項	ちゅういじこう	주의 사항
調節	ちょうせつ	조절
通知	つうち	통지, 알림
提出	ていしゅつ	제출
～にもかかわらず		~(임)에도 불구하고

□ ～にわたって　～에 걸쳐서

□ 反省(はんせい)　반성

□ 評判(ひょうばん)　평판

□ 開(ひら)く　열리다

□ フォーラム　포럼

□ 服装(ふくそう)　복장

□ 普段(ふだん)　보통, 평소

□ ～べき　～해야 할

□ 申(もう)し込(こ)み　신청

□ 例(れい)　예

축약형

원형	축약형	뜻	예문
□ ～ていない	～てない	～하고 있지 않다	まだ食(た)べてない　아직 먹고 있지 않다
□ ～でいない	～でない	～하고 있지 않다	まだ飲(の)んでない　아직 마시고 있지 않다
□ ～ている	～てる	～하고 있다	ご飯(はん)を食(た)べてる　밥을 먹고 있다
□ ～でいる	～でる	～하고 있다	お酒(さけ)を飲(の)んでる　술을 마시고 있다
□ ～ておく	～とく	～해 두다, ～해 놓다	準備(じゅんび)しとく　준비해 두다
□ ～でおく	～どく	～해 두다, ～해 놓다	読(よ)んどく　읽어 두다
□ ～てしまう	～ちゃう	～해 버리다	全部(ぜんぶ)食(た)べちゃう　전부 먹어 버리다
□ ～でしまう	～じゃう	～해 버리다	全部(ぜんぶ)飲(の)んじゃう　전부 마셔 버리다
□ ～ては	～ちゃ	～해서는	食(た)べちゃいけない　먹어서는 안 된다
□ ～では	～じゃ	～해서는	飲(の)んじゃいけない　마셔서는 안 된다
□ ～なくては	～なくちゃ	～하지 않으면	準備(じゅんび)しなくちゃいけない 준비해 두지 않으면 안 된다
□ ～なければ	～なきゃ	～하지 않으면	準備(じゅんび)しなきゃならない 준비해 두지 않으면 안 된다

구어체 표현

원형	축약형	뜻	예문
□ ～という	～って	～라고 한다	帰(かえ)ったって 돌아갔대
□ ～だそうだ	～だって	～라고 한다	静(しず)かだって 조용하대
□ ～ても	～たって	～해도, ～라도	勉強(べんきょう)したって 공부해도
□ ～でも	～だって	～해도, ～라도	いくら読(よ)んだって 아무리 읽어도
□ ～ない	～ん	～하지 않는다	絶対(ぜったい)行(い)かん 절대 안 간다
□ ～のだ	～んだ	～인 것이다	行(い)くんだ 가는 것이다〈강한 단정〉
□ ～らない	～んない	～하지 않는다	分(わ)かんない 몰라
□ ～れない	～んない	～할 수 없다	信(しん)じらんない 믿을 수 없어

청해 유형 확인 문제 01-06~10.mp3

다음 문제를 듣고 알맞은 답을 고르시오.

1 まず質問を聞いてください。それから話を聞いて、問題用紙の１から４の中から、最もよいものを一つ選んでください。

1　内容を削る

2　テーマを変更する

3　図と表を増やす

4　テーマをしぼる

2 まず質問を聞いてください。そのあと、問題用紙のせんたくしを読んでください。読む時間があります。それから話を聞いて、問題用紙の１から４の中から、最もよいものを一つ選んでください。

1　店の賃貸料が高かったから

2　メインメニューが良くなかったから

3　店の雰囲気が良くなかったから

4　ライバルの店より高かったから

3 問題３では、問題用紙に何も印刷されていません。この問題は、全体としてどんな内容かを聞く問題です。話の前に質問はありません。まず話を聞いてください。それから、質問とせんたくしを聞いて、１から４の中から、最もよいものを一つ選んでください。

4 問題用紙に何も印刷されていません。まず文を聞いてください。それから、それに対する返事を聞いて、１から３の中から、最もよいものを一つ選んでください。

5 まず話を聞いてください。それから、二つの質問を聞いて、それぞれ問題用紙の１から４の中から、最もよいものを一つ選んでください。

質問 1

男の人はどの本を読もうとしていますか。

1 「夢と出会った時間」

2 「父の止まった時計」

3 「東京の郵便局」

4 「人の生きる道」

質問 2

女の人はどの本を読もうとしていますか。

1 「夢と出会った時間」

2 「父の止まった時計」

3 「東京の郵便局」

4 「人の生きる道」

정답 1 ④ 2 ② 3 ② 4 ① 5 ③ / ②

해석 및 해설 별책 p.89

청해 완전 정복을 위한 꿀팁!

일본어 능력시험의 청해 실력을 올리기 위해서는 다음 2가지 방법으로도 충분합니다.
– 선택지가 인쇄되어 있는 문제는 선택지를 미리 보고 압축하기
– 선택지가 인쇄되어 있지 않은 문제는 최대한 내용을 메모하기

● 問題 1 과제 이해

반드시 선택지를 미리 읽고 문제를 풀어야 합니다. 내용을 다 듣고 나서 선택지를 읽기 시작하면, 시간에 쫓겨 문제를 제대로 풀지 못하는 경우가 많습니다.

● 問題 2 포인트 이해

실제 시험에서 약 20초간 선택지를 읽을 시간이 주어지지만 〈問題 1 과제 이해〉보다 선택지가 길기 때문에 시간상 여유가 있다고 하기는 어렵습니다. 선택지를 빠르게 읽어 내는 것은 물론이고, 긴 선택지를 요약하는 연습도 필요합니다.

● 問題 3 개요 이해

내용과 문제를 들은 후 선택지를 들을 때, 정답 여부를 바로 표시해 둡시다. ○, ×, △ 정도로 표시해 두는 것만으로도 실수를 막을 수 있습니다.

● 問題 4 즉시 응답

어쩔 수 없이 정답을 찍어야 할 경우, 이왕이면 잘 들리는 단어가 나오지 않은 선택지로 골라 봅시다. 비교적 학습자들에게 익숙한 단어를 문제 내용과 상관없는 상황으로 연결시키면서 함정을 파는 경우가 많기 때문입니다.

● 問題 5 종합 이해

긴 대화문이 나오지만, 소거법과 메모를 이용하면 충분히 대처할 수 있습니다. 메모는 간략하고 빠르게 하는 것을 목표로 꾸준히 훈련하면 반드시 좋아집니다. 대화가 길더라도 선택지 1번에 관한 내용부터 순서대로 설명하는 방식이라는 것을 명심합니다.

2교시

청해

유형별 실전 문제

과제 이해 실전 연습 ❶ 02-01~05.mp3 [/ 5]

問題 1

問題 1 では、まず質問を聞いてください。それから話を聞いて、問題用紙の 1 から 4 の中から、最もよいものを一つ選んでください。

1 番

1 リサーチ調査を行う

2 営業部と日程を調整する

3 新商品の価格を修正する

4 工場に連絡する

2 番

1 視察の延期の手続きをする

2 資料の内容を把握する

3 資料を前もってコピーしておく

4 社長と打ち合わせをする

3番

1　飲み物と料理の意見を発表する

2　メールに関することを伝える

3　祭りのミーティングの司会を準備する

4　男の人と一緒に看板の製作を手伝う

4番

1　原稿の修正のため家に帰る

2　施設の確認のため会場に行く

3　何もせずに家で休む

4　男の人と一緒に準備に行く

5番

1　ミュージカル公演の感想を話してあげる

2　オーケストラ部と合同公演を準備する

3　ライブ演奏に合わせて演技する

4　公演のテーマについて考える

정답　1 ②　2 ②　3 ②　4 ③　5 ④　　**스크립트 및 해설** p.94

問題 1

問題１では、まず質問を聞いてください。それから話を聞いて、問題用紙の１から４の中から、最もよいものを一つ選んでください。

1番

1　工場に品物をもらいに行く

2　商品をデパートに送る

3　取引先に電話して謝る

4　工場に連絡する

2番

1　３階の会議室へ行く

2　２階の会議室へ行く

3　会議の資料をコピーする

4　会議の場所を変更する

3番

1　学生証を提出する

2　誓約書と活動報告書を作成する

3　コーディネーターのところへ行く

4　保険に加入する

4番

1　レポートを書く

2　レポートのテーマを決める

3　参考文献を借りに行く

4　講義の内容を書き写す

5番

1　新刊図書の紹介文を作成する

2　広報コーナーの位置を修正する

3　新刊図書の在庫を把握する

4　出版社に足りない本を注文する

정답 1① 2② 3③ 4④ 5② 스크립트 및 해설 p.99

포인트 이해 실전 연습 ❶ 02-11~15.mp3 [/ 5]

問題 2

問題２では、まず質問を聞いてください。その後、問題用紙のせんたくしを読んでください。読む時間があります。それから話を聞いて、問題用紙の１から４の中から、最もよいものを一つ選んでください。

1 番

1 高いところにある公園の花を見ること
2 参加費と保険料が安いこと
3 花を楽しみながらゴミを拾うこと
4 募集人数に限りがあること

2 番

1 修正が必要ではない企画だから
2 新入社員の企画を採用することにしたから
3 良い商品としての可能性があったから
4 女性社員が行ったアンケートがよかったから

3番

1　新商品のディナーセットが好評だったこと

2　試飲会を通じてワインの販売が増えたこと

3　一日に限られた量だけを提供したこと

4　お客様へのサービスが良くなったこと

4番

1　玩具セット付の公演チケット

2　玩具付でない公演チケット

3　マートの商品券と公演チケット

4　何も買わなかった

5番

1　チームに上手な選手が多いから

2　チームワークが良くて親しいメンバーが多いから

3　選手だけじゃなく、親同士も親しいから

4　新しく来たコーチの手腕が優れているから

정답 1③　2③　3③　4④　5③　**스크립트 및 해설** p.105

問題 2

問題2では、まず質問を聞いてください。その後、問題用紙のせんたくしを読んでください。読む時間があります。それから話を聞いて、問題用紙の1から4の中から、最もよいものを一つ選んでください。

1番

1 会社のビジョンと目標を立てること
2 客の必要なものを作ること
3 他人の役に立つこと
4 社員が好きで出社すること

2番

1 就職に必要な語学力をつけるため
2 中国の親戚に会うため
3 父が中国で仕事をしているため
4 ある場所について調べるため

3番

1　インターネット注文を導入する

2　野菜ジュースを作る

3　野菜レストランに変える

4　新しいアルバイトを募集する

4番

1　結婚や恋愛のための出会いを提供すること

2　些細な出来事を通して生活の楽しさを求めること

3　同じ地域で趣味を共有できる会を作ること

4　会員に適当な会社を紹介すること

5番

1　田舎での暮らしに満足しているから

2　土地を利用した不動産事業が可能だから

3　太陽光発電事業が流行っているから

4　柔軟な考え方で稼ぐことができるから

정답 1③　2④　3②　4②　5④　**스크립트 및 해설** p.111

개요 이해 실전 연습 ❶ 02-21~25.mp3

[　　/ 5]

問題 3

問題 3 では、問題用紙に何も印刷されていません。この問題は、全体としてどんな内容かを聞く問題です。話の前に質問はありません。まず話を聞いてください。それから、質問とせんたくしを聞いて、１から４の中から、最もよいものを一つ選んでください。

– メモ –

정답 1② 2④ 3③ 4② 5③	스크립트 및 해설 p.117

問題 3

問題３では、問題用紙に何も印刷されていません。この問題は、全体としてどんな内容かを聞く問題です。話の前に質問はありません。まず話を聞いてください。それから、質問とせんたくしを聞いて、１から４の中から、最も よいものを一つ選んでください。

– メモ –

정답 1 ② 2 ① 3 ② 4 ③ 5 ③ 스크립트 및 해설 p.122

즉시 응답 실전 연습 ❶ 02-31~37.mp3 [/ 7]

問題 4

問題4では、問題用紙に何も印刷されていません。まず文を聞いてください。それから、それに対する返事を聞いて、1から3の中から、最もよいものを一つ選んでください。

– メモ –

정답 1② 2③ 3① 4③ 5② 6① 7②

스크립트 및 해설 p.127

問題 4

問題4では、問題用紙に何も印刷されていません。まず文を聞いてください。それから、それに対する返事を聞いて、1から3の中から、最もよいものを一つ選んでください。

– メモ –

정답 1③ 2② 3② 4① 5① 6② 7②

스크립트 및 해설 p.129

問題 5

問題5では、長めの話を聞きます。この問題には練習はありません。問題用紙にメモをとってもかまいません。

1番

問題用紙に何も印刷されていません。まず話を聞いてください。それから、質問とせんたくしを聞いて、１から４の中から、最もよいものを一つ選んでください。

– メモ –

2番

問題用紙に何も印刷されていません。まず話を聞いてください。それから、質問とせんたくしを聞いて、１から４の中から、最もよいものを一つ選んでください。

– メモ –

3番

まず話を聞いてください。それから、二つの質問を聞いて、それぞれ問題用紙の1から4の中から、最もよいものを一つ選んでください。

質問 1

1　1番の教室

2　2番の教室

3　3番の教室

4　4番の教室

質問 2

1　1番の教室

2　2番の教室

3　3番の教室

4　4番の教室

정답　1 ③　2 ③　3 ④ / ②　스크립트 및 해설 p.132

問題 5

問題5では、長めの話を聞きます。この問題には練習はありません。問題用紙にメモをとってもかまいません。

1番

問題用紙に何も印刷されていません。まず話を聞いてください。それから、質問とせんたくしを聞いて、1から4の中から、最もよいものを一つ選んでください。

– メモ –

2番

問題用紙に何も印刷されていません。まず話を聞いてください。それから、質問とせんたくしを聞いて、1から4の中から、最もよいものを一つ選んでください。

– メモ –

3番

まず話を聞いてください。それから、二つの質問を聞いて、それぞれ問題用紙の1から4の中から、最もよいものを一つ選んでください。

質問1

1　クッキングクラス

2　ヨガ

3　ウクレレ

4　美術クラス

質問2

1　クッキングクラス

2　ヨガ

3　ウクレレ

4　美術クラス

청해

정답　1 ③　2 ②　3 ① / ③　스크립트 및 해설 p.137

실전 모의고사
1회

N1

N1

言語知識（文字・語彙・文法）・読解

（110分）

注意 Notes

1. 試験が始まるまで、この問題用紙を開けないでください。
   Do not open this question booklet until the test begins.
2. この問題用紙を持って帰ることはできません。
   Do not take this question booklet with you after the test.
3. 受験番号と名前を下の欄(らん)に、受験票と同じように書いてください。
   Write your examinee registration number and name clearly in each box below as written on your test voucher.
4. この問題用紙は、全部で35ページあります。
   This question booklet has 35 pages.
5. 問題には解答番号の 1 、 2 、 3 、… が付いています。解答は、解答用紙にある同じ番号のところにマークしてください。
   One of the row numbers 1, 2, 3 … is given for each question. Mark your answer in the same row of the answer sheet.

受験番号 Examinee Registration Number	

名 前 Name	

問題1 ＿＿＿＿＿の言葉の読み方として最もよいものを、1・2・3・4から一つ選びなさい。

1 彼は熱中症で倒れ、病院に<u>搬送</u>された。

1 はんそう　2 ばんそう　3 はんぞう　4 ばんぞう

2 犯人は、宝石店に押し入り、強盗することを<u>企てた</u>。

1 おだてた　2 へだてた　3 くちはてた　4 くわだてた

3 何かを断るときには、<u>婉曲</u>な表現がよく用いられる。

1 わんきょく　2 えんきょく　3 わんこく　4 えんこく

4 観客は<u>絶叫</u>しながら、ホラー映画を楽しんでいた。

1 せっきゅう　2 ぜっきゅう　3 せっきょう　4 ぜっきょう

5 コロナやインフルエンザの初期は、花粉症と症状が<u>紛らわしい</u>場合もあるという。

1 いまわしい　2 わずらわしい　3 まぎらわしい　4 ふさわしい

6 戦争を見る目は、どうしても一方に<u>偏り</u>がちだ。

1 あやまり　2 かたより　3 いつわり　4 つとまり

問題２　（　　　）に入れるのに最もよいものを、1・2・3・4から一つ選びなさい。

7 首相は（　　　）、被災地を再び視察することにした。

1　てっきり　　2　やけに　　3　いまだに　　4　急きょ

8 下水道使用量は、通常、上水道使用量をもとに（　　　）する。

1　打算　　2　算入　　3　算出　　4　精算

9 現在、車業界では電気自動車が世界的に（　　　）しています。

1　過剰　　2　合併　　3　還元　　4　台頭

10 目先の財政健全化も大切だが、長期的な展望を示さなければ国民の不安は（　　　）。

1　拭えない　　2　打ち切れない　　3　拒めない　　4　損なえない

11 環境の変化に適応できない生き物は、いつかは（　　　）されていく。

1　沸騰　　2　淘汰　　3　仲裁　　4　喪失

12 厚労相は、「健康被害を起こすほど大量のメラミンが入った食品が輸入される可能性は（　　　）ない」と述べた。

1　あえて　　2　まず　　3　いとも　　4　かりに

13 政府はあらゆる（　　　）を講じ、少子化の克服を目指すべきだ。

1　手際　　2　手引き　　3　手配　　4　手立て

問題3 ＿＿＿＿の言葉に意味が最も近いものを、1・2・3・4から一つ選びなさい。

14 店内はごった返していた。

1 閑散としていた　2 ひどく混雑していた
3 きれいだった　4 ひどく汚かった

15 海外ではありふれた手口らしい。

1 あり得ない　2 有名な　3 珍しい　4 平凡な

16 彼はその知らせを聞いて、うろたえた。

1 慌てた　2 喜んだ　3 悲しんだ　4 がっかりした

17 屋外カフェで観光客がくつろいでいる。

1 踊っている　2 歌っている
3 ゆっくりしている　4 もめてるた

18 今日は朝からばてていた。

1 怒っていた　2 体調がよくなかった
3 疲れていた　4 頭痛がひどかった

19 父は１９６０年代の名車を、こつこつと修理した。

1 完璧に　2 きれいに　3 気がついたら　4 着実に

問題4　次の言葉の使い方として最もよいものを、1・2・3・4から一つ選びなさい。

20 裁量

1　ゆうべは電車の中で寝込んで、降りる駅を裁量してしまった。
2　保育所の認可は、都道府県の裁量に委ねられている。
3　警察官が道路で駐車違反を裁量している。
4　このマウスパッドは、裁量がつるつるしていて操作が快適だ。

21 しきたり

1　爆発のしきたりがあるものや凶器などは、機内持ち込み不可となる。
2　タバコ価格の値上げをしきたりに、禁煙する人が増えたという。
3　私が投票に行かない理由は、日本の政治家には何もしきたりしないからだ。
4　長い歴史を持つ相撲界には、独特のしきたりや慣習が多い。

22 足場

1　技術を伝えるべき若い人がいなければ、モノづくりの足場が崩れてしまう。
2　学校創立50周年を記念して、足場の名簿を新たに作ることになった。
3　友人の山本君は、「僕は35歳を足場に就職も結婚もあきらめた」と言っている。
4　年に1度、全国の優秀な和牛を集めて足場する品評会が開かれる。

23 ダイヤ

1　パソコンを修理するためには、このダイヤが絶対必要になる。
2　窓を自動開閉するダイヤがついているので、とても便利だ。
3　地震で、各地の鉄道でダイヤが乱れ、学校の休校も相次いだ。
4　あのピアニストの演奏は、ダイヤが非常に個性的だ。

24 はらむ

1　長時間の討議の結果、新しい規則をはらむことになった。

2　小さなヨットで太平洋を渡るのは、大きな危険をはらむ冒険だ。

3　毎年、成績優秀な学生に奨学金をはらむことになっている。

4　私はワインには少々はらんでいるので、なんでも聞いてください。

25 やつれる

1　このスマホは壊れているのか、声がやつれて聞きづらい。

2　彼の発言で、まとまりかけていた話し合いがやつれてしまった。

3　彼女は子どものころからの夢を大切にやつれて、女優になった。

4　そのタレントは、病後のやつれた姿であえてカメラの前に現れた。

問題5　次の文の(　　　)に入れるのに最もよいものを、1・2・3・4から一つ選びなさい。

26 イベントに関する質問は、必ず書面（　　　）、５月10日の11時00分までに提出すること。

1　として　　2　にて　　3　をうけて　　4　において

27 いつの間にこんなに太ってしまったのだろう。この体じゃとても雪山には（　　　）。

1　登れやしない　　2　登るわけない

3　登ろうとしない　　4　登っても始まらない

28 障害者や同級生に対するいじめは、虐待や暴行と呼ぶべき行為だ。若気の（　　　）で済ませるわけにはいかない。

1　弾み　　2　限り　　3　至り　　4　極み

29 出張予定表を作成しました。ご確認の（　　　）よろしくお願いします。

1　ほど　　2　くらい　　3　つもり　　4　ところ

30 西村：山田先輩って、いろいろアドバイスしてくれるし後輩の面倒見もいいし、いい先輩だよね。

石井：確かにやさしいしいい人だと思うが、求められていないアドバイスは、（　　　）と思うよ。

1　迷惑にたえない　　2　迷惑を禁じ得ない

3　迷惑でしかない　　4　迷惑におよばない

31 イタリアのベネチアは景観が綺麗で、この街自体が（　　　　）。

1　芸術と呼ぶにもほどがあった　　2　芸術そのものだった

3　芸術どころではなかった　　4　芸術だけのことはあった

32 先日、サクラ大学グローバル学部の皆さまに、会社見学に（　　　　）。

1　ご来社なさいました　　2　ご来社していただきました

3　ご来社されました　　4　ご来社いただきました

33 気に入ったデザインのカバンに（　　　　）、思いがけないところで気に入ったデザインのものと出会えた。

1　出会えればよかったものを　　2　出会えてよかったとはいうものの

3　出会えずにいたところ　　4　出会えるはずだと思いきや

34 そのレストランには、世界各地から美食家がやってくる。この華やかなレストランの厨房では、一秒（　　　　）気の抜けない、緊張の日々が限りなく続いている。

1　の限りでは　　2　たりとも　　3　くらいなら　　4　をかわきりに

35 地震から一夜明けた翌日、震源に近い自治体では断水や停電が続いており、住民は避難所などで不自由な生活を送っている。急病になっても救急車が呼べずに徒歩で病院にいくなど、生活は混乱を（　　　　）。

1　達するべくもなかった　　2　超えたとしか言いようがない

3　極めてしかるべきだった　　4　極めたままだ

問題6　次の文の＿＿★＿＿に入る最もよいものを、1・2・3・4から一つ選びなさい。

(問題例)

あそこで ＿＿＿＿ ＿＿＿＿ ＿＿★＿＿ ＿＿＿＿ は山田(やまだ)さんです。

1　テレビ　　2　見ている　　3　を　　4　人

(解答のしかた)

1　正しい文はこうです。

あそこで ＿＿＿＿ ＿＿＿＿ ＿＿★＿＿ ＿＿＿＿ は山田(やまだ)さんです。 1 テレビ　3 を　2 見ている　4 人

2　＿＿★＿＿ に入る番号を解答用紙にマークします。

(解答用紙)

(例)	①　●　③　④

---

36 水道代が ＿＿＿＿＿、＿＿＿＿＿ ＿＿★＿＿ ＿＿＿＿＿、一石二鳥になります。

1　下水道代も　　　2　一緒に徴収されている

3　減りますから　　4　減れば

37 核保有国は核兵器使用など、＿＿＿＿＿ ＿＿＿＿＿ ＿＿★＿＿ ＿＿＿＿＿ は慎むべきだ。

1　危険極まる　　　2　人類と地球環境を危機に

3　振る舞い　　　　4　さらしかねない

38 脱線事故の原因を ＿＿＿＿ ＿＿＿＿、＿★＿ ＿＿＿＿、基準を明確にして効果的に実施するべきである。

1　うえで　　　　2　教育を

3　正確に把握した　　　　4　再発防止のための

39 円安は、＿＿＿＿ ＿＿＿＿、＿★＿ ＿＿＿＿ 中小企業には、マイナスになる面もある。

1　プラスに働く一方　　　　2　輸入原材料の値上がりを

3　輸出比率の高い大企業の収益には　　　　4　製品価格に転嫁しにくい

40 教職大学院は、＿＿＿＿ ＿＿＿＿、＿★＿ ＿＿＿＿ が高まっていることを受けて設置が決まった。

1　教員に　　　　2　ともない

3　対する国民の不信感　　　　4　指導力不足教員の増加などに

問題7　次の文章を読んで、文章全体の趣旨を踏まえて、41 から 44 の中に入る最もよいものを１・２・３・４から一つ選びなさい。

選択的夫婦別姓制度とは、夫婦が望む場合、結婚後も夫婦がそれぞれの姓を維持できる制度を指す。現在の日本の民法では、夫婦はどちらか一方の姓を選択する必要があり、現実には女性が改姓するケースが圧倒的多数である。

ところが、女性の社会進出等 41 、改姓による職業生活上や日常生活上の不便・不利益、アイデンティティの喪失など様々な不便・不利益が指摘されてきたことなどを背景に、選択的夫婦別姓制度の導入を求める意見がある。

実際、各種世論調査において選択的夫婦別姓制度の導入に賛成する割合は、反対の割合を上回っており、地方議会においても、国に対して選択的夫婦別姓制度の導入を求める意見書を採択する動きが加速している。

日本では夫婦同姓が義務付けられているが、実際には９割以上の夫婦が男性の姓を選択しており、女性が姓を変えるケースがほとんどである。

名前は個人のアイデンティティを形成する重要な要素である。長年使い続けてきた名前を結婚 42 変えなければならない状況は、人生の連続性に影響を与えることがある。名前の変更が自己認識や社会的なつながりに与える影響は、決して軽視するべきではない。

選択的夫婦別姓を求める声は、単なるライフスタイルの選択ではなく、個人の尊厳や実務的な課題に深く 43 。多くの国では、夫婦が結婚後も別姓を維持する選択肢が法的に認められているが、日本はその選択肢がない数少ない国の１つで、これは国際的な人権基準に対する疑問さえ生じさせている。

夫婦別姓は、単なる名前の問題ではない。それは、個人のアイデンティティ、職業生活における実務的な必要性、そして何より個人の尊厳に関わる重要な人権課題である。

44 、反対意見の背景には、急速な社会変化への不安や伝統的価値観の保存という心理が存在する。夫婦別姓をめぐる議論は、私たちに重要な問いを投げかけている。私たち一人一人が真摯に向き合い、慎重な対話を重ねていく必要がある。

41

1　をもとに　　2　と相まって

3　に伴い　　4　もさることながら

42

1　を機に　　2　してからというもの

3　をはじめ　　4　に即して

43

1　掘っている　　2　懐いている

3　軋んでいる　　4　根ざしている

44

1　すなわち　　2　一方で

3　もはや　　4　ましてや

問題8　次の(1)~(4)の文章を読んで、後の問いに対する答えとして最もよいものを、1・2・3・4から一つ選びなさい。

(1)

否定的な感情こそ、我たちの体を安全に守るために作られました。例えば、危険な動物に遭遇した時に恐怖を感じます。恐怖は、否定的な感情の中でも特に良くない感情ですが、私たちはこの恐怖のおかげで危険が回避できます。体に異常が生じる時は痛みを感じるようになりますが、この痛みも不安と恐怖という否定的な感情を誘発させます。その結果、体を癒して回復させることに専念するのです。幸せと喜びに代表される肯定的な感情は、体を物理的な危険から救うことにはあまり役に立っていません。危機は、最も幸せな時に予告なしに突然訪れるものであり、否定的な感情はその危機的状況から命を守れるようにするための生存と進化の結果だと言えます。否定的な感じがする時は、その感情を否定せず、安全のために賢く対応するべきです。

45　筆者が言いたいことは何か。

1　恐怖の原因を理解すれば、体をより安全に守ることができる。
2　苦痛などの不便な気持ちになる時は、早く体を回復させることが大切だ。
3　幸せと喜びという感情ほど、否定的な感情も大切にしなければならない。
4　否定的な感情を無視せず、危険から回避できるように努力すべきだ。

(2)

良い関係を築くのが困難な人や気まずい人が、少なくとも一人二人はいるはずだ。その人の考え方や行動の意味が理解できないからだ。それにもかかわらず、円満な対人関係や社会生活のために理解してみようと努力する。このような過程で深刻なストレスが生じ、仕事を辞めるにまで至る人が多い。個性とマナー、その曖昧な間から生じた摩擦は、自分の認知能力では到底理解できなくなるのだ。しかし、人間は、一人も例外なく全く異なる環境で育ちながら成長していく。似たようなカテゴリーに入れることはできても、同じ物差しで測ることができないのが人間なのだ。そのような人を理解しようとするのは勘違いで傲慢であるかもしれない。理解できないことのために励む必要はなく、多少の摩擦があっても受け入れられる限界を定めることが重要だ。ありのままを受け入れながら、受け入れられながら生きていくのだ。

46 筆者が一番言いたいことは何か。

1　円満な人間関係のために、ある程度我慢するのは仕方がない。

2　ストレスを我慢してまで、仕事を続ける必要はない。

3　理解できない気まずい人のせいで、ストレスを受けてはいけない。

4　完璧に理解し合える存在はないことを認めなければならない。

(3)

人生は誰にでも一度だけ与えられたもので、誰も二度目の人生を経験することはできません。この世で唯一公平に与えられたもの、神が下した呪いなのか祝福なのか分からない、たった一度だけの人生を大切に過ごさない理由がありません。人生において、速度は意味がありません。人より速く行くため、少しでも高いところに行くために自分の幸せな人生を放置、または諦める理由がないということです。人生と旅行は多くの点で似ています。旅行ほど速度に合わない言葉もありません。目的地に向かって速く走る車の中で見られるものは、友人や家族と一緒に歩く人が見られるものの百万分の一にもならないでしょう。自分の話を記録するのが人生というものです。自分だけの叙事を作っていくことには、高収入の職業や社会的な地位、スーパーカーのような、良さそうに見えるものが役に立つとは限りません。

47 筆者の考えに合うのはどれか。

1 人生においては、速度よりはその目的地がもっと重要だ。

2 自分の目標と、現在の自分の位置に合った人生を生きていくことが大切だ。

3 自分の話を作り上げていく上で、モノの所有は重要ではない。

4 人生は旅行のようにリラックスした状態で、大切な人たちと一緒に送るべきだ。

(4)

以下は、ある会社が取引先に出したメールである。

株式会社ユメノニワ
代表取締役　田中一郎　様

株式会社中川商事
代表取締役　小田寿太郎

事務所移転のご挨拶

拝啓　陽春の候、貴社ますますご清栄のこととお慶び申し上げます。

開業以来順調に業績を上げてまいりましたのも皆様のご支援の賜(たま)ものと心から感謝いたしております。

さて、この度は事務所の拡張工事により、四月二十三日より下記へ本社を移転し業務を行うこととなりましたので、ご案内申し上げます。ご不便をおかけいたしますが、引き続きご愛顧のほどよろしくお願い申し上げます。

まずは略儀ながら書面にてご挨拶申し上げます。

敬具

記

新住所　〒104-0044 東京都中央区明石町18-1 5F
電話番号　03-3524-6521
ＦＡＸ　03-3524-7891

48 この文書から分かることはどれか。

1　事務所を移転せざるを得ない理由と時期

2　新しい事業のための事務所移転と目標

3　事務所を移転するためのお願いと手続き

4　新しい事務所の位置と賃貸期間

問題9　次の(1)~(4)の文章を読んで、後の問いに対する答えとして最もよいものを、1・2・3・4から一つ選びなさい。

(1)

失敗は最も否定的な単語の一つとして評価されている。失敗した事業、失敗した投資などは、失敗した人生にもつながる場合がよくある。しかし、科学者にとって、失敗という言葉は存在することはない。彼らは失敗を実験と呼び、その実験の終わりには成功でのみ終止符を打つことができる。実験が失敗するという概念自体が存在しないのだ。一般人には失敗と呼べる状況でさえ、科学者には次の段階に進むための過程に過ぎない。

そのような科学者に、研究失敗の責任を問い、辞職を求めるなどの行為は非常に愚かなことだ。これまでの莫大な費用と努力を水の泡にする行いであるためだ。人間は同一のテーマであっても全く同じ考えを持つことができない存在なのだ。ごく僅かな違いが、致命的な結果につながる世界であることを考慮すれば、他人に任せるにはリスクが大きすぎる。むしろ、研究を続けられるようにした方が得だということだ。

科学というものは、９９回失敗しても１回成功すれば、それですべてが報われる。いや、９９９回、９９９９回、９９９９９回失敗しても構わない。たった一度の成功がもたらす人類の進歩と進化というものは、それだけ魅力的である。その最前線で奮闘している科学者は、もう少し図々しくなってもよい。彼らの失敗を待ってくれない、成果だけを催促する社会では、人類のためのいかなる発展も期待できない。

49 科学者にとって、失敗という言葉は存在することはないとあるが、なぜか。

1　自分の失敗に最後まで責任を負うことができるから

2　失敗は成功につながる過程に過ぎないから

3　失敗と言えるほどの過ちがない領域だから

4　失敗するという考えを当然のように持っているから

50 筆者が言いたいことは何か。

1　科学者に失敗の責任を押し付けるのはよくない。

2　科学の分野は当面の効果を期待し難いことを理解すべきだ。

3　たった一度の成功で、十分な経済的効果をもたらすことができる。

4　科学者の厚かましさに目をつぶる姿勢が必要だ。

(2)

歳月の痕跡(注)がそのまま残されている古い本が集まっている空間を想像してみよう。カバーがぼろぼろになるほど擦り切れている古い本を手でつかむと、暖かい温もりが伝わってくる。単なる出版物の一つに過ぎない本であるが、生きている生命体から感じられる温もりを持っているようである。このような本が集まっている空間が図書館である。世界のどの図書館でも、寒さにぶるぶる震える人々の姿は想像できない。（中略）

図書館を言及するにあたって、芸術を抜きにすることはできない。建物自体が芸術品であり、文化財産として登録されている図書館が非常に多い。その時代を反映した思想と文化の頂点が図書館というところである。各国の有名な図書館は過去と現在をつないでくれる非常に大切な空間である。歴史、建築、文化、社会、芸術、自然、科学など、この世に存在する全てのものを扱っている図書館の価値は、決して金では買えないその国の大切な資産というものである。このように重要な価値と象徴を持っている図書館は、そのデザインもまた注目に値する。作られた背景も作られた目的も明らかな図書館は、それぞれの特色を持っているのである。（中略）

人々が図書館を楽しんでいる理由は多いだろうが、その中でも私は、図書館が持っている「共有の美」が最も好きである。どんな人でも差別なく受け入れられる空間、営利の追求が目的ではないこの空間があまりにも愛らしい。何かを渇望している人だけが来られるこの空間は、その特有の温もりでみんなの夢を温かく応援してくれるようである。

(注) 痕跡（こんせき）：過去にある事物があったことを示す、あとかた。

51 筆者は図書館と芸術の関係について、どう考えているか。

1　目につく芸術的なデザインとして設計された複合的な生活文化空間

2　自然との調和を重点にした大事な文化遺産

3　時代の流れと思想を反映して連結する機能的な芸術作品

4　過去の記録と多様な分野の知的財産を管理する国家資産

52 筆者は図書館についてどう述べているか。

1　利益と損害に基づいていない構造に、図書館の存在価値がある。

2　身分の制限なく利用することができる空間が、現代社会では特別に作用される。

3　個人の空間の独占を目的とするのではなく、多様な人々との共有を考えなければならない。

4　差別のない情報の開放場所であり、本の温もりが感じられる空間でもある。

(3)

人間は自然の利用に先立ち、生態系に関する考察をしなければなりません。自然生態系のバランスを取ろうとする努力と、生態系の調整を担う人間もまた、自然の一部であるという認識を常に持っているべきです。生態系を構成する動物や植物に関する知識も備えておかなければなりません。鉱物をはじめとする天然資源の利用にも厳格な基準と管理を設け、動物の福祉をはじめ倫理的な処遇にも関心を傾けるべきです。

<u>人間の利便性に合わせた自然環境の再構成に関する警戒が必要です</u>。自然は支配の対象でも無限に利用可能な資源でもありません。綿密な計算を伴わない自然開発という行為は、台風、洪水、地震などの不可抗力的な災害という自然の逆襲をもたらし、数多くの人々の命を奪っています。自然開発というもっともらしい言葉で包んだ人間の行動は、木を切り取って人間のための資源として利用し、山に穴を開けて人が通れる道を設ける行動に過ぎません。自然開発ではなく、人間のための自然破壊が正しい表現でしょう。このような破壊活動は地球温暖化につながり、今や人間の予測の及ばない気候危機を迎えることになったのです。

(中略)

自然と環境の保護というのは、専門家や科学者だけができることではありません。スーパーに行って買うべき品物のうち、使い捨ての購入についてもう一度考えてみることも自然保護を実践していることと同じです。コンビニでレジ袋を買う代わりに、エコバッグを利用したり、快適とはいえない真夏のエアコンの温度設定が、地球の温度を下げる方法だということです。自然保護を意識した、ちょっと面倒ではあるかもしれない行動が、人間の属する生態系の全てのものを救う道です。

53 人間の利便性に合わせた自然環境の再構成に関する警戒が必要ですとあるが、なぜか。

1　人間を取り巻く生態系の破壊につながる可能性が高いから
2　台風、洪水、地震などの自然災害に備える方法が必要だから
3　人間のための自然開発が、むしろ人間にとって毒になり得るから
4　地球温暖化を防止するための解決策になる可能性があるから

54 自然環境の保護について、筆者はどう考えているか。

1　都会で生活している人も、周辺の自然環境に関心を持たなければならない。
2　職業的に関係のある、一部の人々だけに該当するとは言えない。
3　資源節約ということを考えるだけでも人間の生活の役に立つことができる。
4　生態系の一員という考えを持ち、自然開発に対して関心を持つべきだ。

(4)

人間の言語には「希望」、「喜び」、「楽しみ」などの肯定的な意味の単語もあれば、「苦しみ」、「悲しみ」などの重い意味を持つ否定的な言葉もある。言葉には力があるとするが、肯定的な単語で構成された文章を発することで、慰労と力を得るケースも多い。一方、否定的な言葉にも強い力が存在する。人間は心理的な影響を受けやすい存在であるだけに、大変な環境に瀕している人であればあるほど、否定的な表現は控えて、肯定的な表現を多く発するのがいい。（中略）

変な単語がある。肯定的な意味でも使われて、否定的な意味も持っている単語が、まさに「適当に」だ。適当な温度、適当な睡眠などの基準はどこにあるのだろうか。一体、誰の基準に合わせれば良いのか。人によって基準は違うものである。普遍的に使用される「適当に」というのは、誰にでもある程度公平に適用されなければならないと思う。しかし、人類と文明の発達や時間の流れは、あまりにも多くの多様性と個性を作り出してしまった。多様性と個性というのは、普遍性の原理が適用されないのだ。「適当に」という言葉が誰にも似たような意味で適用できれば、世の中で発生している誤解と争いを大きく減らすことができるだろう。

（中略）

重義的な意味を持つ曖昧な単語の使用は、自制することがいい。私が考える「適当に」という言葉は、妥協に近いものだ。適当に妥協すること。すべてを適当に妥協しながら生きていくことを要求する時代に合わせて、適当に楽しみながら生きていくのがいいのか、まだはっきりは分からない。適当に考えて適当に気持ちを整理するつもりだ。いつかは適当な返事を得ることができるだろう。

55 筆者が考えている多様性と個性というのは、どのようなことか。

1　一般的な考え方が通じないこと

2　文明の発達によって新たに作られたこと

3　相対的な誤解が解消できること

4　肯定や不正の評価を下しにくいこと

56 この文章で、筆者が一番言いたいことは何か。

1　相手に誤解を与える恐れがある単語は、使わないほうがいい。

2　相手を配慮しすぎることは、他の誤解を招く恐れもある。

3　現実と妥協して生活することについて、もう一度考えてみた方がいい。

4　円満な人間関係の形成のためには、ある程度の妥協は、必ず必要なことだ。

問題10　次の文章を読んで、後の問いに対する答えとして最もよいものを、１・２・３・４から一つ選んでください。

以下は、六十代の男性が書いた文章である。

少子化という言葉を聞いて久しくなり、今では超少子化という言葉も珍しくなくなりました。出生率は一点台前半となってしまい、さらに一点以下に下がる日も遠くないようです。出生率が一点というのは、二人が結婚して一人の子供だけを産むという意味です。単純に考えても、二人の親から二人の子が生まれなければ、人口の維持が出来ないということが分かります。

そして、出生率が二点台を超えて初めて、国の人口の増加が始まります。人口増加とともに高齢化の問題が解決できるようになり、労働力の確保による国の内外的な経済成長と国の存続を図ることができるようになります。このことを知っているから、政府は、その実効性の有無の問題はさておき、出産に対する補償の概念である出産奨励政策の改善に絶えず努めているわけです。

子供が国の未来だという意見に異議を唱える人はいないでしょう。人は、必滅の存在であるから、次の世代が必ずこの社会と国を導いていかなければなりません。子供は、このように重要な存在であるにもかかわらず、私たちの社会では小さな子供の笑い声や泣き声を聞くことが難しくなってしまいました。既婚者の場合、女性の社会的役割に対する認識、経済的なストレス、住居や育児環境は、出産への否定的な認識を広げました。未婚者は、結婚どころか、選択に基づく恋愛の減少も増えています。①今の社会は、赤ん坊の泣き声を聞こうとしません。

(中略)

このように大切で重要な子供に対する態度には改善が必要です。昔のほうが絶対良かったと思うわけではありませんが、子供の失敗に対する対応は昔のほうがずっと良かったと思います。公共の場で子供がうるさくすると、眉をひそめる人も多く、親に対応を求める人もよく見掛けます。何としても責任を負わせようと、自分が被った被害に対する補償心理が働いたのです。もちろん、親は子供を落ち着かせたり、適切な場所に連れて行ったり、子供に注意を払ったりする必要があります。これは親としての当然の措置であり、義務であると言えます。

しかし、ここで問題になるのは、この過程において子供への配慮が全くない場合が多いことです。子どもに優しく話しかけたり、子供の行動を改善させるために多少こわばった表情で注意する姿が見られません。子供に目線も合わせず、初めからいない者として扱いながら、親や保護者に行動の責任を追及します。そのような状況で事態の深刻さに気付いた子供は、どう対応していいのか分からず固まってしまったまま、一歩下がったまま、その状況から疎外されています。公共の場において他人に迷惑をかけてはならないという当然かつ暗黙の社会のルールを絶対的な善の基準とし、その基準に反した対象に罰を与えているわけです。過ちを正して良い子に育ってほしいという思いから公共の場でのマナーというものを教えるため、つまり子供のためではなく、②被害を被った自分のための社会正義を押し付けているわけです。

小さな子供は未熟な存在です。いつでもミスをすることがあり、これからも多くのミスを重ねていかなければなりません。間違いを正すことで、成長という結果が得られます。それがどうしてしてはいけない行動なのかを教えるのが「大人」です。子どもから迷惑を被り、子供か親の謝罪を受け入れるかどうかは、専ら迷惑を被った人の権限だと思います。しかし、その過程で幼い子供を軽蔑と蔑視の目で見てほしくはありません。薄情な現代社会ですが、小さな子供の小さな過ちぐらいは、理解と寛容から微笑んであげることができる大人になってほしいです。

57 ①今の社会は、赤ん坊の泣き声を聞こうとしませんとあるが、なぜか。

1　出産はもちろん、結婚と恋愛に関心のない人が増えているから

2　出生率が一点台に落ちているのに、出産奨励政策の改善がないから

3　実効性に欠ける出産奨励政策は、親の立場では魅力的ではないから

4　結婚して子供を産むとしても、子供を育てるのに適した社会ではないから

58 ②被害を被った自分のための社会正義を押し付けていることについて、筆者の考えに合うのはどれか。

1　子供の過ちについて、親の謝罪だけに焦点を当てている。

2　子供の行動による被害について、親だけに責任を追及するのは正しくない。

3　子供を配慮しない謝罪は、自分の欲に過ぎない。

4　親や保護者の同意なしに、子供を叱って注意するのは望ましくない。

59「大人」について、筆者はどのように考えているか。

1　子供を正しい方向に教育し、子供のミスに寛大な姿勢を持つべきだ。

2　子供のミスに対する責任を取り、成長のために努力する必要がある。

3　公共の場で子供に冷たい視線を送ったり、無視したりしてはいけない。

4　幼い子供とその両親の謝罪に対して、補償を求めてはいけない。

問題11　次のAとBの文章を読んで、後の問いに対する答えとして最も良いものを、1・2・3・4から一つ選びなさい。

A

地球の危機への関心が高まることによって行われてきた研究や活動の結果、化石燃料の使用に代わって電気で走る自動車が誕生しました。従来の自動車は、燃料を圧縮して、燃焼することで生じる熱エネルギーを運動エネルギーに変換するエンジンというものを使用していました。このような内燃機関は、ガソリン、軽油などの油を燃やす過程で二酸化炭素などの排気ガスを発生させ、自動車の一般化と普及を経て、大気汚染の主な原因として指摘されてきました。何かを燃やす行動は、必ずと言っていいほど、ある種の害を地球に及ぼします。

これに対して、電気自動車は、何かを燃やす内燃機関で推進力を得るのではなく、バッテリーを利用した電気エネルギーを動力源とするだけに、二酸化炭素の排出のない環境にやさしい発明品といえます。さらに、内燃機関車は燃焼騒音と排気騒音による公害も誘発させます。レーシングカーのように轟音を立てて走行する車のせいで、驚いたり不快を感じることも少なくありません。このような騒音に対する深刻さをこれ以上見過ごすわけにはいかなかったため、日本はもちろん、ヨーロッパやアメリカ、韓国や中国など世界中の国々で住居地域を中心に自動車の騒音を規制及び制限する制度を作りました。電気自動車の場合、運行騒音が大幅に減少し、またエネルギー効率も桁違いです。充電スタンドの普及や車種の多様性など、一刻も早く、電気自動車向けのインフラが整えられなければなりません。

B

電気自動車が環境に優しいという発言については、慎重になる必要があります。電気自動車は、バッテリーが動力源ですが、このバッテリーを作るためのリチウムという物質を採掘する過程で、かなりの環境汚染や破壊がもたらされているということです。リチウムは、主に鉱山で採掘されますが、採掘された鉱石からリチウムを抽出する過程で大量の化学物質が使われ、大量の有毒物質と放射能を生み出しています。また、塩水を利用してリチウムを得る方法もありますが、塩湖に穴を開け、ポンプで塩水を引き抜き、およそ一年ほど乾燥させる方法です。リチウム１キロを生産するのに、なんと二千リットル以上の水が必要です。この過程で地下水が枯渇して水不足につながり、水質汚染が進行するにつれ、畑を汚染して野生動物の生息地を破壊します。

電気自動車の火災が発生した場合、通常の消火器では消火がほとんど不可能です。電気自動車の構造上、バッテリーがケースに格納された状態で車両の下部に設置されているからです。つまり、車に水をかけたり、消火器を使ったりしても、あまり役に立たないということです。恐ろしいことは、こうした火災が事故ではなく、バッテリー充電の際にも発生しているということです。瞬く間に八百度以上にまで上昇する温度と消火の難しさで、一般人には消火が困難です。結局、電気自動車の火災は、消防が出動せざるを得ません。消防士の人手不足に見舞われている状況で、他の救援活動に支障が出ることを懸念せざるを得ません。

高価格、廃バッテリーの処理問題、充電インフラの不足、原因不明の火災など、自然環境問題を除いても未だに処理すべき問題が多く、どれ一つ解決されていない現状です。環境に優しい車を作るために、自然環境に優しくない方法で作られたものを「環境に優しい」と呼ぶことはできません。

60 電気自動車について、AとBはどのように述べているか。

1　AもBも、電気自動車の利用に改善の余地があると述べている。

2　AもBも、電気自動車の利用について慎重でなければならないと述べている。

3　Aは電気自動車の原理と機能について述べ、Bは電気自動車の効率性と問題点について述べている。

4　Aは主に電気自動車と一般自動車を比較しながら述べ、Bは主に電気自動車の商用化に関する課題について述べている。

61 エコについて、AとBはどのように述べているか。

1　AもBも、自然と人に被害を与えないことから環境に優しいモノづくりが始まると述べている。

2　AもBも、モノを作る際の温度制限によりエコが保てると述べている。

3　Aは特定物質の排出を防ぐことでエコが実践できると述べ、Bは製作の過程まで環境を考えるべきだと述べている。

4　Aは有毒ガスの排出と騒音の制限がエコだと述べ、Bは環境に優しいという用語の改善について述べている。

問題12　次の文章を読んで、後の問いに対する答えとして最もよいものを、１・２・３・４から一つ選びなさい。

我々は平等という言葉が好きだ。差別なく平等に扱われることを望み、例外のない同一の権利を享受したがっている。特定集団や部類に利益や便宜が与えられたり、一部の人や組織を差別する行為を不平等と見なし、絶対に起きてはならないことだと思っている。同時に、私たちは平等でないものを、他のどの生物よりも好む存在だ。他人より多くの富を成したく、人より多くの給料をもらいながら仕事をしたいと思っている。他の家よりもう少しきれいで広い住居環境を望み、他人が所有できない物を所有することを望んでいる。全く同じ服を着ている人を見ると不快で、窮屈さを感じる。

平等を叫んではいるが、分配の平等を強調する社会主義に関しては、危険な思想として厳しく警戒し、国際情勢によっては渡航危険地域に分類することもある。富を追求して所有することにおいて、自由民主主義は平等という概念を持っていない。平等というのが絶対善で、不平等というのは絶対悪なのだろうか。私はその言葉に同意できない。

(中略)

自由民主主義で強調する平等は、機会の平等、条件の平等だと言える。差別による不平等を社会悪と定義し、これを改善するために努力している。だが、「平等」は自由民主主義の核心とは程遠い。自由民主主義の核心は「自由」だ。少しだけ考えてみても、自由と平等を同じカテゴリーに入れるのは難しいということが分かる。自由と平等は、もしかしたら逆の概念として見た方がいいかもしれない。各自の自由意志による選択が、等しい結果の平等を引き出すことは不可能だ。これを国が人肌を脱いで(注)仲裁することを望む声が高まっているが、そうなれば、我々の社会をこれ以上自由民主主義とは呼べない。世界的に発生している貧富の格差が益々激しくなる現象は、自由民主主義という垣根では防げない。もしかしたら、社会主義でも同じかもしれない。

個人の枠組みから脱して、国という概念に拡張しても不平等は存在する。国によって自然環境も異なり、地中に埋まっている資源の量も種類も異なる。人口も異なり、国の面積も異なり、肌の色も異なる。平等なんて存在しないし、存在することもできないということを肝に銘じなければならない。人間だけでなく動植物も同じだ。甚だしくは地べたに転がっている石さえ同じ形をしているものは一つもない。

全ての不平等を平等に変えることはできないとしても、人類は不平等を平等に変える方向に進んでいる。不平等の代表と言える奴隷制度が消え、身分制もほとんど消えたと見るのが妥当だ。教育という制度を通じて機会の平等を実現させようと努力する、富裕層の富を貧困層に回す社会福祉制度は少しずつ機能し始めた。まだ、完璧に解決されたとは言えなくても、男女間の不平等と幼い子供の人権も順次改善されている。もしかしたら、平等というものにより、自由民主主義と社会主義の体制から逸脱した何かが誕生するかもしれない。

人間は生まれた瞬間から不平等に拘束され、その集団に合った平等と不平等が与えられる。鳶が鷹を生む確率が、ゼロに限りなく近づいた時代だ。とはいえ、必ず平等に保たなければならないものもある。平等でない世の中を嘆き、不平等の絆から挫折し屈服しても、人間としての人生の尊厳を維持するための平等に目を向けてはならない。

(注) 人肌を脱ぐ：ここでは、本気になって助力する

62 私たちは平等でないものを、他のどの生物よりも好む存在とあるが、なぜか。

1 財産を所有するにおいては、平等を前提として考えていないから

2 自分の属する集団が他の集団より特別だと思っているから

3 富の蓄積という人間の本能的な特性から自由ではないから

4 同じものを所有している人に嫌悪感を感じるから

63 筆者は、自由と平等についてどのように述べているか。

1 自由民主主義を成立させる上で、必ず両立させなければならない。

2 平等による貧富の格差を減らすためには、自由が制限されるべきだ。

3 自由民主主義では自由が優先され、平等が本来の機能を果たすことは難しい。

4 自由と平等は両立しにくいものなので、国の仲裁が必要だ。

64 筆者が一番言いたいことは何か。

1 教育と福祉により平等を実現させるために努めなければならない。

2 人間らしく生きていく上で、不平等な待遇を受けてはならない。

3 自由民主主義と社会主義の間で、平等の差は大きな意味がない。

4 人間が生きるのに必要な最小限の権利と平等を奪ってはならない。

問題13　右のページは、ある市の健康づくりセンターの募集である。下の問いに対する答えとして最もよいものを、１・２・３・４から一つ選びなさい。

65 次の４人は、10月に運動教室に参加したいと考えている。運動教室に参加できる人は誰か。

名前	年齢	住所	勤務地	学校住所	経験有無	希望教室
佐藤さん	25歳	桜市外	桜市内	なし	なし	体質改善 ヨガ
リンさん	15歳	桜市内	なし	桜市内	なし	卓球
キムさん	32歳	桜市外	桜市外	なし	あり	健康体操
マイケルさん	18歳	桜市内	なし	桜市外	あり	エンジョイステップ

1　佐藤さん
2　リンさん
3　キムさん
4　マイケルさん

66 申し込みに関して、注意しなければならないことは何か。

1　定員を超える教室の場合は、先着順によって決まることもある。
2　複数の教室を申し込みたい場合、その分のはがきを用意しなければならない。
3　料金は教室参加日までにいつでも支払え、割引を受けられる場合もある。
4　家族単位で参加する場合、はがき一枚につき二人まで申し込みできる。

桜市健康づくりセンター運動教室の募集

桜市健康づくりセンターは運動のための教室を定期的に開催しています。この機会にぜひ楽しく運動を始めてみませんか。

■ 対象

・桜市内にお住まいの方、または桜市内に在勤、在学する16歳以上の方を対象とします。
・1回あたり550円（12回分は5,500円）

■ 教室

曜日	教室名	内容
火	健康体操	筋肉の痛みなどの予防や改善が目的
水	体質改善 ヨガ	前のステップの課程修了者に限る　定員20名
木	水泳教室	初心者のための水泳教室で、各泳法を学ぶことができる
金	卓球	楽しい卓球のための基礎クラス　定員16名
土	エンジョイステップ	簡単ステップを受講した者に限る

・詳細時間の案内は、桜市健康づくりセンターのホームページで確認できます。

■ お申し込み方法

① 往復はがき

・往復はがきにご希望の教室名、郵便番号、住所、氏名、年齢、性別、電話番号をご記入の上、桜市健康づくりセンターまでお送りください。
・定員を超えた教室は、抽選により結果をお知らせします。
・往復はがき一枚につき、一人、一教室のお申し込みが可能です。

② 健康づくりセンター窓口

・センターにお越しの上、所定の申込用紙を作成してください。
・受講可否をはがきでお知らせするために申込者の住所と氏名を記入した返信用郵便はがきを講座につき一枚ご持参ください。

③ 多くの人のご参加いただくために、一人につき二教室までお申し込み可能です。

■ 料金のお支払い

※ 授業当日まで、当センターの窓口にて現金、またはクレジットカードでお支払いください。（口座振り込み可）

※ 障がい者の方は、利用料金が四割引きとなります。初回ご利用時に障害者手帳などをご提示ください。介護者が一緒にいる場合は、二人まで無料です。

〒123-4567 桜市桜区桜町123　桜市健康づくりセンター
電話：123-456-7890

N1

聴解

(60分)

注 意
Notes

1. 試験が始まるまで、この問題用紙を開けないでください。
Do not open this question booklet until the test begins.

2. この問題用紙を持って帰ることはできません。
Do not take this question booklet with you after the test.

3. 受験番号と名前を下の欄(らん)に、受験票と同じように書いてください。
Write your examinee registration number and name clearly in each box below as written on your test voucher.

4. この問題用紙は、全部で12ページあります。
This question booklet has 12 pages.

5. この問題用紙にメモをとってもかまいません。
You may make notes in this question booklet.

受験番号 Examinee Registration Number	

名 前 Name	

問題 1

問題１では、まず質問を聞いてください。それから話を聞いて、問題用紙の１から４の中から、最もよいものを一つ選んでください。
では練習しましょう。

例

1 取引先の担当者にファックスを送る
2 会議で使う資料をコピーする
3 アンケートの書類をまとめる
4 事務課に電話する

1番

1　工場の担当者に連絡する

2　商品の在庫があるか確認する

3　工場からサンプルを送り直す

4　さくら商事に電話する

2番

1　送別会の場所を予約する

2　送別会の人数を把握する

3　送別会の日にちを調べる

4　部長に報告する書類を作る

3番(ばん)

1　先生(せんせい)の紹介映像(しょうかいえいぞう)を制作(せいさく)する

2　質疑応答(しつぎおうとう)の時間(じかん)の順番(じゅんばん)を変(か)える

3　宴会(えんかい)の場所(ばしょ)を変(か)える

4　配布資料(はいふしりょう)を修正(しゅうせい)する

4番(ばん)

1　配達(はいたつ)するお弁当(べんとう)を作(つく)る

2　食品(しょくひん)を袋(ふくろ)に入(い)れる

3　担当(たんとう)する地域(ちいき)を決(き)める

4　お弁当(べんとう)を配達(はいたつ)する

5番

1　交流会に参加する部署を確認する

2　新入社員の名簿を作成する

3　担当する役割と内容を確認する

4　安全を担当する業者を選定する

問題 2

問題 2 では、まず質問を聞いてください。その後、問題用紙のせんたくしを読んでください。読む時間があります。それから、話を聞いて、問題用紙の 1 から 4 の中から、最もよいものを一つ選んでください。

例

1 生活が厳しいこと
2 論文を書く時間がないこと
3 論文の内容が難しいこと
4 バイトが見つからないこと

1番

1　個人とグループ学習における開放感

2　図書館の各種施設の無料の貸し出し

3　閉館時間のない図書館の営業

4　カフェや売店などの施設

2番

1　将来的に会社にとって役立つ人材であるところ

2　すぐに会社の戦力として働いて行けるところ

3　海外勤務経験が豊富であるところ

4　性格が円満で顧客との会話スキルがあるところ

3番(ばん)

1　カメラを持(も)って動(うご)く方法(ほうほう)

2　自然光(しぜんこう)や照明器具等(しょうめいきぐなど)の利用方法(りようほうほう)

3　カメラを操作(そうさ)する時間(じかん)

4　ストーリーボードの勉強方法(べんきょうほうほう)

4番(ばん)

1　肥料(ひりょう)をたくさん使(つか)ってしまったこと

2　日差(ひざ)しをたっぷりやらなかったこと

3　水(みず)の量(りょう)をうまく調節(ちょうせつ)できなかったこと

4　害虫(がいちゅう)の薬(くすり)を適切(てきせつ)に使(つか)えなかったこと

5番

1　親が一緒に本を読まないといけないから

2　読む本を子供が選ばないといけないから

3　短い時間でも子供に本を読んであげるべきだから

4　電子書籍は子供の睡眠の邪魔になるから

6番

1　視力低下の子供の増加

2　自転車利用者の注意不足

3　自転車点検の注意不足

4　交通安全教育の欠如

問題 3

問題3では、問題用紙に何も印刷されていません。この問題は、全体としてどんな内容かを聞く問題です。話の前に質問はありません。まず話を聞いてください。それから、質問とせんたくしを聞いて、1から4の中から、最もよいものを一つ選んでください。

— メモ —

問題 4

問題４では、問題用紙に何も印刷されていません。まず文を聞いてください。それから、それに対する返事を聞いて、１から３の中から、最もよいものを一つ選んでください。

ー メモ ー

問題5

問題5では、長めの話を聞きます。この問題には練習はありません。問題用紙にメモをとってもかまいません。

1番

問題用紙に何も印刷されていません。まず話を聞いてください。それから、質問とせんたくしを聞いて、1から4の中から、最もよいものを一つ選んでください。

— メモ —

2番

まず話を聞いてください。それから、二つの質問を聞いて、それぞれ問題用紙の1から4の中から、最もよいものを一つ選んでください。

質問1

1 地下鉄の老朽化対策

2 橋梁施設の点検

3 老朽化した信号の更新

4 上下水道の老朽化した地域の整備

質問2

1 地下鉄の老朽化対策

2 橋梁施設の点検

3 老朽化した信号の更新

4 上下水道の老朽化した地域の整備

실전 모의고사
2회

N1

N1

言語知識（文字・語彙・文法）・読解

（110分）

注意
Notes

1. 試験が始まるまで、この問題用紙を開けないでください。
Do not open this question booklet until the test begins.
2. この問題用紙を持って帰ることはできません。
Do not take this question booklet with you after the test.
3. 受験番号と名前を下の欄（らん）に、受験票と同じように書いてください。
Write your examinee registration number and name clearly in each box below as written on your test voucher.
4. この問題用紙は、全部で33ページあります。
This question booklet has 33 pages.
5. 問題には解答番号の 1 、 2 、 3 、… が付いています。解答は、解答用紙にある同じ番号のところにマークしてください。
One of the row numbers 1 , 2 , 3 … is given for each question. Mark your answer in the same row of the answer sheet.

受験番号 Examinee Registration Number	

名 前 Name	

問題 1 ＿＿＿＿＿の言葉の読み方として最もよいものを、1・2・3・4から一つ選びなさい。

1 日本が直面している諸課題は、過去の<u>踏襲</u>で対処できるものではない。

1 とっしゅう 2 とうしゅう 3 たっしゅう 4 とうじゅう

2 アメリカ大統領は、A国のことを露骨に<u>罵り</u>始めた。

1 つのり 2 はかどり 3 ひたり 4 ののしり

3 世界には憎悪や<u>排斥</u>、暴力が再び広がっている。

1 はいせき 2 はいぜき 3 ひせき 4 ひたく

4 その神社では、おはらいは年間を通じ<u>随時</u>受け付けている。

1 すいし 2 ずいし 3 ずいじ 4 すいじ

5 子供たちは、先生のピアノの<u>伴奏</u>に合わせて歌っていた。

1 はんしゅう 2 ばんしゅう 3 はんそう 4 ばんそう

6 あの戦争で、<u>夥しい</u>数の兵士が命を落とした。

1 あさましい 2 かんばしい 3 おびただしい 4 はなはだしい

問題２　（　　　）に入れるのに最もよいものを、１・２・３・４から一つ選びなさい。

7　近年のサイバー攻撃には、国家（　　　）の規模で行われているものが、多数存在するといわれている。

1　ぐるみ　　2　あて　　3　向け　　4　離れ

8　企業側は、経営環境の悪化を口実に、少子化対策を（　　　）すべきではない。

1　棚卸し　　2　くみ上げ　　3　棚上げ　　4　打ち上げ

9　資源の乏しい日本にとって、（　　　）こそ生命線である。

1　アレンジ　　2　レジュメ　　3　モチーフ　　4　イノベーション

10　企業は、副業禁止を就業規則に（　　　）いるケースが多く、違反すれば処分されかねない。

1　つけ込んで　　2　盛り込んで　　3　打ち込んで　　4　つぎ込んで

11　人種や文化圏を超えて、世界で（　　　）好かれる色は青だという。

1　快く　　2　みるみる　　3　大して　　4　あまねく

12　コロナ禍が長期化し、結婚や出産を（　　　）する人が増えたことが、少子化の要因とみられる。

1　先延ばし　　2　打ち合わせ　　3　仕返し　　4　持ち上がり

13　いま、日本の政治の現場では、驚くべきことが（　　　）起きている。

1　かつて　　2　立て続けに　　3　すかさず　　4　一概に

問題3　＿＿＿＿の言葉に意味が最も近いものを、1・2・3・4から一つ選びなさい。

14 その店は、とても<u>みはらし</u>がよかった。

1　雰囲気　　2　サービス　　3　眺め　　4　味

15 彼はゴールに向かって<u>一目散に</u>走っていった。

1　ゆっくり　　2　必死に　　3　目を開けて　　4　よそ見しながら

16 少々<u>ぶっそうな</u>町を散歩してみました。

1　しずかな　　2　にぎやかな　　3　魅力的な　　4　危険な

17 それは貴重な<u>手がかり</u>だと言われている。

1　記録　　2　証拠　　3　ヒント　　4　モチーフ

18 仕事の成果が<u>みるみる</u>上がった。

1　すぐに　　2　ゆっくり　　3　めっきり　　4　だいたい

19 それは<u>不用意な</u>発言だった。

1　不気味な　　2　不確かな　　3　不注意な　　4　不思議な

問題4　次の言葉の使い方として最もよいものを、1・2・3・4から一つ選びなさい。

20 同然

1　がんばって練習を続けていけば、同然になる可能性は大きくなる。

2　大地震で、多くの人が家を失い、廃虚同然になった町もあった。

3　このままだと、この島の野生動物が消えてしまうのは同然である。

4　小さいころ、将来はプロサッカー選手になることを夢同然に考えていた。

21 みっちり

1　当時は、マスクをつけて過ごす生活がみっちり当たり前になっていた。

2　この学校には制服がないので、生徒はみっちり服装をしている。

3　田中先生は学生の面倒をみっちりみてくれるので、保護者に人気がある。

4　この本は、韓国語の基礎をみっちり学べるように執筆しました。

22 みなぎる

1　色鮮やかな新緑から、みなぎる生命力が感じられる季節となった。

2　私は大学時代、どんなことに夢中になっていたかをみなぎってみた。

3　人間関係においては、相手をみなぎる気持ちが何よりも大切だと思う。

4　体調が悪いので、今日は仕事を早めにみなぎって早退した。

23 もってのほか

1　この料理は調味料が足りないのか、何かもってのほかの味だった。

2　山下さんはもってのほかに謝ったが、許してもらえなかった。

3　富士山に登るのに、サンダルや半袖などの軽装はもってのほかだ。

4　今日は、ピクニックにはもってのほかのいい天気ですね。

24 なしくずし

1　もともと上手だったが、彼は前よりなしくずしに英語が上手になった。

2　相手選手の動きが鈍くなったので、なしくずしに攻め込んだ。

3　私は小麦アレルギーなので、パンやうどんなどはなしくずしに口にできない。

4　首相は、なしくずしに原子力発電所の再起動に関する方針を転換してきた。

25 タイパ

1　若い人の間では、ランニングがタイパとなっているようだ。

2　動画の倍速視聴やながら見などは、タイパ重視の具体例である。

3　翻訳文では、原文のタイパが微妙に伝わらないことがある。

4　警察の発表によると、振り込め詐欺の被害が再びタイパ傾向にあるらしい。

問題5　次の文の(　　　)に入れるのに最もよいものを、1・2・3・4から一つ選びなさい。

26 地方では、地元の顔だったデパートが次々消えている。時代の流れとはいえ、さびしさは（　　　）。

1　いなめない　　2　余儀なくされる

3　いうまでもない　　4　もってのほかだ

27 この寺はきれいに紅葉する（　　　）、もみじ寺と呼ばれている

1　次第では　　2　ともなしに　　3　ことから　　4　かたわら

28 試合に負けても、負けた理由、足りない部分を反省し、努力に変えればいい。逃げなければ（　　　）。

1　恥ずかしい限りだ　　2　恥ずかしいといったらない

3　恥ずかしいほどである　　4　恥ずかしくなんかない

29 今年もサクラ小学校の6年生の皆様に、社会科見学として工場へ（　　　）。

1　おいでくださいました　　2　お越しいただきました

3　ご参加いただきました　　4　ご覧くださいました

30 最近の商品は、「電磁波」など科学用語を多用しているが、消費者は、商品の効果を科学的に確認する（　　　）。

1　すべがない　　2　わけにはいかない

3　おそれがある　　4　までもない

31 名古屋駅は、中部地方（　　　　）巨大駅です。

1　あっての　　2　ぬきの　　3　ながらの　　4　きっての

32 無駄な道路をつくる（　　　　）、自動車のユーザーに戻して負担を軽減した方がましだと思う。

1　ならいざしらず　　2　くらいなら

3　ならまだしも　　4　ともなると

33 かつて悲惨な戦場だったA国は、経済開発の時代（　　　　）、今や民主化を求める若い芽が育ち始めている。

1　を経て　　2　にすら　　3　にして　　4　とて

34 弊社は、今後も食育活動や地域貢献に（　　　　）。

1　努めさせておきます　　2　努めてまいります

3　お努めになります　　4　努められております

35 太田：鈴木君は宝くじ買ったことある？

鈴木：宝くじなんて（　　　　）よ。買うだけ無駄だって。

1　当たってみせるよね　　2　当たってもしょうがない

3　当たったためしがない　　4　当たってはかなわない

問題6　次の文の＿＿★＿＿に入る最もよいものを、1・2・3・4から一つ選びなさい。

（問題例）

あそこで ＿＿＿ ＿＿＿ ＿★＿ ＿＿＿ は山田（やまだ）さんです。

1　テレビ　　2　見ている　　3　を　　4　人

（解答のしかた）

1　正しい文はこうです。

あそこで ＿＿＿ ＿＿＿ ＿★＿ ＿＿＿ は山田（やまだ）さんです。 1 テレビ　3 を　2 見ている　4 人

2　＿＿★＿＿ に入る番号を解答用紙にマークします。

（解答用紙）

（例）	①　●　③　④

36　新しい世界に ＿＿＿ ＿＿＿、＿★＿ ＿＿＿ 根気も欠かせない。

1　一人前に　　2　決断が要るし　　3　なるには　　4　入るのは

37　ワーク・ライフ・バランスは、＿＿＿、＿＿＿ ＿★＿ ＿＿＿ 働き方、生き方を目指す。

1　趣味や地域活動などを　　2　充実させる

3　仕事と家庭　　4　ともに

38 家畜の飼料価格が ＿＿＿＿、＿＿＿＿ ＿★＿、＿＿＿＿ 見直しを迫られたという。

1 ハムなどの製造コストが　　2 商品価格の

3 高騰し　　4 かさむようになり

39 政府は、＿＿＿＿ ＿＿＿＿ ＿★＿ ＿＿＿＿、事故の発生状況や各省庁の対応策を点検するオンブズマン制度を創設することにした。

1 危険情報を集めて　　2 インターネットで公開する

3 製品による事故や　　4 データベースを作ることや

40 自費出版は ＿＿＿＿ ＿＿＿＿、＿★＿ ＿＿＿＿ 意味で出版点数が増えているのはいいことだ。

1 担保する　　2 出版や言論の多様性を

3 表現できるメディアで　　4 だれもが自由に

問題7　次の文章を読んで、文章全体の趣旨を踏まえて、41 から 44 の中に入る最もよいものを1・2・3・4から一つ選びなさい。

無人野菜直売所とは、その名の通り野菜を無人で販売する店舗をいう。日本の野菜の無人販売は、８０年以上の歴史があるが、実際に全国的に浸透したのは貨幣の浸透後からで比較的最近と言われている。このように長い歴史を持つ業態だが、非接触販売やフードロスが意識されるようになった昨今、無人野菜直売所に注目が集まるようになった。

感染症対策の影響で、非接触ニーズ 41 野菜の無人販売所が全国で増加し、２４時間利用可能で食品ロス削減にも寄与している。さらに冷蔵機能付きロッカーの登場により、野菜や果物を新鮮な状態で提供できるようになり、消費者はいつでも安心して購入できるようになった。

商品の販売方法も多様で、以前は簡易な料金箱が置いてあることが多かったが、最近はロッカー型の自動販売機や大型冷蔵庫を設置するケースも見られるようになった。レジ前に立つとスキャンする 42 商品が自動でレジに表示され、最後に決算するだけでお買い物完了。子供からお年寄りまでラクに楽しく買い物ができる。

無人野菜直売所の多くは24時間いつでも利用可能になっており、さまざまな人のライフスタイルに合わせやすいメリットがある。また、無人化により、人件費をはじめとした固定費を削減し、商品販売価格上昇を抑えられるので、スーパーと比較すると低価格で販売されていることが多い。おかげで、食卓に野菜を取り入れる 43 が下がる点も見逃せない。規格外の野菜でも販売されることが多いため、フードロス対策へ手軽に参加しやすい一面もある。地産地消につながることも重要なメリットである。地元で育てられた野菜を手軽に消費できる点は、無人野菜直売所が持つ大きな強みだと言える。

　無人野菜直売所は、非接触で安全に24時間利用できる点が支持され、コロナ禍以降 **44** 普及している。冷蔵対応のロッカー型自動販売機も登場し、新鮮な野菜を手軽に購入できるため、健康志向の消費者にも好評である。また、フードロス削減や地域の経済活性化にも貢献している。

　無人野菜直売所は、基本的に販売許可は不要だが、地域によっては例外もあるという。

41

1　にかかわる　　2　に応える

3　にひきかえ　　4　にかけては

42

1　ものの　　2　ともなく

3　そばから　　4　ことなく

43

1　ブランコ　　2　ハードル

3　シーソ　　4　鉄棒

44

1　さらに　　2　むしょうに

3　かろうじて　　4　めったに

問題8　次の(1)~(4)の文章を読んで、後の問いに対する答えとして最もよいものを、1・2・3・4から一つ選びなさい。

(1)

既に検証や証明済みの方式に従うと、経験すべき試行錯誤の相当な部分を減らすことができる。一言で言えば、失敗を経験する時間と努力が節約できるようになるということである。このような観点から考えると、模倣は非常に重要な役割を果たすと言える。しかし、その目的と対象が明確でない場合、模倣の意味を失うことに注意しなければならない。特に科学分野においては、新しい何かを学び、その領域をさらに進歩させ、理解するための模倣が模索されなければならないだろう。そうでなければ、すでに失敗した方法を単に盗用するにすぎない。他人が作ってくれた安全で平穏な道によるエネルギーの蓄積は、新しい道につながるべきである。

45 筆者によると、模倣とはどのようなも行為か。

1　すでに検証されている方法に従いながら努力を惜しむ行為

2　他方で使用すべきエネルギーを保存させてくれる行為

3　科学分野においては、その使用が排除できない行為

4　失敗による副作用と資源を、最大限に減らしてくれる行為

(2)

人間は、自分が信じたいものだけを信じて、自分が見たいものだけを見ます。自分の考えが絶対正しいという罠に陥りがちで、自分の信念や理念に反する情報を無視しやすいのです。これを確証偏向といいます。すべての指導者にとってこのような気質は、高危険レベルの警戒対象となるべきです。すべての決定の瞬間に、自分が間違っているかもしれないという考えを捨ててはなりません。自分を疑って、また疑わなければなりません。いかなる位置や地位も持っていない人なら未だしも、自分が指導している人たちのことを考えるべきです。指導者とは、ある集団や組織の構成員を率いて、目標を達成するために努力する人です。確証偏向に陥った指導者ほど恐ろしい人はいません。

46 筆者が言いたいことは何か。

1　自分の信念に対して疑って警戒しなければならない部類がある。

2　ひねくれた考えや自分を疑う人は気をつけなければならない。

3　指導者は、構成員を偏愛したり差別してはならない。

4　しばしば自分と他人の考えが一致しないこともある。

(3)

自分が直接見たことを踏まえて、他人を罵倒（ばとう）する行為をする人がいる。ここで一つ注意すべき点は、人の記憶は完全ではないということだ。特に古い記憶ほど、その記憶には間違いや捏造が起こりやすい。最近の脳科学では、これを記憶の誤りと呼んでいる。このような現象が発生する理由を進化論的観点から見れば、結局生存のためのものだ。命が危うい状況に置かれることになれば、重要でない記憶は削除され、核心的な記憶だけを早く捜し出して危険を回避しようとする。また、そのままにしておくと感情や心を傷つけ、甚だしくは体の弱化につながりかねない致命的な記憶は封印することもある。これを我々は忘却と呼ぶ。このように記憶に誤りがあるということは、致命的な短所ではない。命を延命して進化するための生命体の本能かもしれない。ただし、自分が覚えていること、さらには目で直接見たことでも誤謬の可能性があることを認知するべきだ。

47 筆者が言いたいことは何か。

1 自分が考えることと目で見たこととの違いについて認知しなければならない。

2 古い記憶ほど誤りが作用することもありうるということを気付くべきだ。

3 記憶の誤りや忘却にも良い点があるということを認識しなければならない。

4 人類の進化と生存において、不完全な記憶という副作用があり得る。

(4)

以下は、ある会社が出した社内メールである。

社員各位

お疲れ様です。総務部の橋本です。

本年４月21日をもちまして、当社は設立２０周年を迎えます。

つきましては、当社の創立２０周年を社員全員でお祝いしたく、下記の日程で祝賀会を開催します。 繁忙期ではありますが、社員の皆様およびご家族様には万障お繰り合わせの上、ご参加いただくようにお願い致します。

なお、祝賀会欠席の方は、３月３0日までに総務部宛、ご連絡ください。

記

日時：４月21日（金）　午後６時～９時（午後５時３0分開場）

会場：日本平ホテル　３階　宴会場

総務部　橋本　愛（内線188）

48 このメールに対する説明として合っていないものはどれか。

1　社内メールを送った目的と理由が正確に書かれている。

2　パーティーに参加できない人は決まった期日内に連絡をしなければならない。

3　社員の家族がパーティーに参加する場合、3月末までに知らせなければならない。

4　宴会場に入ることができる時間は、パーティーが始まる時間の30分前からだ。

問題９　次の(1)~(4)の文章を読んで、後の問いに対する答えとして最もよいものを、１・２・３・４から一つ選びなさい。

(1)

我々の社会は怒るという行為に対して非常に吝嗇(注)である。いかなる場合にも怒ってはならないという立場が強く、怒る人に関しては、その理由の如何を問わず懐疑的である。怒りをうまく鎮め、我慢できる人が良い人だという認識も強い。

怒ることは人間の本能であり、普遍的な感情の一つである。したがって、怒ることはとても自然なことだと見なすのが正しい。人だけでなく、動物、さらには植物も怒るという研究結果もある。むしろ、怒りを堪えるのが不自然である。自然に反する行動を続ける時は、必ず災いが伴う。

感情は思考や行動に移すことで我々の体を支配することになるが、怒ることを極度に嫌ったり、我慢した結果は、コンプレックスや自尊心を失うことにつながりかねない。これがさらに進んでいくと、コンプレックスを克服するために莫大な時間と費用が費やされ、自傷行動としても現れるほど危険である。

ここで重要なのは、怒る目的と方法だ。自分の怒りを発散させるために、相手を利用してはならない。怒りを発散する方向の問題だということである。暴言や暴力的、破壊的な行動に基づく怒りは、より大きな問題へと発展する可能性がある。感情に振り回されて怒ることを避け、問題解決と改善に重点を置かなければならない。怒りを抑えるのは簡単ではないが、正しい方向に向けて怒ることも練習が必要である。健康な生活のためには、他人ではなく、自分のために怒ることができなければならない。

(注) 吝嗇（りんしょく）：ひどく物惜しみをすること。けち。

49 筆者は、怒ることについて、どのように述べているか。

1　理由次第では、良くない方向に発展することもありうる。

2　人間にとって、当たり前の感情で、我慢することが良いとは限らない。

3　よく怒ることで、自尊心を失うことに対する予防が出来る。

4　怒るのを我慢しすぎると、病気に発展する可能性もある。

50 筆者によると、どのように怒るのが重要か。

1　相手の暴言や暴力的な行動を警戒し、その目的を忘れてはならない。

2　感情的になって怒るよりは、自分の気分晴らしのために行われるべきだ。

3　感情によって怒ることが、人間の本性に基づいた最も自然な流れだ。

4　怒る理由が、好ましくない関係を修復する方向と一致しなければならない。

(2)

人類は哺乳類の中で最も毛の少ない動物だといえる。初期の人類は、動物と同じく、体の表面が多くの毛で覆われていたのに、なぜ体毛が退化したのだろうか。狩猟の時、体の過熱を防ぐために毛がなくなったという説や、人類が衣服を製作し始めた結果、保温機能の必要性がなくなったので、人間の体毛が消えたという仮説もある。様々な主張があるのだが、毛が短くなったり、消え始めた正確な理由は、まだ明らかになっていない。（中略）

人間にも動物にも毛は非常に重要な役割を担っている。特に、動物にとって、毛は生存のための不可欠なものであり、その中で一番重要な機能は保温である。例えば、ホッキョクグマの毛は二重構造になっていて、氷点下50度以下でも毛が凍らないようになっている。これに比べて人間の体毛は非常に短いために、卓越した保温効果を期待できないが、外部の刺激から身を保護する機能がある。特に、鼻毛と眉毛は外部からの埃や微生物を防ぐ役割も果たしている。そして、毛のある所には汗腺(注)も存在するが、これが人間の体温を調節しているのである。（中略）

毛は、体内の老廃物を排出し、微細な刺激にも反応でき、暗い状況でも身体に脅威になるものを感知してくれる安全装置でもある。人間の体毛が、段々短くなるのは、進化なのか退化なのか。いずれにせよ、毛が持っている機能を代替できる手段がない限り、体毛を失っていく人類は、必ずその対策を整えなければならない。

（注）汗腺：汗を分泌する皮膚腺の一種。

51 人間の体毛が消え始めた理由は何か。

1　獲物を追いかける時、体温が上がりすぎるため

2　服の発明とともに、長い体毛の必要性がなくなったため

3　家を建て、部屋を暖めることができるようになったため

4　いくつかの主張らがあるが、明らかになっていない。

52 人間の体毛について、筆者が最も伝えたいものは何か。

1　体毛の退化による変化を認知し、対応できる方法を考えなければならない。

2　無分別な除毛は、人間の感覚に影響を与えかねないということを心掛けるべきである。

3　体毛のおかげで人間は、暗い空間でもバランスを維持しながら生活をすることができる。

4　人間の体毛が次第に退化していくのは、人類の進化による結果にすぎない。

(3)

人は、誰もが自由に自分の考えを語る権利を持っています。いわゆる表現の自由というものです。ある論争や事件について、特定の人に対する人格冒涜(ぼうとく)(注)や人権侵害、過度なヘイトスピーチ、フェイクニュースではない限り、自分の考えを自由に表現できるということです。民衆に、知る権利を提供する義務を持つ記者、言論、メディアもまた、表現の自由という枠組みの中で思う存分自分の表現を実現させることができます。

できるだけ客観的に事実だけを伝えようとしても、情報に偏向性が現れるのは仕方ありません。文章を書くということは、今まで自分が生きながらに作られた思想というフィルターを通して行われる行為だからです。ニュースや新聞で取り上げられる政治、経済、世界情勢などの記事には、何らかの形で作成者の意図や思想が入るしかないということです。これ自体は悪いことではありません。　　が作成した記事にも、情報の偏り、意図の偏りが現れます。したがって、メディアを叱責し、記者の倫理性に対する批判よりは、やむを得ない現象だと考えるべきです。

(中略)

メディアというのは、その仕組み上、個人や団体などの所有者の意見に反する内容を発信しにくいものです。また、広告主やスポンサーの意見がわずかながら反映されることもあります。競争による視聴率やクリック数を無視することもできません。ニュースは事実を取り扱いますが、その内容は公正、真実とは異なるということです。議論の余地が豊富なテーマほど、私たちの生活に影響を与えるセンシティブな現象であるほど、テレビを通してニュースを見る時には注意が必要です。

一つのメディアのみ好んで視聴し、ニュースは当然真実で、それが絶対に正しいと考えるのは危険です。自分も知らないうちに扇動されてしまわないように、ニュースに接する姿勢の改善が必要です。

(注) 冒涜（ぼうとく）：ここでは、大切なものを貶める行為

53 表現の自由について、筆者はどう考えているか。

1 公正に事実を取り扱うべき報道局記者にも、表現の自由はある。

2 その意図がどうであれ、自分の意見が自由に表現できる。

3 人工知能が作成した文章では、表現の自由を見つけるのが難しい。

4 公正であるべきニュースでも、表現の自由による被害が続出している。

54 筆者が言いたいことは何か。

1 ニュースというものは、事実とは程遠いということを認識しなければならない。

2 複数の媒体に接することで、情報の偏向性に警戒しなければならない。

3 放送局はさまざまなプレッシャーから偏ったニュースを流している。

4 生活に密着したニュースであるほど、事実の如何を確認しなければならない。

(4)

ロシアのヤクーツクという所は、地球で最も寒い都市である。冬の平均気温が氷点下50度で、氷点下55度になるとすべての学校が休校になる。しかし、このような都市でも20万人を超える人々が生活していて、夏には32度まで気温が上がる。このような過酷な自然環境のもとでも、人間はその努力と技術によって「死」の領域から「生」の領域に変えることができるのである。人間の環境適応能力は実に驚くほどである。

冬の気温が氷点下50度に落ちるとヒトを含めた哺乳類と鳥類を除いたほとんどの動物が冬眠に入る。しかし、哺乳類でも熊やハリネズミは冬眠するのだ。気温が氷点下20度まで下がると、ハリネズミは冬眠に入る。ハリネズミが冬眠に入るのは自然の法則に反するものではないが、ペットとして育てるハリネズミは例外だ。野生のハリネズミは冬眠に備えて、餌を大量に摂取するが、人が育てているハリネズミは常に一定量の餌を摂取することに慣れているので、冬眠に入る前も十分な餌は摂取しない。冬眠に入ること自体は心配することではないが、冬眠から出る前に栄養不足で餓死する恐れがあるのである。（中略）

人も冬眠が可能である。現代生命工学の発展は人間を冬眠させる領域にまで至らせている。人間の冬眠と解凍に制約がなくなるほどの技術力が百年、千年先には完成するのかもしれない。人間は自然からの影響を少なく受けることができる技術を継続して発展させてきた。しかし、人間が自然の影響を少なく受けようとするほど、生態系の破壊と異常の自然現象が逆に増えつつあるというのが皮肉なものだ。

55 筆者が、人間の環境適応能力は実に驚くほどだと述べた理由は何か。

1　昼と夜の気温の差が激しい場所で生活するのは、動物には不可能なことだから

2　生命を脅かすほどの自然環境においても、生活を維持することが可能だから

3　自然を傷つけず、自然に順応しながら生きていくことが可能だから

4　人間の技術と自然環境の調和の中で、平穏な生活を享受することが可能だから

56 この文章で、筆者が一番言いたいことは何か。

1　人間の生存適応能力の発達が、自然破壊活動につながることを警戒しなければならない。

2　治療のための目的のもとに、冬眠に対する技術研究は続けなければならない。

3　人体を解凍させる技術に対する発展には限界がある。

4　厳しい自然環境の中で、人類は生存のための研究を怠けてはいけない。

問題10　次の文章を読んで、後の問いに対する答えとして最もよいものを、１・２・３・４から一つ選んでください。

以下は、引退した小学校の先生が書いた文章である。

日本は今先生がいなくなっている。いろいろな原因があると分析されているが、根本的な原因は、先生になりたい人が減っているからだ。教員になるということは、多くのことを諦める悲壮な覚悟が必要だ。教員不足の現象が、希望と犠牲、根性と意志というものを放棄した日本のサトリ世代の特徴だと片付けるわけにはいかない。日本に限ったことではなく、米国やドイツ、韓国などでも教師忌避現象が加速化しているためだ。

世の中は先生に要求することが多すぎる。まともな手当も支給されない自発的な残業をはじめ、数十年間そのままの劣悪な勤務環境、山積みの事務書類、放課後の部活の顧問、家庭訪問などなど、スーパーヒーロー並みの活躍を当然のように望んでいる。過度の業務と極度のストレスの結果、自分の命を自ら絶つ事件までも発生しているが、それさえも大きく関心を持たない時代になってしまった。

生徒は先生を尊敬するどころか、教室で暴力まで振るっており、ひいてはその対象が先生でもある。モンスターペアレントとも呼ばれる一部の保護者は、先生を崖っぷちまで追い込む。教員採用の敷居を下げる、給与を引き上げる、劣悪な勤務環境を改善するという対策は、その効果が期待できないと思う。人数だけを満たすのに精一杯な無分別な教員の養成と、教員資格のない人まで教壇に立てることによって教育の質はさらに低くなり、保護者の抗議はより一層激しくなる。学校だよりの作成さえ自力でできない教員の増加は、事務の質の低下も伴う。その足りない部分を他の教員が分担することになり、残業が再び増加せざるを得ない悪循環が繰り返される。教育権の回復なしには、これらすべての対策は机上の空論にすぎない。

義務教育が行われる小学校と中学校、義務ではないがほとんどが自発的に進学する高校まで、その教育の対象者は未成年者だ。すなわち、教える対象が、まだ自らの行動に責任を負うことができる成人ではないということだ。学校はこのような未成年者を、校則ではなく、国の法律に従わせるための準備をさせ、学校という垣根を越えて自ら判断し行動できるよう養成しなければならない。知識の伝達だけが、すべてになってはならない。知識の伝達と大学進学だけを目標にするなら、有名な塾に通わせるのがより効果的かもしれない。

(中略)

学校はいつから行きたくないところになったのか。生徒だけでなく、先生にとっても学校は行きたくないところになってしまった。学校へ行って友達に会うのが好きで、好きな先生に褒められて嬉しくて、放課後に友達と遊んだり、部活動をしながら泣いて笑った。休みに入ると、学校に行けないのが嫌で、訳もなく学校周辺をうろついていたり、運動場で一人で遊んだりもした。親は、先生が丁寧に書いてくれた学校だよりを一緒に読みながら、学校での自分の子供を想像し、にっこりと笑ったりもした。学校に行く用事がある時は、できるだけ自分の身なりに気を使って緊張したりもした。先生が家庭訪問で来る時は、何かお出ししてあげたくてあたふたしたりもした。

そんな思い出と記憶を持った人がとても多かった。その人たちが、今では親か祖父母の世代になっているだろう。あまりにも幸いなことに、行きたくない学校になってしまったのが、それほど長くはないことだ。もう一度、生徒と親、先生の皆が行きたい学校にしていくために、政府と自治体をはじめ、私たち皆が努力してみてはどうだろうか。たとえそれが時代の流れに逆行するとしても、学校はそういうところになるべきだと思う。

57 筆者によると、教員不足の現象が生じる理由は何か。

1 全世界的に起きている現象で、劣悪な勤務環境を避ける時代の特性のため

2 先生に対する尊敬が足りず、暴力のような危険な状況にさらされているため

3 過度な業務と深刻なストレスによって、先生になりたい人が減ったため

4 保護者の無知ないじめや抗議の増加と、教員になるためのハードルが高くなったため

58 悪循環が繰り返されることについて、筆者はどのように考えているか。

1 勤務環境の改善と資格のない教員を増やす方法は、問題の解決策にはなり得ない。

2 様々な対策が全て本来の機能を発揮してこそ、問題解決の糸口を見出すことができる。

3 未成年者に対する教育法の改善と、進学だけが学校存在の目標になってはならない。

4 教育権の回復と、自ら判断できる生徒の教育なしには、問題解決が不可能だ。

59 今の学校について、筆者はどのように考えているか。

1 学校は、生徒と先生に大切な思い出や楽しい記憶を与えることができなければならない。

2 政府主導の教員不足に関する改善策と、保護者と生徒の役割も重要だ。

3 生徒に対する指導能力と、保護者への対応などに関する努力も怠ってはならない。

4 登校拒否に対する政府レベルの対策と、行きたい学校づくりに力を入れるべきだ。

問題11　次のAとBの文章を読んで、後の問いに対する答えとして最も良いものを、1・2・3・4から一つ選びなさい。

A

美味しいものを食べるという行為は、人間が感じられる幸せと肯定の感情の中で最上位に属すると思います。だから人間の三大欲求に、睡眠欲や性欲と共に食欲が入っているのです。延命だけのために食べ物を摂取する行為は、人間の尊厳性というものを思い出させます。単に空腹を満たすために、何かを食べることには何の楽しみも感じられません。満腹感の後に押し寄せる、得体のしれない空虚さとすっきりしない気持ちを感じることもあります。つまり、食べ物から味という要素が欠けてしまうと、いくら栄養学的に完璧な食べ物でも、それが人間を幸せで健康にすることはないということです。

どうすればもっとおいしく食べられるかという悩みから、食文化の発展が始まりました。味への渇望は、農業や外食産業の発展、食料品の流通、食品の生産や加工の発達などを呼び起こしました。健康に食べることは重要ですが、まずいものを無理やり食べたり、食べさせたりすることは、虐待や苦痛につながる可能性があります。決して健康的な食習慣ではないということです。そして、犬や猫も自分にとっておいしいエサをより好み、偏食します。

B

味を追求することを人間の本能と言うが、それは錯覚だ。味には絶対的な基準がなく、文化や社会、国や時代によっても味の基準が異なる。人間の本能がおいしいものに対する渇望だとすれば、誰もが同じ味を好むか、もしくは嫌いでなければならない。味というのは、特殊な文化の進化の結果にすぎない。幼い頃は嫌いだったにんじんやたまねぎなどが、大人になってからおいしいと感じる経験をする人も多いからだ。

食べ物を摂取するときは、栄養のバランスを考えるべきだ。特定の材料にアレルギーやじんましん反応が起きるかどうかも考慮しなければならない。おいしいものを食べながら幸せな人生を送りたいということの前提には、当然健康が欠かせない。食べ物の味を左右するのは調味料というものだ。この調味料が使われすぎると、問題になりかねない。甘い物をたくさん食べると、糖尿病や肥満、しょっぱい物をたくさん食べると、高血圧や心血管疾患などを招く恐れがあるからだ。食べることは、徹底的にコントロールされた状況下において行われなければならない。

60 味について、AとBはどのように述べているか。

1 AもBも、人間が追求する本能のようなものだと述べている。

2 AもBも、栄養の重要性と味による偏食を警戒すべきだと述べている。

3 Aは食べ物の味の起源について述べ、Bは偏重しすぎた味を警戒しなければならないと述べている。

4 Aは味の追求の当為性について述べ、Bは味による否定的な状況に注意するべきだと述べている。

61 食べることについて、AとBの認識で共通していることは何か。

1 おいしく食べることと、健康に食べることは同じではない。

2 おいしく食べるための方法や栄養とのバランスを考えるべきだ。

3 幸せな人生のために、健康的に食べることは欠かせない。

4 健康的な食べ方を学び、無理してまで食べる必要はない。

問題12　次の文章を読んで、後の問いに対する答えとして最もよいものを、1・2・3・4から一つ選びなさい。

寂しさは、扱いにくく複雑で原始的な感情です。集団、または群れの生活に慣れている存在ほど、寂しさに過敏な反応を示します。人はもちろん、一部の群れを成して生活する動物も寂しさを感じます。オウムという鳥を一羽だけ飼うと、寂しさによるストレスで、羽毛を自分で抜くなどの自傷行為をすることもあると言われています。人間も寂しさによる副作用で、自責したり、自害します。また、免疫力の低下、認知症発病率の増加、老化の進行にも影響を与えるそうです。身体に悪影響を与える寂しさというものを、病気に分類する必要があります。

一人でいるときだけでなく、大勢の人で混み合う地下鉄の中や、店内でも寂しさを感じます。さらに自分が属している集団でも、寂しさを感じたりします。集団に属さない寂しさはもちろん、集団内での対人関係から生じる寂しさもあるということです。極めて稀なケースでしょうが、最初から一人だったら、寂しさについて認知できなかったかもしれません。こういう側面からみると、人間はやはり社会的な動物に違いありません。それなら寂しさもやはり、社会的レベルの病気に分類しなければなりません。イギリスでは、寂しさを担当する国レベルの部署が新設され、その部署に大臣を任命しただけに、社会問題として認識されています。寂しさによる国民の苦痛や自尊心の喪失から派生する問題を、無視できないと判断したからです。(中略)

寂しさを克服するために、人間はコミュニケーションというものを作りました。コミュニケーションの発達は、特に芸術と科学分野の発達にも大きく役立っています。しかし、コミュニケーションに関する知識や技術の不在により、誤解、けんか、ストーカー、ガスライティングなどの誤ったコミュニケーションの発生が頻繁になり、社会的な問題にまで至っています。正しいコミュニケーションに関する教育が必要な時代になりました。

日本は、1970年に高齢化社会、2007年からは超高齢化社会となりました。超高齢化社会というのは、65歳以上の人口が総人口の21%以上を占めるという意味です。つまり、五人のうち一人は、65歳以上の高齢者だということです。国民の中に占める高齢者の割合が多くなりましたが、若者より高齢者に寂しさはさらに致命的に近寄ってきます。そのくらいの歳になると、世の中を先に経験した先輩として、多くの知識や知恵をもとに、寂しさへの対応もしやすいと思いがちですが、実状は少し違います。

高齢者にとって寂しさは、孤独と孤立、苦痛のどこかに存在する非常に奇妙な感情かもしれません。職場という集団に属して、寂しさという感情に向き合う暇もなく、仕事に没頭する時代を生きてきました。時間が経つにつれて、社会生活の引退とともに少しずつ断絶していく対人関係、子供たちの独立、かけがえのない大切な配偶者との死別を経験することになります。気の置けない親しい友人も、ある瞬間から一人二人、この世を去り、もう自分も死について考えざるを得なくなります。一人でご飯を食べることをはじめ、すべてを一人で経験する時間がどんどん多くなります。

老人の寂しさというのは、誰にでも訪れるものですが、私たちはまだそれに向き合う方法を知りません。コミュニケーションを通じて寂しさを克服しろと言われますが、どのようにコミュニケーションを図り、どのように寂しさに備えなければならないのか分からないし、尋ねる人もいません。寂しさは個人の問題で、個人の感情だと思っているからです。こうした状況で高齢者の孤独死、うつ病、自殺への関心が高まり、社会問題として取り上げられるようになったのは、本当に幸いだと言えます。

社会的な問題として台頭しているということは、今や国レベルの管理が介入できるようになったのです。国は国民の幸せのために努める責任があり、国民の健康な生活の実践を図らなければならないからです。国民を対象に、特に高齢者を中心に、コミュニケーションに関する教育の実施や寂しさを病気と認識し、数値化、客観化しながら管理するべきだと思います。私たち国民もまた、寂しさを個人の感情の問題として見なしたり、無関心になってはいけません。

62 寂しさについて、筆者の考えに合うのはどれか。

1　集団だけでなく、群れを成していない個体にも影響を与えかねない。

2　人の場合、一人でいる時だけ寂しさの感情を感じるとは言えない。

3　政府が主導して治療しなければならない病気の一つに分類され始めた。

4　集団生活をする人や動物の共通的な特徴として認識しなければならない。

63 老人の寂しさについて、筆者はどのように述べているか。

1　超高齢化時代の台頭とともに、社会的な問題として受け止められ始めた。

2　老人も経験できなかった未知の領域において原因に関する研究が必要だ。

3　好ましくない影響につながる寂しさを克服するためのコミュニケーションの教育が必要だ。

4　老人の孤独死や自殺等に関する深刻性について、国民の認識が必要な時期となった。

64 筆者が言いたいことは何か。

1　寂しさを個人的な感情と認識してはならない。

2　寂しさに関する国レベルの取り組みは、さらに詳細化するべきだ。

3　お年寄りの寂しさを、国や国民が無視してはならない。

4　老人の孤独死、コミュニケーションの不在に関心を持たなければならない。

問題13　右のページは、ある市の研究発表会に関する案内である。下の問いに対する答えとして最もよいものを、１・２・３・４から一つ選びなさい。

65　次の４人は、桜市自治学会の研究発表会に応募したいと思っている。応募可能な者は誰か。

名前(グループ名)	住所	発表テーマ	研究期間	発表経験
渡辺さん	桜市内	幼稚園の問題点と改善策	六ヵ月	有り
レヴィンさん	桜市外	桜市の高齢化と周辺環境	二年	無し
子供学会	桜市内	幼稚園の周辺環境について	一年六ヵ月	無し
鈴木さん	桜市外	小学英語教育の問題点	一年	有り

1　渡辺さん

2　レヴィンさん

3　子供学会

4　鈴木さん

66　佐藤さんは、桜市自治学会の会員として「子どものための美術教育」というテーマで、二年以上研究してきた。この研究発表会に応募するにはどうしなければならないか。

1　個人での参加はできないので、一緒に参加する人を募集して応募する。

2　必須入力項目を記入した申請書類を持参し、桜自治学会まで直接応募しに行く。

3　自治学会ホームページからダウンロードした申請書類を作成し、ファックスで応募する。

4　研究発表会の開催予定日までに、必須入力事項を記入した申請書類をEメールで応募する。

桜市自治学会の研究発表会のご案内

普段研究していることを発表してみてはどうですか。あなたの研究が住みやすいコミュニティづくりの第一歩になるかもしれません。

1. 発表テーマ

今年のテーマは、「子どもが暮らしやすい町づくり」です。子どもに関する地域社会の問題点への対策であれば、すべてテーマの対象となります。福祉、環境、経済、文化、教育など分野は問いません。

2. 応募資格

・発表者は会員に限ります。ただし、会員以外でも、市内に在住し、子どものための公共政策などについて１年以上積極的に研究、活動している方も応募できます。
・個人だけではなく、グループでの応募も可能です。
・発表者は、当自治学会の基準に基づいた書類選考に基づき決定します。
・以前に当自治学会で発表したことがある方は、対象外とします。

3. 応募方法

① 桜自治学会の研究発表会のホームページから申請書類をダウンロードしてください。
② 必須入力項目を必ずご記入の上、メール、またはファックスでご応募ください。
・必須入力項目
：所属、氏名(グループ名)、住所、連絡先、メールアドレス、発表テーマ、発表要旨(発表趣旨や研究内容を500文字程度で簡潔に作成してください。)

4. 応募期間

８月15日　９月15日の午後６時まで

5. 結果通知

10月15日の午前中

6. 研究発表会開催予定日

① 日時：11月の第二土曜日
② 場所：桜市内
③ 内容：１部 講演会、２部 研究発表会

7. お問い合わせ先

桜市自治学会　ホームページ：http://www.sakurasi_jichigakkai.ac.jp
電話：123-456-7890　Eメール：Sakura-kenkyu@sakura.ac.jp
ファックス：123-789-0456

N1

聴解

(60分)

注　意
Notes

1. 試験が始まるまで、この問題用紙を開けないでください。
Do not open this question booklet until the test begins.

2. この問題用紙を持って帰ることはできません。
Do not take this question booklet with you after the test.

3. 受験番号と名前を下の欄(らん)に、受験票と同じように書いてください。
Write your examinee registration number and name clearly in each box below as written on your test voucher.

4. この問題用紙は、全部で12ページあります。
This question booklet has 12 pages.

5. この問題用紙にメモをとってもかまいません。
You may make notes in this question booklet.

受験番号 Examinee Registration Number	

名 前 Name	

問題 1

問題 1では、まず質問を聞いてください。それから話を聞いて、問題用紙の 1 から 4の中から、最もよいものを一つ選んでください。

例

1 取引先の担当者にファックスを送る

2 会議で使う資料をコピーする

3 アンケートの書類をまとめる

4 事務課に電話する

1番

1　夏休みの旅行プランを手伝う

2　シニア向けのパッケージプランを担当する

3　入院した同僚から資料をもらう

4　締切前に印刷業者に連絡する

2番

1　企画書の内容を分かりやすく直す

2　企画書のグラフのサイズと数字を修正する

3　企画書の全般的な内容をチェックする

4　企画書の写真を変更して追加する

3番

1 図書館で再発行申請書を作成する

2 図書館で仮カードの発行を申請する

3 図書館で新しいカードをもらう

4 図書館に借りている本を返却する

4番

1 参加費を払う

2 入場券をもらう

3 セミナーの資料代を払う

4 駐車料金を追加精算する

5番

1　オープンテラスを禁煙席に変える

2　地域住民のための駐輪場を設置する

3　夜の客の喧嘩を止める

4　営業中の特記事項について知らせる

問題 2

問題 2 では、まず質問を聞いてください。その後、問題用紙のせんたくしを読んでください。読む時間があります。それから、話を聞いて、問題用紙の 1 から 4 の中から、最もよいものを一つ選んでください。

例

1 生活が厳しいこと

2 論文を書く時間がないこと

3 論文の内容が難しいこと

4 バイトが見つからないこと

1番

1　日本の伝統的な美が好きだから

2　和室の不便さを改善したから

3　様々な体験を提供しているから

4　色々な言語で対応しているから

2番

1　性能に比べて安いこと

2　保存スペースが十分なこと

3　モニターの画面サイズ

4　モニターの様々な機能

3番

1　面接官の批判的な質問に備えること

2　緊張して早口で答えないこと

3　入社動機について準備すること

4　会社のビジョンと目標をリサーチすること

4番

1　博覧会の出品リストを作成すること

2　博覧会でのセミナーの準備をすること

3　ブース位置の確認と外国人社員を割り当てること

4　問題点の改善のために会議を行うこと

5番

1　家を建てる方法と起源

2　地域による家の構造の違い

3　時代に応じた建築の特徴

4　家の造りと生活の関連性

6番

1　好き嫌いのはっきりしたお菓子の味を変えたほうがいい

2　発売予定の商品名を変えたほうがいい

3　包装紙の値段を少し安くしたほうがいい

4　SNSを利用した広告に変えたほうがいい

問題 3

問題3では、問題用紙に何も印刷されていません。この問題は、全体としてどんな内容かを聞く問題です。話の前に質問はありません。まず話を聞いてください。それから、質問とせんたくしを聞いて、1から4の中から、最もよいものを一つ選んでください。

問題 4

問題４では、問題用紙に何も印刷されていません。まず文を聞いてください。それから、それに対する返事を聞いて、１から３の中から、最もよいものを一つ選んでください。

— メモ —

問題5

問題5では、長めの話を聞きます。この問題には練習はありません。問題用紙にメモをとってもかまいません。

1番

問題用紙に何も印刷されていません。まず話を聞いてください。それから、質問とせんたくしを聞いて、1から4の中から、最もよいものを一つ選んでください。

— メモ —

2番

まず話を聞いてください。それから、二つの質問を聞いて、それぞれ問題用紙の1から4の中から、最もよいものを一つ選んでください。

質問1

1　ジャガイモ

2　サツマイモ

3　トウモロコシ

4　ニンジン

質問2

1　ジャガイモ

2　サツマイモ

3　トウモロコシ

4　ニンジン

절취선

N1 第１回 日本語能力試験 模擬テスト 解答用紙

言語知識(文字・語彙・文法)・読解

受験番号 Examinee Registration Number	

名前 Name	

〈ちゅうい Notes〉
1. くろいえんぴつ（HB、No.2）でかいてください。（ぺんやボールペンではかかないでください。）
Use a black medium soft (HB or No.2) pencil.
(Do not use any kind of pen.)
2. かきなおすときは、けしゴムできれいにけしてください。
Erase any unintended marks completely.
3. きたなくしたり、おったりしないでください。
Do not soil or bend this sheet.
4. マークれい Marking Examples

よいれい Correct Example	わるいれい Incorrect Examples
●	⊗ ◯ ◯ ⓪ ◯ ◯ ●

問題 1				
1	①	②	③	④
2	①	②	③	④
3	①	②	③	④
4	①	②	③	④
5	①	②	③	④
6	①	②	③	④
問題 2				
7	①	②	③	④
8	①	②	③	④
9	①	②	③	④
10	①	②	③	④
11	①	②	③	④
12	①	②	③	④
13	①	②	③	④
問題 3				
14	①	②	③	④
15	①	②	③	④
16	①	②	③	④
17	①	②	③	④
18	①	②	③	④
19	①	②	③	④
問題 4				
20	①	②	③	④
21	①	②	③	④
22	①	②	③	④
23	①	②	③	④
24	①	②	③	④
25	①	②	③	④

問題 5				
26	①	②	③	④
27	①	②	③	④
28	①	②	③	④
29	①	②	③	④
30	①	②	③	④
31	①	②	③	④
32	①	②	③	④
33	①	②	③	④
34	①	②	③	④
35	①	②	③	④
問題 6				
36	①	②	③	④
37	①	②	③	④
38	①	②	③	④
39	①	②	③	④
40	①	②	③	④
問題 7				
41	①	②	③	④
42	①	②	③	④
43	①	②	③	④
44	①	②	③	④
問題 8				
45	①	②	③	④
46	①	②	③	④
47	①	②	③	④
48	①	②	③	④

問題 9				
49	①	②	③	④
50	①	②	③	④
51	①	②	③	④
52	①	②	③	④
53	①	②	③	④
54	①	②	③	④
55	①	②	③	④
56	①	②	③	④
問題 10				
57	①	②	③	④
58	①	②	③	④
59	①	②	③	④
問題 11				
60	①	②	③	④
61	①	②	③	④
問題 12				
62	①	②	③	④
63	①	②	③	④
64	①	②	③	④
問題 12				
65	①	②	③	④
66	①	②	③	④

N1 第1回 日本語能力試験 模擬テスト 解答用紙

聴解

受験番号 Examinee Registration Number	

名前 Name	

〈ちゅうい Notes〉

1. くろいえんぴつ（HB、No.2）でかいてください。（ぺんやボールペンではかかないでください。）
   Use a black medium soft (HB or No.2) pencil.
   (Do not use any kind of pen.)
2. かきなおすときは、けしゴムできれいにけしてください。
   Erase any unintended marks completely.
3. きたなくしたり、おったりしないでください。
   Do not soil or bend this sheet.
4. マークれい　Marking Examples

よいれい Correct Example	わるいれい Incorrect Examples
●	⊗ ◯ ◯ ◯ ◯ ◯ ◯

問題1				
例	●	②	③	④
1	①	②	③	④
2	①	②	③	④
3	①	②	③	④
4	①	②	③	④
5	①	②	③	④

問題2				
例	①	②	●	④
1	①	②	③	④
2	①	②	③	④
3	①	②	③	④
4	①	②	③	④
5	①	②	③	④
6	①	②	③	④

問題3				
例	①	②	③	●
1	①	②	③	④
2	①	②	③	④
3	①	②	③	④
4	①	②	③	④
5	①	②	③	④

問題4			
例	①	●	③
1	①	②	③
2	①	②	③
3	①	②	③
4	①	②	③
5	①	②	③
6	①	②	③
7	①	②	③
8	①	②	③
9	①	②	③
10	①	②	③
11	①	②	③

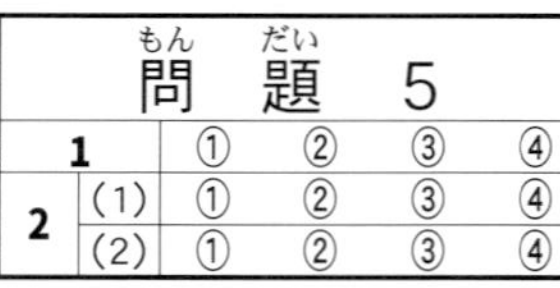

問題5					
1		①	②	③	④
2	(1)	①	②	③	④
	(2)	①	②	③	④

절취선

절취선

N1 第２回 日本語能力試験 模擬テスト 解答用紙

言語知識(文字・語彙・文法)・読解

受験番号 Examinee Registration Number	

名前 Name	

〈ちゅうい Notes〉

1. くろいえんぴつ（HB、No.2）でかいてください。（ぺんやボールペンではかかないでください。）
   Use a black medium soft (HB or No.2) pencil.
   (Do not use any kind of pen.)
2. かきなおすときは、けしゴムできれいにけしてください。
   Erase any unintended marks completely.
3. きたなくしたり、おったりしないでください。
   Do not soil or bend this sheet.
4. マークれい　Marking Examples

よいれい Correct Example	わるいれい Incorrect Examples
●	⊗ ◯ ◯ ◯ ◯ ◯ ●

問題 1				
1	①	②	③	④
2	①	②	③	④
3	①	②	③	④
4	①	②	③	④
5	①	②	③	④
6	①	②	③	④
問題 2				
7	①	②	③	④
8	①	②	③	④
9	①	②	③	④
10	①	②	③	④
11	①	②	③	④
12	①	②	③	④
13	①	②	③	④
問題 3				
14	①	②	③	④
15	①	②	③	④
16	①	②	③	④
17	①	②	③	④
18	①	②	③	④
19	①	②	③	④
問題 4				
20	①	②	③	④
21	①	②	③	④
22	①	②	③	④
23	①	②	③	④
24	①	②	③	④
25	①	②	③	④

問題 5				
26	①	②	③	④
27	①	②	③	④
28	①	②	③	④
29	①	②	③	④
30	①	②	③	④
31	①	②	③	④
32	①	②	③	④
33	①	②	③	④
34	①	②	③	④
35	①	②	③	④
問題 6				
36	①	②	③	④
37	①	②	③	④
38	①	②	③	④
39	①	②	③	④
40	①	②	③	④
問題 7				
41	①	②	③	④
42	①	②	③	④
43	①	②	③	④
44	①	②	③	④
問題 8				
45	①	②	③	④
46	①	②	③	④
47	①	②	③	④
48	①	②	③	④

問題 9				
49	①	②	③	④
50	①	②	③	④
51	①	②	③	④
52	①	②	③	④
53	①	②	③	④
54	①	②	③	④
55	①	②	③	④
56	①	②	③	④
問題 10				
57	①	②	③	④
58	①	②	③	④
59	①	②	③	④
問題 11				
60	①	②	③	④
61	①	②	③	④
問題 12				
62	①	②	③	④
63	①	②	③	④
64	①	②	③	④
問題 12				
65	①	②	③	④
66	①	②	③	④

절취선

N1 聴解

第2回 日本語能力試験 模擬テスト 解答用紙

受験番号 Examinee Registration Number	

名前 Name	

〈ちゅうい Notes〉

1. くろいえんぴつ（HB、No.2）でかいてください。（ぺんやボールペンではかかないでください。）
Use a black medium soft (HB or No.2) pencil.
(Do not use any kind of pen.)
2. かきなおすときは、けしゴムできれいにけしてください。
Erase any unintended marks completely.
3. きたなくしたり、おったりしないでください。
Do not soil or bend this sheet.
4. マークれい Marking Examples

よいれい Correct Example	わるいれい Incorrect Examples
●	⊗ ◯ ◯ ⓪ ◯ ◯ ●

問題 1				
例	●	②	③	④
1	①	②	③	④
2	①	②	③	④
3	①	②	③	④
4	①	②	③	④
5	①	②	③	④

問題 2				
例	①	②	●	④
1	①	②	③	④
2	①	②	③	④
3	①	②	③	④
4	①	②	③	④
5	①	②	③	④
6	①	②	③	④

問題 3				
例	①	②	③	●
1	①	②	③	④
2	①	②	③	④
3	①	②	③	④
4	①	②	③	④
5	①	②	③	④

問題 4			
例	①	●	③
1	①	②	③
2	①	②	③
3	①	②	③
4	①	②	③
5	①	②	③
6	①	②	③
7	①	②	③
8	①	②	③
9	①	②	③
10	①	②	③
11	①	②	③

問題 5					
1		①	②	③	④
2	(1)	①	②	③	④
	(2)	①	②	③	④

JLPT 합격 기준

일본어능력시험은 종합득점과 각 과목별 득점의 두 가지 기준에 따라 합격 여부를 판정합니다. 즉, 종합득점이 합격에 필요한 점수(합격점) 이상이며, 각 과목별 득점이 과목별로 부여된 합격에 필요한 최저점(기준점) 이상일 경우 합격입니다.

❶ N1~N3의 경우

구분	합격점	기준점		
		언어지식	독해	청해
N1	100	19	19	19
N2	90	19	19	19
N3	95	19	19	19

❷ N4~N5의 경우

구분	합격점	기준점		
		언어지식	독해	청해
N4	90	38		19
N5	80	38		19

JLPT 성적 결과 통지서

❶ N1~N3의 경우

① 得点区分別得点 Scores by Scoring Section			② 総合得点 Total Score	⑥ パーセンタイル順位 Percentile Rank
言語知識(文字·語彙·文法) Language Knowledge(Vocabulary/Grammar)	④ 読解 Reading	聴解 Listening		
50/60	30/60	40/60	120/180	99.9

③ 参考情報 Reference Information	
文字・語彙 Vocabulary	文法 Grammar
A	B

❷ N4~N5의 경우

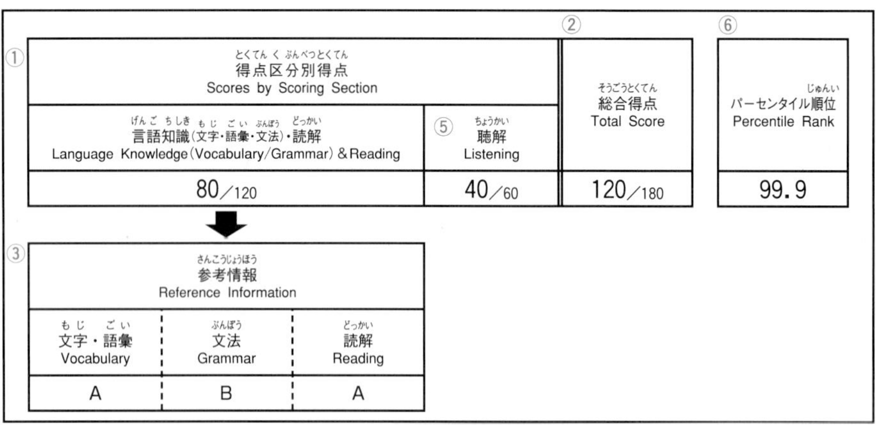

① 得点区分別得点 Scores by Scoring Section		② 総合得点 Total Score	⑥ パーセンタイル順位 Percentile Rank
言語知識(文字·語彙·文法)·読解 Language Knowledge(Vocabulary/Grammar) & Reading	⑤ 聴解 Listening		
80/120	40/60	120/180	99.9

③ 参考情報 Reference Information		
文字・語彙 Vocabulary	文法 Grammar	読解 Reading
A	B	A

① 척도득점입니다. 합격판정의 대상이 됩니다.

② 득점구분별득점의 합계점수입니다. 합격판정의 대상이 됩니다.

③ 각 분야별로 각각 몇 문제를 맞혔는지 나타내는 정보입니다. 척도점수와는 다르며, 합격판정의 대상이 되지 않습니다. 이것에 따라 어느 분야에서 어느 정도 풀어냈는지를 알 수 있고 앞으로의 일본어 학습에 참고할 수 있습니다.

A 매우 잘했음(정답률 67% 이상)

B 잘했음(정답률 34%이상 67% 미만)

C 그다지 잘하지 못했음(정답률 34% 미만)

④ [독해]와 [청해]에서는 단독으로 척도점수가 표시되기 때문에 참고 정보는 없습니다.

⑤ [청해]에서는 단독으로 척도점수가 표시되기 때문에 참고 정보는 없습니다.

⑥ 백분위 순위는 해외에서 수험한 합격자에게만 표시됩니다.

Memo

Memo

Memo

Memo

Memo

Memo

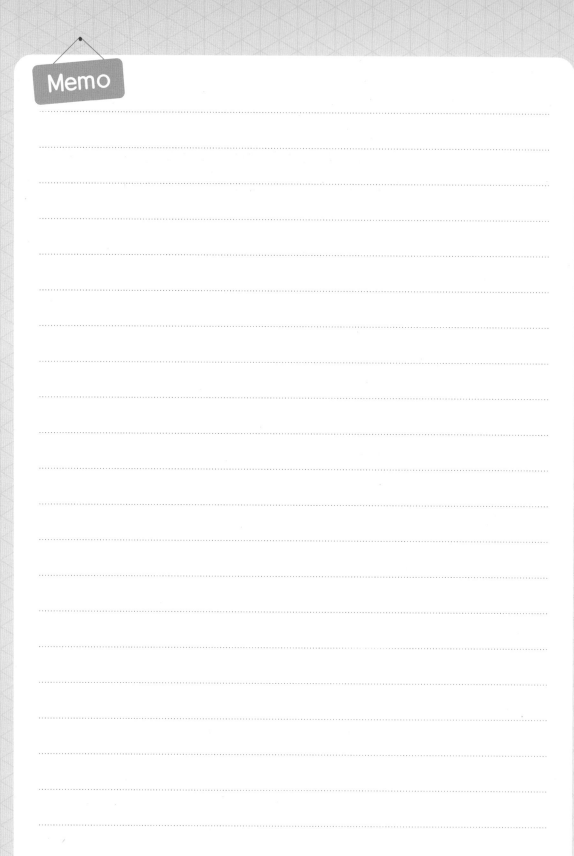

일본어능력시험

일단 합격 JLPT N1 완벽 대비

기본서 + 모의고사 + 단어장

황요찬, 김상효 지음 | 오기노 신사쿠 감수

정답&해설

동양북스

일본어능력시험

일단 합격 JLPT N1 완벽 대비

기본서 + 모의고사 + 단어장

황요찬, 김상효 지음 | 오기노 신사쿠 감수

정답&해설

동양북스

1교시 문자·어휘 해석과 해설

유형별 실전 문제

問題 1

한자 읽기 실전 연습 ❶ p.100

1	2	3	4	5
④	①	①	④	②
6	7	8	9	10
②	①	④	②	①

문제 1 ____의 단어 읽기로 가장 알맞은 것을 1 · 2 · 3 · 4에서 하나 고르시오.

1 당시는 코로나 감염 방지를 위해, 지방 유세를 행하는 데는 제약이 있었다.
2 이 상품은 가정에서 바퀴벌레 등을 퇴치하는 살충제로써 널리 쓰이고 있다.
3 장시간 노동은 육아나 간병과 일의 양립을 막는 요인으로 여겨지고 있다.
4 핼로워크(공공 직업소개소)에서는 직장 알선뿐만 아니라, 직업 안정 관계 업무 등도 행하고 있습니다.
5 그 공무원은 공금을 횡령한 혐의로 체포되었다.
6 벚꽃 명소로 알려진 다카토성지 공원 벚꽃이 절정을 이루면서, 공원은 연한 핑크 빛으로 둘러 쌓였다.
7 각 기업은 신흥국 시장 개척에 힘을 기울이고 있다.
8 정부는 고물가에 허덕이는 저소득자에 대한 지원을 서둘러야 한다.
9 혹시 불분명한 점이 있으시면 사용설명서의 해당 페이지를 참조해 주세요.
10 해외 서버는 개설자 조회 등 수사 절차가 번잡하고 적발도 어렵다.

한자 읽기 실전 연습 ❷ p.101

1	2	3	4	5
②	③	④	②	②
6	7	8	9	10
④	③	④	④	②

1 피아노를 배우기 시작할 무렵의 나는 악보를 거의 볼 줄 몰랐다.
2 원전 부지 결정에 관해서는 그 영향의 중대성을 감안하여 전문가의 과학적 조사는 불가결하다.
3 경찰은 해부(부검) 결과, 사인은 열사병이었다고 발표했다.
4 수상은 한시라도 빨리 새로운 체제를 취하여, 국민의 불신을 불식시키고 전진해야 한다고 논했다.
5 부정 상품 후기는 전형적인 소비자를 속이는 행위로, 적극적으로 규제해야 한다.
6 해가 저물자, 벌레 울음소리가 경내에 울려 퍼지기 시작했다.
7 교육은 미래에 대한 선행투자다. 자원이 부족한 일본에 있어 인재 육성이야말로 중요하다.
8 회사는 허위 보고에 관한 사실관계 확인과 원인 조사를 시작했다.
9 슈퍼컴퓨터를 구사하여, 지구온난화에 대한 정밀한 분석이 이루어지고 있다.
10 너무도 고요한 성당은 엄숙한 분위기가 감돌고 있었다.

한자 읽기 실전 연습 ❸ p.102

1	2	3	4	5
①	②	①	③	③
6	7	8	9	10
①	①	④	②	③

1 그 업자는 외국산 장어를 국내산으로 속여 팔고 있었다.
2 고향납세란, 거주지 이외의 지자체에 기부하면 주민세 등의 일부가 공제되는 제도이다.
3 일본 전국에서 숲의 황폐(화)가 진행되고 있다.
4 지구 환경 문제는 최대의 위기에 직면해 있다고 해도 결코 과장이 아니다.
5 임원의 비열한 부정행위로 인해, A사는 막대한 손해를 입게 되었다.
6 항공업계는 저가운임 항공사의 대두도 있고, 비용경쟁력 강화를 강력히 요구받고 있다.
7 시장 선거에 입후보한 그는 감세 등 대담한 공약을 내걸었다.
8 시는 터널공사 진척 상황을 점검하고, 주민들의 이해를 얻을 필요가 있다.
9 이웃 나라 관계를 더욱 견고히 해 가는 꾸준한 노력을 양국은 태만히 해서는 안 된다.

10 식량의 영향을 가장 먼저 받는 사람은 가장 취약한 사람들, 즉 개발도상국의 빈곤층일 것이다.

한자 읽기 실전 연습 ❹ p.103

1	2	3	4	5
②	②	③	①	④
6	7	8	9	10
①	④	③	②	②

1 도쿄지방법원은 출납을 기재한 서류나 명세서 등을 공개하도록 명령했다.

2 일본의 고속도로는 노후화가 급속히 진행되고 있다.

3 관료의 악벽을 버리는 것은 간단하지 않다고 한다.

4 A국은 더 이상 고립되는 어리석음을 깨닫고 진지하게 국제사회와의 대화에 임해야 한다.

5 이 건물은 유럽의 건축양식을 채용한 일본과 서양을 절충한 귀중한 건축물로 여겨지고 있다.

6 서툰 일본어로 죄송합니다만, 잘 부탁드리겠습니다.

7 그 영화에 대해 작품성을 중시하는 비평가로부터는 '각본이 진부'라는 말이 나오고 있다.

8 후생노동성은 신종 바이러스의 국내 침입을 저지하기 위해 만전을 다하겠다고 표명했다.

9 사장님은 회의에서 일부 사원의 근무 태도를 '나태', '대충' 등이라고 질책했다.

10 수상은 국회 연설에서 야당 대표와의 악수를 거부했다.

한자 읽기 실전 연습 ❺ p.104

1	2	3	4	5
③	④	③	②	①
6	7	8	9	10
③	④	②	④	①

1 마라도나 선수는 화려하고 (자유)분방한 플레이로 일본인들의 마음에 강한 인상을 남기고 있다.

2 국제질서 안정을 위해 노력하는 것이 대국의 책무라고 생각한다.

3 식품에 의한 질식사고의 주된 원인이 되는 식품으로 '떡'이 있다.

4 경제적으로 풍요로워져도 문화예술이 쇠퇴해서는 진정으로 풍요로운 사회라고는 할 수 없다.

5 근처 슈퍼에서는 진열식품 폐기를 피하기 위해 할인을 하고 있다.

6 유명인의 사생활을 폭로하는 프리랜서 카메라맨이나 라이터를 파파라치라고 부른다.

7 일본은 영국을 모방하여 고독문제 담당 장관을 두어, '원치 않는 고독'에 대한 대책에 나섰다.

8 당사는 상속절차 등 고객님에게 있어 복잡하고 번거로운 신고를 대행해 드립니다.

9 미국 대통령은 인질의 안전을 최우선으로 대처해 나갈 생각을 표명하였다.

10 피해지역에는 '전염병 유행을 막기 위해 피해지역이 봉쇄된다'는 근거 없는 소문이 확산되었다.

한자 읽기 실전 연습 ❻ p.105

1	2	3	4	5
②	③	④	③	①
6	7	8	9	10
④	③	②	④	③

1 강에 빠진 그는 필사적으로 헤엄쳐 간신히 물가에 도착했다.

2 인류는 신종 코로나바이러스 감염증과 대치하기 위한 새로운 지식을 얻었다.

3 일본이 직면한 최대의 위기를 피하기 위해서는 수상도 완강한 자세를 고쳐야 한다.

4 효소는 인간이 살아가는 데 있어 빼놓을 수 없는 모든 생명 활동에 반드시 필요한 것이다.

5 회의의 공개 · 비공개는 의회 운영위원회에 자문을 구하여 결정하도록 되어 있다.

6 당뇨병 약은 인슐린 분비를 촉진하는 것으로 혈당치를 낮추는 기능을 갖고 있다.

7 개인이 인터넷상에 쓰는 정보라도 불확실한 내용으로 타인의 명예를 폄훼해서는 안 된다.

8 안정적인 소비 방책을 생각하여, 일본의 낙농업을 지탱해 나가야 한다.

9 앞날이 불투명한 시대이기에 더더욱 정부에는 경제정세의 치밀한 분석과 세심한 대응이 요구된다.

10 신종 코로나바이러스의 일본 내 누적 감염자가 10만 명을 넘어섰다.

問題 2

문맥 규정 실전 연습 ❶ p.106

1	2	3	4	5
③	④	①	④	①
6	7	8	9	10
③	①	④	①	②

문제 2 (　　)에 넣기에 가장 알맞은 것을 1·2·3·4에서 하나 고르시오.

1 그 나라는 안정된 경제성장과 정치상황을 향수하고 있다.
2 대지진으로 각지에서 도로가 끊겼고, 여진이 계속되고 있어, 구조작업이 지연되고 있다.
3 피해지역 피난소를 방문한 수상은 마을 주민들에게 다가가 '처음에는 물도 없어서 힘드셨죠'라고 위로하였다.
4 확실히 프로야구 시즌은 길고, 선수에겐 일정한(기복 없는) 활약이 요구된다.
5 팬과의 교류회에서 타무라 선수는 '올해야 말로 꼭 우승하겠다'고 올해 포부를 말했다.
6 차로 시내에 접어들었을 때, 갑자기 맹렬한 집중호우가 쏟아졌다.
7 G7 정상회의가 개막되었는데, 경찰의 대형 차량이 행사장을 에워싸듯 서 있었고, 삼엄한 분위기가 감돌고 있었다.
8 우리 회사는 육아와 일을 양립할 수(함께 할 수) 있는 직장 환경이 갖추어져 있다.
9 그 벌레에게 있어서는 열섬화된 도시의 거리는 너무도 쾌적한 모양이다.
10 정부는 사고가 일어나면 심대한 피해가 미친다고 하여, 그 원자력 발전소의 정지를 명령했다.

문맥 규정 실전 연습 ❷ p.107

1	2	3	4	5
①	②	①	②	②
6	7	8	9	10
④	②	③	③	①

1 한국에는 국가가 양육비를 대신 지불하고, 아버지로부터 강제로 징수하거나 하는 제도가 있다.
2 수상은 '사실에 근거하지 않는 결의는 양국에 중대한 균열을 발생시킨다'고 비판했다.
3 그렇게 돈에 집착하면, 주변으로부터 돈 밖에 머리에 없는 천박한 마음의 소유자라고 생각될 리스크가 있다.
4 이번 아시아 대회에서 일본선수단은 대체로 좋은 성적을 거두었다.
5 확실히 객관적인 점수로 합격여부를 정하는 편이 공평하다.
6 이상 고온이나 홍수, 가뭄 등 지구온난화에 인한 이상 기후 현상은 예사롭지 않다.
7 이 마을에는 에도시대의 모습이 그대로 남아 있다.
8 피단협(원폭 피해자 단체 협의회) 회장은 '우리의 궁극적인 목표는 핵무기의 폐기다'라고 말했다.
9 판결을 언도받은 그 공무원은 '납득할 수 없다. 즉시 항소하겠다'고 말했다.
10 내가 국제영화제 심사위원이라는 큰 임무를 수행해 낼 수 있을지, 너무도 걱정된다.

문맥 규정 실전 연습 ❸ p.108

1	2	3	4	5
④	③	①	②	①
6	7	8	9	10
②	③	③	④	④

1 하루하루 생활 속에서 지금, 가장 불안이 더해지는 것은 고물가에 관련된 문제일 것이다.
2 기간 중에 모바일 결제를 이용하시면, 포인트를 드리겠습니다.
3 혼자 오래 살다 보면, 때때로 어머니가 만든 요리를 까닭없이 먹고 싶어질 때가 있다.
4 A사는 각 공장의 1일 근무 시간표를 2교대에서 3교대로 바꾸었다고 한다.
5 농가는 소비자의 기호를 파악하여, 다양한 차 만들기를 진행할 필요가 있다.
6 대부업자가 채무자의 집에 방문하여, 빚을 징수하는 것은 법률에 의해 금지되어 있다.
7 처음 몬자야키를 주문했을 때는 틀림없이 오사카의 오코노미야키 같은 것이라고 생각하고 있었다.
8 미국 대통령은 '파리협정'에서의 이탈을 시사했다.
9 그 피고인은 정상 참작에 의해, 집행유예의 판결을 언도받았다.
10 보통의 경우 주간에 비해 야간 의료체제는 아무래도 허술해지기 십상이다.

문맥 규정 실전 연습 ❹ p.109

1	2	3	4	5
④	②	③	②	①
6	7	8	9	10
③	②	③	④	①

1 음주운전 단속이 강화되자, 음주운전 적발 수가 대폭 감소했다.

2 당점에서의 지불은 '현금만' 가능합니다. 언짢게 생각하지 마시고 양해 부탁드립니다.

3 몸의 기능이 미발달인 강아지 밥에는 개사료를 뜨거운 물에 불렸다가 주세요.

4 저희 부장님은 공은 자신의 것으로 하고, 실패는 부하에게 강요하는 경향이 있다.

5 그 국가시험 허들(장벽)은 매우 높아, 올해 합격자는 고작 17명에 머물렀다.

6 전에는 이메일을 보내 바이러스 감염을 노리는 수법이 주류였지만, 최근 수법은 그럴 듯 한 제목을 표기하는 등 교묘해지고 있다.

7 아이에게 있어서 중요한 것은 학습과 생활의 양면에서 육친이 되어(진심으로) 상담해 주는 어른의 존재이다.

8 노동자의 건강과 생명의 안전을 소홀히 해서는 안 된다.

9 교육비와 주택비가 늘어나는 도쿄는 아이 키우기 좋은 환경이라고는 할 수 없다.

10 도로가 끊어진 사고현장에서는 헬리콥터의 반송이 유일한 구출 수단이다.

문맥 규정 실전 연습 ❺ p.110

1	2	3	4	5
①	②	①	③	④
6	7	8	9	10
④	③	②	④	②

1 인건비 억제에 의지하는 경영을 계속하고 있어서는 인재 확보는 뜻대로 안 된다.

2 책은 저작자의 지혜와 수고의 결정이라고 생각합니다.

3 선진국도 도상국도 서로의 도랑(감정의 골)을 메워, 지구 기후 안정을 위해 서로 협력하는 각오가 필요하다.

4 저희 학원에서는 하이 레벨 문제에 도전하여 공부 방법을 착실히 지도하겠습니다.

5 '유통기한'과 '소비기한'은 구별이 헷갈린다.

6 그 용의자는 지인의 아들을 교원 채용시험에 합격시켜 달라고 의뢰받고, 그 댓가로 현금을 받았다고 한다.

7 편의점 점장으로 승격되자, 본부에서 혹독한 할당 노동량과 장시간 노동이 기다리고 있었다.

8 나는 남에게 지시받는 것은 싫고, 가능하다면 타협도 하고 싶지 않다.

9 양국은 영토문제로 다투고 있지만, 외교관계가 삐걱거릴 때일수록 정상끼리 만나야 한다.

10 세계에서 높게 평가받은 '대장군'은 전국시대를 무대로 한 장대한 역사 드라마이다.

문맥 규정 실전 연습 ❻ p.111

1	2	3	4	5
④	②	②	③	②
6	7	8	9	10
④	①	②	③	③

1 이 도시에는 예전에 10개 이상의 영화관이 있었지만, 시대의 변천과 함께 폐관이 이어져, 현재는 영화관이 없다.

2 담는 법 하나로 요리의 인상은 확 변하는 것이다.

3 인터넷이라는 정보 공간은 무시무시한 기세로 사람들의 생활에 파고들고 있다.

4 그 선수는 '이제 한계일지도 모르겠다'며 은퇴를 암시하였다.

5 어부들은 갑판위에서 게를 크기별로 솜씨 좋게 구분하고 있었다.

6 할아버지는 아무것도 하지 않아도 여유롭게 살아갈 수 있을 정도, 저금이 듬뿍 있는 것 같습니다.

7 급식센터는 재난 시에는 무료 급식소 거점도 되어, 이재민의 식사 제공에도 활용할 수 있다.

8 일본 재판소는 아직 국민에게 있어서는 문턱이 높다고 한다.

9 잔고 부족으로 신용카드 이용대금의 이체를 할 수 없었다.

10 사진의 균형에는 빛과 그림자의 대비가 크게 기여하고 있다.

問題 3

유의어 실전 연습 ❶ p.112

1	2	3	4	5
①	②	④	①	③
6	7	8	9	10
①	④	④	②	④

문제 3 ____의 말에 의미가 가장 가까운 것을 1 · 2 · 3 · 4에서 하나 고르시오.

1 그 영화는 어이없는 결말이었다.

2 그의 작품에는 평범한 표현이 많다고 생각한다.

3 어머니는 그 소식을 듣고 가슴을 쓸어내렸다.

4 만드는 방법은 매우 단순합니다.

5 아버지는 재활용 연료의 개발과 보급에 몰두하고 있다.

6 회의 중, 그는 계속 머리를 숙인 채였다.

7 요즘 밖에 나가기가 점점 귀찮아지기 시작했다.

8 폭설로 주민들은 모두 어쩔 수 없는 상태이다.

9 나는 이전부터 히로시마를 한번 방문해 볼 생각이었다.

10 그 주유소 점장은 세차나 타이어 교환 등으로 간신히 이익이 나고 있다고 말했다.

유의어 **실전 연습 ❷** p.113

1	2	3	4	5
②	③	③	②	③
6	7	8	9	10
①	④	③	①	①

1 두 후보의 지지율은 팽팽하다.
2 나는 그 기사를 보고 매우 놀랐다.
3 주민의 의향을 가능한 한 존중해 주자.
4 자녀 교육비를 마련하기 위해 대출을 받았다.
5 이것은 꾸준히 팔리는 상품입니다.
6 너라면 실수하지 않으리라 생각해.
7 편의점 주먹밥은 밥의 양이 약간 줄어 들었다.
8 친구로부터 촉발되어 봉사활동을 시작했다.
9 헤어질 때, 두 사람 모두 상쾌한 표정으로 악수를 나누었다.
10 저 기업의 자선사업은 스케일이 다르다.

유의어 **실전 연습 ❸** p.114

1	2	3	4	5
①	②	④	①	④
6	7	8	9	10
④	③	②	④	②

1 경찰 측으로부터 그의 가족에게 연락할 방법이 없다는 말을 들었다.
2 이 상태라면 비행장 이설은 당초 계획보다 크게 늦춰질 것 같다.
3 중앙은행은 물가와 임금 동향을 꼼꼼히 분석하고 있다.
4 무엇보다 중요한 것은 상황을 자세히 관찰하는 것이다.
5 자료는 분담해 찾자.
6 농림수산장관은 전쟁으로 인한 국내 밀 가격에 대한 영향은 당분간 없을 것이라고 말했다.
7 신규 프로젝트는 순조로이 진행되고 있다.
8 다나카 군과 야마다 군은 언제나 공부에서 경쟁하고 있다.
9 부장의 농담에 다들 두 손 들었다.
10 저는 기자로서 제 임무를 완수할 각오입니다.

유의어 **실전 연습 ❹** p.115

1	2	3	4	5
②	②	③	②	④
6	7	8	9	10
②	④	③	①	③

1 길을 오가는 차는 드문드문 있었다.
2 요즘은 가족 각자가 좋아하는 것을 먹는 개인식화가 진행되고 있다.
3 사장님은 공사 현장 책임자에 대해 '루즈한 느낌이 들었다'고 말하고 있다.
4 양팀의 전력차는 분명하다.
5 번거로운 절차가 남아 있다.
6 뒤쪽에서 귀에 익은 목소리가 들려왔다.
7 당시의 나는 다소 자만하고 있었을지도 모른다.
8 이번 일은 우습다고 할 수밖에 없다.
9 어렸을 때 이웃집 개에게 손을 물려, 손에는 희미하게 상처가 남아 있다.
10 본가는 낡아서 창틀이 비틀어져 있다.

유의어 **실전 연습 ❺** p.116

1	2	3	4	5
③	③	①	①	②
6	7	8	9	10
②	④	③	③	③

1 올봄 졸업하는 대학생의 취업 내정률은 여전히 낮은 수준 상태이다.
2 사업계획서의 대략적인 내용을 파악했다.
3 그 환자는 평소보다 약간 먹는 양이 늘어났다.
4 친구의 방은 비좁다.
5 저작권 침해행위는 실제로 행해지고 있다.
6 사건의 진상은 곧 해명될 것이다.
7 나는 학창시절에는 공부에 몰두하고 있었다.
8 올해 쌀 수확량은 예년 수준이다.
9 지자체는 투표 종료시간을 앞당기기로 했다.
10 아들은 성적에 기복이 있다.

유의어 **실전 연습 ❻** p.117

1	2	3	4	5
①	②	②	③	②
6	7	8	9	10
④	③	③	②	③

1 저 사람은 이해력이 빠르다고 한다.
2 저 아이는 영리하다.
3 그는 조촐한 파티를 열었다.
4 나도 슬슬 결혼하려고 한다.
5 결승전은 예상과는 정반대의 결과였다.
6 야마다 씨는 항상 나에게 쌀쌀맞다.
7 아버지는 장기에 열중하고 있다.

8 지금의 일은 스트레스가 장난이 아니다.
9 요즘 음주운전 단속이 느슨해진 것 같은 생각이 든다.
10 그것은 무언가를 승낙할 때에 사용하는 말입니다.

9 가설 주택에서 통학하는 어린이가 아직 있는데, 지진 재해의 기억은 풍화되고 있다.
10 피단협(원폭 피해자 단체 협의회)은 피폭자에 관한 디지털 보존을 작성했다.

問題 4

용법 실전 연습 ❶ p.118

1	2	3	4	5
②	④	①	②	③
6	7	8	9	10
②	②	①	②	④

문제 4 다음 단어의 용법으로 가장 알맞은 것을 1·2·3·4에서 하나 고르시오.

1 상품을 일괄 구입함으로 단가를 낮출 수 있다.
2 그는 아무리 바빠도 척척 일을 처리해 내고 있다.
3 그는 정치인으로서 풍부한 경험을 갖고 있으며, 성실하고 정직한 인품으로 알려져 있다.
4 막차를 놓치고 말아, 걸어 돌아갈 처지가 되었다.
5 당시 야구부는 굉장히 무서운 선배들뿐이었다.
6 고수익을 노린 해외투자가 잇따라 예상과 어긋나고 말았다.
7 인구 320여 명의 그 섬에는 연간 무려 20만 명의 참배객이 몰려오고 있다.
8 대형연휴는 시작되어, 공항은 이용객들로 극도로 혼잡하였다.
9 학교에는 학부모로부터의 문의가 쇄도하였다.
10 그는 징계처분을 가볍게 하기 위해 사전 교섭을 하고 있다.

용법 실전 연습 ❷ p.120

1	2	3	4	5
②	③	①	②	④
6	7	8	9	10
②	②	④	③	①

1 중소기업은 다양한 세제상 우대 조치를 받고 있습니다.
2 유명해졌어도 그의 검소한 생활상은 변하지 않았다.
3 그의 경솔한 언동은 올림픽 정신에 어울리지 않는다고 생각한다.
4 말썽꾸러기라는 불명예스러운 낙인을 다시 달고 싶지 않다.
5 아버지는 돈벌이 외길로 가정을 돌보지 않았다.
6 일의 짬을 내서, 잠깐의 휴식을 보내는 것을 저는 좋아해요.
7 그 탤런트는 악수를 조르는 사람에게 싹싹하게 응하고 있었다.
8 대지진으로 오랜 생업을 잃은 사람은 셀 수 없을 정도로 있다.

용법 실전 연습 ❸ p.122

1	2	3	4	5
①	③	②	④	③
6	7	8	9	10
③	①	③	②	③

1 최신의 교육 사정에 맞게, 교원의 지식 · 기능을 쇄신할 필요가 있다.
2 그녀는 항상 친구의 고민을 진심으로 들어준다.
3 그의 증언은 사건 현장 상황과 일치하고 있다.
4 풋풋한 책가방 모습의 아들은 엄마와 손을 잡고 학교로 향했다.
5 경찰은 범행 동기 등을 다시 추궁하고 있다.
6 형은 학창시절 마르크스에 물들어 있었다.
7 이 선반은 내구성이 뛰어난 금속과 목재로 만들어져 있어 매우 튼튼하다.
8 한류 드라마를 녹화한 DVD를 한국에서 주문했다.
9 의료를 비롯해 내년도 사회보장 관련 예산 절충은 거의 결착되었다.
10 의사는 할아버지의 진료 기록 카드는 보존 기간이 지나, 남아 있지 않다고 말했다.

용법 실전 연습 ❹ p.124

1	2	3	4	5
②	④	①	②	①
6	7	8	9	10
①	③	④	②	②

1 어패류를 듬뿍 넣은 특제의 국을 피난민에게 나누어 주었다.
2 저는 매달 성실하게 꾸준히 보험료를 지불하고 있습니다.
3 저는 책을 함부로 다루는 것을 절대로 용서하지 않습니다.
4 필요한 것을 항목별 메모로 써서 차분히 생각하면 아이디어가 떠오른다.
5 신제품의 판매는 그다지 좋지 않은 것 같습니다.
6 다음달부터 코로나사태로 유예되고 있던 학자금 대출 변제가 재개된다.
7 그 장관은 과거에도 부주의한 코멘트로 물의를 빚어온 인물이다.

8 그 패키지 투어는 최근 1년 동안, 계약과 해약으로 상쇄되어 거의 제자리걸음이었다.

9 후쿠오카시에 와서 먼저 질리게 된 것은 도로 사정이었다.

10 대규모 재해에 대비해 3일치 식량과 음료수를 비축해 놓았다.

용법 실전 연습 ❺ p.126

1	2	3	4	5
②	①	③	①	②
6	7	8	9	10
①	③	②	②	④

1 퇴근길에 포장마차에 들렀더니, 옆에 앉아 있던 아저씨가 쾌활하게 말을 걸어왔다.

2 부장님은 다나카 씨의 근무 태도는 매우 성실하다고 평가하고 있다.

3 인터넷에서의 중상 피해가 끊이지 않는다.

4 동일본 대지진 때, 혼란을 틈타 사람들의 불안을 부추기는 가짜 뉴스가 확산되고 있었다.

5 양사의 의도는 크게 엇갈리고 있어, 통합으로의 길은 험난하다.

6 내년 봄부터 수도권 막차를 30분 정도 앞당긴다고 한다.

7 소년 사건에서 누명(사건)이 일어난다면, 그 아이에게 주는 상처는 헤아릴 수 없다.

8 이 마을은 예전에는 탄광으로 번창하고 있었다.

9 일본 스프린터의 앞을 가로막아온 '10초 벽'이 드디어 깨졌다.

10 표면만의 조사로는 국민의 의심을 풀 수는 없다.

용법 실전 연습 ❻ p.128

1	2	3	4	5
②	④	①	③	①
6	7	8	9	10
③	④	③	④	②

1 예전의 일본에서는 출신지를 묻는 것이 대인관계를 원활하게 했다.

2 돈다발이 든 종이봉지가 책상 위에 아무렇게나 뒹굴고 있었다.

3 어른은 본질보다도 체면에 집착하기 십상이다.

4 수상은 저소득자층을 위한 극진한 구제책을 내놓았다.

5 아버지는 싹싹한 인품으로, 이웃 사람들에게 추앙받는 존재였다.

6 남동생은 공부를 게을리하지 않지만, 왠지 시험 본방(실제 시험)에서는 실수하는 타입이다.

7 최근, 온라인 도박에 빠진 젊은이가 늘어나고 있습니다

8 휴일 가전 양판점은 사람들로 몹시 붐비고 있었다.

9 총리를 지지하는 여론과 퇴진을 요구하는 여론은 팽팽하게 맞서고 있다.

10 충전 인프라 부족은 전기 자동차 보급의 큰 걸림돌이 되고 있다.

1교시 문법 해석과 해설

합격 문법 확인 문제 ❶ p.178

1	2	3	4	5	6
a	a	b	a	a	a
7	8	9	10	11	12
b	a	b	a	b	b
13	14	15	16		
a	b	a	b		

1 그가 우승했다고 해서, 놀랄 필요는 없다.
2 이제 와서 불평해도 소용없어.
3 이 이상 논의해 봤자 결론은 나지 않을 것이다.
4 기무라 선생님은 저는 존경해 마지않는 선생님입니다.
5 이번 주는 시험에 추가하여 리포트도 내야 한다.
6 이 도서관은 정말 조용하군.
7 그는 기말고사에서 커닝하고 있는 상황을 들키고 말았다.
8 다나카 군은 최근 1주일 동안, 계속 수업을 결석하고 있다.
9 그 일이라면 이미 알고 있으니, 설명할 필요도 없다.
10 이유 여하에 관계없이, 무단결근은 허용되지 않습니다.
11 정치는 국민의 신뢰 없이는 성립되지 않는다.
12 감동적인 영화에 감동받았다.
13 아들은 학교에서 돌아오자마자, 게임을 시작했다.
14 노력하지 않고 성공은 있을 수 없다.
15 뚱뚱하니까 많이 먹느냐 하면, 그렇지도 않다.
16 신입사원도 아닐 것이고, 그 정도는 직접 하세요.

합격 문법 확인 문제 ❷ p.179

1	2	3	4	5	6
b	a	b	a	a	a
7	8	9	10	11	12
b	a	b	a	b	b
13	14	15	16		
a	a	a	b		

1 그는 내일을 끝으로 회사를 퇴직하기로 되어 있다.
2 고기는 먹지 않는 것은 아니지만, 그렇게 좋아하지 않는다.
3 딸은 부모님의 걱정을 아랑곳하지 않고, 나홀로 미국 여행을 떠났다.
4 이제부터 앞날의 일 같은 거, 아무도 알 수 없다.
5 술을 끊고 나서부터, 단것을 원하게 되었다.
6 이 일은 친한 친구에게조차 말할 수 없어.
7 쇼핑할 겸, 상가를 어슬렁어슬렁거리고 왔다.
8 직장 갑질은 인권과 관련된 문제입니다.
9 그의 실력으로 보면, 합격은 무리일 것이다.
10 그는 회사에서 근무하는 한편, 소설가로서도 활약하고 있다.
11 아버지는 감기 때문에 몸이 좋지 않은데도, 무리해서 일하러 갔다.
12 미성년자라고는 하지만, 다른 사람에게 손해를 가했다면 제대로 책임을 져야만 한다.
13 골든 위크쯤 되면, 공항은 많은 이용객으로 혼잡하다.
14 톰 씨는 일본에 온지 얼마 되지 않아, 한자는커녕, 히라가나조차 아직 제대로 읽지 못한다.
15 전철 안에서 큰 소리로 전화하다니, 매너가 없는 데도 정도가 있다.
16 그녀의 불행한 인생을 듣고, 눈물을 금할 수 없었다.

합격 문법 확인 문제 ❸ p.180

1	2	3	4	5	6
b	b	a	a	b	a
7	8	9	10	11	12
b	b	a	a	a	b
13	14	15	16		
a	b	a	a		

1 아들은 공부도 하지 않고 놀기만 하더니, 끝내는 학교도 그만두는 꼬락서니다.
2 김 씨는 이전보다 더, 일본어 공부를 열심히 하고 있다.
3 이런 간단한 문제도 못 풀다니, 정말 한심하군….
4 저 녀석은 마이크 잡았다 하면, 30분은 계속 불러.
5 텔레비전을 볼 생각도 없이 보고 있었는데, 고등학교 동창이 나와서 깜짝 놀랐다.
6 송년회 참가자는 많아야 20명쯤 된다.
7 입원을 계기로 담배도 술도 끊기로 했다.
8 토일은 순식간에 끝나간다. 그에 비해 평일은 왜 이리도 긴 것일까?

9 그의 농담은 재미있어서 웃지 않을 수 없다.

10 신규 사업을 맡길 수 있는 사람은 오다 씨를 빼고 그 밖에 없다(오다 씨 밖에 없다).

11 양해 없이 남의 방에 들어가지 말아 주세요.

12 그 가방은 색상을 보나 디자인을 보나 정말 멋지다.

13 그는 상대가 누구든지 생각한 것은 직설적으로 말하는 사람입니다.

14 이 주차장은 1시간당 200엔입니다.

15 재해 시에 빠르고 안전하게 행동할 수 있는지는 평소의 대비에 의한 바가 크다고 생각됩니다.

16 이 노트북은 디자인도 물론이지만, 성능이 매우 좋아 인기가 있다.

합격 문법 확인 문제 ❹ p.181

1	2	3	4	5	6
a	a	a	a	b	a
7	8	9	10	11	12
b	b	a	b	a	a
13	14	15	16		
b	b	a	b		

1 3시간이나 줄을 선 보람이 있어, 맛있는 라멘을 먹을 수 었다.

2 태풍 때문에 여행은 포기할 수 밖에 없다.

3 일이 바빠서, 하마터면 결혼기념일을 잊을 뻔했다.

4 조금 좁지만, 아주 멋진 방이었습니다.

5 이 귤은 부드러운 달콤함과 향이 어우러져 상쾌한 맛을 느낄 수 있습니다.

6 이 제품은 단지 가격이 쌀뿐 아니라, 성능도 우수하다.

7 그녀는 뭐든지 바로 포기해 버리는 경향이 있다.

8 성공할지 어떨지는 결국 당신의 노력 여하입니다.

9 자신의 일이나 성과가 평가될 때, 보람을 느낍니다.

10 그 일은 모두 하고 싶어하지 않아서, 내가 할 수 밖에 없었다.

11 그 라멘 가게는 도쿄에 가게를 낸 것을 시작으로 여러 도시에도 지점을 냈다.

12 어린이는 어린이 나름대로 생각하고 있습니다.

13 아버지는 평일이든 주말이든 일하고 있다.

14 좀 더 주의 깊은 사람이라면, 그런 실수는 하지 않았을 텐데.

15 비도 그쳤겠다 산책이라도 가지 않을래?

16 정비의 방법 여하에 따라서는 연비가 나빠질 가능성이 있다.

합격 문법 확인 문제 ❺ p.182

1	2	3	4	5	6
b	b	a	a	b	a
7	8	9	10	11	12
b	b	a	a	a	b
13	14	15	16		
a	b	a	b		

1 희생자가 발생하기에 이르러 문제의 심각성을 깨달았다.

2 강아지 산책할 겸, 편의점에 들러 푸딩을 사왔다.

3 대학수험이 끝났습니다. 남은 것은 그저 결과를 기다릴 뿐입니다.

4 에어컨을 켠 채 잠이 들어 버려, 감기에 걸리고 말았다.

5 열 등이 없으면, 입욕해도 지장없습니다.

6 외동딸이 결혼하게 되어, 기쁘다고 할지 쓸쓸하다고 할지 복잡한 기분이었다.

7 피곤하실 텐데, 실례해서 죄송합니다.

8 그 마을에서는 전통적인 경관을 지키고자, 옛날 그대로의 방법으로 모내기가 이루어졌다.

9 원인 여하에 관계없이, 지각은 인정할 수 없습니다.

10 업무 얘기는 그만두고, 오늘은 마음껏 즐깁시다.

11 그의 소설은 발매되자마자, 바로 매진되어 버렸다.

12 어제는 남자친구를 2시간이나 기다렸다.

13 접객업은 고객이 있고 성립되는 일입니다

14 이게 바로 세금 낭비란 것이다.

15 그 나름대로 잘 생각한 끝에 낸 결론입니다.

16 그녀는 겉모습과는 달리, 완고하고 기가 세다.

고득점 문법 확인 문제 ❶ p.210

1	2	3	4	5	6
a	b	a	a	a	b
7	8	9	10	11	12
b	a	a	b	b	b
13	14	15	16		
a	a	b	b		

1 책임을 다하지 못한 것은 정말 유감스럽다.

2 하와이에 여행가기 위해 돈을 모으고 있다.

3 무언가 걱정거리라도 있는지, 그는 복도를 왔다갔다 하고 있었다.

4 그녀는 아이돌이면서 작가이기도 하다.

5 이 나라의 미래는 젊은이에게 달려 있다.

6 도박에 돈을 쓸 바에는 차라리 멋진 옷이라도 사는 게 낫다.

7 지정 흡연 장소라면 모르겠지만, 길거리 흡연은 그만두기 바란다.

8 아들은 집에 돌아오자마자, 게임을 시작했다.
9 그의 말투는 항상 비아냥대는 듯해서 불쾌하다.
10 접대를 빙자해 고급 위스키를 마음껏 마셨다.
11 범죄를 저질렀다면, 미성년자라도 용서할 수는 없다.
12 확인하셨다면, 답변하실 필요는 없습니다.
13 앙케트의 결과에 근거하여, 신제품 개발을 진행하기로 했다.
14 사장님은 나가라는 듯 문을 가리켰다.
15 신입사원이라면 몰라도 과장인 자네가 이런 실수를 하다니….
16 두 복서는 피투성이가 되어 싸웠다.

고득점 문법 **확인 문제 ❷** p.211

1	2	3	4	5	6
b	b	b	a	b	a
7	8	9	10	11	12
a	b	b	a	b	a
13	14	15	16		
b	b	a	b		

1 그는 사치스러운 생활을 계속하고 있으므로 돈이 아무리 있어도 부족할 것이다.
2 시합이 끝날 때까지, 단 한순간도 방심해서는 안 된다.
3 이웃에서 살인사건이라니, 너무도 무섭다.
4 모르는 것이 있으면, 선생님이든 선배이든 물어 보세요.
5 그 사건은 의심할 수도 없는 역사의 사실이다.
6 이 애니메이션은 어른도 감상할 만한 작품이다.
7 A사는 경영상황 악화로 인해, 조기퇴직을 모집하게 됐다.
8 유럽연합은 27개국으로 구성된 정치경제동맹이다.
9 그는 회사의 규칙에 입각하여 징계해고 되었다.
10 연료비와 인건비 급등으로 인해, 어패류 가격도 인상되었다.
11 길을 잃지 말라는 법이 없으므로, 일찍 출발하기로 했다.
12 의사라고 해도 병에 걸린다.
13 갖고 싶었던 코트가 반값이라면, 살 수밖에 없다.
14 그것은 정치인으로서 있을 수 없는 발언이다.
15 이런 고급 호텔에서 결혼식을 올리다니 사치스럽기 짝이 없다.
16 김 씨의 실력이 있다면, N1같은 시험 두려울 필요 없다.

고득점 문법 **확인 문제 ❸** p.212

1	2	3	4	5	6
b	a	a	a	b	a
7	8	9	10	11	12
b	a	b	a	b	b
13	14	15	16		
a	b	a	b		

1 표현의 자유는 지켜지는 게 마땅하다.
2 점원은 어서 돌아가라는 듯이 그릇을 치우기 시작했다.
3 사정을 말해 주었으면, 도와줬을텐데, 왜 아무 말도 하지 않았어?
4 화내지 마세요. 저는 사실을 말했을 뿐입니다.
5 음료 무한리필에서는 많이 마시든 안 마시든 요금은 동일합니다.
6 설마 이런 결과가 되리라고는 예상조차 하지 못했다.
7 이 회사의 컴퓨터는 가격은 비록 비싸지만 품질은 우수하다.
8 아무리 일을 열심히 해도 월급은 변하지 않는다.
9 김치는 한국만의 음식입니다.
10 한국 음식에 마늘은 빼놓을 수 없는 것이다.
11 저는 올해를 끝으로 퇴직하겠습니다.
12 떨어져도 본전이라고 생각하니, 왠지 기분이 차분해지기 시작했다.
13 빌린 드레스를 심하게 더럽혔기 때문에, 변상하지 않을 수는 없다.
14 정직원이든 파트타임이든 지각은 허용되지 않는다.
15 일본에 와서 처음으로 지진의 무서움을 몸소 느낄 수 있었다.
16 그는 47세에 겨우 대학을 졸업했다.

고득점 문법 **확인 문제 ❹** p.213

1	2	3	4	5	6
a	b	a	a	a	a
7	8	9	10	11	12
b	b	a	b	a	b
13	14	15	16		
b	a	a	b		

1 음주운전은 극히 위험한 행위이다.
2 대지진 등, 상상하는 것만으로도 무섭다.
3 젊었을 때는 젊은 혈기로 어른스럽지 못한 일을 했다고 반성하고 있다.
4 이번 테스트는 100점까지는 아니더라도 하다못해 80점은 받고 싶다.

5 회사 돈을 횡령했으니, 그를 처벌하지 않을 수 없다.
6 육아가 너무 바빠, 취미를 즐길 여유도 없다.
7 만약 올해 안 된다면, 내년에 한번 더 도전하면 그만이다.
8 아기는 마치 천사와 같은 자는 얼굴로 잠들어 있다.
9 갑작스런 재해로 많은 주민들이 어쩔 수 없이 피난소 생활을 하고 있다.
10 그는 JLPT에 합격하기 위해, 하루도 쉬지 않고 열심히 일본어 공부를 했다.
11 모지항에 갔는데, 야키 카레를 먹지 못하고 말았다.
12 아들 방은 정말 지저분하다.
13 요즘 젊은이들은 제대로 경어를 사용하지도 못한다.
14 집이 흔들릴 정도의 천둥에 너무도 무섭다.
15 스마트폰에 사진을 저장해 두어도, 스마트폰을 잃어버리면 그만이다.
16 갖고 싶은 가방이 있는데, 돈이 없어 사려해도 살 수 없다.

고득점 문법 **확인 문제 ❺** p.214

1	2	3	4	5	6
b	b	a	a	b	b
7	8	9	10	11	12
a	a	b	a	b	b
13	14	15	16		
a	a	b	b		

1 익숙하지 않아서 실수 연속이었다.
2 아버지는 가족을 위해서라면, 어떤 괴로운 일이라도 참고 있었다.
3 한자를 외우자마자 잊어버린다.
4 딸은 공부하고 있는 줄 알았더니 만화를 보고 있었다.
5 설날 휴일에는 먹고 자고 먹고 자고, 완전히 살이 쪄 버렸다.
6 그녀에게 차인 그의 기분은 이해하기 어렵지 않다.
7 그 선수는 올 시즌, 만족할 만한 성적을 남겼다.
8 구미인은 상대를 친구라고 생각하기에 철저하게 생각하는 바를 설명하려고 한다.
9 커닝까지 해서 시험에 합격하고 싶지는 않다.
10 그 광경은 너무나 비참해서, 도저히 볼 수 없었다.
11 오늘은 공휴일이라 유원지는 가족 동반으로 붐비고 있었다.
12 어른이든 어린이든 사회의 규칙은 지켜야 한다.
13 그는 다리 부상에도 아랑곳하지 않고, 끝까지 완주하였다.
14 외국에서 짐을 도둑맞았는데, 여권이 무사해 그나마 다행이다.
15 교사인 자, 학생의 모범이 되어야 한다.
16 복권에서 1억 엔 당첨되었다니, 너무도 부러울 따름이다.

유형별 실전 문제

問題 5

문법 형식 판단 **실전 연습 ❶** p.246

1	2	3	4
2	4	1	4
5	6	7	8
3	2	4	2

문제 5 다음 문장의 (　　)에 들어갈 가장 알맞은 것을 1·2·3·4에서 하나 고르시오.

1 방송을 보면서 SNS상에서 시청자가 감상이나 의견을 쓰는 것은 인터넷 시대만의 즐기는 방법일 것이다.
2 제가 낸 기획이 회사 상층부에게 인정받아, 너무도 감격스럽습니다.
3 이런 저사양 컴퓨터를 사는 것은 초보자밖에 없을 것이다.
4 사건 현장 부근은 보행자 천국으로 일요일이라서 상당히 혼잡했다고 한다.
5 중국은 면적이 넓으므로, 변화에도 시간이 걸릴 것이라 생각한다.
6 남에게 빌린 것을 망가뜨렸다면, 변상해야 한다.
7 대기업마저 도산하는 시대이니, 중소기업은 더 힘들 것이다.
8 그는 직장을 그만두면서까지 피해 지역에서 헌신적으로 애쓰고 있었다.

문법 형식 판단 **실전 연습 ❷** p.247

1	2	3	4
3	4	3	2
5	6	7	8
1	4	2	1

1 당시는 아직 남성 중심의 방송업계였기에, 여성의 시점에 선 그녀의 작품은 이채를 발하였다.
2 유괴는 절대 용서할 수 없는 중대범죄이다.
3 그 레스토랑의 메뉴는 모두 자연식으로, 먹자마자 힘이 솟는 듯한 느낌마저 든다.
4 거래처의 도산으로 도산까지 이르지 않더라도 현저하게 경영난에 빠지는 기업이 급증하고 있다.
5 지방도시 쇼핑몰은 개인소비 침체로 인해, 폐점하는 가게가 잇따르고 있다.
6 중앙교육심의회의 기본계획에서는 늘려야 할 교원의 숫자는 언급하지 않고 끝났다.
7 연말이 되어 갑자기 업무량이 두 배 이상으로 늘어나, 너무도 바쁘다.

8 데이터 백업은 이미 완료되어 있으니, 걱정하실 필요 없습니다.

문법 형식 판단 **실전 연습 ❸** p.248

1	2	3	4
3	2	4	1
5	6	7	8
1	4	2	3

1 일본 애니메이션 작품은 세계에서 높은 평가를 받고 있으며, 어른도 감상할 만한 작품이 많다.
2 카레 재료는 새우나 가리비인 줄 알았더니, 고등어였고, 그 궁합이 좋아서 깜짝 놀랐다.
3 진실을 추구하는 것은 학자인 자의 사명이다.
4 이번 달은 일이 너무 바빠서, 매일같이 야근을 하고 있다.
5 피해지역에서는 어쩔 수 없이 가족과 뿔뿔이 흩어져 살 수밖에 없는 사람도 많다.
6 젊은 여성의 대다수는 건강을 해쳐서라도 살을 빼고 싶어 하는 것 같다.
7 인터넷 세계에는 극히 악질적인 댓글이 넘쳐나고 있다.
8 이번 부정부패사건은 시장의 책임도 묻지 않을 수 없을 것이다.

문법 형식 판단 **실전 연습 ❹** p.249

1	2	3	4
1	4	3	1
5	6	7	8
4	2	2	4

1 불안정한 수입 때문에 결혼이나 출산을 망설이는 사람들이 늘어나서는 저출산 개선따위 바랄 수도 없다.
2 일이 이렇게까지 심각해졌다면, 전문가인 그라도 손을 쓸 수 없을 것이다.
3 늘 사는 과자인데, 포장지가 바뀌어서 못 살 뻔 했다.
4 그 아이돌은 매일 5,000통이 넘는 팬레터를 받고 있다고 한다.
5 누가 뭐라고 해도 자신이 귀엽다고 생각한 옷을 입는 것이 가장 좋습니다.
6 그의 기획은 비록 아이디어는 훌륭하지만, 실행하기는 어렵다.
7 이번 신입사원은 항상 일을 마치자마자 바로 돌아가 버린다.
8 거절당해도 그만이니, 눈 딱 감고 그녀에게 고백해 보기로 했다.

문법 형식 판단 **실전 연습 ❺** p.250

1	2	3	4
4	4	2	1
5	6	7	8
3	4	1	4

1 과소화로 폐교된 초등학교의 교사(학교 건물)가 체험 교류센터로써 다시 태어나도록 수리 공사가 진행되고 있다.
2 어린 시절에 부모님의 일 관계로 말도 문화도 모르는 외국에 갔을 경우, 어린이들의 정착이 어려운 것은 쉽게 상상할 수 있다.
3 취직활동은 힘들었지만, 희망대로의 회사에 취직할 수 있었을 때의 기쁨은 이루 말로 할 수 없었다.
4 그는 자신의 가게를 갖기 위해, 융자를 받기로 했다.
5 동일본 대지진 때, 세계 각국이 구원대의 파견을 신청해 주었다. 너무나도 감사하다.
6 저출산 고령화에 의해, 도시든 지방이든 공립 초등학교가 사라지고 있다.
7 이번과 같은 사건은 두 번 다시 있어서는 안 된다.
8 그녀는 저렇게 많이 먹는데 스타일이 좋아서, 너무도 부럽다.

문법 형식 판단 **실전 연습 ❻** p.251

1	2	3	4
1	4	2	1
5	6	7	8
4	2	3	1

1 꽁치가 지금이 제철이라는 듯이 슈퍼에 진열되어 있었다.
2 수상은 A장관의 발언에 대해, '장관에게 있을 수 없는 발언이다'라며 강하게 질책했다.
3 싸구려 게스트하우스라면 몰라도 5성급 호텔에서 이렇게 서비스가 나쁘다니 절대 있을 수 없다.
4 요즘 바쁘다는 이유로 성묘에 가지 않았다.
5 간판 상품의 품질 표시가 대충이라면 다른 상품의 제조나 관리도 제대로 행해지지 않는 것이 아닌가 의심받게 된다.
6 어른이든 아이든 사회의 규칙은 지켜야 한다.
7 우리의 생활은 이제 컴퓨터 없이는 단 하루도 성립되지 않는다.
8 전문가들 9명으로 구성된 연구회의 첫만남에서는 페트병 재이용의 제도화를 요구하는 의견이 나왔다.

문법 형식 판단 **실전 연습 ❼** p.252

1	2	3	4
3	4	2	3
5	6	7	8
1	4	2	3

1 금융위기와 세계불황 등으로 대기업이라 할지라도 수익 악화는 피할 수 없다.
2 너무도 허술한 연금 관리에 기가 막혀, '이제 연금 따위 필요 없다'는 듯이 연금 보험료를 지불하지 않는 젊은 사람이 늘어나고 있는 것 같습니다.
3 여자친구와 헤어진 데에는 말하려야 말할 수 없는 사정이 있어. 더 이상 묻지 말아 줘….
4 다나카 : 불경기 때문에 월급이 줄었어요.
야마다 : 저는 정리해고 당했어요. 다나카 씨는 직장이 있어 그나마 다행이에요.
5 즐거운 일만 있었던 정월휴일이 눈 깜짝할 사이에 끝나 버렸다.
6 A장관의 발언을 둘러싸고, 방송을 사유화하여 정치 이용하려는 듯한 발언이라며, 비판이 쇄도하고 있다.
7 오키나와는 장마 후는 말할 것도 없고, 장마 전부터 습도는 높아 무더운 날이 많다.
8 오늘이 오픈날인데, 첫날부터 알바생 3명이 쉬면 곤란하다.

문법 형식 판단 **실전 연습 ❽** p.253

1	2	3	4
3	1	4	2
5	6	7	8
1	2	4	4

1 여러분의 기대에 따르지 못해 통한의 극치입니다.
2 사정을 말해 줬으면, 도와줬을 텐데, 왜 아무 말도 하지 않은 거야?
3 재해 시에는 그때그때의 상황에 입각하여 취할 수 있는 최선의 선택을 해야 한다.
4 영어는 서툴지만, 간단한 일상회화 정도라면 하지 못할 것도 없다.
5 비용이 백억 엔 단위가 되는 사업이라면, 국민이 반드시 알아야 한다.
6 미팅 회비가 3,000엔 정도면 몰라도 5,000엔은 너무 비싸.
7 공장장은 언제나 '작은 실수가 안전상 큰 문제로 이어지지 말라는 법도 없다'고 말한다.
8 그들의 뜨거운 마음이 있다면, 반드시 부흥하리라 믿고 있습니다.

문법 형식 판단 **실전 연습 ❾** p.254

1	2	3	4
2	1	3	2
5	6	7	8
3	4	1	1

1 손님이 왔는데 갑작스러워서 아무런 대접도 할 수 없었다.
2 아무리 돈을 모았어도, 건강을 해치면 끝장이다.
3 세계 동시불황을 핑계 삼아, 이때 부진사업을 정리하려고 하는 기업의 의도도 보인다.
4 신종 코로나바이러스 추가 대책은 실태에 입각하여 실효성 있는 대책으로 해야 한다.
5 우리 남편은 휴일에는 아무것도 안 하고 하루 종일 스마트폰만 만지작대고 있다.
6 총리는 국민에게 세금을 낮추겠다고 공약한 체면상, 이제 와서 취소할 수는 없을 것이다.
7 어려운 문제일수록, 논점을 정리하여 판단의 기준을 제시해야 한다.
8 난폭운전은 중대한 교통사고의 발생으로 이어지는 극히 위험한 행위입니다.

문법 형식 판단 **실전 연습 ❿** p.255

1	2	3	4
2	1	4	2
5	6	7	8
2	1	4	3

1 선수들은 코로나하의 불편한 연습 환경을 개의치 않고, 동경하는 고시엔을 목표로 노력하고 있다.
2 그 지하철 사린 사건은 상상하는 것만으로도 무섭다.
3 컴퓨터가 고장났을 때, 수리할 바에는 새 것을 사는 편이 싸게 먹히는 경우도 있다.
4 운전기능검사 대상자인지 아닌지는 송부되는 서류에서 확인해 주세요.
5 그녀는 아이돌이면서 민요 가수이기도 하다.
6 아버지 : 엄마, 지금 바쁘니까, 청소든 빨래든 도와 드려라.
딸 : 네~.
7 회사는 어떤 문제라도 이겨낼 수 있는 유능하고 신뢰할 만한 인재를 기용해 가야 한다.
8 내정이 취소된 학생은 기업에 충분한 보상 등을 요구하는 게 마땅하다.

問題 6

문장 완성 실전 연습 ❶ p.256

1	2	3	4
1	4	4	4
5	6	7	8
1	2	4	3

문제 6 다음 문장의 ★ 에 들어갈 가장 알맞은 것을 1·2·3·4 에서 하나 고르시오.

1 식품안전위원회에는 안전할지 아닐지를 단순히 회답할 뿐만 아니라, 소비자 입장에 선 정보 제공이 요구된다. (3412)

2 일본에서 취득한 특허 효력은 국내 한정이며, 해외에서 활용하려고 하면 국가별로 특허를 취득해야 한다. (3142)

3 나는 어릴 때부터 '우리 집은 가난하니까'라는 말을 듣고 자랐고, 또한 그것을 당연한 것처럼 받아들이고 있었다. (3241)

4 탈산소화가 어려운 것으로 알려져 온 항공기와 제철 등의 업계도 화석연료 대신 수소를 이용하는 기술 연구개발에 본격적으로 나서고 있다. (3241)

5 급속히 진행되는 핵가족화와 고령화로 고령자만의 세대가 증가하였고, 개호도 고령자에게 의존할 수 밖에 없는 현 상황이 부상하였다. (2314)

6 페트병은 유리병과 달리 물질을 흡착하기 쉽고, 세정 비용이 드는 등의 문제가 있다고 한다. (3124)

7 잡목림과 습지 등 다양한 환경으로 이루어진 마을 뒷산에는 희귀종이 많이 모인다. (1243)

8 하루 단위로 계약하는 일용직 파견이라는 근로방식은 내일 일의 보장조차 없어, 생활은 극히 불안정하다. (2431)

문장 완성 실전 연습 ❷ p.257

1	2	3	4
4	3	2	3
5	6	7	8
3	3	4	2

1 경제계와 소비자들 사이에서는 도로 예산이 남아 사용하기 곤란하다면 차라리 감세해야 한다는 목소리도 뿌리깊다. (3142)

2 이 검색 사이트에서는 가까운 개호 사업자 조회나 유료 양로원 등의 시설 일람, 가족 개호의 노하우까지, 종합적인 정보를 제공한다. (2134)

3 나는 과외활동 따위로 아이의 재능은 개화하지 않는다고 생각하고 있다. (1423)

4 기업 건강보험은 종업원 가족의 건강검진도 책임을 져서, 얼핏 보면 좋은 점 일색같지만 의문점도 또한 극히 많다. (1432)

5 피해 지역에서 많은 사람이 사망하였는데, 연하장을 보내면 안 되겠다고 생각하여 고민 끝에 보내지 않고 새해를 맞았다. (4231)

6 만원 전철이란, 1미터 사방에 6명 이상이 서 있는 상태라고 하는데, 상상하는 것만으로도 숨막히는 기분이 든다. (1432)

7 아이돌 세계는 매년 수백 그룹이 데뷔해도 그 대부분이 햇빛을 보지 못하고 사라지는 혹독한 세계입니다. (3142)

8 저렇게 안달복달 운전을 해도 그다지 시간 단축이 되는 것도 아닐 텐데, 왜 저렇게 난폭운전을 하는 것일까? (4321)

문장 완성 실전 연습 ❸ p.258

1	2	3	4
2	1	3	4
5	6	7	8
1	2	3	2

1 그 전문가는 일본의 경제 정책은 단기적인 성과나 평가를 지나치게 중시하는 경향이 있다고 논했다. (1324)

2 그 스모감독은 전 요코즈나의 명예를 걸고 승부조작이라고 불리는 스모를 한 적은 단 한 번도 없었다고 논했다. (2413)

3 일류 선수라면, 좋은 성적을 기대받으며 압박감과 싸워야 하지만, 어떤 이유에서든 약물 사용은 용서되지 않는다. (4132)

4 바다이든 하늘이든, 승객은 운행사업자를 신뢰하기에, 몸을 맡긴다. (3241)

5 과로사 · 과로 자살자를 한 명이라도 낸 기업은 사내 노동 시간 관리나 업무량 재검토 등 재발 방지책이 이루어지는 게 마땅하다고 생각한다. (2314)

6 이 나이 때 아이들은 남의 몫을 뺏어서라도 많이 먹고 싶을 텐데, 과자를 먹지 않고 남겨 놓았다가, 어린아이에게 주고 있었다. (4123)

7 A사는 자동차나 전철 등으로 이동 중에도 영화나 드라마 같은 고화질 동영상을 원활하게 송수신할 수 있는지 실험할 방침이다. (4132)

8 일본에서는 식품 손실을 포함한 많은 쓰레기를 폐기하기 때문에, 쓰레기 처리에 다액의 비용이 들고 있습니다. (3124)

문장 완성 **실전 연습 ❹** p.259

1	2	3	4
2	3	4	3
5	6	7	8
3	4	2	3

1 인터넷은 불과 10여 년 사이에 극적으로 우리의 삶을 바꾸었고, 편리함과 쾌적함을 가져다 주었다고 할 수 있다. (4321)

2 오염된 쌀이 식용으로 속여 팔리고 있었다면, 일본인 식생활의 가장 중요한 부분이 짓밟힌 것이 된다. (2134)

3 국가를 위하고, 국민을 위해서라면, 비판을 두려워하지 않고 행동하는 것이 정치가인 자의 첫 번째 임무라고 생각한다. (3142)

4 설명 부족이라기보다 그는 설명하려고 해도 설명할 수 없는 것이다. (4132)

5 자원을 수입에 의존하는 일본은 물론, 미국이라고 해도, 지금은 다른 나라와의 협조 관계를 빼고, 자국의 번영을 전망할 수는 없다. (4231)

6 올해는 폭염이 계속되어, 장어가게도 필시 장사가 잘 되었을 거라 생각했는데, 장어 산지 위조로 인해, 손님이 줄었다고 하였다. (1342)

7 비닐봉투의 사퇴율은 유료화 전의 약 30%에서 70%를 약간 넘는 수준까지 증가했다. 단, 그것으로 플라스틱 쓰레기가 대폭 삭감되는가 하면, 그렇게는 되지 않는다. (4321)

8 수상의 발언에 대해 야당 측은 '수상으로서 너무도 경솔하고, 무책임하기 짝이 없다'고 거세게 비판했다. (4132)

문장 완성 **실전 연습 ❺** p.260

1	2	3	4
1	1	1	1
5	6	7	8
1	3	2	1

1 이름은 개인이 사회생활을 보내는 데 있어 기초가 되니, 널리 국민의 이해를 얻을 수 있는 제도가 필요하다. (4312)

2 대지진이 일어날 가능성도 배제하지 말고, 모든 것에 충분한 준비는 할 수 없더라도, 대비를 단단히 할 필요가 있다. (2413)

3 출장에서 본인 몫만이라면 모르지만, 가족의 숙박비까지도 회사 경비로 써서는 안 된다. (3214)

4 진위가 불확실한 정보가 확산되기 쉬운 현대사회이기에, 신뢰할 수 있는 자료에 간이 · 신속하게 접근할 수 있는 환경을 마련하는 것은 점점 더 중요해지고 있다. (3214)

5 정치가에 대한 신뢰를 되찾을 수 있을지 어떨지는, 관계자의 앞으로의 대처에 달려 있다. (4312)

6 감염 위험을 줄이는 게 제일 좋지만, 모든 행사를 중단하거나 연기하는 것은 현실적이지 않다. (4231)

7 경기대책은 일본 경제의 현 상황에 입각하여, 효과를 기대할 수 있는 시책을 늦지 않게 적절히 해야 한다. (1324)

8 지사는 '현립시설에서 이런 불상사를 일으킨 것은 통한의 극치이며 깊이 사죄드린다'고 논했다. (3214)

문장 완성 **실전 연습 ❻** p.261

1	2	3	4
3	4	4	3
5	6	7	8
3	2	3	3

1 본교는 사회복지 전문직은 말할 것도 없고, 복지사회 구축에 공헌할 수 있는 사회복지사 육성을 목적으로 하고 있다. (4231)

2 투어버스는 여행회사가 승객을 모집하고, 버스회사에 운행을 맡기는 형태로 운영되고 있다. (3142)

3 인공위성 충돌은 반세기 이상에 이르는 우주개발사상 첫 사태이지만, 터질 것이 터졌다고 해도 좋다. (3142)

4 일본 펜 클럽은 헌법에서 보장된 언론과 표현의 자유에 대한 개입이라고 항의 성명을 발표했지만, 표현의 자유라 할지라도 무제한인 것은 아니다. (2431)

5 전국에서 음주운전 사고가 잇따른 것으로 인해, 운수사업자들은 음주운전 방지 대책을 추진하고 있다. (4132)

6 대부분의 보육소는 지역에 새겨진 재난의 기억에 입각하여, 월 1회 또는 그 이상의 대피훈련을 하고 있다. (1423)

7 그 의원의 발언은 마치 육아는 여성의 일이라고 하는 것 같은 내용으로, 여성 단체로부터 비판이 잇따르고 있다. (2431)

8 일본이 국제사회의 높은 기대에 충분히 부응해 왔는가 하면, 그렇다고도 단언할 수 없다. (1432)

問題 7

문맥 이해 실전 연습 ❶ p.262

1	2	3	4
3	2	1	4

문제 7 다음 문장을 읽고, 문장 전체의 취지에 입각해서 1 부터 4 에 들어갈 가장 알맞은 것을 1 · 2 · 3 · 4에서 하나 고르시오.

조기 이직이란 채용한 사원이 3년 이내에 이직하는 것을 말한다.

기업 입장에서 보면, 모처럼 시간과 비용 등을 들여 채용하고, 교육해 온 사원이 1 그만두는 것은 큰 타격이 된다. 실제로 채용한 사원이 조기 퇴직했을 경우, 채용비용과 교육비용의 폭등 등, 계산 가능한 눈에 보이는 손실만 해도 수 백만 엔에 달한다고 한다. 2 나아가서는 기존 사원의 동기부여 저하나 기업의 이미지 다운 등, 눈에 보이지 않는 손실도 존재한다.

조기 이직률은 사업장 규모에 따라서도 크게 다르다. 신규 대졸 취업자의 이직률을 보면, 사업장 규모가 작을수록 이직률이 높은 경향에 있는 것을 알 수 있다. 이직률이 가장 높은 '5인 미만' 규모와 이직률이 가장 낮은 '1000인 이상' 규모를 비교하면, 2배 이상의 3 격차가 있다.

조기 이직이 일어나는 원인의 한 가지로, 채용 미스매치를 들 수 있다. 채용 단계에서 자사의 사풍과 매치하는 인재를 적절하게 파악하고 있지 못하면, 입사 후의 차이에 의해 이직으로 이어질 가능성이 높아진다.

노동시간이나 급여 등, 대우면에 대한 불만이 원인으로 조기 이직이 발생하는 경우에는 노동조건의 개선이나 복리후생 도입 등의 대우 개선을 검토해야 한다. 구체적인 개선책으로서는 유연근무제도나 단시간 근무제도 등, 유연한 근무방식을 선택할 수 있는 제도의 도입도 효과적이다.

또한, 개인 업무의 장래성뿐만 아니라, 회사의 비전을 알 수 없거나 사업이 불안정하거나 하는 것이 사원에게 불안이나 스트레스를 주는 경우도 있다. 그것이 계기가 되어, 회사에 대한 공헌 의욕을 잃어버리게 하는 것으로도 4 이어질 수 있다.

문맥 이해 실전 연습 ❷ p.264

1	2	3	4
1	4	4	2

틈새시장은 비교적 규모가 작은 시장을 말하며, '빈틈 시장'이나 '틈새마켓'이라고도 불린다. 시장 규모가 큰 대형 시장과 비교하면, 수요가 한정되어 있는 것이 특징이다. 항구적, 혹은 일반적으로 수요가 발생하는 물건이나 서비스가 아니라, 인생의 한 시기나 특수한 1 상황에서만 수요가 발생하는 물건이나 서비스가 틈새시장을 구성하고 있다.

틈새시장이기 때문에, 잠재 구매자의 숫자는 적지만, 특정층에 확실한 수요가 있는 점이 특징이다.

그 때문에, 수요를 확실히 파악할 수 있으면, 틈새 상품이 사업의 2 버팀목이 되는 일도 드물지 않으며, 틈새시장을 개척할 수 있으면, 소규모 사업자라도 안정된 수익을 얻을 수 있는 가능성이 있다.

틈새 상품은 서스테이너빌리티(지속 가능한) 관련이나 애완동물 관련, 어린이 관련이나 여행 관련 등에 많이 존재한다. 또한 환경을 배려한 상품, 즉 제조에서 판매, 폐기까지의 모든 과정에서 지구 환경이나 사회, 경제를 배려한 상품은 일부 소비자로부터 강력한 수요가 있기 때문에, 이 분야에서는 틈새 상품이 수없이 많이 존재한다.

자원이 한정되는 소규모 사업자나 중소기업에 있어, 시장에서의 지위를 쌓기 위한 유효한 수단으로써 틈새 전략이 있다. 틈새 전략이란, 틈새시장을 타깃으로 정하여 물건이나 서비스를 제공하는 방법을 말한다. 경합이 적은 시장에 특화된 상품이나 서비스를 제공함으로써, 시장의 고객을 독점하려고 하는 목적이 있다. 틈새 전략이 잘되면 가격 경쟁에서 빠져나와, 보다 높은 이익률을 실현할 수 있다. 3 게다가 물건이나 서비스가 가진 독자성이 사업자의 브랜드 가치를 높여 주는 이점도 있다.

틈새시장은 특정 수요에 부응하는 상품을 제공하고 있는 것이 특징으로, 확실히 수요가 있고, 재구매 고객이나 팬을 획득하기 쉽다. 참가하는 기업이 적어서 시장은 작지만 라이벌도 적으며 수익을 4 늘리기 쉽긴 하지만, 수요의 유무를 적확하게 판별하지 못하면 초기 투자의 회수에 시간이 걸릴 위험도 숨어 있다. 그렇기에 경합이 적은 시장을 발견하면, 우선은 왜 경합이 적은가를 생각하는 것이 중요하다.

문맥 이해 실전 연습 ❸ p.266

1	2	3	4
3	2	4	1

채소는 건강한 식생활에 빼놓을 수 없는 것으로, 충분한 양의 채소를 싫증내지 않고 계속 먹기 위해서는 하루에 필요한 채소의 양을 알고, 조리법과 양념 등을 궁리할 필요가 있다.

제5차 국민건강 만들기 대책으로 후생노동성이 2024년에 개시한 '21세기의 제3차 국민건강 만들기 운동'에서는 생활 습관병 등을 예방하고, 건강한 생활을 유지하기 위해 필요한 채소 섭취 목표를 하루 350g 1 으로 하고 있다.

이 운동에서는 이 중 120g 이상은 녹황색 채소에서 섭취하는 것이 바람직하다고 여겨지고 있으므로, 하루 채소는 '녹황색 채소 120g 이상+담색 채소 230g 이상'이 2 기준이다.

녹황색 채소는 일반적으로, 녹색이나 황색 · 적색 등의 색이 진한 채소이며, 대표적인 녹황색 채소는 토마토, 피망, 브로콜리, 청경채, 시금치, 부추, 당근 및 아스파라거스 등이 있다.

담색 채소는 녹황색 채소 이외의 채소 총칭이다. 대표적인 담색 채소에는 양파, 양배추, 가지, 연근, 배추, 오이 등이 있다.

채소를 3 섭취하려는 나머지, 그 밖의 식품 섭취가 소홀해지면 주객전도이므로, 주식 · 메인요리 · 반찬을 조합하여 균형 좋게 영양을 섭취하는 것을 명심하자.

채소를 많이 섭취하는 것에는 다음과 같은 좋은 점이 있다.

우선 채소에는 건강한 생활을 보내는 데 있어 중요한 비타민, 미네랄, 식이섬유가 포함되어 있다. 4 예를 들면, 비타민 B군은 당질이 에너지로 바뀌는 것을 돕는 기능이 있어, 섭취한 영양소 유효 이용에 빼놓을 수 없다. 또 몸의 기능 유지 · 조절을 담당하는 미네랄 중, 칼륨은 여분의 나트륨 배출을 촉진하는 기능이 있다.

식이섬유를 많이 포함한 채소는 부피가 커서 포만감을 얻을 수 있는 음식이다. 채소의 섭취량을 늘리고 싶을 때는 가열 조리를 능숙하게 사용하면 된다. 찌거나 전자레인지로 가열함으로, 부피가 줄어 날 것보다도 많이 먹을 수 있다. 가열하면 채소의 조직이 부드러워져 먹기 좋아지고 소화 흡수도 잘 되게 된다.

문맥 이해 실전 연습 ❹ p.268

1	2	3	4
2	4	2	1

남성이 가정에서 육아에 참여하는 것이 긍정적으로 받아들여지게 되었다. 기업의 인사 · 노무에서는 '육아 남성'을 지원하기 위한 육아 휴가의 취득 촉진이나 유연한 근무 체계 도입 등, 워라밸의 향상을 지향하는 시책이 중요시되고 있다. '육아 남성'이란 '육아를 적극적으로 행하는 남성'을 가리키는 말로, 일본에서 사회현상으로서 침투한 것은 2000년대 후반부터이다. 2010년에는 유행어 대상에도 랭크되는 등, 1 완전히 시민권을 얻은 느낌이 있다.

육아 남성의 가장 현저한 특징은 육아에 적극적으로 참여하는 것이다. 기저귀 교환이나 수유 등, 육아의 다양한 장면에서 주체적으로 참여한다. 단순히 엄마를 도와주는 것뿐만 아니라, 자신이 자진해서 육아에 참여하는 자세를 볼 수 있다. 또 육아 남성은 아이와의 시간을 소중히 여긴다. 일로 바쁜 2 시간을 내서, 아이와 함께 놀거나 이야기를 하는 시간을 만든다. 아이의 성장을 아주 가까운 곳에서 지켜보고, 부모자식의 유대관계를 깊게 하는 것을 소중히 여기고 있다.

게다가 육아 남성은 집안일 전반에도 적극적으로 관계한다. 육아뿐 아니라 요리나 청소, 빨래 등, 집안일 전반을 솔선해서 행한다. 집안일을 분담함으로써, 아내의 부담을 줄이고 가정생활을 원활하게 진행해 나가는 역할을 담당하고 있다.

이처럼 육아 남성은 적극적으로 육아에 참여하여 육아를 즐기면서 아빠로서의 역할을 다 하고 있다. 일과 가정의 균형을 3 유지하면서, 아이의 성장을 지켜보고, 지원해 나가는 존재인 것이다.

현대사회에 있어, 육아 남성의 존재는 매우 중요한 의미를 가진다. 엄마뿐 아니라 아빠도 적극적으로 육아에 참여함으로써 육아 부담이 경감되어 보다 좋은 가정환경을 만들 수 있다. 또한 육아 남성의 모습은 앞으로의 시대의 아버지상을 보여주는 롤모델로서도 기능한다.

육아 남성이 증가함으로써, 사회 전체의 육아 의식이 높아져 남성의 육아 참여가 보다 일반적인 것이 되어 갈 것이 기대된다. 기업 측도 남성의 육아휴가 취득을 권장하는 등, 육아휴직을 지원하는 체제를 마련해 갈 필요가 있다.

앞으로의 시대, 육아 남성이 점점 늘어가기를 4 바라마지 않는다. 육아 남성의 활약이 아이들의 건강한 성장과 보다 나은 사회 실현으로 이어져 가기를 기대하고 싶다.

문맥 이해 **실전 연습 ❺** p.270

1	2	3	4
1	4	1	4

입소문이란, 실제로 상품이나 서비스를 이용한 고객이 입소문 사이트를 이용해 정보를 발신하는 것을 말한다. 최근 증가하고 있는 것은 실제로 점포를 방문한 사람의 맛 평가나 가게 분위기, 서비스 등에 대한 감상이 사진 첨부로 쓰여져 있는 것으로, 알기 쉽고 참고가 된다.

음식점을 선택할 때 많은 사람들이 이용하고 있는 것이 이 입소문 사이트이며, 음식점 측도 입소문 사이트를 가게의 호객 도구로 활용하고 있으며, 지금은 외식 산업에서 빼놓을 수 없는 존재가 되고 있다.

입소문의 좋은 점으로 들 수 있는 것은 기업 광고에 비해 비용 대비 효과가 높다는 점이다. 기업이 발신하는 광고보다도 이용자 측의 의견은 세일즈 효과가 높고, 1 신뢰할 만한 정보로써 평가받고 있기 때문이다. 통상의 홍보활동은 다액의 비용을 투자했는데도 불구하고 그다지 효과가 없는 경우도 있다. 그러나 입소문이라면, 저비용으로 고객을 모을 수 있다.

2 왜냐하면 이 방법으로 확산에 성공하면, 일반 소비자가 차례차례로 정보 발신자가 되어, 눈사람 식으로 정보가 퍼져 나가는 케이스가 있기 때문이다. 입소문에 의해 정보가 확산되면, 비용을 별로 들이지 않아도 광고 출고와 마찬가지 효과를 얻을 수 있다. 3 심지어는 기획비용을 상회하는 광고 효과가 발생하는 경우마저 있다.

한편, 입소문의 신뢰성이 항상 문제가 되고 있다. 악질적인 점포 중에는 사람을 고용해, 손님을 가장해 좋은 입소문만을 쓰게 하여 점포의 평가나 점수를 올리려고 하는 곳도 있다. 이러한 부정을 피하기 위해 입소문 사이트에서는 점수 기준을 정기적으로 고치는 등 하며, 다양한 대책을 취하고 있다.

입소문은 확실히 비용 대비 효과가 높은 방법이다. 4 그렇다고는 하지만, 좋은 평판뿐만 아니라, 나쁜 평판이 확산될 위험이 있다는 것을 알아 두지 않으면 안 된다.

1교시 독해 해석과 해설

유형별 실전 문제

問題 8

내용 이해(단문) **실전 연습** – 설명문・지시문・수필(가로 글 유형) ❶ p.316 해석과 문제 해설

1	2	3	4
①	③	②	①

次の(１)から(４)の文章を読んで、後の問いに対する答えとして最もよいものを、１・２・３・４から一つ選びなさい。

(1)

今の時代はインターネットに接続できる端末機と簡単な検索方法さえ分かれば、誰でも手軽に膨大な情報に達することができる。だが、この果てしなく広がる情報の洪水の中で望む情報だけを探すこと、真実の情報だけに到達することは決して容易なことではない。真実のように巧妙に偽装された偽りの情報があまりにも多く、毎日接する個人情報の流出事例が、今は日常化して危機意識すら薄れている。以前は、信頼できる情報を得るためには学術誌や専門書籍、論文などの活字情報を、実在する空間を訪ねて利用したものだ。情報の量があまりにも制限的だという批判はあったものの、真偽に関する問題は多くなかった。ⓐ溢れ返る情報の波の中から信頼できる、欲しい情報のみを選んで使える能力が必要な時代になったと言える。

1 筆者の考えに合うのはどれか。

1 信頼できる情報なのか判別して使う能力が重要な時代だ。
2 個人情報の流出を認知し、誤用しない判断が重要だ。
3 偽りの情報に惑わされず、制限のある情報の方に従うべきだ。
4 情報に対する危機意識を持ち、真偽が判断できなければならない。

다음 (1)에서 (4)의 글을 읽고, 다음 질문에 대한 답으로 가장 알맞은 것을 1・2・3・4에서 하나 고르시오.

지금 시대는 인터넷에 접속할 수 있는 단말기와 간단한 검색 방법만 알면, 누구나 손쉽게 방대한 정보에 이를 수 있다. 하지만 이 끝없이 펼쳐지는 정보의 홍수 속에서 원하는 정보만을 찾는 것, 진실한 정보만에 도달하는 것은 결코 쉬운 일이 아니다. 진실처럼 교묘하게 위장된 거짓 정보가 너무 많고, 매일같이 접하는 개인 정보의 유출 사례가 이제는 일상화가 되어 위기 의식조차 희미해지고 있다. 예전에는 믿을 수 있는 정보를 얻기 위해서는 학술지나 전문 서적, 논문 등의 활자 정보를 실재하는 공간을 찾아가서 이용하곤 했다. 정보의 양이 지나치게 제한적이라는 비판은 있었지만, 진위에 관한 문제는 많지 않았다. ⓐ넘쳐나는 정보의 물결 속에서 믿을 수 있는 원하는 정보만을 골라서 사용할 수 있는 능력이 필요한 시대가 되었다고 말할 수 있다.

1 필자의 생각에 맞는 것은 어느 것인가?

1 믿을만한 정보인지 판별해서 사용하는 능력이 중요한 시대이다.

2 개인 정보의 유출을 인지하고, 오용하지 않는 판단이 중요하다.

3 거짓된 정보에 현혹되지 않고, 제한이 있는 정보 쪽을 따라야 한다.

4 정보에 대한 위기의식을 가지고, 진위를 판단할 수 있어야 한다.

[풀이]

ⓐ 넘쳐나는 정보의 물결 속에서 믿을 수 있는 원하는 정보만을 골라서 사용할 수 있는 능력이 필요한 시대가 되었다고 말할 수 있다. 따라서 정답은 선택지 1번이다.

[단어]

接続 속출 | **端末機** 단말기 | **検索** 탐색 | **～さえ～ば** ～만 ～하면 | **膨大** 방대, 팽대 | **情報** 정보 | **果てしない** 한없다, 끝없다 | **望む** 바라다, 원하다 | **到達** 도달 | **容易** 용이, 쉬움 | **巧妙** 교묘 | **偽装** 위장 | **偽り** 거짓 | **流出** 유출 | **危機意識** 위기의식 | **書籍** 서적 | **活字** 활자 | **訪ねる** 찾다, 방문하다 | **制限的** 제한적 | **真偽** 진위 | **溢れ返る** 넘쳐나다 | **誤用** 오용, 잘못 씀 | **惑わされる** 현혹되다 | **従う** 따르다

(2)

映像を媒介にした広告は製品のイメージをより鮮明に消費者に認知させることができる確実な効果を持つため、他の広告とは比較にならないほど高コストであるにもかかわらず、多くの企業が選択しているわけです。しかし、生放送で行われるテレビコマシャールというのは、視聴者を限定することが不可能です。コマシャールを流す時間帯に関する工夫はされていると判断できますが、 ⓐ依然として家族が集まって生放送でテレビを見る場合、幼い年齢層の子供には多少刺激的、または暴力的な広告になりかねません。**現在、他の映像メディアでは、** ⓑ広告を見なくてもいい機能が視聴者に大きな支持を得ています。**それだけ広告というものを忌避する現象と見ない権利が著しく現れているということです。** ⓒ映像による広告を作る側は、このような局面に対する理解と対策が必要です。

2 テレビコマシャールについて、筆者はどう述べているか。

1 消費者の年齢層に対する理解のない広告は見ない方が良い。

2 他の広告とは異なる差別化について考えなければならない。

3 特定の年齢層に被害を与えかねない広告制作は避けなければならない。

4 視聴者に広告視聴に関する選択肢を与えなければならない。

영상을 매개로 한 광고는 제품의 이미지를 보다 선명하게 소비자들에게 인지시킬 수 있는 확실한 효과를 가지기 때문에, 다른 광고와는 비교가 안 될 정도로 고비용임에도 불구하고, 많은 기업들이 선택하고 있는 것입니다. 하지만, 생방송으로 진행되는 TV 광고라는 것은 시청자를 한정하는 것이 불가능합니다. 광고를 내보내는 시간대에 관한 연구는 되어 있다고 판단할 수 있지만, ⓐ 여전히 가족이 모여서 생방송으로 TV를 보는 경우, 어린 연령층의 자녀에게는 다소 자극적이거나 폭력적인 광고가 될 수 있습니다. 현재 다른 영상 미디어에서는 ⓑ광고를 보지 않아도 되는 기능이 시청자에게 큰 지지를 받고 있습니다. 그만큼 광고라는 것을 기피하는 현상과 안 볼 권리가 두드러지게 나타나고 있다는 것이죠. ⓒ 영상을 통한 광고를 만드는 쪽은 이러한 국면에 대한 이해와 대책이 필요합니다.

2 TV 광고에 대해서 필자는 어떻게 말하고 있는가?

1 소비자의 연령층에 대한 이해가 없는 광고는 보지 않는 편이 좋다.
2 다른 광고와는 다른 차별화에 대해서 생각해야 한다.
3 특정 연령층에 피해를 줄 수 있는 광고 제작은 피해야 한다.
4 시청자에게 광고 시청에 관한 선택지를 주어야 한다.

[풀이]

ⓐ 어린 아이에게는 다소 자극적이고 폭력적인 광고가 될 수 있고, ⓑ 광고를 보지 않는 기능이 시청자에게 큰 지지를 받고 있다고 말하고 있다. ⓒ 광고를 만드는 곳은 이런 상황에 대한 이해와 대책이 필요하다고 말하고 있으므로 정답은 선택지 3번이다.

[단어]

映像 영상 | 媒介 매개 | 広告 광고 | 鮮明 선명 | 認知 인지 | 比較 비교 | ～にもかかわらず ～에도 불구하고 | 視聴者 시청자 | 流す 흘리다 | 工夫 궁리, 연구 | 依然として 여전히 | 幼い 어리다 | 刺激的 자극적 | 暴力 폭력 | ～かねない ～할지도 모른다 | 支持 지지 | 局面 국면 | 対策 대책 | 異なる 다르다 | 差別化 차별화 | 与える 주다 | 避ける 피하다 | 選択肢 선택지

(3)

やさしくて面白く読まれる本が読書の楽しさを与えるとすれば、難しい文を読むことは自我を一段階発展させてくれると言える。難しい文を読むほど、知識の拡張、認知能力の向上、批判的な思考の強化に役立つからだ。本を読む時はストレスも伴う。なぜこのような文章を書いたのかに対する理解に先立ち、この単語がどういう意味なのかをはかりかねる時が一度や二度ではない。しかし、ⓐ難解に書かれた文であれ、絵などで面白く書かれた文であれ、著者が言いたいことを伝えるだけだ。その本を読んで同意や共感、あるいは反対するのは個人の自由だ。ただし、ⓑ自己批判のない同意や反対は危険もありうる。盲目的な追従と批判は、誤った価値観と行動にまで現れかねないと思う。

3 筆者の考えに合うのはどれか。

1 難しい文章を読むことは、読書の楽しさを一層大きくしてくれる。
2 文章を書いた目的と理由について考えてみるのが良い。
3 理解しやすい本であれ理解しにくい本であれ、その価値は等しい。
4 著者の考えに追従する前に、批判することが重要だ。

쉽고 재미있게 읽혀 지는 책이 독서의 즐거움을 준다고 한다면, 어려운 글을 읽는 것은 자아를 한 단계 발전시켜 준다고 말할 수 있다. 어려운 글을 읽을수록 지식의 확장, 인지능력의 향상, 비판적인 사고 강화에 도움이 되기 때문이다. 책을 읽을 때는 스트레스도 동반된다. 왜 이런 글을 쓴 것인지에 대한 이해에 앞서, 이 단어가 어떤 의미인지를 가늠하기 어려울 때가 한두 번이 아니다. 하지만 ⓐ난해하게 쓰인 글이든, 그림 등으로 재미있게 쓰인 글이든, 저자가 하고 싶은 말을 전하는 것뿐이다. 그 책을 읽고 동의나 공감, 혹은 반대를 하는 것은 개인의 자유다. 다만 ⓑ자기 비판 없는 동의나 반대는 위험할 수도 있다. 맹목적인 추종과 비판은 잘못된 가치관과 행동으로까지 나타날 수 있다고 생각한다.

3 필자의 생각에 맞는 것은 무엇인가?

1 어려운 글을 읽는 것은 독서의 재미를 한층 크게 해 준다.

2 글을 쓴 목적과 이유에 대해서 생각해 보는 것이 좋다.

3 이해하기 쉬운 책이든 이해하기 어려운 책이든 그 가치는 동등하다.

4 저자의 생각을 추종하기 전에 비판하는 것이 중요하다.

[풀이]

ⓐ 모든 글은 필자가 말하고 싶은 것을 전하는 것뿐이라고 하고, ⓑ 그 글에 동의하거나 반대할 때는 자기 비판(자기 생각)이 있어야 한다고 말하고 있다. 따라서 정답은 선택지 2번이다.

[단어]

自我 자아 | 発展 발전 | 拡張 확장 | 強化 강화 | 役立つ 도움이 되다 | 伴う 동반하다, 따르다 | ～に先立ち ～에 앞서 | ～かねる ～하기 어렵다 | ～であれ～であれ ～든 ～든 | 同意 동의 | 共感 공감 | あるいは 혹은, 또는 | 自己批判 자기비판 | ～うる ～할 수 있다 | 盲目的 맹목적 | 追従 추종 | 誤る 잘못하다, 틀리다 | 価値観 가치관 | ～かねない ～ 할지도 모른다 | ～やすい ～하기 쉽다, 편하다 | ～にくい ～하기 어렵다, 불편하다 | 等しい 동등하다, 똑같다

(4)

僕は偶然が大嫌いな人だ。特に悪いことの方ではなおさらだ。偶然失敗する人は絶対いないと断言しきれるし、偶然の成功も信じがたい。しかし、人間は偶然を信じたいようだ。人の力ではどうしようもないと判断する時は、干天の慈雨(注)のように、さらに偶然を慕うようだ。連日報道される数々の事故で、儚くも消えた人の命と残された者の悲しみ。偶然の事故に遭って生涯を終えることになるの。本当にそうなるのであれば、ⓐすべての生命の存在価値は消えてしまう。自分の力ではどうしようもない偶然に頼らなければならないからだ。偶然な事故なんかない。事故はすべて必然的な結果に過ぎず、事故が起きる理由があって起きただけなのだ。当然、予防が不可能な事故もあってはならない。そうなることではじめて、ⓑ自ら作っていく人生に意味が付与される。

(注) 干天の慈雨：日照り続きのときに降る、恵みの雨。

4 偶然について、筆者はどう述べているか。

1 偶然は自分の人生を否定することに過ぎない。

2 いくら切実でも偶然による成功は避けるべきだ。

3 偶然な事故で命を失う人がいることもある。

4 予防が不可能な偶然の事故でも、備えなければならない。

나는 우연을 매우 싫어하는 사람이다. 특히 나쁜 일 쪽으로는 더욱 그렇다. 우연히 실패를 하는 사람은 절대 없다고 단언할 수 있고, 우연한 성공도 믿기 어렵다. 하지만 인간은 우연을 믿고 싶어하는 것 같다. 사람의 힘으로는 어찌할 수 없다고 판단할 때는 가뭄에 단비(주)처럼, 더욱 우연을 사모하는 것 같다. 연일 보도되는 수많은 사고로 덧없이 사라진 사람의 목숨과 남겨진 자의 슬픔. 우연한 사고를 당해서 생을 마감하게 된다? 정말 그렇게 되는 것이라면, ⓐ 모든 생명의 존재 가치는 사라져 버린다. 자신의 힘으로는 어떻게 할 수 없는 우연에 의지하지 않으면 안 되기 때문이다. 우연한 사고 따위는 없다. 사고는 전부 필연적인 결과에 지나지 않고, 사고가 일어날 이유가 있어서 일어난 것뿐이다. 당연히 예방이 불가능한 사고도 있어서는 안 된다. 그렇게 되고 나서야 비로서, ⓑ 스스로 만들어 가는 삶에 의미가 부여된다.

(주) 가뭄에 단비 : 가뭄이 계속될 때 내리는 단비.

4 우연에 대해서 필자는 어떻게 말하고 있는가?

1 우연은 자신의 삶을 부정하는 것에 지나지 않는다.

2 아무리 간절해도 우연에 의한 성공은 피해야 한다.

3 우연한 사고로 목숨을 잃는 사람이 있을 수도 있다.

4 예방이 불가능한 우연한 사고라도 대비해야 한다.

[풀이]

ⓐ 우연을 의지하면 모든 생명의 존재 가치는 사라진다고 말하고, ⓑ 우연을 부정하고 나서야 자신의 삶에 의미가 부여된다고 말하고 있다. 따라서 정답은 선택지 1번이다.

[단어]

偶然(ぐうぜん) 우연 | なおさら 더욱 | 断言(だんげん) 단언 | 信(しん)じる 믿다 | ～がたい ～하기 어렵다 | 慕(した)う 사모하다, 그리워하다 | 報道(ほうどう) 보도 | 儚(はかな)い 덧없다, 허무하다 | 命(いのち) 목숨, 생명 | 遭(あ)う 당하다, 겪다 | 生涯(しょうがい) 생애, 일생 | 消(き)える 꺼지다, 사라지다 | 頼(たよ)る 의지하다 | 必然的(ひつぜんてき) 필연적 | ～に過(す)ぎない ～에 지나지 않는다 | 予防(よぼう) 예방 | 付与(ふよ) 부여 | 否定(ひてい) 부정 | 切実(せつじつ) 절실 | 失(うしな)う 잃다, 잃어버리다 | 備(そな)える 준비하다, 갖추다

1	2	3	4
③	③	③	②

(1)

建築様式とインテリアの発達により、家さえも一つの芸術的な空間としてみなされる時代である。しかし、私はそんな家には住みたくない。ⓐ私にとって家というのは、心身の疲れをとってくれる休息空間であり、厳しい競争社会に生きている不安や萎縮を癒す安心区域でもある。適当に散らかっている空間で余裕を感じ、何でもやりたいことができる満足感も得られる。綺麗な空間で暮すのは、健康上からも勿論、重要であるが、家事を完璧にこなすことほど疲れることもない。ⓑ愛する家族とともに食卓に着いて、あれこれ様々な話ができる場所。私はテレビに出てくる成功した事業家の広くて洒落た家より、母の小言と父がテレビを見る音が響く家がもっと好きである。

1 家について、筆者が最も言いたいこと何か。

1 自分の個性に合わせた構造と雰囲気よりは、生活の機能性が強調された空間が重要である。

2 最も私的で安らかな空間であると同時に、家族との協力が必要な空間にならなければならない。

3 自分だけの空間が存在するとともに、家族と共有できる空間も備えなければならない。

4 実用性をもとに行われた配置と、気楽な雰囲気を醸成することができる空間が重要である。

건축 양식과 인테리어의 발달로 집조차도 하나의 예술적인 공간으로 간주되는 시대이다. 하지만 나는 그런 집에서는 살고 싶지 않다. ⓐ 나에게 있어서 집이라는 것은 심신의 피로를 풀어 주는 휴식 공간이고, 혹독한 경쟁 사회에 살고 있는 불안과 위축을 치유하는 안심구역이기도 하다. 적당히 어질러져 있는 공간에서 여유를 느끼고, 무엇이든 하고 싶은 것을 할 수 있는 만족감도 얻을 수 있다. 깨끗한 공간에서 사는 것은 건강상에서도 물론 중요하지만, 집안일을 완벽하게 하는 것만큼 피곤한 일도 없다. ⓑ 사랑하는 가족과 함께 식탁에 앉아서 이런저런 이야기를 할 수 있는 장소. 나는 TV에 나오는 성공한 사업가의 넓고 세련된 집보다 엄마의 잔소리와 아빠가 TV 보는 소리가 울리는 집이 더 좋다.

1 집에 대해서 필자가 가장 말하고 싶은 것은 무엇인가?

1 자신의 개성에 맞는 구조와 분위기보다는 생활의 기능성이 강조된 공간이 중요하다.

2 가장 사적이고 편안한 공간인 동시에 가족과의 협력이 필요한 공간이 되어야 한다.

3 나만의 공간이 존재하는 동시에 가족과 공유할 수 있는 공간도 갖추어야 한다.

4 실용성을 토대로 이루어진 배치와 편안한 분위기를 조성할 수 있는 공간이 중요하다.

[풀이]

ⓐ 혹독한 경쟁 사회에서의 개인적인 안심구역이기도 하고 ⓑ 사랑하는 가족과 함께할 수 있는 공간이라고 말하고 있다. 따라서 정답은 선택지 3번이다.

[단어]

建築 건축 | **みなす** 간주하다, 보다 | **～にとって** ～에게 있어서 | **厳しい** 엄하다, 혹독하다 | **競争** 경쟁 | **萎縮** 위축 | **癒す** 고치다, 치유하다 | **散らかる** 흩어지다, 어질러지다 | **余裕** 여유 | **完璧** 완벽 | **～とともに** ～와 함께 | **洒落る** 세련되다, 멋지다 | **小言** 잔소리 | **強調** 강조 | **協力** 협력 | **備える** 갖추다, 구비하다 | **～をもとに** ～을 토대로 | **醸成** 조성

(2)

理解できない内容、気になる内容に対するメカニズムの結果が質問という形で発現する。このような質問は難題の解決につながり、新しい発見や発明に発展する場合が数限りない。ⓐ問題を解決するためには、必ず質問が存在しなければならないのだ。他者との意見共有の場、学術、発表の場では質問をするのが当然だが、質問による冷淡な雰囲気の演出、答える人を不快にさせる質問があまりにも多い。相手への配慮と尊重、内容の理解から行われていない場合には、発信者の活動内容に対する全面否定や無視につながりがちだ。ⓑ結局この部類の質問は、問題解決と新しいものにつながらなくなる。質問の本来の機能を発揮するための、方式に関する考察が必要だ。

2 質問に対して、筆者の考えに合うのはどれか。

1 内容が理解できない場合は、質問を受けない方がよい。
2 質問を受け入れる前に、質問する人に対する配慮があるべきだ。
3 問題を解決するためには、質問に対する工夫が必要だ。
4 難題の解決と発展のためには、受信者を無視してはならない。

이해하지 못한 내용, 궁금한 내용에 대한 메커니즘의 결과가 질문이라는 형태로 발현된다. 이러한 질문은 난제의 해결로 이어지고, 새로운 발견이나 발명으로 발전하는 경우가 무수히 많다. ⓐ 문제를 해결하기 위해서는 반드시 질문이 존재해야 하는 것이다. 다른 사람과의 의견 공유 자리, 학술, 발표의 장소에서는 질문을 하는 것이 당연하지만, 질문으로 인한 냉담한 분위기의 연출, 답하는 사람을 불쾌하게 하는 질문이 너무나도 많다. 상대에 대한 배려와 존중, 내용의 이해에서 이루어지지 않는 경우에는 발신자의 활동 내용에 대한 전면 부정이나 무시로 이어지기 쉽다. ⓑ 결국 이런 부류의 질문은 문제 해결과 새로운 것으로 이어지지 않게 된다. 질문의 본래 기능을 발휘하기 위한 방식에 관한 고찰이 필요한 것이다.

2 질문에 대해서 필자의 생각에 맞는 것은 어느 것인가?

1 내용을 이해할 수 없는 경우에는 질문을 받지 않는 편이 좋다.
2 질문을 받기 전에 질문하는 사람에 대한 배려가 있어야 한다.
3 문제를 해결하기 위해서는 질문에 대한 연구가 필요하다.
4 난제의 해결과 발전을 위해서는 수신자를 무시해서는 안 된다.

[풀이]

ⓐ 문제를 해결하려면 질문이 존재해야 하는데, ⓑ 잘못된 방식의 질문은 문제 해결로 이어지지 않게 되기 때문에 질문 방식에 대한 고찰이 필요하다고 말하고 있다. 따라서 정답은 선택지 3번이다. 본문에서는 발신자, 즉 질문을 받는 사람에 대한 배려와 존중이 있어야 한다고 말하고 있기 때문에 선택지 2번은 정답이 될 수 없다.

[단어]

気になる 신경이 쓰이다 | ～に対する ～에 대한 | 質問 질문 | 形 모양, 형태 | 発現 발현 | 難題 난제 | つながる 이어지다, 연결되다 | 存在 존재 | 共有 공유 | 学術 학술 | 冷淡 냉담 | 演出 연출 | 不快 불쾌 | あまりにも 너무나도 | 配慮 배려 | 尊重 존중 | 発信者 발신자 | 否定 부정 | 機能 기능 | 発揮 발휘 | ～に関する ～에 관한 | 考察 고찰 | 受け入れる 받아들이다 | 工夫 궁리, 연구

(3)

現代社会は速度の社会とも言える。時間を効率的に使用するための最も重要な要素は集中力である。最近では、集中力を高めるための様々な方法に関心が高まっている。その中でも ⓐ 食べ物の摂取を通じた集中力の向上が注目されている。ある会社の研究結果によると、脳が必要とするエネルギー源はブドウ糖という。夜にも休まず、活動を続けている脳の作用により、人間の体内に蓄積されたブドウ糖は朝になるとほとんど消耗されてしまう。ⓑ ブドウ糖が豊富に含まれている食べ物を摂取することにより、持続的に変わっていく現代社会の速度に引けを取らない敏捷(注)性を維持できるようになる。

(注) 敏捷：理解や判断が早いこと。また、そのさま。

3 この文章で筆者が一番言いたいことは何か。

1 忙しい日常でも必須ビタミンを十分に摂取できる食事を疎かにしてはならない。

2 体内に蓄積されたブドウ糖の成分を通じ、脳の活性化を促進させることができる。

3 食べ物の摂取が脳の活性化による集中力の向上に役に立つ。

4 集中力を維持するためには、体内に蓄積されたブドウ糖の消耗を抑えなければならない。

현대 사회는 속도의 사회라고도 말할 수 있다. 시간을 효율적으로 사용하기 위한 가장 중요한 요소는 집중력이다. 최근에는 집중력을 높이기 위한 여러 가지 방법에 관심이 높아지고 있다. 그중에서도 ⓐ 음식의 섭취를 통한 집중력 향상이 주목받고 있다. 어떤 회사의 연구 결과에 의하면, 뇌가 필요로 하는 에너지원은 포도당이라고 한다. 밤에도 쉬지 않고 활동을 계속하는 뇌의 작용으로 인해, 인간의 체내에 축적된 포도당은 아침이 되면 대부분 소모되어 버린다. ⓑ 포도당이 풍부하게 포함된 음식을 섭취하는 것에 의해, 지속적으로 변해 가는 현대 사회의 속도에 뒤처지지 않는 민첩(주)성을 유지할 수 있게 된다.

(주) 민첩 : 이해나 판단이 빠른 것. 또는 그런 모양.

3 이 글에서 필자가 가장 말하고 싶은 것은 무엇인가?

1 바쁜 일상에서도 필수 비타민을 충분히 섭취할 수 있는 식사를 소홀히 해서는 안 된다.

2 체내에 축적된 포도당의 성분을 통해, 뇌의 활성화를 촉진시킬 수 있다.

3 음식의 섭취가 뇌의 활성화에 의한 집중력 향상에 도움이 된다.

4 집중력을 유지하기 위해서는 체내에 축적된 포도당의 소모를 억제시켜야 한다.

[풀이]

ⓐ 음식을 통한 집중력 향상과 ⓑ 특히 포도당이 포함되어 있는 음식의 섭취를 강조하고 있다. 비타민의 섭취가 아닌 포도당의 섭취가 중요하다고 말하고 있기 때문에, 선택지 1번은 정답이 될 수 없고, 선택지 3번이 정답이다. 체내에 축적된 포도당은 아침이 되면 대부분 소모되어 버린다고 말하고 있기 때문에 선택지 2번은 정답이 아니고, 선택지 4번에 관한 언급은 없었다.

[단어]

効率的 효율적 | 最も 가장 | 集中力 집중력 | 摂取 섭취 | 向上 향상 | 研究 연구 | ～によると ～에 의하면 | 脳 뇌 | ブドウ糖 포도당 | 蓄積 축적 | 消耗 소모 | 豊富 풍부 | 含む 포함하다 | 引けを取る 뒤처지다 | 敏捷性 민첩성 | 維持 유지 | 疎か 소홀함 | 活性化 활성화 | 促進 촉진 | 役に立つ 도움이 되다 | 抑える 억누르다, 억제하다

(4)

内向的な人々の思考のメカニズムは、外向的な人々とは大きく異なる。内向的な人々は自分を代弁することに慣れていないから、外向的な人々に誤解される場合もしばしばある。また、自分だけの空間を大切に思い、その空間に侵入する人に恐怖を感じ、自分を理解してくれない人を恨む場合も多い。このような内向的な性格を改善しようとする人には、他の人に自分からあいさつをする行動が、良い解決策に繋がることもある。しかし、その場合ⓐ重要なことは、あいさつをする行為自体に意味があるのであり、相手の反応を期待してはならないということである。他人の視線に萎縮されず、もう少し自分が思うように行動してもよい。あなたが考えているよりもはるかに、あなたに関心がない人が多い。

4　本文の内容に合っているものはどれか。

1　消極的な性格を改善するための最も良い方法は、挨拶する仕方を変えることだ。
2　他の人の視線と反応に、あまりにも敏感に反応をする必要はない。
3　内向的な人々の行動を非難して、厳しい評価をすることは正しくない。
4　他人を配慮しながら、本人の幸せを追求する方法を探すことが重要だ。

내향적인 사람들의 사고 메커니즘은 외향적인 사람들과는 크게 다르다. 내향적인 사람들은 자신을 대변하는 것에 익숙하지 않기 때문에, 외향적인 사람들에게 오해를 받는 경우도 자주 있다. 또한, 자신만의 공간을 소중하게 생각하고, 그 공간을 침입하는 사람에게 두려움을 느끼며 자신을 이해해 주지 못하는 사람을 원망하는 경우도 많다. 이런 내향적인 성격을 개선하려고 하는 사람에게는 다른 사람에게 먼저 인사를 건네는 행동이 좋은 해결책으로 이어질 수도 있다. 하지만 그런 경우에 ⓐ 중요한 것은 인사를 건네는 행위 자체에 의미가 있는 것이고, 상대방의 반응을 기대해서는 안 된다는 것이다. 다른 사람의 시선에 위축되지 않고, 조금 더 자신의 생각대로 행동해도 좋다. 당신이 생각하는 것보다 훨씬 더 당신에게 관심이 없는 사람들이 많다.

4　본문의 내용과 맞는 것은 어느 것인가?

1　소극적인 성격을 개선하기 위한 가장 좋은 방법은 인사하는 방식을 바꾸는 것이다.
2　다른 사람의 시선과 반응에 너무 민감하게 반응을 할 필요는 없다.
3　내향적인 사람들의 행동을 비난하고 혹독한 평가를 하는 것은 옳지 않다.
4　타인을 배려하면서 본인의 행복을 추구하는 방법을 찾는 것이 중요하다.

[풀이]

ⓐ 내향적인 성격을 개선하기 위해서 먼저 인사를 건넬 때, 상대방의 시선과 반응을 기대하지 말라고 말하고 있다. 따라서 정답은 선택지 2번이다. 소극적인 성격의 개선 방법은 인사하는 방식을 바꾸는 것이 아니라, 먼저 인사를 건네는 것이다. 따라서 선택지 1번은 정답이 될 수 없다. 선택지 3번과 4번에 관한 언급은 없었다.

[단어]

内向的(ないこうてき) 내향적 | **外向的**(がいこうてき) 외향적 | **異なる**(こと) 다르다 | **代弁**(だいべん) 대변 | **誤解**(ごかい) 오해 | **しばしば** 자주, 종종 | **侵入**(しんにゅう) 침입 | **恐怖**(きょうふ) 공포 | **恨む**(うら) 원망하다 | **改善**(かいぜん) 개선 | **解決策**(かいけつさく) 해결책 | **繋がる**(つな) 이어지다, 연결되다 | **反応**(はんのう) 반응 | **視線**(しせん) 시선 | **萎縮**(いしゅく) 위축 | **敏感**(びんかん) 민감 | **非難**(ひなん) 비난 | **配慮**(はいりょ) 배려 | **追求**(ついきゅう) 추구

내용 이해(단문) 실전 연습 ❸ – E메일・안내 및 공지문・비즈니스 문서 p.324 해석과 문제 해설

1	2	3	4
②	②	③	③

(1)

以下は、ある会社が取引先に出したメールである。

桜株式会社
営業部 佐藤 弘 様

南物産株式会社
営業部 安部 太郎

拝啓　貴社、益々ご清祥のこととお慶び申し上げます。

さて、2月17日付で発送いたしました ⓐ製品に不良品が混入していたとのことで、貴社にご迷惑をおかけしてしまい、心よりお詫び申し上げます。その製品につきましては、新しい製品に交換し、弊社の工場より製品が準備でき次第、直送させていただきます。ⓑ今回発生した事態の原因究明につきましても、徹底的に調査をいたします。

今後は、このような間違いがないよう、誠心誠意に品質管理に努めてまいる所存です。ご不明な点がございましたら、何なりとお申し付けください。今後ともご愛顧をいただきますよう、よろしくお願い申し上げます。

敬具

1 このメールから分かることは何か。

1 工場側の納品間違いにより、製品交換に支障が発生した。
2 取引先への納品の手違いの謝意とその原因を究明する。
3 新しい製品の交換のため、工場の日程の調整が必要である。
4 納品した製品に異常が発生し、代金を賠償しなければならない。

다음은 어느 회사가 거래처에 보낸 메일이다.

사쿠라 주식회사
영업부 사토 히로시 님

미나미 물산 주식회사
영업부 아베 타로

근계, 귀사 더욱 건승하시기를 경하 드립니다.

그런데, 2월 17일자로 발송해 드렸던 ⓐ 제품에 불량품이 섞여 들어가 있었던 것으로, 귀사에 폐를 끼치게 되어, 진심으로 사과 드립니다. 그 제품에 대해서는 새로운 제품으로 교환을 하고, 저희 회사의 공장에서 제품이 준비되는 대로 직송하겠습니다. ⓑ 이번에 발생한 사태의 원인 규명에 대해서도 철저히 조사를 하겠습니다.

이후로는 이런 실수가 없도록, 성심성의로 품질 관리에 힘써 나갈 생각입니다. 불명확한 점이 있으시면,무엇이든지 말씀해 주시길 바랍니다. 이후로도 애정과 관심을 가져 주시도록 부탁 드리겠습니다.

경구

1 이 메일로부터 알 수 있는 것은 무엇인가?

1 공장 측의 납품 실수로 인해, 제품 교환에 차질이 발생하였다.

2 거래처로의 납품 착오의 사의와 그 원인을 규명한다.

3 새로운 제품의 교환을 위해서 공장의 일정 조정이 필요하다.

4 납품한 제품에 이상이 발생하여 대금을 배상해야 한다.

[풀이]

ⓐ 거래처에 납품한 제품에 불량품이 들어간 것에 대한 사과의 말과 ⓑ 원인 규명에 관해서 조사를 한다는 것을 알 수 있다. 따라서 정답은 선택지 2번이다.

[단어]

取引先(とりひきさき) 거래처 | 株式会社(かぶしきがいしゃ) 주식회사 | 拝啓(はいけい) 근계(삼가 아뢴다는 뜻으로 편지 첫머리에 쓰는 말) | 貴社(きしゃ) 귀사 | 益々(ますます) 더욱 더 | 清祥(せいしょう) 건승(편지에서 상대방의 건강과 만복을 축하하는 인사말) | 発送(はっそう) 발송 | 不良品(ふりょうひん) 불량품 | 混入(こんにゅう) 혼입(섞여서 들어감) | 迷惑(めいわく)をかける 폐를 끼치다 | 詫(わ)びる 사과하다, 사죄하다 | ～につきまして ～에 대해서(「～について」의 공손한 말씨) | 交換(こうかん) 교환 | 弊社(へいしゃ) 폐사(자신의 회사를 낮추는 말) | ～次第(しだい) ～하는 대로 | 事態(じたい) 사태 | 原因(げんいん) 원인 | 究明(きゅうめい) 규명 | 徹底(てってい) 철저 | 品質(ひんしつ) 품질 | 管理(かんり) 관리 | 努(つと)める 노력하다 | 所存(しょぞん) 생각, 의견 | 愛顧(あいこ) 애고(사랑하여 돌보아 줌) | 敬具(けいぐ) 경구(삼가 아뢴다는 뜻으로, 한문투의 편지 끝에 쓰는 말) | 間違(まちが)い 실수, 잘못 | ～により ～에 의해, ～에 따라 | 支障(ししょう) 지장 | 手違(てちが)い 착오 | 調整(ちょうせい) 조정 | 賠償(ばいしょう) 배상

(2)

以下(いか)は、ある会社(かいしゃ)の社内(しゃない)メールの内容(ないよう)である。

回覧(かいらん)

歓迎会(かんげいかい)のご案内(あんない)

お疲(つか)れ様(さま)です。人事部(じんじぶ)の北川(きたかわ)です。

さて、このたび、ⓐ新(あたら)しく赴任(ふにん)された高橋支社長(たかはししししゃちょう)と、今年度(こんねんど)の新入社員(しんにゅうしゃいん)の皆(みな)さまの歓迎会を下記(かき)のようにとり行(おこな)うこととなりました。よりスムーズな業務(ぎょうむ)を行(おこな)うためにも、お互(たが)いの親睦(しんぼく)を深(ふか)める絶好(ぜっこう)の機会(きかい)と存(ぞん)じます。お忙(いそが)しいとは存じますが、ぜひ、ご参加(さんか)いただきたく思っております。なお、準備(じゅんび)の都合上(つごうじょう)、出欠(しゅっけつ)につきましては、別紙(べっし)に書(か)き込(こ)んで頂(いただ)き、4月6日までに幹事(かんじ)あてご提出(ていしゅつ)ください。ご協力(きょうりょく)よろしくお願(ねが)い申(もう)し上(あ)げます。

記

日時(にちじ)：4月20日(金) 19時～22時

場所(ばしょ)：サクラホテル 3階(がい)

電話(でんわ)：032-1234

会費(かいひ)：4,500円（新入社員は無料(むりょう)です。）

幹事：人事部 北川

2 この文書の内容に合っていないものはどれか。

1 新入社員を除いて、すべての人は会費を支払わなければならない。

2 この文書の目的は、新入社員たちの歓迎と社員たちの親睦である。

3 決まった期限内に、出席の如何を幹事に知らせなければならない。

4 歓迎会に出席できない人も、担当者に書面提出しなければならない。

다음은 어느 회사의 사내 메일의 내용이다.

회람

환영회 안내

수고하십니다. 인사부의 기타카와입니다.

그런데 이번에 ⓐ 새롭게 부임하신 다카하시 지사장과 올해 신입사원 여러분의 환영회를 다음과 같이 거행하게 되었습니다. 보다 원활한 업무를 하기 위해서도 서로의 친목을 도모할 절호의 기회라고 생각합니다. 바쁘시겠지만, 부디 참석해 주셨으면 합니다. 또한 준비 사정상, 출결에 관해서는 별지에 적어 주셔서 4월 6일까지 간사 앞으로 제출해 주세요. 협력 부탁 드리겠습니다.

기

일시: 4월 20일(금) 19시~22시

장소: 사쿠라호텔 3층

전화: 032-1234

회비: 4,500엔 (신입사원은 무료입니다.)

간사: 인사부 기타카와

2 이 문서의 내용에 맞지 않은 것은 어느 것인가?

1 신입사원을 제외하고, 모든 사람은 회비를 내야 한다.

2 이 문서의 목적은 신입사원들의 환영과 사원들의 친목도모이다.

3 정해진 기한 내에 출석 여부를 간사에게 알리지 않으면 안 된다.

4 환영회에 참석하지 못하는 사람도 담당자에게 서면 제출해야 한다.

[풀이]

ⓐ 이 문서의 목적은 새롭게 부임한 지사장과 신입사원들의 환영회를 알리는 것이다. 따라서 선택지 2번이 정답이다.

[단어]

歓迎会 환영회 | 赴任 부임 | 支社 지사 | とり行う 거행하다, 집행하다 | 業務 업무 | 親睦 친목 | 絶好 절호 | 参加 참가 | 都合 형편, 사정 | 出欠 출결 | ~につきまして ~에 대해서(~についての 공손한 말씨) | 別紙 별지 | 書き込む 기입하다, 써 넣다 | 幹事 간사 | あて 수신인 또는 수신 장소 | 提出 제출 | 協力 협력 | 会費 회비 | 除く 제거하다, 제외하다 | 如何 여하, 여부 | 担当者 담당자

(3)

以下は、ある高校が出した公開授業参観に対する案内の文書である。

20XX年11月7日

東京桜高等専門学校　教務主事

11月21日(火)・22日(水)の公開授業参観のご案内

日頃より本校の教育活動ご理解とご協力を賜り、厚くお礼申し上げます。

さて、本校では、11月21日(火)・22日(水)におきまして、下記のとおり公開授業参観を実施いたします。本校受験を考えている小中学生やその保護者の皆様、在校生の保護者の皆様には日頃の本校の授業を参観する良い機会と存じます。ご多用中とは存じますが、どうぞご来校いただきますよう、お願い申し上げます。

記

- 公 開 日：11月21日(火)・22日(水)
- 公開時間：8時50分から16時00分まで
  ※開始時間の20分前に3階の演習室にお集まりください。
- 公開場所：東京桜高等専門学校
  校内の教室、体育館、グラウンドなど(案内資料は受付にて配布予定)。
- 申し込み：ⓐ不要。来校されましたら、受付にお寄りください。
  ※受付は1階の学生課前にございます。

3　この案内文の内容に合っていないものはどれか。

1　二日にわたって実施される公開授業参観の案内文で、対象が限られている。

2　公開授業参観に関した日付と時間が明確に記載されている。

3　授業開始20分前には、公開授業参観の申請をしなければならない。

4　学校施設を見学することができ、学校に関する資料が無料で提供される。

다음은 어느 고등학교가 낸 공개 수업 참관에 대한 안내 문서이다.

20XX년 11월 7일

도쿄사쿠라 고등전문학교 교무주임

11월 21일(화)・22일(수) 공개 수업 참관 안내

평소 본교의 교육 활동에 이해와 협력을 해 주셔서 깊게 답례 말씀 올립니다.

그런데 본교에서는 11월 21일(화)・22일(수)에 다음과 같이 공개 수업 참관을 실시합니다. 본교 수험을 생각하는 초중학생과 그 보호자 여러분, 재학생 보호자 여러분께서는 평소의 본교 수업을 참관할 수 있는 좋은 기회라고 생각합니다. 대단히 바쁘시다는 것은 알고 있습니다만, 부디 내교하시도록 부탁 드립니다.

기

- 공 개 일 : 11월 21일(화) · 22일(수)
- 공개 시간 : 8시 50분부터 16시 00분까지
  ※시작 시간 20분 전에 3층 연습실에 모이세요.
- 공개 장소 : 도쿄사쿠라 고등전문학교
  학교 교실, 체육관, 운동장 등 (안내 자료는 접수에서 배포 예정).
- 신 청 : ⓐ불필요. 내교하시면 접수처에 들러 주세요.
  ※접수처는 1층 학생과 앞에 있습니다.

3 이 안내문의 내용에 맞지 않은 것은 어느 것인가?

1 이틀에 걸쳐서 실시되는 공개 수업 참관 안내문으로, 대상이 한정되어 있다.

2 공개 수업 참관에 관한 날짜와 시간이 분명하게 기재되어 있다.

3 수업 시작 20분 전에는 공개 수업 참관 신청을 해야 한다.

4 학교 시설을 견학할 수 있고, 학교에 관한 자료가 무료로 제공된다.

[풀이]

ⓐ 공개 수업 참관 신청은 하지 않아도 되기 때문에, 정답은 선택지 3번이다.

[단어]

公開 공개 | 授業 수업 | 参観 참관 | 日頃 평소, 평상시 | 教育 교육 | 活動 활동 | 協力 협력 | 賜る 내려주시다, (윗사람에게서) 받다 | 厚い 두껍다, (이익이)많다 | ～において ～에, ～에 있어서 | ～とおり ～대로 | 実施 실시 | 受験 수험 | 保護者 보호자 | 存じる 알다(「知る」의 겸사말), 생각하다(「思う」의 겸사말) | 多用 볼일이 많음 | 体育館 체육관 | 資料 자료 | 受付 접수(처) | ～にて ～로, ～에서 | 配布 배포 | 寄る 들르다 | 対象 대상 | 限る 제한하다, 한정하다 | 日付 날짜 | 記載 기재 | 申請 신청 | ～に関する ～에 관한 | 提供 제공

(4)

以下は、ある会社の社内メールの内容である。

社員各位

お疲れ様です。経理部の吉岡です。出張費精算について、経理部からお願いです。最近ⓐ精算表を提出の際、領収書の貼り忘れ等の不備が目立ちます。提出される前に、改めて確認するよう、お願い致します。

尚、今月分の出張費精算書の提出期限は、５月２９日(火曜)までとなっておりますが、ⓑ営業Bチームはまだ提出されていないようです。経理事務の都合上、至急提出をお願い致します。

より効率的な業務処理のためにⓒ経費請求システムの点検を６月１２日から３日にわたって行いますので、精算書の提出に支障が予想されます。ご不明な点がありましたら、経理部の吉岡(内線203)まで、お問い合わせください。

以上、よろしくお願い致します。

4 この文書の目的は何か。

1 営業部の出張費領収書の添付に関する催促と、経理部のシステム点検の案内

2 出張費精算書の提出期間の厳守に対するお願いと、経費請求システムの点検案内

3 経理部の業務処理のためのお願いと、経費請求システム点検の案内

4 経理部システムの再編成のためのお知らせと担当者の変更に対する案内

다음은 어느 회사의 사내 메일의 내용이다.

사원 여러분

수고하십니다. 경리부의 요시오카입니다. 출장비 정산에 대해서 경리부에서 부탁 드립니다. 최근에 ⓐ 정산표를 제출할 때, 영수증 첨부를 잊어버리는 등의 미비한 점이 두드러지고 있습니다. 제출하시기 전에 다시 한 번 확인하시도록 부탁 드립니다.

또한, 이번 달의 출장비 정산서의 제출 기한은 5월 29일(화요일)까지로 되어 있는데, ⓑ 영업 B팀은 아직 제출되지 않은 것 같습니다. 경리사무의 사정상 바로 제출 부탁 드립니다.

보다 효율적인 업무 처리를 위해서 ⓒ 경비 청구 시스템의 점검을 6월 12일부터 3일에 걸쳐서 실시하오니, 정산서 제출에 지장이 예상됩니다. 궁금하신 점이 있으시다면, 경리부의 요시오카(내선203)에게 문의해 주시길 바랍니다.

이상, 잘 부탁 드립니다.

4 이 문서의 목적은 무엇인가?

1 영업부의 출장비 영수증 첨부에 관한 재촉과 경리부의 시스템 점검 안내

2 출장비 정산서 제출 기간 엄수에 대한 부탁과 경비 청구 시스템 점검 안내

3 경리부의 업무 처리를 위한 부탁과 경비 청구 시스템 점검 안내

4 경리부 시스템의 재편성을 위한 공지와 담당자 변경에 대한 안내

[풀이]

ⓐ 정산표 제출 시, 영수증 첨부 확인에 관한 부탁과 ⓑ 영업 B팀의 출장비 정산서 제출 촉구, ⓒ 경비 시스템 점검에 관한 안내를 하고 있다. 따라서 정답은 선택지 3번이다. 영업부는 출장비 정산이 이루어지지 않은 것이기 때문에 선택지 1번은 정답이 될 수 없고, 모든 부서에 제출 기간을 지켜달라는 내용과는 조금 다르기 때문에, 선택지 2번도 정답이 아니다. 선택지 4번에 관한 언급은 없었다.

[단어]

各位 각위, 여러분 | 経理部 경리부 | 出張費 출장비 | 精算 정산 | 際 때, 시기 | 領収書 영수증 | 貼る 붙이다 | 不備 불비, 미비 | 目立つ 눈에 띄다 | 改めて 다시 | 確認 확인 | 至急 시급, 급히 | 効率的 효율적 | 点検 점검 | ～にわたって ～에 걸쳐서 | 支障 지장 | 予想 예상 | 問い合わせる 문의하다, 조회하다 | 添付 첨부 | 催促 재촉 | 厳守 엄수 | 再編成 재편성 | 変更 변경

問題 9

내용 이해(중문) 실전 연습 ❶ - 설명문, 지시문 p.328 해석과 문제 해설

1	2	3	4	5	6
④	①	①	③	③	①

次の(1)から(3)の文章を読んで、後の問いに対する答えとして最もよいものを、1・2・3・4から一つ選びなさい。

(1)

一般の人々が普通知っていたり、知るべきである知識を常識という。法的な効力を持っているわけではないが、ⓐ世の中を生きていく上で、もう少しうまく生きていくための潤滑油のようなものだ。また、幼い頃から詰め込まれてきたもの、長い時間と労力をかけて作られた人間の行動規範のような感じもする。常識的ではない行動や、そういう人は非難されやすい。たまにニュースで見られるような反人間的な行為を犯した人は、常識という枠組みから大きく外れた行動をしたことに対して大衆から非難を浴びる。常識を持っていない者は、集団の一員、組織の構成員としてふさわしくない判断を受けてしまう。

常識を疑う行動は非常に難しいことだ。長い時間をかけて作られた常識は、集団催眠と類似した面もあり、既存の権威に挑戦する危険要素と見なされやすいからだ。ⓑだが、誰がいつ作ったのかも分からないもの、疑いの余地なく当然視されるものには、警戒が必要だ。新しい進化と発見ができる人は、常識に抗い、疑う人のみだ。昨日までは常識だったことが、今日はすでに常識的ではなくなってしまうケースが増えており、さらに速くなりつつある。ⓒ今よりも発展した世界を作り、より良い決定を下したいのなら、従来の当然の常識と見なされることを疑わなければならない。常識は無欠の完全なものではない。

1 筆者によると、常識とはどういうものか。

1 必ず知っておくべき基本的な規則や原則のようなもの
2 長きにわたって、様々な検証をもとに作られたもの
3 子供の頃の洗脳によって作られる、集団催眠のようなもの
4 人間としての生の営みを、もう少し楽にしてくれるもの

2 常識を疑うことについて、筆者はどのように考えているか。

1 誤った知識を正し、人間の発展可能性を提示することができる。
2 集団的催眠のような危険な要素を、事前に取り除くことができる。
3 疑いに先立ち、正しい情報であるかに関する警戒が必要だ。
4 新しい権威を創造し、人間の暮らしを豊かにしてくれる。

다음 (1)에서 (3)의 글을 읽고, 다음 질문에 대한 답으로 가장 알맞은 것을 1 · 2 · 3 · 4에서 하나 고르시오.

일반 사람들이 보통 알고 있거나 알아야 할 지식을 상식이라고 한다. 법적인 효력을 가지고 있는 것은 아니지만, ⓐ세상을 살아가는데 있어서, 조금 더 잘 살기 위한 윤활유 같은 것이다. 또한 어린 시절부터 주입되어 온 것, 긴 시간과 노력을 들여서 만들어진 인간의 행동규범 같은 느낌도 든다. 상식적이지 않은 행동이나 그러한 사람은 비난 받기 쉽다. 가끔 뉴스에서 볼 수 있는 반 인간적인 행위를 저지른 사람은 상식이라는 틀에서 크게 벗어난 행동을 저지른 것에 대해서 대중에게 비난을 받는다. 상식을 가지고 있지 않은 사람은 집단의 일원, 조직의 구성원으로서 적합하지 않은 판단을 받게 된다.

상식을 의심하는 행동은 매우 어려운 일이다. 오랜 시간에 걸쳐서 만들어진 상식은 집단 최면과 유사한 면도 있고, 기존의 권위에 도전하는 위험 요소로 간주되기 쉽기 때문이다. ⓑ하지만 누가 언제 만들었는지도 모르는 것, 의심의 여지없이 당연시되는 것에는 경계가 필요하다. 새로운 진화와 발견을 할 수 있는 사람은 상식에 저항하고, 의심을 하는 사람뿐이다. 어제까지는 상식이었던 것이 오늘은 더이상 상식적이지 않게 되어 버리는 경우가 늘어나고 있고, 심지어 빨라지고 있다. ⓒ지금보다 더 발전된 세상을 만들고 더 나은 결정을 내리고 싶다면, 종래의 당연한 상식으로 간주되는 것을 의심해야 한다. 상식은 완전무결한 것이 아니다.

1 필자에 의하면 상식이라는 것은 어떠한 것인가?

1 반드시 알고 있어야 할 기본적인 규칙이나 원칙 같은 것
2 오랜 세월에 걸쳐서 여러 가지 검증을 토대로 만들어진 것
3 어린 시절의 세뇌로 인해서 만들어지는 집단 최면과도 같은 것
4 인간으로서의 삶을 영위를 조금 더 편하게 만들어 주는 것

2 상식을 의심하는 것에 대해서 필자는 어떻게 생각하고 있는가?

1 잘못된 지식을 바로잡고 인간의 발전 가능성을 제시할 수 있다.
2 집단적인 최면과도 같은 위험한 요소를 사전에 제거할 수 있다.
3 의심에 앞서 올바른 정보인가에 관한 경계가 필요하다.
4 새로운 권위를 창조하고 인간의 삶을 윤택하게 만들어 준다.

[풀이]

1 ⓐ 상식은 세상을 조금 더 잘 살기 위한 윤활유 같은 것이라고 말하고 있다. 따라서 정답은 선택지 4번이다. 상식이 오랜 세월에 걸쳐서 만들어진 것은 맞지만, 여러 가지 검증을 토대로 만들어진 것은 아니기 때문에, 선택지 2번은 정답이 될 수 없다. 상식이 집단 최면과 유사한 면이 있다고 말하고 있지만, 어린 시절의 세뇌로 만들어진 것은 아니기 때문에, 선택지 3번도 정답이 될 수 없다.

2 ⓑ 상식은 누가 언제 만든 것인지 모르기 때문에 의심의 여지없이 당연시해서는 안 된다고 말하고 있고, ⓒ 지금보다 나은 세상을 만들기 위해서 상식을 의심해야 하고, 상식은 완전무결(아무런 결점도 없음)한 것이 아니라고 말하고 있기 때문에(잘못된 점이 있을 수 있음), 정답은 선택지 1번이다. 선택지 3번은 상식을 의심하는 것에 관한 두 가지 이유 중에 하나만 제시하고 있기 때문에 선택지 1번보다 나은 정답이 될 수 없다. 권위에 관한 내용으로는 본문에서 상식은 권위에 도전하는 위험 요소로 간주되기 쉽다는 내용만 다루고 있다. 상식을 의심하는 것이 새로운 권위를 창조한다고 볼 수 없기 때문에, 선택지 4번은 정답이 될 수 없다.

[단어]

普通 보통 | 知識 지식 | 常識 상식 | 効力 효력 | ～わけではない (반드시)～하는 것은 아니다 | 世の中 세상, 세계 | ～上で ～하는데 있어서, ～한 후에 | 潤滑油 윤활유 | ～ような ～같은 | 幼い 어리다 | 頃 때, 시절, 무렵 | 詰め込む 가득 채우다, 무턱대고 외우다 | 労力 노력, 수고 | 行動規範 행동규범 | 非難 비난 | 行為 행위 | 犯す 범하다, 저지르다 | 枠組み 틀 | 外れる 벗어나다, 빠지다 | 大衆 대중 | 集団 집단 | 組織 조직 | 構成員 구성원 | ～として ～로서 | ふさわしい 어울리다 | 疑う 의심하다 | 非常に 매우, 상당히 | 催眠 최면 | 類似 유사 | 既存 기존 | 権威 권위 | 挑戦 도전 | 危険 위험 | 要素 요소 | 見なす 간주하다 | 余地 여지 | 警戒 경계 | 抗う 저항하다 | ～つつある ～하고 있다 | 従来 종래 | 無欠 무결 | ～べき ～해야 할 | 規則 규칙 | 原則 원칙 | 検証 검증 | ～をもとに ～를 토대로, ～를 바탕으로 | 洗脳 세뇌 | 営む 영위하다, 경영하다 | 誤る 잘못되다, 실수하다 | 提示 제시 | 取り除く 제거하다 | ～に先立ち ～에 앞서 | 情報 정보 | 創造 창조 | 暮らし 생활, 생계 | 豊か 풍족함, 풍부함

(2)

他の文化を受け入れることを厭わない日本は、食器においても和食器よりも重さのある洋食器文化が主流を成し始めた。洒落ていて華やかな西洋式のライフスタイルに憧れる若い夫婦の増加により、和食器の販売不振につながってしまったのである。またそれに伴って居間で一緒に食事をするスタイルから、台所という空間で食事をするスタイルに変わっている。（中略）

日本は良質の土を焼いた陶器の食器文化を持っている。自分の器を手で持って食べる日本の食文化により、軽くて質感のいい器を好むようになったと見ることができる。西洋では石を砕いてできた石の粉が主な材料になる磁器が、食器の大半をなしている。また、ⓐ器を置いてフォークとナイフで食べるので、食器が傷つかないように硬度が優れている。一方、主に木で作られた箸を食事の道具に使用している日本は、食器の硬度を考える必要がなかったのである。陶器に慣れている日本人は、洋食器を持ってご飯を食べる場合、思ったより重さを感じることもあると思う。（中略）

日本は四季があり、自然や食べ物や和食器からも季節感を感じることができる。季節にふさわしい色合いの食器を使うことにより、口先だけで食事を楽しむのではなく、目を通して料理の味を一層豊かにすることが、日本の食文化である。一方、用途に応じた容器の種類が多いため、一回の食事には多くの食器が必要になり、その後の食器洗いも大変である。しかし、ⓑ余裕ある食事を楽しむことができる環境作りが簡単ではない現代社会の流れが、その国の固有のものを押し出す環境が、残念でならない。

3 日本の食文化と西洋の食文化に対する説明のうち、正しいものはどれか。

1 西洋ではフォークとナイフの使用によって、硬い食器を使うようになった。

2 日本では良質の土を利用することにより、質感と耐久性の優れた食器を使用してきた。

3 西洋におけるほとんどの食器は磁器で、軽くて丈夫な食器の使用を好んでいる。

4 日本の食事道具の箸は主に木で出来ているため、質感を強調したものが多い。

4 この文章で、筆者が一番言いたいことは何か。

1 季節ごとに温度と環境に合った食器を使用することで、食べ物の味をもっと豊かにすることができる。

2 季節ごとに味わうことができる食べ物は制限されているため、時期に合う材料の選択が優先されるべきだ。

3 現代社会は変化が必要な時期であるが、固有の文化を守るための努力も必要だ。

4 料理の種類に合う多様な食器を備え、食器の色についても考慮した方がいい。

다른 문화를 받아들이는 것을 싫어하지 않은 일본은 식기에서도 일본 식기보다 무게가 있는 서양식 식기 문화가 주류를 이루기 시작했다. 세련되고 화려한 서양식 라이프 스타일을 동경하는 젊은 부부들의 증가로 인해, 일본식 식기의 판매 부진으로 이어지게 된 것이다. 또한 그에 따라서 거실에서 함께 식사를 하는 스타일에서 주방이라는 공간에서 식사를 하는 스타일로 바뀌고 있다. (중략)

일본은 양질의 흙을 불에 구운 도기 식기 문화를 가지고 있다. 자신의 그릇을 손으로 들고 먹는 일본의 식문화로 인해, 가볍고 질감이 좋은 그릇을 선호하게 되었다고 볼 수 있다. 서양에서는 돌을 부수어 만든 가루가 주재료가 되는 자기가 식기의 대부분을 이루고 있다. 또한, ⓐ그릇을 두고 포크와 나이프로 먹기 때문에, 식기가 상하지 않게 경도가 뛰어나다. 한편, 주로 나무로 만들어진 젓가락을 식사 도구로 사용하는 일본은 식기의 경도를 생각할 필요가 없었던 것이다. 도기에 익숙해져 있는 일본인은 서양식 식기를 들고 밥을 먹을 경우에 생각보다 더 무게를 느끼는 경우도 있을 것이다. (중략)

일본은 사계절이 있어서, 자연이나 음식이나 일본식 식기에서도 계절감을 느낄 수 있다. 계절에 맞는 색상의 식기를 사용하는 것으로, 입으로만 식사를 즐기는 것이 아니라, 눈을 통해서 음식의 맛을 한층 풍요롭게 하는 것이 일본의 식문화인 것이다. 한편, 용도에 따른 그릇의 종류가 많기 때문에, 한 번의 식사에는 많은 식기가 필요하게 되고, 그 후의 설거지도 힘들다. 하지만 ⓑ여유 있는 식사를 즐길 수 있는 환경을 만드는 것이 쉽지 않은 현대사회의 흐름이 그 나라의 고유의 것을 밀어내는 현상이 너무나도 안타깝다.

3 **일본의 식문화와 서양의 식문화에 대한 설명 중 옳은 것은 어느 것인가?**

1 서양에서는 포크와 나이프의 사용으로 인해, 단단한 식기를 사용하게 되었다.

2 일본에서는 양질의 흙을 이용함으로써, 질감과 내구성이 우수한 식기를 사용해 왔다.

3 서양에서의 대부분의 식기는 자기이고, 가볍고 튼튼한 식기의 사용을 선호하고 있다.

4 일본의 식사 도구인 젓가락은 주로 나무로 이루어져 있기 때문에, 질감을 강조한 것이 많다.

4 **이 글에서 필자가 가장 말하고 싶은 것은 무엇인가?**

1 계절마다 온도와 환경에 맞는 식기를 사용하는 것으로, 음식의 맛을 더욱 풍부하게 할 수 있다.

2 계절마다 맛볼 수 있는 음식은 제한되어 있기 때문에, 시기에 맞는 재료의 선택이 우선되어야 한다.

3 현대사회는 변화가 필요한 시기이지만, 고유의 문화를 지키기 위한 노력도 필요하다.

4 음식의 종류에 맞는 다양한 식기를 준비하고, 식기의 색상에 대해서도 고려하는 것이 좋다.

[풀이]

3 ⓐ 포크와 나이프의 사용으로 식기가 상하지 않도록 단단하게 만들었다는 것을 확인할 수 있다. 따라서 정답은 선택지 1번이다. 일본의 식기는 내구성에 영향을 받지 않았기 때문에, 선택지 2번은 정답이 될 수 없다. 자기는 가볍지 않고, 질감을 강조한 것은 도기로 된 그릇이지 나무 젓가락이 아니다. 따라서 선택지 3번과 4번도 정답이 아니다.

4 ⓑ 바쁜 현대사회의 일상이 고유의 식문화를 밀어내는 것에 대해서 비판적으로 생각하고 있으므로 정답은 선택지 3번이다.
Tip) 필자의 주장을 묻는 문제는 마지막 부분에 정답에 관한 힌트가 나오는 경우가 많다.

[단어]

受け入れる 받아들이다 | 厭う 싫어하다, 아끼다 | ～において ～에 있어서, ～에서 | 洒落る 세련되다, 멋을 내다 | 華やかな 화려한 | 憧れる 동경하다 | ～に伴って ～에 따라서 | 焼く 굽다, 태우다 | 陶器 도기 | 質感 질감 | 砕く 부수다 | 磁器 자기 | 大半 태반, 대부분 | つく 상하다, 깨지다 | 硬度 경도(물체의 단단한 정도) | 優れる 우수하다, 뛰어나다 | 箸 젓가락 | 慣れる 익숙해지다 | 色合い 색조, 색상 | ～を通して ～를 통해서 | 容器 용기 | 余裕 여유 | 環境 환경 | 押し出す 밀어내다 | 現象 현상 | ～てならない ～해서 견딜 수 없다 | 耐久性 내구성 | ～における ～에서(의) | 好む 좋아하다, 즐기다 | 強調 강조 | ～ごとに ～마다 | 制限 제한 | 優先 우선 | ～べきだ ～해야 한다 | 備える 준비하다, 갖추다 | 考慮 고려

(3)

日本も、西欧化の影響により、肉食中心になりつつあるが、タンパク質が豊富に含まれた肉に対する消費促進が、地球環境に良くないということを認知している人は多くないだろう。ある国の研究によると、ⓐ牛からタンパク質1ポンドを得るためには、21ポンドに当たるタンパク質が必要であるということが分かったという。天然資源の量が限定されているということを考慮すると、とても非効率的なメカニズムであることに違いない。飼育されている牛は一日に15キロ以上の草を食べたり、10キロ以上の穀物飼料を食べる。中央アメリカでは、牛を育てる牧草地を作るために森を燃やしている。

地球温暖化の主原因である温室効果ガスの比重を最も多く占めているのは水蒸気、二酸化炭素、メタンガスの順である。牛一頭が排出するメタンガスの量は、年間50キロで、これは、全世界メタンガスの排出量の約20%に迫っている。アメリカのカリフォルニア州では、牛を飼う牧場にメタンガス処理施設の設置を求める法案を通過させた。多くの酪農業者たちの反発を招いたが、地球温暖化防止に大きな役割を果たすことは否定できない。また、牛によって排出されるメタンガスを、効果的なエネルギー源として使用する研究も行われている。（中略）

海水面(かいすいめん)と水温(すいおん)の上昇(じょうしょう)で、地球の生態系(せいたいけい)においては激(はげ)しい変化(へんか)が起(お)きている。ⓑ地球環境の危機(きき)と温暖化現象(おんだんかげんしょう)に、我々(われわれ)の食習慣(しょくしゅうかん)の変化も大きな役割(やくわり)を果(は)たしている。食べたい肉を思(おも)い切(き)り食べることの代(か)わりに、環境に優(やさ)しい食習慣(しょくしゅうかん)を持ったほうがいいと思われる。

5 非効率的なメカニズムが指(さ)すものは何か。

1 肉類(にくるい)から得(え)られるタンパク質(しつ)の量(りょう)は、魚(さかな)に比(くら)べて効率的(こうりつてき)ではないということ

2 牛の飼育(しいく)のためには、多くの量の水と飼料(しりょう)が必要(ひつよう)であるということ

3 牛から得られるタンパク質の量に比べ、飼育に必要なタンパク質の量がはるかに多いということ

4 牛が生息(せいそく)できる環境(かんきょう)を作るために、多くの労働力(ろうどうりょく)が求(もと)められるということ

6 この文章(ぶんしょう)で、筆者(ひっしゃ)が最(もっと)も伝(つた)えたいことは何か。

1 偏向的(へんこうてき)な食習慣(しょくしゅうかん)の変化(へんか)により、地球(ちきゅう)が脅(おびや)かされかねないということを警戒(けいかい)するべきだ。

2 肉類(にくるい)のほかに、たんぱく質を得ることができる食材料(しょくざいりょう)に関(かん)する考察(こうさつ)が必要だ。

3 海水面(かいすいめん)と水温(すいおん)の上昇(じょうしょう)を予防(よぼう)することが、地球温暖化の対策(たいさく)となりうる。

4 地球温暖化により、動物だけでなく、植物の絶滅(ぜつめつ)も行(おこな)われている。

일본도 서구화의 영향으로 인해 육식 중심이 되고 있지만, 단백질이 풍부하게 함유된 고기에 대한 소비 촉진이 지구 환경에 좋지 않다는 것을 인지하고 있는 사람은 많지 않을 것이다. 어느 나라의 연구에 의하면, ⓐ소에게서 단백질 1파운드를 얻기 위해서는 21파운드에 해당하는 단백질이 필요하다는 사실이 밝혀졌다고 한다. 천연 자원의 양이 한정되어 있다는 것을 고려한다면, 굉장히 비효율적인 메커니즘임에 틀림없다. 사육되고 있는 소는 하루에 15킬로 이상 되는 풀을 먹거나 10킬로 이상의 곡물 사료를 먹는다. 중앙아메리카에서는 소를 키울 목초지를 만들기 위해서 숲을 태우고 있다.

지구 온난화의 주범인 온실 가스의 비중을 가장 많이 차지하고 있는 것은 수증기, 이산화탄소, 메탄가스 순이다. 소 한 마리가 배출하는 메탄가스의 양은 연간 50킬로이고, 이것은 전 세계 메탄가스 배출량의 약 20%에 육박한다. 미국의 캘리포니아주에서는 소를 키우는 목장에 메탄가스 처리 시설의 설치를 요구하는 법안을 통과시켰다. 많은 낙농업자들의 반발을 사기도 했지만, 지구 온난화 방지에 큰 역할을 하는 것은 부정할 수 없다. 또한 소에 의해서 배출되는 메탄가스를 효과적인 에너지원으로 사용하는 연구도 진행되고 있다. (중략)

해수면과 수온의 상승으로 지구의 생태계에는 심한 변화가 일어나고 있다. ⓑ지구 환경의 위기와 온난화 현상에 우리의 식습관의 변화도 큰 몫을 하고 있다. 먹고 싶은 고기를 마음껏 먹는 대신, 환경에 좋은 식습관을 가지는 것이 좋다고 생각된다.

5 비효율적인 메커니즘이 가리키는 것은 무엇인가?

1 육류로부터 얻을 수 있는 단백질의 양은 생선에 비해 효율적이지 않다는 것

2 소의 사육을 위해서는 많은 양의 물과 사료가 필요하다는 것

3 소에게서 얻을 수 있는 단백질의 양에 비해, 사육에 필요한 단백질의 양이 훨씬 많다는 것

4 소가 서식할 수 있는 환경을 만들기 위해서 많은 노동력이 요구된다는 것

6 이 글에서 필자가 가장 전하고 싶은 것은 무엇인가?

1 편향적인 식습관의 변화에 의해, 지구가 위협 받을 수 있다는 사실을 경계해야 한다.

2 육류 외에 단백질을 얻을 수 있는 식재료에 관한 고찰이 필요하다.

3 해수면과 수온의 상승을 예방하는 것이 지구 온난화의 대책이 될 수 있다.

4 지구 온난화에 의해, 동물뿐만 아니라 식물의 멸종도 일어나고 있다.

[풀이]

5 ⓐ 소에게서 1파운드의 단백질을 얻기 위해서는 21파운드의 단백질이 필요하다고 하고 있다. 따라서 정답은 선택지 3번이다.

6 ⓑ 사람들의 식습관의 변화도 온난화 현상에 기여하고 있다고 말하고 있다. 따라서 정답은 선택지 1번이다.

[단어]

西欧化(せいおうか) 서구화 | ～つつある ~하고 있다, ~하는 중이다 | タンパク質(しつ) 단백질 | 牧草地(ぼくそうち) 목초지 | 燃(も)やす (불)태우다 | 温暖化(おんだんか) 온난화 | 温室効果(おんしつこうか)ガス 온실효과 가스 | 二酸化炭素(にさんかたんそ) 이산화탄소 | 排出(はいしゅつ) 배출 | 迫(せま)る 다가오다, 육박하다 | 飼(か)う 기르다 | 牧場(ぼくじょう) 목장 | 酪農業(らくのうぎょう) 낙농업 | 反発(はんぱつ) 반발 | 招(まね)く 불러오다, 초래하다 | 役割(やくわり)を果(は)たす 역할을 다하다 | 海水面(かいすいめん) 해수면 | 上昇(じょうしょう) 상승 | ～において ~에 있어서, ~에서 | 危機(きき) 위기 | 生息(せいそく) 생식 | 偏向的(へんこうてき) 편향적 | 脅(おびや)かす 위협하다, 협박하다 | ～かねない ~할지도 모른다, ~할 듯하다 | 警戒(けいかい) 경계 | ～べきだ ~해야 한다 | ～うる ~할 수 있다 | 行(おこな)う 행하다, 실시하다

내용 이해(중문) 실전 연습 ❷ – 수필 p.334 해석과 문제 해설

1	2	3	4	5	6
③	③	②	②	④	①

(1)

足(た)りない自分(じぶん)の姿(すがた)に向(む)き合(あ)ってしまったとき、自己批判(じこひはん)をしてみるのもいい方法(ほうほう)だ。今(いま)している行動(こうどう)についてのことや、今日(きょう)決(き)めた大小様々(だいしょうさまざま)なことに関(かん)しても構(かま)わない。ⓐ批判を通(とお)して足(た)りない部分(ぶぶん)に気付(きづ)き、そこを満(み)たしながら成長(せいちょう)していくのだ。自分(じぶん)を批判できない人(ひと)は、自分の非力(ひりき)を絶対(ぜったい)に満(み)たせない人だと言(い)える。時(とき)には、批判と非難(ひなん)を混同(こんどう)する人もいる。批判は非難のように否定的(ひていてき)な言葉(ことば)として考(かんが)える人もいるが、実(じつ)は全(まった)く異(こと)なる。

批判は、客観的(きゃっかんてき)な基準(きじゅん)や根拠(こんきょ)がなければならず、その客観性を失(うしな)う時(とき)は非難に変(か)わりやすい。相手(あいて)への配慮(はいりょ)があれば、批判の範疇(はんちゅう)に入(はい)り、配慮がなければ非難に近(ちか)いとも言(い)える。少(すこ)しでもその批判の対象(たいしょう)に感情(かんじょう)が生(う)まれた場合(ばあい)にも非難になりがちだ。ⓑ自分を批判するということは、客観的な基準(きじゅん)を持(も)ち、自分の配慮がなければならず、感情に振(ふ)り回(まわ)されてはならない。自分を非難するのは非常(ひじょう)に危険(きけん)なことだ。自尊心(じそんしん)の低下(ていか)につながり、外部(がいぶ)からのフィードバックを受(う)け入(い)れにくくする。自分の声(こえ)に耳(みみ)を傾(かたむ)けようとしない状況(じょうきょう)で、他人(たにん)からの助言(じょげん)や批判はますます受け入れにくくなってしまう。

1 自己批判をしてみるのもいい方法とあるが、なぜか。

1 他人の視線(しせん)で、自分を振(ふ)り返(かえ)ることも時には必要(ひつよう)だから

2 足(た)りない部分(ぶぶん)を埋(う)めていき、批判との混同(こんどう)を避(さ)けることができるから

3 自分の未熟(みじゅく)な部分(ぶぶん)に気(き)づき、補(おぎな)うことができるから

4 成熟(せいじゅく)した自我(じが)の成長(せいちょう)に必(かなら)ず必要で、一日(いちにち)を反省(はんせい)することができるから

2 非難と批判に対(たい)して、筆者(ひっしゃ)の考えに合(あ)うのはどれか。

1 非難と批判の両方(りょうほう)とも人を成長(せいちょう)させるためには必要なものだ。

2 感情に傾(かたむ)いた批判は、自尊心の低下(ていか)につながる可能性(かのうせい)がある。

3 自分に対する非難せずに正確(せいかく)な基準に基(もと)づいて批判していくべきだ。

4 他人の助言や非難を、絶対(ぜったい)受け入れる必要はない。

부족한 자신의 모습을 마주하게 되어 버렸을 때, 자기 비판을 해 보는 것도 좋은 방법이다. 지금 하고 있는 행동에 대한 것이나 오늘 결정한 크고 작은 여러가지 것에 관해서도 상관없다. ⓐ 비판을 통해서 부족한 부분을 깨닫고, 그곳을 채우면서 성장을 해 가는 것이다. 자기를 비판할 수 없는 사람은 자신의 모자람을 절대로 채울 수 없는 사람이라고 말할 수 있다. 때로는 비판과 비난을 혼동하는 사람도 있다. 비판은 비난처럼 부정적인 단어로 생각하는 사람도 있지만, 실은 완전히 다르다.

비판은 객관적인 기준이나 근거가 없으면 안 되고, 그 객관성을 잃을 때는 비난으로 바뀌기 쉽다. 상대를 위한 배려가 있으면 비판의 범주에 들어가고, 배려가 없으면 비난에 가깝다고도 볼 수 있다. 조금이라도 그 비판의 대상에 감정이 생길 경우에도 비난이 되기 쉽다. ⓑ 자신을 비판한다는 것은 객관적인 기준을 가지고 자기 배려가 없으면 안 되며, 감정에 휘둘려져서는 안 된다. 자신을 비난하는 것은 굉장히 위험한 것이다. 자존감의 하락으로 이어지고 외부로부터의 피드백을 받아들이기 어려워진다. 자신의 소리에 귀를 기울이려고 하지 않는 상황에서 다른 사람으로부터의 조언이나 비판은 더욱 받아들이기 어렵게 되어 버린다.

1 **자기 비판을 해 보는 것도 좋은 방법이라고 하는데, 왜 인가?**

1 다른 사람의 시선으로 자기를 돌아보는 것도 때로는 필요하기 때문에

2 부족한 부분을 채워 나가고 비판과의 혼동을 피할 수 있기 때문에

3 자신의 미숙한 부분을 깨닫고 보충할 수 있기 때문에

4 성숙한 자아 성장에 반드시 필요하고 하루를 반성할 수 있기 때문에

2 **비난과 비판에 대해서 필자의 생각에 맞는 것은 어느 것인가?**

1 비난과 비판 모두 사람을 성장시키는 위해서는 필요한 것이다.

2 감정에 치우친 비판은 자존감의 저하로 이어질 가능성이 있다.

3 자신에 대한 비난을 하지 않고, 정확한 기준에 근거해서 비판해 가야 한다.

4 다른 사람의 조언이나 비난을 무조건 받아들일 필요는 없다.

[풀이]

1 ⓐ 비판을 통해서 자신의 부족한 부분을 깨닫고, 자기 비판을 할 수 없는 사람은 자신의 모자람을 채울 수 없다고 말하고 있다. 따라서 정답은 선택지 3번이다.

2 ⓑ 자기 배려와 감정에 휘둘리지 않는 비판을 해야 하고, 객관적인 기준이 있어야 한다고 말하고 있다. 따라서 정답은 3번이다. 자존감이 하락하는 경우는 감정에 치우친 비판이 아니라 자기를 비난하는 경우라고 말하고 있기 때문에 선택지 2번은 정답이 될 수 없다.

[단어]

姿(すがた) 모양, 모습 | 向(む)き合(あ)う 마주보다 | 自己(じこ) 자기 | 批判(ひはん) 비판 | ～に関(かん)して ～에 관해서 | ～を通(とお)して ～를 통해서 | 気付(きづ)く 알아차리다, 깨닫다 | 満(み)たす 채우다 | 非力(ひりき) 힘이 약함, 모자람 | 非難(ひなん) 비난 | 混同(こんどう) 혼동 | 否定的(ひていてき) 부정적 | ～として ～로서 | 全(まった)く 완전히, 전혀 | 異(こと)なる 다르다 | 客観的(きゃっかんてき) 객관적 | 基準(きじゅん) 기준 | 根拠(こんきょ) 근거 | 失(うしな)う 잃다, 잃어버리다 | 配慮(はいりょ) 배려 | 範疇(はんちゅう) 범주 | 対象(たいしょう) 대상 | 感情(かんじょう) 감정 | ～がち ～하기 쉬움, 자주 ～함 | 振(ふ)り回(まわ)す 휘두르다 | 非常(ひじょう) 매우, 상당히 | 危険(きけん) 위험 | 自尊心(じそんしん) 자존심, 자존감 | 低下(ていか) 저하 | 受(う)け入(い)れる 받아들이다 | 傾(かたむ)ける 기울이다 | 状況(じょうきょう) 상황 | 助言(じょげん) 조언 | ますます 더욱더, 점점 | 視線(しせん) 시선 | 振(ふ)り返(かえ)る 뒤돌아보다 | 埋(う)める 묻다, 메우다 | 避(さ)ける 피하다 | 未熟(みじゅく) 미숙 | 補(おぎな)う 보충하다, 보완하다 | 成熟(せいじゅく) 성숙 | 反省(はんせい) 반성 | 傾(かたむ)く 기울다, 치우치다 | ～に基(もと)づいて ～에 의거해서, ～에 근거해서

(2)

もう長いこと教壇に立っているが、教えている最中にぎくりとすることがある。ある分野の専門的な知識を長く積んできたとしても、その知識を展開する過程で発生しやすい過ちが多いからだ。僕の考えと主張がところどころ混じって出てくるのだ。僕の主張が、生徒たちの主張になってはならない。教育は、ある面においては一種の催眠のようなものだという思いがする。ⓐ生徒たちは先生の言うことを盲信する傾向があり、誤った知識と思考の伝達によって、真実とは全く違う真実の姿で彼らにつくこともありうるからだ。

僕は授業中に一方的な授業展開による生徒たちの退屈さを紛らわすためや熱中しすぎることを防止する目的で、冗談をよく言う。しかし、そんな冗談までメモする生徒もいる。そういう姿を見たら、先生という職業にさらに使命感を持つと同時に言葉と行動は慎重になる。ⓑ喫煙場所であるにもかかわらず、周囲を見回し、はらはらしながらタバコをくわえたことがある。僕の行動は犯罪に当たるものでもなく、生徒たちから自分の姿を隠すための行動でもなかった。ただ、ⓒタバコを吸っている人に対する偏見によって、彼らと僕の間の信頼感が消失することの心配からだった。

人を教えるということは、とても大変で重要なことだ。教える者も教えられる者もそれぞれ違った人格を持った独立した個体であるからだ。完璧な考えや教えなどはないのだ。授業に集中し、熱心にメモして、熱情に満ちた眼で僕を見つめている生徒を見ると、殊勝(注)と応援の心も生じるが、心配になることも多い。ⓓ先生の考えや意見を批判と洞察なしで学習してしまうのは、良くない学習につながりかねないためだ。

(注) 殊勝：心がけや行動などが感心なさま。けなげであるさま。

3 筆者はなぜ、教育は、ある面においては一種の催眠のようなものだという思いがすると述べているか。

1 一方的な知識伝達の教育によって、催眠にかかることもありうるため
2 指導を受けている人は、教える人を無条件的に信頼する恐れがあるため
3 真実を隠して偽りで教える行為は、教育を受ける人に良くない影響を与えやすいため
4 人の口から出てくる知識は、伝える過程で多様な過ちが発生しやすいため

4 筆者は、教わることについてどう述べているか。

1 すべての先生が、同じパターンと考えを持っていることはありえないことだ。
2 情報の正確性だけでなく、受容の過程にも注意を払わなければならない。
3 生徒たちは、それぞれの個性と人格を持っているということを認識しているべきだ。
4 生徒に間違った知識を伝達しないために、常に努力しなければならない。

벌써 오랫동안 교단에 서 있지만, 한창 가르치다가 움찔 하는 경우가 있다. 어느 분야의 전문적인 지식을 오랫동안 쌓아왔다고 해도, 그 지식을 전개하는 과정에서 발생하기 쉬운 오류가 많기 때문이다. 나의 생각과 주장이 군데군데 섞여 나오는 것이다. 나의 주장이 학생들의 주장이 되어서는 안 된다. 교육은 어떤 면에서는 일종의 최면과도 같은 것이라는 생각이 든다. ⓐ 학생들은 선생님이 말하는 것을 맹신하는 경향이 있고, 잘못된 지식과 생각의 전달로 인해서 진실과는 전혀 다른 진실의 모습으로 그들에게 자리를 잡을 수도 있기 때문이다.

나는 수업 중에 일방적인 수업 전개에 의한 학생들의 지루함을 달래기 위해서나 지나치게 열중하는 것을 방지할 목적으로, 농담을 자주 한다. 그런데 그런 농담까지 메모하는 학생도 있다. 그런 모습을 보게 되면, 선생님이라는 직업에 더욱 사명감을 가지게 되는 것과 함께, 말과 행동은 신중해진다. 흡연 장소임에도 불구하고 주위를 둘러보고, 조마조마 하면서 담배를 문 적이 있다. 나의 행동은 범죄에 해당하는 것도 아니고, 학생들로부터 자신의 모습을 감추기 위한 행동도 아니었다. 단지 담배를 피우는 사람에 대한 편견에 의해서 그들과 나 사이의 신뢰감이 사라지는 것에 대한 걱정에서였다.

사람을 가르친다는 것은 굉장히 힘들고 중요한 일이다. 가르치는 사람도 배우는 사람도 각각 다른 인격을 가진 독립된 개체이기 때문이다. 완벽한 생각이나 가르침 따위는 없는 것이다. 수업에 집중하고, 열심히 메모하고, 열정으로 가득 찬 눈으로 나를 바라보는 학생들을 보면, 기특함(주)과 응원의 마음도 생기지만, 걱정이 되는 일도 많다. ⓑ 선생님의 생각과 의견을 비판과 통찰 없이 학습하는 것은 좋지 않은 학습으로 이어질 수도 있기 때문이다.

(주) 기특함 : 마음가짐이나 행동 등이 기특한 모양. 장한 모양.

3 필자는 왜 교육은 어떤 면에서는 일종의 최면과도 같은 것이라는 생각이 든다고 말하고 있는가?

1 일방적인 지식 전달의 교육에 의해서 최면에 걸리는 일도 있을 수 있기 때문에

2 수업을 듣고 있는 사람은 가르치는 사람을 무조건적으로 신뢰할 우려가 있기 때문에

3 진실을 숨기고 거짓으로 가르치는 행위는 교육을 받는 사람에게 좋지 않은 영향을 주기 쉽기 때문에

4 사람의 입에서 나오는 지식은 전달 과정에서 다양한 오류가 발생되기 쉽기 때문에

4 필자는 배우는 것에 대해서 어떻게 말하고 있는가?

1 모든 선생님이 같은 패턴과 생각을 가지고 있는 것은 있을 수 없는 일이다.

2 정보의 정확성뿐만 아니라, 수용 과정에도 주의를 기울여야 한다.

3 학생들은 각각의 개성과 인격을 가지고 있다는 것을 인식하고 있어야 한다.

4 학생들에게 잘못된 지식을 전달하지 않기 위해서 항상 노력해야 한다.

[풀이]

3 ⓐ 학생들이 선생님을 지나치게 신뢰하는 경향이 있다고 언급하고 있기 때문에, 정답은 선택지 2번이다.

4 ⓑ 수업에 집중하고 열정적인 학생들이 어떠한 비판과 통찰 없이 교사의 말을 받아들이는 것은 좋지 않다고 말하고 있다. 따라서 정답은 선택지 2번이다.

[단어]

教壇(きょうだん) 교단 | ぎくりとする 움찔하다, 뜨끔하다 | 過ち(あやま) 실수, 오류 | 混じる(ま) 섞이다 | 催眠(さいみん) 최면 | 誤る(あやま) 잘못하다, 실수하다 | 紛らわす(まぎ) 달래다 | 慎重(しんちょう) 신중 | 喫煙(きつえん) 흡연 | 見回す(みまわ) 둘러보다 | はらはら 조마조마 | 消失(しょうしつ) 상실 | 見つめる(み) 바라보다, 응시하다 | 殊勝(しゅしょう) 기특함 | 洞察(どうさつ) 통찰 | ～かねない ～할지도 모른다 | ～うる ～할 수 있다 | 偽り(いつわ) 거짓 | 受容(じゅよう) 수용 | ～べきだ ～해야 한다

(3)

家族を含め、自分が属している集団、または群れでは役割を強いられる。俗世から完全に離れた所で、一人で自給自足しながら生活しない限り、人や社会との関係から自由にはなれない。国や社会、集団からの完全な独立というのは不可能に近いもので、ⓐ私たちは自分も認知できない状態で、多くの人々と関係を結んで生きていく。他人と関係を結ぶことになれば、もちろん肯定的な面もあるだろうが、大なり小なり摩擦が起きることになり、この摩擦が悲しみ、猜忌、嫉妬、イライラ、不快、恐怖、ストレスなどの否定的な感情に影響を及ぼす。人間はこのような感情から解放されることはできず、何とかうまく交わりながら、抑えながら生きていかなければならないのだ。

ストレスに代表される否定的な感情を解消する最善の方法は、その分の肯定的な何かを得ることだ。それも他人と関係を結ばないのならなおさらだ。つまり、一人でよく遊べなければならないということだ。美術、書道、工芸などの自己啓発とは観点が少し異なる。もちろん、それが我慢できないほどの楽しさと喜びを与えるのなら論外だろうが、そうでない場合には、ストレスの原因が一つ加わるだけだ。自分に安らかで幸せな瞬間を作ってあげること、あるいはいかなる負担も感じない遊びが必要だ。他の人とは隔離された空間や時間で、ひたすら私にだけ集中できる、いや、自分のことさえ忘れさせてくれるものを探すべきだ。ⓑ幸せな人生というものに興味があるなら、人生のほとんどを共にする、もしかしたら全てとも言える、自分にもっと関心を持ってみてはどうだろうか。

5 他人との関係について、筆者が述べていることはどれか。

1 特定の役割を強いられて、一人では振り払うことができない。
2 国や社会等の組織における関係は否定的な要素として作用する。
3 肯定的な影響よりは、主に摩擦による否定的な感情を持たせる。
4 長い人生を送るにあたって、仕方なく伴わなければならない。

6 筆者が言いたいことは何か。

1 自分への関心を高めることで、幸せな人生を作ることができる。
2 ストレスを解消するために、自分の役に立つことを学ぶべきだ。
3 自分に喜びや楽しさの感情を与えることを発見しなければならない。
4 他人と完全に隔離することで、良くない感情を解消することができる。

가족을 포함해 자신이 속해 있는 집단, 또는 무리에서는 역할을 강요 받는다. 속세에서 완전히 벗어난 곳에서 홀로 자급자족을 하면서 생활하지 않는 한, 사람이나 사회와의 관계에서 자유로울 수 없다. 국가나 사회, 집단으로부터의 완전한 독립이라는 것은 불가능에 가까운 것이고, ⓐ우리는 자신도 인지하지 못하는 상태로 많은 사람들과 관계를 맺고 살아간다. 다른 사람과 관계를 맺게 되면, 물론 긍정적인 면도 있겠지만, 크든 적든 마찰이 일어나게 되고, 이 마찰이 슬픔, 시기, 질투, 짜증, 불쾌, 공포, 스트레스 등의 부정적인 감정에 영향을 끼친다. 인간은 이러한 감정으로부터 해방될 수 없고, 어떻게든 잘 어울리면서 억누르면서 살아가야 하는 것이다.

스트레스로 대표되는 부정적인 감정들을 해소하는 가장 좋은 방법은 그 만큼의 긍정적인 무언가를 얻는 것이다. 그것도 다른 사람과 관계를 맺지 않는 것이라면 더욱 좋다. 즉, 혼자서 잘 놀 수 있어야 한다는 것이다. 미술, 서예, 공예 등의 자기계발과는 관점이 조금 다르다. 물론, 그것이 참을 수 없을 만큼의 즐거움과 기쁨을 주는 것이라면 논외이겠지만, 그렇지 않을 경우에는 스트레스의 원인이 하나 추가되는 것뿐이다. 자신에게 편안하고 행복한 순간을 만들어 주는 것, 혹은 어떠한 부담도 느끼지 않는 놀이가 필요하다. 다른 사람과는 격리된 공간이나 시간에서 오로지 나에게만 집중할 수 있는 아니 나에 관한 것 조차도 잊게 해 주는 것을 찾아야 한다. ⓑ 행복한 인생이라는 것에 흥미가 있다면, 인생의 대부분을 함께하는 어쩌면 모든 것이라고도 말할 수 있는 자신에게 좀더 관심을 가져 보는 것은 어떨까.

5 다른 사람과의 관계에 대해서 필자가 말하고 있는 것은 어느 것인가?

1 특정의 역할을 강요받아서 혼자서는 떨쳐낼 수 없다.

2 국가나 사회 등의 조직에서의 관계는 부정적인 요소로 작용된다.

3 긍정적인 영향보다는 주로 마찰로 인한 부정적인 감정을 가지게 한다.

4 긴 인생을 보낼 때 어쩔 수 없이 동반해야 한다.

6 필자가 말하고 싶은 것은 무엇인가?

1 자신에 대한 관심을 높이는 것으로 행복한 인생을 만들 수 있다.

2 스트레스를 해소하기 위해서 자기에게 도움이 되는 것을 배워야 한다.

3 자신에게 기쁨이나 즐거움의 감정을 주는 것을 발견해야 한다.

4 타인과는 완전히 격리하는 것으로 좋지 않은 감정을 해소할 수 있다.

[풀이]

5 ⓐ 자신도 모르는 사이에 다른 사람과 관계를 맺으며 살아가고, 그로 인해 긍정적인 면과 부정적인 면이 있다고 한다. 이런 상황에서 어떻게든 잘 어울리고 억누르면서 살아가는 것이라고 말하고 있기 때문에, 정답은 선택지 4번이다. 집단이나 무리에서 특정한 역할을 강요받지만, 혼자서 극복할 수 있는지에 관한 언급은 없기 때문에 선택지 1번은 정답이 될 수 없다. 국가나 사회 등으로부터 완전한 독립은 불가능하다는 내용은 있지만, 부정적이라는 언급은 없기 때문에 선택지 2번은 정답이 아니다. 타인과의 관계가 주로 긍정적인지 부정적인지에 관한 비율의 언급은 없기 때문에, 선택지 3번도 정답이 될 수 없다.

6 ⓑ 행복한 인생에 흥미가 있다면 자신에게 좀더 관심을 가져 보라고 말하고 있기 때문에, 정답은 선택지 1번이다. 자신에게 도움이 되는 것을 배우는 것도 스트레스의 원인이 될 수 있다고 말하고 있기 때문에 선택지 2번은 정답이 될 수 없다. 자신에게 기쁨이 되는 감정을 발견하는 것이 아니라, 자기 자신에게 관심을 보이라고 말하고 있기 때문에 선택지 3번도 정답이 아니다. 타인과 관계를 맺지 않고 살아가는 것은 불가능하고, 잘 어울리면서 살아야 한다고 말하고 있기 때문에 선택지 4번도 정답이 될 수 없다.

[단어]

含(ふく)める 포함하다 | 属(ぞく)す 속하다 | 集団(しゅうだん) 집단 | 群(む)れ 무리 | 役割(やくわり) 역할 | 強(し)いる 강요하다 | 俗世(ぞくせ) 속세 | 離(はな)れる 떨어지다, 멀어지다 | 自給自足(じきゅうじそく) 자급자족 | 独立(どくりつ) 독립 | 認知(にんち) 인지 | 状態(じょうたい) 상태 | 結(むす)ぶ 묶다, 맺다 | 肯定的(こうていてき) 긍정적 | 大(だい)なり小(しょう)なり 크든 작든 | 摩擦(まさつ) 마찰 | 猜忌(さいき) 시기 | 嫉妬(しっと) 질투 | 恐怖(きょうふ) 공포 | 否定的(ひていてき) 부정적 | 影響(えいきょう) 영향 | 及(およ)ぼす 미치다, 끼치다 | 解放(かいほう) 해방 | 交(まじ)わる 교차하다, 어울리다 | 抑(おさ)える 억누르다, 억제하다 | 代表(だいひょう) 대표 | 解消(かいしょう) 해소 | 最善(さいぜん) 최선 | なおさら 더욱 | つまり 즉 | 美術(びじゅつ) 미술 | 書道(しょどう) 서예 | 工芸(こうげい) 공예 | 自己啓発(じこけいはつ) 자기계발, 자아발전 | 異(こと)なる 다르다 | 我慢(がまん) 참음 | 与(あた)える 주다 | 論外(ろんがい) 논외 | 原因(げんいん) 원인 | 加(くわ)わる 더해지다, 가해지다 | 安(やす)らか 편안함, 평온함 | 瞬間(しゅんかん) 순간 | あるいは 또는 | いかなる 어떠한 | 負担(ふたん) 부담 | 隔離(かくり) 격리 | 空間(くうかん) 공간 | ひたすら 그저, 오로지 | 集中(しゅうちゅう) 집중 | ～べきだ ～해야 한다 | 振(ふ)り払(はら)う 뿌리치다, 떨어내다 | ～における ～에서의 | 要素(ようそ) 요소 | ～として ～로서 | ～にあたって ～에 즈음하여, ～할 때 | 伴(ともな)う 동반하다, 따르다 | 役(やく)に立(た)つ 도움이 되다

問題 10

내용 이해(장문) 실전 연습 ❶ p.340 해석과 문제 해설

1	2	3
③	②	①

次の文章を読んで、後の問いに対する答えとして最もよいものを、1・2・3・4から一つ選んでください。

以下は、ある大学の教授が聞くことに関して書いた文章である。

上手に話すのが長所だった以前とは違って、今は聞くことの重要性が強調される時代です。自分の主張だけを掲げる人や企業は成功しにくい時期になったということでしょう。問題解決のための基本は、要求する内容を聞くことです。ただ聞くのではなく、よく聞くことが必要です。対話を通じて発信者が要求することに気づくべきであり、相手の感情やイントネーション、ニュアンスからより具体的な情報を得なければなりません。よく聞くということはそれだけ難しいですが、ものすごい価値のある武器です。

今の時代は発信が飛び交う時代です。スマートフォンの台頭とともにSNSの躍進が目立ち、公共放送ではなく、私的な領域から発信される放送や映像はその数が計り知れないほど多いです。誰かに向かって話し続ける人だけが増えているということです。自分が被害を受けたやるせない思いを分かってほしいし、自分の悩みや不満を思う存分発信して、自分という人に対して知ってほしい時代になりました。そして発信の形態は非常に多様で、直接的な対話以外にも、本、音楽、映画などもすべて発信の領域と言えます。映画監督、本の著者、音楽の作曲者などからも、公衆に自分のメッセージや言葉を伝えてほしい発信者の姿を見ることができます。ⓐしかし、発信者は受信者がいないと存在できないことを知るべきです。自分が言いたいことを、誤解や偏見なく、よく聞いてくれる人が必要だということです。自分の言いたいことを聞いてくれる人がいなければ、発信というものは何の意味もない行動です。

（中略）

ほとんどの人は、耳という部分の数多くの器官を通じて音を聞くことになります。先天的な障害のない人なら、誰でも聞く能力が与えられているということです。しかし、ただ聞くことと、よく聞くことは全く別の話です。ⓑよく聞くためには、相手の言葉に注意を払う必要があり、相手の感情に共感できなければなりません。相手を見つめていなかったり、意識が他のところに向いていて集中できなかったり、どんな内容なのか理解しようとする努力なしには聞ける力を育てることができません。また、相手の言葉を途中で切らず、最後まで聞くことも大切です。よく理解できない内容については、傾聴した後に丁寧に質問をしたり、確認をするのも良いでしょう。このような訓練の弛まない反復を通じて、よく聞く人になることができます。

一目瞭然に話せる人はあまりいません。その結果、自分が発信したことによって意図しない誤解を招いたり、誹謗を浴びたりします。ⓒ文法の誤り、単語の誤りなどで飾られた難しい発信内容と、その正体が分からない数多くの危険な発信から自分と自分の財産を守り、その中で意味のあるものをよく聞くことができなければなりません。<u>よく聞く人が必要な時代になりました</u>。

1 発信について、筆者はどう考えているか。

1 自分が言おうとしていることを、分かりやすく表現すべきだ。
2 様々な人々に、自分が伝えようとするメッセージを伝えるべきだ。
3 発信した内容を受け取る側があってこそ意味を持つ。
4 相手の感情や情報をよく聞いてから行われなければならない。

2 筆者によると、よく聞くためにはどうしなければならないと述べているか。

1 先天的な障害がなく、感覚器官に損傷があってはならない。
2 どんな内容なのか把握するために意識を集中しなければならない。
3 相手に集中して、見なくても感情を共有できなければならない。
4 相手の話を最後まで聞いてから、その意図を確認しなければならない。

3 よく聞く人が必要な時代になりましたとあるが、なぜか。

1 危険な内容を分別し、必要な情報だけを選ばなければならないから
2 意図しないミスによって、相手に誤解されてはいけないから
3 情報を正確に伝えて受信するためには、絶え間ない訓練が必要だから
4 エラーによって歪曲された情報の本質を把握しなければならないから

다음은 어느 대학 교수가 듣는 것에 관해서 쓴 글이다.

잘 말하는 것이 장점이었던 이전과는 달리, 지금은 듣는 것의 중요성이 강조되는 시대입니다. 자신의 주장만을 내세우는 사람이나 기업은 성공하기 힘든 시기가 되었다는 것이겠죠. 문제 해결을 위한 기본은 요구하는 내용을 듣는 것입니다. 그냥 듣는 것이 아니라 잘 듣는 것이 필요합니다. 대화를 통해서 발신자가 요구하는 것을 알아차려야 하고, 상대의 감정이나 억양, 뉘앙스로부터 보다 구체적인 정보를 얻어야 합니다. 잘 듣는다는 것은 그만큼 어렵지만, 엄청난 가치가 있는 무기입니다.

지금 시대는 발신이 난무하는 시대입니다. 스마트폰의 대두와 함께 SNS의 약진이 눈에 띄고, 공용방송이 아니라 사적인 영역에서 발신되는 방송 및 영상은 그 수를 헤아릴 수 없을 정도로 많습니다. 누군가를 향해서 계속 얘기하는 사람만 늘고 있다는 것입니다. 자신이 피해를 입은 안타까운 일을 알아주길 원하고, 자신의 고민이나 불만을 마음껏 발신하고, 자신이라는 사람에 대해서 알아주길 바라는 시대가 되었습니다. 그리고 발신의 형태는 매우 다양해서 직접적인 대화 이외에도 책, 음악, 영화 등도 모두 발신의 영역이라고 말할 수 있습니다. 영화 감독, 책의 저자, 음악 작곡자 같은 사람들에게서도 대중에게 자신의 메시지나 말을 전하기 원하는 발신자의 모습을 볼 수 있습니다. ⓐ하지만 발신자는 수신자가 없으면 존재할 수 없다는 것을 알아야 합니다. 자신이 하고 싶은 말을 오해나 편견 없이 잘 들어주는 사람이 필요하다는 것입니다. 자신이 하고 싶은 말을 들어줄 사람이 없으면, 발신이라는 것은 아무런 의미도 없는 행동입니다.

(중략)

대부분의 사람은 귀라고 하는 부분의 수많은 기관들을 통해서 소리를 듣게 됩니다. 선천적인 장애가 없는 사람이라면, 누구나 듣는 능력이 주어져 있다는 것입니다. 하지만 그냥 듣는 것과 잘 듣는 것은 완전히 다른 이야기입니다. ⓑ잘 듣기 위해서는 상대방의 말에 주의를 기울일 필요가 있고, 상대의 감정에 공감해야 합니다. 상대를 바라보지 않거나 의식이 다른 곳을 향해 있어서 집중을 못하거나 어떤 내용인지 이해하려는 노력 없이는 들을 수 있는 힘을 기를 수 없습니다. 또한, 상대의 말을 중간에 끊지 않고 끝까지 듣는 것도 중요합니다. 잘 이해가 안 되는 내용에 대해서는 경청한 후에 정중하게 질문을 하거나 확인을 하는 것도 좋습니다. 이러한 훈련의 꾸준한 반복을 통해서 잘 듣는 사람이 될 수 있습니다.

일목요연하게 말을 할 수 있는 사람은 별로 없습니다. 그 결과, 자신이 발신한 것에 의해서 의도치 않은 오해를 사기도 하고, 비방을 받기도 합니다. ⓒ문법의 오류, 단어의 오류 등으로 치장된 어려운 발신 내용과 그 정체를 알 수 없는 수많은 위험한 발신으로부터 자신과 자신의 재산을 지키고, 그중에서 의미가 있는 것을 잘 들을 수 있어야 합니다. 잘 듣는 사람이 필요한 시대가 되었습니다.

1 발신에 대해서 필자는 어떻게 생각하고 있는가?

1 자신이 말하려고 하는 것을 알기 쉽게 표현해야 한다.
2 다양한 사람들에게 자신이 전하고자 하는 메시지를 전해야 한다.
3 발신한 내용을 받는 쪽이 있어야 의미를 가진다.
4 상대의 감정이나 정보를 잘 듣고 나서 이루어져야 한다.

2 필자에 의하면 잘 듣기 위해서는 어떻게 해야 한다고 말하고 있는가?

1 선천적인 장애가 없고, 감각기관에 손상이 있어서는 안 된다.
2 어떤 내용인지 파악하기 위해서 의식을 집중해야 한다.
3 상대에게 집중하고 보지 않고도 감정을 공유할 수 있어야 한다.
4 상대의 말을 끝까지 듣고 나서, 그 의도를 확인해야 한다.

3 잘 듣는 사람이 필요한 시대가 되었습니다라고 하는데, 왜 인가?

1 위험한 내용을 분별하고, 필요한 정보만을 골라야 하기 때문에
2 의도하지 않은 실수로 인해서, 상대에게 오해를 받아서는 안 되기 때문에
3 정보를 정확하게 전하고 수신하기 위해서는 끊임없는 훈련이 필요하기 때문에
4 오류로 인해서 왜곡된 정보의 본질을 파악해야 하기 때문에

[풀이]

1 ⓐ 발신자는 수신자가 있어야 존재할 수 있고, 자신이 하고 싶은 말을 들어 줄 사람이 없으면, 발신은 아무런 의미가 없다고 말하고 있다. 따라서 정답은 선택지 3번이다.

2 ⓑ 본문에서는 잘 듣기 위한 여러 방법들이 언급되어 있다. 그 내용 중에는 의식이 다른 곳을 향해 있어서는 안 된다고 말하고 있기 때문에, 정답은 선택지 2번이다. 감정을 공감해야 한다고는 말하고 있지만, 보지 않고도 감정을 공유해야 한다는 언급은 없다. 따라서 선택지 3번은 정답이 될 수 없다. 상대의 이야기를 끝까지 듣는 것도 중요하지만, 그 의도를 확인해야 한다는 언급은 본문에서 찾아볼 수 없다. 따라서 선택지 4번도 정답이 아니다.

3 ⓒ 어려운 내용의 발신과 위험한 발신으로부터 자신과 자신의 재산을 지키고, 그중에서 의미가 있는 것을 잘 들어야 한다고 말하고 있다. 따라서 정답은 선택지 1번이다.

[단어]

教授(きょうじゅ) 교수 | ～に関(かん)して ～에 관해서 | 長所(ちょうしょ) 장점 | 強調(きょうちょう) 강조 | 掲(かか)げる 내걸다, 내세우다 | ～にくい ～하기 어렵다, 힘들다 | 解決(かいけつ) 해결 | 要求(ようきゅう) 요구 | ～を通(つう)じて ～를 통해서 | 具体的(ぐたいてき) 구체적 | 情報(じょうほう) 정보 | 武器(ぶき) 무기 | 飛(と)び交(か)う 난무하다, 어지럽게 날다 | 台頭(たいとう) 대두 | ～とともに ～와 함께 | 躍進(やくしん) 약진 | 目立(めだ)つ 눈에 띄다 | 領域(りょういき) 영역 | 映像(えいぞう) 영상 | 計(はか)る 재다, 헤아리다 | ～に向(む)かって ～를 향해서 | 被害(ひがい) 피해 | やるせない 안타깝다, 처량하다 | 悩(なや)み 고민 | 存分(ぞんぶん) 마음껏, 뜻대로 | 非常(ひじょう)に 매우, 상당히 | 直接(ちょくせつ) 직접 | 監督(かんとく) 감독 | 著者(ちょしゃ) 저자 | 公衆(こうしゅう) 공중, 대중 | ～てほしい ～해 주길 바란다 | ～べきだ ～해야 한다 | 誤解(ごかい) 오해 | 偏見(へんけん) 편견 | 器官(きかん) 기관 | 先天的(せんてんてき) 선천적 | 障害(しょうがい) 장애 | 注意(ちゅうい)を払(はら)う 주의를 기울이다 | 集中(しゅうちゅう) 집중 | 努力(どりょく) 노력 | 育(そだ)てる 기르다, 키우다 |

途中 도중 | 傾聴 경청 | 丁寧 정중 | 弛む 방심하다, 해이하다 | 反復 반복 | 一目瞭然 일목요연(한 번 보고 대번에 알 수 있을 정도로 분명함, 뚜렷함) | 招く 초래하다, 부르다 | 誹謗 비방 | 財産 재산 | 受け取る 받다, 수취하다 | 側 측, 쪽 | 損傷 손상 | 把握 파악 | 意図 의도 | 分別 분별 | 絶え間ない 끊임없는, 부단한 | 訓練 훈련 | 歪曲 왜곡

내용 이해(장문) 실전 연습 ❷ p.343 해석과 문제 해설

1	2	3
②	③	②

すでに作られた固定的な概念が自由な思考を妨害するという意味を持つ先入観。先入観に対する辞書的な意味は、多少否定的であると言える。また、正しい主張のためには、先入観を抜きにして対象を見なければならない、先入観を持ってはならないという言葉を、誰もが一度は聞いたことがあるだろう。つまり、先入観とは、辞書的な意味だけでなく、ほとんどの人々にも否定的な認識が強いということである。

先入観を入れずに自己主張をするためにはどうしたらよいのだろうか。先入観は一種の情報と同じようなものであり、ほとんどの人が、十分に共感できるような事実といえる。問題になるのは、自由意思のためには先入観というものを排除させなければならないという主張である。つまり、ⓐほとんどの人々の共感の枠組みで作られた情報を警戒し、自分の考えはこれとは異なるということを証明してはじめて、先入観の枠から脱した自由な思考を展開することができるということである。

ある話題について自分の主張を言う時に、必ず必要なものが情報である。いくらでも収集可能な多くのⓑ情報には、大勢の人の共通意見、又は共感の内容が必ずといって良いほど、含まれている。これがなければ、その情報を信用すること自体が問題になるからである。だが、こういう情報を集めるとき、また再び先入観による問題が発生する。自分に必要な、自分の望む情報のみを得ることは不可能なのだ。ⓒ情報というのは、主に文章から収集されるが、そこには情報だけでなく、この文を書いた人の主張も共に入っているためである。その思想や主張を受け入れるか、批判するかは完全に本人にかかっているにもかかわらず、影響を一切受けないとは言えないのである。

先入観を否定する人々の論理から言えば、自分の考えを、先入観の影響を排除して語るには、自ら体験するしかないのである。自分の体験を除き、それに対する事前の知識が全く無い時、すなわち、他人の意見に一切接していない時に出るのが純粋な自分の主張というわけである。先入観というのは、必ずしも悪いことばかりではない。先入観とは、言い換えれば、常識または知恵でもある。常識や先祖たちの知恵のおかげで、経験したことがない良くない現象に、十分対応ができるようになった。ⓓ先入観なしに本人の考えを語れと教えるのではなく、先入観まで十分に考慮して考えた後、自分なりの主張を語るように指導することが必要である。

1 自由意思のためには先入観というものを排除させなければならないとあるが、なぜか。

1 他の人たちの共感を得られない意思は正しい意思ではないため
2 自分の主張は、他の人の考えに影響を受けていてはならないため
3 一般的な常識として認識されていることとは異なる主張をしなければならないため
4 先入観に対する批判なしには、自己主張と言えないため

2 この文章で、筆者が考える情報に最も近いものは何か。

1 多様なメディアを通して得られるもので、自分の共感と同意が成立しているもの
2 他人の思想に影響されていないもので、体験の客観性だけを維持しているもの
3 信用性に問題がないもので、文を作成する筆者の主張と意見があるもの
4 印刷媒体やインターネットを通して収集可能で、検証された内容が含まれているもの

3 この文章で、筆者が一番言いたいことは何か。

1 他人の意見に頼らず、素直な自分の感情を十分に表現しなければならない。
2 先入観に対する否定的な思考を持たせる教育はやめるべきである。
3 先入観の概念の中に、一般常識と知恵まで含まれていることを知っておくべきである。
4 自分の考えを表現する時は、十分な情報収集が必要である。

이미 만들어진 고정적인 개념이 자유로운 사고를 방해한다는 뜻을 가지고 있는 선입관. 선입관에 대한 사전적인 의미는 다소 부정적이라고 말할 수 있다. 또한 올바른 주장을 하기 위해서는 선입관이 없이 대상을 바라봐야 한다, 선입관을 가져서는 안 된다는 말을 누구나 한 번은 들어본 적이 있을 것이다. 즉 선입관이란, 사전적인 의미뿐만 아니라, 대부분의 사람들에게도 부정적인 인식이 강하다는 것이다.

선입관을 개입시키지 않고 자기 주장을 하기 위해서는 어떻게 하면 좋을까? 선입관은 일종의 정보와 같은 것이고, 대부분의 사람들이 충분히 공감할 수 있는 사실이라고 말할 수 있다. 문제가 되는 것은 자유 의사를 위해서는 선입관이라는 것을 배제시켜야 한다는 주장이다. 즉 ⓐ 대부분의 사람들의 공감의 틀에서 만들어진 정보를 경계하고, 자신의 생각은 이것과는 다르다는 것을 증명하고 나서야 비로소 선입관의 틀에서 벗어난 자유로운 사고를 펼칠 수 있다는 것이다.

어떤 화제에 대해서 자신의 주장을 말할 때 반드시 필요한 것이 정보이다. 얼마든지 수집 가능한 많은 ⓑ 정보에는 많은 사람들의 공통 의견 또는 공감의 내용이 반드시라고 해도 좋을 만큼 포함되어 있다. 이것이 없다면, 그 정보를 신용하는 것 자체가 문제가 되기 때문이다. 하지만 이러한 정보를 모을 때, 또 다시 선입관에 의한 문제가 발생된다. 자신에게 필요한, 자신이 원하는 정보만을 얻는 것은 불가능한 일이다. ⓒ 정보라는 것은 주로 글에서 수집되는데, 거기에는 정보뿐만 아니라 이 글을 쓴 사람의 주장도 함께 들어 있기 때문이다. 그 사상이나 주장을 받아들일지 비판할지는 온전히 자신에게 달려 있음에도 불구하고, 영향을 일절 받지 않는다고는 말할 수 없는 것이다.

선입관을 부정하는 사람들의 논리로 말하자면, 자신의 생각을 선입관의 영향을 배제하며 말하기 위해서는 스스로 체험할 수밖에 없는 것이다. 자신의 체험을 제외하고, 그것에 대한 사전 지식이 전혀 없을 때, 즉 다른 사람의 의견에 일체 접하지 않았을 때에 나오는 것이 순수한 자신의 주장이라는 셈이다. 선입관이라는 것은 반드시 나쁜 것만은 아니다. 선입관이라는 것은 바꿔 말하자면 상식 또는 지혜이기도 하다. 상식이나 선조들의 지혜 덕분에 경험한 적이 없는 좋지 않은 현상에 충분히 대응할 수 있게 되었다. ⓓ 선입관 없이 본인의 생각을 말하라고 가르치는 것이 아니라, 선입관까지 충분히 고려해서 생각한 후에 자기 나름의 주장을 말하도록 지도하는 것이 필요하다.

1 자유 의사를 위해서는 선입관이라는 것을 배제시켜야 한다고 하는데, 왜인가?

1 다른 사람들의 공감을 얻을 수 없는 의사는 올바른 의사가 아니기 때문에
2 자신의 주장은 다른 사람의 생각에 영향을 받아서는 안 되기 때문에
3 일반적인 상식으로 인식되어 있는 것과는 다른 주장을 해야 하기 때문에
4 선입관에 대한 비판 없이는 자기 주장이라고 말할 수 없기 때문에

2 이 글에서 필자가 생각하는 정보에 가장 가까운 것은 무엇인가?

1 다양한 미디어를 통해서 얻을 수 있는 것으로, 자신의 공감과 동의가 이루어진 것

2 다른 사람의 사상에 영향을 받지 않은 것으로, 체험의 객관성만을 유지하고 있는 것

3 신용성에 문제가 없는 것으로, 글을 작성한 필자의 주장과 의견이 있는 것

4 인쇄 매체나 인터넷을 통해서 수집 가능하고, 검증된 내용이 포함되어 있는 것

3 이 글에서 필자가 가장 말하고 싶은 것은 무엇인가?

1 다른 사람의 의견에 의지하지 말고, 솔직한 자신의 감정을 충분히 표현해야 한다.

2 선입관에 대한 부정적인 사고를 심어 주는 교육은 그만두어야 한다.

3 선입관의 개념 속에 일반 상식과 지혜까지 포함되어 있다는 사실을 알아야 한다.

4 자신의 생각을 표현할 때에는 충분한 정보 수집이 필요하다.

[풀이]

1 ⓐ 대다수의 사람들의 정보와 의견의 영향을 받는 것은 선입관의 틀에서 벗어날 수 없는 것이라고 언급하고 있다. 따라서 정답은 선택지 2번이다.

Tip) 밑줄 친 문제는 앞뒤의 문장을 잘 살펴보면 정답에 관한 힌트를 찾을 수 있는 경우가 많다.

2 ⓑ 정보에는 신용이 있어야 하고, ⓒ 정보는 다른 사람의 주장도 함께 들어 있는 것이라고 말하고 있다. 따라서 정답은 선택지 3번이다.

3 ⓓ 선입관을 배제한 주장보다 선입관까지 고려한 주장을 가르치는 교육이 되어야 한다고 말하고 있다. 따라서 정답은 선택지 2번이다.

Tip) 필자의 주장을 묻는 문제는 마지막 부분에 정답에 관한 힌트가 나오는 경우가 많다.

[단어]

すでに 이미, 벌써 | 固定(こてい) 고정 | 概念(がいねん) 개념 | 妨害(ぼうがい) 방해 | 先入観(せんにゅうかん) 선입관 | ～に対(たい)する ～에 대한 | 否定(ひてい) 부정 | ～を抜(ぬ)きにして | ～를 제외하고 | 対象(たいしょう) 대상 | 情報(じょうほう) 정보 | 共感(きょうかん) 공감 | 排除(はいじょ) 배제 | つまり 즉 | 枠組(わくぐ)み 틀 | 警戒(けいかい) 경계 | 異(こと)なる 다르다 | 証明(しょうめい) 증명 | 脱(だっ)する 벗어나다, 탈출하다 | 展開(てんかい) 전개 | ～について ～에 대해서 | 収集(しゅうしゅう) 수집 | 含(ふく)む 포함하다, 머금다 | 信用(しんよう) 신용 | 受(う)け入(い)れる 받아들이다 | 批判(ひはん) 비판 | ～にかかっている ～에 달려 있다 | ～にもかかわらず ～에도 불구하고 | 一切(いっさい) 전혀, 일체 | 除(のぞ)く 제거하다, 제외하다 | 接(せっ)する 접하다 | 純粋(じゅんすい) 순수 | 必(かなら)ずしも～ない 반드시 ～인 것은 아니다 | 常識(じょうしき) 상식 | 知恵(ちえ) 지혜 | ～おかげで ～덕분에 | 対応(たいおう) 대응 | 考慮(こうりょ) 고려 | ～なりの ～나름의 | 指導(しどう) 지도 | 偏見(へんけん) 편견 | 影響(えいきょう) 영향 | ～なしに ～없이 | ～を通(とお)して ～를 통해서 | 客観(きゃっかん) 객관 | 印刷(いんさつ) 인쇄 | 検証(けんしょう) 검증 | 頼(たよ)る 의지하다, 기대다 | 素直(すなお) 순수함, 솔직함 | ～べきだ ～해야 한다

내용 이해(장문) 실전 연습 ❸ p.346 해석과 문제 해설

1	2	3
①	③	④

人生の成功のために、実現の可能性もない目標を立てる人が多いが、目標は、ある程度実現可能なものでなければならない。そして、自分の価値観からはずれる目標も、やはり正しい目標とは言えない。①このような種類の目標は、ある事件やきっかけによってⓐそれまでの自分の人生を否定するためのものであったり、一種の報復行為のために建てられる目標だったりする可能性が高い。しかし、自分の過ちを悟り、反省する過程を経て、生活を改善するためのことなら、歓迎すべきことである。このようにⓑ今までの人生を完全に覆すことではない目標を立てるのであれば、先に自分の性格と能力を把握しておかなければならない。最終目標を立てることも重要だが、その目標に到達するための中間目標や段階目標も共に立てた方が良い。（中略）

新しい年が始まると、目標を立てる人は多いが、それを実現するための期限のことまで考える人は少ない。仮に運動に対する目標を立てるのであれば、前もって運動の目標と期限を決めておくのである。そうすれば、そのための中間目標とその下位概念である段階目標も立てやすくなる。期限を確実に決めておくことにより、達成感も得やすくなる。このような達成感を通して次の目標に行ける力を得ることができ、最終目標にも到達できるようになるのである。ここで留意すべきことは、最終目標を忘れて目の前の目標にのみとらわれてしまう行為である。（中略）

目標の達成よりも過程の方を重要と考える人もいるが、失敗した目標は良くない影響を与える可能性が非常に高い。ⓒ目標に向かって疾走していたすべてのエネルギーや力は、その間の苦労に対する補償を求めるようになり、それが誤った方向に変質する場合が多いからである。事業に失敗した人が、自殺を選択したり、犯罪に踏み込んだりする行為も、このような②補償心理から始まったのである。

目標を達成するために必要な過程も重要だが、最も大切なことはやはり正しい目標を立てることである。正しい目標というのは、自分を成長させるとともに、家族や地域共同体に利益を与える目標であるといえる。ⓓ自分の欲求実現のための目標をたてることが、社会に害を与える結果をもたらしてはならない。目標を立て、それに向けて努力する全ての人を応援したいが、社会に否定的な影響を与えながら、ただ自分だけのために努力して精進する人は応援したくない。

1 ①このような種類の目標とはどのような目標なのか。

1 これから先の人生に大幅な変化が予想される目標
2 実現可能性がある程度予想される目標
3 自己反省を通じて再誕生した最終目標
4 最終目標に到達するための中間段階の目標

2 ②補償心理について、筆者はどのように考えているか。

1 自ら定めた期限内に目標を達成することによって得られる満足感
2 達成できなかった目標の失敗の原因を合理化しようとする努力
3 目標の失敗による損失を他の目標から復旧しようとする心
4 目標の達成と失敗をすべて考慮して、過程と時間を最小化するための努力

3 筆者の意見と合っているのはどれか。

1 目標というのは、他人の助けになることができるものでなければならない。
2 成功的な目標達成も重要だが、そのための過程も非常に重要である。
3 失敗に対する危険性を認知して、目標達成のための段階を作ることが重要である。
4 自分の目標のために、他の人に被害を与える行動をしてはならない。

인생의 성공을 위해서 실현 가능성도 없는 목표를 세우는 사람이 많은데, 목표는 어느 정도 실현 가능한 것이어야 한다. 그리고 자신의 가치관에서 벗어나는 목표도 역시 올바른 목표라고는 할 수 없다. ①이런 종류의 목표는 어떤 사건이나 계기에 의해서 ⓐ그동안의 자신의 삶을 부정하기 위한 것이거나 일종의 보복 행위를 위해서 세워지는 목표일 가능성이 높다. 하지만 자신의 잘못을 깨닫고 반성하는 과정을 거쳐 삶을 개선하기 위한 것이라면 환영할 만한 일이다. 이렇게 ⓑ지금까지의 인생을 완전히 뒤집는 것이 아닌 목표를 세우는 것이라면, 먼저 자신의 성격과 능력을 파악해 두어야 한다. 최종 목표를 세우는 것도 중요하지만, 그 목표에 도달하기 위한 중간 목표나 단계 목표도 함께 세우는 것이 좋다. (중략)

새로운 한 해가 시작되면 목표를 세우는 사람이 많은데, 그것을 실현하기 위한 기한까지 생각하는 사람은 적다. 만약 운동에 대한 목표를 세우는 것이라면, 미리 운동의 목표와 기한을 정해 두는 것이다. 그렇게 하면, 그것을 위한 중간 목표와 그 하위 개념인 단계 목표도 세우기 쉬워진다. 기한을 확실하게 정해 둠으로써 성취감도 얻기 쉬워진다. 이러한 성취감을 통해서 다음 목표로 이어지는 힘을 얻을 수 있고, 최종 목표에도 도달할 수 있게 되는 것이다. 여기서 유의해야 할 것은 최종 목표를 잊어버리고 눈앞의 목표에만 사로잡히는 행위이다. (중략)

목표의 달성보다도 과정을 중요하게 생각하는 사람도 있는데, 실패한 목표는 좋지 않은 영향을 줄 가능성이 매우 높다. ⓒ목표를 향해 질주하고 있던 모든 에너지와 힘은 그 동안의 고생에 대한 보상을 원하게 되고, 그것이 잘못된 방향으로 변질되는 경우가 많기 때문이다. 사업에 실패한 사람이 자살을 선택하거나 범죄에 발을 들이는 행위도 이러한 ②보상심리에서 비롯된 것이다.

목표를 이루기 위해서 필요한 과정도 중요하지만, 가장 중요한 것은 역시 올바른 목표를 세우는 것이다. 올바른 목표라는 것은 자신을 성장시키는 것과 함께, 가족이나 지역 공동체에 이익을 주는 목표라고 말할 수 있다. ⓓ자신의 욕구 실현을 위한 목표를 만드는 것이 사회에 해를 가하는 결과를 가져와서는 안 된다. 목표를 세우고 그것을 위해서 노력하는 모든 사람을 응원하고 싶지만, 사회에 부정적인 영향을 주면서, 단지 자신만을 위해서 노력하고 정진하는 사람은 응원하고 싶지 않다.

1 ①이런 종류의 목표라는 것은 어떠한 목표인가?

1 앞으로의 삶에 대폭적인 변화가 예상되는 목표
2 실현 가능성이 어느 정도 예상되는 목표
3 자기 반성을 통해서 재탄생된 최종 목표
4 최종 목표에 도달하기 위한 중간 단계의 목표

2 ②보상심리에 대해서 필자는 어떻게 생각하고 있는가?

1 스스로 정한 기한 안에 목표를 달성함으로써 얻을 수 있는 만족감
2 이루지 못한 목표의 실패 원인을 합리화하려는 노력
3 목표의 실패에 의한 손실을 다른 목표에서 복구하려는 마음
4 목표의 달성과 실패를 모두 고려해서, 과정과 시간을 최소화하기 위한 노력

4 **필자의 의견과 맞는 것은 어느 것인가?**

1 목표라는 것은 다른 사람에게 도움을 줄 수 있는 것이어야 한다.

2 성공적인 목표 달성도 중요하지만, 그것을 위한 과정도 매우 중요하다.

3 실패에 대한 위험성을 인지하고, 목표 달성을 위한 단계를 만드는 것이 중요하다.

4 자신의 목표를 위해서 다른 사람에게 피해를 주는 행동을 해서는 안 된다.

[풀이]

1 ⓐ 자신의 삶을 부정하거나 보복 행위와 같은 목표는 ⓑ 자신의 삶에 큰 변화를 주는 목표로 이어질 수 있다고 말하고 있다. 따라서 정답은 선택지 1번이다.

2 ⓒ 목표를 이루지 못할 때에, 그 동안의 노력과 고생을 다른 곳에서 얻으려고 한다고 말하고 있다. 따라서 정답은 선택지 3번이다.

3 ⓓ 필자는 자신을 위한 목표가 사회에 피해를 주어서는 안 된다고 주장하고 있다. 따라서 정답은 선택지 4번이다.

[단어]

可能性 가능성 | 目標を立てる 목표를 세우다 | 実現 실현 | 価値観 가치관 | ～によって ～에 의해, ～에 따라 | 否定 부정 | 報復 보복 | 過ち 잘못, 실수 | 悟る 깨닫다 | 反省 반성 | 改善 개선 | 歓迎 환영 | ～べき ～해야 할 | 覆す 뒤집다, 뒤엎다 | 把握 파악 | 到達 도달 | 期限 기한 | 仮に 만약, 만일 | ～に対する ～에 대한 | 概念 개념 | 確実 확실 | ～を通して ～를 통해서 | 留意 유의 | 非常に 매우, 상당히 | 疾走 질주 | 補償 보상 | 求める 요구하다, 요청하다 | 誤る 실수하다, 틀리다 | 変質 변질 | 自殺 자살 | 犯罪 범죄 | 踏み込む 발을 들이다 | 利益 이익 | 与える 주다 | 欲求 욕구 | 努力 노력 | 応援 응원 | 精進 정진 | 大幅 대폭 | 合理化 합리화 | 努力 노력 | 復旧 복구 | 考慮 고려 | 被害 피해 | 与える 주다

내용 이해(장문) **실전 연습 ❹** p.349 해석과 문제 해설

1	2	3
①	③	①

非営利を目的とする会社を除いて、大半の会社は、利益追求を会社の一番重要な運営目標として規定している。複雑で様々な会社の運営の指針を簡単に要約すると、製品を売って利益を残すことが目的だということである。製品を売るために、消費者が欲しがる製品を作るための開発部と、その製品を人々に売るための営業部が会社の中枢であると言える。ⓐどんな企業であれ共通の悩みは製品の売り上げを増やすことである。会社の規模にかかわらず、①この問題から解放される会社は皆無である。

自分の会社だけが良い製品を販売しているのであれば、申し分ないが、惜しくも、どの会社も競争の仕組みから脱することはできない。他社と競争して製品の売上の増加を達成するためには、効果的な営業が欠かせないのである。会社のすべての部署のうち、最も大変な部署は営業部だと断言できる。厳しい自然環境の中でも、外を歩き回らねばならず、競争会社の営業と、最後には自分自身と戦わなければならないのである。離職と退社率が最も高いという営業マンになるためには②特別な何かを持っていなければならない。そうでなければ、食物連鎖[注1]のような苛酷な環境で生き残ることは不可能であるから。ⓑ自分だけの営業技術を持っていない人を決して許容しない世界がまさに営業の世界である。

脳性麻痺(注2)という致命的な欠陥を持っていたにもかかわらず伝説の販売王になったビル・ポッターという人がいる。右手に障害を持っていた彼は、左手でかばんを持ち、左手で製品を取り出した。数多くの困難な条件を克服して、年間売上４万３千ドル(約600万円)を達成した彼の記録は、今もその会社の最高記録として残っている。55年という間、営業の世界で過ごしてきたその男が言った有名な言葉がある。「忍耐して、忍耐して、最後まで忍耐せよ」。私はこれこそ営業の技術であり、精神であると言いたい。

ⓒ営業の世界で断りと無視はつきものである。自社の作り出した製品が、ライバル企業のものに比べて劣るという考えを持ってはならない。その場で成果を実現できず、契約できなかったのは、ただその人にもっと必要な製品を持って来られなかっただけであり、その代わりに改善が必要な製品のアイデアも得ることができる。ⓓ焦りを捨て、忍耐の営業ということを忘れなければ、あなたも伝説の営業マンになることができる。

(注１) 食物連鎖：自然界における食うものと食われるものとの一連の関係。

(注２) 脳性麻痺：筋肉の動きや運動機能の障害を症状とする疾患。

1 この文章で言う、①この問題が指すものは何か。

1 会社の利益を増やすために、成功的な販売を収めなければならない問題

2 多くの製品を売るために、定期的に部署を再編しなければならない問題

3 消費者の希望する商品を作るための制度改善が行われなければならない問題

4 会社の営業方針を設定して、下位部署の仕組みを整備する問題

2 ②特別な何かを持っていなければならないというのはどういう意味か。

1 会社内部の競争で淘汰されないためには絶え間ない自己開発が求められること

2 業務の特性を完全に理解して、外勤の厳しい環境に耐えられる精神力が求められること

3 競争で生き残るために、自分の長所になることができる能力を養わなければならないこと

4 肉体的にきつい営業の仕事を耐えられる体力を育てなければならないこと

3 営業について、筆者が一番言いたいことは何か。

1 目の前の成功にだけ執着しないで、消費者に無視されるのを恐れてはならない。

2 成功のためには、消費者の要求と市場の需要を調べられる洞察力が必要である。

3 営業の競争で勝ち残るためには、失敗を通じた分析と改善が必ず必要である。

4 自分が勤務している会社の製品性能について疑ってはいけない。

비영리를 목적으로 하는 회사를 제외하고 대부분의 회사는 이익 추구를 회사의 가장 중요한 운영 목표로 규정하고 있다. 복잡하고도 다양한 회사의 운영 지침들을 간단하게 요약하면, 제품을 팔아서 이익을 남기는 것이 목적이라는 것이다. 제품을 잘 팔기 위해서 소비자가 가지고 싶어하는 제품을 만들기 위한 개발부와 그 제품을 사람들에게 팔기 위한 영업부가 회사의 중추라고 할 수 있다. ⓐ 어떤 기업이든 공통의 고민은 제품의 매출을 늘리는 것이다. 회사의 규모에 관계없이, ①이 문제로부터 해방되는 회사는 전무하다.

자신의 회사만이 좋은 제품을 판매하고 있다면 더할 나위 없지만, 아쉽게도 어느 회사도 경쟁의 구조로부터 벗어날 수 없다. 다른 회사와 경쟁해서 제품의 매출 증가를 달성하기 위해서는 효과적인 영업을 빼놓을 수 없는 것이다. 회사의 모든 부서 중 가장 힘든 부서는 영업부라고 단언할 수 있다. 혹독한 자연 환경 속에서도 밖을 돌아다니지 않으면 안 되고, 경쟁 회사의 영업과 마지막에는 자기 자신과 싸우지 않으면 안 되는 것이다. 이직률과 퇴사율이 가장 높다는 영업맨이 되기 위해서는 ②특별한 무언가를 가지고 있어야만 한다. 그렇지 않으면, 먹이사슬(주1) 같은 가혹한 환경에서 살아남는 것은 불가능하기 때문이다. ⓑ 자신만의 영업 기술을 지니고 있지 않은 사람을 결코 허용하지 않는 세계가 바로 영업의 세계이다.

뇌성마비(주2)라는 치명적인 결함을 가지고 있음에도 불구하고, 전설의 판매왕이 된 빌 포터라는 사람이 있다. 오른손에 장애를 가진 그는 왼손으로 가방을 들고, 왼손으로 제품을 꺼냈다. 수많은 어려운 조건을 극복하고 연매출 4만 3천 달러(약 600만 엔)를 달성한 그의 기록은 지금도 그 회사의 최고 기록으로 남아 있다. 55년이라는 시간 동안, 영업의 세계에서 지낸온 그 남자가 한 유명한 말이 있다. '인내하고, 인내하고, 끝까지 인내하라'. 나는 이것이야말로 영업의 기술이자 정신이라고 말하고 싶다.

ⓒ 영업의 세계에서 거절과 무시는 항상 따라다니는 것이다. 자신의 회사가 만들어낸 제품이 라이벌 기업의 제품에 비해서 뒤떨어진다는 생각을 가져서는 안 된다. 그 자리에서 성과를 이루지 못하고, 계약을 할 수 없었던 것은 단지 그 사람에게 더 필요한 제품을 가지고 오지 못한 것뿐이고, 그 대신에 개선이 필요한 제품의 아이디어도 얻을 수 있다. ⓓ 조급함을 버리고 인내의 영업이라는 사실을 잊지 않는다면, 당신도 전설의 영업맨이 될 수 있다.

(주1) 먹이사슬 : 자연계에서의 먹는 것과 먹히는 것과의 일련의 관계.

(주2) 뇌성마비 : 근육의 움직임이나 운동 기능의 장애를 증상으로 하는 질환.

1 이 글에서 말하는 ①이 문제가 가리키는 것은 무엇인가?

1 회사의 이익을 늘리기 위해서 성공적인 판매를 거두어야 하는 문제
2 많은 제품을 팔기 위해서 정기적으로 부서를 재편성해야 해야 하는 문제
3 소비자가 희망하는 상품을 만들기 위한 제도 개선이 이루어져야 하는 문제
4 회사의 영업 방침을 설정하고 하위 부서의 구조를 정비하는 문제

2 ②특별한 무언가를 가져야만 한다는 것은 어떤 의미인가?

1 회사 내부의 경쟁에서 도태되지 않기 위해서는 끊임없는 자기개발이 요구되는 것
2 업무의 특성을 완전히 이해하고, 외근의 혹독한 환경에 견딜 수 있는 정신력이 요구되는 것
3 경쟁에서 살아 남기 위해서 자신의 장점이 될 수 있는 능력을 길러야 한다는 것
4 육체적으로 힘든 영업의 일을 견딜 수 있는 체력을 길러야 한다는 것

3 영업에 대해서 필자가 가장 말하고 싶은 것은 무엇인가?

1 눈앞의 성공에만 집착하지 않고 소비자에게 외면당하는 것을 두려워해서는 안 된다.
2 성공을 위해서는 소비자의 요구와 시장 수요를 살필 수 있는 통찰력이 필요하다.
3 영업의 경쟁에서 살아남기 위해서는 실패를 통한 분석과 개선이 반드시 필요하다.
4 자신이 근무하고 있는 회사의 제품 성능에 대해서 의심해서는 안 된다.

[풀이]

1 ⓐ 어떤 회사든 제품의 판매를 늘려서 이익을 거두어야 한다고 언급하고 있다. 따라서 정답은 선택지 1번이다.

2 ⓑ 영업의 세계는 자신만의 장점이 없는 사람을 허용하지 않는다고 말하고 있다. 따라서 정답은 선택지 3번이다.

3 ⓒ 거절과 무시를 두려워하지 말고 ⓓ 조급함을 버리는 것이 중요하다고 말하고 있다. 따라서 정답은 선택지 1번이다.

[단어]

非営利 비영리 | **除く** 제외하다, 제거하다 | **大半** 태반, 대부분 | **運営** 운영 | **規定** 규정 | **指針** 지침 | **製品** 제품 | **残す** 남기다 | **中枢** 중추 | **悩み** 고민 | **売り上げ** 매상 | **規模** 규모 | **～にかかわらず** ～에 관계없이 | **解放** 해방 | **皆無** 전무 | **申し分ない** 더할 나위 없다 | **競争** 경쟁 | **仕組み** 구조 | **脱する** 벗어나다, 탈출하다 | **達成** 달성 | **欠かす** 빠뜨리다 | **歩き回る** 돌아다니다 | **戦う** 싸우다 | **離職** 이직 | **食物連鎖** 먹이사슬 | **苛酷** 가혹 | **生き残る** 살아남다 | **許容** 허용 | **脳性麻痺** 뇌성마비 | **致命的** 치명적 | **欠陥** 결함 | **障害** 장애 | **取り出す** 꺼내다, 끄집어내다 | **克服** 극복 | **忍耐** 인내 | **精神** 정신 | **無視** 무시 | **～に比べて** ～에 비해서 | **劣る** 뒤떨어지다 | **改善** 개선 | **増やす** 늘리다 | **収める** 거두다 | **希望** 희망 | **整備** 정비 | **淘汰** 도태 | **耐える** 견디다 | **養う** 기르다 | **執着** 집착 | **恐れる** 두려워하다, 무서워하다 | **要求** 요구 | **需要** 수요 | **洞察力** 통찰력 | **分析** 분석 | **疑う** 의심하다

問題 11

종합 이해 **실전 연습 ❶** p.352 해석과 문제 해설

1	2
①	④

次のＡとＢの文章を読んで、後の問いに対する答えとして最も良いものを、1・2・3・4から一つ選びなさい。

A

科学の発展は今や、望む人間を作り出す段階にまで至った。実際、ゲノム編集技術を利用して、2018年に中国で双子が生まれた。HIV、すなわちエイズの感染に関与する遺伝子が除去されたまま生まれたのだ。理論上、この双子はHIVの病気から解放されたと考えられる。これが果たして、子供たちにとって幸せなのだろうか。ちなみに、この子たちについては全く知られていない。無事に生まれたのか、どんな人生を送っているのか全く分からない。

人間は、ある種の危険に備えることに最も適した動物である。そして、その能力こそ、現在の人類を誕生させた原動力といえる。命を脅かす数多くの動物、自然、病気と闘った末に得た戦利品なのだ。これからは努力しなくても結果が得られるようになった。人間の欲にはキリがない。人間は興味本位といたずらで同じ生命体を殺すことができる存在だ。

金の力と貪欲は、人の命をなんとも思わない権力まで生んでしまった。ⓐゲノム編集を利用して、不死を夢見る悪党が、いくらでも現れる可能性がある。病気や老衰により、新しい臓器が必要な時、それに代わる人を作ることができてしまう。ⓑ誰かの代替品になってしまった人間を、人間と呼べるだろうか。いくら悪魔のような犯罪者でも、死の前ではすべてが平等であったが、地球最悪の不老不死の犯罪者の誕生が次第に近づいているのだ。

B

先天的な病気を持って生まれた子供に対する親の気持ちはどうでしょうか。できるなら自分が代わりに病気になり、自分の臓器でも子供にあげたいのが親の心です。生まれた時から死ぬ時が予測できたら、ちゃんとした人生を保てるでしょうか。ゲノム編集の技術を利用すると、死から子供や家庭を救うことができます。それだけでなく、革新的な医療発展につながり、これまで治せなかった病気を治すのにも大いに役立ちます。死んでいく人を助ける技術が生まれるのです。

人間の尊厳を守るために、遺伝子組み換えという技術が、まるで間違っているかのように考える人が多いです。人間を救うことほど偉大な技術はありません。私たちが開発してきた、開発している、開発すべきすべての技術は、結局のところ、人間の生活を守るための手段です。人間の尊厳性を保つという名目から尊厳死という死が作られましたが、オランダ、カナダなどのごく一部の国を除くすべての国は、今も尊厳死を法的に認めていません。ⓒ人の命というのは、比較できないほど貴重なものだからです。

治療の目的としての遺伝子治療は、アメリカや中国、欧州連合などで臨床実験と治療法が承認されています。ⓓ優れた外見や頭脳などを目的としたデザイナーベービのためではなく、当然治してコントロールしなければならない病気に関する遺伝子治療を、一日も早く受け入れなければなりません。

1 AとBの認識で共通していることは何か。

1 人間の命は、何よりも優先されなければならない。

2 人間の尊厳に害を及ぼす、遺伝子治療はしてはならない。

3 病気の治療のためには、倫理意識に基づいた実験が必要だ。

4 人間の欲を警戒しながら、子供に関する治療だけを許容すべきだ。

2 ゲノム編集技術について、AとBはど述べているか。

1 AもBも、人の命のためには許されるべきだと言っている。

2 AもBも、倫理的な厳しい統制下において臨床実験が行われるべきだと述べている。

3 Aはゲノム編集技術の悪用について述べ、Bは子供を除く治療目的で利用すべきだと述べている。

4 Aは遺伝子を利用した犯罪の可能性について述べ、Bは遺伝子治療に関する導入が急がれると述べている。

다음 A와 B의 글을 읽고, 뒤의 물음에 대한 답으로 가장 알맞은 것을 1 · 2 · 3 · 4에서 하나 고르시오.

A

과학의 발전은 이제 원하는 인간을 만들어 내는 단계에까지 이르렀다. 실제로 게놈 편집 기술을 이용해서, 2018년에 중국에서 쌍둥이가 태어났다. HIV, 즉 에이즈의 감염에 관여하는 유전자가 제거된 채로 태어난 것이다. 이론상 이 쌍둥이는 HIV의 질병에서 해방되었다고 생각할 수 있다. 이것이 과연 아이들에게 있어서 행복한 것일까? 참고로 이 아이들에게 대해서는 전혀 알려진 바가 없다. 무사히 태어났는지, 어떤 삶을 살고 있는지 전혀 알 수 없다.

인간은 어떤 종류의 위험에 대비하는 것에 가장 적합한 동물이다. 그리고 그 능력이야 말로 현재의 인류를 탄생시킨 원동력이라고 말할 수 있다. 목숨을 위협하는 수많은 동물, 자연, 질병과 맞서 싸운 끝에 얻은 전리품인 것이다. 앞으로는 노력을 하지 않아도 결과물을 얻을 수 있게 되었다. 인간의 욕심은 끝이 없다. 인간은 흥미위주와 장난으로 같은 생명체를 죽일 수 있는 존재이다.

돈의 힘과 탐욕은 사람의 목숨을 아무렇지도 않게 여기는 권력까지 낳고 말았다. ⓐ게놈 편집을 이용해서 불사를 꿈꾸는 악당이 얼마든지 나타날 가능성이 있다. 병이나 노쇠로 인해, 새로운 장기가 필요할 때, 그것을 대신할 사람을 만들어 버릴 수 있다. ⓑ누군가의 대체품이 되어 버린 인간을 인간이라고 부를 수 있을까? 아무리 악마 같은 범죄자도 죽음 앞에서는 모든 것이 평등했지만, 지구최악의 불로불사 범죄자의 탄생이 점차 다가오고 있는 것이다.

B

선천적인 질병을 가지고 태어난 아이에 대한 부모의 심정은 어떨까요? 할 수만 있다면 자신이 대신 병에 걸리고 자신의 장기라도 아이에게 주고 싶은 것이 부모의 마음입니다. 태어날 때부터 죽는 날짜를 예측할 수 있다면, 제대로 된 삶을 유지할 수 있을까요? 게놈 편집 기술을 이용하면 죽음에서 아이와 가정을 구할 수 있습니다. 그뿐만 아니라 혁신적인 의료 발전으로 이어지고, 지금까지 고칠 수 없었던 병을 고치는 데도 크게 도움이 됩니다. 죽어가는 사람을 살릴 수 있는 기술이 생기는 것입니다.

인간의 존엄을 지키기 위해서, 유전자 조작이라는 기술이 마치 잘못된 것처럼 생각하는 사람들이 많습니다. 인간을 살리는 것만큼 위대한 기술은 없습니다. 우리들이 개발해 온, 개발하고 있는, 개발해야 할 모든 기술은 결국 인간의 삶을 지키기 위한 수단입니다. 인간의 존엄성을 유지한다는 명목에서 존엄사라는 죽음이 만들어졌지만, 네덜란드, 캐나다 등의 극히 일부의 나라를 제외한 모든 나라는 지금도 존엄사를 법적으로 인정하지 않습니다. ⓒ사람의 목숨이라는 것은 비교 여부가 불가능할 정도로 귀중한 것이기 때문입니다.

치료 목적의 유전자 치료는 미국이나 중국, 유럽 연합 등에서 임상 실험과 치료법이 승인되고 있습니다. ⓓ우월한 외모나 두뇌 등을 목적으로 한 맞춤형 아이를 위한 것이 아닌, 당연히 고치고 통제해야 할 질병에 관한 유전자 치료를 하루 빨리 받아들여야 합니다.

1 **A와 B의 인식에서 공통되는 것은 무엇인가?**

1 인간의 목숨은 무엇보다도 우선되어야 한다.

2 인간의 존엄에 해를 끼치는 유전자 치료는 해서는 안 된다.

3 질병의 치료를 위해서는 윤리의식에 근거한 실험이 필요하다.

4 인간의 욕심을 경계하면서, 아이에 관한 치료만을 허용해야 한다.

2 **유전자 편집 기술에 대해서 A와 B는 어떻게 말하고 있나?**

1 A도 B도 사람의 목숨을 위해서는 허용되어야 한다고 말하고 있다.

2 A도 B도 윤리적인 엄격한 통제 하에 임상 실험이 이루어져야 한다고 말하고 있다.

3 A는 유전자 편집 기술의 악용에 대해서 말하고, B는 아이를 제외한 치료 목적으로 이용해야 한다고 말하고 있다.

4 A는 유전자를 이용한 범죄 가능성에 대해서 말하고, B는 유전자 치료에 관한 도입이 시급하다고 말하고 있다.

[풀이]

1 ⓑ A는 인간은 누군가의 대체품이 되어서는 안 되다고 말하고, ⓒ B도 사람의 목숨은 비교 불가능할 정도로 귀중한 것이라고 말하고 있다. 따라서 정답은 선택지 1번이다.

2 ⓐ A는 유전자 편집을 이용한 악당이 나타날 수 있다고 말하고, ⓓ B는 병을 고치고 통제하기 위한 유전자 치료를 빨리 받아들여야 한다고 말하고 있다. 따라서 정답은 선택지 4번이다.

[단어]

望む 바라다, 원하다 | 作り出す 만들어 내다 | 段階 단계 | 至る 이르다 | ゲノム 게놈 | 編集 편집 | 双子 쌍둥이 | すなわち 즉 | 感染 감염 | 関与 관여 | 遺伝子 유전자 | 除去 삭제 | ～まま ~한 채 | 理論 이론 | 解放 해방 | 果たして 과연, 정말로 | ～にとって ~에 있어서 | ちなみに 참고로, 덧붙여서 | 備える 대비하다, 구비하다 | 適する 알맞다, 적당하다 | ～である ~이다 | 原動力 원동력 | 脅かす 위협하다, 협박하다 | 闘う 싸우다 | ～末に ~끝에 | 戦利品 전리품 | 欲 욕심 | キリ 끝, 마지막 | 興味本位 흥미본위, 흥미위주 | 殺す 죽이다 | 貪欲 탐욕 | 権力 권력 | 悪党 악당 | 老衰 노쇠 | 臓器 장기 | 代替品 대체품 | 悪魔 악마 | 犯罪者 범죄자 | 平等 평등 | 次第に 점점, 차츰 | 近づく 접근하다, 다가오다 | 先天的 선천적 | 保つ 유지하다 | 救う 구하다 | 革新 혁신 | 大いに 크게, 대단히 | 助ける 돕다 | 組み換える 다시 짜다, 재편성하다 | まるで 마치 | 偉大 위대 | ～べき ~해야 할 | 認める 인정하다 | 比較 비교 | 貴重 귀중 | 臨床実験 임상실험 | 承認 승인 | 優れる 우수하다, 뛰어나다 | 頭脳 두뇌 | 受け入れる 받아들이다 | 優先 우선 | 害 해 | 及ぼす 끼치다, 미치다 | 倫理 윤리 | ～に基づく ~에 근거한 | 警戒 경계 | ～に関する ~에 관한 | 許容 허용 | 許す 허락하다, 용서하다 | 厳しい 엄하다, 혹독하다 | 統制 통제 | 導入 도입 | 急ぐ 서두르다

1	2
③	③

次のＡとＢの文章を読んで、後の問いに対する答えとして最もよいものを、１・２・３・４から一つ選びなさい。

A

貿易において重要なのは、その国の事情を十分に考慮してから、輸入する品目と輸出する品目を定めることである。このような貿易の分野において、ⓐ自分の国だけのための保護貿易は、国家間の葛藤や世界市民意識を妨害する大きな要因となっている。また、保護貿易の高い関税の賦課(注1)を避けるために、密輸などの不法行為が後を絶たない。一方、ⓑ他の国と貿易することで得られる利益で、それらの国に対する援護活動を行うことも可能になりうるのである。消費者は一つの品物を購買する行為が、企業や社会、国にいかなる影響を及ぼしているかについて自覚しなければならない。賢明な消費は、国家間の紛争を和らげ、世界平和に貢献することができる。

(注１) 賦課：租税などを割り当てて負担させること。

B

今日の貿易は、国の経済、技術、資源の差によって、比較優位(注2)が発生する。このような比較優位が発生している国のほとんどは、いわゆる先進国である。一方、ⓒあらゆる国の政策の基本は、自国民のためのものでなければならない。貿易においても同様であるが、現代社会の経済メカニズムは、富裕な人が、さらに富を蓄積できるシステムである。したがって、ⓓ豊かな国は相対的に貧しい国を保護していかなければならないのである。保護貿易によって、貧しい国が富裕になれる資本を提供し、最終的にそれらの国が経済的に豊かになれば、それらの国に役立ったことになるのである。人間は一人では生きていくことができないが、国も同様である。

(注２) 比較優位：相対的に優越した位置にあること。

1　保護貿易について、ＡとＢはどのような考え方を持っているか。

1　Ａは国家間の競争に不要なことだと考え、Ｂは撤廃されなければならないことだと考えている。
2　Ａは効率的な貿易のためには必要なことだと考え、Ｂは不要な紛争を招くことだと考えている。
3　Ａは国家間の摩擦を引き起こすことだと考え、Ｂは国民を保護するために必要なことだと考えている。
4　Ａは貧しい国の経済に役立つことだと考え、Ｂは先進国の経済に役立つことだと考えている。

2　ＡとＢは、貿易の方向性についてどう述べているか。

1　Ａは消費者の意識の変化が必要だと述べ、Ｂは比較優位を得るために、さらに力を入れるべきだと述べている。
2　Ａは相対的に貧しい貿易協力国家の支援につながるべきだと述べ、Ｂは自由貿易強化で国民を保護するべきだと述べている。
3　ＡもＢも、相対的に貧しい国に対する支援が必要だと述べている。
4　ＡもＢも、公正な貿易を活性化させるためには、制度の改善が必要だと述べている。

다음 A와 B의 글을 읽고, 뒤의 물음에 대한 답으로 가장 알맞은 것을 1 · 2 · 3 · 4에서 하나 고르시오.

A

무역에서 중요한 것은 그 나라의 사정을 충분히 고려하고 나서, 수입할 품목과 수출할 품목을 정하는 것이다. 이러한 무역의 분야에 있어서, ⓐ 자신의 나라만을 위한 보호무역은 국가 간의 갈등이나 세계 시민 의식을 방해하는 큰 요인이 되고 있다. 또한, 보호무역의 높은 관세의 부과(주1)를 피하기 위해서 밀수 등의 불법적인 행위들이 끊이지 않는다. 한편, ⓑ 다른 나라와 무역하는 것으로 얻을 수 있는 이익으로 그 나라들에 대한 원호활동을 펼치는 것도 가능해질 수 있는 것이다. 소비자는 하나의 제품을 구매하는 행위가 기업이나 사회, 나라에 어떤 영향을 끼치고 있는지에 대해서 자각해야 한다. 현명한 소비는 국가 간의 분쟁을 누그러뜨리고 세계 평화에 공헌할 수 있다.

(주1) 부과 : 조세 등을 할당하고 부담시키는 일.

B

오늘날의 무역은 나라의 경제, 기술, 자원의 차이에 의해 비교우위(주2)가 발생한다. 이러한 비교우위가 발생하고 있는 나라의 대부분은 이른바 선진국이다. 한편, ⓒ 모든 나라의 정책의 기본은 자국민을 위한 것이어야 한다. 무역에서도 마찬가지이지만현대사회의 경제 메커니즘은 부유한 사람이 더욱 부를 축적할 수 있는 시스템이다. 따라서 ⓓ 부유한 나라는 상대적으로 빈곤한 나라를 보호해 나가야 하는 것이다. 보호무역에 의해 빈곤한 나라가 부유해질 수 있는 자본을 제공하고, 최종적으로 그 나라들이 경제적으로 풍요로워지면, 그 나라들에 도움이 되는 것이다. 인간은 혼자서는 살아갈 수 없는데, 나라도 마찬가지이다.

(주2) 비교우위 : 상대적으로 우월한 위치에 있는 것.

1 보호무역에 대해서 A와 B는 어떠한 생각을 가지고 있는가?

1 A는 국가 간의 경쟁에 불필요한 것이라고 생각하고, B는 철폐되어야 하는 것이라고 생각하고 있다.

2 A는 효율적인 무역을 위해서는 필요한 것이라고 생각하고, B는 불필요한 분쟁을 초래하는 것이라고 생각하고 있다.

3 A는 국가 간의 마찰을 야기시키는 것이라고 생각하고, B는 국민을 보호하기 위해서 필요한 것이라고 생각하고 있다.

4 A는 가난한 나라의 경제에 도움이 되는 것이라고 생각하고, B는 선진국의 경제에 도움이 되는 것이라고 생각하고 있다.

2 A와 B는 무역의 방향성에 대해서 어떻게 말하고 있는가?

1 A는 소비자의 의식의 변화가 필요한 것이라고 말하고, B는 비교우위를 얻기 위해서 더욱 힘써야 한다고 말하고 있다.

2 A는 상대적으로 가난한 무역 협력 국가의 지원의 형태로 이어져야 한다고 말하고, B는 자유무역 강화로 국민을 보호해야 한다.

3 A도 B도 상대적으로 빈곤한 나라에 대한 지원이 필요하다고 말하고 있다.

4 A도 B도 공정한 무역을 활성화시키기 위해서는 제도의 개선이 필요하다고 말하고 있다.

[풀이]

1 ⓐ A는 보호무역에 의해서 국가 간의 갈등이 생긴다고 생각하고 있고, ⓒ B는 자국민을 위한 무역이 되어야 한다고 생각하고 있다. 따라서 정답은 선택지 3번이다. B의 의견에 보호무역 철폐에 관한 내용은 없기 때문에, 선택지 1번은 정답이 될 수 없다. 선택지 2번과 4번에 관한 언급은 없었다.

2 ⓑ A는 보호무역으로 인한 수익으로 다른 나라의 원호가 가능하다고 말하고 있고, ⓓ B도 부유한 나라가 상대적으로 빈곤한 나라를 도와야 한다고 말하고 있다. 따라서 정답은 선택지 3번이다. 선택지 1번과 2번은 B의 주장이 본문의 내용과 맞지 않고, 선택지 4번에 관한 언급은 없었기 때문에 정답이 아니다.

[단어]

貿易 무역 | **～において** ～에게 있어서, ～에서 | **考慮** 고려 | **輸入** 수입 | **輸出** 수출 | **保護** 보호 | **葛藤** 갈등 | **妨害** 방해 | **要因** 요인 | **関税** 관세 | **賦課** 부과 | **避ける** 피하다 | **後を絶たない** 끊이지 않는다 | **援護** 원호 | **購買** 구매 | **いかなる** 어떠한 | **影響** 영향 | **及ぼす** 미치다, 미치게 하다 | **賢明** 현명 | **紛争** 분쟁 | **和らげる** 누그러뜨리다 | **優位** 우위 | **いわゆる** 소위, 이른바 | **富裕** 부유 | **蓄積** 축적 | **資本** 자본 | **提供** 제공 | **競争** 경쟁 | **撤廃** 철폐 | **紛争** 분쟁 | **招く** 부르다, 초래하다 | **摩擦** 마찰 | **引き起こす** 일으키다 | **述べる** 말하다, 기술하다 | **～べきだ** ～해야 한다 | **支援** 지원 | **活性化** 활성화 | **制度** 제도 | **改善** 개선

종합 이해 **실전 연습 ❸** p.357 해석과 문제 해설

1	2
③	②

次のAとBの文章を読んで、後の問いに対する答えとして最も良いものを、1・2・3・4から一つ選びなさい。

A

握手を強要して、それを拒否するのは無礼だと考える人がいる。普通握手をする理由は、挨拶や感謝、親しみや仲直りなどを目的と理解することができる。それなら、握手の目的からは問題点を見つけることはできない。問題になるのは距離だが、握手をするためには非常に密接した距離を保たなければならない。つまり、極めて個人的な空間で行われる行為に、不快や不安を感じる人が多いということだ。愛する人や家族など、心理的に最も親密な関係だけが踏み入れる空間に他人を許可することは容易ではない。ⓐもし、上記の目的ではなく、脅威という行動が目的なら、握手というのは良い利用にもなりうる。握手を悪手として利用することもできるということだ。

風邪などの伝染性を持つウイルスは、手を介した感染症伝播の確率が非常に高い。病原菌にさらされた手は、自分も意識しないうちに、目や鼻、口などの体のいろいろなところに届くことがあるからだ。ⓑ握手は、衛生面からすれば、非常に不適切な意思疎通の方法として見ることができる。

ⓒ握手は、非常に一方的で高圧的なコミュニケーションだ。握手を拒否することに対して礼儀がないと思ってはいけない。握手したい人がいれば、様々な理由で握手がしたくない人もいる。ⓓ相手に配慮して明確な目的と、それに見合った雰囲気を形成してから、握手という行動を提案することが良い。

B

握手の起源に関しては、はっきりしていないが、ⓔ確かなことは、握手は善意を示すための行動であるということだ。自分の手に相手を攻撃したり、傷つけたりする、いかなる武器も持っていないことを証明するための手段であるからだ。握手は世界的な挨拶の方法でもあり、相手に対する尊重と礼儀はもちろん、相手を認める表現の手段でもある。野球やサッカー、バスケットボールなどのプロスポーツ、柔道や空手道などの格闘技、純粋なスポーツ精神を強調するオリンピック競技でも、相手チームの監督と選手たちは握手を交わす。ⓕ相手に対する尊重の気持ちを表すためだ。

握手の仕方については、難しくてその方法を調べようとする人も多いという。ネットで検索してみると、握手の仕方や注意点について詳しく記述されているが、ⓖ相手をよく見て思いやる気持ちさえ忘れなければ、その場所や状況におけるベストな握手の仕方が自然に見つかるはずだ。高圧的な握手や女性に性的羞恥心を抱かせるための握手、場所や状況に適さない握手は、犯罪にまでなりかねない非常に無礼で誤った方法だ。**このような人は、いかなる形であれ関わらないことが望ましい。** ⓗ相手を思いやり、尊重の意味が込められていない握手は、何の意味も役割もなさない。

1 握手について、AとBはどのように述べているか。

1 AもBも、女性に握手を強要するのは正しくないと述べている。

2 AもBも、握手の仕方と個人同士の距離が大事だと述べている。

3 Aは主に握手という行為に対する批判に対して述べ、Bは主に握手の機能と方法について述べている。

4 Aは主に握手の短所について述べ、Bは主に握手の起源と注意点について述べている。

2 握手の仕方について、AとBの認識で共通していることは何か。

1 意思疎通の目的や文化によって握手する方法が変わることもある。

2 相手に対する思いやりや尊重の意図のない握手は、正しい意思疎通と見なすことができない。

3 相手を警戒し、状況や場所に応じた握手のマナーについて考える必要がある。

4 握手のためには手を衛生的に管理し、相手に害を与える過激な仕方は避けるべきだ。

다음 A와 B의 글을 읽고, 뒤의 물음에 대한 대답으로 가장 알맞은 것을 1 · 2 · 3 · 4에서 하나 고르시오.

A

악수를 강요하고 그것을 거부하는 것은 무례하다고 생각하는 사람이 있다. 보통 악수를 하는 이유는 인사나 감사, 친밀감이나 화해 등을 목적이라고 이해할 수 있다. 그렇다면 악수의 목적에서는 문제점을 발견할 수 없다. 문제가 되는 것은 거리인데, 악수를 하기 위해서는 매우 밀접한 거리를 유지해야만 한다. 즉, 지극히 개인적인 공간에서 이루어지는 행위에 불쾌함과 불안감을 느끼는 사람이 많다는 것이다. 사랑하는 사람이나 가족 등, 심리적으로 가장 친밀한 관계만이 들어갈 수 있는 공간에 타인을 허용하는 것은 쉽지 않다. ⓐ만약 위의 목적이 아닌, 위협이라는 행동이 목적이라면, 악수라는 것은 좋은 이용거리도 될 수 있다. 악수를 악수(좋지 않은 수단)로 이용할 수도 있다는 것이다.

감기 등의 전염성을 가진 바이러스는 손을 통한 감염병 전파의 확률이 매우 높다. 병원균에 노출된 손은 자신도 의식하지 못하는 사이에 눈이나 코, 입 등의 신체 여러 곳에 닿을 수 있기 때문이다. ⓑ악수는 위생면에서 보면 매우 부적절한 의사소통 방법이라고 볼 수 있다.

ⓒ악수는 굉장히 일방적이고 고압적인 의사소통이다. 악수를 거부하는 것에 대해서 예의가 없다고 생각하면 안 된다. 악수를 하고 싶은 사람이 있다면, 다양한 이유로 악수를 하기 싫은 사람도 있다. ⓓ상대방을 배려하고 명확한 목적과 그에 맞는 분위기를 형성하고 나서 악수라는 행동을 제안하는 것이 좋다.

B

악수의 기원에 관해서 분명하지는 않지만, ⓔ확실한 것은 악수는 선의를 보이기 위한 행동이라는 것이다. 자신의 손에 상대를 공격하거나 상하게 할 어떠한 무기도 들고 있지 않다는 것을 증명하기 위한 수단이기 때문이다. 악수는 전세계적인 인사의 방법이기도 하고 상대방에 대한 존중과 예의는 물론, 상대를 인정하는 표현의 수단이기도 하다. 야구나 축구, 농구 등의 프로 스포츠, 유도나 공수도 등의 격투기, 순수한 스포츠 정신을 강조하는 올림픽 경기에서도 상대 팀의 감독과 선수들은 악수를 나눈다. ⓕ상대에 대한 존중의 마음을 나타내기 위함이다.

악수하는 방법에 대해서는 어려워서 그 방법을 알아보려고 하는 사람도 많다고 한다. 인터넷에 검색해 보면, 악수를 하는 방법이나 주의할 점에 대해서 자세하게 기술되어 있지만, ⓖ상대를 잘 보고 배려하는 마음만 잊지 않는다면, 그 장소나 상황에서의 가장 좋은 악수 방법을 저절로 발견하게 될 것이다. 고압적인 악수나 여성에게 성적 수치심을 안겨 주기 위한 악수, 장소나 상황에 적합하지 않는 악수는 범죄까지 될 수 있는 매우 무례하고 잘못된 방법이다. 이러한 사람은 어떠한 형태로든 관계되지 않는 것이 바람직하다. ⓗ상대를 배려하고 존중의 의미가 담겨 있지 않는 악수는 어떠한 의미도 역할도 하지 못한다.

1 악수에 대해서 A와 B는 어떻게 말하고 있는가?

1 A도 B도 여성에게 악수를 강요하는 것은 옳지 않다고 말하고 있다.

2 A도 B도 악수하는 방법과 개인간의 거리가 중요하다고 말하고 있다.

3 A는 주로 악수라는 행위에 대한 비판에 대해서 말하고, B는 주로 악수의 기능과 방법에 대해서 말하고 있다.

4 A는 주로 악수에 단점에 대해서 말하고, B는 주로 악수의 기원과 주의점에 대해서 말하고 있다.

2 악수하는 방법에 대해서 A와 B의 인식에서 공통되는 것은 무엇인가?

1 의사 소통의 목적이나 문화에 따라서 악수하는 방법이 달라질 수도 있다.

2 상대에 대한 배려나 존중의 의도가 없는 악수는 올바른 의사 소통으로는 볼 수 없다.

3 상대를 경계하고, 상황이나 장소에 맞는 악수의 매너에 대해서 생각할 필요가 있다.

4 악수를 위해서는 손을 위생적으로 관리하고, 상대에게 해를 주는 과격한 방법은 피해야 한다.

[풀이]

1 ⓐ A는 위협의 목적으로 악수를 이용할 수 있고, ⓑ 위생면에서도 부적절하고, ⓒ 일반적이고 고압적인 악수를 거부하는 것이 예의에 어긋나는 것이 아니라고 말하고 있다. ⓔ B는 악수는 선의를 위한 행동이고, ⓕ 상대에게 존중의 마음을 나타내기 위한 악수의 기능에 대해서 말하고 있다. 또 ⓖ 좋은 악수 방법과 좋지 않은 악수 방법에 대해서도 언급하고 있다. 따라서 정답은 선택지 3번이다.

2 ⓓ A는 상대를 배려하고 목적과 분위기를 만들고 나서 악수를 제안하는 것이 좋다고 말하고, ⓗ B도 상대를 배려하고 존중의 의미가 없는 악수는 그 의미와 역할이 없다고 말하고 있다. 따라서 정답은 선택지 2번이다.

[단어]

握手(あくしゅ) 악수 | 強要(きょうよう) 강요 | 拒否(きょひ) 거부 | 挨拶(あいさつ) 인사 | 感謝(かんしゃ) 감사 | 仲直(なかなお)り 화해 | 見(み)つける 발견하다, 찾아내다 | 距離(きょり) 거리 | 非常(ひじょう)に 매우, 상당히 | 密接(みっせつ) 밀접 | 保(たも)つ 유지하다 | つまり 즉 | 極(きわ)めて 지극히, 몹시 | 個人的(こじんてき) 개인적 | 空間(くうかん) 공간 | 行為(こうい) 행위 | 親密(しんみつ) 친밀 | 踏(ふ)み入(い)れる 들어가다, 들여놓다 | 許可(きょか) 허가 | 容易(ようい) 용이, 쉬움 | 脅威(きょうい) 위협 | 悪手(あくしゅ) 악수(좋지 않은 수) | ~として ~로서 | 伝染性(でんせんせい) 전염성 | 伝播(でんぱ) 전파 | さらす 노출하다 | 届(とど)く 닿다, 이르다 | 衛生面(えいせいめん) 위생면 | 意思疎通(いしそつう) 의사소통 | 高圧的(こうあつてき) 고압적 | 礼儀(れいぎ) 예의 | 配慮(はいりょ) 배려 | 見合(みあ)う 마주보다, 걸맞다 | 雰囲気(ふんいき) 분위기 | 提案(ていあん) 제안 | 起源(きげん) 기원 | ~に関(かん)して ~에 관해서 | 善意(ぜんい) 선의 | 示(しめ)す 보이다 | 攻撃(こうげき) 공격 | 傷(きず)つける 상처를 입히다, 흠내다 | いかなる 어떠한 | 武器(ぶき) 무기 | 証明(しょうめい) 증명 | 認(みと)める 인정하다 | 柔道(じゅうどう) 유도 | 空手道(からてどう) 공수도 | 格闘技(かくとうぎ) 격투기 | 純粋(じゅんすい) 순수 | 精神(せいしん) 정신 | 強調(きょうちょう) 강조 | 競技(きょうぎ) 경기 | 監督(かんとく) 감독 | 交(か)わす 주고받다, 교차하다 | 表(あらわ)す 나타내다, 표현하다 | 検索(けんさく) 검색 | 詳(くわ)しい 자세하다, 상세하다 | 思(おも)いやる 배려하다, 추측하다 | ~さえ~ば ~만 ~하면 | ~における ~에서의, ~에 있어서의 | 羞恥心(しゅうちしん) 수치심 | 適(てき)す 적합하다 | 犯罪(はんざい) 범죄 | ~かねない ~할 수도 있다 | 誤(あやま)る 실수하다, 잘못되다 | 望(のぞ)ましい 바람직하다 | 役割(やくわり) 역할 | なす 하다, 행하다 | 批判(ひはん) 비판 | 見(み)なす 간주하다, 보다 | 応(おう)じる 응답하다, 적합하다 | 過激(かげき) 과격 | 避(さ)ける 피하다 | ~べきだ ~해야 한다

종합 이해 **실전 연습** ❹ p.360 해석과 문제 해설

1	2
②	③

次のAとBの文章を読んで、後の問いに対する答えとして最もよいものを、1・2・3・4から一つ選びなさい。

A

動物実験を通して犠牲にされる動物の数は、一年におよそ5億匹という。人間と動物が共有している疾患は、わずか2%に満たないというのに、一日に130万匹以上の動物が、実験のせいで生涯を終えてしまう現実が納得できない。人間の細胞組織、人工的な皮膚組織、コンピューターシミュレーションの研究など、動物実験を代替することができるものはいくらでもあるはずである。ⓐ動物実験を通して、捏造された遺伝子を持つ、今まではなかった種まで作り出している。そして、ⓑ偉大な種の存続を続けようとしている動物の命を、人間の知的好奇心のために犠牲させることはできない。いかなる場合も、生命の尊厳性は守られるべきである。

B

人々が副作用なく、薬を服用できるようになるまでには、徹底的な研究が繰り返し行われる必要がある。そのために全世界の国で、薬品の市販に先立って、動物実験をしなければならないことを義務化しているのである。ⓒ動物実験を経て開発された薬のおかげで、我々は放置すれば死ぬしかない疾病から身を治療し、暮らしを維持できるようになったのである。最近では、ⓓ世界の色々な国において、動物実験に関する法律や規則などが作られている。代替実験の有無を優先し、実験に使用される動物数の減少に努め、動物の苦痛を最小限に抑える麻酔を推奨するなどの原則を掲げている。動物実験の目的は、決して無慈悲に動物を殺すためのものではないのである。

1 動物実験について、AとBはどのように述べているか。

1 Aは人間のための犠牲に過ぎないと述べ、Bは治療が困難な薬を開発するための目的に限って、実験が必要だと述べている。

2 Aは動物実験の必要性について否定的に述べ、Bは動物実験の否定的見解について批判的に述べている。

3 AもBも、動物実験の残酷な行為を批判し、法的な制裁が必要だと述べている。

4 AもBも、動物実験に改善されるべき問題点はあるが、人類のためにはやむをえない選択だと述べている。

2 AとBが共通して述べていることはどれか。

1 生命の尊厳性を守るために、倫理に基づいた原則を違反する動物実験は廃止されるべきだ。

2 人間に役立つ薬を作るために行われる動物実験は、仕方のないことだ。

3 動物実験という過酷な環境の中で、動物を虐待する行為などは行われてはならない。

4 動物実験に対する基準と制限を扱う法律の制定に先立ち、実験機関の倫理的誓約が必要だ。

다음 A와 B의 글을 읽고, 뒤의 물음에 대한 답으로 가장 알맞은 것을 1 · 2 · 3 · 4에서 하나 고르시오.

A

동물 실험을 통해 희생되는 동물의 수는 1년에 무려 5억 마리라고 한다. 인간과 동물이 공유하고 있는 질환은 불과 2%가 되지 않는다고 하는데, 하루에 130만 마리 이상의 동물들이 실험 때문에 생을 마감하게 되는 현실을 납득할 수 없다. 인간의 세포 조직, 인공적인 피부 조직, 컴퓨터 시뮬레이션 연구 등, 동물 실험을 대체할 수 있는 것은 얼마든지 있을 것이다. ⓐ 동물 실험을 통해서 조작된 유전자를 지닌, 그 전까지는 없었던 종까지 만들어 내고 있다. 그리고 ⓑ 위대한 종의 존속을 이어가려는 동물의 목숨을 인간의 지적 호기심을 위해서 희생시킬 수는 없다. 어떠한 경우에도 생명의 존엄성은 지켜져야 한다.

B

사람들이 부작용 없이 약을 복용할 수 있게 되기까지는 철저한 연구가 반복해서 이루어질 필요가 있다. 그것을 위해서 전 세계의 나라에서 약품 시판에 앞서 동물 실험을 해야 하는 것을 의무화하고 있는 것이다. ⓒ 동물 실험을 거쳐서 개발된 약 덕분에 우리는 방치하면 죽을 수밖에 없는 질병으로부터 몸을 치유하고 삶을 유지할 수 있게 된 것이다. 최근에는 ⓓ 세계 여러 나라에서 동물 실험에 관한 법률이나 규칙 등이 만들어지고 있다. 대체실험의 유무를 우선하고, 실험에 사용되는 동물 수의 감소에 힘쓰며, 동물의 고통을 최소한으로 억제하는 마취를 권장하는 등의 원칙을 내세우고 있다. 동물 실험의 목적은 결코 무자비하게 동물을 살해하기 위한 것이 아니라는 것이다.

1 동물 실험에 대해서 A와 B는 어떻게 말하고 있는가?

1 A는 인간을 위한 희생에 지나지 않다고 말하고, B는 치료가 어려운 약을 개발하기 위한 목적에 한해서, 실험이 필요하다고 말하고 있다.

2 A는 동물 실험의 필요성에 대해서 부정적으로 말하고, B는 동물 실험의 부정적 견해에 대해서 비판적으로 말하고 있다.

3 A도 B도, 동물실험의 잔혹한 행위를 비판하고, 법적인 제재가 필요하다고 말하고 있다.

4 A도 B도, 동물 실험에 개선되어야 할 문제점은 있지만, 인류를 위해서는 어쩔 수 없는 선택이라고 말하고 있다.

2 A와 B가 공통적으로 말하고 있는 것은 어느 것인가?

1 생명의 존엄성을 지키기 위해서, 윤리에 근거한 원칙을 위반하는 동물 실험은 폐지되어야 한다.

2 인간에게 도움이 되는 약을 만들기 위해서 이루어지는 동물 실험은 어쩔 수 없는 일이다.

3 동물 실험이라는 가혹한 환경 속에서 동물을 학대하는 행위 등은 이루어져서는 안 된다.

4 동물 실험에 대한 기준과 제한을 다룬 법률의 제정에 앞서, 실험 기관의 윤리적 서약이 필요하다.

[풀이]

1 ⓑ A는 동물 실험은 있어서는 안 되는 것이라고 말하고 있고, ⓒ B는 동물 실험 덕분에 인간의 삶이 유지된다고 말하고 있다. 따라서 정답은 선택지 2번이다.

2 ⓐ A는 유전자 변형 등의 동물 실험에 대해서 비판적으로 말하고 있고, ⓓ B는 동물 실험의 환경 개선에 대한 의견을 제시하고 있다. 따라서 정답은 선택지 3번이다. 선택지 1번은 A의 내용에서만, 선택지 2번과 4번은 B의 내용에서만 언급하고 있다.

[단어]

実験(じっけん) 실험 | **犠牲**(ぎせい) 희생 | **共有**(きょうゆう) 공유 | **疾患**(しっかん) 질환 | **生涯**(しょうがい) 생애 | **納得**(なっとく) 납득 | **細胞**(さいぼう) 세포 | **組織**(そしき) 조직 | **代替**(だいたい) 대체 | **捏造**(ねつぞう) 날조 | **遺伝子**(いでんし) 유전자 | **いかなる** 어떠한 | **尊厳性**(そんげんせい) 존엄성 | **副作用**(ふくさよう) 부작용 | **徹底**(てってい) 철저 | **繰り返す**(くりかえす) 반복하다 | **義務**(ぎむ) 의무 | **放置**(ほうち) 방치 | **麻酔**(ますい) 마취 | **推奨**(すいしょう) 권장, 추천 | **掲げる**(かかげる) 내걸다 | **無慈悲**(むじひ) 무자비 | **制裁**(せいさい) 제재 | **虐待**(ぎゃくたい) 학대 | **誓約**(せいやく) 서약

問題 12

주장 이해(장문) 실전 연습 ❶ p.362 해석과 문제 해설

1	2	3
②	②	②

次の文章を読んで、後の問いに対する 答えとして最もよいものを、１・２・３・４から一つ選びなさい。

他人とは違う、自分だけの長所を個性だと考えがちだ。特に、芸術界や文学界に携わっている人は、自分だけの個性を発現させることに血眼にもなる。個性は、作っていくものだとか、良い個性を得るべきだと考えるのは間違っている。個性は、開発したり、得られるものではなく、最初から自分に与えられているものであるからだ。

個性自体は、それほど大したものでも、大げさなものでもない。笑ったり、泣いたりする時、全く同じように行動したり、声を出したりすることは不可能だ。もう少し大げさに泣く人、もう少し口を開けて笑う人、顔に手を当てて泣く人、お腹を抱えて笑う人など、似たような行動をする人は多いだろうが、全く同じ行動をする人はいない。また、甘い味が好きなのも個性といえる。ただ、甘さの段階がレベル１から最低でも１億は超えるということだ。甘さの好きな段階のレベルが5555と5556とでは異なる。ⓐほんの少し違うだけだが、それが個性というものだ。これが他人と自分を区別する要素で、自分だけが持っているもの、自分を自分にしてくれる個性というものだ。

（中略）

個性には善と悪がなく、良い個性と悪い個性もなく、長所と短所などはない。前述したように、個性はそれほど大げさなものではないからだ。他人と自分を区分する非常に繊細な違いが個性だと言える。しかし、これをうまく利用すれば、他の人には絶対まねできない、専ら自分だけができることを作ることができる。同じ材質とサイズの画用紙に描いた絵、同じ原稿用紙に書かれた文章、ⓑ全く同じ条件でも全く異なる結果が生まれる。個性というものが発揮されたのだ。非常に小さな個性の違いは、全く異なる結果をもたらす。線一本を描いても、同じ長さと同じ太さで描く人はいない。自分の個性をうまく活用すれば、良い結果を生むことができ、その個性を活用するためには不断の努力と時間が必要だ。

他人の持つ個性を羨むのは当然だ。人間の持つ嫉妬と妬みというものを考えると、それほど驚くことではない。だが、個性の模倣には何の意味もない。完璧に同じものになれるわけがなく、100%に限りなく近い結果を出しても自分のものとは言えないからだ。他人のものを手に入れようとするほど、似合わない服を着たように不快に感じるだろう。ⓒ自分ならではの個性を理解して覗いてみよう。誰も私の個性を持つことはできない。私だけが私の個性を有することができる。そんな自分の個性が、人生という画用紙に自分の結果を示してくれるだろう。

1 個性自体は、それほど大したものでも、大げさなものでもないとあるが、なぜか。

1 個性は開発していく要素を持っているから
2 個性にはそれほど大きな差はないから
3 個性は誰でも発見できるありふれたものだから
4 個性は生まれた時から誰にでも与えられたものだから

2 筆者によると、個性とはどんなものだと述べているか。

1 自分の活用次第で、良いことにも悪いことにもなり得るもの
2 完璧に同じ条件で、全く異なる結果を生み出すことができるもの
3 努力と時間によっては、長所を見つけて鍛錬できるもの
4 平凡な個性でも、活用次第では異なる結果をもたらすもの

3 筆者が言いたいことは何か。

1 他人の持つ個性を羨んだり、嫉妬したりしてはいけない。
2 自分だけの個性を利用して結果を出すことが重要だ。
3 自分だけが持てる個性を有することが重要だ。
4 個性を持とうと一生懸命努力しなくてもいい。

다음 글을 읽고 뒤의 질문에 대한 답으로 가장 옳은 것을 1 · 2 · 3 · 4에서 하나 고르시오.

다른 사람과는 다른 자신만의 장점을 개성이라고 생각하기 쉽다. 특히 예술계나 문학계에 종사하고 있는 사람은 자신만의 개성을 발현시키는 것에 혈안이 되기도 한다. 개성은 만들어 가는 것이라거나 좋은 개성을 얻어야 한다고 생각하는 것은 잘못된 것이다. 개성은 개발하거나 얻어지는 것이 아니라 처음부터 자신에게 주어져 있는 것이기 때문이다.

개성 자체는 그 정도로 대단한 것도 거창한 것도 아니다. 웃거나 울거나 할 때, 완전히 똑같이 행동하거나 소리를 내는 것은 불가능하다. 조금 더 과장되게 우는 사람, 조금 더 입을 벌리고 웃는 사람, 얼굴에 손을 대고 우는 사람, 배를 잡고 웃는 사람 등, 비슷한 행동을 하는 사람은 많겠지만, 완전히 똑같이 행동을 하는 사람은 없다. 또한, 단맛을 좋아하는 것도 개성이라고 말할 수 있다. 다만, 단맛의 단계가 레벨 1부터 최소 1억은 넘는다는 것이다. 단맛을 좋아하는 단계의 레벨이 5555와 레벨 5556은 다르다. ⓐ아주 약간 다를 뿐이지만, 그것이 개성이라는 것이다. 이것이 다른 사람과 나를 구별하는 요소이고, 자신만이 가지고 있는 것, 나를 나로 만들어 주는 개성이라는 것이다.

(중략)

개성에는 선과 악이 없고, 좋은 개성과 나쁜 개성도 없고, 장점과 단점 따위는 없다. 앞에서도 언급한 것처럼 개성은 그 정도로 거창한 것이 아니기 때문이다. 다른 사람과 자신을 구분 짓는 아주 섬세한 차이를 개성이라고 말할 수 있다. 하지만 이것을 잘 이용하면, 다른 사람은 절대 흉내낼 수 없는 오로지 자신만이 할 수 있는 것을 만들 수 있다. 같은 재질과 사이즈의 도화지에 그린 그림, 같은 원고지에 쓰여진 글, ⓑ완전히 같은 조건에서도 전혀 다른 결과가 발생한다. 개성이라는 것이 발휘된 것이다. 아주 작은 개성의 차이는 완전히 다른 결과를 가져온다. 선 하나를 그려도 같은 길이와 같은 굵기로 그리는 사람은 없다. 자신의 개성을 잘 활용하면 좋은 결과를 낳을 수 있고, 그 개성을 활용하기 위해서는 부단한 노력과 시간이 필요하다.

남이 가진 개성을 부러워하는 것은 당연하다. 인간이 가진 질투와 시기라는 것을 생각하면, 그리 놀라울 일은 아니다. 하지만, 개성의 모방에는 아무런 의미가 없다. 완벽하게 똑같아질 리가 없고, 100%에 한없이 가까운 결과를 내더라도 자신의 것이라고 말할 수 없기 때문이다. 다른 사람의 것을 손에 넣으려고 할수록, 어울리지 않는 옷을 입은 것처럼 불편하게 느껴질 것이다. ⓒ자신만의 개성을 이해하고 들여다보자. 누구도 나의 개성을 가질 수 없다. 나만이 나의 개성을 소유할 수 있다. 그런 자신의 개성이 인생이라는 도화지에 자신의 결과물을 보여줄 것이다.

1 개성 자체는 그 정도로 대단한 것도 거창한 것도 아니다라고 하는데, 왜 인가?

1 개성은 개발해 나가는 요소를 가지고 있기 때문에
2 개성에는 그 정도로 큰 차이는 없기 때문에
3 개성은 누구나 발견할 수 있는 흔한 것이기 때문에
4 개성은 태어날 때부터 누구에게나 주어진 것이기 때문에

2 **필자에 의하면 개성은 어떤 것이라고 말하고 있는가?**

1 자신의 활용에 따라서 좋은 것도 나쁜 것도 될 수 있는 것

2 완벽하게 같은 조건에서 전혀 다른 결과를 만들어 낼 수 있는 것

3 노력과 시간에 따라서는 장점을 찾아서 단련할 수 있는 것

4 평범한 개성이라도 활용에 따라서는 다른 결과를 가져오는 것

3 **필자가 말하고 싶은 것은 무엇인가?**

1 남이 가진 개성을 부러워하거나 질투해서는 안 된다.

2 자신만의 개성을 이용해서 결과를 내는 것이 중요하다.

3 나만이 가질 수 있는 개성을 소유하는 것이 중요하다.

4 개성을 가지려고 열심히 노력하지 않아도 된다.

[풀이]

1 ⓐ 다른 사람과 구별하는 요소, 자신만이 가지고 있는 남들과 아주 약간 다른 것이 개성이라는 것이라고 말하고 있다. 따라서 정답은 선택지 2번이다. 개성은 개발하는 것이 아니라고 말하고 있기 때문에, 선택지 1번은 정답이 될 수 없다.

2 ⓑ 개성이 발휘되면, 완전히 같은 조건에서 전혀 다른 결과가 발생한다고 말하고 있다. 따라서 정답은 선택지 2번이다. 개성에는 선악도 없고 좋은 개성도 나쁜 개성도 없다고 말하고 있기 때문에 선택지 1번은 정답이 될 수 없다. 개성은 개발하거나 얻어지는 것이 아니라고 말하고 있기 때문에 선택지 3번도 정답이 될 수 없다. 본문에서 개성이 평범하다는 언급은 없기 때문에 선택지 4번도 정답이 아니다.

3 ⓒ 다른 사람은 소유할 수 없는 자신만의 개성을 이해하고, 그 개성이 자신의 인생의 결과물을 보여줄 것이라고 말하고 있다. 따라서 정답은 선택지 2번이다.

[단어]

個性 개성 | **～がちだ** ～하기 쉽다 | **芸術界** 예술계 | **文学** 문학 | **携わる** 종사하다 | **発現** 발현 | **血眼** 혈안 | **得る** 얻다 | **～べきだ** ～해야 한다 | **与える** 주다 | **大げさ** 과장됨, 허풍을 떪 | **手を当てる** 손을 대다, 손을 얹다 | **抱える** 안다, 껴안다 | **段階** 단계 | **超える** 넘기다, 초과하다 | **区別** 구별 | **要素** 요소 | **繊細** 섬세 | **まね** 흉내 | **専ら** 오로지, 한결같이 | **材質** 재질 | **画用紙** 도화지 | **描く** 그리다 | **原稿** 원고 | **異なる** 다르다 | **不断** 부단 | **羨む** 부러워하다 | **嫉妬** 질투 | **妬み** 시기, 시샘 | **驚く** 놀라다 | **模倣** 모방 | **～わけがない** ～일리가 없다 | **似合う** 어울리다, 잘 맞다 | **～ならではの** ～만의, ～특유의 | **覗く** 엿보다, 훔쳐보다 | **有する** 가지다, 소유하다 | **示す** 보이다 | **ありふれる** 흔하다 | **～次第で** ～에 따라서 | **生み出す** 만들어 내다, 낳다 | **～によって** ～에 따라서, ～에 의해서 | **鍛錬** 단련 | **平凡** 평범 | **一生懸命** 열심히

주장 이해(장문) 실전 연습 ❷ p.365 해석과 문제 해설

1	2	3
③	②	②

多くの人々がそれぞれの立場で文章を書いている。学生はレポートや論文等の課題を、職場で働く人は報告や計画書、提案書などを、また趣味としてSNSに投稿したり、職業として専門的な文章を書く人も多い。文章を書くために資料を収集し、多くの本を読み、品詞の調整、文体の簡潔化や統一性のために努力する。

文章を書くための最高の方法は、やはり多読である。ⓐ多様な文をたくさん読むと、文を書くための文章の構成や長さ、単語の組み合わせ、文体の特徴と適切な例などの技術的なことを身に付けることができる。また、文の目的と対象を正確に把握していなければならない。例えば、ⓑ子供たちを対象にする文に、各種の図やグラフ、難しい用語の羅列が入った文章は難しい。また、客観的な事実を伝える内容を書くか、自分の意見を主張する文章を書くかによって、文体や文章の作成要領が一変する。情報を提供することを目的とする文は、信頼性のある資料収集が極めて重要である。それに比べて論文や評論、社説などの文章を書くときは、一貫した論調をもとに、自分の考えを明確に伝えるための文章と展開の仕方が必要である。文章を書くとき、目的と対象を確実に決めておくと、文章の方向を定めることに大いに役立つ。

文章が完成すれば、3回ぐらい声を出して読んでみた方が良い。全体的な主題と内容の流れに合わない内容なら、思い切って捨てなければならない。ⓒ脱稿(注)する過程で音を出して読んでみると、文章のリズムと韻律も感じることができる。流れに合わないリズムや表現があれば、すぐに削除することが、よい文章を書けるポイントだと言える。作成された文を読み上げながら、完成度を害した表現を取り出すことが、筆者の欲も取り出すことができるようになるのである。（中略）

文をうまく書くことと良い文を書くのは明らかに異なる。うまく書かれた文章とは、技術的な面が優れた文章である。模倣と稽古を通じて誰でも十分に上手になる。しかし、良い文章というのは、それを読んだ対象に何かを伝えられなくてはならない。感動、悟り、思索を抱かせる文章こそ、良い文章であると思う。そのためには澄んだ精神を維持して、きれいな心の状態を作ることが重要である。澄んだ精神のためには十分に睡眠を取り、よい行いをして、罪を犯さないように努力しなければならない。ⓓ良い文章は良い人から誕生するものである。

（注）脱稿：原稿を書きおえること。

1　筆者はなぜ、多読が重要だと述べているか。

1　職業として文字を書く人たちの職業意識を学ぶことができるから
2　よい成果を出すための資料が必要であるから
3　文を書くための多様な技術を学ぶことができるから
4　他人の文を通じて、対象を選定する方法を身につけることができるから

2　筆者が文章を何回か声を出して読んでみた方がいいと述べている理由は何か。

1　不足した部分を詰めることによって、文章の完成度を高めることができるため
2　文章の流れや内容の加減を判断するための効果的な方法であるため
3　全体的なテーマに関した内容をさらに強調できるため
4　筆者の欲求を制限して、文章を読む読者の要求を把握することができるため

3 筆者は良い文章について、どう考えているか。

1 文章の精巧さと模倣を通じた創造こそ、良い文章の条件だと考えている。

2 良い人格を持っている人が文章を作成するとき、現れるものだと考えている。

3 周辺環境について考えさせる文章が、良い文章だと考えている。

4 善良な行動をするための動機づけを持たせる文章が、良い文章の条件だと考えている。

많은 사람들이 각자의 입장에서 글을 쓰고 있다. 학생은 리포트나 논문 등의 과제를, 직장에서 일하는 사람은 보고서나 계획서, 제안서 등을, 또한 취미로서 본인의 SNS에 투고를 하거나, 직업으로 전문적인 글을 쓰는 사람도 많다. 글을 쓰기 위해서 자료를 수집하고 많은 책을 읽고, 품사의 조정, 문체의 간결화나 통일성을 위해서 노력한다.

글을 잘 쓰기 위한 최고의 방법은 역시 다독이다. ⓐ다양한 글을 많이 읽으면 글을 쓰기 위한 문장의 구성이나 길이, 단어의 조합, 문체의 특징과 적절한 예시 등의 기술적인 것을 익힐 수 있다. 또한 글의 목적과 대상을 정확하게 파악하고 있어야 한다. 예를 들면, 어린 아이들을 대상으로 하는 글에 각종 도표나 그래프, 어려운 용어들의 나열이 들어간 문장은 어렵다. 또한 객관적인 사실을 전하는 내용을 쓸 것인지, 자신의 의견을 주장하는 글을 쓸 것인지에 따라서, 문체나 문장의 작성 요령이 완전히 달라진다. 정보를 제공하는 것을 목적으로 하는 글은 신뢰성 있는 자료 수집이 매우 중요하다. 그에 비해 논문이나 평론, 사설 등의 글을 쓸 때는 일관된 논조를 바탕으로 자신의 생각을 명확하게 전달하기 위한 문장과 전개 방식이 필요하다. 글을 쓸 때 목적과 대상을 확실하게 정해 두면 글의 방향을 정하는 것에 큰 도움이 된다.

글이 완성되면 세 번 정도 소리 내어 읽어 보는 것이 좋다. 전체적인 주제와 내용의 흐름에 맞지 않는 내용이라면 과감하게 버려야 한다. ⓑ탈고[주]하는 과정에서 소리를 내어 읽어 보면, 문장의 리듬과 운율도 느낄 수가 있다. 흐름에 맞지 않는 리듬이거나 표현이 있으면 바로 삭제하는 것이 좋은 글을 쓸 수 있는 포인트라고 말할 수 있다. 작성된 글을 읽어 내려가면서 완성도를 해치는 표현들을 덜어내는 것이 필자의 욕심도 덜어낼 수 있게 되는 것이다. (중략)

글을 잘 쓰는 것과 좋은 글을 쓰는 것은 확연하게 다르다. 잘 쓰인 글이란 기술적인 면이 뛰어난 글이다. 모방과 배움을 통해서 누구나 충분히 잘하게 된다. 하지만 좋은 글이라는 것은 그것을 읽은 대상에게 무언가를 전해 줄 수 있어야 한다. 감동, 깨달음, 사색을 안기는 글이야말로 좋은 글이라고 생각한다. 그것을 위해서는 맑은 정신을 유지하고, 깨끗한 마음의 상태를 만드는 것이 중요하다. 맑은 정신을 위해서는 충분히 수면을 취하고, 착한 일을 하고, 죄를 짓지 않도록 노력해야 한다. ⓒ좋은 글은 좋은 사람에게서 탄생하는 것이다.

(주) 탈고 : 원고를 끝마치는 것.

1 필자는 왜 다독이 중요하다고 말하고 있는가?

1 직업으로 글을 쓰는 사람들의 직업 의식을 배울 수 있기 때문에

2 좋은 성과를 내기 위한 자료가 필요하기 때문에

3 글을 쓰기 위한 다양한 기술을 배울 수 있기 때문에

4 타인의 글을 통해서 대상을 선정하는 방법을 익힐 수 있기 때문에

2 필자가 글을 몇 번인가 소리를 내어서 읽어 보는 것이 좋다고 말하는 이유는 무엇인가?

1 부족한 부분을 채움으로써 문장의 완성도를 높일 수 있기 때문에

2 문장의 흐름이나 내용의 가감을 판단하기 위한 효과적인 방법이기 때문에

3 전체적인 주제에 관련된 내용을 더욱 강조할 수 있기 때문에

4 필자의 욕구를 제한하고 글을 읽는 독자의 요구를 파악할 수 있기 때문에

3 필자는 좋은 글에 대해서 어떻게 생각하고 있는가?

1 문장의 정교함과 모방을 통한 창조야말로 좋은 글의 조건이라고 생각하고 있다.

2 훌륭한 인격을 가지고 있는 사람이 글을 작성할 때 나타나는 것이라고 생각하고 있다.

3 주변 환경에 대해서 생각을 하게 하는 글이 좋은 글이라고 생각하고 있다.

4 착한 행동을 하기 위한 동기부여를 가지게 하는 글이 좋은 글의 조건이라고 생각하고 있다.

[풀이]

1 ⓐ 글을 많이 읽으면 여러 가지 기술적인 것들을 배울 수 있다고 말하고 있다. 따라서 정답은 선택지 3번이다.

2 ⓑ 소리를 내어 글을 읽음으로써 흐름에 맞지 않는 표현 등의 삭제를 통해 좋은 글로 이어질 수 있다고 말하고 있다. 따라서 정답은 선택지 2번이다.

3 ⓒ 필자는 좋은 글은 좋은 사람에게서 만들어지는 것이라고 말하고 있다. 따라서 정답은 선택지 4번이다.

Tip 필자의 주장을 묻는 문제는 마지막 부분에 정답에 관한 힌트가 나오는 경우가 많다.

[단어]

投稿 투고 | 収集 수집 | 調整 조정 | 簡潔化 간결화 | 羅列 나열 | 一変 일변 | 信頼性 신뢰성 | 極めて 극히, 매우 | 論調 논조 | 脱稿 탈고 | 韻律 운율 | 削除 삭제 | 害する 해치다, 상하게 하다 | 模倣 모방 | 稽古 배움, 익힘 | 悟り 깨달음 | 思索 사색 | 抱く 안다, 품다 | 澄む 맑다, 맑아지다 | 詰める 채우다 | 加減 가감 | 精巧さ 정교함 | 動機づけ 동기 부여

주장 이해(장문) 실전 연습 ❸ p.368 해석과 문제 해설

1	2	3
③	③	②

植物は地中に根を下ろし、自分の身を堅く固定させ、水と養分を吸収する。雨風や台風、洪水などの過酷な自然から生き残るためには、地中深く、広く根を下ろすことが非常に重要だ。長い間、その場に黙々と佇み、厳しい苦難や波風に揉まれながらも屈せずに自分の人生を生きていくイメージに、最も適した生命体が木をはじめとする植物だろう。ⓐ自然や人から受ける数多の苦難や難くせにもかかわらず、ただ受け入れ、我慢してくれる存在というイメージが強い。しかし、植物はそのように受動的な生活を送る存在として見ることはできない。

植物の生存戦略は熾烈(注1)だ。砂漠地域に自生するタンブルウィードは、水不足になるとカラッと乾き、根、または茎が切れて風に乗ってあちこちに転がる。一見、枯れて死んでしまったともいえるその状態のまま、雨が降ったり、水のあるところに偶然行ったりすると、根を下ろして茎を伸ばす。すべてを凍らせてしまいそうな極寒の地域に代表される北極と南極でも花が咲く。南極でも花を咲かせる植物はナンキョクコメススキとナンキョクミドリナデシコという二種類があり、北極ではなんと三千種を超える植物の中で二千種余りが花を咲かせる。どのような方法で極寒の地域を征服したのか、そこに定着するまでにどれだけの時間がかかったのか、想像しようもない。この世のあらゆる地域を掌握しているのは、人間ではなく、植物なのかもしれない。

極地の植物だけでなく、すべての植物は生存のための工夫をしている。少しでも日光を浴びるために高く上がろうとし、葉も広く広げようとする。地中に根を下ろすことも戦場を彷彿とさせる(注2)。ⓑ植物の繁殖に最適な条件として、植物に楽園のように見える中南米の熱帯雨林でも、生存のために少しでも広い地域を獲得するための根が、絡み合っている。植物も動物と同様に生存のための熾烈な生存競争をしているのだ。

（中略）

子孫を残すための繁殖という羈絆(注3)は、植物もまた決して避けて通れない。花の場合は、美しい花を咲かせて匂いをさせて、昆虫や虫を誘引、または誘惑した後、それらを媒介体として移動した数多の種のうちのごく一部が、適切な条件の大地から発芽する。木もまた、実の中に種を抱き、動物に好かれる匂いや色で誘惑する。動物を通して移動した後、排泄された地域がちょうどその種子に最適な環境である、ごく一部の種が芽生えることになる。極悪の確率だが、生命体の本能に反する、繁殖を諦めるなんてことは想像できない。

自然は植物に対して寛大ではなく、動物に対してはさらに過酷だ。そこに©人間による気候変動により既に絶滅してしまったり、絶滅の危機に瀕している個体も数え切れないほどだ。過酷な自然の中で生き残るための方法を工夫し、会得し、進化してきた動物や植物は、あまりにも早く変わっていく状況で、適応と進化の能力を発現できなくなったのだ。ⓓ人間もまた、危機に適応して対応する時間が十分だとはいえない。

（注1）熾烈：勢いが盛んで激しいこと

（注2）彷彿とさせる：ここでは、ありありと想像したり、あるものを思い浮かべたりすること

（注3）羈絆：ここでは、行動する者の妨げになるものや事柄

1 イメージについて、筆者はどのように述べているか。

1 植物は生存のために熾烈な戦いをする存在だ。

2 大変な苦難に耐えてまで、人間に利益を与えている。

3 長い間、苦難と逆境を喜んで耐えることができる。

4 受動的な生活から抜け出し、自ら生存のために努力している。

2 植物の生存戦略について、筆者はどう考えているか。

1 極地の植物はそれなりの方法で、環境に合わせて進化している。

2 過酷な環境にあるほど、長年にわたって蓄積された生存への渇望が強い。

3 環境の厳しさとは関係なく、植物は必死の生存をしている。

4 酷寒と酷暑の地域の植物は、厳しい環境でも繁殖している

3 筆者が一番言いたいことは何か。

1 自然という存在は、生命体にとって決して寛大ではない。

2 人間の活動による結果が、自らに災いをもたらしかねない。

3 自然と人間が協力し合わなければ、絶滅は避けられない。

4 進化と環境適応に遅れをとると、急速に変わる時代に対応できない。

식물은 땅속에 뿌리를 내리고 자신의 몸을 단단하게 고정시키고 물과 양분을 흡수한다. 비바람이나 태풍, 홍수 등의 가혹한 자연으로부터 살아남기 위해서는 땅속 깊숙하게 넓게 뿌리를 내리는 것이 매우 중요하다. 오랜 시간동안 그 자리에 우두커니 서서, 혹독한 고난과 풍파에 시달리면서도 꿋꿋하게 자신의 삶을 살아가는 이미지에 가장 적합한 생명체가 나무를 비롯한 식물일 것이다. ⓐ자연이나 사람으로부터 받는 수많은 고난과 트집에도 불구하고, 단지 받아들이고 참아 주는 존재라는 이미지가 강하다. 하지만 식물은 그렇게 수동적인 삶을 살아가는 존재로 볼 수는 없다.

식물의 생존 전략은 치열(주1)하다. 사막지역에 자생하는 회전초는 물이 부족해지면 바싹 마르고, 뿌리 또는 줄기가 끊어져서 바람을 타고 이리 저리로 굴러다닌다. 언뜻 보면 말라죽어 버렸다고도 볼 수 있는 그 상태인 채로 비가 내리거나 물이 있는 곳으로 우연히 가거나 하면, 뿌리를 내리고 줄기를 뻗는다. 모든 것을 얼려버릴 것 같은 혹한의 지역으로 대표되는 북극과 남극에서도 꽃이 핀다. 남극에서도 꽃을 피우는 식물은 남극좀새풀과 남극개미자리라는 두 종류가 있고, 북극에서는 무려 3000종이 넘는 식물 중에서 2000여 종이 꽃을 피운다. 어떤 방법으로 혹한의 지역을 정복했는지, 그곳에 정착하기까지 얼마만큼의 시간이 걸렸는지, 상상할 수 없다. 이 세상의 모든 지역을 장악한 것은 인간이 아니라, 식물일지도 모른다.

극지의 식물뿐만 아니라, 모든 식물은 생존을 위한 연구를 하고 있다. 조금이라도 햇빛을 받기 위해서 높이 올라가려고 하며, 잎도 넓게 펼치려고 한다. 땅속에 뿌리를 내리는 것도 전쟁터를 방불케 한다[주2]. ⓑ 식물의 번식에 최적의 조건으로 식물에게 낙원처럼 보이는 중남미의 열대 우림에서도 생존을 위해 조금이라도 넓은 지역을 획득하기 위한 뿌리들이 얽혀 있다. 식물도 동물과 마찬가지로 생존을 위한 치열한 생존 경쟁을 하고 있는 것이다.

(중략)

자손을 남기기 위한 번식이라는 굴레[주3]는 식물 또한 결코 피해 갈 수 없다. 꽃의 경우에는 아름다운 꽃을 피우고 냄새를 나게 해서, 곤충이나 벌레를 유인 또는 유혹한 후, 그들을 매개로 이동을 한 수많은 씨앗 중에 극히 일부가 적절한 조건의 대지에서 발아한다. 나무 또한 열매 안에 씨앗을 품고, 동물이 좋아하는 냄새나 색으로 유혹한다. 동물을 통해 이동한 후, 배설된 지역이 마침 그 종자에 최적의 환경이고, 극히 일부의 씨앗이 싹을 틔우게 된다. 극악의 확률이지만, 생명체의 본능에 반하는 번식을 포기한다는 것은 상상할 수 없다.

자연은 식물에 대해 관대하지 않고, 동물에 대해서는 더욱 가혹하다. 거기에 ⓒ 인간에 의한 기후 변동에 의해서 이미 멸종해 버렸거나 멸종위기에 처한 개체도 셀 수 없을 정도이다. 가혹한 자연에서 살아남기 위한 방법을 연구하고, 터득하고, 진화해 온 동물과 식물은 너무나도 빠르게 변해 가는 상황에서 적응과 진화의 능력을 발현할 수 없게 된 것이다. ⓓ 인간 또한 위기에 적응하고 대응할 시간이 충분하다고는 말할 수 없다.

(주 1) 치열 : 기세가 왕성하고 격렬한 것
(주 2) 방불케 하다 : 여기에서는 생생히 상상하거나 어떤 것을 떠올리는 것
(주 3) 굴레 : 여기에서는 행동하는 사람에게 방해가 되는 것이나 일

1 이미지에 대해서 필자는 어떻게 말하고 있는가?

1 식물은 생존을 위해서 치열한 싸움을 하는 존재이다.
2 힘든 고난을 견디면서까지 인간에게 이익을 주고 있다.
3 오랜 시간동안 고난과 역경을 기꺼이 견딜 수 있다.
4 수동적인 삶에서 벗어나 스스로 생존을 위해서 노력하고 있다.

2 식물의 생존 전략에 대해서 필자는 어떻게 생각하고 있는가?

1 극지의 식물은 나름의 방법으로 환경에 맞춰 진화하고 있다.
2 가혹한 환경에 있을수록 오랜 세월에 걸쳐서 축적된 생존에 대한 갈망이 강하다.
3 환경의 혹독함의 여부와 관계없이 식물은 필사적인 생존을 하고 있다.
4 혹한과 혹서 지역의 식물은 혹독한 환경에서도 번식하고 있다.

3 필자가 가장 말하고 싶은 것은 무엇인가?

1 자연이라는 존재는 생명체에게 있어 결코 관대하지 않다.
2 인간의 활동으로 인한 결과가 스스로에게 재앙을 초래할 수 있다.
3 자연과 인간이 서로 협력하지 않으면, 멸종은 피할 수 없다.
4 진화와 환경적응에 뒤처지게 되면, 급속하게 변하는 시대에 대응할 수 없다.

[풀이]

1 ⓐ 자연과 사람에게서 많은 고난을 받음에도 불구하고, 단지 받아들이고 참는 존재라는 이미지라고 말하고 있다. 따라서 정답은 선택지 3번이다.

2 ⓑ 식물 번식의 최적의 조건인 중남미의 열대 우림에서도 생존을 위한 뿌리들이 얽혀 있다고 말하고 있다. 혹한의 지역이나 번식에 최적화된 지역에 관계없이, 필사적인 생존을 하고 있다고 볼 수 있다. 따라서 정답은 선택지 3번이다.

3 ⓒ 인간을 인한 기후 변동으로 많은 식물이 멸종 또는 멸종위기에 처해 있다고 하고, ⓓ 인간 또한 위험할 수 있다고 말하고 있다. 따라서 정답은 선택지 2번이다.

[단어]

根 뿌리 | 下ろす 내리다 | 堅い 딱딱하다, 단단하다 | 固定 고정 | 養分 양분 | 吸収 흡수 | 過酷 가혹 | 生き残る 살아남다 | 非常に 매우, 상당히 | 黙々と 묵묵히 | 佇む 우두커니 서다, 배회하다 | 厳しい 엄하다, 혹독하다 | 苦難 고난 | 波風 풍파 | 揉まれる 시달리다 | 屈する 굽히다, 굴복시키다 | ～をはじめとする ～를 비롯한 | 数多 무수히 | 難くせ 트집 | ～にもかかわらず ～에도 불구하고 | 我慢 참음 | 受動的 수동적 | ～として ～으로서 | 生存 생존 | 戦略 전략 | 熾烈 치열 | 砂漠 사막 | 乾く 마르다, 건조하다 | 茎 줄기 | 伸ばす 늘이다, 뻗다 | 凍る 얼다, 얼어붙다 | 極寒 극한 | 征服 정복 | 定着 정착 | あらゆる 모든 | 掌握 장악 | 工夫 궁리, 연구 | 日光 일광, 햇볕 | 浴びる 쬐다, 뒤집어쓰다 | 戦場 전장, 전쟁터 | 彷彿 방불 | 繁殖 번식 | 条件 조건 | 楽園 낙원 | 熱帯雨林 열대우림 | 獲得 획득 | 絡み合う 엉키다, 뒤얽히다 | 競争 경쟁 | 羈絆 굴레, 속박 | 匂い 냄새 | 誘引 유인 | 誘惑 유혹 | ～を通して ～를 통해서 | 排泄 배설 | ごく 극히, 대단히 | 芽生える 싹트다, 싹이 돋다 | ～に反する ～에 반하는, ～에 어긋난 | 諦める 포기하다 | 寛大 관대 | 気候変動 기후 변동 | 既に 이미, 벌써 | 絶滅 절멸, 멸종 | 瀕する 직면하다, 절박한 형편에 처하다 | 会得 터득 | あまりにも 너무나도 | 適応 적응 | 耐える 견디다, 버티다 | 利益 이익 | 与える 주다 | 逆境 역경 | 抜け出す 빠져나가다, 벗어나다 | 自ら 스스로 | ～なりの ～나름의 | ～にわたって ～에 걸쳐서 | 蓄積 축적 | 渇望 갈망 | 酷寒 혹한 | 酷暑 혹서 | 災い 재앙, 재난, 화 | ～かねない ～할지도 모른다 | 協力 협력 | 遅れをとる 뒤떨어지다, 밀리다

주장 이해(장문) 실전 연습 ❹ p.371 해석과 문제 해설

1	2	3
②	②	①

本を身近に置く子供は、同年代のほかの子供たちに比べて集中力と思考力、そして想像力の部分において優れているという研究結果がある。子供の個性というものは、ある程度の自我と人格が形成できている成人の個性とは大きく異なる。5歳から7歳までの子供の個性は、真っ白な画用紙と同じである。ⓐ何もないのではなく、あまりにも多様で複合的な個性を、成人の基準では判断できないというわけである。その紙に字を書き放題、絵を描き放題に個性が現れる。言語の発達と教育の統制を受けながら弱くなった個性は、徐々に消滅してその中で最も強いものが個性として現れる。すべてのことを受け入れることができるが、すべてのことを忘れることもできるのが、子供が持っている特別さである。（中略）

自分の子供を注意深く観察すると、特定のものや映像に反応することが発見できる。これと関連がある本を子供に渡すと子供は夢中になって、それを読み始める。文を読み始めたばかりの低年齢層の子供の集中力は信じられないほどであるため、子供に本を勧める時には注意が必要である。本の内容が子供に及ぼす影響が少ないと言えず、本を読みながら知りたいことを質問する子供も多い。そういうわけで、親は子供より先に本を読んでおかなければならない。本を読み終わったら、子供をほめて、激励してあげるのがいい。本が好きな子供は、そうでない子供よりも道徳的な個性を持ちやすく、忍耐と適応力に優れている。ここで注意すべき点は、子供の結論が、自分の思った範囲から外れることもあるという点である。善と悪が完璧に判断できない存在が、子供であることを肝に銘じなければならない。（中略）

本を読み聞かせる時は、普段より、はるかに大げさに読むことが重要である。子供の想像力に大きく役立つためである。本を読んであげる父親の声は認知能力の発達のみならず、情緒的な安定感を高め、思考力と想像力を拡張させる。ⓑ母親より父親が読んであげるほうが、すべての面において子どもによい影響を与える。

ⓒ本がいやな子供に本を強要するのは、子供の教育はもとより、情緒的な発達にもよくないし、強要の結果、本をずっと嫌がる子供へと成長する可能性もある。本を読まない権利を子供にもあげるのが良い。子供に本を読ませるのが親の権利ではない。子供は本を読むこともあれば、読まないこともある。また、休んでから読むこともあれば、最後まで読まないこともある。読者としての権利というのが親によって無視されてはならないことである。親はその本の読者ではない。

1 筆者は、子供の個性の特徴は何だと述べているか。

1 子供の人格を決定する必須不可欠な要素
2 大人の個性とは異なり、さまざまなものが混合されているもの
3 最も発達した一つの個性が、他のものを吸収しながら現れるもの
4 教育の影響を与えられなかったことによって、表には全く表れていないもの

2 本を読んであげる親に対する筆者の意見は何か。

1 本をありのままに読んであげるのではなく、途中に質問も混ぜたほうがいい。
2 子供に本を読んであげることは、なるべく父親が担当したほうがいい。
3 子供を褒めながら本を読んであげることで、読書の楽しさを養わせることができる。
4 本を読んであげる人の声に反応して、子供は独自の思考力を育てていく。

3 筆者は読者としての子供の権利についてどう述べているか。

1 本を読むことを嫌がっている子供に、無理に本を読ませる必要はない。
2 子供が読書の楽しさを知っていくように、本を選ぶ権利を与えなければならない。
3 本を嫌がる子供に育たないように、本を読む時間を必ず提供しなければならない。
4 両親は、子供が本を読みきれなくても、忍耐心を持って待ったほうがいい。

책을 가까이하는 아이는 또래의 다른 아이들에 비해서 집중력과 사고력 그리고 상상력의 부분에서 우수하다는 연구 결과가 있다. 아이의 개성이라는 것은 어느 정도의 자아와 인격이 형성되어 있는 성인의 개성과는 크게 다르다. 5세부터 7세까지의 어린 아이의 개성은 새하얀 도화지와 같다. ⓐ아무것도 없는 것이 아니라, 너무나도 다양하고 복합적인 개성을 성인의 기준으로는 판단할 수 없다는 것이다. 그 종이에 글을 쓰는 대로 그림을 그리는 대로 개성이 나타난다. 언어의 발달과 교육의 통제를 받으면서 약해진 개성은 차츰 소멸되고, 그중에 가장 강한 것이 개성으로 나타난다. 모든 것을 받아들일 수 있지만, 모든 것을 잊어버릴 수도 있는 것이 아이가 가지고 있는 특별함이다. (중략)

자신의 아이를 유심히 관찰하면, 특정한 물건이나 영상에 반응하는 것을 발견할 수 있다. 이것과 관련이 있는 책을 아이에게 건네면, 아이는 몰두해서 그것을 읽기 시작한다. 막 글을 읽기 시작한 저연령층의 아이의 집중력은 믿기 힘들 정도이기 때문에, 아이에게 책을 권할 때에는 주의가 필요하다. 책의 내용이 아이에게 미치는 영향이 적다고 말할 수 없고, 책을 읽으면서 궁금한 것을 질문하는 아이도 많다. 그렇기 때문에 부모는 아이보다 먼저 책을 읽어 두어야 한다. 책을 다 읽으면 아이를 칭찬하고 격려해 주는 것이 좋다. 책을 좋아하는 아이는 그렇지 못한 아이보다 도덕적인 개성을 가지기 쉽고, 인내와 적응력이 뛰어나다. 여기서 주의할 점은 아이의 결론이 자신이 생각했던 범위에서 벗어날 수도 있다는 점이다. 선과 악을 완벽하게 판단할 수 없는 존재가 아이라는 것을 명심해야 한다. (중략)

책을 읽어 줄 때는 평소보다 훨씬 과장되게 읽는 것이 중요하다. 아이의 상상력에 큰 도움이 되기 때문이다. 책을 읽어 주는 아빠의 목소리는 인지 능력의 발달은 물론, 정서적 안정감을 높여 주고 사고력과 상상력을 확장시킨다. ⓑ 엄마보다 아빠가 책을 읽어 주는 것이 모든 면에서 아이에게 좋은 영향을 준다.

ⓒ 책을 싫어하는 아이에게 책을 강요하는 것은 아이의 교육은 물론 정서적인 발달에도 좋지 않고, 강요의 결과 계속 책을 싫어하는 아이로 성장할 가능성도 있다. 책을 읽지 않을 권리를 아이에게도 주는 것이 좋다. 아이에게 책을 읽게 하는 것이 부모의 권리가 아니다. 아이는 책을 읽을 수도 있고 읽지 않을 수도 있다. 또한 쉬었다가 읽을 수도 있고 마지막까지 다 읽지 않을 수도 있다. 독자로서의 권리라는 것이 부모에 의해 무시되어서는 안 되는 것이다. 부모는 그 책의 독자가 아니다.

1 **필자는 아이의 개성의 특징은 무엇이라고 말하고 있는가?**

1 아이의 인격을 결정하는 필수불가결한 요소
2 어른의 개성과는 다르게, 여러 가지가 혼합되어 있는 것
3 가장 발달한 하나의 개성이 다른 것을 흡수하면서 나타나는 것
4 교육의 영향을 받지 못한 것으로 인해, 겉으로는 전혀 드러나지 않는 것

2 **책을 읽어 주는 부모에 대한 필자의 의견은 무엇인가?**

1 책을 있는 그대로 읽어 주는 것이 아니라, 중간에 질문도 섞는 편이 좋다.
2 아이에게 책을 읽어 주는 것은 되도록 아빠가 담당하는 편이 좋다.
3 아이를 칭찬하면서 책을 읽어 줌으로써 독서의 즐거움을 키워 줄 수 있다.
4 책을 읽어 주는 사람의 목소리에 반응해서 아이는 독자적인 사고력을 기른다.

4 **필자는 독자로서의 아이의 권리에 대해서 어떻게 말하고 있는가?**

1 책을 읽는 것을 싫어하는 아이에게 무리하게 책을 읽게 할 필요는 없다.
2 아이가 독서의 재미를 알아갈 수 있도록 책을 고를 수 있는 권리를 주어야 한다.
3 책을 싫어하는 아이로 자라지 않도록 책을 읽을 시간을 반드시 제공해야 한다.
4 부모는 아이가 책을 다 읽지 못하더라도 인내심을 가지고 기다리는 편이 좋다.

[풀이]

1 ⓐ 아이의 개성은 다양하고 복합적인 것이라고 말하고 있기 때문에 정답은 선택지 2번이다.
2 ⓑ 필자는 엄마보다 아빠가 책을 읽어 주는 것이 더 좋다고 말하고 있다. 따라서 정답은 선택지 2번이다.
4 ⓒ 아이에게 책을 억지로 읽게 하는 것이 좋지 않은 영향을 줄 수도 있다고 말하고 있다. 따라서 정답은 선택지 1번이다.

[단어]

身近(みぢか) 자기 몸에 가까운 곳, 신변 | 画用紙(がようし) 도화지 | あまりにも 너무나도 | 複合的(ふくごうてき) 복합적 | ～放題(ほうだい) 마음대로(마음껏) ～하다 | 統制(とうせい) 통제 | 消滅(しょうめつ) 소멸 | 激励(げきれい) 격려 | 忍耐(にんたい) 인내 | 適応(てきおう) 적응 | ～べき ～해야 할 | 肝(きも)に銘(めい)じる 명심하다, 마음에 깊이 새기다 | 大(おお)げさ 과장, 허풍 | ～のみならず ～뿐만 아니라 | 情緒(じょうちょ) 정서 | 拡張(かくちょう) 확장 | 強要(きょうよう) 강요 | ～はもとより ～은 물론

もんだい
問題13

정보 검색 **실전 연습 ❶** p.374 해석과 문제 해설

1	2
②	③

右のページは、桜市の文化センターが主催する公開講座の案内である。下の問いに対する答えとして、最もよいものを、１・２・３・４から一つ選びなさい。

1 千堂さんは、今年３２歳の独身男性である。平日午後や週末に文化センターの公開講座を受講しようとしているが、６月の出張の支度により、５月２０日まで受講できる講座を調べている。千堂さんが受講できる講座はいくつか。

1　１つもない
2　１つ
3　２つ
4　３つ

2 この公開講座に関する説明のうち、合っているものはどれか。

1　公開講座に申請するためには、必ず３月２８日までに利用申込書を提出しなければならない。
2　受付期間が過ぎても、文化センター支援課に必要書類を提出すれば受講可能である。
3　毎週月曜日は受講できる講座がなく、場合によっては休館になる日もありうる。
4　施設や備品を損傷させない限り、受講を継続することに支障はない。

さくら市文化センター公開講座案内

アクアロビック	日本茶道教室	生け花体験教室
ⓐ期間：４月１０日～５月３０日 時間：日曜日午後３時～５時 ※ⓑ女性のみ ※小学生以下の場合、安全上参加不可	期間：４月１５日～５月１８日 時間：土日午後７時~９時 ※２人以上参加可能 ※ⓒ外国人を対象にする ※土曜日は簡単な食べ物と一緒にお茶を楽しめる時間があり	ⓓ期間：４月２３日～５月２２日 時間：毎週火曜日午前１０時、木曜日午後７時 ※誰でも参加可能 ※ⓔ２回とも参加できる方を対象にする
卓球会	**バドミントン教室**	**音楽家教室**
期間：４月～５月の初旬 時間：土曜日午前１０時～１１時半 ※１０歳以上参加可能 家族単位もOK!（先着順３０人） ※土曜日は初級クラス 日曜日は中級クラス	ⓕ期間：４月３日～５月２８日 時間：毎週土曜日の午前１１時から４時間程度 ※地域の大学の外国人留学生たちと文化交流を図る ※誰でも参加可能 ※１時間の昼休みがあること ※三回以上は参加すること	期間：４月２日～４月３０日 時間：毎週日曜日午後１時～３時 ※７歳以上参加可能 ※ⓖ必ず子供と一緒に参加してください

◆ 申込方法

申し込みにあたっては、事前に電話等で「桜市文化センター支援課」にご相談ください。

「講座利用申込書」の提出をもって正式な受付となります。

◆ 受付期間

ⓗ受講希望日の10日前まで受付いたします。ただし、3月29日は受付を行いません。

※利用予定日の10日前を切っても受付できる場合がありますので、その場合はご相談ください。

◆ 注意事項

ⓘ施設設備の点検のためご利用できない日があります。詳細についてはお問い合せ下さい。

◆ ⓙ使用承認ができない場合

- 公の秩序を乱し、または善良な風俗を害すおそれがあると認めるとき。
- 施設、附帯設備、備品を毀損、または滅失するおそれがあると認めるとき。
- その他、桜市長が文化センターの管理上支障があると認めるとき。

오른쪽 페이지는 사쿠라시 문화센터가 주최하는 공개강좌의 안내이다. 아래 질문에 대한 대답으로 가장 알맞은 것을 1·2·3·4에서 하나 고르시오.

1 센도 씨는 올해 32살의 독신 남성이다. 평일 오후나 주말에 문화센터의 공개강좌를 수강하려고 하는데, 6월의 출장 준비로 인해, 5월 20일까지 수강할 수 있는 강좌를 알아보고 있다. 센도 씨가 수강할 수 있는 강좌는 몇 개인가?

1 1개도 없다

2 1개

3 2개

4 3개

2 이 공개강좌에 관한 설명 중 맞는 것은 어느 것인가?

1 공개강좌에 신청하기 위해서는 반드시 3월 28일까지 이용 신청서를 제출해야 한다.

2 접수 기간이 지나도 문화센터 지원과에 필요 서류를 제출하면 수강 가능하다.

3 매주 월요일은 수강할 수 있는 강좌가 없고, 경우에 따라서는 휴관이 되는 날도 있을 수 있다.

4 시설이나 비품을 손상시키지 않는 한 수강을 계속하는 것에 지장은 없다.

사쿠라시 문화센터 공개강좌 안내

아쿠아 에어로빅	일본 다도 교실	꽃꽂이 체험 교실
ⓐ기간 : 4월 10일~5월 30일 시간 : 일요일 오후 3시~5시 ※ⓑ여성만 ※초등학생 이하의 경우, 안전상 참가 불가	기간 : 4월 15일~5월 18일 시간 : 토 · 일요일 오후 7시~9시 ※2인 이상 참가 가능 ※ⓒ외국인을 대상으로 함 ※토요일은 간단한 음식과 함께 차를 즐길 수 있는 시간이 있음	ⓓ기간 : 4월 23일~5월 22일 시간: 매주 화요일 오전 10시, 목요일 오후 7시 ※누구라도 참가 가능 ※ⓔ2회 모두 참가 가능하신 분을 대상으로 한다

탁구회	배드민턴 교실	음악가 교실
기간 : 4월~5월 초순 시간 : 토요일 오전 10시~11시 반 ※10세 이상 참가 가능 가족 단위도 OK!(선착순 30명) ※토요일은 초급반 일요일은 중급반	ⓕ 기간 : 4월 3일~5월 28일 시간 : 매주 토요일 오전 11시부터 4시간 정도 ※지역 대학 외국인 유학생들과 문화교류를 도모함 ※누구라도 참가 가능 ※1시간의 점심 시간이 있음 ※3번 이상은 참가할 것.	기간 : 4월 2일~4월 30일 시간 : 매주 일요일 오후 1시~3시 ※7세 이상 참가 가능 ※ⓖ 반드시 아이와 함께 참가해 주세요

◆ **신청 방법**

신청 시에는 사전에 전화 등으로 '사쿠라시 문화센터 지원과'에 상담하시기 바랍니다.

'강좌 이용 신청서'의 제출로 정식 접수가 됩니다.

◆ **접수 기간**

ⓗ수강 희망 날짜의 10일 전까지 접수합니다. 단, 3월 29일은 접수를 실시하지 않습니다.

※이용 예정일의 10일 전이 지나도 접수할 수 있는 경우가 있으므로, 그런 경우에는 상담하시기 바랍니다.

◆ **주의 사항**

ⓘ시설 설비 점검을 위하여 이용하실 수 없는 날이 있습니다. 자세한 내용은 문의 주시기 바랍니다.

◆ **ⓙ사용 승인을 할 수 없는 경우**

- 공공질서를 어지럽히거나 또는 선량한 풍속을 해칠 우려가 있다고 간주할 때.
- 시설, 부대설비, 비품을 훼손 또는 멸실할 우려가 있다고 간주할 때.
- 그 외 사쿠라시장이 문화센터의 관리상 지장이 있다고 간주할 때.

[풀이]

1 센도 씨는 평일 오후나 주말, 5월 20일까지 수강이 가능한 강좌를 찾고 있다. ⓐ 아쿠아 에어로빅은 5월 30일까지 ⓑ여성만 수강 가능하고, ⓒ 다도 교실은 외국인 대상이기 때문에 신청할 수 없다. 그리고 ⓓ 꽃꽂이 체험 교실은 5월 22일까지이고, ⓔ 화요일 오전 10시 수강이 불가능하기 때문에 신청할 수 없다. ⓕ 배드민턴 교실은 5월 28일까지 수강해야 하기 때문에 신청이 불가능하고, ⓖ 음악가 교실은 아이와 함께 참가해야 하는데, 독신인 센도 씨는 신청할 수 없다. 따라서 선택 가능한 강좌는 탁구 모임뿐이라는 것을 알 수 있고, 정답은 선택지 2번이다.

2 ⓗ 수강 희망 날짜 10일 전까지 신청서를 제출하면 되고, 10일 전이 지나더라도 접수가 가능할 경우도 있다고 언급하고 있기 때문에, 선택지 1번과 2번은 정답이 될 수 없다. ⓘ 시설 점검 등으로, 강좌를 이용할 수 없는 날도 있다고 말하고 있기 때문에, 정답은 선택지 3번이다. ⓙ 사용 승인이 제한되는 것은 시설이나 비품을 손상시키는 것만은 아니다. 따라서 선택지 4번도 정답이 아니다.

[단어]

主催(しゅさい) 주최 | **講座**(こうざ) 강좌 | **申請**(しんせい) 신청 | **申込書**(もうしこみしょ) 신청서 | **提出**(ていしゅつ) 제출 | **支援**(しえん) 지원 | **休館**(きゅうかん) 휴관 | **～うる** ～할 수 있다 | **施設**(しせつ) 시설 | **備品**(びひん) 비품 | **～限り**(かぎり) ～하는 한 | **継続**(けいぞく) 계속 | **支障**(ししょう) 지장 | **～のみ** ～뿐, 만 | **茶道**(さどう) 다도 | **生け花**(いけばな) 꽃꽂이 | **卓球**(たっきゅう) 탁구 | **先着順**(せんちゃくじゅん) 선착순 | **～をもって** ～으로, ～로써 | **設備**(せつび) 설비 | **点検**(てんけん) 점검 | **詳細**(しょうさい) 상세 | **問い合せる**(といあわせる) 문의하다, 조회하다 | **承認**(しょうにん) 승인 | **秩序**(ちつじょ) 질서 | **乱す**(みだす) 어지럽히다, 혼란시키다 | **風俗**(ふうぞく) 풍속 | **害す**(がいす) 해치다, 상하게 하다 | **～おそれがある** ～할 우려가 있다 | **認める**(みとめる) 인정하다 | **附帯**(ふたい) 부대 | **滅失**(めっしつ) 멸실

정보 검색 실전 연습 ❷ p.376 해석과 문제 해설

1	2
④	③

右のページは、あるフォトコンテスト募集要項である。下の問いに対する答えとして、最もよいものを、1・2・3・4から一つ選びなさい。

1 このフォトコンテストに応募できる人は次のうち、誰か。

1 日本の山に関した写真５枚を、ネットで応募しようとする女子高生
2 海外で撮った桜の写真を、ウェブを通して応募しようとする外国人
3 友達と一緒にバーベキューをした写真を応募しようとするプロのカメラマン
4 沖縄の夕日の写真１枚を、宅配で応募しようとする外国人留学生

2 この募集要項の注意事項について、正しいものはどれか。

1 応募のためには、個人情報の活用に対する同意をしなければならない。
2 応募した作品は、いかなる場合にも返却が行われない。
3 過去に他の団体に応募した作品は、入賞の如何にかかわらず応募できない。
4 写真に人が写った場合、応募後、その人の同意を受けなければならない。

第７回　フォトコンテスト募集要項

第７回フォトコンテストの作品募集を９月４日(月)より開始します。一般社団法人桜写真協会が主催するⓐ今回の写真コンテストは、「日本の四季」に関するテーマで、自分ならではの個性と感情が込まれている写真を募集します。

テーマ	「写真で語る日本の四季」
応募期間	９月４日(月)～10月13日(金) 18：00pm 必着
応募資格	日本国内に在住の方に限ります。 ※アマチュア、プロフェッショナル、国籍、年齢、性別不問。
応募方法	指定の送付先への郵送・宅配便、もしくは、桜写真協会の事務局へ直接持込、またウェブからの応募も可能です。 (1)ウェブによる応募の場合 ・応募ページへアクセスし、必要事項を登録してご応募ください。 (http://www.sakura-photo.or.jp) ・ⓑ応募点数は３点までとします。 (2) 郵送・宅配便等による応募の場合 ・応募作品と応募作品の裏面に必要事項（作品名、撮影場所、氏名、住所、電話番号、e-mailアドレス）を記入したうえ、封筒に入れて応募票を貼ってください。応募票は応募作品一点につき一枚必要です。 ・ⓒ応募点数は、５点までとします。

賞品	・最優秀賞（1名）：旅行券１０万円分 ・優秀賞（季節ごとに５名の計２０名）：旅行券５万円分 ・佳作（季節を問わず３０名）： 旅行券１万円分

▶ 注意事項

- 画像処理（合成変形）及びそれに準じたものは不可とします。
- ⓓ ご記入頂きました個人情報については、上記の利用目的以外では、応募者の同意なく第三者に開示することはありません。
- 応募作品は返却いたしません。ⓔ 作品の返却をご希望の場合、必ず封筒に「返却希望」と書き、返信用封筒（切手添付・宛先明記）をご同封ください。
- 作品は未発表の写真に限ります。ⓕ 過去に他のコンテストに応募した作品、応募中または応募予定の作品は応募できません。
- ⓖ 被写体に人物が含まれている場合は、事前にその方の承諾を得るなど、肖像権の侵害等が生じないように応募者本人がご確認ください。

▶ お問い合わせ先

桜写真協会お客さまセンター直通　Tel：1234-56-7890

오른쪽 페이지는 어떤 사진 콘테스트 모집 요강이다. 아래 질문에 대한 대답으로 가장 알맞은 것을 1 · 2 · 3 · 4에서 하나 고르시오.

1　이 사진 콘테스트에 응모할 수 있는 사람은 다음 중 누구인가?

1　일본의 산에 관련된 사진 5장을 인터넷으로 응모하려고 하는 여고생

2　해외에서 찍은 벚꽃 사진을 웹을 통해서 응모하려고 하는 외국인

3　친구들과 함께 바비큐를 한 사진을 응모하려는 프로 사진 작가

4　오키나와의 석양 사진 1장을 택배로 응모하려는 외국인 유학생

2　이 모집 요강의 주의사항에 대해 올바른 것은 어떤 것인가?

1　응모를 위해서는 개인 정보 활용에 대한 동의를 하지 않으면 안 된다.

2　응모된 작품은 어떠한 경우에도 반납이 이루어지지 않는다.

3　과거에 다른 단체에 응모한 작품은 입상 여부에 상관없이 응모할 수 없다.

4　사진에 사람이 찍혔을 경우, 응모 후 그 사람의 동의를 받아야 한다.

제7회 사진 콘테스트 모집 요강

제7회 사진 콘테스트의 작품 모집을 9월 4일(월)부터 시작합니다. 일반 사단법인 사쿠라 사진협회가 주최하는 ⓐ 이번 사진 콘테스트는 '일본의 사계절'에 관한 테마로 자신만의 개성과 감정을 담은 사진을 모집합니다.

테마	'사진으로 말하는 일본의 사계절'
응모 기간	9월 4일(월)~10월 13일(금) 18:00pm 필착
응모 자격	일본 국내에 거주하시는 분에 한합니다. ※아마추어, 프로, 국적, 연령, 성별 불문.
응모 방법	지정된 배송지에 대한 우송 · 택배 또는 사쿠라 사진협회 사무국에 직접 지참, 또한 웹에서의 응모도 가능합니다. (1)Web에 의한 응모의 경우 · 응모 페이지에 접속하여 필요 사항을 등록하고 응모해 주세요. (http://www.sakura-photo.or.jp) · ⓑ 응모작은 3점까지로 합니다. (2)우송 · 택배 등에 의한 응모의 경우 · 응모 작품과 응모 작품의 뒷면에 필요 사항(작품명, 촬영 장소, 이름, 주소, 전화번호, e-mail 주소)을 기입한 후에, 봉투에 넣어서 응모표를 붙여 주세요. 응모표는 응모 작품 한 점당 한 장 필요합니다. · ⓒ 응모작은 5점까지로 합니다.
상품	• 최우수상(1명) : 여행권 10만 엔 상당 • 우수상(계절마다 5명, 총 20명) : 여행권 5만 엔 상당 • 가작(계절을 불문하고 30명) : 여행권 1만 엔 상당

▶ **주의 사항**

- **화상 처리(합성 변형) 및 그것에 준한 것은 불가합니다.**
- ⓓ 기입해 주신 개인정보에 대해서는 상기 이용 목적 이외에는 응모자의 동의 없이 제삼자에게 알리지 않습니다.
- **응모 작품은 반납하지 않습니다.** ⓔ 작품의 반납을 원하시는 경우, 반드시 봉투에 '반납 희망'이라고 쓰고, 회송용 봉투(우표 첨부, 수신지 명기)를 동봉해 주세요.
- **작품은 미발표 사진에 한합니다.** ⓕ 과거 다른 콘테스트에 응모한 작품, 응모 중 또는 응모 예정인 작품은 응모할 수 없습니다.
- ⓖ 피사체에 인물이 포함된 경우는 사전에 그분의 승낙을 얻는 등, 초상권 침해 등이 생기지 않도록 응모자 본인이 확인하십시오.

▶ **문의처**

사쿠라 사진협회 고객센터 직통 Tel: 1234-56-7890

[풀이]

1 ⓐ 사진 콘테스트의 테마는 일본의 사계절이기 때문에, 선택지 2번과 3번은 정답이 될 수 없다. ⓑ 인터넷으로 응모하는 경우에는 사진 3장까지 가능하기 때문에, 선택지 1번도 정답이 아니다. ⓒ 오키나와의 석양 사진을 택배로 응모하는 경우는 5장까지 가능하고, 일본의 사계절에 관한 것이기 때문에 언제 찍었는지에 관한 내용이 없어도 조건에 부족한 것은 아니다. 따라서 정답은 선택지 4번이다.

2 ⓓ 개인정보 활용에 동의를 해야 하는 것은 아니고, ⓔ 응모한 사진의 반납을 원할 경우에 대해서도 언급하고 있기 때문에, 선택지 1번과 2번은 정답이 아니다. ⓕ 과거에 다른 콘테스트에 응모한 작품은 응모할 수 없기 때문에, 정답은 선택지 3번이다. ⓖ응모하려는 사진에 다른 사람이 찍혔을 때는 응모 전에 동의를 얻어야 한다. 따라서 선택지 4번도 정답이 될 수 없다.

[단어]

募集 모집 | 要項 요항 | 応募 응모 | 宅配 택배 | 事項 사항 | 返却 반납 | 如何 여하, 여부 | ～にかかわらず ～에 관계없이, ～에 상관없이 | 主催 주최 | もしくは 또는, 그렇지 않으면 | 持込 지참 | ～による ～에 의한, ～에 따른 | 封筒 봉투 | 優秀 우수 | 開示 개시, 열어서 보임 | 添付 첨부 | 宛先 수신인, 수신지 | 同封 동봉 | 承諾 승낙 | 肖像権 초상권 | 侵害 침해 | 生じる 발생하다, 일어나다

정보 검색 실전 연습 ❸ p.378 해석과 문제 해설

1	2
③	②

右のページは、ある企業の補助金についての内容である。下の問いに対する答えとして、最もよいものを、1・2・3・4から一つ選びなさい。

1 吉澤さんは、1月にAIビジネス活用講座と、ITコーディネーター講座を受講しようと思っている。会社からいくらの補助金がもらえるか。

1 受講料55,000円、登録費用と教材費は6,500円もらえる。
2 受講料50,000円、登録費用と教材費はもらえない。
3 受講料44,000円、登録費用と教材費はもらえない。
4 受講料44,000円、登録費用と教材費は6,000円もらえる。

2 大谷さんは、3月20日にWEB関連講座を申請して、5月20日までに受講を完了しようと思っている。補助金の申請はどうしなければならないか。

1 ①から④までの書類を作成し、5月20日までに人事課に申請する。
2 ①から④までの書類を作成し、7月20日までに人事課に申請する。
3 ②から④までの書類を作成し、来年書類①を作成後、人事課に申請する。
4 書類①と④を先に提出し、受講が終わり次第、書類②と③を人事課に提出する。

桜企業の人材育成支援事業の補助金について

桜企業では、業務能力の増進のために社員の皆様のために、一部の外部講座の受講に際して補助金を交付します。

⦿ 補助金対象者

・桜企業の系列会社(子会社を含む)の全社員を対象とします。

・勤続年数は問いません。

⦿ 補助金交付対象講座及び補助金額

講座名	受講料	登録費用	教材費
WEB関連講座	30,000円	1,500円	2,000円
ⓐAIビジネス活用講座	25,000円	1,000円	1,500円
ITサービスマネージャー	35,000円	1,500円	1,500円
ⓑITコーディネーター	30,000円	2,000円	2,000円

※ ⓒ講座受講料の80%を補助金として交付します。

※ ⓓ講座受講に必要な登録費用、および教材は補助金の対象外です。

※ 同一講座の重複受講は、補助金の対象には含まれません。

※ ⓔ一人につき二つの講座まで、上限5万円まで補助金の交付を申し込むことができます。

※ 上記の講座以外にも、業務能力向上講座と認められる場合、補助金の交付を受けることができます。
(詳しくは、人事課の担当者にお問い合わせください。)

⦿ ⓕ必要書類

① 補助金交付申請書

② 講座の内容が分かる資料(チラシ、パンフレットなど)

③ 講座に出席したことを証明できる資料(講座修了証など)

④ 社員証のコピー

※ 補助金交付の可能な講座を受講後、二ヵ月以内に人事課にご提出ください。
二つの講座を受講した場合は、講座ごとに提出してください。

⦿ 申し込み期間

・2月2日まで(2月3日以降にお申し込みになった場合は、翌年の補助金対象者となります。)

・申し込み額が予算額(1,500万円)に達し次第、募集終了とさせていただきます。
(終了後にお申込みの場合は、翌年の補助金対象者となります。)

⦿ 補助金支給日

・3月20日(補助金が支給されなかった方は、人事課担当者にお問い合わせください。)

⦿ お問い合わせ

・人事課　上原　(内線:123)

오른쪽 페이지는 어떤 기업의 보조금에 관한 내용이다. 아래 질문에 대한 대답으로 가장 알맞은 것을 1・2・3・4에서 하나 고르시오.

1 요시자와 씨는 1월에 AI 비즈니스 활용 강좌와 IT 코디네이터 강좌를 수강하려고 생각하고 있다. 회사로부터 얼마의 보조금을 받을 수 있나?

1 수강료 55,000엔, 등록 비용과 교재비는 6,500엔 받을 수 있다.

2 수강료 50,000엔, 등록 비용과 교재비는 받을 수 없다.

3 수강료 44,000엔, 등록 비용과 교재비는 받을 수 없다.

4 수강료 44,000엔, 등록 비용과 교재비는 6,000엔 받을 수 있다.

2 오타니 씨는 3월 20일에 WEB 관련 강좌를 신청하고, 5월 20일까지 수강을 완료하려고 한다. 보조금 신청은 어떻게 해야 하나?

1 ①부터 ④까지의 서류를 작성하고, 5월 20일까지 인사과에 신청한다.

2 ①부터 ④까지의 서류를 작성하고, 7월 20일까지 인사과에 신청한다.

3 ②부터 ④까지의 서류를 작성하고, 내년에 서류①을 작성 후, 인사과에 신청한다.

4 서류①과 ④를 먼저 제출하고, 수강이 끝나는 대로, 서류 ②와 ③을 인사과에 제출한다.

사쿠라기업 인재육성 지원사업 보조금에 대해서

사쿠라 기업에서는 업무 능력의 증진을 위한 사원 여러분들을 위해서, 일부 외부강좌 수강 시 보조금을 교부합니다.

⊙ **보조금 대상자**

・사쿠라 기업 계열 회사(자회사 포함)의 모든 사원을 대상으로 합니다.

・근속년수는 묻지 않습니다.

⊙ **보조금 교부 대상 강좌 및 보조금액**

강좌명	수강료	등록 비용	교재비
WEB 관련 강좌	30,000엔	1,500엔	2,000엔
ⓐ AI 비즈니스 활용 강좌	25,000엔	1,000엔	1,500엔
IT 서비스 매니저	35,000엔	1,500엔	1,500엔
ⓑ IT 코디네이터	30,000엔	2,000엔	2,000엔

※ ⓒ 강좌 수강료의 80%를 보조금으로 교부합니다.

※ ⓓ 강좌 수강에 필요한 등록 비용 및 교재는 보조금의 대상 외입니다.

※ 동일 강좌의 중복 수강은 보조금 대상에 포함되지 않습니다.

※ ⓔ 1인당 2개의 강좌까지, 상한 5만 엔까지 보조금 교부를 신청할 수 있습니다.

※ 위의 강좌 이외에도 업무 능력 향상 강좌로 인정이 되는 경우, 보조금을 교부 받을 수 있습니다.
(자세한 사항은 인사과 담당자에게 문의하시기 바랍니다.)

⊙ ⓕ **필요서류**

① 보조금 교부 신청서

② 강좌 내용을 알 수 있는 자료 (전단지, 팜플렛 등)

③ 강좌에 출석한 것을 증명할 수 있는 자료 (강좌 수료증 등)

④ 사원증의 복사본

※ 보조금 교부 가능한 강좌를 수강 후, 2개월 이내로 인사과에 제출해 주세요.
2개의 강좌를 수강한 경우에는 강좌 별로 제출해 주세요.

⊙ **신청 기간**

・2월 2일까지 (2월 3일 이후에 신청하시는 경우에는 다음 해 보조금 대상자가 됩니다.)

・신청액이 예산액(1,500만 엔)에 도달하는 대로 모집 종료하겠습니다.
(종료 후에 신청하시는 경우에는 다음 해 보조금 대상자가 됩니다.)

⊙ **보조금 지급일**

- 3월 20일 (보조금 지급되지 않으신 분은 인사과 담당자에 문의하시기 바랍니다.)

⊙ **문의**

- 인사과 우에하라 (내선: 123)

[풀이]

1 ⓐ AI 비즈니스 활용 강좌의 수강료는 25,000엔이고, ⓑ IT 코디네이터 강좌의 수강료는 30,000엔이다. ⓔ 1인당 2개의 강좌가 신청 가능하고, 합계 수강료 55,000엔 중에서, ⓒ 80%를 보조금으로 받을 수 있다. 따라서 정답은 선택지 3번이다. ⓓ 강좌의 등록 비용과 교재비는 보조금의 대상이 아니기 때문에, 선택지 4번은 정답이 될 수 없다.

2 ⓕ 필요서류 ①부터 ④까지 준비하고, 강좌 수강 후 2개월 이내로 제출하라고 말하고 있다. 따라서 정답은 선택지 2번이다.

[단어]

補助金(ほじょきん) 보조금 | ～について ～에 대해서 | 活用(かつよう) 활용 | 講座(こうざ) 강좌 | 受講(じゅこう) 수강 | 登録(とうろく) 등록 | 費用(ひよう) 비용 | 教材費(きょうざいひ) 교재비 | 関連(かんれん) 관련 | 申請(しんせい) 신청 | 完了(かんりょう) 완료 | 作成(さくせい) 작성 | 提出(ていしゅつ) 제출 | ～次第(しだい) ～하는 대로 | 増進(ぞうしん) 증진 | ～際(さい)して ～할 때, ～에 즈음해서 | 交付(こうふ) 교부 | 系列(けいれつ) 계열 | 含(ふく)む 포함하다 | 勤続(きんぞく) 근속 | 及(およ)び 및, 또 | 重複(じゅうふく) 중복 | 申(もう)し込(こ)む 신청하다 | 業務(ぎょうむ) 업무 | 認(みと)める 인정하다 | 詳(くわ)しい 자세하다, 상세하다 | 担当者(たんとうしゃ) 담당자 | 資料(しりょう) 자료 | 証明(しょうめい) 증명 | 修了証(しゅうりょうしょう) 수료증 | 翌年(よくとし) 익년, 다음해, 이듬해 | 予算(よさん) 예산

2교시 청해 해석과 해설

청해 유형 확인 문제 ❶ – 과제 이해 p.398 스크립트와 문제 해설

大学で男の学生と女の学生が話しています。女の学生は、この後どうしますか。

M レポートうまくいってる？

F それがね、全然うまくいってないの。

M なんで？ 一昨日まで順調だって張り切ってたじゃない。

F う～ん。それがね、内容が多すぎてうまくまとまらないのよ。どこも重要なのに、レポートの枚数が限られてて。古代の部分を飛ばすしかないかな。

M ⓐ音楽の変遷をテーマとしているんだから、それはそのままでいいんじゃない？

F ⓑでも、これ以上縮められない。最後に参考文献まで入れたらもっと長くなっちゃう。

M 図とか表もたくさん入っているんだね。これを字にすれば？

F ⓒ字で全部書くと、分かりにくくなっちゃうでしょ。山田先生は、特に分かりやすさにこだわるしね。

M それなら、伝統音楽の中で一つのことだけを特定するのはどう？ 三味線とか尺八とか。

F 三味線？ ⓓそれも面白そうね。でも、三味線は有名すぎて、面白くないから琵琶にしようかな。

女の学生は、この後どうしますか。

1 内容を削る
2 テーマを変更する
3 図と表を増やす
4 テーマをしぼる

대학에서 남학생과 여학생이 이야기하고 있습니다. 여학생은 이후에 어떻게 합니까?

M 리포트 잘 돼 가?

F 그게 말이지, 전혀 안 되고 있어.

M 왜? 그저께까지 순조롭다고 힘이 넘쳤잖아.

F 아니. 그게 말이지, 내용이 너무 많아서 잘 정리가 안 돼. 다 중요한데, 리포트 매수가 제한되어 있어서. 고대 부분을 건너뛰는 수밖에 없을까?

M ⓐ음악의 변천을 테마로 하고 있으니까, 그건 그대로 괜찮지 않을까?

F ⓑ그래도 이 이상 줄일 수 없어. 마지막에 참고 문헌까지 넣으면 더 길어져 버려.

M 그림이나 표도 많이 들어 있네. 이걸 글로 하면?

F ⓒ글로 전부 쓰면 이해하기 어려워져 버려. 야마다 선생님은 특히 알기 쉬운 것을 중요하게 생각하고.

M 그렇다면 전통 음악 중에서 한 가지만을 특정하는 것은 어때? 샤미센(삼현금)이라든지 샤쿠하치(퉁소)라든지.

F 샤미센? ⓓ그것도 재미있을 것 같네. 그렇지만 샤미센은 너무 유명하니까 비와(비파)로 할까?

여학생은 이후에 어떻게 합니까?

1 내용을 줄인다
2 테마를 변경한다
3 도표를 늘린다
4 테마를 좁힌다

[풀이]

ⓐ 테마를 변경하는 것은 아니고 ⓑ 관련 내용을 줄일 수도 없다고 말하고 있기 때문에 선택지 1번과 2번은 정답이 될 수 없다. ⓒ 도표를 늘린다는 내용은 언급하고 있지 않기 때문에, 선택지 3번도 정답이 아니다. ⓓ 여자는 테마의 범위를 좁히는 것에 대해서 동의하고 있다. 따라서 정답은 선택지 4번이다.

[단어]

順調(じゅんちょう) 순조 | 張(は)り切(き)る 힘이 넘치다 | まとまる 정리되다 | 限(かぎ)る 제한하다, 한정하다 | 飛(と)ばす 날리다, 건너뛰다 | 変遷(へんせん) 변천 | 縮(ちぢ)める 줄이다 | 参考(さんこう) 참고 | 文献(ぶんけん) 문헌 | 伝統(でんとう) 전통 | 三味線(しゃみせん) 삼현금(일본의 전통 악기) | 尺八(しゃくはち) 퉁소 | 琵琶(びわ) 비파

청해 유형 확인 문제 ❷ – 포인트 이해 p.410 스크립트와 문제 해설

男の人と女の人が話しています。男の人は、レストランが閉店した一番の理由は何だと言っていますか。

M もう聞いた？ あのレストラン来週で看板を下ろすんだって。

F あのレストランってどこのこと？

M この間山田と一緒に行った店。イチゴジュースがうまかったとこ。

F ああ、あそこ。ジュース最高だったのにね。なんでいきなり潰れちゃうの？ やっぱりお店の家賃が高いのかな？

M ⓐそれも一つの原因かもしれないけど、やっぱり消費者のニーズを把握できなかったんじゃない？ レストランの目玉メニューよりジュースの方がおいしいって印象が強いから。

F ⓑそれはそうね。やっぱりメインのメニューのインパクトがちょっと弱いよね。ⓒ店の雰囲気もどうか暗いし、ランチの時間も他の店より遅いし。

M ⓓそれに値段もちょっと高かったよね。

男の人は、レストランが閉店した一番の理由は何だと言っていますか。

1 店の賃貸料が高かったから

2 メインメニューが良くなかったから

3 店の雰囲気が良くなかったから

4 ライバルの店より高かったから

남자와 여자가 이야기하고 있습니다. 남자는 레스토랑이 폐점한 가장 큰 이유는 무엇이라고 말하고 있습니까?

M 그거 들었어? 그 레스토랑, 다음주로 문을 닫는대.

F 그 레스토랑이라니 어디?

M 지난번에 야마다와 같이 갔던 가게. 딸기 주스가 맛있었던 곳.

F 아, 거기. 주스 최고였는데. 왜 갑자기 망하게 되었지? 역시 가게 월세가 비싸서일까?

M ⓐ그것도 한 가지 원인일지도 모르지만, 역시 소비자의 요구를 파악하지 못한 게 아닐까? 레스토랑의 주 메뉴보다 주스가 맛있다는 인상이 강하니까.

F ⓑ그건 그래. 역시 메인 메뉴의 임팩트가 조금 약하지. ⓒ가게 분위기도 어딘가 어둡고, 점심 시간도 다른 가게보다 늦고.

M ⓓ게다가 가격도 조금 비쌌지.

남자는 레스토랑이 폐점한 가장 큰 이유는 무엇이라고 말하고 있습니까?

1 가게의 임대료가 비쌌기 때문에

2 메인 메뉴가 좋지 않았기 때문에

3 가게 분위기가 좋지 않았기 때문에

4 라이벌 가게보다 비쌌기 때문에

[풀이]

레스토랑이 폐점한 이유는 ⓐ 가게의 임대료가 비싸고 ⓑ 메인 메뉴가 조금 부족하고 ⓒ 가게 분위기도 어둡고 ⓓ 비싸다는 네 가지의 이유가 모두 언급되고 있다. 이 중에서 「やっぱり」라는 강조 표현을 사용하고 있는 선택지 2번이 정답이다.

Tip) 가장 큰 OO의 문제는 선택지가 모두 언급되는 경우가 많다. 강조의 표현을 찾는 것으로 쉽게 정답을 맞출 수도 있다.

[단어]

閉店 폐점 | **看板** 간판 | **下ろす** 내리다 | **潰れる** 망하다 | **原因** 원인 | **消費者** 소비자 | **把握** 파악 | **目玉** 가장 중심이 되는 것(일) | **印象** 인상 | **雰囲気** 분위기 | **賃貸料** 임대료

청해 유형 확인 문제 ❸ – 개요 이해 p.410 스크립트와 문제 해설

大学で、男の学生と女の学生が話しています。

F 私、インターンで通っていた会社やめたんだ。

M え？ どうして？ ⓐ確か、ユカさんが就職を希望していた分野の会社だったんじゃない？

F うん。やりがいもあって、仕事も面白かったけど、ⓑ会社が人を減らすしかない状況になっちゃってね。正社員よりインターンの方が先に切られるから。

M それは残念だったね。今経済が大変な時期だから…。なんとかならないかな、今の状況～。

F そうね。それは私たちの力で解決できる問題ではないから仕方ないけどね。私ね、ⓒ会社で働いてみて、今より専門的な知識が必要だとつくづくわかったから。卒業したら大学院に進学しようと思っているのよ。

M そうなんだ…。

F うん。でも、ⓓ今は余裕がないから、しばらくは時給が高いアルバイトでも探してみようかと思ってるのよ。

女の学生は、どうして会社を辞めましたか。

대학에서 남자와 여자가 이야기하고 있습니다.

F 나 인턴으로 다니던 회사 그만뒀어.

M 응? 왜? ⓐ분명 유카 씨가 취직을 희망하고 있었던 분야의 회사였잖아?

F 응. 보람도 있고 일도 재미있었는데, ⓑ회사가 사람을 줄일 수밖에 없는 상황이 되어 버려서. 정사원보다 인턴 쪽이 먼저 짤리니까.

M 그거 안됐네. 지금 경제적으로 힘든 시기니까…. 어떻게든 안 될까, 지금 상황~.

F 그러게. 그건 우리 힘으로 해결할 수 있는 문제가 아니라서 어쩔 수 없지. 나 말이지, ⓒ회사에서 일해 보고, 지금보다 전문적인 지식이 정말 필요하다는 것을 알게 되어서, 졸업하면 대학원에 진학하려고 생각하고 있어.

M 그렇구나….

F 응. 근데, ⓓ지금은 여유가 없어서, 당분간은 시급이 높은 아르바이트라도 찾아 볼까 하고 생각하고 있어.

여자는 왜 회사를 그만두었습니까?

1 専攻とは違った仕事だったから
2 会社の経営状態が悪化したから
3 大学院に進学するから
4 時給が高いアルバイトをするから

1 전공과는 다른 일이었기 때문에
2 회사의 경영 상태가 악화되었기 때문에
3 대학원에 진학하기 때문에
4 시급이 높은 아르바이트를 하기 때문에

[풀이]

ⓐ 전공과의 관련성은 나와 있지 않고, 취직을 희망하던 분야의 일이라고 말하고 있기 때문에, 선택지 1번은 정답으로서 적절하지 않다는 것을 알 수 있다. ⓑ 회사가 사람을 줄일 수밖에 없는 상황이라고 말했으므로, 정답은 선택지 2번이다. ⓒ 대학원을 가기 위해서 회사를 그만둔 것은 아니고, ⓓ 아르바이트를 하려고 그만둔 것도 아니기 때문에, 선택지 3번과 4번은 정답이 될 수 없다.

[단어]

就職 취직 | 希望 희망 | 減らす 줄이다 | 状況 상황 | 経済 경제 | 解決 해결 | 余裕 여유 | 専攻 전공 | 経営 경영 | 状態 상태

청해 유형 확인 문제 ❹ – 즉시 응답 p.411 스크립트와 문제 해설

M 頼まれた資料、まだ調べてないんだけど、悪いね。

F 1 う～ん、まだ余裕あるから、よろしくね。

2 なに言ってるのよ。そんなに悪くはないようだけど。

3 そんなに頼まれてはこまるけど、どうしよう。

M 부탁 받은 자료, 아직 알아보지 못했는데, 미안해.

F 1 아니, 아직 여유 있으니까, 잘 부탁해.

2 무슨 소리 하는 거야? 그렇기 나쁘지 않은 것 같은데.

3 그렇게 부탁하면 곤란한데, 어떡하지.

[풀이]

여자가 부탁한 자료를 아직 조사하지 않아 미안해 하는 남자에게, 아직 시간적으로 여유가 있으니까 괜찮다고 말하는 선택지 1번이 정답이다.

[단어]

調べる 조사하다, 알아보다 | 悪い 나쁘다, 미안하다

청해 유형 확인 문제 ❺ – 종합 이해 p.411 스크립트와 문제 해설

ラジオを聞きながら、男の人と女の人が話しています。

F1「お勧めの本コーナー」を始めましょう。今日は読書の秋にふさわしい４冊の本を皆さんにご紹介します。どれも興味深い内容です。まず、一番目の本はⓐ「夢と出会った時間」。恋人を事故で失い、絶望の生活を送っていた彼女の前に現われた子犬。この子犬を拾ったことから、彼女の生活が変わっていきます。読んでいるといつの間にか心が暖かくなる、そんな本です。二番目の本は、ⓑ今話題になっているベストセラー「父の止まった時計」です。最年少でベストセラー作家になった谷田マイさんの最新作。ミステリー小説の天才と呼ばれる彼女の作品ならではの読み応えがある作品です。三番目の本は、ⓒ現在映画でも上映されている「東京の郵便局」です。とにかく笑える、楽しく読める作品です。四冊目の本はⓓ「人の生きる道」。一見、難しく感じられるかもしれませんが、洗練された文章で20代の女性たちに爆発的な支持を受けております。

라디오를 들으면서 남자와 여자가 이야기하고 있습니다.

F1 '추천 책 코너'를 시작하겠습니다. 오늘은 독서의 가을에 어울리는 네 권의 책을 여러분께 소개합니다. 모두 흥미로운 내용입니다. 우선 첫 번째 책은 ⓐ〈꿈과 만난 시간〉. 연인을 사고로 잃고, 절망의 생활을 보내고 있던 그녀 앞에 나타난 강아지. 이 강아지를 주운 것에서, 그녀의 생활이 달라져 갑니다. 읽고 있으면 어느새 마음이 따뜻해지는 그런 책입니다. 두 번째 책은 ⓑ지금 이슈가 되고 있는 베스트셀러 〈아빠의 멈춘 시계〉입니다. 최연소로 베스트셀러 작가가 된 다니다 마이 씨의 최신작. 미스터리 소설의 천재로 불리는 그녀의 작품 특유의 읽는 맛이 있는 작품입니다. 세 번째 책은 ⓒ현재 영화로도 상영 중인 〈도쿄의 우체국〉입니다. 어쨌든 웃을 수 있고, 즐겁게 읽을 수 있는 작품입니다. 네 번째 책은 ⓓ〈사람이 살아가는 길〉. 언뜻 보면 어렵게 느껴질지도 모르지만, 세련된 문장으로 20대 여성들에게 폭발적인 지지를 받고 있습니다.

それでは皆さん、今年の秋はカフェーでコーヒーでも飲みながらゆったりと本を読んでみるのはいかかでしょうか。	그럼 여러분, 올 가을은 카페에서 커피라도 마시면서 느긋하게 책을 읽어 보는 것은 어떨까요?
M へえ、もう秋か。早いね。 F2 本当だね。ああ、あたしも本読んでみたくなっちゃった。 M 読書？ 僕は本読んでるとすぐ眠くなっちゃうんだ。疲れちゃう。 F2 あんたも本一冊ぐらいは読んだら？ ミステリー、好きなんじゃない？ M ⓔミステリーって、頭痛くなるからいいよ。もし読むんだったら面白いのがいいな。 F2 ⓕあたしはあの本。ベストセラー作家になった人の…。昔から好きだったのよ。	M 아, 벌써 가을인가? 빠르구나. F2 정말이네. 아아, 나도 책 읽어 보고 싶어졌어. M 독서? 나는 책 읽고 있으면 금방 잠이 와. 피곤해져. F2 너도 책 한 권 정도는 읽어 보는 게 어때? 미스터리 좋아하지 않아? M ⓔ미스터리는 머리 아프니까 됐어. 만약 읽는다면 재미있는 게 좋지. F2 ⓕ나는 그 책, 베스트셀러 작가가 된 사람의…. 옛날부터 좋아했어.

質問1）男の人はどの本を読もうとしていますか。

1 「夢と出会った時間」
2 「父の止まった時計」
3 「東京の郵便局」
4 「人の生きる道」

질문1) 남자는 어떤 책을 읽으려고 합니까?

1 '꿈과 만난 시간'
2 '아빠의 멈춘 시계'
3 '도쿄의 우체국'
4 '사람이 살아가는 길'

質問2）女の人はどの本を読もうとしていますか。

1 「夢と出会った時間」
2 「父の止まった時計」
3 「東京の郵便局」
4 「人の生きる道」

질문2) 여자는 어떤 책을 읽으려고 합니까?

1 '꿈과 만난 시간'
2 '아빠의 멈춘 시계'
3 '도쿄의 우체국'
4 '사람이 살아가는 길'

[풀이]

질문1) ⓐ 선택지 1번에 관한 내용으로, 따뜻한 내용이 담긴 책이라는 것을 알 수 있고, ⓑ 선택지 2번에 관한 내용으로, 최연소 베스트셀러 작가의 미스터리 소설책이다. ⓒ 선택지 3번에 관한 내용으로, 현재 영화로도 상영 중인 즐겁게 읽을 수 있는 책이라는 것을 알 수 있고, ⓓ 선택지 4번에 관한 내용으로, 20대 여성들에게 인기 있는 세련된 문장이 특징인 책이라는 것을 알 수 있다. ⓔ 남자는 재미있는 책을 본다고 말하고 있기 때문에, 정답은 선택지 3번이다.

질문2) ⓕ 여자는 베스트셀러 작가의 책을 읽는다고 말하고 있기 때문에 정답은 선택지 2번이다.

[단어]

ふさわしい 어울리다 | 興味深い 흥미롭다 | 失う 잃다, 잃어버리다 | 絶望 절망 | 現われる 나타나다, 드러나다 | 小説 소설 | 天才 천재 | ～ならではの ～특유의, ～만의 | 読み応え 읽을 만함, 읽은 반응 | 上映 상영 | 一見 언뜻 보면 | 洗練 세련 | 爆発 폭발 | 支持 지지

유형별 실전 문제

問題 1

과제 이해 **실전 연습 ❶** p.402 스크립트와 문제 해설

1番

会社で男の人と課長が話しています。男の人はこの後、まず何をしなければなりませんか。

F　森さん、先日提出した新商品の企画書の件だけど、ターゲット層をもう少し広げるべきじゃないかという意見が出てるの。

M　そうですか。じゃ、十代や五十代以上の年齢層を対象にリサーチ調査をしてみましょうか。

F　どうしても必要だと思うわ。あと、うちの会社の商品売り場はだいたい駅の近くにあるから、場所は駅周辺がいいと思うの。ⓐ今のうちの部署の人数だけじゃ出来そうもないから、営業部に頼んでおいたわよ。すぐ営業部に行って確認してから、日程調整を頼むわね。

M　ⓑ分かりました。他に修正するところはありますか。

F　あ、製品価格なんだけど。前回の会議ではいい反応だったのに、開発部をはじめいろんな意見が出てるの。今回の調査後にもう一度検討してみなければならないみたいだわ。

M　分かりました。

F　販売時期に関する森さんの意見は、やっぱりそのまま反映されると思うわよ。工場の方にも事前に連絡をしておいたから、この点は参考にしてね。

M　はい、分かりました。

男の人はこの後、まず何をしなければなりませんか。

1　リサーチ調査を行う
2　営業部と日程を調整する
3　新商品の価格を修正する
4　工場に連絡する

회사에서 남자와 과장이 이야기하고 있습니다. 남자는 이후에 우선 무엇을 해야 합니까?

F　모리 씨, 지난번에 제출한 신상품 기획서 건인데, 타깃층을 조금 더 넓혀야 하지 않겠느냐는 의견이 나오고 있어.

M　그런가요? 그럼, 10대나 50대 이상의 연령층을 대상으로 리서치 조사를 해 볼까요?

F　아무래도 필요할 것 같아. 그리고 우리 회사 제품 매장은 대체로 역 주변에 있어서, 장소는 역 주변이 좋을 것 같아. ⓐ지금의 우리 부서 인원만으로는 못할 것 같아서, 영업부에 부탁해 두었어. 바로 영업부에 가서 확인하고 나서, 일정 조정 부탁할게.

M　ⓑ알겠습니다. 그 외에는 수정할 부분이 있을까요?

F　아, 제품 가격 말인데. 지난번 회의에서는 괜찮은 반응이 었는데, 개발부를 비롯해서 여러가지 의견이 나오고 있어. 이번 조사 후에 다시 한번 검토를 해 봐야 할 것 같아.

M　알겠습니다.

F　판매 시기에 관한 모리 씨의 의견은 역시 그대로 반영이 될 것 같아. 공장 쪽에도 미리 연락을 해 두었으니까, 이 점은 참고하도록 하고.

M　네, 알겠습니다.

남자는 이후에 우선 무엇을 해야 합니까?

1　리서치 조사를 실시한다
2　영업부와 일정을 조정한다
3　신상품 가격을 수정한다
4　공장에 연락한다

[풀이]

ⓐ 여자는 지금 바로 영업부에 가서 리서치 조사를 위한 일정 조정을 하라고 말하고 있고, ⓑ 남자도 알겠다고 말하고 있다. 따라서 정답은 선택지 2번이다. 제품 가격에 대해서는 조사 후에 검토를 해야 할 것 같다고 말하고 있기 때문에 선택지 3번은 정답이 아니다. 공장 쪽에는 미리 연락을 해 두었다고 말하고 있기 때문에 선택지 4번도 정답이 될 수 없다.

[단어]

先日 요전 날, 일전 | **提出** 제출 | **新商品** 신상품 | **企画書** 기획서 | **層** 층 | **広げる** 넓히다 | **対象** 대상 | **調査** 조사 | **売り場** 매장 | **周辺** 주변 | **部署** 부서 | **頼む** 부탁하다 | **確認** 확인 | **日程** 일정 | **調整** 조정 | **修正** 수정 | **価格** 가격 | **反応** 반응 | **開発** 개발 | **～をはじめ** ～를 비롯해 | **検討** 검토 | **時期** 시기 | **～に関する** ～에 관한 | **反映** 반영 | **参考** 참고

2番

会社で男の人と女の人が話しています。女の人は、このあとすぐ何をしなければなりませんか。

회사에서 남자와 여자가 이야기하고 있습니다. 여자는 이후에 먼저 무엇을 해야 합니까?

F おはようございます。部長、お呼びですか。

M あ、山田さん、悪いね。明日の午後の社内視察の件なんだけどね。社長が喉を痛められたそうなんだよ。

F あ、そうなんですか。

M ⓐ視察を見合わせることはできないし。君が付きそいながら社長を補佐してくれないかな。

F はい、分かりました。

M ⓑ視察に必要な書類はもう準備してあるから、明日の午後までには読んでおいてくれ。ⓒ後で社長と簡単な打ち合わせをするかもしれないけど、午前中はお忙しいようでだめみたい。

F 안녕하세요. 부장님, 부르셨나요?

M 아, 야마다 씨, 미안하네. 내일 오후 사내 시찰 건 말인데. 사장님께서 목을 다치셨다고 해서 말이지.

F 아, 그렇습니까?

M ⓐ시찰을 보류하는 것은 불가능하고. 자네가 옆에서 시중을 들면서 사장님을 보좌해 주지 않겠나?

F 네, 알겠습니다.

M ⓑ시찰에 필요한 서류는 이미 준비되어 있으니까, 내일 오후까지는 읽어 둬 주게. ⓒ나중에 사장님과 간단한 상의를 할지도 모르지만, 오전 중에는 바쁘신 것 같아서 안 될 것 같아.

女の人は、このあとすぐ何をしなければなりませんか。

여자는 이후에 먼저 무엇을 해야 합니까?

1 視察の延期の手続きをする
2 資料の内容を把握する
3 資料を前もってコピーしておく
4 社長と打ち合わせをする

1 시찰 연기 수속을 한다
2 자료 내용을 파악한다
3 자료를 미리 복사해 둔다
4 사장님과 상의를 한다

[풀이]

ⓐ 시찰을 보류할 수는 없다고 말하고 있기 때문에, 선택지 1번은 정답이 아니다. ⓑ 자료를 미리 읽어 달라고 말하고 있기 때문에, 선택지 3번은 정답이 될 수 없고, 선택지 2번이 정답이다. ⓒ 사장님과 상의를 하는 것에 대해서는 불투명하기 때문에, 선택지 4번도 정답이 아니다.

[단어]

視察 시찰 | **見合わせる** 보류하다 | **付きそう** 곁에 따르다, 곁에서 시중을 들다 | **補佐** 보좌 | **打ち合わせ** 협의, 상의, 회의 | **延期** 연기 | **手続き** 수속 | **把握** 파악 | **前もって** 미리

3番

電話で男の学生と女の学生が話しています。女の学生は今日何をしなければなりませんか。

M もしもし、本田さん。鈴岡だけど、ⓐ今日の午後のサークルのミーティングに出席できなくなっちゃって。急な用事ができちゃって。

F あ、そうなの？ 分かった。今日は大学祭で担当していることについて意見を発表する日だよね。鈴岡君は何を担当していたっけ？ 西田さんと飲み物を作るんだったかな。

M あ、元々は料理の方だったんだけど、こっちは人数が多いから飲み物の方が忙しい時は手伝ってあげることになったよ。それでさ、ⓑ西田さんに昨日の夜遅くにメールで飲み物のアイデアを送っておいたんだけど、遅い時間だったから電話はできなかったんだ。あ、今朝もメッセージ送っておいたんだけど、まだ返事が来てなくて。

F そうだったんだ。ⓒじゃあ、それについて伝えておけばいいね。

M うん、ごめんね。本田さんもミーティングの司会の準備で誰よりも忙しいはずなのに。

F いや、大丈夫だよ。そっちはとっくにやっておいたから。大学祭の当日に料理とか飲み物を作る方が一番忙しいからね。もちろん忙しい時は私をはじめ、みんなが助けてくれると思うけどね。それよりまだ看板の製作が少し遅れてるのが心配だね。来週に祭りが始まるんだけど。

M あ、西岡が今週までには絶対終わらせるって言ってたからあまり心配しないで。明日からは僕も手伝うことにしたから。

F そう？ よかった。じゃ、よろしくね。

女の学生は今日何をしなければなりませんか。

전화로 남학생과 여학생이 이야기하고 있습니다. 여학생은 오늘 무엇을 해야 합니까?

M 여보세요. 혼다 씨. 스즈오카인데, ⓐ오늘 오후 동아리 미팅에 참석 못 하게 되어 버렸어. 갑자기 급한 일이 생겨서.

F 아, 그래? 알겠어. 오늘 대학 축제에서 담당하고 있는 것에 대해서 의견을 발표하는 날이지? 스즈오카 군은 뭘 담당하고 있었지? 니시다 씨하고 음료를 만드는 거였나?

M 아, 원래는 요리 쪽이었는데, 이쪽은 인원이 많아서 음료 쪽이 바쁠 때는 도와주기로 했어. 그래서 말인데, ⓑ니시다 씨에게 어제 밤 늦게 문자로 음료에 대한 아이디어를 보내 두었는데, 늦은 시간이라서 통화는 못했거든. 아, 오늘 아침에도 메시지 보내 뒀는데, 아직 답장이 안 와서.

F 그랬구나. ⓒ그럼, 그거에 대해서 전해 두면 되겠네.

M 응, 미안해. 혼다 씨도 미팅 사회 준비로 누구보다 바쁠 텐데.

F 아니야, 괜찮아. 그쪽은 진작에 해 두었으니까. 축제 당일에 요리나 음료를 만드는 쪽이 가장 바쁘니까. 물론 바쁠 때는 나를 비롯해서 모두가 도아주겠지만. 그것보다 아직 간판 제작이 좀 늦어지는 게 걱정이네. 다음주에 축제가 시작하는데.

M 아, 니시오카가 이번 주까지는 무조건 끝낸다고 했으니까 너무 걱정하지 마. 내일부터는 나도 도와주기로 했으니까.

F 그래? 다행이다. 그럼, 잘 부탁할게.

여학생은 오늘 무엇을 해야 합니까?

1 飲み物と料理の意見を発表する
2 メールに関することを伝える
3 祭りのミーティングの司会を準備する
4 男の人と一緒に看板の製作を手伝う

1 음료와 요리 의견을 발표한다
2 문자에 관한 것을 전달한다
3 축제 미팅의 사회를 준비한다
4 남자와 함께 간판 제작을 돕는다

[풀이]

ⓐ 남학생이 오늘 동아리 미팅에 참석을 못 하는데 ⓑ 니시다 씨에게 음료에 대한 아이디어의 답장을 받지 못했다. ⓒ 여학생이 그 내용에 대해서 전해 두겠다고 말하고 있기 때문에 정답은 선택지 2번이다. 축제 미팅 사회 준비는 이미 끝냈다고 말하고 있기 때문에 선택지 3번은 정답이 될 수 없다.

[단어]

出席 출석 | **～ちゃう** ～해 버리다 | **用事** 용무, 볼일 | **大学祭** 대학 축제 | **担当** 담당 | **元々** 원래 | **手伝う** 거들다, 돕다 | **送る** 보내다 | **返事** 대답, 답장 | **～について** ～에 대해서 | **司会** 사회 | **準備** 준비 | **とっくに** 훨씬 전에, 진작에 | **～をはじめ** ～를 비롯해 | **助ける** 돕다, 구조하다 | **看板** 간판 | **製作** 제작 | **～に関する** ～에 관한

4番

大学で男の留学生と女の留学生が話しています。女の留学生は、このあと何をしますか。

M 今度、留学生の代表として発表することになったんだって？ おめでとう。

F ありがとう。でも発表の日が近づいてくるほど不安で。

M うん？ どうした？ まだ準備が終わってないの？ 後三日しか残ってないよ。何か手伝おうか。

F ううん。ⓐ原稿も書き終わったし、内容も全部覚えたよ。

M さすが。で、何が心配？

F 人前に立つと上がっちゃって。練習するだけでも震えるんだもん。

M それは皆そうだよ。あ、プロジェクターの映り具合とかのチェックは全部終わった？

F あ、そうだ。まだやってない。

M これから練習はなるべくしない方がいいよ。原稿を見て読んでも構わないでしょ？ それより、ゆっくりした方が良さそう。緊張しすぎで、今もなんか硬いよ、行動も。

F そう？ ⓑ取りあえず、会場に行ってみないと。改めてもう一度いろいろ確認してみなきゃ。

M ⓒ今日は帰ってゆっくりしたらいいよ。でも会場に一回は行ってみないとまずいから、明日僕と一緒に行こうよ。

F うん、ありがとう。そうするわ。

女の留学生は、このあと何をしますか。

대학에서 남자 유학생과 여자 유학생이 이야기하고 있습니다. 여자 유학생은 이후에 무엇을 합니까?

M 이번에 유학생 대표로 발표하게 되었다면서? 축하해.

F 고마워. 그런데 날짜가 다가올수록 불안해서.

M 응? 왜? 아직 준비가 안 끝났어? 앞으로 3일밖에 안 남았는데. 뭔가 도와줄까?

F 아니, ⓐ원고도 다 썼고, 내용도 다 외웠어.

M 역시. 그런데, 뭐가 걱정이야?

F 사람들 앞에 서면 긴장이 되거든. 연습하는 것만으로도 몸이 떨리는 걸.

M 그건 누구나 그렇지. 참, 프로젝터 화면 상태 같은 거 체크는 다 끝났어?

F 아, 맞다. 아직 안 했어.

M 앞으로 연습은 되도록 하지 않는 게 좋겠어. 원고를 보고 읽어도 상관없잖아? 그것보다 편안하게 쉬는 게 좋을 것 같은데. 너무 긴장해서 지금도 왠지 딱딱해, 행동도.

F 그래? ⓑ우선 발표 회장에 가 봐야겠어. 다시 한 번 이것저것 확인해 봐야지.

M ⓒ오늘은 집에 가서 푹 쉬는 게 좋아. 그래도 발표 회장에 한 번은 가 보지 않으면 안 되니까, 내일 나랑 같이 가자.

F 응, 고마워. 그렇게 할게.

여자 유학생은 이후에 무엇을 합니까?

1 原稿の修正のため家に帰る
2 施設の確認のため会場に行く
3 何もせずに家で休む
4 男の人と一緒に準備に行く

1 원고 수정을 위해서 집으로 간다
2 시설 확인을 위해서 발표회장으로 간다
3 아무것도 하지 않고 집에서 쉰다
4 남자와 함께 준비를 하러 간다

[풀이]

ⓐ 원고는 이미 다 썼고, 수정에 관한 내용은 없기 때문에, 선택지 1번은 정답이 될 수 없다. ⓑ 시설 확인을 위해서 발표회장에 가려고 하지만, ⓒ 오늘은 집에서 쉬고, 내일 남자와 함께 가기로 했다. 따라서 선택지 2번과 4번은 정답이 될 수 없고, 선택지 3번이 정답이다.

[단어]

代表 대표 | ～として ~로서(자격) | 近づく 다가오다, 접근하다 | 上がる 긴장하다, 흥분하다 | 震える 떨리다 | 映る 비치다 | 具合 상태 | 構わない 상관없다 | 硬い 딱딱하다, 단단하다 | 改めて 다시 | 修正 수정 | 施設 시설

5番

大学演劇部の先生が部員に話しています。部員は、明日までに何をしますか。

F 今回の定期公演は、ミュージカル公演に決定しました。一、二年生はミュージカル公演が初めての人も多いでしょう。経験のある三、四年生の部員は後輩たちにミュージカル公演に対する経験談を話してあげるのもよさそうですね。あ、そして今回の公演は学校のオーケストラと合同で行われます。ライブ演奏に合わせて演技をするのは初めてですが、公演までまだ十分な時間があるので問題ないと思います。ⓐ公演テーマについては、明日のこの時間にまたお話をしましょう。明日はオーケストラの部員も公演企画に参加します。ⓑ特にやりたいジャンルがある部員は、企画の時間に発表するようにしてください。まだテーマが決まったわけではないので、みんなの意見を積極的に反映するつもりです。

部員は、明日までに何をしますか。

대학 연극부의 선생님이 부원에게 이야기하고 있습니다. 부원은 내일까지 무엇을 합니까?

F 이번 정기공연은 뮤지컬 공연으로 결정했습니다. 1, 2학년은 뮤지컬 공연이 처음인 사람도 많겠죠. 경험이 있는 3, 4학년 부원들은 후배들에게 뮤지컬 공연에 대한 경험담을 얘기해 주는 것도 좋을 것 같네요. 아, 그리고 이번 공연은 학교의 오케스트라와 합동으로 진행됩니다. 라이브 연주에 맞춰서 연기를 하는 것은 처음이지만, 공연까지 아직 충분한 시간이 있기 때문에 문제없을 것 같습니다. ⓐ공연 테마에 관해서는 내일 이 시간에 다시 얘기합시다. 내일은 오케스트라 부원도 공연 기획에 참가합니다. ⓑ특별히 하고 싶은 장르가 있는 부원들은 기획 시간에 발표하도록 하세요. 아직 테마가 정해진 것은 아니기 때문에 모두의 의견을 적극적으로 반영할 생각입니다.

부원은 내일까지 무엇을 합니까?

1 ミュージカル公演の感想を話してあげる
2 オーケストラ部と合同公演を準備する
3 ライブ演奏に合わせて演技する
4 公演のテーマについて考える

1 뮤지컬 공연의 감상을 얘기해 준다
2 오케스트라부와 합동공연을 준비한다
3 라이브 연주에 맞춰서 연기한다
4 공연 주제에 대해서 생각한다

[풀이]

ⓐ 공연 주제에 관해서는 내일 다시 얘기한다고 하고, ⓑ 하고 싶은 장르가 있으면 발표하라고 말하고 있다. 따라서 정답은 선택지 4번이다. 선배들이 후배들에게 뮤지컬 공연에 관한 경험담을 말해 주는 것은 반드시 내일까지 해야 하는 것은 아니다. 따라서 선택지 1번은 정답이 될 수 없다.

[단어]

演劇(えんげき) 연극 | 定期(ていき) 정기 | 公演(こうえん) 공연 | 経験(けいけん) 경험 | ～に対(たい)する ～에 대한 | 合同(ごうどう) 합동 | 行(おこな)う 행하다, 시행하다 | 演奏(えんそう) 연주 | 演技(えんぎ) 연기 | 企画(きかく) 기획 | 参加(さんか) 참가 | 積極的(せっきょくてき) 적극적 | 反映(はんえい) 반영 | 感想(かんそう) 감상

과제 이해 **실전 연습 ❷** p.404 스크립트와 문제 해설

1番(ばん)

会社(かいしゃ)で男(おとこ)の人(ひと)と女(おんな)の人(ひと)が話(はな)しています。女(おんな)の人(ひと)は、これから何(なに)をしますか。

F 課長(かちょう)、昨日(きのう)、山本(やまもと)デパートに納品(のうひん)ミスがあったそうです。新(あたら)しいTシャツが200枚(まい)のところ、100枚(まい)しか納品(のうひん)されてないそうです。

M それは大変(たいへん)。デパートにお詫(わ)びの電話は入れておいた？ 会社(かいしゃ)の信用(しんよう)にかかわる問題(もんだい)だからね。

F ええ、電話(でんわ)してみたんですが、担当者(たんとうしゃ)が席(せき)を外(はず)していて、直接謝(ちょくせつあやま)ることはできませんでした。後(あと)で掛(か)け直(なお)します。

M ⓐああ、それはぼくからしておくからいいよ。倉庫(そうこ)のほうに、Tシャツの在庫(ざいこ)は確認(かくにん)してみた？

F はい、でもあいにく、今在庫(いまざいこ)が切(き)れてました。工場(こうじょう)に連絡(れんらく)して追加(ついか)の発送準備(はっそうじゅんび)をしておきましたが、倉庫(そうこ)には明日届(あしたとど)く予定(よてい)です。

M そう？ あしたか…。こういうことは一刻(いっこく)も早(はや)く解決(かいけつ)するのが大事(だいじ)だから、ⓑすまないけど、工場に取(と)りに行ってくれないかな。

F はい、工場(こうじょう)に連絡(れんらく)をしてから行(い)くほうがいいでしょうね。

M ⓒそれはぼくがやっとくから、できるだけ早(はや)く行(い)って来て。ⓓ今日中(きょうじゅう)にデパートに商品(しょうひん)が送(おく)れるように。

女の人は、これから何をしますか。

회사에서 남자와 여자가 이야기하고 있습니다. 여자는 앞으로 무엇을 합니까?

F 과장님, 어제 야마모토 백화점에 납품 실수가 있었다고 합니다. 새로운 티셔츠가 200장인데, 100장밖에 납품이 안 되었다고 합니다.

M 그거 큰일이군. 백화점에 사과 전화는 해 두었지? 회사의 신용이 걸린 문제니까.

F 네, 전화해 보았는데, 담당자가 자리를 비워서 직접 사과할 수는 없었습니다. 나중에 다시 전화하겠습니다.

M ⓐ아, 그건 내가 할 거니까 괜찮아. 창고 쪽에 티셔츠 재고는 확인해 봤어?

F 네, 그런데 공교롭게도 지금 재고가 없었습니다. 공장에 연락을 해서 추가 발송 준비를 해 두었지만, 창고에는 내일 도착할 예정입니다.

M 그래? 내일인가…. 이런 일은 한시라도 빨리 해결하는 것이 중요하니, ⓑ미안하지만, 공장에 가지러 가 주지 않겠나?

F 네, 공장에 연락을 하고 가는 편이 좋겠죠?

M ⓒ그건 내가 해 둘 테니 가능한 한 빨리 다녀 오게. ⓓ오늘 중으로 백화점에 상품을 보낼 수 있도록.

여자는 이제부터 무엇을 합니까?

1 工場に品物をもらいに行く
2 商品をデパートに送る
3 取引先に電話して謝る
4 工場に連絡する

1 공장에 제품을 받으러 간다
2 상품을 백화점에 보낸다
3 거래처에 전화해서 사과한다
4 공장에 연락한다

[풀이]

ⓐ 백화점에 사과 전화는 남자가 한다고 하기 때문에 선택지 3번은 정답이 아니다. ⓒ 공장에 연락은 남자가 하고, ⓑ 여자는 제품을 받으러 공장으로 가야 하기 때문에, 선택지 4번은 정답이 될 수 없고, 선택지 1번이 정답이다. ⓓ 공장에서 제품을 받고 나서 백화점에 보내는 것이기 때문에, 선택지 2번도 정답이 아니다.

[단어]

納品 납품 | お詫び 사과, 사죄 | 信用 신용 | 担当者 담당자 | 席を外す 자리를 비우다 | 謝る 사과하다 | 倉庫 창고 | 在庫 재고 | 追加 추가 | 解決 해결 | 商品 상품 | 取引先 거래처

2番

会社で男の人と女の人が話しています。男の人は、まず何をしますか。

F 島田さん、今日の午後の会議資料まだ？

M あ、ちょうど課長の机の上に置いてきたところです。ⓐ会議の出席者10人分のコピーも取っておきました。

F そう？ お疲れ様。悪いけど、資料を一緒に持って行ってもらえないかな。

M はい、分かりました。会議室は3階でしたよね。305号室。

F え？ 中田さんに聞いてなかったの？ⓑ会議室は2階に変更になったのよ。

M えっ？ そうですか。中田さん、外出中で、まだ会ってなかったので。

F そうだったの。仕方ないわね。彼も忙しそうだし。ところで、会議室のセッティングもやり直さないといけないのよ。でも急げば今からでも間に合うでしょう。

M はい、分かりました。3階の会議室を片付けてから2階に持っていきます。

회사에서 남자와 여자가 이야기하고 있습니다. 남자는 먼저 무엇을 합니까?

F 시마다 씨, 오늘 오후 회의 자료 아직이야?

M 아, 방금 과장님 책상에 올려 두었습니다. ⓐ회의 참석자 10명 분의 복사도 해 두었습니다.

F 그래? 수고했어. 미안하지만 자료를 같이 들고 가 줄 수 있을까?

M 네, 알겠습니다. 회의실은 3층이었죠? 305호실.

F 응? 나카타 씨에게 못 들었어? ⓑ회의실은 2층으로 변경되었어.

M 네? 그런가요? 나카타 씨는 외출 중이라, 아직 만나지 못했습니다.

F 그랬구나. 어쩔 수 없지. 나카타 씨도 바쁜 것 같고. 그런데, 회의실 세팅도 다시 하지 않으면 안 되겠네. 그래도 서두르면 지금부터라도 시간에 맞출 수 있을 거야.

M 네, 알겠습니다. 3층 회의실을 정리하고 나서 2층으로 가져 가겠습니다.

F ああ、ⓒ整理は他の人にお願いして、まず２階に行こう。あ、あと、会議室変更のお知らせを２階と３階の会議室のドアに貼っといてもらえる？ ３階に行く人もいるかもしれないから。会議資料運んでからでいいから。

M はい、分かりました。

F 아, ⓒ정리는 다른 사람에게 부탁하고, 우선 2층으로 가자. 아, 그리고 회의실 변경 공지를 2층과 3층 회의실 문에 붙여 주지 않을래? 3층으로 가는 사람도 있을지 모르니까. 회의 자료 옮기고 나서 해도 괜찮으니까.

M 네, 알겠습니다.

男の人は、まず何をしますか。

남자는 먼저 무엇을 합니까?

1 ３階の会議室へ行く
2 ２階の会議室へ行く
3 会議の資料をコピーする
4 会議の場所を変更する

1 3층의 회의실로 간다
2 2층의 회의실로 간다
3 회의 자료를 복사한다
4 회의 장소를 변경한다

[풀이]

ⓐ 회의 자료 복사는 다 끝났고, ⓑ 회의 장소는 이미 변경되었음을 알 수 있다. 따라서 선택지 3번과 4번은 정답이 아니다. ⓒ 3층 회의실 정리는 다른 사람에게 맡기고, 2층으로 가게 되었다. 따라서 정답은 선택지 2번이고, 선택지 1번은 정답이 될 수 없다.

[단어]

資料 자료 | 変更 변경 | ~直す 다시 ~하다 | 間に合う 시간에 맞추다, 충분하다 | 片付ける 치우다, 정리하다 | 貼る 붙이다

3番

大学の学習支援センターで男の学生と職員が話しています。男の学生はこのあと、最初に何をしますか。

M あの、ボランティアについて詳しく知りたくて来ました。何か資格が必要なんですか。

F あ、ボランティアのことですね。まず、こちらの学校の学生であることを証明する書類が必要です。学生証は持っていますか。

M はい、これです。

F あ、今提出しなくてもいいですよ。ボランティアは学年を問わず参加可能です。ボランティアセンターの掲示板や学内掲示板で今募集しているボランティアを確認することができます。毎月募集内容が変わり、参加期限もあるので注意する必要があります。

M そうですか。事前説明会みたいなものもありますか。何か提出しなければならない書類とか。

대학 학습지원 센터에서 남학생과 직원이 이야기하고 있습니다. 남학생은 이후에 먼저 무엇을 합니까?

M 저기, 자원봉사에 대해서 자세하게 알고 싶어서 왔는데요. 뭔가 자격이 필요한 건가요?

F 아, 자원봉사 말이군요. 우선, 저희 학교 학생이라는 것을 증명하는 서류가 필요합니다. 학생증은 가지고 있나요?

M 네, 여기요.

F 아, 지금 제출하지 않아도 됩니다. 자원봉사는 학년을 불문하고 참가 가능합니다. 자원봉사센터 게시판이나 학내 게시판에서 지금 모집하고 있는 자원봉사를 확인할 수 있습니다. 매달 모집내용이 달라지고, 참가 기한도 있기 때문에 주의할 필요가 있습니다.

M 그래요? 사전설명회 같은 것도 있나요? 뭔가 제출해야 할 서류라든가.

F はい。事前説明会で参加申し込みをすることになっています。その際、誓約書を提出する場合もあります。ボランティア活動が終わった時に場合によっては活動報告書を提出することになります。その後、ボランティア参加証が受領できます。

M あ、活動報告書も提出しなければならないんですね。どうやって作成するのか分からないんですが。

F ⓐ校内にあるボランティアセンターに行くと、コーディネーターがいます。申し込みの仕方や保険に関する内容も相談したほうがいいと思います。

M 保険にも加入しなければならないんですね。分かりました。ありがとうございました。

男の学生はこのあと、最初に何をしますか。

F 네. 사전 설명회에서 참가 신청을 하게 되어 있습니다. 그때, 서약서를 제출하는 경우를 있습니다. 자원봉사 활동이 끝났을 때에 경우에 따라서는 활동보고서를 제출하게 됩니다. 그 후, 자원봉사 참가증을 수령할 수 있습니다.

M 아, 활동보고서도 제출해야 하는군요. 어떻게 작성하는지 모르는데요.

F ⓐ교내에 있는 자원봉사 센터에 가면, 코디네이터가 있습니다. 신청하는 방법이나 보험에 관한 내용도 상담하는 편이 좋을 것 같네요.

M 보험에도 가입해야 하는군요. 알겠습니다. 감사합니다.

남학생은 이후에 먼저 무엇을 합니까?

1 学生証を提出する
2 誓約書と活動報告書を作成する
3 コーディネーターのところへ行く
4 保険に加入する

1 학생증을 제출한다
2 서약서와 활동보고서를 작성한다
3 코디네이터에게 간다
4 보험에 가입한다

[풀이]

ⓐ 자원봉사 센터의 코디네이터에게 신청 방법이나 보험에 관한 내용도 상담하는 편이 좋다고 말하고 있다. 따라서 정답은 선택지 3번이다. 학생증은 지금 바로 제출하는 것이 아니기 때문에 선택지 1번은 정답이 될 수 없다.

[단어]

学習 학습 | 支援 지원 | 職員 직원 | 詳しい 자세하다, 상세하다 | 資格 자격 | 証明 증명 | 書類 서류 | 提出 제출 | ～を問わず ～를 불문하고 | 参加 참가 | 掲示板 게시판 | 募集 모집 | 確認 확인 | 期限 기한 | 説明会 설명회 | 申し込み 신청 | 際 때 | 誓約書 서약서 | ～によって ～에 의해서, ～에 따라서 | 報告書 보고서 | 保険 보험 | ～に関する ～에 관한 | 加入 가입

4番

大学で男の学生と女の学生が話しています。男の学生は、このあと、何をしますか。

M 昨日の授業どうだった？ 何か重要なお知らせでもあった？

F あ、昨日も授業サボっちゃったんでしょ。知らないよ。すっごく重要な話があったんだから。

M えっ？ ほんと？ 何々？ 試験に関してのやつ？ それともレポートの？

대학에서 남학생과 여학생이 이야기하고 있습니다. 남학생은 이후에 무엇을 합니까?

M 어제 수업 어땠어? 뭔가 중요한 공지라도 있었어?

F 어제도 수업 땡땡이 쳤지? 몰라. 굉장히 중요한 이야기가 있었는데.

M 응? 정말? 뭔데? 시험에 관련된 거? 아니면 리포트?

F さーあ。

M 意地悪～。後でおごるから教えてくれよ。頼むよ。

F そこまで頼まれたらしょうがないね。昨日の講義の内容が全て試験に出るって。

M よりによって、そんな日に抜けちゃったなんて。レポートのテーマは？

F ⓐ近代日本の道路の変化について。参考文献をもとに調べてくださいって。

M 今度のレポートも大変そうだなぁ。ⓑな、あのう、今日さ、ノート貸してもらえる？ すぐ返すから。

F いいよ。で、レポートのことは、前回欠席した学生が多すぎるから、今週中に教授がホームページに掲示するって。

M 本当？ やった！じゃあ、参考文献は？ 図書館で借りればいい？

F ⓒそれは来週の授業でまた教えるっておっしゃってた。

M よかった。それじゃ、今やるべきことはこれだね。ありがとう。

男の学生は、このあと、何をしますか。

F 글쎄~.

M 심술궂네. 나중에 밥 살 테니까 알려 줘. 부탁해~.

F 그렇게까지 부탁한다면 어쩔 수 없지. 어제 강의한 내용이 전부 시험에 나온대.

M 하필이면 그런 날 빠지다니. 리포트 테마는?

F ⓐ근대 일본 도로의 변화에 대해서. 참고 문헌을 토대로 조사하라고 했어.

M 이번 리포트도 힘들겠군. ⓑ저기, 오늘 말이지, 노트 빌릴 수 있을까? 금방 돌려줄게.

F 좋아. 그런데, 리포트에 관한 건, 지난번 결석한 학생들이 너무 많아서, 이번 주 중으로 교수님이 홈페이지에 게시한대.

M 정말? 잘 됐네! 그럼, 참고 문헌은? 도서관에서 빌리면 되나?

F ⓒ그건 다음주 수업에서 다시 알려준다고 하셨어.

M 다행이네. 그럼, 지금 해야 할 일은 이거네. 고마워.

남학생은 이후에 무엇을 합니까?

1 レポートを書く
2 レポートのテーマを決める
3 参考文献を借りに行く
4 講義の内容を書き写す

1 리포트를 쓴다
2 리포트의 테마를 정한다
3 참고 문헌을 빌리러 간다
4 강의 내용을 옮겨 적는다

[풀이]

ⓐ 리포트의 테마는 이미 정해져 있는 것이기 때문에, 선택지 2번은 정답이 될 수 없다. ⓑ 남자는 여자의 노트를 빌려서 강의 내용을 옮겨 쓴다고 말하고 있다. 따라서 정답은 선택지 4번이다. ⓒ 참고 문헌은 다음주 수업 시간에 알 수 있다고 말하고 있고, 지금 당장 리포트를 쓸 수는 없기 때문에, 선택지 1번과 3번은 정답이 아니다.

[단어]

～に関して ~에 관해서 | 意地悪い 심술궂다, 짓궂다 | 講義 강의 | よりによって 하필이면 | 抜ける 빠지다 | 近代 근대 | 変化 변화 | ～について ~에 대해서 | 参考 참고 | 文献 문헌 | ～をもとに ~을 바탕으로, 토대로 | 貸す 빌려 주다 | 返す 돌려주다 | 掲示 게시 | 借りる 빌리다 | 書き写す 베껴 쓰다

5番

本屋で店員と店長が話しています。この本屋の店員は、まず何をしなければなりませんか。

F　店長、今月の新刊図書の広報のための紹介文を書いてみたんですが。見ていただけますか。

M　あ、いいですよ。うーん、全体的に目に入りやすくて簡潔な文章が印象的ですね。でも、今月は新刊図書が少し多くて、すべての本を宣伝するのはむしろ集中して見れない感じがしますね。一週間ずつ交互に広報をしたほうがいいと思いますが。

F　はい、分かりました。修正が必要な内容はありますか。

M　いいえ、このままでいいと思います。

F　陳列位置は先月と同じところにしておきましたが、少し変化があるのもいいかと思います。どうしても慣れてくると目に入ってこなくて。

M　毎日売り場を見回す私たちとは違って、お客さんは書店に毎日来るわけではないので、位置を変える必要はないと思います。

F　あ、そうですね。ⓐでは、新刊図書の広報コーナーはそのままにして、棚を一つ下にするのはどうでしょうか。本を整理する時、私には高すぎるところにあって、整理が大変な時も時々ありました。

M　ⓑあ、それは気づきませんでした。先月まではずっと僕の担当でしたから。じゃ、そうしましょう。そして、新刊図書以外の在庫にも気をつけるようにしましょう。先月は在庫が足りない本が多くて、出版社に直接行って持って来たりもしましたからね。

F　分かりました。あらかじめ確認して出版社に注文するようにします。

この本屋の店員は、まず何をしなければなりませんか。

1　新刊図書の紹介文を作成する
2　広報コーナーの位置を修正する
3　新刊図書の在庫を把握する
4　出版社に足りない本を注文する

서점에서 직원과 점장이 이야기하고 있습니다. 이 서점의 점원은 우선 무엇을 해야 합니까?

F　점장님, 이번 달 신간 도서의 홍보를 위한 소개문을 써 봤는데요. 봐 주실 수 있을까요?

M　아, 좋아요. 음, 전체적으로 눈에 잘 띄고, 간결한 문장이 인상적이네요. 근데, 이번 달은 신간 도서가 좀 많아서, 모든 책을 다 홍보하는 것은 오히려 집중해서 볼 수 없는 느낌이 드네요. 일주일씩 번갈아 가면서 홍보를 하는 게 좋을 것 같은데요.

F　네. 알겠습니다. 수정이 필요한 내용이 있나요?

M　아니요, 이대로 좋은 것 같아요.

F　진열 위치는 지난달과 같은 곳으로 해 두었는데, 조금 변화가 있는 것도 좋을 것 같아요. 아무래도 익숙해지면 눈에 들어오지 않아서.

M　매일 매장을 둘러보는 우리들과는 달리, 손님들은 서점에 매일 오는 것은 아니니까 위치를 바꿀 필요는 없을 것 같아요.

F　아, 그렇군요. ⓐ그럼, 신간도서 홍보 코너는 그대로 두고, 선반을 하나 아래로 하는 것은 어떨까요? 책을 정리할 때, 저에게는 너무 높은 곳에 있어서, 정리가 힘들 때도 가끔 있었어요.

M　ⓑ아, 그건 신경을 못 썼네요. 지난달까지는 계속 제가 담당이었으니까. 그럼, 그렇게 하죠. 그리고 신간 도서 이외의 재고에도 신경을 쓰도록 해요. 지난달은 재고가 부족한 책이 많아서, 출판사에 직접 가서 가지고 오기도 했으니까요.

F　알겠습니다. 미리 확인해서 출판사에 주문하도록 하겠습니다.

이 서점의 직원은 우선 무엇을 해야 합니까?

1　신간 도서 소개문을 작성한다
2　홍보 코너의 위치를 수정한다
3　신간 도서 재고를 파악한다
4　출판사에 부족한 책을 주문한다

[풀이]

ⓐ 매장 내의 신간도서 홍보 코너는 원래대로 하고, 대신 정리가 힘든 이유로 선반을 하나 아래로 하자고 말하고 있다. ⓑ 점장도 그렇게 하자고 말하고 있기 때문에 정답은 선택지 2번이다.

[단어]

新刊 신간 | 広報 홍보 | 宣伝 선전 | むしろ 오히려, 차라리 | 集中 집중 | 交互 교호, 서로 번갈아 함 | 修正 수정 | 陳列 진열 | 位置 위치 | 慣れる 익숙해지다 | 売り場 매장 | 見回す 둘러보다 | 変える 바꾸다, 변하다 | 棚 선반 | 整理 정리 | ～すぎる 지나치게 ～하다 | 気づく 알아차리다, 깨닫다 | 担当 담당 | 在庫 재고 | 気をつける 조심하다, 주의하다 | 足りない 부족하다, 모자라다 | 出版社 출판사 | 直接 직접 | あらかじめ 미리 | 紹介文 소개문 | 把握 파악

問題 2

포인트 이해 **실전 연습 ❶** p.406 스크립트와 문제 해설

1番

喫茶店で女の人と男の人が花を見る会について話しています。女の人は、この集まりの特徴は何だと言っていますか。	**찻집에서 여자와 남자가 꽃을 보는 모임에 대해서 이야기하고 있습니다. 여자는 이 모임의 특징이 뭐라고 말하고 있습니까?**
F 今週末、花を見る会に参加することにしたんだ。さくら公園近くのお寺や神社を中心に二キロほど歩くんだって。	F 이번 주말에 꽃을 보는 모임에 참가하기로 했어. 사쿠라 공원 근처의 절이나 신사를 중심으로 2킬로 정도 걷는다고 해.
M そうなの？ 歩きたくない森さんにしてはすごい挑戦だね。でも、大丈夫？ さくら公園自体も結構高いところにあるんじゃない？	M 그래? 걷기 싫어하는 모리 씨치고는 대단한 도전이네. 근데, 괜찮겠어? 사쿠라 공원 자체도 꽤나 높은 곳에 있지 않나?
F 大丈夫。こんな集まりは何回か参加したこともあるし、やっぱり高い所に行く場合が多いからね。あと、保険代まで含めて100円で、本当安いわよ。ⓐ皆で花を見ながら美しい景色も楽しめるからとってもいい。それに今回は、山に登りながらゴミ拾いのイベントも行われるから、他の集まりとはひと味違うやりがいが感じられそうで楽しみなの～。	F 괜찮아. 이런 모임은 몇 번인가 참가한 적도 있고, 역시 높은 곳을 가는 경우가 많으니까. 그리고 보험료까지 포함해서 100엔으로 정말 싸거든. ⓐ다같이 꽃을 보면서 아름다운 경치도 즐길 수 있어서 정말 좋아. 게다가 이번에는 산에 오르면서 쓰레기도 줍는 이벤트도 열려서 다른 모임과는 색다른 보람을 느낄 수 있을 것 같아서 기대돼~.
M へぇ、そういうこともやってるんだ。偉いね。それに100円ならやっぱり安いね。ほぼ無料みたいな感じで。昼ごはんも一緒に食べたりするの？	M 이야, 그런 것도 하고 있구나, 훌륭하네. 게다가 100엔이면 역시 싸네. 거의 무료 같은 느낌이고. 점심도 같이 먹거나 하는 거야?

F もちろんお昼も一緒に食べるわよ。各自用意してきたお弁当でね。こんな集まりは結構長くなったりして何か食べないと大変だから。前は何も準備しないで来ちゃって、一緒に参加した人たちがおにぎりとかも分けてくれて助けられたのよ。その時の人たちが今回も何人か来ることになってるの。あ、そうだ。自分のゴミは持ってきた袋に入れてまた持って帰らなきゃならないの。

M なるほど。僕も一度参加してみようかな。

F うん、ぜひ。定員があるから急いだほうがいいよ。

女の人は、この集まりの特徴は何だと言っていますか。

F 물론 점심도 같이 먹지. 각자 준비해 온 도시락으로. 이런 모임은 제법 길어 지거나 해서 뭔가 먹지 않으면 힘드니까. 지난번에는 아무것도 준비를 안 하고 와 버려서, 함께 참가한 사람들이 주먹밥 같은 것도 나눠줘서 도움을 받았지. 그때의 사람들이 이번에도 몇 명 오기로 했어. 아, 맞아. 자신의 쓰레기는 가져온 봉투에 넣어서 다시 가지고 가야 해.

M 그렇구나. 나도 한번 참가해 볼까?

F 응, 꼭. 정원이 있으니까 서두르는 편이 좋을 거야.

여자는 이 모임의 특징이 뭐라고 말하고 있습니까?

1 高いところにある公園の花を見ること
2 参加費と保険料が安いこと
3 花を楽しみながらゴミを拾うこと
4 募集人数に限りがあること

1 높은 곳에 있는 공원의 꽃을 보는 것
2 참가비와 보험료가 싼 것
3 꽃을 즐기면서 쓰레기를 줍는 것
4 모집 인원에 제한이 있는 것

[풀이]

ⓐ 꽃을 보면서 아름다운 경치도 즐길 수 있고, 다른 모임과는 다르게 쓰레기를 주우면서 산에 오르는 이벤트도 열린다고 말하고 있다. 따라서 정답은 선택지 3번이다.

[단어]

喫茶店 찻집, 카페 | **～について** ～에 대해서 | **特徴** 특징 | **参加** 참가 | **寺** 절 | **神社** 신사 | **挑戦** 도전 | **結構** 제법, 상당히 | **保険** 보험 | **～代** ～대금, ～비용 | **含める** 포함시키다 | **景色** 경치 | **拾う** 줍다 | **やりがい** 보람 | **偉い** 훌륭하다 | **用意** 준비, 용의 | **助ける** 돕다, 구조하다 | **袋** 봉투, 봉지 | **定員** 정원 | **急ぐ** 서두르다 | **募集** 모집 | **限り** 한계, 제한

2番

会社で女の人と部長が話しています。どうして女の人の企画書が承認されたと言っていますか。

F 部長、お呼びですか。

M ああ、山村さん。先日君が提出した企画書の件で話があってね。

F あ、はい。

M 君の企画書が認められて、来月から正式に推進されると思うよ。

F えっ？ 本当ですか？ ありがとうございます。

회사에서 여자와 부장이 이야기하고 있습니다. 왜 여자의 기획서가 승인되었다고 말하고 있습니까?

F 부장님, 부르셨나요?

M 아, 야마무라 씨. 지난번에 자네가 제출한 기획서 건으로 할 얘기가 있어서.

F 아, 네.

M 자네의 기획서가 인정되어서, 다음달부터 정식으로 추진될 것 같아.

F 네? 정말입니까? 감사합니다.

M いや、僕の方が感謝してるよ。こんなに優秀な人材と一緒に仕事ができてね。ⓐ少し修正が必要な部分はあるけど、商品としての価値は十分にあると思う。

F あのう、どうして新入社員の私の企画書なんかが認められたか、お聞きしてもよろしいでしょうか。

M ⓑ新人であれ部長であれ、そのようなことは重要じゃないんだ。会社としては、どうすれば良い商品を作ることができるのかが重要なんだから。ⓒ君の企画書は成功できる要素が備わっていると判断されたのだろう。

F ああ、そうなんですか。ありがとうございます。

M 新人だからこそ、このような発想ができたかもしれないよ。さらに、来年から若い女性の購買者を増やそうとする会社の方向性と一致したこともあったと思う。ⓓ来週から、若い女性達を対象にアンケート調査を実施する予定だから、これからもよろしく。

F はい、分かりました。

どうして女の人の企画書が承認されたと言っていますか。

M 아니, 내가 감사하지. 이렇게 우수한 인재와 함께 일할 수 있어서. ⓐ조금 수정이 필요한 부분은 있지만, 상품으로의 가치는 충분히 있을 것 같아.

F 저어, 왜 신입 사원인 저의 기획서 같은 것이 인정되었는지 여쭤 봐도 될까요?

M ⓑ신인이든 부장이든 그런 것은 중요하지 않아. 회사로서는 어떻게 하면 좋은 상품을 만들 수 있는지가 중요하니까. ⓒ자네의 기획서는 성공할 수 있는 요소가 갖춰져 있다고 판단된 것이겠지.

F 아, 그런가요? 감사합니다.

M 신입이기 때문에 이런 발상을 할 수 있었던 것일 수도 있지. 게다가 내년부터 젊은 여성 구매자를 늘리려는 회사의 방향성과 일치한 점도 있었던 것 같고. ⓓ다음주부터 젊은 여성들을 대상으로 앙케트 조사를 실시할 예정이니, 앞으로도 잘 부탁해.

F 네, 알겠습니다.

왜 여자의 기획서가 승인되었다고 말하고 있습니까?

1 修正が必要ではない企画だから
2 新入社員の企画を採用することにしたから
3 良い商品としての可能性があったから
4 女性社員が行ったアンケートがよかったから

1 수정이 필요하지 않은 기획이기 때문에
2 신입 사원의 기획을 채용하기로 했기 때문에
3 좋은 상품으로의 가능성이 있었기 때문에
4 여성 사원이 실시한 앙케트가 좋았기 때문에

[풀이]

ⓐ 여자의 기획서는 약간의 수정이 필요하다고 말하고 있기 때문에, 선택지 1번은 정답이 될 수 없다. ⓑ 신입 사원의 기획만을 채용하려는 의도는 없었다는 것을 알 수 있기 때문에, 선택지 2번도 정답이 아니다. ⓒ 여자가 작성한 기획서가 성공할 수 있는 가능성이 있다고 말하고 있기 때문에, 정답은 선택지 3번이다. ⓓ 앙케트 조사는 다음주부터 진행되는 것이기 때문에, 선택지 4번도 정답이 될 수 없다.

[단어]

企画書 기획서 | **承認** 승인 | **提出** 제출 | **認める** 인정하다 | **正式** 정식 | **推進** 추진 | **感謝** 감사 | **優秀** 우수 | **～であれ ～であれ** ~(이)든 ~(이)든 | **～として** ~로서 | **要素** 요소 | **備わる** 갖춰지다 | **発想** 발상 | **対象** 대상 | **実施** 실시 | **採用** 채용

3番

レストランで店長と男の人が話しています。二人は、先月の売り上げが上がった理由は何だと言っていますか。

F　先月はいつもと違ってそんなに忙しいとは思わなかったのですが、売り上げが20%も上がりましたね。どうしてでしょう。

M　もしかして、新商品のディナーセットの影響じゃありませんか。お客様各々が今まで食べたことのないソースの組み合わせがとても斬新だったとおっしゃっていましたが。

F　そうでしょうか。新商品のディナーセットは、スタートした三カ月前から売れ行きに特に変わりはないですから。そういえば、先月末にイチオシワインの試飲会を三日間やりましたよね。そのあと、試飲会の効果はありましたか。ちょうどその週は休みだったので、ちゃんと話を聞けませんでした。

M　あ、試飲会の反応は良かったです。でも、予想とは裏腹にワインの売れ行きの好調にはつながらなかったんですけど。あのう、もしかしたら廃棄される食材を最小限に抑えられたのが経費の削減につながったのではないでしょうか。

F　そうかもしれませんね。ⓐそういえば、ランチ100食、ディナー200食の限定販売を始めた月でもありましたよね。毎月売れる量がほぼ同じだから、食品ロスのゼロを目指してました。おかげで廃棄する食材の量をかなり減らすことができました。食材を節約した結果と言えます。

M　それがスタッフたちにも影響を与えたみたいです。用意しておいた食事を全部提供したら、営業が終わるシステムですからね。仕事が終わる時間はそれほど変わりませんでしたが、十分な動機付けになったと思います。

F　確かではありませんが、それがお客様へのサービス向上につながったのかもしれませんね。

레스토랑에서 점장과 남자가 이야기하고 있습니다. 두 사람은 지난달 매출이 오른 이유가 무엇이라고 말하고 있습니까?

F　지난달은 평소와는 다르게 크게 바쁘다고 생각하진 않았는데, 매출이 20%나 올랐네요. 왜일까요?

M　혹시, 신상품인 디너 세트의 영향이 아닐까요? 고객님들이 지금껏 먹어본 적 없는 소스의 조합이 매우 참신했다고 말씀을 해 주셨는데.

F　글쎄요. 신상품 디너 세트는 시작한 3개월 전부터 판매에 별 차이는 없었으니까요. 그러고 보니, 지난달 말에 가장 추천하는 와인 시음회를 3일간 했었죠. 그 후, 시음회의 효과는 있었나요? 마침 그 주는 휴가여서 제대로 이야기를 들을 수 없었네요.

M　아, 시음회의 반응은 좋았습니다. 하지만, 예상과는 다르게 와인 판매량의 호조로 이어지지 않았습니다만. 저기, 어쩌면 폐기되는 식재료를 최소한으로 줄일 수 있었던 것이 경비 삭감으로 이어진 것은 아닐까요?

F　그럴 수도 있겠네요. ⓐ그러고 보니, 런치 100식, 디너 200식의 한정판매를 시작한 달이기도 했네요. 매달 팔리는 양이 거의 같기 때문에, 식품 손실 제로를 목표로 하고 있었죠. 덕분에 폐기되는 식재료의 양을 상당히 줄일 수 있었어요. 식재료를 절약한 결과라고 말할 수 있겠네요.

M　그것이 직원들에게도 영향을 준 것 같아요. 준비해 둔 식사를 전부 제공하면, 영업이 끝나는 시스템이니까요. 일이 끝나는 시간이 그다지 다르지 않았지만, 충분한 동기부여가 된 것 같아요.

F　확실하지는 않지만, 그것이 고객에 대한 서비스 향상으로 이어졌을지도 모르겠네요.

二人は、先月の売り上げが上がった理由は何だと言っていますか。	두 사람은 지난달 매출이 오른 이유가 무엇이라고 말하고 있습니까?
1 新商品のディナーセットが好評だったこと	1 신상품 디너 세트가 호평이었던 것
2 試飲会を通じてワインの販売が増えたこと	2 시음회를 통해 와인 판매가 늘었던 것
3 一日に限られた量だけを提供したこと	3 하루에 정해진 양만을 제공한 것
4 お客様へのサービスが良くなったこと	4 고객에 대한 서비스가 좋아진 것

[풀이]

ⓐ 런치와 디너의 한정 판매를 시작하면서 폐기되는 식재료의 양을 줄일 수 있었다고 말하고 있다. 결국 식재료를 절약한 결과로 매출이 올랐다고 말하고 있기 때문에 정답은 선택지 3번이다. 고객에 대한 서비스 향상은 확실하지 않다고 말하고 있기 때문에 선택지 4번은 정답이 아니다.

[단어]

売り上げ 매상, 매출 | **新商品** 신상품 | **影響** 영향 | **組み合わせ** 조합 | **斬新** 참신 | **おっしゃる** 말씀하시다 | **売れ行き** 판매, 팔리는 상태 | **イチオシ** 가장 추천하는 것 | **試飲** 시음 | **効果** 효과 | **反応** 반응 | **予想** 예상 | **裏腹** 거꾸로 됨, 정반대 | **好調** 호조 | **廃棄** 폐기 | **食材** 식재료 | **抑える** 누르다, 막다 | **経費** 경비 | **削減** 삭감 | **限定** 한정 | **販売** 판매 | **食品ロス** 식품 손실, 먹을 수 있는데 버려지는 식품 | **目指す** 목표로 하다, 노리다 | **減らす** 줄이다 | **節約** 절약 | **与える** 주다 | **用意** 용의, 준비 | **提供** 제공 | **動機付け** 동기 부여 | **向上** 향상 | **～を通じて** ～를 통해서

4番

マートで男の人と女の人が話しています。女の人は、昨日は何を買いましたか。	마트에서 남자와 여자가 이야기하고 있습니다. 여자는 어제 무엇을 샀습니까?
M 裕子、久しぶり～。	M 유코, 오랜만이야.
F うん、本当久しぶりね。	F 응, 정말 오랜만이네.
M 何だか疲れているみたいだけど、最近仕事忙しい？	M 왠지 피곤한 것 같은데, 요즘 일이 바빠?
F ううん、そうじゃなくて、昨日ちょっと大変なことがあってね。	F 아니, 그렇지는 않고, 어제 좀 피곤한 일이 있어서.
M そう？ どんなこと？	M 그래? 무슨 일?
F ⓐ昨日公演のチケットを買いに行って２時間も待たされちゃって。甥と一緒に見られる家族公演の。	F ⓐ어제 공연 티켓을 사러 가서 2시간이나 기다렸거든. 조카와 함께 볼 수 있는 가족 공연.
M そうだったんだ。で、疲れてるってわけか。	M 그랬구나. 그래서 피곤한 거구나.
F ⓑ実はね、その公演のチケットを買うと、甥が欲しがっているおもちゃがセットでもらえるのよ。来週甥の誕生日だから。	F ⓑ사실은 말이지, 그 공연 티켓을 사면 조카가 갖고 싶어 하는 장난감을 세트로 받을 수 있어. 다음주 조카 생일이거든.
M 最近そういうキャンペーン多いね。	M 요즘 그런 캠페인 많네.
F そのチケットね、200名限定販売だったんだ。ところがね。ⓒあたしの三人前で販売終了になっちゃったのよ。	F 그 티켓이 말이야, 200명 한정 판매였어. 근데 말이지, ⓒ내 차례 3명 앞에서 판매 종료되어 버렸어.

M えっ！ そりゃひどいね。それでこのマートに来てるわけ？

F うん、ⓓチケットよりおもちゃの方が大人気で。やっぱりここにもないね。ああ～。

M 앗! 그건 심하네. 그래서 이 마트에 온 거야?

F 응, ⓓ티켓보다 장난감 쪽이 대인기라서. 역시 여기에도 없네. 아아~.

女の人は、昨日は何を買いましたか。

여자는 어제 무엇을 샀습니까?

1 玩具セット付の公演チケット
2 玩具付でない公演チケット
3 マートの商品券と公演チケット
4 何も買わなかった

1 장난감 세트가 딸려 있는 공연 티켓
2 장난감이 딸려 있지 않은 공연 티켓
3 마트 상품권과 공연 티켓
4 아무것도 사지 않았다

[풀이]

ⓐ 여자는 어제 조카와 함께 볼 가족 공연의 티켓을 사러 갔다. ⓑ 공연 티켓을 구매하면 장난감을 세트로 받을 수 있다. ⓒ 결국 여자는 한정 판매였던 티켓을 사지 못했다. 따라서 정답은 선택지 4번이다. ⓓ 여자가 마트에 온 것은 조카가 원하는 장난감을 사기 위해서였지만, 마트에도 장난감은 없었다.

[단어]

公演 공연 | 甥 조카(남자 조카) | 限定 한정 | 販売 판매 | 終了 종료 | 玩具 완구, 장난감 | 商品券 상품권

5番

テレビでアナウンサーがある中学校のバレーボール部について話しています。このバレーボール部が人気があるのはなぜですか。

F 今日は地元住民に愛されているさくら中学校のバレーボール部をご紹介します。このバレーボール部は、これといって特別上手な選手が多いとは言えませんが、チームワークがとても良いチームです。ⓐスタメンと補欠、先輩と後輩を問わずみんなが仲が良いのも同校の特徴です。そのため、一緒に応援に来た選手の両親たちも自然と親しくなり、活発に交流もしています。ⓑこのような様子が伝わり、入部を希望する地域の生徒と保護者が増えつつあり、入部に制限を設けているのが実情です。一方、去年から新しく赴任してきたコーチは、地元住民の期待と応援に応えたいとの意向を表明しています。果たして、今年は地域予選を通過して全国大会に行けるか期待したいと思います。

TV에서 아나운서가 어느 중학교의 배구부에 대해서 이야기하고 있습니다. 이 배구부가 인기가 있는 이유는 무엇입니까?

F 오늘은 지역 주민들에게 사랑을 받고 있는 사쿠라 중학교의 배구부를 소개하겠습니다. 이 배구부는 이렇다 할 정도로 특별히 잘하는 선수가 많다고 말할 수는 없습니다만, 팀워크가 매우 좋은 팀입니다. ⓐ스타팅 멤버와 보결, 선배와 후배를 불문하고 모두가 사이가 좋은 것도 이 학교의 특징입니다. 그래서 함께 응원을 온 선수의 부모님들도 자연스럽게 친해지고 활발하게 교류도 하고 있습니다. ⓑ이런 모습이 전해지면서, 입부를 희망하는 지역 학생과 학부모가 계속 늘어나서, 입부에 제한을 두고 있는 실정입니다. 한편, 작년부터 새로 부임한 코치는 지역 주민들의 기대와 응원에 부응하고 싶다는 뜻을 밝혔습니다. 과연 올해는 지역 예선을 통과하고 전국대회로 갈 수 있을지 기대해 보도록 하겠습니다.

このバレーボール部が人気があるのはなぜですか。

1 チームに上手な選手が多いから
2 チームワークが良くて親しいメンバーが多いから
3 選手だけじゃなく、親同士も親しいから
4 新しく来たコーチの手腕が優れているから

이 배구부가 인기가 있는 이유는 무엇입니까?

1 팀에 잘하는 선수들이 많기 때문에
2 팀워크가 좋고 친한 멤버가 많기 때문에
3 선수뿐만 아니라 부모들끼리도 친하기 때문에
4 새로 온 코치의 수완이 뛰어나기 때문에

[풀이]

ⓐ 팀 선수들의 사이가 좋고, 부모들도 친하고 활발한 교류를 하고 있다고 한다. ⓑ 이런 모습들이 전해지면서 입부를 희망하는 학생과 학부모가 계속 늘고 있다고 말하고 있기 때문에 정답은 선택지 3번이다.

[단어]

地元 고장, 현지 | **紹介** 소개 | **特別** 특별 | **補欠** 보결 | **～を問わず** ～를 불문하고 | **仲が良い** 사이가 좋다 | **特徴** 특징 | **親しい** 친하다 | **活発** 활발 | **交流** 교류 | **様子** 모습 | **伝わる** 전해지다 | **希望** 희망 | **～つつある** ～하고 있다 | **制限** 제한 | **設ける** 설치하다, 마련하다 | **実情** 실정 | **一方** 한편 | **赴任** 부임 | **期待** 기대 | **応援** 응원 | **応える** 부응하다, 보답하다 | **意向** 의향 | **表明** 표명 | **果たして** 과연 | **予選** 예선 | **通過** 통과 | **同士** ～끼리 | **手腕** 수완 | **優れる** 우수하다, 뛰어나다

포인트 이해 **실전 연습 ❷** p.408 스크립트와 문제 해설

1番

セミナーで司会者の男の人と社長が話しています。この社長は、会社経営において最も重要なことは何だと言っていますか。

M 最近、遠藤さんの経営する会社の経営哲学が人々の関心を集めていますね。遠藤さんの会社が他の会社と違う点は何だと思いますか。

F そうですね。会社のビジョンと目標を設定することは会社経営において欠かせませんが、意外とこのような基本的な点を見過ごしている会社も多いです。そして、会社の存在理由は単にお金を稼ぐためだけではないというところだと思います。

M では、遠藤さんの会社は何を重視しているのですか。

F ⓐお客様第一の会社を作ることも重要ですが、私は他人の為になる会社を作りたいという気持ちが一番大きかったです。お客様のニーズに合った、お客様に必要なものを作ることは、会社としては至極当然の目標です。しかし、私はお客様だけでなく、社員にも役に立つ会社を作るのが夢です。

세미나에서 남자 사회자와 사장이 말하고 있습니다. 이 사장은 회사 경영에 있어서 가장 중요한 것은 무엇이라고 말하고 있습니까?

M 최근에 엔도 씨가 경영하는 회사의 경영 철학이 사람들의 관심을 모으고 있는데요. 엔도 씨의 회사가 다른 회사와 다른 점은 뭐라고 생각하나요?

F 글쎄요. 회사의 비전과 목표를 설정하는 것은 회사 경영에 있어서 빼 놓을 수 없지만, 의외로 이런 기본적인 점을 간과하는 회사도 많습니다. 그리고 회사의 존재 이유는 단순히 돈을 벌기 위해서만이 아니라는 점이라고 생각합니다.

M 그럼, 엔도 씨의 회사는 무엇을 중요시하고 있는 건가요?

F ⓐ고객 제일의 회사를 만드는 것도 중요하지만, 저는 다른 사람에게 도움이 되는 회사를 만들고 싶은 마음이 가장 컸습니다. 고객에 수요에 맞는, 고객에게 필요한 물건을 만드는 것은 회사로서는 너무나 당연한 목표이죠. 하지만, 저는 고객뿐만 아니라 사원들에게도 도움이 되는 회사를 만드는 것이 꿈입니다.

M あ、それでたくさんの人から関心を集めているんですね。

F あと、今すぐといったらばかげている話かもしれませんが、社員を会社に行きたくさせる会社です。小さかった頃、学校に行くと、友達と一緒に遊ぶことができて毎日が楽しかった思い出を私は今も大切にしています。それで、会社もそういうところになったらいいなと思いました。新入社員時代に会社に行くのが本当に嫌だったんですよね、私も。

M そんな会社があったら私もぜひ就職させてもらいたいですね。これからもっと楽しみにしています。

M 아, 그래서 많은 사람들에게 관심을 받고 있는 거군요.

F 그리고 지금 당장은 말도 안 되는 이야기일지도 모르지만, 사원을 회사에 가고 싶게 만드는 회사입니다. 어렸을 때 학교에 가면, 친구들과 함께 놀 수 있어서 매일매일이 즐거웠던 추억을 저는 지금도 소중하게 여기고 있습니다. 그래서 회사도 그런 곳이 되면 좋겠다고 생각했어요. 신입사원 시절에 회사에 가는 것이 정말 싫었거든요, 저도.

M 그런 회사가 있다면 저도 꼭 취직하고 싶네요. 앞으로 더욱 기대하겠습니다.

この社長は、会社経営において最も重要なことは何だと言っていますか。

이 사장은 회사 경영에 있어서 가장 중요한 것은 무엇이라고 말하고 있습니까?

1 会社のビジョンと目標を立てること
2 客の必要なものを作ること
3 他人の役に立つこと
4 社員が好きで出社すること

1 회사의 비전과 목표를 세우는 것
2 손님이 필요한 물건을 만드는 것
3 다른 사람에게 도움이 되는 것
4 사원들이 좋아서 출근하는 것

[풀이]

ⓐ 다른 사람에게 도움이 되는 회사를 만들고 싶다고 하면서, 고객뿐만 아니라 사원들에게도 도움이 되는 회사를 만들고 싶다고 말하고 있다. 따라서 정답은 선택지 3번이다.

[단어]

司会者 사회자 | **経営** 경영 | **～において** ～에서, ～에 있어서 | **最も** 가장 | **哲学** 철학 | **関心** 관심 | **集める** 모으다 | **違う** 다르다 | **目標** 목표 | **設定** 설정 | **欠かす** 빠뜨리다, 빼다 | **基本的** 기본적 | **見過ごす** 놓치다, 간과하다 | **存在** 존재 | **単に** 단지, 단순히 | **稼ぐ** 돈을 벌다 | **重視** 중시, 중요시 | **為に** 위해서, 위해서 | **至極** 지극(히) | **役に立つ** 도움이 되다 | **夢** 꿈 | **頃** 때, 시절, 무렵 | **就職** 취직 | **立てる** 세우다 | **出社** 출사, 회사에 출근함

2番

女子学生と男子学生が話しています。男子学生は、どうして中国に行きますか。

여학생과 남학생이 이야기하고 있습니다. 남학생은 왜 중국에 갑니까?

F 吉田君。聞いたわよ。来年中国に行くんだって？

M 石原さん。おはよう。噂って本当に早いね。うん、来年の1月の半ばに行くつもり。

F 요시다 군. 들었어. 내년에 중국 간다면서?

M 이시하라 씨. 안녕. 소문 정말 빠르네. 응, 내년 1월 중순에 갈 거야.

F　どうして突然、中国へ行くの？ 卒業まであまり残ってないのに。やっぱり、就職のため？

M　まあ、就職のことも考えなくちゃいけないんだけどね。これから厳しい就職競争が始まるんだし。

F　そうね。皆いい会社に入りたがっているから。あ、そういえば中国語はうまいじゃない？ せっかく留学するなら、英語を習いに行くのがいいと思うけどね。

M　中国語もそこまでうまいわけじゃないよ。簡単な日常会話のレベルぐらいでね。この程度は誰でもできるから、あまりメリットにならないと思う。

F　私も留学しようかな。私だけ競争に遅れているような感じだね。はあ～。

M　ⓐ別に留学ってほどじゃないよ。中国に親戚も住んでて。取りあえず、休みの間だけ行って来ようと思ってるだけなんだ。

F　うん？ 本当？ 中国に親戚がいたなんて知らなかった。いいな。勉強もできて観光もできてね。羨ましい～。

M　ⓑ実は父がもうすぐ、中国支店に転勤になるんだよ。ⓒ一緒に行くかどうかは、どんな所なのか直接見てから決めようと思ってるんだ。ⓓついでに、久しぶりにいとこたちにも会えるからね。

男子学生は、どうして中国に行きますか。

F　왜 갑자기 중국에 가는 거야? 졸업까지 얼마 안 남았는데. 역시 취직 때문이야?

M　뭐, 취직에 관한 것도 생각하지 않을 수는 없지. 앞으로 혹독한 취업 경쟁이 시작되니까.

F　그렇지. 다들 좋은 회사에 들어가고 싶어 하니까. 아, 그러고 보니 중국어 잘하잖아? 이왕 유학을 가는 거라면, 영어를 배우러 가는 것이 좋을 것 같은데.

M　중국어도 그렇게 잘하는 건 아니야. 간단한 일상 회화 수준 정도지. 이 정도는 누구나 할 수 있으니까, 그다지 장점이 되지 않을 것 같아.

F　나도 유학 갈까. 나만 경쟁에 뒤처지고 있는 느낌이네. 하아~.

M　ⓐ딱히 유학이라고 할 정도는 아니야. 중국에 친척도 살고 있고. 우선, 방학 동안만 다녀오려고 생각하는 것뿐이야.

F　응? 정말? 중국에 친척이 있었다니 몰랐네. 좋겠다. 공부도 할 수 있고 관광도 할 수 있고. 부러워~.

M　ⓑ실은 아빠가 곧 중국 지점으로 전근을 가게 되거든. ⓒ함께 갈지 어떨지는 어떤 곳인지 직접 보고 나서 결정하려고 생각하고 있어. ⓓ가는 김에 오랜만에 사촌들도 만날 수 있으니까.

남학생은 왜 중국에 갑니까?

1　就職に必要な語学力をつけるため
2　中国の親戚に会うため
3　父が中国で仕事をしているため
4　ある場所について調べるため

1　취업에 필요한 어학력을 키우기 위해서
2　중국에 있는 친척을 만나기 위해서
3　아빠가 중국에서 일을 하고 있기 때문에
4　어떤 장소에 대해서 알아보기 위해서

[풀이]

ⓐ 중국어 공부를 하기 위한 유학이 아니라는 것을 알 수 있고, ⓑ 남자의 아빠가 중국에서 일을 하고 있는 것은 아니다. 따라서 선택지 1번과 3번은 정답이 될 수 없다. ⓒ 자신이 생활할 가능성이 있는 곳을 직접 보기 위해서 중국에 가는 것이라고 말하고 있기 때문에 정답은 선택지 4번이다. ⓓ 친척들을 만나러 가는 것은 직접적인 이유가 아니라는 것을 알 수 있다. 따라서 선택지 2번도 정답이 아니다.

[단어]

噂 소문 | **就職** 취직 | **厳しい** 엄하다, 혹독하다 | **競争** 경쟁 | **日常**일상 | **親戚** 친척 | **取りあえず** 우선, 일단 | **羨ましい** 부럽다 | **転勤** 전근, 이직

3番

男の人と女の人が話しています。二人は八百屋の変化のためにどのような提案をすることにしましたか。

M　鈴木君の八百屋、経営が大変らしいね。お客さんの足がだんだん減っているみたいだけど。何かいい方法はないかな。

F　そうだね。最近はインターネットで注文することが多いから。鈴木君の八百屋さんもネット注文を取り入れるのはどうかな。オンラインで注文すれば、家の前まで配達してくれて楽でもあるし。今日みたいに暑い日は売り場までわざわざ行かなくてもいいから。

M　でも町の小さなお店じゃ、どうしても取り扱う野菜の種類にも限界がありそうなんだよね。ⓐ野菜を使ったジュースを作ったりして、野菜カフェにするのはどう？最近は健康に対する関心も高いし、自分が選んだ野菜をジュースにしてすぐ飲めるのも魅力があるんじゃないかなって思うんだけど。

F　ⓑそれ面白そう。あたしも行ってみたい。あ、野菜をメインにした料理を追加するのもいいと思うし。鈴木君、料理上手じゃん。

M　うん、野菜を使った料理のレシピもたくさんあるから。でも、飲み物はともかく料理までするにはスペースが狭すぎないかな？ それに、おじさんと二人で経営しているのに、アルバイトまで雇う余力はなさそうな気もするし。

F　たまにはあたしたちが行って手伝ってあげようよ。今はお店も暇だし、飲み物だけならそんなに難しくないと思うよ。忙しくなって新しいバイト君を雇うまではね。

M　うん。そうしよう。じゃ、鈴木君に会いに行ってみようか。

二人は八百屋の変化のためにどのような提案をすることにしましたか。

남자와 여자가 이야기를 하고 있습니다. 두 사람은 채소가게의 변화를 위해서 어떤 제안을 하기로 했습니까?

M　스즈키 군의 채소가게, 경영이 많이 힘든 것 같네. 손님들의 발길이 점점 줄어들고 있는 것 같던데. 뭔가 좋은 방법이 없을까?

F　그러게. 요즘은 인터넷으로 주문을 하는 경우가 많으니까. 스즈키 군의 채소가게도 인터넷 주문을 도입하는 건 어떨까? 온라인으로 주문을 하면 집 앞까지 배달해 줘서 편하기도 하고. 오늘처럼 더운 날은 매장까지 일부러 가지 않아도 되니까.

M　근데, 동네의 작은 가게에서는 아무래도 다루는 채소의 종류도 한계가 있을 것 같은데. ⓐ채소를 이용한 주스를 만들어서, 채소 카페로 하는 것은 어떨까? 요즘은 건강에 대한 관심도 높고, 자기가 고른 채소를 주스로 해서 바로 마실 수 있는 것도 매력이 있지 않을까 싶은데.

F　ⓑ그거 재미있을 것 같아. 나도 가 보고 싶어. 아, 채소를 메인으로 한 요리를 추가하는 것도 좋을 것 같고. 스즈키 군 요리 잘하잖아.

M　응, 채소를 사용한 요리 레시피도 많이 있으니까. 근데, 음료는 그렇다 치고 요리까지 하기에는 공간이 너무 좁지 않을까? 게다가, 아저씨랑 둘이서 경영하는데, 아르바이트까지 고용할 여력은 없을 것 같기도 하고.

F　가끔은 우리가 가서 도와주자. 지금은 가게도 한가하고, 음료만이라면 그렇게 어렵지 않을 것 같아. 바빠져서 새로운 알바를 고용할 때까지는 말이지.

M　응. 그러자. 그럼 스즈키 군을 만나러 가 볼까?

두 사람은 채소가게의 변화를 위해서 어떤 제안을 하기로 했습니까?

1 インターネット注文を導入する

2 野菜ジュースを作る

3 野菜レストランに変える

4 新しいアルバイトを募集する

1 인터넷 주문을 도입한다

2 채소 주스를 만든다

3 채소 레스토랑으로 바꾼다

4 새로운 아르바이트를 모집한다

[풀이]

ⓐ 남자가 채소를 이용한 주스를 만드는 것을 제안하고 있고, ⓑ 여자도 재미있을 거라고 동의하고 있다. 따라서 정답은 선택지 2번이다.

[단어]

八百屋 채소가게 | 変化 변화 | 提案 제안 | 経営 경영 | 注文 주문 | 取り入れる 받아들이다, 집어넣다 | 配達 배달 | 売り場 매장 | わざわざ 일부러 | 取り扱う 다루다 | 種類 종류 | 限界 한계 | 健康 건강 | ～に対する ～에 대한 | 魅力 매력 | 追加 추가 | 狭い 좁다 | それに 게다가 | 雇う 고용하다 | 余力 여력 | 手伝う 돕다, 거들다 | 暇 한가함, 틈 | 導入 도입 | 募集 모집

4番

女の人が話しています。このサイトの目的は何だと言っていますか。

F イーストブルーは良いご縁を提供する会社です。ⓐ自分に適した結婚相手の紹介はもちろん、異性または同性のお友達を紹介するサービスもしております。当社は、単に出会いを目的とするサイトとは異なって、ⓑ趣味を共有することをはじめ、人と人とのご縁を大切にしている会社です。
趣味が同じ方と映画を一緒に見たり、お食事を一緒に楽しんだりして、ⓒ画一化された日常から抜け出し、ちょっとした出来事を通して生活の質を向上させ、人生の楽しさを一緒に作っていくことが当社の狙いです。ご登録を希望される方は、簡単な履歴書を作成した上、Eメールで当社までお送りください。今日から2週間のキャンペーン期間中に登録された方は、会員費を免除させていただきます。現在3,000人以上の会員が当サイトを介して貴重な出会いを続けています。私たちと一緒に大切な時間を作ってみるのはいかがでしょうか。

このサイトの目的は何だと言っていますか。

여자가 이야기하고 있습니다. 이 사이트의 목적은 무엇이라고 말하고 있습니까?

F 이스트 블루는 좋은 인연을 제공하는 회사입니다. ⓐ자신에게 적합한 결혼 상대의 소개는 물론, 이성 또는 동성 친구를 소개하는 서비스도 하고 있습니다. 저희 회사는 단순히 만남을 목적으로 하는 사이트와는 달리, ⓑ취미를 공유하는 것을 비롯해, 사람과 사람의 인연을 소중하게 생각하고 있는 회사입니다.
취미가 같은 분과 영화를 함께 보기도 하고, 식사를 함께 즐기기도 하며, ⓒ획일화된 일상에서 벗어나, 사소한 일을 통해서 생활의 질을 향상시키고, 인생의 즐거움을 함께 만들어 가는 것이 저희 회사의 목표입니다. 등록을 희망하시는 분은 간단한 이력서를 작성한 후에, 이메일로 당사로 보내 주세요. 오늘부터 2주 간의 캠페인 기간 중에 등록하신 분은 회원비를 면제해 드립니다. 현재 3,000명 이상의 회원들이 저희 사이트를 통해 소중한 만남을 이어가고 있습니다. 저희와 함께 소중한 시간을 만들어 가는 것은 어떨까요?

이 사이트의 목적은 무엇이라고 말하고 있습니까?

1 結婚や恋愛のための出会いを提供すること
2 些細な出来事を通して生活の楽しさを求めること
3 同じ地域で趣味を共有できる会を作ること
4 会員に適当な会社を紹介すること

1 결혼이나 연애를 위한 만남을 제공하는 것
2 사소한 일을 통해서 생활의 즐거움을 추구하는 것
3 같은 지역에서 취미를 공유할 수 있는 모임을 만드는 것
4 회원에게 알맞은 회사를 소개하는 것

[풀이]

ⓐ 결혼 상대의 소개는 물론, 친구를 소개하기도 하기 때문에, 선택지 1번은 정답이 될 수 없다. ⓑ 취미를 공유하는 모임을 만드는 것만이 아니라고 말하고 있기 때문에, 선택지 3번도 정답이 아니다. ⓒ 사소한 일을 통해서 인생의 즐거움을 만들어 가는 것이 회사의 목적이라고 말하고 있다. 따라서 정답은 선택지 2번이고, 선택지 4번에 관한 언급은 없었다.

[단어]

縁 인연 | 提供 제공 | 異なる 다르다 | 共有 공유 | 趣味 취미 | 画一化 획일화 | 抜け出す 빠져나가다, 벗어나다 | 出来事 사건 | 狙い 목적, 목표 | 希望 희망 | 履歴書 이력서 | 免除 면제 | ～を介して ～를 통해서

5番

ラジオでアナウンサーが若手農家について話しています。若手農家が人気を集めているのはなぜですか。

M 今日は、継続して人気を集めている若手農家の魅力をご紹介します。農家といえば、田舎での生活をよく思い浮かべますが、都市近郊で生活をする若手農家も意外と多いそうです。若い人たちには不便だと思われる田舎生活を経験しなくてもいいということですね。また、農家にとって欠かせない土地を多目的に利用することもできます。自分の所有する土地を直接農業せずに他人に貸し出すなどの単純な不動産業だけでなく、太陽光発電事業などに活用する農家もあります。ソーラーパネルから作った電気を自分の農園に利用したり、電力会社に売ったりするんですよね。ⓐこのように自分のアイデア次第でいくらでも高収益を上げることができるというのが若い人たちの考え方とよく合った結果とも言えますね。

若手農家が人気を集めているのはなぜですか。

라디오에서 아나운서가 젊은 농가에 대해서 이야기하고 있습니다. 젊은 농가가 인기를 끌고 있는 이유는 무엇입니까?

M 오늘은 계속해서 인기를 모으고 있는 젊은 농가의 매력을 소개하겠습니다. 농가라고 하면, 시골에서의 생활을 자주 떠올리지만, 도시 근교에서 생활을 하는 젊은 농가도 의외로 많다고 합니다. 젊은 사람들에게는 불편하다고 생각되는 시골 생활을 경험하지 않아도 된다는 것이죠. 또한, 농가에 있어서 빼놓을 수 없는 토지를 다목적으로 이용할 수도 있습니다. 자신이 소유한 토지를 직접 농업을 하지 않고 다른 사람에게 대여하는 등의 단순한 부동산업뿐만 아니라, 태양광 발전사업 등으로 활용하는 농가도 있습니다. 태양 전지판에서 만든 전기를 자신의 농원에 이용하거나 전력회사에 팔기도 하는 것이죠. ⓐ 이렇게 자신의 아이디어에 따라서 얼마든지 고수익을 거둘 수 있다는 것이 젊은 사람들의 사고방식과 잘 맞은 결과라고도 볼 수 있겠네요.

젊은 농가가 인기를 얻고 있는 이유는 무엇입니까?

1 田舎での暮らしに満足しているから
2 土地を利用した不動産事業が可能だから
3 太陽光発電事業が流行っているから
4 柔軟な考え方で稼ぐことができるから

1 시골에서의 삶에 만족하고 있기 때문에
2 토지를 이용한 부동산 사업이 가능하기 때문에
3 태양광 발전사업이 유행하고 있기 때문에
4 유연한 사고방식으로 돈을 벌 수 있기 때문에

[풀이]

ⓐ 자신의 아이디어에 따라서 수익을 거둘 수 있는 것이 젊은 사람들의 사고방식과 잘 맞는 결과라고 말하고 있다. 따라서 정답은 선택지 4번이다.

[단어]

若手 젊은 사람, 젊은이 | 農家 농가 | 継続 계속 | 魅力 매력 | 紹介 소개 | 田舎 시골, 고향 | 思い浮かべる 떠올리다, 연상하다 | 都市 도시 | 近郊 근교 | 意外 의외, 뜻밖 | 経験 경험 | ～にとって ～에 있어서 | 欠かす 빠뜨리다, 빼다 | 土地 토지 | 多目的 다목적 | 所有 소유 | 直接 직접 | ～ずに ～하지 않고 | 貸し出す 대여하다, 대출하다 | 単純 단순 | 不動産 부동산 | 太陽光 태양광 | 発電 발전 | 事業 사업 | 農園 농원, 농장 | ～次第 ～에 따라서, ～하는 대로 | 収益 수익 | 暮らし 살림, 생활 | 満足 만족 | 流行る 유행하다 | 柔軟 유연함 | 稼ぐ 돈을 벌다, 수입을 얻다

問題 3

개요 이해 **실전 연습 ❶** p.410 스크립트와 문제 해설

1番

テレビでアナウンサーが話しています。

F 最近ロボット技術の発達が著しいですが、ⓐさくらホテルでは、受付で人ではなく、ロボットがお客さんを出迎えています。この受付のロボットは、日本語だけでなく、英語、中国語、韓国語をはじめとするさまざまな言語でお客様への対応が可能です。チェックインなどの手続きの詳細を担当するわけではなく、受付の横にある機械によるチェックインなどに関する説明やホテルの各施設についての案内をしています。ホテルについて他に不明な点や問い合わせなどは、電話でスタッフに案内してもらったり、呼び出しも可能です。これからまたどんなロボットが登場するのか楽しみですね。

アナウンサーは、何について話していますか。

1 ロボットの長所と短所
2 あるホテルの特色
3 ホテルのチェックイン案内
4 ロボットの登場背景

TV에서 아나운서가 이야기하고 있습니다.

F 최근 로봇 기술의 발달이 두드러지는데요, ⓐ사쿠라 호텔에서는 접수처에서 사람이 아니라 로봇이 손님들을 맞이하고 있습니다. 이 접수처의 로봇은 일본어뿐만 아니라 영어, 중국어, 한국어를 비롯한 다양한 언어로 고객에 대한 대응이 가능합니다. 체크인 같은 절차의 세부사항을 담당하는 것은 아니고, 접수처 옆에 있는 기계에 의한 체크인 등에 관한 설명이나 호텔 각 시설에 대한 안내를 하고 있습니다. 호텔에 대해서 그 외의 궁금한 점이나 문의 등은 전화로 직원에게 안내하거나 호출도 가능합니다. 앞으로 또 어떤 로봇이 등장할지 기대가 되네요.

아나운서는 무엇에 대해서 이야기하고 있습니까?

1 로봇의 장점과 단점
2 어느 호텔의 특색
3 호텔의 체크인 안내
4 로봇의 등장 배경

[풀이]

ⓐ 주요 내용은 사쿠라 호텔이라는 곳에서 로봇이 다양한 언어로 접수처에서 고객들을 맞이하고 있다는 것이다. 따라서 정답은 선택지 2번이다.

[단어]

技術 기술 | 発達 발달 | 著しい 현저하다, 두드러지다 | 受付 접수(처) | 出迎える 마중하다, 영접하다 | ～をはじめとする ～을 비롯한 | 言語 언어 | 対応 대응 | 手続き 수속, 절차 | 詳細 상세 | 担当 담당 | ～わけではない (반드시) ～하는 것은 아니다 | 横 옆 | 機械 기계 | ～による ～에 의한, ～에 따른 | ～に関する ～에 관한 | 説明 설명 | 施設 시설 | ～について ～에 대해서 | 不明 불명, 분명하지 않음 | 問い合わせる 문의하다 | 呼び出す 불러내다, 호출하다 | 登場 등장 | 長所 장점 | 短所 단점 | 特色 특색 | 背景 배경

2番

テレビで、男の人が話しています。

M ⓐ犬は視覚的、聴覚的な面で人間より何倍も鋭いのです。**ですから、**ⓑ騒音により、激しいストレスを受けて病気になることもあります。**特に、家で犬を飼っている場合は、人と違うという認識不足の結果、犬の行動に対して怒ったり叫んだりしている飼い主の姿がよく見うけられます。必要以上の騒音は、動物にとっては決して良いことではありません。**ⓒ大勢の人がかわいらしくて忠誠心の高い犬を飼っている場合が多いようですが、ⓓ自分だけのために犬を飼っているのではなく、一つの生き物として犬と一緒に生活しているという意識を持つべきです。

男の人は、何について話していますか。

TV에서 남자가 이야기하고 있습니다.

M ⓐ개는 시각적, 청각적인 면에서 사람보다 몇 배나 예민합니다. **그래서** ⓑ소음으로 인해 심한 스트레스를 받아서 병에 걸리는 일도 있습니다. **특히 집에서 개를 기르고 있는 경우에는 사람과 다르다는 인식 부족의 결과, 개의 행동에 대해서 화를 내거나 소리를 지르는 주인의 모습이 자주 보입니다. 필요 이상의 소음은 동물들에게 있어서는 결코 좋지 않습니다.** ⓒ많은 사람들이 사랑스럽고 충성심이 높은 개를 기르고 있는 경우가 많은 것 같은데, ⓓ자신만을 위해서 개를 기르고 있는 것이 아니라, 한 생명체로서 개와 함께 생활하고 있다는 의식을 가져야 합니다.

남자는 무엇에 대해서 이야기하고 있습니까?

1 犬の聴覚的な優秀性
2 ペットの病気対策
3 犬の忠誠心に対する意見
4 ペットに対する考え方

1 개의 청각적인 우수성
2 애완 동물 질병 대책
3 개의 충성심에 대한 의견
4 애완 동물에 대한 사고방식

[풀이]

ⓐ 개의 시각과 청각의 우수성을 말하는 것이 아니라, 사람보다 예민하기 때문에 병에 걸리는 경우가 있다고 언급하고 있다. 따라서 선택지 1번은 정답이 될 수 없다. ⓑ 여기에서의 소음이라는 것은 주인이 개에게 소리를 지르는 것이라고 언급하고 있기 때문에, 선택지 2번도 정답이 아니다. ⓒ 개를 키우는 이유에 관한 일반적인 추측일 뿐이고, 남자의 의견은 아니다. 따라서 선택지 3번도 정답이 될 수 없다. ⓓ 남자가 전하고 싶은 것은 개를 대하는 의식 변화가 필요하다는 것을 알 수 있다. 따라서 정답은 선택지 4번이다.

[단어]

視覚 시각 | 聴覚 청각 | 鋭い 날카롭다, 예리하다 | 騒音 소음 | 飼う 기르다, 사육하다 | 認識 인식 | ～に対して ～에 대해서 | 叫ぶ 외치다, 부르짖다 | ～にとって ～에(게) 있어서 | 忠誠 충성 | ～として ～로서 | ～べきだ ～해야 한다 | 優秀 우수 | 対策 대책

3番

テレビでアナウンサーが話しています。	TV에서 아나운서가 이야기하고 있습니다.
M ゴミの分別を面倒くさいと思う人は多いです。ましてや最初から分別をしないで捨てる人も増えているそうです。住んでいる地域によってゴミの分別方法も違いますし、同じ場所でも法律の改正によってゴミの捨て方が変わることもあります。でも、ⓐ放置されたゴミからの悪臭、ウイルスの脅威をはじめ、限りある資源、地球温暖化の進行などを考えると、多少面倒でもゴミの分別はきちんとしたほうがいいです。美しい海沿いの町として有名なある場所では、最近大量の廃プラスチックの流入が頭を悩ませています。ⓑこうした海洋環境の破壊が海洋資源や海の生き物の脅威につながるなど、無視できない事態を引き起こすにまで至っています。当面の面倒がこれからの私たちの生活の問題になり得ることを認識しなければなりません。	M 쓰레기 분리수거를 귀찮게 생각하는 사람은 많습니다. 하물며 처음부터 분리를 하지 않고 버리는 사람도 늘고 있다고 합니다. 살고 있는 지역에 따라서 쓰레기 분리수거 방법도 다르고, 같은 장소라도 법률의 개정에 따라 쓰레기를 버리는 방법이 달라지기도 합니다. 하지만, ⓐ방치된 쓰레기로부터의 악취, 바이러스의 위협을 비롯해, 한정된 자원, 지구 온난화의 진행 등을 생각한다면, 다소 귀찮더라도 쓰레기 분리수거는 제대로 하는 편이 좋습니다. 아름다운 해변 마을로 유명한 어떤 곳에서는 최근 엄청난 양의 폐플라스틱의 유입으로 골머리를 앓고 있습니다. ⓑ이러한 해양환경 파괴가 해양 자원이나 바다 생물의 위협으로 이어지는 등, 무시할 수 없는 사태를 일으키는 데까지 이르고 있습니다. 당장의 귀찮음이 앞으로의 우리의 삶의 문제가 될 수 있다는 것을 인식해야 합니다.
アナウンサーは、何について話しましたか。	아나운서는 무엇에 대해서 이야기했습니까?

1 ゴミの分別方法の変遷	1 쓰레기 분리수거 방법의 변천
2 ゴミの分別をしない理由	2 쓰레기 분리수거를 하지 않는 이유
3 ゴミの分別と環境との関係	3 쓰레기 분리수거와 환경과의 관계
4 ゴミの分別の問題点	4 쓰레기 분리수거의 문제점

[풀이]

ⓐ 악취나 바이러스의 위협, 지구 온난화 등을 생각해서 조금 귀찮더라도 쓰레기 분리수거를 제대로 하는 편이 좋다고 말하고 있다. 또한 ⓑ 당장의 귀찮음이 해양환경 파괴처럼 우리의 삶에 무시할 수 없는 사태를 일으키고 있다는 것을 인식해야 한다고 말하고 있다. 따라서 정답은 선택지 3번이다.

[단어]

分別 분별 | 面倒くさい 귀찮다 | ましてや 하물며 | 捨てる 버리다 | 地域 지역 | ～によって ～에 따라서, ～에 의해서 | 法律 법률 | 改正 개정 | 放置 방치 | 悪臭 악취 | 脅威 협위, 위협 | ～をはじめ ～를 비롯해 | 資源 자원 | 地球温暖化 지구온난화 | 海沿い 해안, 바닷가 | ～として ～으로서 | 流入 유입 | 悩む 고민하다, 괴로워하다 | 海洋 해양 | 環境 환경 | 破壊 파괴 | 引き起こす 일으키다, 야기하다 | ～得る ～할 수 있다 | 認識 인식 | 変遷 변천

4番

大学で、先生がある地域について話しています。

M この地域は、温泉で有名なので以前から多くの観光客が訪れています。日本で温泉が有名なところはここだけではないですが、特に外国人の観光客の割合が60％を超えていることは驚くことですね。ⓐただ温泉を利用させるだけでは、人々から満足感が得られにくいという判断が成功のカギとなったのですね。ⓑ温泉の紹介についてのホームページも見事ですが、世界の色々な国の言語に変換可能というところも、外国人観光客の増大につながった大きな要因でしょう。**これからは外貨収入の増大で貯まった資金をどのように使っていくかが課題として残っているようですね。**

先生は、この地域の何について話していますか。

대학에서 선생님이 어떤 지역에 대해서 말하고 있습니다.

M 이 지역은 온천으로 유명해서 예전부터 많은 관광객이 찾아오고 있습니다. 일본에서 온천이 유명한 곳은 이 곳만이 아니지만, 특히 외국인의 관광객 비율이 60%를 넘기고 있다는 것이 놀라운 일이죠. ⓐ단지 온천을 이용하게 하는 것만으로는 사람들에게서 만족감을 얻기 힘들다는 판단이 성공의 열쇠가 된 것이죠. ⓑ온천 소개에 대한 홈페이지도 훌륭하지만, 세계 여러 나라의 언어로 변환 가능하다는 부분도 외국인 관광객의 증대로 이어진 큰 요인이겠죠. 앞으로는 외화 수입 증대로 모인 자금을 어떻게 사용해 갈지가 과제로 남아 있는 것 같네요.

선생님은 이 지역의 무엇에 대해서 이야기하고 있습니까?

1 今後の課題に対する解決
2 観光客の増加の背景
3 外国語に対する重要性
4 温泉以外の利用施設

1 앞으로의 과제에 대한 해결
2 관광객 증가 배경
3 외국어에 대한 중요성
4 온천 이외의 이용 시설

[풀이]

이 지역의 온천이 관광객들에게 인기 있는 이유에 대해서 설명하고 있다. ⓐ 온천 이외의 요소를 활용한 것과 ⓑ 잘 만들어진 홈페이지와 언어 변환도 외국인 관광객들에게 좋은 영향을 끼쳤다고 말하고 있다. 따라서 정답은 선택지 2번이다. 앞으로의 해결 과제에 대한 언급도 있지만, 이야기의 주제로 보기는 힘들기 때문에, 선택지 1번은 정답이 될 수 없다. 선택지 3번과 4번에 관한 언급은 없었다.

[단어]

地域 지역 | **訪れる** 방문하다, 찾아오다 | **割合** 비율 | **超える** 넘다, 초월하다 | **判断** 판단 | **変換** 변환 | **増大** 증대 | **外貨** 외화 | **収入** 수입 | **貯まる** 모이다, 늘다 | **資金** 자금 | **課題** 과제 | **～に対する** ～에 대한 | **背景** 배경 | **施設** 시설

5番

テレビでアナウンサーの男性がマラソン選手にインタビューをしています。

M 今年新人の山本選手、昨日はドラマみたいなレースでした。すごい活躍をされたんですけれども、どうしてそんな判断を下すことができましたか。

TV에서 남성 아나운서가 마라톤 선수에게 인터뷰하고 있습니다.

M 올해의 신인 야마모토 선수, 어제는 드라마 같은 레이스였습니다. 대단한 활약을 하셨는데요, 어떻게 그런 판단을 내릴 수 있었나요?

F　普段からもよく考えていた状況なので、思わずそうしたと思います。レース序盤からテンションを上げたいと思っていましたが、夏の大会ではやはり簡単じゃないですね。

M　なるほど、だから後半からは記録的なスピードを見せることが出来ましたね。

F　はい。最後に必ずチャンスが来ると思って、ペースを調整しながら走りました。ゴール前の３キロから５キロの間で先頭グループに追いつくことができると思いました。

M　予想がそのまま的中しましたね。

F　でも、先頭を走っていた長谷川選手が途中で倒れるとは全く予想していませんでした。ⓐいつもとは違う猛暑の影響かもしれないと思い、長谷川選手を支えて医療班のいるところに行くことにしました。

M　ⓑ結局最後はベテラン選手が優勝することになりましたが、後悔はありませんか。

F　ⓒはい。私はまだ新人です。これからも優勝に向けて休まず走っていくことになると思います。昨日のレースの映像を見て、多くの方々から励ましをいただきました。これからもマラソンに興味を持っていただければと思います。

昨日のレースの結果はどうだったと言っていますか。

F　평소에도 자주 생각하고 있던 상황이라서, 저도 모르게 그렇게 한 것 같습니다. 레이스 초반부터 텐션을 올리고 싶었지만, 여름 대회에서는 역시 쉽지 않네요.

M　그렇군요, 그래서 후반부터는 기록적인 스피드를 보여 줄 수 있었던 거군요.

F　네. 마지막에 반드시 기회가 올 거라고 생각을 해서, 페이스를 조절하면서 달렸습니다. 골 앞 3킬로에서 5킬로 사이에 선두 그룹을 따라잡을 수 있을 거라 생각했습니다.

M　예상이 그대로 적중이 되었네요.

F　하지만, 선두를 달리던 하세가와 선수가 도중에 쓰러질 거라고는 전혀 예상하지 못했습니다. ⓐ평소와는 다른 폭염의 영향일지도 모른다는 생각에, 하세가와 선수를 부축해서 의료반이 있는 곳으로 가기로 했습니다.

M　ⓑ결국 마지막은 베테랑 선수가 우승을 하게 되었는데요, 후회는 없습니까?

F　ⓒ네. 저는 아직 신인입니다. 앞으로도 우승을 향해 쉬지 않고 달리게 될 거라고 생각합니다. 어제 레이스 영상을 보고, 많은 분들이 격려해 주셨습니다. 앞으로도 마라톤에 흥미를 가져 주셨으면 좋겠습니다.

어제 레이스의 결과는 어땠다고 말하고 있습니까?

1　今年の新人選手が劇的に優勝した
2　ゴールの最終地点で新人選手が倒れた
3　猛暑の影響で思わぬ結果が出た
4　ベテラン選手が僅差で優勝した

1　올해의 신인 선수가 극적으로 우승했다
2　골의 최종 지점에서 신인 선수가 쓰러졌다
3　폭염의 영향으로 뜻하지 않은 결과가 나왔다
4　베테랑 선수가 근소한 차이로 우승했다

[풀이]

ⓐ 다른 선수를 부축해서 의료반이 있는 곳으로 갔다고 하고, ⓑ 결국 다른 선수가 우승을 했다고 말하고 있다. ⓒ 신인 선수인 자신은 그 결정에 후회는 없다고 말하고 있기 때문에 정답은 선택지 3번이다.

[단어]

新人 신인 | **活躍** 활약 | **判断** 판단 | **下す** 내리다 | **普段** 평소, 보통 | **状況** 상황 | **序盤** 초반 | **記録** 기록 | **調整** 조정 | **先頭** 선두 | **追いつく** 따라잡다 | **予想** 예상 | **途中** 도중 | **倒れる** 쓰러지다, 넘어지다 | **全く** 전혀, 정말로 | **予想** 예상 | **違う** 다르다 | **影響** 영향 | **支える** 떠받치다, 지원하다 | **医療班** 의료반 | **優勝** 우승 | **後悔** 후회 | **向ける** 향하다 | **映像** 영상 | **励ます** 격려하다 | **劇的** 극적 | **僅差** 근소한 차이

1番

テレビで女の人が話しています。

F ⓐうちの農家は、体に良い野菜づくりにこだわっています。野菜農家を始めた頃からの父の経営哲学でしたが、私がその意思を受け継いで農家を営んでいます。まず、化学肥料や合成農薬は一切使いません。そのため、収穫量では他の農家に比べて少し劣る傾向にはありますが、皮ごと食べれる野菜の魅力が消費者から好評を得ています。食物繊維が豊富な皮には、ビタミンやミネラル、カリウムやマグネシウムなどの栄養素も豊富です。先ほども言いましたが、合成農薬は一切使用していませんが、野菜の成長促進のための有機肥料や有機物などは使用しています。ⓑこれからは、無農薬、無肥料を目標にしてオーガニック野菜農家として営むための勉強をしていくつもりです。

女の人は、主に何について話していますか。

1 野菜農家を始めた理由
2 野菜農家の経営哲学と目標
3 肥料と野菜の収穫量の関係
4 オーガニック野菜の長所と課題

TV에서 여자가 이야기하고 있습니다.

F ⓐ저희 농가는 몸에 좋은 채소 만들기를 고집하고 있습니다. 채소 농가를 시작했을 때부터의 아버지의 경영 철학이었는데, 제가 그 뜻을 이어서 농가를 경영하고 있습니다. 일단, 화학비료나 합성농약은 일절 사용하지 않습니다. 그래서 수확량에서는 다른 농가에 비해서 조금 떨어지는 경향은 있지만, 껍질째 먹을 수 있는 채소의 매력이 소비자들로부터 호평을 얻고 있습니다. 식이 섬유가 풍부한 껍질에는 비타민이나 미네랄, 칼륨이나 마그네슘 등의 영양소도 풍부합니다. 앞에서도 말씀드렸지만, 합성농약은 일절 사용하지 않지만, 채소의 성장 촉진을 위한 유기 비료나 유기물 등은 사용하고 있습니다. ⓑ앞으로는 무농약, 무비료를 목표로 해서, 유기농 채소 농가로 경영하기 위한 공부를 해 나갈 생각입니다.

여자는 주로 무엇에 대해서 이야기하고 있습니까?

1 채소 농가를 시작한 이유
2 채소 농가의 경영 철학과 목표
3 비료와 채소 수확량의 관계
4 유기농 채소의 장점과 과제

[풀이]

ⓐ 아버지 때부터의 경영 철학을 이어서 농가를 경영하고 있다고 말하고 있고, ⓑ 유기농 채소 농가로 경영을 목표로 공부하겠다고 말하고 있다. 따라서 정답은 선택지 2번이다.

[단어]

農家 농가 | **頃** 때, 시절, 무렵 | **経営** 경영 | **哲学** 철학 | **意思** 의사, 뜻 | **受け継ぐ** 계승하다, 이어받다 | **営む** 경영하다, 영위하다 | **化学** 화학 | **肥料** 비료 | **合成** 합성 | **農薬** 농약 | **一切** 일절, 일체 | **収穫量** 수확량 | **～に比べて** ～에 비해서 | **劣る** 뒤떨어지다 | **傾向** 경향 | **皮** 가죽, 껍질 | **～ごと** ～째, ～와 함께 | **魅力** 매력 | **消費者** 소비자 | **好評** 호평 | **繊維** 섬유 | **豊富** 풍부 | **栄養素** 영양소 | **先ほど** 아까, 조금 전 | **成長** 성장 | **促進** 촉진 | **有機物** 유기물 | **長所** 장점 | **課題** 과제

2番

ラジオで男の人が話しています。

M まもなく夏休みが始まりますね。夏のバカンスシーズンはいろいろな事故が起こりやすいので注意しましょう。特に、ⓐ山と海において落雷による事故が毎年後を絶ちませんが、命を落とす場合もあるので、気を付けなければなりません。たまに、雨が降っていない場合にも雷の音がすることがあります。雷の音がすると、まもなく雨が降る確率が高いんです。ⓑ山や海は都会より気候の変化が激しいことを覚えておきましょう。小さな音にも耳を傾ける姿勢が必要です。ⓒ落雷による被害を事前に防ぐ簡単な知識と方法をお伝えします。落雷を避けるためには、木のそばや高い場所に近づいてはいけません。避難するのが難しい状況では、できる限り体を丸めてじっとしていてください。では、今回の夏休みも安全のことを考えながら、楽しく健康にお過ごしください。

男の人は何について話していますか。

1 山と海で起こる事故の危険性
2 落雷を避けるための服装
3 山と海と都会の気候の違い
4 雷の音と山の動物の鳴き声の関係

라디오에서 남자가 이야기하고 있습니다.

M 이제 곧 여름 휴가가 시작되네요. 여름 휴가철은 다양한 사고가 발생하기 쉽기 때문에 주의합시다. 특히 ⓐ산과 바다에서 낙뢰에 의한 사고가 매년 끊이지 않고 있는데, 목숨을 잃는 경우도 있기 때문에 조심해야 합니다. 가끔 비가 내리고 있지 않은 경우에도 천둥 소리가 나는 일이 있습니다. 천둥 소리가 나면, 머지않아 비가 올 확률이 높습니다. ⓑ산이나 바다는 도시보다 기후 변화가 심하다는 것을 기억해 둡시다. 작은 소리에도 귀를 기울이는 자세가 필요합니다. ⓒ낙뢰에 의한 피해를 사전에 방지할 간단한 지식과 방법을 전해 드리겠습니다. 낙뢰를 피하기 위해서는 나무 근처나 높은 장소에 접근해서는 안 됩니다. 피난하기 어려운 상황에서는 가능한 한 몸을 웅크리고 가만히 있으세요. 그럼 이번 여름 휴가도 안전에 대한 것을 생각하면서, 즐겁고 건강하게 보내시길 바랍니다.

남자는 무엇에 대해서 이야기하고 있습니까?

1 산과 바다에서 일어나는 사고의 위험성
2 낙뢰를 피하기 위한 복장
3 산과 바다와 도시의 기후 차이
4 천둥 소리와 산 동물 울음 소리의 관계

[풀이]

ⓐ 산과 바다에서 낙뢰에 의한 사고가 빈번하게 발생되고, ⓑ 도시에 비해서 기후의 변화가 심하다고 말하고 있다. ⓒ 낙뢰 피해 예방을 위한 방법을 소개하고 있다. 따라서 정답은 선택지 1번이다. 선택지 2번, 3번, 4번에 관한 언급은 없었다.

[단어]

～において ～에서 | 落雷 낙뢰 | 雷 천둥 | 音がする 소리가 나다 | 確率 확률 | 都会 도시 | 耳を傾ける 귀를 기울이다 | 姿勢 자세 | ～による ～에 의한, ～에 따른 | 防ぐ 막다, 방지하다 | 避ける 피하다 | 状況 상황 | 丸める 둥글게 하다 | 服装 복장

3番

テレビで野球選手が話しています。	TV에서 야구선수가 이야기하고 있습니다.
M 新しいシーズンのためにトレーニングする時、いつも音楽を聞いています。個人的な考えかもしれませんが、ⓐリズミカルな音楽のテンポに合わせて体を動かすことが、集中力の向上はもちろん、効率面においても役に立つと思います。シーズン中も音楽をたくさん聞く方です。もちろん、試合中に音楽を聞いたりはしませんが、ⓑ個人練習を終えた後に聞くクラシックは、体と心の疲労を和らげてくれるような感じがします。うちのチームには、楽器を上手に演奏する選手がいるんですが、私も一度習ってみるつもりです。	M 새로운 시즌을 위해서 트레이닝을 할 때, 항상 음악을 듣습니다. 개인적인 생각일 수도 있지만, ⓐ리드미컬한 음악의 템포에 맞춰서 몸을 움직이는 것이 집중력 향상은 물론, 효율면에서도 도움이 되는 것 같습니다. 시즌 중에도 음악을 많이 듣는 편입니다. 물론 시합 중에 음악을 듣거나 하지는 않지만 ⓑ개인 훈련을 끝내고 난 후에 듣는 클래식은 몸과 마음의 피로를 풀어주는 듯한 느낌이 듭니다. 저희 팀에는 악기를 잘 연주하는 선수가 있는데요, 저도 한번 배워 볼 생각입니다.
この野球選手が言いたいことは何ですか。	이 야구선수가 말하고 싶은 것은 무엇입니까?
1 トレーニングの集中力と効率性の差	1 트레이닝의 집중력과 효율성의 차이
2 トレーニングにおける音楽の機能	2 트레이닝에서의 음악의 기능
3 音楽とリハビリの関連性	3 음악과 재활 훈련의 관련성
4 野球選手が楽器を演奏する方法	4 야구선수가 악기를 연주하는 방법

[풀이]

ⓐ 음악을 들으면서 트레이닝을 하는 것이 집중력 향상과 효율면에 도움이 되는것 같다고 하고, ⓑ 훈련을 마친 후에 듣는 클래식이 피로를 풀어 주는 듯한 느낌이 든다고 말하고 있다. 따라서 정답은 선택지 2번이다.

[단어]

個人的 개인적 | 動かす 움직이다, 움직이게 하다 | 集中力 집중력 | 向上 향상 | 効率 효율 | ～において ～에 있어서, ～에서 | 役に立つ 도움이 되다 | 試合 시합 | 終える 끝내다, 마치다 | 疲労 피로 | 和らげる 완화하다, 부드럽게 하다 | 楽器 악기 | 演奏 연주 | 差 차, 차이 | リハビリ 재활치료 | 関連 관련

4番

講演会で専門家が話しています。	강연회에서 전문가가 이야기하고 있습니다.
F 年をとると体が思うように動かなかったり、筋力が落ちてくるため運動をしない方がいいと思っている人が多いようです。運動というと、早歩きやランニング、重いものを持ち上げることなどを考えているのではないでしょうか。	F 나이가 들면 몸이 마음대로 움직이지 않거나 근력이 떨어지기 때문에 운동을 하지 않는 것이 좋다고 생각하는 사람이 많은 것 같습니다. 운동이라고 하면 빨리 걷기나 달리기, 무거운 것을 들어 올리는 것 등을 생각하고 있는 것이 아닐까요?

ⓐ結論から言いますと、年を取るにつれて軽い運動をしなければならないということです。運動不足になると、筋力不足にとどまらず、要介護の状態になる可能性も高いからです。**最近は、平均寿命より健康寿命という言葉に関心が高まっていますが、それだけ健康に年を取ることが重要だからでしょう。口の周りを動かす口腔運動や、直立した状態でかかとをゆっくりと上げ下げするヒールレイズのように、自宅でも簡単にできる効果的な運動もたくさんあります。**

ⓐ결론부터 말하면 나이가 들수록 가벼운 운동을 해야 한다는 것입니다. 운동부족이 되면, 근력부족에 그치지 않고, 간호가 필요하게 될 가능성도 높기 때문입니다. **요즘에는 평균수명보다 건강수명이라는 말에 관심이 높아지고 있는데요, 그만큼 건강하게 나이를 먹는 것이 중요하기 때문이겠죠. 입 주변을 움직이는 구강운동이나 직립한 상태에서 발 뒤꿈치를 천천히 올렸다 내렸다 하는 힐 레이즈처럼 자택에서도 간단하게 할 수 있는 효과적인 운동도 많이 있습니다.**

専門家は、何について話していますか。

전문가는 무엇에 대해서 이야기하고 있습니까?

1　老人の筋力運動の必要性
2　筋力運動と健康寿命との関係
3　老人が運動をすべき理由
4　正しい運動方法と例

1 노인의 근력 운동의 필요성
2 근력 운동과 건강수명과의 관계
3 노인이 운동을 해야 하는 이유
4 올바른 운동 방법과 예시

[풀이]

ⓐ 운동을 하지 않으면 근력 부족뿐만 아니라 간호가 필요하게 될 가능성도 높아지기 때문에, 나이가 들수록 가벼운 운동을 해야 한다고 말하고 있다. 따라서 정답은 선택지 3번이다. 노인에게는 근력 운동보다 가벼운 운동이 필요하다고 말하고 있기 때문에 선택지 1번은 정답이 될 수 없다.

[단어]

講演会 강연회 | **専門家** 전문가 | **年をとる** 나이를 먹다 | **動く** 움직이다 | **筋力** 근력 | **早歩き** 빨리 걷기 | **持ち上げる** 들어올리다 | **結論** 결론 | **～につれて** ～에 따라서 | **軽い** 가볍다 | **～にとどまらず** ～에 그치지 않고 | **介護** 간호 | **状態** 상태 | **平均** 평균 | **寿命** 수명 | **健康** 건강 | **周り** 주위, 주변 | **口腔** 구강 | **直立** 직립 | **かかと** 발 뒤꿈치 | **効果** 효과 | **～べき** ～해야 할 | **正しい** 바르다, 옳다 | **例** 예, 예시

5番

テレビでアナウンサーと専門家が話しています。

TV에서 아나운서와 전문가가 이야기하고 있습니다.

F　選挙を目前にして多くの立候補者たちが公約を掲げています。ⓐ候補者たちの奮闘とは対照的に、投票率はますます低下しつつある現在の状況についてどう思いますか。

F　선거를 눈앞에 두고 많은 입후보자들이 공약을 내세우고 있습니다. ⓐ후보자들의 분투와는 대조적으로 투표율은 점점 낮아지기만 하는 현재의 상황에 대해서 어떻게 생각하시나요?

M そうですね。日本の投票率は世界の平均をはるかに下回る53%を記録しています。やっと半分を超える投票では正しい投票と見ることはできませんね。驚いたことに、20代の有権者たちの投票率はわずか7%、30代は14%です。ⓑ投票に対する関心がないというのが一番大きい問題だと見られています。

F ⓒでは、投票の参加を高める方法にはどんなことがあるでしょうか。

M そうですね。オーストラリアなどのように、投票しない人に罰金を払わせるなどの強圧的な方法には限界があると思います。解決策を見出すことが容易ではないのですが、ⓓ投票の場所を限定させるのではなく、駅や学校、会社でも投票できるようにするのもいい方法だと思います。

F そうですね。わざわざ、投票所まで行かなくても、生活空間のあちこちに投票所を設置するということですね。

M そうです。もちろん、莫大な費用がかかるだろうと予想されますが、投票率は確実に上がるはずです。そして、有権者が自分一人ぐらい投票しないからといって状況が大きく変わることはないだろうという考え方が最も大きな問題なのです。ⓔ正しい市民意識を持って投票に参加するのが一番正しい解決策だと言えるでしょう。

二人は、何について話していますか。

1 選挙の候補者たちの公約
2 日本の若者の投票方法
3 投票率を高めるための対策
4 投票所に対する批判

M 글쎄요. 일본의 투표율은 세계 평균을 훨씬 밑도는 53%를 기록하고 있습니다. 겨우 절반을 넘는 투표로는 올바른 투표라고 볼 수는 없죠. 놀랍게도 20대 유권자들의 투표율은 불과 7%, 30대는 14%입니다. ⓑ투표에 대한 관심이 없다는 것이 가장 큰 문제로 보이고 있습니다.

F ⓒ그럼 투표 참가를 높이는 방법에는 어떤 것이 있을까요?

M 글쎄요. 호주처럼 투표를 하지 않는 사람에게 벌금을 내게 하는 등의 강압적인 방법은 한계가 있다고 생각합니다. 해결책을 찾기가 쉽지는 않겠지만, ⓓ투표 장소를 한정시키는 것이 아니라, 역이나 학교, 회사에서도 투표할 수 있도록 하는 것도 좋은 방법이라고 생각합니다.

F 그렇군요. 일부러 투표소까지 가지 않더라도, 생활 공간의 여기저기에 투표소를 설치하자는 것이네요.

M 그렇습니다. 물론 막대한 비용이 들어갈 것으로 예상되지만, 투표율은 확실하게 올라갈 것입니다. 그리고 유권자가 자기 한 명 정도 투표하지 않는다고 해서 상황이 크게 달라질 것은 없을 것이라는 사고방식이 가장 큰 문제입니다. ⓔ올바른 시민 의식을 가지고 투표에 참가하는 것이 가장 올바른 해결책이라 말할 수 있겠죠.

두 사람은 무엇에 대해서 이야기하고 있습니까?

1 선거 후보자들의 공약
2 일본의 젊은 사람들의 투표 방법
3 투표율을 높이기 위한 대책
4 투표소에 대한 비판

[풀이]

ⓐ 투표율이 점점 낮아지는 현상에 대해서, ⓑ 투표에 대해서 관심이 없다는 것이 문제라고 말하고 있다. ⓒ 투표 참가를 높이기 위해서는 ⓓ 투표 장소를 제한하지 않고, ⓔ 유권자의 의식이 바뀌어야 하다고 주장하고 있다. 따라서 정답은 선택지 3번이다.

[단어]

立候補 입후보 | **掲げる** 내걸다 | **奮闘** 분투 | **対照** 대조 | **投票** 투표 | **～つつある** ~하고 있다, ~중이다 | **状況** 상황 | **下回る** 밑돌다 | **有権者** 유권자 | **参加** 참가 | **罰金** 벌금 | **強圧** 강압 | **見出す** 찾아내다, 발견하다 | **設置** 설치 | **莫大** 막대

問題 4

즉시 응답 **실전 연습 ❶** p.412 스크립트와 문제 해설

1番

F さくら商事から今日中に返事をもらわない限り、取引は難しそうだけど。	M 사쿠라 상사에게 오늘 내로 답변을 받지 않는 한, 거래는 어려울 것 같은데.
M 1 連絡が来たって？ じゃあ、よかったよね。 2 うん。僕もそう思う。 3 それが絶対良いわけじゃないからね。	F 1 답변이 왔다고? 그럼, 잘 된 거지? 2 응. 나도 그렇게 생각해. 3 그게 무조건 좋은 것은 아니니까.

[풀이] 오늘 중으로 사쿠라 상사에게 연락이 오지 않으면 거래는 힘들 거라는 여자의 말에 동의를 하고 있는 선택지 2번이 정답이다.

[단어] 返事 답장, 대답 | ～ない限り ～하지 않는 한 | 取引 거래 | ～わけじゃない (반드시)～인 것은 아니다

2番

F こんな所で会うなんて、久しぶりだね。	F 이런 곳에서 만나다니, 오랜만이네.
M 1 久しぶりに会いに行ってみようか。 2 こんな所で会えるかもしれない。 3 本当だね、元気だった？	M 1 오랜만에 만나러 가 볼까? 2 이런 곳에서 만날 수 있을지도 몰라. 3 정말이네, 잘 지냈어?

[풀이] 뜻밖의 장소에서 만난 상황에서, 안부를 묻고 있는 선택지 3번이 정답이다.

[단어] ～なんて ～하다니

3番

M 今回の契約は絶対に取ってみせるよ。	M 이번 계약은 무조건 따 내 보이겠어.
F 1 張り切ってるね。頑張って。 2 これを見せるわけにはいかないよ。 3 契約書の準備はもう終わったよ。	F 1 의욕이 넘치네. 힘내. 2 이걸 보여줄 수는 없어. 3 계약서 준비는 이미 끝났어.

[풀이] 이번 계약은 꼭 성공하겠다는 남자의 말에, 힘내라고 말하고 있는 선택지 1번이 정답이다.

[단어] 契約 계약 | 取る 얻다, 취하다 | 張り切る 의욕이 넘치다 | ～わけにはいかない ～할 수는 없다

4番

F 会議の延期は不可能かな。時間でも遅らせたらいいのに。	F 회의 연기는 불가능할까? 시간이라도 늦출 수 있다면 좋겠는데.
M 1 はい、会議の時間にはぎりぎり間に合いそうですね。 2 はい、会議は明日だからその時にしましょうか。 3 じゃ、担当者に連絡してみます。	M 1 네, 회의 시간에는 아슬아슬하게 맞을 것 같네요. 2 네, 회의는 내일이니까 그때로 할까요? 3 그럼, 담당자에게 연락해 보겠습니다.

[풀이] 회의 시간을 늦췄으면 좋겠다는 여자의 말에, 문제 해결을 제시하는 선택지 3번이 정답이다.

[단어] 延期 연기 | 間に合う 시간에 맞추다

5番

M 今週のクラブの新入生歓迎パーティーは行けそうもないな。	M 이번 주, 동아리의 신입생 파티는 못 갈 것 같은데.
F 1 クラブ活動は来週からだよ。 2 何で？ ちょっとだけでも顔出してよ。 3 今回の新入生はかなり多いね。	F 1 동아리 활동은 다음주부터야. 2 왜? 잠깐이라도 얼굴 비춰 줘. 3 이번 신입생은 상당히 많네.

[풀이] 신입생 파티에 못 갈 것 같다는 남자의 말에, 잠깐이라도 오라고 말하고 있는 선택지 2번이 정답이다.

[단어] 歓迎 환영 | 顔を出す 얼굴을 내밀다

6番

F これ本当に佐藤くんが描いたの？ かなり腕が上がったね。	F 이거 정말 사토우 군이 그린 거야? 꽤 실력이 늘었네.
M 1 あ、そう？ 全然考えたことがなかったんだけど。 2 こんな絵を描く時は、腕を固定しなければならない。 3 気温が上がると、保管する方法が大切だよ。	M 1 아, 그래? 전혀 생각해 본 적이 없었는데. 2 이런 그림을 그릴 때는 팔을 고정해야 해. 3 기온이 오르면 보관하는 방법이 중요해.

[풀이] 그림 실력이 많이 늘었다는 여자의 말에, 그런 생각은 한 적이 없다고 말하는 선택지 1번이 정답이다.

[단어] 描く 그리다 | 腕が上がる 솜씨가 늘다 | 腕 팔 | 固定 고정 | 気温 기온 | 保管 보관

7番

M 島田、今回のプロジェクト、なくなるところだったそうだね。	M 시마다, 이번 프로젝트 없어질 뻔했다면서.
F 1 今回のプロジェクト、もう少しで完成だったのに。 2 うん、なくならなくて本当によかった。 3 はい、そのうちなくなるわけです。	F 1 이번 프로젝트, 조금만 더 하면 완성이었는데. 2 응, 없어지지 않아서 정말 다행이야. 3 네, 곧 없어질 거예요.

[풀이] 프로젝트가 없어질 뻔한 상황에서, 안도하고 있는 선택지 2번이 정답이다.

[단어] 完成 완성 | そのうち 머지않아, 조만간

즉시 응답 **실전 연습 ❷** p.413 스크립트와 문제 해설

1番

F 今日はお忙しいところ、私の話を最後まで聞いてくださって、本当にありがとうございました。	F 오늘은 바쁘신 중에, 제 이야기를 끝까지 들어 주셔서 정말로 감사합니다.
M 1 この辺でそろそろ、話を終わらせていただきます。 2 いいえ。私も、これから忙しくなりそうです。 3 こちらこそ、遠いところから来てくださって、ありがとうございました。	M 1 이쯤에서 슬슬 이야기를 끝내도록 하겠습니다. 2 아니요. 저도 이제부터 바빠질 것 같습니다. 3 저야말로 먼 길 와 주셔서 감사합니다.

[풀이] 이야기를 들어 준 것에 대해서 감사하는 여자에게 먼 곳까지 와 줘서 고맙다고 대답한 선택지 3번이 정답이다.

[단어] そろそろ 슬슬

2番

F 開発部の佐藤課長が今月で辞めるなんて、夢にも思わなかった。	F 개발부의 사토 과장님이 이번 달로 그만두다니, 꿈에도 몰랐네.
M 1 え？やめたい？なんで？ 2 そうだよ。僕もびっくりしちゃった。 3 やっぱりやめてよかった。	M 1 응? 그만 두고 싶어? 왜? 2 맞아. 나도 놀랐어. 3 역시 그만두길 잘했지.

[풀이] 개발부 과장님이 그만두는 것을 몰랐다는 여자의 말에, 남자도 놀랐다고 말하는 선택지 2번이 정답이다.

[단어] 開発 개발 | 辞める 그만두다, 사직하다 | ～なんて ～이라니 | 夢 꿈 | びっくり 깜짝 놀람

3番

F 営業部の新入社員の山本、めちゃくちゃだよ。	F 영업부 신입사원 야마모토, 엉망진창이야.
M 1 そう？ 新入社員が頑張ってるね。 2 教育担当者の君も苦労が多いね。 3 よかったね。営業も上手だって。	M 1 그래? 신입 사원이 열심히 하네. 2 교육 담당자인 너도 고생이 많네. 3 잘됐네. 영업도 잘한다고 하던데.

[풀이] 신입사원이 형편없다는 여자의 말에, 담당자로서 고생한다고 위로하고 있는 선택지 2번이 정답이다.

[단어] 営業 영업 | めちゃくちゃ 엉망진창, 형편없음 | 担当者 담당자

4番

M 今度の新商品に会社の未来がかかってるって。	M 이번 신상품에 회사의 미래가 달려 있다고 해.
F 1 そうなのよ。うまくいくといいけどね。 2 そう？ 新商品の売り上げはいいようね。 3 本当だよ。会社の未来は前向きに進んでるよ。	F 1 맞아. 잘 되면 좋겠는데. 2 그래? 신상품 매출은 좋은 것 같네. 3 정말이야. 회사의 미래는 긍정적으로 나아가고 있어.

[풀이] 이번 신상품의 반응이 정말 중요하다고 하는 남자의 말에, 잘 되면 좋겠다고 말하고 있는 선택지 1번이 정답이다.

[단어] 売り上げ 매상, 매출 | 前向き 긍정적, 적극적

5番

M あの、注文を確認してもらえますか。まだ一つ出てないんだけど…。	M 저기, 주문을 확인해 줄래요? 아직 하나가 안 나왔는데….
F 1 あ、申し訳ございません。すぐに確認して参ります。 2 あ、失礼いたしました。ご注文は何になさいますか。 3 かしこまりました。それではもう一つお願いします。	F 1 아, 대단히 죄송합니다. 바로 확인하고 오겠습니다. 2 아, 실례했습니다. 주문은 무엇으로 하시겠습니까? 3 알겠습니다. 그럼, 하나 더 부탁드릴게요.

[풀이] 주문한 음식 중에 하나가 안 나왔다는 남자의 말에 여자가 사과 후에 확인하고 오겠다고 말하는 선택지 1번이 정답이다.

[단어] 注文 주문 | 確認 확인 | 申し訳ございません 대단히 죄송합니다 | 参る 가다, 오다(겸양) | なさる 하시다(존경) | かしこまりました 알겠습니다

6番

M 来週の試合には必ず出たいのに。	M 다음주 시합에는 꼭 나가고 싶은데.
F 1 うん、必ず出なくても大丈夫だよ。 2 あまり無理しないでね。健康第一なんだから。 3 うまくいくはずよ。心配しないでね。	F 1 응, 꼭 나가지 않아도 괜찮아. 2 너무 무리하지 마. 건강이 가장 중요하니까. 3 잘될 거야. 걱정하지 마.

[풀이] 다음주 시합 출전에 대해서 걱정하는 남자의 말에, 너무 무리하지 말라고 하는 선택지 2번이 정답이다.

[단어] 健康 건강

7番

F この映画、最後がちょっとありふれた展開だと思わない？	F 이 영화, 마지막이 조금 흔한 전개라고 생각하지 않아?
M 1 うん。ラストシーンが本当に良かったね。 2 そうだね。そこがちょっと物足りないね。 3 そう？ 僕はちょっとありきたりな感じだったけど。	M 1 응. 라스트 신이 정말 좋았지. 2 그러게. 거기가 좀 뭔가 아쉽네. 3 그래? 난 좀 뻔한 느낌이었는데.

[풀이] 마지막이 좀 흔한 전개라는 여자의 말에, 자신도 그 부분이 좀 아쉽다고 말하고 있는 선택지 2번이 정답이다.

[단어] ありふれる 흔해 빠지다, 어디에나 있다 | 展開 전개 | 物足りない 뭔가 아쉽다, 어딘가 부족하다 | ありきたり 상투적임, 세상에 얼마든지 있음

問題 5

종합 이해 실전 연습 ❶ p.414 스크립트와 문제 해설

1番

会社で上司と部下二人が話しています。

M1 先月から出社時間のフレックスタイム制と午後8時以降の残業を全面廃止することにしましたが、各部署の状況はどうですか。

F ワーク&ライフバランスの面では、少しずつ満足度が上がっているようです。飲み会文化も食事会に変わっているというところも肯定的に受け取れます。

M2 うちの部署も以前より雰囲気が良くなりました。うちの場合は、やるべきことがすべて終わったらすぐに退社させています。部署長の私の許可を得ずに退社してもいいと伝えておきました。

M1 いい反応が現れてよかったですね。

F あ、ⓐ各自の出社時間の相違から部署として一緒に仕事をする時間が足りないという意見がありました。必ず席にいなければならない時間を決めておくのもいいと思います。

M1 ⓑそれはいい考えですね。今週中に各社員に知らせるようにします。

M2 あと、遅い時間まで会社で残業できなくなったことに対して不便を訴える社員もいます。やるべきことが多いときは、資料などを家に持ち帰って、作業をしなければならないのが面倒くさいという意見です。

M1 やはり最初に懸念していた通りになりましたね。でも、時間が経つにつれて慣れ始めると、もっと時間を効率的に使えるなどの方法が出てくるかもしれませんので、少し待ってみましょう。

この会社では、新たにどうすることにしましたか。

회사에서 상사와 부하 두 명이 이야기하고 있습니다.

M1 지난달부터 출근시간의 플렉스타임제와 오후 8시 이후의 야근을 전면 폐지하기로 했는데, 각 부서의 상황은 어떤가요?

F 일과 라이프 밸런스면에서는 조금씩 만족도가 오르는 것 같습니다. 회식 문화도 식사 모임으로 바뀌고 있다는 부분도 긍정적으로 해석할 수 있습니다.

M2 저희 부서도 예전보다 분위기가 좋아졌습니다. 저희의 경우에는 해야 할 일을 다 마치면 바로 퇴근을 시키고 있습니다. 부서장인 저의 허가를 받지 않고 퇴근해도 좋다고 전해 두었습니다.

M1 좋은 반응이 나와서 다행이네요.

F 아, ⓐ각자의 출근 시간의 차이 때문에 부서로서 함께 일할 시간이 부족하다는 의견이 있었습니다. 반드시 자리에 있어야 할 시간을 정해 두는 것도 좋을 것 같습니다.

M1 ⓑ그거 좋은 생각이네요. 이번 주 내로 각 사원들에게 알리도록 하겠습니다.

M2 그리고 늦은 시간까지 회사에서 잔업을 못하게 된 것에 대해서, 불편함을 호소하는 직원도 있습니다. 해야 할 일이 많을 때는 자료 등을 집으로 가지고 가서, 작업을 해야 하는 것이 번거롭다는 의견입니다.

M1 역시 처음에 우려했던대로 되었군요. 하지만 시간이 지나면서 익숙해지기 시작하면, 더욱 시간을 효율적으로 사용할 수 있는 방법 등이 나올 수도 있으니, 조금만 기다려 봅시다.

이 회사에서는 새롭게 어떻게 하기로 했습니까?

1 飲み会を制限する
2 上司に報告せずに退社する
3 会社にいるべき時間を決める
4 やむを得ない残業は認める

1 회식을 제한한다
2 상사에게 보고 없이 퇴근한다
3 회사에 있어야 할 시간을 정한다
4 어쩔 수 없는 잔업은 인정한다

[풀이]

ⓐ 부서로서 함께 일할 시간이 부족하기 때문에, 반드시 자리에 있어야 할 시간을 정해 두는 것이 좋다고 말하고 있고, ⓑ 좋은 생각이라서 이번 주 내로 사원들에게 알리겠다고 말하고 있다. 따라서 정답은 선택지 3번이다. 상사에게 보고 없이 퇴근하는 것은 지금도 하고 있기 때문에, 선택지 2번은 정답이 될 수 없다.

[단어]

上司 상사 | 出社 출근 | 残業 잔업 | 全面 전면 | 廃止 폐지 | 部署 부서 | 状況 상황 | 満足 만족 | 肯定的 긍정적 | 受け取る 받다, 해석하다 | 雰囲気 분위기 | 退社 퇴근 | 許可 허가 | ～ずに ～하지 않고 | 伝える 전하다 | 反応 반응 | 現れる 나타나다 | 相違 상이, 서로 다름 | ～として ～으로서 | 足りない 부족하다 | 席 자리 | 社員 사원 | 知らせる 알리다 | ～に対して ～에 대해서 | 訴える 호소하다, 고소하다 | ～べき ～해야 할 | 資料 자료 | 作業 작업 | 面倒くさい 귀찮다 | 懸念 괘념, 걱정, 근심 | ～通り ～대로 | ～につれて ～에 따라서 | 慣れる 익숙해지다 | 効率 효율 | 新た 새로움 | 制限 제한 | やむを得ない 어쩔 수 없다 | 認める 인정하다

2番

高校の教師3人が夏休みの課題について話しています。

F1 今回の夏休みの課題についていい意見ありませんか。昨年に出した課題は父兄から適切ではない部分があるという意見もあったので、今度はもっと慎重に選びましょう。

M 最近の子どもたちはあまり本を読んでいないと思います。試験勉強に夢中になって、本を読む時間がなくても仕方ないと思いますが。夏休みだけでも本一冊ぐらいは読ませたいですね。

F2 本当ですね。国語担当の私から見たら、生徒たちが自分の意見を述べる作文を書く時に、正確な文法が使えないこともありますし、大学受験にもいい影響があると思います。

F1 ふうん。なるほど。いい意見ですね。それでは、どんな本がいいでしょうか。

M ⓐ時代小説はどうですか。歴史的な内容が含まれているし。映画になった本なら子供たちも喜ぶと思います。

고등학교 교사 3명이 여름방학 과제에 대해서 이야기하고 있습니다.

F1 이번 여름 방학 과제에 대해서 좋은 의견 없을까요? 작년에 내 준 과제는 부모님들로부터 적절하지 못한 부분도 있다는 의견도 있었으니, 이번에는 더욱 신중하게 선택합시다.

M 요즘 아이들은 별로 책을 읽지 않는 것 같아요. 시험 공부에만 열중해서 책을 읽을 시간이 없어도 어쩔 수 없을 것 같지만. 여름 방학만이라도 책 한 권 정도는 읽게 하고 싶네요.

F2 맞아요. 국어 담당인 제가 볼 때, 학생들이 자신의 의견을 기술하는 작문을 쓸 때, 정확한 문법을 사용하지 못하는 것도 있고, 대학 수험에도 좋은 영향이 있을 것 같아요.

F1 흐음. 정말 좋은 의견이네요. 그렇다면 어떤 책이 좋을까요?

M ⓐ시대소설은 어떨까요? 역사적인 내용이 담겨 있고, 영화로 제작된 책이라면 아이들도 좋아할 것 같아요.

F2 ⓑ時代小説は内容が多少固いという点がありますね。生徒たちの興味を引くには難しいと思いますが。ⓒ時事問題を扱った本はどうですか。**反対意見を唱える時など、筋道を立てて話すのにも役に立つと思います。文部省から指定された本なら尚更いいのではないでしょうか。**

M ⓓ指定の図書は、すでに読んだ生徒も多いし、僕も読んでみましたが、高校生にとっては難しい内容が多かったんです。

F2 **そうですか。**ⓔそれでは偉人伝はどうですか。有名な人々の伝記を読みながら受験勉強に疲れた生徒たちにとってはモチベーションにもなるかもしれませんし、生徒たちが自分の夢を持つこととか自分なりの目標を立てることのきっかけになるかもしれませんから。

M **それなら**ⓕ冒険の本がいいと思います。モチベーションにもなるし、スリルもあって、何よりもさっと本が読めて読書の楽しさを植えつけられそうですね。

F1 **もちろん本を簡単に読むことはできますが、**ⓖ少し暴力的な内容も頻繁に出てくるので、問題になると思います。**刺激的な話が生徒たちにいい影響を与えるかどうかは疑問ですね。父兄たちの反発も心配ですし。**ⓗ今回の課題は父兄が心配なさらないような本がいいでしょう。さらに生徒たちが今後の人生についても考えることができる本で。

今回の夏休みの課題の本はどのようなものが選定されましたか。

F2 ⓑ시대소설은 내용이 다소 딱딱하다는 점이 있네요. 학생들의 흥미를 끌기는 어려울 것 같은데요. ⓒ시사 문제를 다룬 책은 어떨까요? **반대 의견을 주장할 때나 조리 있게 말하는 것에도 도움이 될 것 같아요. 문부성에서 지정한 책이라면 더욱 좋지 않을까요?**

M ⓓ지정 도서는 이미 읽은 학생들도 많고, 저도 읽어 보았는데 고등학생에게는 어려운 내용이 많았어요.

F2 **그런가요?** ⓔ그럼 위인전은 어떨까요? 유명한 사람들의 전기를 읽으면서 수험 공부에 지친 학생들에게는 동기 부여도 될 수 있고, 학생들이 자신의 꿈을 가지는 것이나 자기 나름의 목표를 세우는 계기가 될지도 모르니까요.

M **그렇다면,** ⓕ모험 책이 좋을 것 같아요. 동기 부여도 되고 스릴도 있고, 무엇보다 쉽게 책을 읽을 수 있어서 독서의 즐거움을 심어 줄 수 있을 것 같네요.

F1 **물론 책을 쉽게 있을 수 있겠지만,** ⓖ다소 폭력적인 내용도 자주 나오기 때문에, 문제가 될 것 같습니다. **자극적인 이야기가 학생들에게 좋은 영향을 줄지는 의문이네요. 부모님들의 반발도 걱정이고요.** ⓗ이번 과제는 부모님들께서 걱정하지 않으실 것 같은 책이 좋겠네요. 게다가 학생들이 앞으로의 인생에 대해서도 생각할 수 있는 책으로.

이번 여름 방학 과제의 책은 어떤 것으로 선정되었습니까?

1 時代小説
2 時事問題の本
3 偉人伝
4 冒険の本

1 시대소설
2 시사 문제의 책
3 위인전
4 모험 책

[풀이]

ⓐ 시대소설에 관한 책은 ⓑ 내용이 딱딱해서 학생들의 흥미를 끌기 어려울 것 같다고 말하고 있기 때문에, 선택지 1번은 정답이 아니다. ⓒ 시사 문제를 다룬 책은 ⓓ 이미 읽은 학생도 있고, 어려운 내용도 많다고 말하고 있기 때문에, 선택지 2번도 정답이 될 수 없다. ⓔ 학생들에게 동기 부여도 되고, 꿈이나 목표를 가지는 계기가 될 수도 있는 위인전을 추천하고 있다. ⓕ 모험 책은 ⓖ 폭력적인 내용도 있기 때문에 문제가 될 수도 있다고 언급하고 있다. 따라서 선택지 4번도 정답이 아니다. ⓗ 폭력적인 내용이 없고, 인생에 대해서 생각할 수 있는 위인전을 과제로 선정한 것을 알 수 있다. 따라서 정답은 선택지 3번이다.

[단어]

慎重 신중 | 夢中になる 열중하다, 몰두하다 | 述べる 말하다, 기술하다 | 影響 영향 | 固い 딱딱하다, 단단하다 | 時事 시사 | 扱う 다루다, 취급하다 | 唱える 주장하다, 소리 내어 읽다 | 筋道を立てる 조리 있게 하다 | 指定 지정 | ～にとって ～에게 있어서 | 偉人伝 위인전 | ～なりの ～나름의 | 冒険 모험 | 植えつける 심다, 이식하다 | 暴力 폭력 | 頻繁 빈번 | 刺激 자극

3番

シンポジウムで司会者の話を聞いて、女の人と男の人が話しています。

M1 今日は「幸せな私の人生」というテーマで、四人の名医と共にする時間を用意しています。第一部では、今日のテーマに関する先生方の講演が行われました。第二部では、それぞれの医学分野の専門家である先生方のところに移動して、普段気になっていたことに関する質疑応答の時間を設けました。まず一番の教室は、精神医学を専攻した先生です。精神的な疲れなどを訴えている方なら、興味があるのではないでしょうか。二番の教室は、脳科学を研究する先生です。人間のすべての行動原理と理由を科学的に説明し、ひいては人間の心まで研究する学問です。三番の教室では、外見をよく気にしている方なら興味のある美容整形外科の先生です。最後の四番の教室は、小さい頃は恐怖の対象でしかなかった歯科医の先生です。特に機知に富んだ回答でも人気の先生ですので、皆さんの悩み事にも面白く答えてくださると思います。では、よく考えて移動してください。

F 最近ストレスが多いみたいだけど、一度相談してみるのはどう？

M2 そうしようかな。ⓐ普段からどうして人間は疲れを感じるのか気になってたんだ。人間の行動にはすべて理由があると言ってるけど、これにも理由があるからかな？ 精神的な疲れはもちろん、肉体的な疲れでも何かその理由が分からなくて、もどかしい時が多いんだよね。やっぱり、今日一度聞いてみないとな。

심포지엄에서 사회자의 이야기를 듣고, 여자와 남자가 이야기하고 있습니다.

M1 오늘은 '행복한 나의 인생'이라는 테마로 4명의 명의와 함께하는 시간을 준비하고 있습니다. 제1부에서는 오늘의 테마에 관한 선생님들의 강연이 진행되었습니다. 제2부에서는 각각의 의학 분야의 전문가인 선생님들이 있는 곳으로 이동해서, 평소 궁금했던 것에 관한 질의 응답 시간을 마련했습니다. 우선 1번 교실은 정신의학을 전공한 선생님입니다. 정신적인 피로 등을 호소하고 있는 분들이라면, 관심이 있을 것 같네요. 2번 교실은 뇌과학을 연구하는 선생님입니다. 인간의 모든 행동 원리와 이유를 과학적으로 설명하고, 더 나아가서 인간의 마음까지 연구하는 학문입니다. 3번 교실에서는 외모에 신경을 많이 쓰는 분이라면 관심 있는 미용성형외과 선생님입니다. 마지막 4번 교실은 어렸을 때는 공포의 대상일 뿐이었던 치과 의사 선생님입니다. 특히 재치가 넘치는 답변으로도 인기가 많은 선생님이기 때문에, 여러분의 고민거리에도 재미있게 답변을 해 주실 것 같네요. 그럼, 잘 생각하시고 이동해 주세요.

F 요즘 스트레스가 쌓인 것 같은데, 한번 상담해 보는 건 어때?

M2 그럴까? ⓐ 평소에도 왜 인간은 피로를 느끼는 건지 궁금하긴 했어. 인간의 행동에는 다 이유가 있다고 하는데, 여기에도 이유가 있어서인가? 정신적은 피로는 물론, 육체적인 피로에서도 뭔가 그 이유를 알 수 없어서 답답할 때가 많아. 역시, 오늘 한번 물어봐야겠어.

F　私はやっぱり外見に興味があるから、こちらの先生に行ってみようかな？ ⓑ矯正してもらったら、もっときれいになれるんじゃないかな？ 歯並びがいい方じゃないし。

M2 うん？ 全然そういうふうには見えないけど。まあ、一度相談に行ってみるのはよさそうだね、せっかくだから。ⓒ先生の話も面白そうだし。

F　나는 역시 외모에 관심이 있으니까, 이쪽 선생님에게 가 볼까? ⓑ교정을 받으면 더 예뻐질 수 있지 않을까? 치열이 고른 편도 아니고.

M2 응? 전혀 그렇게 안 보여. 뭐, 한번 상담을 하러 가 보는 것은 좋을 것 같네, 모처럼이니까. ⓒ선생님의 이야기도 재미있을 것 같고.

質問1）女の人はどの教室に行くことにしましたか。

1　1番の教室
2　2番の教室
3　3番の教室
4　4番の教室

질문1) 여자는 어느 교실로 가기로 했습니까?

1　1번 교실
2　2번 교실
3　3번 교실
4　4번 교실

質問2）男の人はどの教室に行くことにしましたか。

1　1番の教室
2　2番の教室
3　3番の教室
4　4番の教室

질문2) 남자는 어느 교실로 가기로 했습니까?

1　1번 교실
2　2번 교실
3　3번 교실
4　4번 교실

[풀이]

질문1) ⓑ 여자는 치열이 고른 편이 아니라서 교정을 받고 더 예뻐지고 싶다고 말하고 있다. ⓒ 선생님의 이야기가 재밌다고 언급하는 부분에서 치과 선생님임을 알 수 있다. 따라서 정답은 선택지 4번이다.

질문2) ⓐ 남자는 정신적, 육체적 피로를 느끼는 이유를 몰라서 답답할 때가 많다고 말하고 있다. 인간의 행동에는 다 이유가 있다고 하는데, 오늘은 그 이유를 물어보겠다고 말하고 있다. 따라서 정답은 선택지 2번이다.

[단어]

司会者 사회자 | **幸せ** 행복 | **名医** 명의 | **～と共に** ～와 함께 | **用意** 준비, 용의 | **～に関する** ～에 관한 | **講演** 강연 | **行う** 행하다, 실시하다 | **専門家** 전문가 | **移動** 이동 | **普段** 평소, 보통 | **気になる** 신경이 쓰이다 | **質疑応答** 질의 응답 | **設ける** 설치하다, 마련하다 | **精神** 정신 | **専攻** 전공 | **疲れ** 피로 | **訴える** 호소하다, 고소하다 | **脳** 뇌 | **行動** 행동 | **原理** 원리 | **ひいては** 더 나아가서는 | **外見** 외견, 외모 | **気にする** 신경을 쓰다 | **美容** 미용 | **整形外科** 정형외과, 성형외과 | **恐怖** 공포 | **対象** 대상 | **歯科** 치과 | **機知** 기지 | **富む** 많다, 풍부하다 | **回答** 대답 | **悩み事** 고민거리, 걱정거리 | **肉体** 육체 | **もどかしい** 답답하다, 초조하다 | **矯正** 교정 | **歯並び** 치열

1番

パン屋で店長と店員二人が話しています。

F1 うちの店は、十数年前から販売してきたパンはよく売れていますが、新商品のパンの売り上げはいまいちですね。新商品がアピールできる何か良い方法はないですか。

M ⓐ店のイメージを若返らせるために、若者が好みそうなものを考えて新しいパンを作ってはいるんですが。うちの場合は、どうしても住宅街に位置しているから、お客様の年齢層が少し高いことも原因じゃないですか。

F2 ⓑ今の時代は、お店の位置はそれほど重要じゃないみたいです。SNSなどを見ても宣伝がちゃんとできていればお店がどこにあっても、若い人たちは買いに来ると思いますよ。私もそういう傾向がありますし。

F1 ⓒうーん、そうなんですね。うちも宣伝のやり方を考え直す時が来たみたいですね。今回の新商品の値段は高くはないと思いますが、お客様の反応はどうですか。

F2 パンの大きさを考えると、高いとは言えないと思います。

M あ、お店の外にワゴンなどを使って、パンを並べておくのはどうですか。特売品みたいなもので。

F1 今の時期だと、パンが傷む恐れもありますから、今回は見合わせることにしましょう。じゃ、今できることからやってみましょう。

このパン屋はどうすることにしましたか。

1 若い人にうける雰囲気に改装工事をする
2 お店の位置を知らせる宣伝をする
3 インターネットを活用した宣伝をする
4 お店の外に特売品を陳列する

빵집에서 점장과 점원 두 명이 이야기하고 있습니다.

F1 우리 가게는 십여 년 전부터 판매해 온 빵은 잘 팔리는데, 신상품 빵의 매출은 그저 그러네요. 신상품을 어필할 수 있는 뭔가 좋은 방법이 없을까요?

M ⓐ가게의 이미지를 젊게 하기 위해서 젊은 사람들이 좋아할 만한 것을 생각해서 새로운 빵을 만들고는 있는데요. 저희의 경우에는 아무래도 주택가에 위치를 하고 있어서 고객의 연령대가 조금 높은 것도 원인이 아닐까요?

F2 ⓑ지금 시대는 가게의 위치는 크게 중요한 게 아닌 것 같아요. SNS 등을 봐도 홍보가 제대로 되어 있으면 가게가 어디에 있든, 젊은 사람들은 사러 올 거라고 생각해요. 저도 그런 경향이 있고요.

F1 ⓒ음, 그렇군요. 우리도 홍보 방식을 다시 생각할 때가 온 것 같네요. 이번 신상품의 가격은 비싸지는 않은 것 같은데, 손님들의 반응은 어떤가요?

F2 빵의 크기를 생각한다면 비싸다고 말할 수는 없을 것 같아요.

M 아, 매장 밖에 왜건 등을 사용해서, 빵을 진열해 두는 것은 어떨까요? 특매품 같은 것으로.

F1 지금 시기라면 빵이 상할 우려도 있으니까, 이번에는 보류하도록 해요. 그럼, 지금 할 수 있는 것부터 해 봅시다.

이 빵집은 어떻게 하기로 했습니까?

1 젊은 사람들에게 인기 있는 분위기로 개장공사를 한다
2 가게의 위치를 알리는 홍보를 한다
3 인터넷을 활용한 홍보를 한다
4 가게 밖에 특매품을 진열한다

[풀이]

ⓐ 가게의 이미지 변화를 위해서 젊은 사람들이 좋아할 신상품 빵을 만들고 있다. ⓑ 지금은 가게 위치가 중요하지 않고, SNS 등으로 홍보가 제대로 되면, 가게 위치에 상관없이 젊은 손님들이 올 거라고 말하고 있다. ⓒ 젊은 고객을 위해서 홍보 방식을 다시 생각한다고 말하고 있고, 본문에서는 홍보 방법으로 SNS를 언급하고 있기 때문에, 정답은 선택지 3번이다.

[단어]

販売 판매 | **売れる** 팔리다 | **新商品** 신상품 | **売り上げ** 매상, 매출 | **いまいち** 조금 모자라는 모양 | **若返る** 젊어지다 | **好む** 좋아하다, 선호하다 | **住宅街** 주택가 | **位置** 위치 | **年齢層** 연령층 | **原因** 원인 | **宣伝** 선전 | **傾向** 경향 | **~直す** 다시 ~하다 | **値段** 가격 | **反応** 반응 | **並べる** 늘어놓다, 진열하다 | **特売品** 특매품 | **傷む** 상하다, 썩다 | **恐れ** 우려, 두려움 | **見合わせる** 보류하다, 서로 마주보다 | **雰囲気** 분위기 | **改装** 개장, 새로 단장함 | **陳列** 진열

2番

区役所で職員三人が話しています。

M1 今日の会議は下半期の地域訓練の件です。去年は地域住民の参加者が多すぎて困ってしまいましたが、何かいい対策はありますか。

F 去年は一カ月おきに三カ所で訓練を行い、参加者は40人ずつでしたね。今回はもっと広い場所を確保するのはどうですか。学校での訓練は、体育館よりもグラウンドでするほうがいいと思います。

M2 いい意見ですね。でも、八月は猛暑や台風などの天候の影響を無視できません。ⓐ去年の下半期の教育は三回でしたが、今年はもう少し日程を増やすことも考慮すべきだと思います。

M1 ⓑでは、四回か五回に増やさなければならないでしょうかね。最近、防災訓練に対する地域住民の関心が高まっていて、三回では足りないと思います。

F これはちょっと違う話になりますが、これまで区の地域を三カ所に分けて行ってきましたが、急な事情があったりして自分の住んでいる地域の訓練参加日に参加できなくなることもあるようです。下半期から訓練回数を増やすことになったら、自分の居住地域とは違う地域でも訓練に参加できるようにするのはどうですか。

M2 そうですね。まずは例年通り進めて、参加人数に余裕がある場合に限り、申し込みを認めるのがよさそうですが。

구청에서 직원 세 명이 이야기하고 있습니다.

M1 오늘 회의는 하반기 지역 훈련 건입니다. 작년에는 지역 주민 참가자가 너무 많아서 곤란했는데, 뭔가 좋은 대책이 있을까요?

F 작년에는 한 달 간격으로 세 군데에서 훈련을 진행했고, 참가자는 40명씩이었죠. 이번에는 더 넓은 장소를 확보하는 것은 어떨까요? 학교에서의 훈련은 체육관보다 운동자에서 하는 쪽이 좋을 것 같습니다.

M2 좋은 의견이네요. 하지만 8월은 폭염이나 태풍 등의 날씨의 영향을 무시할 수 없어요. ⓐ작년 하반기 교육은 세 번이었는데, 올해는 조금 더 일정을 늘리는 것도 고려해야 한다고 생각해요.

M1 ⓑ그럼, 네 번이나 다섯 번으로 늘리지 않으면 안 되겠네요. 요즘, 방재 훈련에 대한 지역 주민들의 관심이 높아지고 있어서, 세 번으로는 부족할 것 같아요.

F 이건 조금 다른 이야기인데, 지금까지 구의 지역을 세 군데로 나누어서 진행해 왔습니다만, 급한 사정이 있거나 해서 자신이 살고 있는 지역의 훈련 참가일에 참가가 불가능하게 되는 경우도 있는 것 같아요. 하반기부터 훈련 횟수를 늘리게 되면, 자신의 거주지역과는 다른 지역에서도 훈련에 참가할 수 있도록 하는 것은 어떨까요?

M2 글쎄요. 우선은 예년대로 진행하고, 참가인원에 여유가 있을 경우에 한해서, 신청을 인정하는 것이 좋을 것 같은데요.

M1 それがいいと思います。まず希望する参加者が多いということが問題になるわけですから。そして午前と午後、一日に二回行うのはどうでしょうか。天候不順の時は体育館などの室内施設で行うしかないんですが、そうなるとやはり40人以上の参加者は期待できなくなりますからね。

F この件は訓練の担当者に聞いてみます。返事をもらい次第、もう一度会議をすることにしましょう。

問題の改善のために、どうすることにしましたか。

M1 그게 좋을 것 같네요. 우선 희망하는 참가자가 많다는 것이 문제가 되는 것이니까요. 그리고 오전과 오후, 하루에 두 번 진행하는 것은 어떨까요? 날씨가 좋지 않을 때는 체육관 등의 실내 시설에서 실시할 수밖에 없는데, 그렇게 되면 역시 40명 이상의 참가자는 기대할 수 없게 되니까요.

F 이 건은 훈련 담당자에게 물어볼게요. 답장을 받는 대로, 다시 한번 회의를 하도록 하죠.

문제의 개선을 위해서 어떻게 하기로 했습니까?

1 訓練場所を三カ所に増やす
2 訓練回数を四回以上に増やす
3 住んでいる場所と違う地域の訓練への参加を認める
4 午前と午後に分けて訓練を行う

1 훈련 장소를 세 군데로 늘린다
2 훈련 횟수를 네 번 이상으로 늘린다
3 살고 있는 곳과 다른 지역의 훈련 참가를 인정한다
4 오전과 오후로 나누어서 훈련을 진행한다

[풀이]

ⓐ 작년 하반기 교육은 3회였고, 올해는 더 늘리자는 의견에 ⓑ 주민들의 관심이 높아져서 4, 5회로 늘려야 한다고 말하고 있다. 따라서 정답은 선택지 2번이다. 훈련 장소는 작년에도 세 군데였기 때문에, 선택지 1번은 정답이 될 수 없다. 거주 지역 이외의 훈련 참가에 대해서는 우선 원래대로 진행하고 특별한 경우에만 인정을 하자고 말하고 있다. 따라서 선택지 3번은 정답이 아니다. 오전과 오후로 나누어서 훈련을 하는 것은 훈련 담당자에게 물어본 후에 다시 회의를 하자고 말하고 있다. 따라서 선택지 4번도 정답이 될 수 없다.

[단어]

区役所 구청 | 職員 직원 | 下半期 하반기 | 地域 지역 | 訓練 훈련 | 参加者 참가자 | 対策 대책 | ～おきに ~마다, ~간격으로 | カ所 군데 | 行う 행하다, 실시하다 | 確保 확보 | 体育館 체육관 | 猛暑 맹서, 폭염 | 台風 태풍 | 天候 천후, 날씨 | 影響 영향 | 日程 일정 | 増やす 늘리다 | 考慮 고려 | ～べきだ ~해야 한다 | 防災 방재, 재해를 방지함 | ～に対する ~에 대한 | 足りない 부족하다 | 分ける 나누다 | 事情 사정 | ～通り ~대로 | 進める 진행하다 | 余裕 여유 | 申し込み 신청 | 認める 인정하다 | 希望 희망 | 不順 불순, 순조롭지 못함 | 室内 실내 | 施設 시설 | 期待 기대 | 担当者 담당자 | 返事 대답, 답장 | ～次第 ~대로 | 改善 개선

3番

文化センターで職員の説明を聞いたあと、女の人と男の人が話しています。

F1 来月の講座に対するお問い合わせですね。かしこまりました。当桜文化センターでは次の四つの講座を受け付けております。まず、ⓐ毎日新しい料理に挑戦して、私だけのレシピを作っていく「クッキングクラス」がございます。週２回、平日の午前のコースで、有名なレストランのシェフが直接指導させていただきます。月に一回はお子様と一緒にする料理教室も開かれており、料理だけじゃなく、クッキー、ケーキ、お菓子など、様々なテーマで進行される人気コースです。次は、ⓑストレッチから始め、呼吸や多様な動作を学ぶ「ヨガ」の講座がございます。ヨガの講座は週２回、平日の午前の初級クラスと、また週２回で平日の午後始まる中級クラス、最後に、土日の午前の上級クラスに分かれております。体が柔軟でない方には、初級クラスをお勧めします。そしてⓒ週１回、平日の夕方には「ウクレレ」の教室がございます。楽器は全てお貸しいたします。この講座は先着順で１０人までの人数制限がございますが、現在登録された方は７人です。まだ２週間の申請期間が残っておりますが、早めにご登録された方がいいと思います。他の楽器に比べ、より簡単に習うことができます。最後に、ⓓ「美術クラス」があります。来月は講師の事情により、子供クラスは運営されません。大人クラスは土曜日の午前で、来月のテーマは風景画です。月ごとに異なるテーマで進行する形でございます。

F2 あなたも受けられそうな講座があるね。えーと、子供と一緒にするのもよさそう。

M うん。ⓔ最近運動不足で、体を動かすのもいいかも。でも、男はあまりいないようでちょっと…。

문화 센터에서 직원의 설명을 들은 후에 여자와 남자가 이야기하고 있습니다.

F1 다음달 강좌에 대한 문의로군요. 알겠습니다. 저희 사쿠라 문화 센터에서는 다음의 네 가지 강좌를 접수하고 있습니다. 먼저, ⓐ매일 새로운 요리에 도전하고, 자기만의 레시피를 만들어 가는 '쿠킹 클래스'가 있습니다. 주 2회, 평일 오전 코스로, 유명한 레스토랑의 셰프가 직접 지도해 드립니다. 한 달에 한 번은 아이와 함께하는 요리 교실도 열리고 있는데, 요리뿐만 아니라 쿠키, 케이크, 과자 등 다양한 테마로 진행되는 인기 코스입니다. 다음은 ⓑ스트레칭부터 시작해서, 호흡이나 다양한 동작을 배우는 '요가' 강좌가 있습니다. 요가 강좌는 주 2회, 평일 오전의 초급 클래스와 또한 주 2회로 평일 오후에 시작되는 중급 클래스, 마지막으로 토·일 오전의 상급 클래스로 나뉘어 있습니다. 몸이 유연하지 않은 분에게는 초급 클래스를 추천해 드립니다. 그리고 ⓒ주 1회, 평일 저녁 시간의 '우쿨렐레' 교실이 있습니다. 악기는 모두 대여해 드립니다. 이 강좌는 선착순으로 10명까지의 인원 제한이 있지만, 현재 등록된 사람은 7명입니다. 아직 2주의 신청 기간이 남아 있지만, 빨리 등록하시는 편이 좋을 것 같습니다. 다른 악기에 비해 보다 간단하게 배울 수 있습니다. 마지막으로, ⓓ'미술 클래스'가 있습니다. 다음달에는 강사의 사정에 의해, 어린이반은 운영되지 않습니다. 성인반은 토요일 오전이고, 다음달의 테마는 풍경화입니다. 매달마다 다른 테마로 진행하는 방식입니다.

F2 당신도 들을 수 있을 것 같은 강좌가 있네. 음, 아이와 함께 하는 것도 좋을 것 같아.

M 응. ⓔ요즘 운동 부족이라 몸을 움직이는 것도 좋을 것 같고, 근데, 남자는 별로 없을 것 같아서 좀….

F2 ⓕ平日の午前は忙しいと思うし、ヒロシも学校へ行かなきゃならないし。午後の講座って…。これだ。ヒロシと一緒にすることもできて。先着順だから、今日登録しないと。締め切りになるかもしれないから、**私はこれで。あなたは？**

M **三人が一緒にできたら、移動するのも楽でいいけど。**ⓖ来月は午後のシフト勤務だしね。週末にはゆっくり休みたいし、平日の午前は余裕があるから、**これにする。**

F2 ⓕ평일 오전은 바쁠 것 같고, 히로시도 학교에 가야 하고. 오후 강좌가…. 이거다. 히로시랑 같이 할 수도 있고, 선착순이니까, 오늘 등록해야겠네. 마감이 될지도 모르니까, **난 이걸로. 당신은?**

M **셋이 함께 할 수 있다면 이동하는 것도 편하고 좋겠지만.** ⓖ다음달은 오후 교대 근무라서. 주말에는 편히 쉬고 싶고, 평일 오전에는 여유가 있으니까, **이걸로 하겠어.**

質問1）夫はどんな講座を申し込みますか。

1 クッキングクラス

2 ヨガ

3 ウクレレ

4 美術クラス

질문 1) 남편은 어떤 강좌를 신청합니까?

1 쿠킹 클래스

2 요가

3 우쿨렐레

4 미술 클래스

質問2）妻はどんな講座を申し込みますか。

1 クッキングクラス

2 ヨガ

3 ウクレレ

4 美術クラス

질문 2) 아내는 어떤 강좌를 신청합니까?

1 쿠킹 클래스

2 요가

3 우쿨렐레

4 미술 클래스

[풀이]

질문1) ⓐ는 선택지 1번의 쿠킹 클래스에 관한 내용이고, ⓑ는 선택지 2번의 요가 강좌에 관한 내용을 설명하고 있다. ⓒ는 선택지 3번의 우쿨렐레에 대해, ⓓ는 선택지 4번의 '미술 클래스'에 대해서 설명하고 있다. ⓔ 운동 부족으로 몸을 움직일 수 있는 요가 강좌를 수강하고 싶지만, 남자가 많지 않을 것 같아서 부담스러워 하고 있고, ⓖ 오후 강좌는 불가능하고, 주말에는 쉬고 싶다고 말하고 있다. 평일 오전에 수강할 수 있는 강좌는 요가를 제외하면 쿠킹 클래스밖에 없다. 따라서 정답은 선택지 1번이다.

질문2) ⓕ 평일 오후 강좌, 아이와 함께 할 수 있는 선착순 강좌는 우쿨렐레이다. 따라서 정답은 선택지 3번이다.

※청해 Part 5 종합 이해의 두 번째 문제 형식이다. 이 문제는 선택지 4개에 대한 남자 또는 여자의 설명을 듣고, 남자와 여자의 대화문이 이어지는 형식이다. 쉽게 말하면, 「설명문(독백)＋대화문」의 형식이라고 생각하면 된다. 선택지 4개의 특징을 재빨리 메모하는 연습을 통해서 실력을 키울 수 있다.

[단어]

講座 강좌 | **問い合わせ** 문의, 조회 | **挑戦** 도전 | **指導** 지도 | **呼吸** 호흡 | **柔軟** 유연함 | **楽器** 악기 | **先着順** 선착순 | **制限** 제한 | **～に比べ** ～에 비해 | **事情** 사정 | **～により** ～에 의해, 따라 | **運営** 운영 | **風景画** 풍경화 | **異なる** 다르다 | **動かす** 움직이다, 움직이게 하다 | **締め切り** 마감 | **余裕** 여유

제1회 실전 모의고사

정답 및 해석

문자·어휘

문제 1 1 ① 2 ④ 3 ② 4 ④ 5 ③ 6 ②

문제 2 7 ④ 8 ③ 9 ④ 10 ① 11 ② 12 ② 13 ④

문제 3 14 ② 15 ④ 16 ① 17 ③ 18 ③ 19 ④

문제 4 20 ② 21 ④ 22 ① 23 ③ 24 ② 25 ④

문법

문제 5 26 ② 27 ① 28 ③ 29 ① 30 ③ 31 ② 32 ④ 33 ③ 34 ② 35 ④

문제 6 36 ① 37 ① 38 ④ 39 ② 40 ①

문제 7 41 ③ 42 ① 43 ④ 44 ②

독해

문제 8 45 ④ 46 ④ 47 ③ 48 ①

문제 9 49 ② 50 ① 51 ③ 52 ④ 53 ③ 54 ② 55 ① 56 ③

문제 10 57 ① 58 ② 59 ①

문제 11 60 ① 61 ③

문제 12 62 ① 63 ③ 64 ②

문제 13 65 ④ 66 ③

청해

문제 1 1 ② 2 ① 3 ② 4 ② 5 ③

문제 2 1 ③ 2 ② 3 ③ 4 ③ 5 ② 6 ②

문제 3 1 ① 2 ① 3 ③ 4 ② 5 ③

문제 4 1 ③ 2 ② 3 ① 4 ① 5 ③ 6 ②
7 ① 8 ② 9 ③ 10 ② 11 ③

문제 5 1 ③ 2 (1) ② (2) ③

1교시 언어지식 (문자 · 어휘 · 문법) · 독해

問題 1

＿＿＿의 단어 읽기로 가장 알맞은 것을 1 · 2 · 3 · 4에서 하나 고르시오.

1 그는 열사병으로 쓰러져, 병원에 반송되었다.

2 범인은 보석가게에 침입하여 강도 짓을 기도하였다.

3 무언가를 거절할 때에는 완곡한 표현이 자주 사용된다.

4 관객들은 절규하면서 공포영화를 즐기고 있었다.

5 코로나나 독감 초기에는 꽃가루 알레르기와 증상이 혼동되는 경우도 있다고 한다.

6 전쟁을 보는 눈은 아무래도 한쪽으로 치우치기 십상이다.

問題 2

(　　)에 넣기에 가장 알맞은 것을 1 · 2 · 3 · 4에서 하나 고르시오.

7 수상은 급거, 피해지역을 다시 시찰하기로 했다.

8 하수도 사용량은 통상, 상수도 사용량을 토대로 산출한다.

9 현재, 자동차 업계에서는 전기 자동차가 세계적으로 대두하고 있습니다.

10 눈앞의 재정 건전화도 중요하지만, 장기적인 전망을 제시하지 않으면 국민의 불안은 씻을 수 없다.

11 환경의 변화에 적응하지 못하는 생물은 언젠가는 도태되어 간다.

12 후생노동성 장관은 '건강피해를 일으킬 정도의 대량의 멜라민이 들어간 식품이 수입될 가능성은 거의 없다'고 말했다.

13 정부는 모든 수단을 강구하여, 저출산 극복을 지향해야 한다.

問題 3

＿＿＿의 말에 의미가 가장 가까운 것을 1 · 2 · 3 · 4에서 하나 고르시오.

14 가게 안은 몹시 혼잡하였다.

15 해외에서는 평범한 수법인 것 같다.

16 그는 그 소식을 듣고, 당황하였다.

17 야외 카페에서 관광객들이 휴식을 취하고 있다.

18 오늘은 아침부터 지쳐 있었다.

19 아버지는 1960년대의 명차를 꾸준히 수리하였다.

問題 4

다음 단어의 용법으로 가장 알맞은 것을 1 · 2 · 3 · 4에서 하나 고르시오.

20 보육소의 인가는 도도부현의 재량에 맡겨져 있다.

21 긴 역사를 가진 스모계에는 독특한 관례와 관습이 많다.

22 기술을 전해야 할 젊은 사람이 없으면, 물건 제조의 발판이 무너지고 만다.

23 지진으로 각지의 철도에서 열차 운행에 차질이 생겨, 학교 휴교도 잇따랐다.

24 작은 요트로 태평양을 건너는 것은 큰 위험을 내포하는 모험이다.

25 그 탤런트는 병을 앓고 난 후의 초췌한 모습으로 굳이 카메라 앞에 나타났다.

問題 5

다음 문장의 (　　)에 들어갈 가장 알맞은 것을 1 · 2 · 3 · 4에서 하나 고르시오

26 이벤트에 관한 질문은 반드시 서면으로 5월 10일 11시 00분까지 제출할 것.

27 어느 틈에 이렇게 살이 쪄 버렸을까? 이 몸으로는 도저히 설산에는 오를 수 없다.

28 장애인이나 동급생에 대한 괴롭힘은 학대나 폭행이라고 불러야 할 행위이다. 젊은 혈기였다고 끝낼 문제가 아니다.

29 출장 예정표를 작성했습니다. 확인해 주시기 부탁드립니다.

30 니시무라 : 야마다 선배님은 여러가지 조언해 주고 후배도 잘 챙겨 주고, 좋은 선배님이지.

이시이 : 확실히 상냥하고 좋은 사람이라고 생각하지만, 요구받지 않은 조언은 민폐라고 생각해.

31 이탈리아 베네치아는 경관이 아름다워, 이 거리 자체가 예술 그 자체였다.

32 며칠 전, 사쿠라 대학 글로벌 학부 여러분에게 회사 견학하러 내사함을 받았습니다(학부 여러분이 회사 견학하러 내사하셨습니다).

33 마음에 드는 디자인의 가방을 만나지 못하고 있던 참에, 뜻하지 못한 곳에서 마음에 드는 디자인의 가방을 만날 수 있었다.

34 그 레스토랑에는 세계 각지에서 미식가가 온다. 이 화려한 레스토랑의 주방에서는 단 1초라도 마음을 놓을 수 없는 긴장된 나날이 한없이 계속되고 있다.

35 지진이 일어난 지 하룻밤 지난 다음 날, 진원에 가까운 자치체에서는 단수와 정전이 계속되고 있어, 주민들은 피난소 등에서 불편한 생활을 보내고 있다. 급병이 되어도 구급차를 부르지 못하고 도보로 병원에 가는 등, 생활은 극도로 혼란스러운 채였다.

問題 6

다음 문장의 ＿★＿ 에 들어갈 가장 알맞은 것을 1 · 2 · 3 · 4에서 하나 고르시오.

36 수도 요금이 줄면 함께 징수되고 있는 하수도 요금도 줄기 때문에, 일석이조가 됩니다. (4–2–1–3)

37 핵보유국은 핵무기 사용 등, 인류와 지구환경을 위기에 드러낼 수 있는 위험천만한 행동은 삼가해야 한다. (2–4–1–3)

38 탈선사고의 원인을 정확히 파악한 다음, 재발 방지를 위한 교육을 기준을 명확히 하여 효과적으로 실시해야 한다. (3–1–4–2)

39 엔저는 수출 비율이 높은 대기업의 수익에는 플러스로 작용하는 한편, 수입 원자재 가격 상승을 제품 가격에 전가하기 어려운 중소기업에게는 마이너스가 되는 면도 있다. (3–1–2–4)

40 교직대학원은 지도력 부족 교원의 증가 등에 수반하여, 교원에 대한 국민의 불신감이 높아지고 있는 것으로 인해 설치가 결정됐다. (4–2–2–3)

問題 7

다음 글을 읽고, 글 전체의 취지에 입각해서 41 부터 44 에 들어갈 가장 알맞은 것을 1 · 2 · 3 · 4에서 하나 고르시오.

선택적 부부별성제도란, 부부가 원할 경우, 결혼 후에도 부부가 각각의 성을 유지할 수 있는 제도를 가리킨다. 현재의 일본 민법에서는 부부는 어느 한쪽의 성을 선택할 필요가 있으며, 현실로는 여성이 개성(改姓)하는 경우가 압도적 다수이다.

그러나 여성의 사회 진출 등 41 에 수반하여, 개성에 따른 직업 생활상이나 일상 생활상의 불편 · 불이익, 정체성 상실 등 여러가지 불편 · 불이익이 지적되어 온 것 등을 배경으로 선택적 부부별성제도의 도입을 요구하는 의견이 있다.

실제로 각종 여론조사에서 선택적 부부별성제도 도입에 찬성하는 비율은 반대 비율을 웃돌고 있으며, 지방의회에서도 국가에 선택적 부부별성제도 도입을 요구하는 의견서를 채택하는 움직임이 가속되고 있다.

일본에서는 부부 동성이 의무화되어 있는데, 실제로는 90% 이상의 부부가 남성의 성을 선택하고 있고, 여성이 성을 바꾸는 경우가 대부분이다.

이름은 개인의 정체성을 형성하는 중요한 요소이다. 오랜 세월 계속 사용해 온 이름을 결혼 42 을 계기로 바꿔야 하는 상황은 인생의 연속성에 영향을 주는 경우가 있다. 이름 변경이 자기 인식이나 사회적 연결에 주는 영향은 결코 경시해서는 안 된다.

선택적 부부별성을 요구하는 목소리는 단순한 라이프스타일의 선택이 아니라, 개인의 존엄과 실무적 과제에 깊이 43 뿌리를 두고 있다. 많은 나라에서는 부부가 결혼 후에도 별성을 유지하는 선택지가 법적으로 인정되고 있지만, 일본은 그럴 선택지가 없는 몇 안 되는 나라 중 하나로, 이것은 국제적인 인권 기준에 대한 의문마저 생겨나게 하고 있다.

부부별성은 단순한 이름의 문제가 아니다. 그것은 개인의 정체성, 직업 생활의 실무적 필요성, 그리고 무엇보다 개인의 존엄에 관련된 중요한 인권 과제이다.

44 한편, 반대 의견의 배경에는 급속한 사회 변화에 대한 불안이나 전통적 가치관의 보존이라고 하는 심리가 존재한다. 부부별성 논란은 우리에게 중요한 물음을 던져 놓고 있다. 우리 한 사람 한 사람이 진지하게 마주하고 신중한 대화를 거듭해 갈 필요가 있다.

問題 8

次の(1)～(4)の文章を読んで、後の問いに対する答えとして最もよいものを、1・2・3・4から一つ選びなさい。

(1)

否定的な感情こそ、我たちの体を安全に守るために作られました。例えば、危険な動物に遭遇した時に恐怖を感じます。恐怖は、否定的な感情の中でも特に良くない感情ですが、私たちはこの恐怖のおかげで危険が回避できます。体に異常が生じる時は痛みを感じるようになりますが、この痛みも不安と恐怖という否定的な感情を誘発させます。その結果、体を癒して回復させることに専念するのです。幸せと喜びに代表される肯定的な感情は、体を物理的な危険から救うことにはあまり役に立っていません。危機は、最も幸せな時に予告なしに突然訪れるものであり、否定的な感情はその危機的状況から命を守れるようにするための生存と進化の結果だと言えます。ⓐ否定的な感じがする時は、その感情を否定せず、安全のために賢く対応するべきです。

45 筆者が言いたいことは何か。

1 恐怖の原因を理解すれば、体をより安全に守ることができる。

2 苦痛などの不便な気持ちになる時は、早く体を回復させることが大切だ。

3 幸せと喜びという感情ほど、否定的な感情も大切にしなければならない。

4 否定的な感情を無視せず、危険から回避できるように努力すべきだ。

다음 (1)~(4)의 글을 읽고, 다음 질문에 대한 답으로 가장 알맞은 것을 1 · 2 · 3 · 4에서 하나 고르시오.

부정적인 감정이야 말로 우리의 몸을 안전하게 지키기 위해서 만들어졌습니다. 예를 들면, 위험한 동물과 조우했을 때에 공포를 느낍니다. 공포는 부정적인 감정 중에서도 특히 좋지 않은 감정이지만, 우리는 이 공포 덕분에 위험을 회피할 수 있습니다. 몸에 이상이 생길 때는 아픔을 느끼게 되는데, 이 아픔 또한 불안과 공포라는 부정적인 감정을 유발시킵니다. 그 결과, 몸을 치유하고 회복시키는 것에 전념을 하는 것이죠. 행복과 기쁨으로 대표되는 긍정적인 감정은 몸을 물리적인 위험에서 구제하는 것에는 그다지 도움이 되지 않습니다. 위기는 가장 행복할 때 예고없이 갑자기 찾아오는 것이고, 부정적인 감정은 그 위기 상황에서 목숨을 지킬 수 있도록 하기 위한 생존과 진화의 결과라고 말할 수 있습니다. ⓐ부정적인 느낌이 들 때는 그 감정을 부정하지 않고, 안전을 위해서 지혜롭게 대응해야 합니다.

45 필자가 말하고 싶은 것은 무엇인가?

1 공포의 원인을 이해하면, 몸을 보다 안전하게 지킬 수 있다.

2 고통 등의 불편한 기분이 들 때는 빨리 몸을 회복시키는 것이 중요하다.

3 행복과 기쁨이라는 감정만큼, 부정적인 감정도 소중하게 여겨야 한다.

4 부정적인 감정을 무시하지 않고, 위험에서 회피할 수 있도록 노력해야 한다.

[풀이]

ⓐ 안전을 위해서는 부정적인 감정에 주의를 기울이며 지혜롭게 대응해야 한다고 말하고 있다. 따라서 정답은 선택지 4번이다. 본문에서 행복과 기쁨은 위험에서 구제하는 것에 도움이 되지 않다고 말하고 있기 때문에 선택지 3번은 정답이 될 수 없다.

[단어]

否定的 부정적 | 感情 감정 | 守る 지키다 | 例えば 예를 들면 | 遭遇 조우 | 恐怖 공포 | おかげで 덕분에 | 回避 회피 | 異常 이상 | 誘発 유발 | 癒す 치유하다, 고치다 | 回復 회복 | 専念 전념 | 肯定的 긍정적 | 物理的 물리적 | 救う 구하다 | 役に立つ 도움이 되다 | 予告 예고 | 訪れる 방문하다, 찾아오다 | 状況 상황 | 生存 생존 | 賢い 현명하다 | 対応 대응 | ～べきだ ~해야 한다 | 苦痛 고통 | 努力 노력

(2)

良い関係を築くのが困難な人や気まずい人が、少なくとも一人二人はいるはずだ。その人の考え方や行動の意味が理解できないからだ。それにもかかわらず、円満な対人関係や社会生活のために理解してみようと努力する。このような過程で深刻なストレスが生じ、仕事を辞めるにまで至る人が多い。個性とマナー、その曖昧な間から生じた摩擦は、自分の認知能力では到底理解できなくなるのだ。しかし、人間は、一人も例外なく全く異なる環境で育ちながら成長していく。似たようなカテゴリーに入れることはできても、同じ物差しで測ることができないのが人間なのだ。ⓐそのような人を理解しようとするのは勘違いで傲慢であるかもしれない。理解できないことのために励む必要はなく、多少の摩擦があっても受け入れられる限界を定めることが重要だ。ありのままを受け入れながら、受け入れられながら生きていくのだ。

46 筆者が一番言いたいことは何か。

1 円満な人間関係のために、ある程度我慢するのは仕方がない。
2 ストレスを我慢してまで、仕事を続ける必要はない。
3 理解できない気まずい人のせいで、ストレスを受けてはいけない。
4 完璧に理解し合える存在はないことを認めなければならない。

좋은 관계를 맺는 것이 어려운 사람이나 불편한 사람이 적어도 한두 명은 있을 것이다. 그 사람의 사고 방식이나 행동의 의미를 이해할 수 없기 때문이다. 그럼에도 불구하고 원만한 대인관계나 사회생활을 위해서 이해해 보려고 노력한다. 이런 과정에서 심각한 스트레스가 생기고, 일을 그만두기까지 하는 사람이 많다. 개성과 매너, 그 애매한 사이에서 발생한 마찰은 자신의 인지능력으로는 도저히 이해할 수 없게 되는 것이다. 그러나 인간은 단 한 명도 예외 없이 완전히 다른 환경에서 자라면서 성장해 간다. 비슷한 카테고리에 넣을 수는 있어도 같은 잣대로 측정할 수 없는 것이 인간인 것이다. ⓐ그런 사람을 이해하려고 하는 것은 착각이고 오만일 수 있다. 이해할 수 없는 것을 위해서 애쓸 필요는 없고, 다소의 마찰이 있더라도 받아들일 수 있는 한계를 정하는 것이 중요하다. 있는 그대로를 받아들이고 받아들여지면서 살아가는 것이다.

46 필자가 가장 말하고 싶은 것은 무엇인가?

1 원만한 인간관계를 위해서 어느 정도 참는 것은 어쩔 수 없는 것이다.
2 스트레스를 참으면서까지 일을 계속할 필요는 없다.
3 이해할 수 없는 거북한 사람 때문에 스트레스를 받아서는 안 된다.
4 완벽하게 서로 이해할 수 있는 존재는 없는 것을 인정해야 한다.

[풀이]

ⓐ 다른 사람을 이해하려고 하는 것은 착각이고 오만일 수 있다고 말하고, 이해 불가능한 것을 위해서 애쓸 필요 없고, 받아들일 수 있는 한계를 정해야 한다고 말하고 있다. 따라서 정답은 선택지 4번이다. 본문에서 원만한 대인관계나 사회생활을 위한 노력 때문에 스트레스가 생기고 일을 그만두는 일도 있다고 말하고 있지만, 스트레스를 참으면서 일할 필요는 없다고 말하는 것은 아니기 때문에 선택지 2번은 정답이 될 수 없다.

[단어]

築く 쌓다 | 気まずい 거북하다, 어색하다 | ~はずだ ~일 것이다 | ~にもかかわらず ~에도 불구하고 | 円満 원만 | 努力 노력 | 深刻 심각 | 辞める 그만두다 | 至る 이르다 | 個性 개성 | 曖昧 애매 | 摩擦 마찰 | 到底 도저히 | 例外 예외 | 全く 완전히, 전혀 | 異なる 다르다 | 環境 환경 | 育つ 자라다 | 似る 닮다, 비슷하다 | 物差し 잣대, 척도 | 測る 재다 | 勘違い 착각 | 傲慢

오만 | 励む 힘쓰다 | 受け入れる 받아들이다 | 限界 한계 | 定める 정하다, 결정하다 | ありのまま 있는 그대로 | 我慢 참음 | 完璧 완벽 | 存在 존재 | 認める 인정하다

(3)

人生は誰にでも一度だけ与えられたもので、誰も二度目の人生を経験することはできません。この世で唯一公平に与えられたもの、神が下した呪いなのか祝福なのか分からない、たった一度だけの人生を大切に過ごさない理由がありません。人生において、速度は意味がありません。人より速く行くため、少しでも高いところに行くために自分の幸せな人生を放置、または諦める理由がないということです。人生と旅行は多くの点で似ています。旅行ほど速度に合わない言葉もありません。目的地に向かって速く走る車の中で見られるものは、友人や家族と一緒に歩く人が見られるものの百万分の一にもならないでしょう。自分の話を記録するのが人生というものです。ⓐ自分だけの叙事を作っていくことには、高収入の職業や社会的な地位、スーパーカーのような、良さそうに見えるものが役に立つとは限りません。

47 筆者の考えに合うのはどれか。

1 人生においては、速度よりはその目的地がもっと重要だ。
2 自分の目標と、現在の自分の位置に合った人生を生きていくことが大切だ。
3 自分の話を作り上げていく上で、モノの所有は重要ではない。
4 人生は旅行のようにリラックスした状態で、大切な人たちと一緒に送るべきだ。

인생은 누구에게나 한 번만 주어진 것으로 누구도 두 번째의 인생을 경험할 수는 없습니다. 이 세상에서 유일하게 공평하게 주어진 것, 신이 내린 저주인지 축복인지 모를 단 한 번뿐인 인생을 소중하게 보내지 않을 이유가 없습니다. 인생에 있어서 속도는 의미가 없습니다. 남보다 빨리 가기 위해서, 조금이라도 높은 곳으로 가기 위해서 자신의 행복한 인생을 방치, 또는 포기할 이유가 없다는 것입니다. 인생과 여행은 많은 점에서 닮았습니다. 여행만큼 속도와 어울리지 않는 단어도 없습니다. 목적지를 향해서 빠르게 달리는 차 안에서 볼 수 있는 것은 친구나 가족과 함께 걷는 사람이 볼 수 있는 것의 백만 분의 일도 안 될 것입니다. 자신의 이야기를 기록하는 것이 인생이라는 것입이다. ⓐ자기만의 서사를 만들어 가는 것에는 고수입의 직업이나 사회적인 지위, 슈퍼카 같은 좋아 보이는 것들이 꼭 도움이 되는 것은 아닙니다.

47 필자의 생각에 맞는 것은 어느 것인가?

1 인생에 있어서는 속도보다는 그 목적지가 더욱 중요하다.
2 자신의 목표와 현재 자신의 위치에 맞는 인생을 살아가는 것이 중요하다.
3 자신의 이야기를 만들어 가는 데 있어서 물건의 소유는 중요하지 않다.
4 인생은 여행처럼 편안한 상태에서 소중한 사람들과 함께 보내야 한다.

[풀이]

ⓐ 자기만의 이야기를 만드는 것에 좋아 보이는 것들이 꼭 도움이 되는 것은 아니라고 말하고 있다. 따라서 정답은 선택지 3번이다.

[단어]

与える 주다 | 世 세상 | 唯一 유일 | 神 신 | 下す 내리다, 하사하다 | 呪い 저주 | 祝福 축복 | 過ごす 보내다, 지내다 | ～において ～에서, ～에 있어서 | 速度 속도 | 幸せ 행복 | 放置 방치 | 諦める 포기하다 | 似る 닮다 | ～に向かって ～를 향해서 | 記録 기록 | 叙事 서사 | 職業 직업 | 役に立つ 도움이 되다 | ～とは限らない 반드시(꼭) ～한 것은 아니다 | 作り上げる 만들어 내다 | 所有 소유 | 状態 상태 | 送る 보내다 | ～べきだ ～해야 한다

(4)

以下は、ある会社が取引先に出したメールである。

株式会社ユメノニワ
代表取締役　田中一郎　様

株式会社中川商事
代表取締役　小田寿太郎

事務所移転のご挨拶

拝啓　陽春の候、貴社ますますご清栄のこととお慶び申し上げます。

開業以来順調に業績を上げてまいりましたのも皆様のご支援の賜ものと心から感謝いたしております。

さて、この度はⓐ事務所の拡張工事により、四月二十三日より下記へ本社を移転し業務を行うこととなりましたので、ご案内申し上げます。ご不便をおかけいたしますが、引き続きご愛顧のほどよろしくお願い申し上げます。

まずは略儀ながら書面にてご挨拶申し上げます。

敬具

記

新住所	〒104-0044	東京都中央区明石町18　15F
電話番号	03-3524-6521	
FAX	03-3524-7891	

48　この文書から分かることはどれか。

1　事務所を移転せざるを得ない理由と時期
2　新しい事業のための事務所移転と目標
3　事務所を移転するためのお願いと手続き
4　新しい事務所の位置と賃貸期間

다음은 어느 회사가 거래처에 보낸 메일이다.

주식회사 유메노니와
대표이사 다나카 이치로 님

주식회사 나카가와 상사
대표이사 오다 주타로

사무소 이전의 인사

근계 양춘지절(따뜻한 봄의 계절) 귀사가 나날이 번창하시기를 경하 드립니다

개업 이후 순조롭게 실적을 쌓아온 것도 여러분이 지원해 주신 덕분으로, 진심으로 감사 드리고 있습니다.

그런데 이번에 ⓐ사무실 확장 공사로 인해, 4월 23일부터 하기(밑에 쓰여진 곳)로 본사를 이전하여 업무를 하게 되었기에 안내 드립니다. 불편을 끼쳐 드리겠습니다만, 계속해서 애용해 주시기를 부탁 드리겠습니다.

우선 간략하게 서면으로 인사 드립니다.

경구

- 기 -

새 주소	(우)104-0044 도쿄도 츄오구 아카시쵸18 15F
전화번호	03-3524-6521
FAX	03-3524-7891

48 이 문서로부터 알 수 있는 것은 무엇인가?

1 사무실을 이전할 수 밖에 없는 이유와 시기
2 새로운 사업을 위한 사무실 이전과 목표
3 사무실을 이전하기 위한 부탁과 절차
4 새로운 사무실의 위치와 임대 기간

[풀이]

ⓐ 사무실 확장 공사로 인한 이전 이유와 시기가 쓰여 있다. 따라서 정답은 선택지 1번이다.

[단어]

株式会社(かぶしきがいしゃ) 주식회사 | **代表取締役**(だいひょうとりしまりやく) 대표이사 | **移転**(いてん) 이전 | **挨拶**(あいさつ) 인사 | **拝啓**(はいけい) 근계(삼가 아룁니다라는 뜻으로 편지 첫머리에 씀) | **貴社**(きしゃ) 귀사 | **清栄**(せいえい) 청영(편지에서 상대방의 생활 · 건강 · 번영 등을 축원하는 인사말) | **お慶**(よろこ)**び申**(もう)**し上**(あ)**げる** 경하(공경하여 축하함) 드리다 | **開業**(かいぎょう) 개업 | **順調**(じゅんちょう) 순조 | **業績**(ぎょうせき) 업적 | **支援**(しえん) 지원 | **賜**(たま)**もの** 하사품, 덕분 | **感謝**(かんしゃ) 감사 | **この度**(たび) 이번, 금번(격식을 차린 표현) | **拡張**(かくちょう)확장 | **～により** ～에 의해, ～에 따라 | **行**(おこな)**う** 행하다, 실시하다 | **愛顧**(あいこ) 애고(사랑하며 돌보아 줌) | **略儀**(りゃくぎ)**ながら** 간략하게 | **～にて** ～로 | **～ざるを得**(え)**ない** ～하지 않을 수 없다 | **手続**(てつづ)**き** 수속 | **賃貸**(ちんたい) 임대

問題9

次の(1)～(4)の文章を読んで、後の問いに対する答えとして最もよいものを、1・2・3・4から一つ選びなさい。

(1)

失敗は最も否定的な単語の一つとして評価されている。失敗した事業、失敗した投資などは、失敗した人生にもつながる場合がよくある。しかし、科学者にとって、失敗という言葉は存在することはない。ⓐ彼らは失敗を実験と呼び、その実験の終わりには成功でのみ終止符を打つことができる。実験が失敗するという概念自体が存在しないのだ。一般人には失敗と呼べる状況でさえ、科学者には次の段階に進むための過程に過ぎない。

そのような科学者に、研究失敗の責任を問い、辞職を求めるなどの行為は非常に愚かなことだ。これまでの莫大な費用と努力を水の泡にする行いであるためだ。人間は同一のテーマであっても全く同じ考えを持つことができない存在なのだ。ごく僅かな違いが、致命的な結果につながる世界であることを考慮すれば、他人に任せるにはリスクが大きすぎる。むしろ、研究を続けられるようにした方が得だということだ。

科学というものは、99回失敗しても1回成功すれば、それですべてが報われる。いや、999回、9999回、99999回失敗しても構わない。たった一度の成功がもたらす人類の進歩と進化というものは、それだけ魅力的である。その最前線で奮闘している科学者は、もう少し図々しくなってもよい。ⓑ彼らの失敗を待ってくれない、成果だけを催促する社会では、人類のためのいかなる発展も期待できない。

49 科学者にとって、失敗という言葉は存在することはないとあるが、なぜか。

1 自分の失敗に最後まで責任を負うことができるから
2 失敗は成功につながる過程に過ぎないから
3 失敗と言えるほどの過ちがない領域だから
4 失敗するという考えを当然のように持っているから

50 筆者が言いたいことは何か。

1 科学者に失敗の責任を押し付けるのはよくない。
2 科学の分野は当面の効果を期待し難いことを理解すべきだ。
3 たった一度の成功で、十分な経済的効果をもたらすことができる。
4 科学者の厚かましさに目をつぶる姿勢が必要だ

다음의 (1)~(4)의 글을 읽고, 다음의 질문에 대한 답으로 가장 알맞은 것을 1 · 2 · 3 · 4에서 하나 고르시오.

실패는 가장 부정적인 단어 중에 하나로 평가받고 있다. 실패한 사업, 실패한 투자 등은 실패한 인생으로도 이어지는 경우가 자주 있다. 하지만 과학자에게 있어서 실패라는 단어는 존재하지 않는다. ⓐ그들은 실패를 실험이라고 부르고, 그 실험의 끝에는 성공으로만 종지부를 찍을 수 있다. 실험이 실패한다는 개념 자체가 존재하지 않는 것이다. 일반인에게는 실패라고 부를 수 있는 상황조차, 과학자에게는 다음 단계로 나아가기 위한 과정에 지나지 않는다.

그러한 과학자에게 연구 실패의 책임을 묻고, 사직을 요구하는 등의 행위는 굉장히 어리석은 짓이다. 지금까지의 막대한 비용과 노력을 물거품으로 만드는 행위이기 때문이다. 인간은 동일한 주제라도 완전히 같은 생각을 가질 수 없는 존재인 것이다. 극히 사소한 차이가 치명적인 결과로 이어지는 세계라는 것을 고려하면, 다른 사람에게 맡기기에는 리스크가 너무 크다. 차라리 연구를 이어갈 수 있게 하는 것이 이득이라는 것이다.

과학이라는 것은 99번 실패해도 1번 성공하면, 그걸로 모든 것이 보상된다. 아니, 999번, 9999번, 99999번 실패해도 상관없다. 단 한 번의 성공이 가져다 주는 인류의 진보와 진화라는 것은 그만큼 매력적이다. 그 최전선에서 분투하고 있는 과학자는 조금 더 뻔뻔해져도 괜찮다. ⓑ그들의 실패를 기다려주지 않는 성과만을 재촉하는 사회에서는 인류를 위한 어떠한 발전도 기대할 수 없다.

49 **과학자에게 있어서 실패라는 존재하지 않는다고 하는데, 왜 인가?**

1 자신의 실패에 끝까지 책임을 질 수 있기 때문에

2 실패는 성공으로 이어지는 과정에 지나지 않기 때문에

3 실패라고 말할 만큼의 오류가 없는 영역이기 때문에

4 실패한다는 생각을 당연하듯이 가지고 있기 때문에

50 **필자가 말하고 싶은 것은 무엇인가?**

1 과학자에게 실패에 대한 책임을 강요하는 것은 좋지 않다.

2 과학 분야는 당장의 효과를 기대하기 어렵다는 것을 이해해야 한다.

3 단 한 번의 성공으로 충분한 경제적 효과를 가져올 수 있다.

4 과학자의 뻔뻔함을 눈감아 줄 수 있는 자세가 필요하다.

[풀이]

49 ⓐ 과학자들은 실패를 실험이라고 부르고, 성공으로만 끝난다고 말하고 있다. 또한 실패라고 부를 만한 상황도 다음 단계로 이어지는 과정이라고 말하고 있기 때문에, 정답은 선택지 2번이다.

50 ⓑ 실패를 기다려 주지 않고, 성과만을 재촉해서는 안 된다고 말하고 있다. 따라서 정답은 선택지 1번이다. 단 한 번의 성공으로 인류의 진보와 진화를 가져온다고 말하고 있는데, 이것이 경제적인 효과라고 볼 수는 없다. 따라서 선택지 3번은 정답이 아니다.

[단어]

失敗 실패 | 最も 가장 | 否定的 부정적 | 単語 단어 | 評価 평가 | 事業 사업 | 投資 투자 | 存在 존재 | 実験 실험 | 成功 성공 | 終止符を打つ 종지부를 찍다 | 概念 개념 | 状況 상황 | 段階 단계 | 進む 나아가다 | 過程 과정 | ～に過ぎない ～에 지나지 않는다 | 責任 책임 | 問う 묻다 | 辞職 사직 | 求める 요구하다, 추구하다 | 行為 행위 | 非常に 매우, 상당히 | 愚か 어리석음, 모자람 | 莫大 막대 | 努力 노력 | 水の泡 물거품 | ごく 극히 | 僅か 얼마 안 되는, 조금 | 致命的 치명적 | 考慮 고려 | 任せる 맡기다 | ～すぎる 지나치게 ～하다 | むしろ 오히려, 차라리 | 得 이익, 이득 | 報う 보답하다, 갚다 | 進歩 진보 | 進化 진화 | 魅力 매력 | 奮闘 분투 | 図々しい 뻔뻔하다, 넉살 좋다 | 催促 재촉 | いかなる 어떠한 | 過ち 잘못, 실수 | 領域 영역 | 押し付ける 억누르다, 강요하다 | 当面 당면, 현재 직면함 | ～難い ～하기 어렵다 | 経済 경제 | 効果 효과 | 厚かましい 뻔뻔하다 | 目をつぶる 눈감다, 묵인하다 | 姿勢 자세

(2)

歳月の痕跡(注)がそのまま残されている古い本が集まっている空間を想像してみよう。カバーがぼろぼろになるほど擦り切れている古い本を手でつかむと、暖かい温もりが伝わってくる。単なる出版物の一つに過ぎない本であるが、生きている生命体から感じられる温もりを持っているようである。このような本が集まっている空間が図書館である。世界のどの図書館でも、寒さにぶるぶる震える人々の姿は想像できない。（中略）

図書館を言及するにあたって、芸術を抜きにすることはできない。ⓐ建物自体が芸術品であり、文化財産として登録されている図書館が非常に多い。その時代を反映した思想と文化の頂点が図書館というところである。

各国の有名な図書館は過去と現在をつないでくれる非常に大切な空間である。歴史、建築、文化、社会、芸術、自然、科学など、この世に存在する全てのものを扱っている図書館の価値は、決して金では買えないその国の大切な資産というものである。このように重要な価値と象徴を持っている図書館は、そのデザインもまた注目に値する。作られた背景も作られた目的も明らかな図書館は、それぞれの特色を持っているのである。（中略）

人々が図書館を楽しんでいる理由は多いだろうが、その中でも私は、図書館が持っている「共有の美」が最も好きである。ⓑどんな人でも差別なく受け入れられる空間、営利の追求が目的ではないこの空間があまりにも愛らしい。何かを渇望している人だけが来られるこの空間は、その特有の温もりでみんなの夢を温かく応援してくれるようである。

(注)痕跡：過去にある事物があったことを示す、あとかた。

51 筆者は図書館と芸術の関係について、どう考えているか。

1 目につく芸術的なデザインとして設計された複合的な生活文化空間
2 自然との調和を重点にした大事な文化遺産
3 時代の流れと思想を反映して連結する機能的な芸術作品
4 過去の記録と多様な分野の知的財産を管理する国家資産

52 筆者は図書館についてどう述べているか。

1 利益と損害に基づいていない構造に、図書館の存在価値がある。
2 身分の制限なく利用することができる空間が、現代社会では特別に作用される。
3 個人の空間の独占を目的とするのではなく、多様な人々との共有を考えなければならない。
4 差別のない情報の開放場所であり、本の温もりが感じられる空間でもある。

세월의 흔적(주)이 그대로 남아 있는 낡은 책이 모여 있는 공간을 상상해 보자. 커버가 너덜너덜해질 정도로 헤져 있는 낡은 책을 손에 쥐면 따뜻한 온기가 전해져 온다. 단순한 출판물 중의 하나에 불과한 책이지만, 살아 있는 생명체에게서 느낄 수 있는 온기를 지니고 있는 것 같다. 이러한 책들이 모여 있는 공간이 도서관이다. 전 세계의 어떤 도서관에서도 추위에 벌벌 떠는 사람들의 모습은 상상하기 어렵다. (중략)

도서관을 언급하는 데 있어서 예술을 빼놓을 수는 없다. ⓐ건물 자체가 예술품이자 문화 재산으로 등록되어 있는 도서관이 매우 많다. 그 시대를 반영한 사상과 문화의 정점이 바로 도서관이라는 곳이다. 각 나라의 유명한 도서관은 과거와 현재를 이어 주는 너무나도 소중한 공간이다. 역사, 건축, 문화, 사회, 예술, 자연, 과학 등, 이 세상에 존재하는 모든 것을 다루고 있는 도서관의 가치는 결코 돈으로는 살 수 없는 그 나라의 소중한 자산인 것이다. 이처럼 중요한 가치와 상징을 지니고 있는 도서관은 그 디자인 또한 주목할 만하다. 만들어진 배경도 만들어진 목적도 분명한 도서관은 저마다의 특색을 가지고 있는 것이다. (중략)

사람들이 도서관을 좋아하는 이유는 많겠지만, 그중에서도 나는 도서관이 가지고 있는 '공유의 미'를 가장 좋아한다. ⓑ어떠한 사람이라도 차별 없이 받아들여지는 공간, 영리의 추구가 목적이 아닌 이 공간이 너무나도 사랑스럽다. 무언가를 갈구하는 사람만이 올 수 있는 이 공간은 그 특유의 온기로 모두의 꿈을 따뜻하게 응원해 주는 것 같다.

(주) 흔적 : 과거에 어떤 사물이 있었음을 나타내는 것.

51 필자는 도서관과 예술의 관계에 대해서 어떻게 생각하고 있는가?

1 눈에 띄는 예술적인 디자인으로 설계된 복합적인 생활 문화 공간

2 자연과의 조화를 중점으로 한 소중한 문화 유산

3 시대의 흐름과 사상을 반영하고 연결하는 기능적인 예술 작품

4 과거의 기록과 다양한 분야의 지적 재산을 관리하는 국가 자산

52 필자는 도서관에 대해서 어떻게 말하고 있는가?

1 이익과 손해에 바탕을 두고 있지 않는 구조에 도서관의 존재 가치가 있다.

2 신분의 제한 없이 이용할 수 있는 공간이 현대 사회에서는 특별하게 작용된다.

3 개인 공간의 독점을 목적으로 하는 것이 아니라, 다양한 사람들과의 공유를 생각해야 한다.

4 차별 없는 정보의 개방 장소이자, 책의 온기를 느낄 수 있는 공간이기도 하다.

[풀이]

51 ⓐ 도서관은 건물 자체가 예술 작품이고, 그 시대의 사상과 문화를 반영하고 있다고 말하고 있으므로, 정답은 선택지 3번이다.

52 ⓑ 필자는 도서관은 차별 없이 들어갈 수 있는 곳이고, 사람들의 꿈을 응원해 주는 온기를 가지고 있다고 말하고 있으므로, 정답은 선택지 4번이다.

[단어]

歳月 세월 | 痕跡 흔적 | ぼろぼろ 너덜너덜 | 擦り切れる 닳아서 떨어지다 | 温もり 온기 | 単なる 단순한 | ～に過ぎない ～에 지나지 않는다 | ぶるぶる 벌벌, 부들부들 | 震える 흔들리다, 떨리다 | 姿 모습 | 言及 언급 | 財産 재산 | 非常に 매우, 상당히 | 反映 반영 | 思想 사상 | 頂点 정점 | 建築 건축 | 扱う 다루다, 취급하다 | 象徴 상징 | ～に値する 가치가 있다, ～할 만하다 | 特色 특색 | 共有 공유 | 差別 차별 | 営利 영리 | 追求 추구 | 渇望 갈망 | 応援 응원 | 複合 복합 | 調和 조화 | 遺産 유산 | 資産 자산 | 制限 제한 | 情報 정보

(3)

人間は自然の利用に先立ち、生態系に関する考察をしなければなりません。自然生態系のバランスを取ろうとする努力と、生態系の調整を担う人間もまた、自然の一部であるという認識を常に持っているべきです。生態系を構成する動物や植物に関する知識も備えておかなければなりません。鉱物をはじめとする天然資源の利用にも厳格な基準と管理を設け、動物の福祉をはじめ倫理的な処遇にも関心を傾けるべきです。

人間の利便性に合わせた自然環境の再構成に関する警戒が必要です。自然は支配の対象でも無限に利用可能な資源でもありません。ⓐ綿密な計算を伴わない自然開発という行為は、台風、洪水、地震などの不可抗力的な災害という自然の逆襲をもたらし、数多くの人々の命を奪っています。自然開発というもっともらしい言葉で包んだ人間の行動は、木を切り取って人間のための資源として利用し、山に穴を開けて人が通れる道を設ける行動に過ぎません。自然開発ではなく、人間のための自然破壊が正しい表現でしょう。このような破壊活動は地球温暖化につながり、今や人間の予測の及ばない気候危機を迎えることになったのです。

（中略）

ⓑ自然と環境の保護というのは、専門家や科学者だけができることではありません。スーパーに行って買うべき品物のうち、使い捨ての購入についてもう一度考えてみることも自然保護を実践していることと同じです。コンビニでレジ袋を買う代わりに、エコバッグを利用したり、快適とはいえない真夏のエアコンの温度設定が、地球の温度を下げる方法だということです。ⓒ自然保護を意識した、ちょっと面倒ではあるかもしれない行動が、人間の属する生態系の全てのものを救う道です。

53 人間の利便性に合わせた自然環境の再構成に関する警戒が必要ですとあるが、なぜか。

1 人間を取り巻く生態系の破壊につながる可能性が高いから
2 台風、洪水、地震などの自然災害に備える方法が必要だから
3 人間のための自然開発が、むしろ人間にとって毒になり得るから
4 地球温暖化を防止するための解決策になる可能性があるから

54 自然環境の保護について、筆者はどう考えているか。

1 都会で生活している人も、周辺の自然環境に関心を持たなければならない。
2 職業的に関係のある、一部の人々だけに該当するとは言えない。
3 資源節約ということを考えるだけでも人間の生活の役に立つことができる。
4 生態系の一員という考えを持ち、自然開発に対して関心を持つべきだ。

인간은 자연의 이용에 앞서, 생태계에 관한 고찰을 해야 합니다. 자연 생태계의 균형을 잡으려는 노력과 생태계의 조정을 담당하는 인간 또한 자연의 일부라는 인식을 항상 가지고 있어야 합니다. 생태계를 구성하는 동물과 식물에 관한 지식도 갖추어 두어야 합니다. 광물을 비롯한 천연 자원의 이용에도 엄격한 기준과 관리를 마련하고 동물의 복지를 비롯해서 윤리적인 처우에도 관심을 기울여야 합니다.

인간의 편의성에 맞춘 자연환경의 재구성에 관한 경계가 필요합니다. 자연은 지배의 대상도 무한하게 이용할 수 있는 자원도 아닙니다. ⓐ치밀한 계산이 동반되지 않은 자연 개발이라는 행위는 태풍, 홍수, 지진 등의 불가항력적인 재해라는 자연의 역습을 초래하고 수많은 사람들의 목숨을 빼앗고 있습니다. 자연 개발이라는 그럴듯한 말로 포장한 인간의 행동은 나무를 베어내어 인간을 위한 자원으로 이용하고, 산에 구멍을 내어 사람이 다닐 수 있는 길을 설치하는 행동에 지나지 않습니다. 자연 개발이 아닌 인간을 위한 자연 파괴가 맞는 표현이겠죠. 이러한 파괴 활동은 지구 온난화로 이어지고 이제는 인간의 예측이 미치지 않는 기후위기를 맞이하게 된 것입니다.

(중략)

ⓑ자연과 환경의 보호라는 것은 전문가나 과학자만이 할 수 있는 것이 아닙니다. 슈퍼마켓에 가서 사야 할 물건 중, 일회용 물건의 구매에 대해서 한 번 더 생각해 보는 것도 자연 보호를 실천하는 것과 마찬가지입니다. 편의점에서 비닐봉투를 구매하는 대신 에코백을 이용하거나 쾌적하다고는 말할 수 없는 한여름의 에어컨의 온도 설정이 지구의 온도를 내릴 수 있는 방법이라는 것입니다. ⓒ자연 보호를 의식한 조금 귀찮을 수도 있는 행동이 인간이 속한 생태계의 모든 것을 살리는 길입니다.

53 인간의 편의성에 맞춘 자연환경의 재구성에 관한 경계가 필요합니다라고 하는데, 왜 인가?

1 인간을 둘러싼 생태계의 파괴로 이어질 가능성이 높기 때문에
2 태풍, 홍수, 지진 등의 자연 재해를 대비할 방법이 필요하기 때문에
3 인간을 위한 자연 개발이 오히려 인간에게 독이 될 수 있기 때문에
4 지구 온난화를 방지하기 위한 해결책이 될 가능성이 있기 때문에

54 자연 환경의 보호에 대해서 필자는 어떻게 생각하고 있는가?

1 도시에서 생활하는 사람도 주변의 자연환경에 관심을 가져야 한다.
2 직업적으로 관계가 있는 일부 사람들에게만 해당한다고 볼 수는 없다.
3 자원 절약이라는 것을 생각하는 것만으로도 인간의 생활에 도움이 될 수 있다.
4 생태계의 일원이라는 생각을 가지고 자연 개발에 대해서 관심을 가져야 한다.

[풀이]

53 ⓐ 치밀한 계산 없이, 인간을 위한 자연 개발을 한 결과로 불가항력적인 자연 재해를 초래하였고, 이것이 많은 사람들의 목숨을 빼앗고 있다고 말하고 있다. 따라서 정답은 선택지 3번이다.

54 ⓑ 자연환경의 보호는 전문가나 과학자만이 할 수 있는 것이 아니고, ⓒ 일상에서의 조금 귀찮은 행동이 생태계를 살리는 길이라고 말하고 있다. 따라서 정답은 선택지 2번이다.

[단어]

～に先立ち ～에 앞서 | 生態系 생태계 | ～に関する ～에 관한 | 考察 고찰 | 努力 노력 | 調整 조정 | 担う 담당하다, 짊어지다 | ～である ～이다 | ～べきだ ～해야 한다 | 構成 구성 | ～に関する ～에 관한 | 知識 지식 | 備える 준비하다, 대비하다 | 鉱物 광물 | ～をはじめとする ～을 비롯한 | 天然 천연 | 資源 자원 | 厳格 엄격 | 基準 기준 | 管理 관리 | 設ける 마련하다, 설치하다 | 福祉 복지 | 倫理的 윤리적 | 処遇 처우 | 傾ける 기울이다 | 利便性 편의성, 편리성 | 再構成 재구성 | 警戒 경계 | 綿密 면밀, 치밀 | 伴う 동반하다, 수반하다 | 行為 행위 | 洪水 홍수 | 不可抗力 불가항력 | 災害 재해 | 逆襲 역습 | 奪う 빼앗다 | 包む 싸다, 포장하다 | 切り取る 잘라내다, 도려내다 | 穴 구멍 | 破壊 파괴 | 地球温暖化 지구온난화 | 及ぶ 이르다, 미치다 | 気候危機 기후위기 | 迎える 맞이하다 | 保護 보호 | 品物 물건, 상품 | 使い捨て 일회용 | 購入 구입 | ～について ～에 대해서 | 実践 실천 | レジ袋 (계산대)비닐봉지 | 快適 쾌적 | 真夏 한여름 | 面倒 귀찮음, 번거로움 | 属する 속하다 | 救う 구하다 | 取り巻く 둘러싸다, 에워싸다 | 毒 독 | 防止 방지 | 該当 해당

(4)

人間の言語には「希望」、「喜び」、「楽しい」などの肯定的な意味の単語もあれば、「苦しみ」、「悲しみ」などの重い意味を持つ否定的な言葉もある。言葉には力があるとするが、肯定的な単語で構成された文章を発することで、慰労と力を得るケースも多い。一方、否定的な言葉にも強い力が存在する。人間は心理的な影響を受けやすい存在であるだけに、大変な環境に瀕している人であればあるほど、否定的な表現は控えて、肯定的な表現を多く発するのがいい。（中略）

変な単語がある。肯定的な意味でも使われて、否定的な意味も持っている単語が、まさに「適当に」だ。適当な温度、適当な睡眠などの基準はどこにあるのだろうか。一体、誰の基準に合わせれば良いのか。人によって基準は違うものである。普遍的に使用される「適当に」というのは、誰にでもある程度公平に適用されなければならないと思う。しかし、人類と文明の発達や時間の流れは、あまりにも多くの多様性と個性を作り出してしまった。多様性とⓐ個性というのは、普遍性の原理が適用されないのだ。「適当に」という言葉が誰にも似たような意味で適用できれば、世の中で発生している誤解と争いを大きく減らすことができるだろう。（中略）

重儀的な意味を持つ曖昧な単語の使用は、自制することがいい。私が考える「適当に」という言葉は、妥協に近いものだ。適当に妥協すること。ⓑすべてを適当に妥協しながら生きていくことを要求する時代に合わせて、適当に楽しみながら生きていくのがいいのか、まだはっきりは分からない。適当に考えて適当に気持ちを整理するつもりだ。いつかは適当な返事を得ることができるだろう。

55 **筆者が考えている多様性と個性というのは、どのようなことか。**

1 一般的な考え方が通じないこと
2 文明の発達によって新たに作られたこと
3 相対的な誤解が解消できること
4 肯定や不正の評価を下しにくいこと

56 この文章で、筆者が一番言いたいことは何か。

1 相手に誤解を与える恐れがある単語は、使わないほうがいい。

2 相手を配慮しすぎることは、他の誤解を招く恐れもある。

3 現実と妥協して生活することについて、もう一度考えてみた方がいい。

4 円満な人間関係の形成のためには、ある程度の妥協は、必ず必要なことだ。

인간의 언어에는 '희망', '기쁨', '즐거움' 등의 긍정적인 의미의 단어도 있고, '괴로움', '슬픔' 등의 무거운 의미를 가지는 부정적인 단어도 있다. 말에는 힘이 있다고 하는데, 긍정적인 단어들로 구성된 문장을 발설함으로써, 위로와 힘을 얻는 경우도 많다. 한편, 부정적인 말에도 강한 힘이 존재한다. 인간은 심리적인 영향을 받기 쉬운 존재인 만큼, 어려운 환경에 처한 사람일수록 부정적인 표현은 삼가고 긍정적인 표현을 많이 발설하는 것이 좋다. (중략)

이상한 단어가 있다. 긍정적인 의미로도 사용되고, 부정적인 의미도 가지고 있는 단어가 바로 '적당히'이다. 적당한 온도, 적당한 수면 등의 기준은 어디에 있는 것일까? 도대체 누구의 기준에 맞추면 좋은 것일까? 보편적으로 사용되는 '적당히'라는 것은 누구에게나 어느 정도 공평하게 적용되어야 하는 것이라고 생각한다. 하지만 인류와 문명의 발달과 시간의 흐름은 너무나도 많은 다양성과 개성을 만들어내고 말았다. 다양성과 ⓐ개성이라는 것은 보편성의 원리가 적용되지 않는 것이다. '적당히'라는 말이 누구에게나 비슷한 의미로 적용될 수 있다면, 세상에서 발생되고 있는 오해와 다툼을 크게 줄일 수 있을 것이다. (중략)

중의적인 의미를 가지는 모호한 단어의 사용은 자제하는 것이 좋다. 내가 생각하는 '적당히'라는 말은 타협에 가까운 것이다. 적당하게 타협하는 것. ⓑ모든 것을 적당히 타협하며 살아가는 것을 요구하는 시대에 맞춰서, 적당히 즐기며 살아가는 것이 좋은 것인지 아직 확실하게는 모르겠다. 적당히 생각하고 적당히 마음을 정리할 생각이다. 언젠가는 적당한 대답을 얻을 수 있겠지.

55 필자가 생각하는 다양성과 개성이라는 것은 어떤 것인가?

1 일반적인 사고방식이 통하지 않는 것

2 문명의 발달에 따라 새롭게 만들어진 것

3 상대적인 오해를 해소할 수 있는 것

4 긍정이나 부정의 평가를 내리기 어려운 것

56 이 문장에서 필자가 가장 말하고 싶은 것은 무엇인가?

1 상대에게 오해를 줄 수 있는 단어는 사용하지 않는 편이 좋다.

2 지나치게 상대를 배려하는 것은 또 다른 오해를 초래할 수도 있다.

3 현실과 타협하며 생활하는 것에 대해서 다시 한 번 생각해 보는 것이 좋다.

4 원만한 인간관계의 형성을 위해서는 어느 정도의 타협은 반드시 필요한 것이다.

[풀이]

55 ⓑ 개성이라는 것은 보편적이지 않다고 말하고 있기 때문에, 정답은 선택지 1번이다.

56 ⓒ 필자는 적당히 타협하며 사는 것에 대해서 확신을 가지고 있지 않다는 것을 알 수 있다. 따라서 정답은 선택지 3번이다.

[단어]

言語 언어 | 希望 희망 | 肯定 긍정 | 発する 발하다 | 慰労 위로 | 一方 한편 | ～だけに ～ 만큼 | 瀕する 직면하다, 절박한 상황에 처하다 | 控える 삼가다 | 適当 적당 | 普遍的 보편적 | あまりにも 너무나도 | 多様性 다양성 | 個性 개성 | 作り出す 만들어내다 | 適用 적용 | 誤解 오해 | 争い 다툼, 싸움 | 重義的 중의적 | 曖昧 애매 | 自制 자제 | 妥協 타협 | 要求 요구

問題10

次の文章を読んで、後の問いに対する答えとして最もよいものを、１・２・３・４から一つ選んでください。

以下は、六十代の男性が書いた文章である。

少子化という言葉を聞いて久しくなり、今では超少子化という言葉も珍しくなくなりました。出生率は一点台前半となってしまい、さらに一点以下に下がる日も遠くないようです。出生率が一点というのは、二人が結婚して一人の子供だけを産むという意味です。単純に考えても、二人の親から二人の子が生まれなければ、人口の維持が出来ないということが分かります。

そして、出生率が二点台を超えて初めて、国の人口の増加が始まります。人口増加とともに高齢化の問題が解決できるようになり、労働力の確保による国の内外的な経済成長と国の存続を図ることができるようになります。このことを知っているから、政府は、その実効性の有無の問題はさておき、出産に対する補償の概念である出産奨励政策の改善に絶えず努めているわけです。

子供が国の未来だという意見に異議を唱える人はいないでしょう。人は、必滅の存在であるから、次の世代が必ずこの社会と国を導いていかなければなりません。子供は、このように重要な存在であるにもかかわらず、私たちの社会では小さな子供の笑い声や泣き声を聞くことが難しくなってしまいました。ⓐ既婚者の場合、女性の社会的役割に対する認識、経済的なストレス、住居や育児環境は、出産への否定的な認識を広げました。未婚者は、結婚どころか、選択に基づく恋愛の減少も増えています。①今の社会は、赤ん坊の泣き声を聞こうとしません。（中略）

このように大切で重要な子供に対する態度には改善が必要です。昔のほうが絶対良かったと思うわけではありませんが、子供の失敗に対する対応は昔のほうがずっと良かったと思います。公共の場で子供がうるさくすると、眉をひそめる人も多く、親に対応を求める人もよく見掛けます。何としても責任を負わせようと、自分が被った被害に対する補償心理が働いたのです。もちろん、ⓑ親は子供を落ち着かせたり、適切な場所に連れて行ったり、子供に注意を払ったりする必要があります。これは親としての当然の措置であり、義務であると言えます。

しかし、ここで問題になるのは、この過程において子供への配慮が全くない場合が多いことです。子供に優しく話しかけたり、子供の行動を改善させるために多少こわばった表情で注意する姿が見られません。ⓒ子供に目線も合わせず、初めからいない者として扱いながら、親や保護者に行動の責任を追及します。そのような状況で事態の深刻さに気付いた子供は、どう対応していいのか分からず固まってしまったまま、一歩下がったまま、その状況から疎外されています。公共の場において他人に迷惑をかけてはならないという当然かつ暗黙の社会のルールを絶対的な善の基準とし、その基準に反した対象に罰を与えているわけです。ⓓ過ちを正して良い子に育ってほしいという思いから公共の場でのマナーというものを教えるため、つまり子供のためではなく、②被害を被った自分のための社会正義を押し付けているわけです。

小さな子供は未熟な存在です。いつでもミスをすることがあり、これからも多くのミスを重ねていかなければなりません。ⓔ間違いを正すことで、成長という結果が得られます。それがどうしてしてはいけない行動なのかを教えるのが「大人」です。子供から迷惑を被り、子供か親の謝罪を受け入れるかどうかは、専ら迷惑を被った人の権限だと思います。しかし、その過程で幼い子供を軽蔑と蔑視の目で見てほしくはありません。ⓕ薄情な現代社会ですが、小さな子供の小さな過ちぐらいは、理解と寛容から微笑んであげることができる大人になってほしいです。

57 ①今の社会は、赤ん坊の泣き声を聞こうとしませんとあるが、なぜか。

1 出産はもちろん、結婚と恋愛に関心のない人が増えているから

2 出生率が一点台に落ちているのに、出産奨励政策の改善がないから

3 実効性に欠ける出産奨励政策は、親の立場では魅力的ではないから

4 結婚して子供を産むとしても、子供を育てるのに適した社会ではないから

58 ②被害を被った自分のための社会正義を押し付けていることについて、筆者の考えに合うのはどれか。

1 子供の過ちについて、親の謝罪だけに焦点を当てている。

2 子供の行動による被害について、親だけに責任を追及するのは正しくない。

3 子供を配慮しない謝罪は、自分の欲に過ぎない。

4 親や保護者の同意なしに、子供を叱って注意するのは望ましくない。

59 「大人」について、筆者はどのように考えているか。

1 子供を正しい方向に教育し、子供のミスに寛大な姿勢を持つべきだ。

2 子供のミスに対する責任を取り、成長のために努力する必要がある。

3 公共の場で子供に冷たい視線を送ったり、無視したりしてはいけない。

4 幼い子供とその両親の謝罪に対して、補償を求めてはいけない。

다음 문장을 읽고 다음의 질문에 대한 답으로 가장 알맞은 것을 1 · 2 · 3 · 4에서 하나 고르시오.

다음은 60대의 남성이 쓴 글이다.

저출산이라는 말을 들은 지 오래되었고, 이제는 초저출산이라는 말도 드물지 않게 되었습니다. 출생율은 1점대 전반이 되어 버렸고, 심지어 1점 이하로 떨어질 날도 멀지 않은 것 같습니다. 출생률이 1점이라는 것은 두 사람이 결혼해서 한 명의 자식만을 낳는다는 의미입니다. 단순하게 생각해도 두 명의 부모에게서 두 명의 아이가 태어나지 않으면, 인구 유지가 불가능하다는 것을 알 수 있습니다.

그리고 출생률이 2점대를 넘어야만 비로소, 나라의 인구 증가가 시작됩니다. 인구 증가와 함께 고령화의 문제를 해결할 수 있게 되고, 노동력의 확보에 의한 국내외적인 경제성장과 나라의 존속을 도모할 수 있게 됩니다. 이것을 알고 있기 때문에 정부는 그 실효성 유무에 대한 문제는 차치하고 출산에 대한 보상의 개념인 출산장려 정책의 개선에 끊임없이 힘쓰고 있는 것입니다.

아이가 나라의 미래라는 의견에 이의를 제기하는 사람은 없을 것입니다. 사람은 필멸의 존재이기 때문에, 다음 세대가 반드시 이 사회와 나라를 이끌어야 가야 합니다. 아이는 이렇게 중요한 존재임에도 불구하고, 우리 사회에서는 어린아이의 웃음소리나 울음소리를 듣는 것이 어렵게 되어 버렸습니다. ⓐ 기혼자들의 경우 여성의 사회적 역할에 대한 인식, 경제적인 스트레스, 주거나 육아환경은 출산에 대한 부정적인 인식을 넓혔습니다. 미혼자들은 결혼은 커녕, 선택에 기반한 연애의 감소도 증가하고 있습니다. ① 지금의 사회는 갓난아기의 울음소리를 들으려고 하지 않습니다. (중략)

이렇게 소중하고 중요한 아이에 대한 태도에는 개선이 필요합니다. 옛날이 무조건 좋았다고 생각하는 것은 아니지만, 아이의 실수에 대한 대응은 예전이 훨씬 나았다고 생각합니다. 공공장소에서 아이가 시끄럽게 하면, 눈살을 찌푸리는 사람도 많고, 부모에게 대응을 요구하는 사람도 자주 보입니다. 어떻게 해서라도 책임을 지게 하려는 생각으로, 자신이 받은 피해에 대한 보상 심리가 작용한 것입니다. 물론 ⓑ 부모는 아이를 진정시키고 적절한 장소로 데리고 가거나 아이에게 주의를 주거나 할 필요가 있습니다. 이것은 부모로서의 당연한 조치이고 의무라고 볼 수 있습니다.

하지만 여기서 문제가 되는 것은 이 과정에서 아이에 대한 배려가 전혀 없는 경우가 많은 것입니다. 아이에게 다정하게 말을 건네거나 아이의 행동을 개선시키기 위해서 다소 굳은 표정으로 주의하는 모습을 볼 수 없습니다. ⓒ아이에게 시선도 마주치지 않고 처음부터 없는 사람으로 취급하면서, 부모나 보호자에게 행동의 책임을 추궁합니다. 그런 상황에서 사태의 심각성을 눈치 챈 아이는 어떻게 대응을 해야 할지 몰라서 굳어버린 채로, 한 발자국 물러선 채로, 그 상황에서 소외되어 있습니다. 공공장소에서 다른 사람에게 민폐를 끼쳐서는 안 된다는 당연하고 암묵적인 사회의 룰을 절대적인 선의 기준으로 삼고, 그 기준을 위반한 대상에게 벌을 내리고 있는 것입니다. ⓓ잘못을 고치고 착한 아이로 자랐으면 하는 마음으로부터 공공장소의 매너라는 것을 알려주길 위해서, 즉 아이를 위해서가 아니라, ②피해를 입은 자신을 위한 사회정의를 강요하고 있는 것입니다.

어린아이는 미성숙한 존재입니다. 언제든지 실수를 할 수 있고, 앞으로도 많은 실수를 해 나가야 합니다. ⓔ잘못을 바로잡는 것으로 성장이라는 결과를 얻을 수 있습니다. 그것이 왜 해서는 안 되는 행동인지를 알려주는 것이 '어른'입니다. 아이에게 피해를 입어서 아이 또는 부모의 사과를 받아줄지 어떨지는 전적으로 피해를 입은 사람의 권한이라고 생각합니다. 하지만, 그 과정에서 어린아이를 경멸과 멸시의 눈으로 보기를 바라지 않습니다. ⓕ각박한 현대사회이지만, 어린아이의 작은 실수 정도는 이해와 관용으로 미소 지어 줄 수 있는 어른이 되었으면 합니다.

57 **①지금의 사회는 갓난아기의 울음소리를 들으려고 하지 않습니다고 하는데, 왜 인가?**

1 출산은 물론, 결혼과 연애에 관심이 없는 사람들이 늘고 있기 때문에

2 출생률이 1점대로 떨어지고 있는 데도 출산장려 정책의 개선이 없기 때문에

3 실효성이 결여된 출산장려 정책은 부모의 입장에서는 매력적이지 않기 때문에

4 결혼을 해서 아이를 낳는다고 해도 아이를 키우기에 적합한 사회가 아니기 때문에

58 **②피해를 입은 자신을 위한 사회정의를 강요하고 있는 것에 대해서 필자의 생각에 맞는 것은 어느 것인가?**

1 아이의 잘못에 대해서 부모의 사과에만 초점을 맞추고 있다.

2 아이의 행동에 의한 피해에 대해서, 부모에게만 책임을 추궁하는 것은 옳지 않다.

3 아이를 배려하지 않은 사과는 자신의 욕심에 지나지 않는다.

4 부모나 보호자의 동의 없이, 아이를 혼내고 주의하는 것은 바람직하지 않다.

59 **'어른'에 대해서 필자는 어떻게 생각하고 있나?**

1 아이를 옳은 방향으로 교육하고, 아이의 실수에 관대한 자세를 가져야 한다.

2 아이의 실수에 대한 책임을 지고, 성장을 위해 노력할 필요가 있다.

3 공공장소에서 아이에게 차가운 시선을 보내거나 무시하거나 해서는 안 된다.

4 어린아이와 그 부모의 사과에 대해서 보상을 요구해서는 안 된다.

[풀이]

57 ⓐ 기혼자들은 여러 이유에서 출산에 대해서 부정적이고, 미혼자들은 결혼은 커녕 연애도 감소하고 있다고 말하고 있다. 따라서 정답은 선택지 1번이다. 출산장려 정책을 끊임없이 개선하고 있다고 말하고 있기 때문에, 선택지 2번은 정답이 될 수 없다.

58 ⓑ 부모는 아이를 진정시키고, 주의를 줘야 한다고 말하고 있다. 또 ⓒ 아이에게는 시선도 주지 않고, 부모나 보호자에게 책임을 추궁하고 있다고 하고, ⓓ 잘못을 고치고 착한 아이로 자라길 바라는 아이를 위한 마음이 아니라고 말하고 있다. 따라서 정답은 선택지 2번이다. 아이의 잘못에 대해서 사과하는 부모만을 언급하는 것은 아니다. 아이에게 적절한 조치를 취하는 등의 모습도 요구하거나 추궁하고 있기 때문에, 선택지 1번은 정답이 아니다.

59 ⓔ 잘못을 바로잡고, 왜 하면 안 되는 것인지를 알려주는 것이 어른이라고 하고, ⓕ 아이의 작은 실수는 이해와 관용으로 대하는 것이 어른이라고 말하고 있다. 따라서 정답은 선택지 1번이다.

[단어]

少子化 소자화, 저출산 | 久しい 오래되다, 오래간만이다 | 珍しい 드물다, 진귀하다 | 出生率 출생률 | 産む 낳다, 출산하다 | 単純 단순 | 維持 의지 | ～て初めて ～하고 나서야 | ～とともに ～와 함께 | 高齢化 고령화 | 労働力 노동력 | 確保 확보 | ～による ～에 의한, ～에 따른 | 存続 존속 | 図る 도모하다 | 政府 정부 | 実効性 실효성 | ～はさておき ～는 제쳐 두고, ～는 차치하고 | ～に対する ～에 대한 | 補償 보상 | 概念 개념 | 奨励 장려 | 政策 정책 | 努める 노력하다, 애쓰다 | 異議 이의, 다른 의견 | 唱える 외치다, 주장하다 | 必滅 필멸 | 導く 이끌다 | ～にもかかわらず ～에도 불구하고 | 既婚者 기혼자 | 役割 역할 | 住居 주거 | 育児 육아 | 否定的 부정적 | 広げる 넓히다, 확장하다 | 未婚者 미혼자 | ～に基づく ～에 근거한 | 赤ん坊 갓난아이 | 対応 대응 | 眉をひそめる 눈살을 찌푸리다 | 求める 요구하다, 추구하다 | 見掛ける 가끔 보다, 눈여겨보다 | 責任を負う 책임을 지다 | 被る 입다, 피해를 당하다 | 補償 보상 | 落ち着く 진정하다, 침착하다 | 注意を払う 주의를 기울이다 | ～として ～로서 | 措置 조치 | 義務 의무 | ～において ～에서, ～에 있어서 | 配慮 배려 | 全く 완전히, 전혀 | こわばる 굳어지다 | 表情 표정 | 目線 눈길, 시선 | 扱う 다루다, 취급하다 | 追及 추궁 | 気付く 깨닫다, 알아차리다 | 固まる 굳어지다 | 疎外 소외 | 迷惑をかける 민폐를 끼치다 | 暗黙 암묵 | 罰 벌 | 過ち 잘못, 과실 | 育つ 자라다 | つまり 즉 | 正義 정의 | 押し付ける 강요하다, 억누르다 | 未熟 미숙 | 重ねる 겹치다, 거듭하다 | 正す 바로잡다, 고치다 | 権限 권한 | 軽蔑 경멸 | 蔑視 멸시 | 薄情 박정, 각박 | 寛容 관용 | 微笑む 미소 짓다

問題11

次のAとBの文章を読んで、後の問いに対する答えとして最も良いものを、1・2・3・4から一つ選びなさい。

A

地球の危機への関心が高まることによって行われてきた研究や活動の結果、化石燃料の使用に代わって電気で走る自動車が誕生しました。従来の自動車は、燃料を圧縮して、燃焼することで生じる熱エネルギーを運動エネルギーに変換するエンジンというものを使用していました。このような内燃機関は、ガソリン、軽油などの油を燃やす過程で二酸化炭素などの排気ガスを発生させ、自動車の一般化と普及を経て、大気汚染の主な原因として指摘されてきました。何かを燃やす行動は、必ずと言っていいほど、ある種の害を地球に及ぼします。

これに対して、ⓐ電気自動車は、何かを燃やす内燃機関で推進力を得るのではなく、バッテリーを利用した電気エネルギーを動力源とするだけに、二酸化炭素の排出のない環境にやさしい発明品といえます。さらに、内燃機関車は燃焼騒音と排気騒音による公害も誘発させます。レーシングカーのように轟音を立てて走行する車のせいで、驚いたり不快を感じることも少なくありません。このような騒音に対する深刻さをこれ以上見過ごすわけにはいかなかったため、日本はもちろん、ヨーロッパやアメリカ、韓国や中国など世界中の国々で住居地域を中心に自動車の騒音を規制及び制限する制度を作りました。電気自動車の場合、運行騒音が大幅に減少し、またエネルギー効率も桁違いです。ⓑ充電スタンドの普及や車種の多様性など、一刻も早く、電気自動車向けのインフラが整えられなければなりません。

B

電気自動車が環境に優しいという発言については、慎重になる必要があります。電気自動車は、バッテリーが動力源ですが、このバッテリーを作るためのリチウムという物質を採掘する過程で、かなりの環境汚染や破壊がもたらされているということです。リチウムは、主に鉱山で採掘されますが、採掘された鉱石からリチウムを抽出する過程で大量の化学物質が使われ、大量の有毒物質と放射能を生み出しています。また、塩水を利用してリチウムを得る方法もありますが、塩湖に穴を開け、ポンプで塩水を引き抜き、およそ一年ほど乾燥させる方法です。リチウム1キロを生産するのに、なんと二千リットル以上の水が必要です。この過程で地下水が枯渇して水不足につながり、水質汚染が進行するにつれ、畑を汚染して野生動物の生息地を破壊します。

電気自動車の火災が発生した場合、通常の消火器では消火がほとんど不可能です。電気自動車の構造上、バッテリーがケースに格納された状態で車両の下部に設置されているからです。つまり、車に水をかけたり、消火器を使ったりしても、あまり役に立たないということです。恐ろしいことは、こうした火災が事故ではなく、バッテリー充電の際にも発生しているということです。瞬く間に八百度以上にまで上昇する温度と消火の難しさで、一般人には消火が困難です。結局、電気自動車の火災は、消防が出動せざるを得ません。消防士の人手不足に見舞われている状況で、他の救援活動に支障が出ることを懸念せざるを得ません。

©高価格、廃バッテリーの処理問題、充電インフラの不足、原因不明の火災など、自然環境問題を除いても未だに処理すべき問題が多く、どれ一つ解決されていない現状です。環境に優しい車を作るために、ⓓ自然環境に優しくない方法で作られたものを「環境に優しい」と呼ぶことはできません。

60 電気自動車について、AとBはどのように述べているか。

1 AもBも、電気自動車の利用に改善の余地があると述べている。

2 AもBも、電気自動車の利用について慎重でなければならないと述べている。

3 Aは電気自動車の原理と機能について述べ、Bは電気自動車の効率性と問題点について述べている。

4 Aは主に電気自動車と一般自動車を比較しながら述べ、Bは主に電気自動車の商用化に関する課題について述べている。

61 エコについて、AとBはどのように述べているか。

1 AもBも、自然と人に被害を与えないことから環境に優しいモノづくりが始まると述べている。

2 AもBも、モノを作る際の温度制限によりエコが保てると述べている。

3 Aは特定物質の排出を防ぐことでエコが実践できると述べ、Bは製作の過程まで環境を考えるべきだと述べている。

4 Aは有毒ガスの排出と騒音の制限がエコだと述べ、Bは環境に優しいという用語の改善について述べている。

다음 A와 B의 글을 읽고, 다음의 질문에 대한 대답으로 가장 알맞은 것을 1 · 2 · 3 · 4에서 하나 고르시오.

A

지구의 위기에 대한 관심이 높아지면서 실시된 연구나 활동의 결과, 화석연료의 사용을 대신해서 전기로 달리는 자동차가 탄생했습니다. 기존의 자동차는 연료를 압축하고 연소하는 것으로 생기는 열에너지를 운동에너지로 교환하는 엔진이라는 것을 사용하고 있었습니다. 이러한 내연기관은 가솔린, 경유 등의 기름을 태우는 과정에서 이산화탄소 등의 배기가스를 발생시키고, 자동차의 일반화와 보급을 거치며 대기 오염의 주요 원인으로 지적되어 왔습니다. 무언가를 태우는 행동은 반드시라고 말해도 좋을 만큼 어떤 종류의 해로움을 지구에 미칩니다.

이에 대해서 ⓐ전기 자동차는 무언가를 태우는 내연기관으로 추진력을 얻는 것이 아니라, 배터리를 이용한 전기 에너지를 동력원으로 하는 만큼, 이산화탄소의 배출이 없는 친환경 발명품이라고 말할 수 있습니다. 게다가 내연기관 자동차는 연소 소음과 배기 소음에 의한 공해도 유발시킵니다. 레이싱 자동차처럼 굉음을 내며 주행하는 자동차 때문에 놀라거나 불쾌감을 느끼는 경우도 적지 않습니다. 이러한 소음에 대한 심각함을 더 이상 간과할 수 없었기 때문에 일본은 물론, 유럽과 미국, 한국과 중국 등 전세계의 여러 나라에서 주거지역을 중심으로 자동차 소음을 규제 및 제한하는 제도를 만들었습니다. 전기 자동차의 경우, 운행 소음이 대폭적으로 감소하고, 또한 에너지 효율도 월등합니다. ⓑ충전소의 보급이나 차종의 다양성 등, 한시라도 빨리 전기 자동차를 위한 인프라가 갖춰져야 합니다.

B

전기 자동차가 친환경적이다는 발언에 대해서는 신중해질 필요가 있습니다. 전기 자동차는 배터리가 동력원인데, 이 배터리를 만들기 위한 리튬이라는 물질을 채굴하는 과정에서 상당한 환경오염과 파괴가 초래되고 있다는 것입니다. 리튬은 주로 광산에서 채굴되는데, 채굴된 광석에서 리튬을 추출하는 과정에서 대량의 화학물질이 사용되고, 대량의 유독물질과 방사능을 만들어 내고 있습니다. 또한 소금물을 이용해서 리튬을 얻는 방법도 있지만, 염호에 구멍을 내고 펌프를 이용해서 소금물을 뽑아내어, 대략 1년 정도 건조시키는 방법입니다. 리튬 1킬로를 생산하는데 무려 2000리터 이상의 물이 필요합니다. 이 과정에서 지하수가 고갈되어 물 부족으로 이어지고, 수질 오염이 진행됨에 따라서 밭을 오염시키고 야생 동물의 서식지를 파괴합니다.

전기 자동차 화재가 발생할 경우, 통상의 소화기로는 소화가 거의 불가능합니다. 전기 자동차의 구조상, 배터리가 용기에 격납된 상태로 차량 하부에 설치되어 있기 때문입니다. 즉, 차량에 물을 뿌리거나 소화기를 사용하거나 해도 그다지 도움이 안 된다는 것이죠. 무서운 것은 이런 화재가 사고가 아니라 배터리를 충전할 때에도 발생하고 있다는 것입니다. 순식간에 800도 이상까지 상승하는 온도와 진화의 어려움으로 일반인은 진화가 곤란합니다. 결국, 전기 자동차 화재는 소방 출동을 해야 합니다. 소방관의 인력 부족을 겪고 있는 상황에서 다른 구원 활동에 지장이 생기는 것을 우려하지 않을 수 없습니다.

ⓒ높은 가격, 폐배터리의 처리 문제, 충전 인프라의 부족, 원인 불명의 화재 등, 자연환경 문제를 제외하고도 아직 처리해야 할 문제가 많고, 어느 것 하나 해결되지 않은 것이 현재 상황입니다. 친환경 자동차를 만들기 위해서, ⓓ자연환경에 친화적이지 않은 방식으로 만들어진 것을 '친환경'이라고 부를 수는 없습니다.

60 전기 자동차에 대해서 A와 B는 어떻게 말하고 있는가?

1 A도 B도 전기 자동차의 이용에 개선의 여지가 있다고 말하고 있다.

2 A도 B도 전기 자동차의 이용에 대해서 신중해야 한다고 말하고 있다.

3 A는 전기 자동차의 원리와 기능에 대해서 말하고, B는 전기 자동차의 효율성과 문제점에 대해서 말하고 있다.

4 A는 주로 전기 자동차와 일반 자동차를 비교하면서 말하고, B는 주로 전기 자동차의 상용화에 관한 과제에 대해서 말하고 있다.

61 친환경에 대해서 A와 B는 어떻게 말하고 있나?

1 A도 B도 자연과 사람에게 피해를 주지 않는 것으로부터 친환경 물건의 제조가 시작된다고 말하고 있다.

2 A도 B도 물건을 만들 때의 온도 제한에 의해 친환경을 유지할 수 있다고 말하고 있다.

3 A는 특정 물질의 배출을 막는 것으로 친환경을 실천할 수 있다고 말하고, B는 제작 과정까지 환경을 생각해야 한다고 말하고 있다.

4 A는 유독가스의 배출과 소음의 제한이 친환경이라고 말하고, B는 친환경이라는 용어의 개선에 대해서 말하고 있다.

[풀이]

60 ⓑ A는 전기 자동차를 위한 인프라 문제의 개선에 대해서 말하고, ⓒ B도 환경문제를 비롯한 여러 문제에 관한 개선이 필요하다고 말하고 있다. 따라서 정답은 선택지 1번이다. A는 전기 자동차의 장점과 인프라의 필요성에 관한 글로, 전기 자동차의 원리와 기능에 관한 글이라고 보기는 힘들다. 따라서 선택지 3번은 정답이 아니다. B는 전기 자동차의 상용화에 부정적인 입장을 가지고 있기 때문에, 선택지 4번도 정답이 될 수 없다.

61 ⓐ A는 이산화탄소의 배출이 없는 전기 자동차를 친환경이라고 말하고, ⓓ B는 친환경으로 제작되지 않은 것을 친환경으로 부를 수 없다고 말하고 있다. 따라서 정답은 선택지 3번이다.

[단어]
危機 위기 | 化石燃料 화석연료 | ～に代わって ～를 대신해서 | 従来 종래 | 圧縮 압축 | 燃焼 연소 | 変換 변환 | 内燃機関 내연기관 | 軽油 경유 | 燃やす 불태우다 | 二酸化炭素 이산화탄소 | 排気 배기 | 一般化 일반화 | 普及 보급 | 経る 지나다, 거치다 | 大気汚染 대기오염 | ～として ～으로서 | 指摘 지적 | 及ぼす 이르다, 미치다 | 推進力 추진력 | 騒音 소음 | 誘発 유발 | 轟音 굉음 | 見過ごす 놓치다, 간과하다 | ～わけにはいかない ～할 수는 없다 | 規制 규제 | 制限 제한 | 制度 제도 | 大幅 대폭 | 効率 효율 | 桁違い 현격한, 차원이 다른 | 充電 충전 | 一刻 일각, 짧은 시간 | ～向け ～대상, ～용 | 整える 정돈되다, 갖추다 | 慎重 신중 | 採掘 채굴 | 汚染 오염 | 破壊 파괴 | 抽出 추출 | 化学物質 화학물질 | 有毒 유독 | 放射能 방사능 | 生み出す 만들어내다 | 塩湖 염호, 물이 짠 호수 | 穴 구멍 | 引き抜く 뽑아내다 | およそ 대략, 약 | 乾燥 건조 | 枯渇 고갈 | 生息地 서식지 | 通常 통상, 보통 | 消火 소화 | 格納 격납 | 恐ろしい 두렵다, 무섭다 | 瞬く間に 순식간에, 눈 깜짝할 사이에 | ～ざるを得ない ～하지 않을 수 없다 | 見舞う 병문안하다, 타격을 주다 | 救援 구원 | 支障 지장 | 懸念 근심, 불안 | 処理 처리 | 除く 제외하다, 제거하다 | 未だに 아직도, 지금도 | ～べき ～해야 할 | 改善 개선 | 余地 여지 | 原理 원리 | 比較 비교 | 商用化 상용화 | ～に関する ～에 관한 | 課題 과제 | ～について ～에 대해서 | 被害 피해 | 与える 주다 | 防ぐ 막다, 방어하다 | 実践 실천

問題12

次の文章を読んで、後の問いに対する答えとして最もよいものを、1・2・3・4から一つ選びなさい。

我々は平等という言葉が好きだ。差別なく平等に扱われることを望み、例外のない同一の権利を享受したがっている。特定集団や部類に利益や便宜が与えられたり、一部の人や組織を差別する行為を不平等と見なし、絶対に起きてはならないことだと思っている。同時に、私たちは平等でないものを、他のどの生物よりも好む存在だ。他人より多くの富を成したく、ⓐ人より多くの給料をもらいながら仕事をしたいと思っている。他の家よりもう少しきれいで広い住居環境を望み、他人が所有できない物を所有することを望んでいる。全く同じ服を着ている人を見ると不快で、窮屈さを感じる。

平等を叫んではいるが、分配の平等を強調する社会主義に関しては、危険な思想として厳しく警戒し、国際情勢によっては渡航危険地域に分類することもある。富を追求して所有することにおいて、自由民主主義は平等という概念を持っていない。平等というのが絶対善で、不平等というのは絶対悪なのだろうか。私はその言葉に同意できない。(中略)

自由民主主義で強調する平等は、機会の平等、条件の平等だと言える。差別による不平等を社会悪と定義し、これを改善するために努力している。ⓑだが、「平等」は自由民主主義の核心とは程遠い。自由民主主義の核心は「自由」だ。少しだけ考えてみても、自由と平等を同じカテゴリーに入れるのは難しいということが分かる。自由と平等は、もしかしたら逆の概念として見た方がいいかもしれない。各自の自由意志による選択が、等しい結果の平等を引き出すことは不可能だ。これを国が人肌を脱いで(注)仲裁することを望む声が高まっているが、そうなれば、我々の社会をこれ以上自由民主主義とは呼べない。世界的に発生している貧富の格差が益々激しくなる現象は、自由民主主義という垣根では防げない。もしかしたら、社会主義でも同じかもしれない。

個人の枠組みから脱して、国という概念に拡張しても不平等は存在する。国によって自然環境も異なり、地中に埋まっている資源の量も種類も異なる。人口も異なり、国の面積も異なり、肌の色も異なる。平等なんて存在しないし、存在することもできないということを肝に銘じなければならない。人間だけでなく動植物も同じだ。甚だしくは地べたに転がっている石さえ同じ形をしているものは一つもない。

全ての不平等を平等に変えることはできないとしても、人類は不平等を平等に変える方向に進んでいる。不平等の代表と言える奴隷制度が消え、身分制もほとんど消えたと見るのが妥当だ。教育という制度を通じて機会の平等を実現させようと努力する、富裕層の富を貧困層に回す社会福祉制度は少しずつ機能し始めた。まだ、完璧に解決されたとは言えなくても、男女間の不平等と幼い子供の人権も順次改善されている。もしかしたら、平等というものにより、自由民主主義と社会主義の体制から逸脱した何かが誕生するかもしれない。

人間は生まれた瞬間から不平等に拘束され、その集団に合った平等と不平等が与えられる。鳶が鷹を生む確率が、ゼロに限りなく近づいた時代だ。とはいえ、ⓒ必ず平等に保たなければならないものもある。平等でない世の中を嘆き、不平等の絆から挫折し屈服しても、人間としての人生の尊厳を維持するための平等に目を向けてはならない。

(注) 人肌を脱ぐ： ここでは、本気になって助力する

62 私たちは平等でないものを、他のどの生物よりも好む存在とあるが、なぜか。

1 財産を所有するにおいては、平等を前提として考えていないから
2 自分の属する集団が他の集団より特別だと思っているから
3 富の蓄積という人間の本能的な特性から自由ではないから
4 同じものを所有している人に嫌悪感を感じるから

63 筆者は、自由と平等についてどのように述べているか。

1 自由民主主義を成立させる上で、必ず両立させなければならない。
2 平等による貧富の格差を減らすためには、自由が制限されるべきだ。
3 自由民主主義では自由が優先され、平等が本来の機能を果たすことは難しい。
4 自由と平等は両立しにくいものなので、国の仲裁が必要だ。

64 筆者が一番言いたいことは何か。

1 教育と福祉により平等を実現させるために努めなければならない。
2 人間らしく生きていく上で、不平等な待遇を受けてはならない。
3 自由民主主義と社会主義の間で、平等の差は大きな意味がない。
4 人間が生きるのに必要な最小限の権利と平等を奪ってはならない。

다음 글을 읽고, 다음 질문에 대한 답으로 가장 알맞은 것을 1 · 2 · 3 · 4에서 하나 고르시오.

우리는 평등이라는 단어를 좋아한다. 차별 없이 평등하게 대우받기를 원하고 예외 없는 동일한 권리를 누리고 싶어한다. 특정 집단이나 부류에게 이득이나 편의가 주어지거나 일부 사람이나 조직을 차별하는 행위를 불평등으로 간주하고, 절대로 일어나서는 안 되는 일이라고 생각하고 있다. 동시에 우리는 평등하지 않은 것을 다른 어떤 생물보다 좋아하는 존재이다. ⓐ다른 사람보다 많은 부를 이루고 싶고 남보다 많은 급여를 받으면서 일을 하고 싶다고 생각한다. 다른 집보다 조금 더 깨끗하고 넓은 주거 환경을 원하고, 다른 사람이 소유할 수 없는 물건을 소유하기를 원한다. 완전히 똑같은 옷을 입고 있는 사람을 보면 불쾌하고, 거북함을 느낀다.

평등을 부르짖고는 있지만, 분배의 평등을 강조하는 사회주의에 관해서는 위험한 사상으로 엄격하게 경계하고, 국제 정세에 따라서는 도항위험지역으로 분류하는 경우도 있다. 부를 추구하고 소유하는 것에 있어서, 자유민주주의는 평등이라는 개념을 가지고 있지 않다. 평등이라는 것이 절대선이고 불평등이라는 것은 절대악일까? 나는 그 말에 동의할 수 없다. (중략)

자유민주주의에서 강조하는 평등은 기회의 평등, 조건의 평등이라고 말할 수 있다. 차별에 의한 불평등을 사회악으로 정의하고, 이것을 개선하기 위해서 노력하고 있다. 하지만 ⓑ'평등'은 자유민주주의의 핵심과는 거리가 멀다. 자유민주주의의 핵심은 '자유'이다. 조금만 생각해 봐도 자유와 평등을 같은 카테고리에 넣는 것은 어렵다는 것을 알 수 있다. 자유와 평등은 어쩌면 반대의 개념으로 보는 것이 좋을지도 모른다. 각자의 자유의지에 의한 선택이 동일한 결과의 평등을 이끌어내는 것은 불가능하다. 이것을 나라가 발벗고 나서서(주) 중재하는 것을 원하는 소리가 높아지고 있는데, 그렇게 되면, 우리 사회를 더 이상 자유민주주의라고 부를 수는 없다. 전세계적으로 발생하고 있는 빈부의 격차가 점점 심해지는 현상은 자유민주주의라는 울타리로는 막을 수 없다. 어쩌면 사회주의에서도 마찬가지일지도 모른다.

개인의 틀을 벗어나 국가라는 개념으로 확장해도 불평등은 존재한다. 나라마다 자연환경도 다르고, 땅속에 묻혀 있는 자원의 양도 종류도 다르다. 인구도 다르고 나라의 면적도 다르고 피부색도 다르다. 평등 따위는 존재하지도 않고, 존재할 수도 없다는 것을 명심해야 한다. 인간뿐만 아니라 동식물도 마찬가지이다. 심지어는 땅바닥에 굴러다니는 돌멩이조차 똑같은 모양을 하고 있는 것은 하나도 없다.

모든 불평등을 평등으로 바꿀 수 없다고 해도, 인류는 불평등을 평등으로 바꾸는 방향으로 나아가고 있다. 불평등의 대표로 말할 수 있는 노예제도가 사라졌고, 신분제도 거의 사라졌다고 보는 것이 타당하다. 교육이라는 제도를 통해서 기회의 평등을 실현시키려고 노력하고, 부유층의 부를 빈곤층으로 돌리는 사회복지제도는 조금씩 기능을 하기 시작했다. 아직 완벽하게 해결되었다고는 말할 수 없어도, 남녀 간의 불평등과 어린아이의 인권도 순차적으로 개선되고 있다. 어쩌면, 평등이라는 것에 의해, 자유민주주의와 사회주의의 체제로부터 벗어난 무언 가가 탄생할지도 모른다.

인간은 태어나는 순간부터 불평등에 구속되고, 그 집단에 맞는 평등과 불평등이 주어진다. 개천에서 용이 날 확률이 제로에 한없이 가까워진 시대이다. 그렇다고 해도, ⓒ반드시 평등하게 유지되어야 하는 것도 있다. 평등하지 못한 세상을 한탄하고, 불평등의 굴레에서 좌절하고 굴복하더라도, 인간으로서의 삶의 존엄을 유지하기 위한 평등에 눈을 돌려서는 안 된다.

(주) 발벗고 나서다 : 여기서는 진심으로 조력하다

62 우리는 평등하지 않은 것을 다른 어떤 생물보다 좋아하는 존재라고 하는데, 왜인가?

1 재산을 소유하는 것에 있어서는 평등을 전제로 생각하고 있지 않기 때문에
2 자신이 속한 집단이 다른 집단보다 특별하다고 생각하고 있기 때문에
3 부의 축적이라는 인간의 본능적인 특성에서 자유롭지 못하기 때문에
4 똑같은 것을 소유하고 있는 사람에게 혐오감을 느끼기 때문에

63 필자는 자유와 평등에 대해서 어떻게 말하고 있는가?

1 자유민주주의를 성립시키는데 있어서 반드시 양립시켜야 한다.
2 평등에 의한 빈부의 격차를 줄이기 위해서는 자유가 제한되어야 한다.
3 자유민주주의에서는 자유가 우선되고, 평등이 본래의 기능을 다하기는 어렵다.
4 자유와 평등은 양립하기 힘든 것이기 때문에 나라의 중재가 필요하다.

64 필자가 가장 말하고 싶은 것은 무엇인가?

1 교육과 복지에 의해 평등을 실현시키기 위해서 노력해야 한다.
2 인간 답게 살아가는데 있어서, 불평등한 대우를 받아서는 안 된다.
3 자유민주주의와 사회주의 사이에서 평등의 차이는 큰 의미가 없다.
4 인간이 살아가는데 필요한 최소한의 권리와 평등을 빼앗아서는 한다.

[풀이]

62 ⓐ 남보다 많은 부와 급여를 원하고, 다른 사람이 소유하지 못한 것을 갖고 싶다고 말하고 있다. 따라서 정답은 선택지 1번이다.

63 ⓑ 자유민주주의의 핵심은 자유이고, 자유에 의한 선택이 결과의 평등을 낼 수 없다고 말하고 있다. 또 결과의 평등을 나라에서 중재하게 되면, 더 이상 우리 사회를 자유민주주의라고 부를 수 없다고 말하고 있다. 따라서 정답은 선택지 3번이다.

64 ⓒ 인간으로서의 삶의 존엄을 유지하기 위해서 평등에 눈을 돌려서는 안 된다고 말하고 있다. 따라서 정답은 선택지 2번이다.

[단어]

平等 평등 | 差別 차별 | 扱う 다루다, 취급하다 | 望む 바라다, 원하다 | 例外 예외 | 権利 권리 | 享受 향수, 누림 | 集団 집단 | 便宜 편의 | 見なす 간주하다, 보다 | 好む 좋아하다, 즐기다 | 富 부 | 成す 이루다, 만들다 | 住居 주거 | 環境 환경 | 所有 소유 | 窮屈 갑갑함, 답답함 | 叫ぶ 외치다, 부르짖다 | 強調 강조 | 社会主義 사회주의 | 厳しい 엄하다, 혹독하다 | 警戒 경계 | 情勢 정세 | ～によって ～에 의해서, ～에 따라서 | 渡航 도항 | 追求 추구 | ～において ～에서, ～에 있어서 | 自由民主主義 자유민주주의 | 概念 개념 | 同意 동의 | 核心 핵심 | 程遠い 동떨어지다, 거리가 멀다 | 逆 반대, 거꾸로 | 等しい 동등하다, 동일하다 | 引き出す 꺼내다, 끄집어내다 | 仲裁 중재 | 格差 격차 | 益々 점점, 더욱 더 | 激しい 거세다, 격렬하다 | 垣根 울타리, 담 | 防ぐ 막다, 방어하다 | 枠組み 틀 | 脱する 벗어나다, 탈출하다 | 拡張 확장 | 異なる 다르다 | 埋まる 묻히다 | 資源 자원 | 面積 면적 | 肌 피부 | 肝に銘じる 마음에 새기다, 명심하다 | 地べた 땅바닥 | 転がる 구르다, 넘어지다 | ～さえ ～조차 | 奴隷 노예 | 消える 사라지다 | 身分制 신분제 | 妥当 타당 | ～を通じて ～를 통해서 | 富裕層 부유층 | 貧困層 빈곤층 | 福祉 복지 | 幼い 어리다 | 人権 인권 | 順次 순차 | 逸脱 일탈, 벗어남 | 瞬間 순간 | 拘束 구속 | 鳶が鷹を生む 개천에서 용 나다 | 確率 확률 | とはいえ 그렇다고 해도 | 保つ 유지하다 | 嘆く 한탄하다, 탄식하다 | 絆 굴레, 속박 | 挫折 좌절 | 屈服 굴복 | ～として ～으로서 | 尊厳 존엄 | 維持 유지 | 目を向ける 시선을 돌리다, 관심을 돌리다 | 財産 재산 | 果たす 다하다, 완수하다 | 努める 노력하다 | ～らしい ～답다, ～인 것 같다 | 待遇 대우 | 奪う 빼앗다

問題13

右のページは、ある市の健康づくりセンターの募集である。下の問いに対する答えとして最もよいものを、１・２・３・４から一つ選びなさい。

65 次の４人は、１０月に運動教室に参加したいと考えている。運動教室に参加できる人は誰か。

名前	年齢	住所	勤務地	学校住所	経験有無	希望教室
佐藤さん	25歳	桜市外	桜市内	なし	なし	体質改善 ヨガ
リンさん	15歳	桜市内	なし	桜市内	なし	卓球
キムさん	32歳	桜市外	桜市外	なし	あり	健康体操
ⓐ マイケルさん	18歳	桜市内	なし	桜市外	あり	エンジョイステップ

1 佐藤さん

2 リンさん

3 キムさん

4 マイケルさん

66 申し込みに関して、注意しなければならないことは何か。

1 定員を超える教室の場合は、先着順によって決まることもある。

2 複数の教室を申し込みたい場合、その分のはがきを用意しなければならない。

3 料金は教室参加日までにいつでも支払え、割引を受けられる場合もある。

4 家族単位で参加する場合、はがき一枚につき二人まで申し込みできる。

桜市健康づくりセンター運動教室の募集

桜市健康づくりセンターは運動のための教室を定期的に開催しています。この機会にぜひ楽しく運動を始めてみませんか。

■ 対象

・ⓑ桜市内にお住まいの方、または桜市内に在勤、在学する16歳以上の方を対象とします。

・1回あたり550円（12回分は5,500円）

■ 教室

曜日	教室名	内容
火	健康体操	筋肉の痛みなどの予防や改善が目的
水	体質改善 ヨガ	前のステップの課程修了者に限る 定員20名
木	水泳教室	初心者のための水泳教室で、各泳法を学ぶことができる
金	卓球	楽しい卓球のための基礎クラス 定員16名
土	ⓒエンジョイステップ	簡単ステップを受講した者に限る

・詳細時間の案内は、桜市健康づくりセンターのホームページで確認できます。

■ お申し込み方法

① 往復はがき

・往復はがきにご希望の教室名、郵便番号、住所、氏名、年齢、性別、電話番号をご記入の上、桜市健康づくりセンターまでお送りください。

・定員を超えた教室は、抽選により結果をお知らせします。

・往復はがき一枚につき、一人、一教室のお申し込みが可能です。

② 健康づくりセンター窓口

・センターにお越しの上、所定の申込用紙を作成してください。

・受講可否をはがきでお知らせするために申込者の住所と氏名を記入した返信用郵便はがきを講座につき一枚ご持参ください。

③ 多くの人のご参加いただくために、一人につき二教室までお申し込み可能です。

■ 料金のお支払い

※ ⓓ授業当日まで、当センターの窓口にて現金、またはクレジットカードでお支払いください。(口座振り込み可)

※ ⓔ障がい者の方は、利用料金が四割引きとなります。初回ご利用時に障害者手帳などをご提示ください。介護者が一緒にいる場合は、二人まで無料です。

〒123-4567 桜市桜区桜町123 桜市健康づくりセンター

電話：123-456-7890

오른쪽 페이지는 어떤 시의 건강 만들기 센터의 모집이다. 아래의 질문에 대한 답으로서 가장 알맞은 것을 1 · 2 · 3 · 4에서 하나 고르시오.

65 다음 4명은 10월에 운동 교실을 참가하고 싶다고 생각하고 있다. 운동 교실에 참가할 수 있는 사람은 누구인가?

이름	연령	주소	근무지	학교 주소	경험유무	희망 교실
사토우 씨	25세	사쿠라 시외	사쿠라 시내	없음	없음	체질개선 요가
린 씨	15세	사쿠라 시내	없음	사쿠라 시내	없음	탁구
김 씨	32세	사쿠라 시외	사쿠라 시외	없음	있음	건강 체조
ⓐ 마이클 씨	18세	사쿠라 시내	없음	사쿠라 시외	있음	엔조이 스텝

1 사토우 씨
2 린 씨
3 김 씨
4 마이클 씨

66 신청에 관해서 주의해야 할 것은 무엇인가?

1 정원을 초과하는 교실의 경우에는 선착순에 의해서 정해지는 경우도 있다.
2 복수의 교실을 신청하고 싶을 경우 그 만큼의 엽서를 준비해야 한다.
3 요금은 교실 참가일까지 언제라도 지불할 수 있고, 할인을 받을 수 있는 경우도 있다.
4 가족 단위로 참가할 경우, 엽서 1장 당 두 명까지 신청할 수 있다.

사쿠라시 건강 만들기 센터 운동 교실 모집

사쿠라시 건강 만들기 센터는 운동을 위한 교실을 정기적으로 개최하고 있습니다. 이번 기회에 부디 즐겁게 운동을 시작해 보지 않겠습니까?

▣ 대상

· ⓑ 사쿠라 시내에 거주하는 분, 또는 사쿠라 시내에 재직, 재학하는 16세 이상인 분을 대상으로 합니다.

· 1회당 550엔(12회분은 5,500엔)

▣ 교실

요일	교실명	내용
화	건강체조	근육의 통증 등의 예방이나 개선이 목적
수	체질개선 요가	전 단계 과정 수료자에 한함 정원 20명
목	수영교실	초심자를 위한 수영교실로 각 영법을 배울 수 있음
금	탁구	즐거운 탁구를 위한 기초반 정원 16명
토	ⓒ 엔조이 스텝	간단 스텝을 수강한 사람들에 한함

· 자세한 시간 안내는 사쿠라시 건강 만들기 센터의 홈페이지에서 확인할 수 있습니다.

▣ 신청 방법

① 왕복 엽서

· 왕복 엽서에 희망하시는 교실명, 우편번호, 주소, 성명, 연령, 성별, 전화번호를 기입 후, 사쿠라시 건강 만들기 센터로 보내 주세요.

· 정원을 초과한 교실은 추천에 의해 결과를 알려드립니다.

· 왕복 엽서 1장 당, 1인, 1교실 신청이 가능합니다.

② 건강 만들기 센터 창구

· 센터에 방문하신 후에 소정의 신청 용지를 작성해 주세요.

· 수강 여부를 엽서로 알려드리기 위해 신청자의 주소와 성명을 기입한 회신용 우편엽서를 강좌당 1장 지참하시기 바랍니다.

③ 많은 분들의 참가를 위해서, 1명 당, 2교실까지 신청 가능합니다.

■ **요금 지불**

※ ⓓ수업 당일까지 저희 센터 창구에서 현금 또는 신용카드로 결제해 주세요. (계좌이체 가능)

※ ⓔ장애인 분들은 이용요금이 40% 할인됩니다. 첫 회 이용 시에 장애인 수첩 등을 제시해 주십시오. 간병인이 함께 있는 경우는 2명까지 무료입니다.

〒123-4567 사쿠라시 사쿠라구 사쿠라쵸123 사쿠라 건강 만들기 센터

전화 : 123-456-7890

[풀이]

65 ⓑ 운동 교실의 참가 대상은 사쿠라 시내에 거주, 재직, 재학의 16세 이상이라고 말하고 있다. ⓐ 마이클 씨는 사쿠라 시내에 거주하는 18세이고, ⓑ 엔조이 스텝 교실을 희망하고 있다. ⓒ 엔조이 스텝은 간단 스텝을 수강한 경험이 있는 사람만 참가 가능한데, 마이클 씨는 운동 교실 경험이 있다고 말하고 있다. 따라서 정답은 선택지 4번이다. 선택지 1번의 사토우 씨는 체질개선 요가를 희망하지만, 전 단계 경험이 없기 때문에 정답이 될 수 없다.

66 ⓓ 수업 당일까지 요금을 지불할 수 있고, 장애인 분들은 요금이 40% 할인된다고 말하고 있기 때문에, 정답은 선택지 3번이다. 정원 초과의 경우, 추천으로 정해진다고 말하고 있기 때문에 선택지 1번은 정답이 될 수 없다. 1명 당, 2교실까지 신청이 가능하기 때문에 엽서는 2장 이상 준비할 수 없다. 따라서 선택지 2번은 정답이 아니다.

[단어]

健康(けんこう) 건강 | 募集(ぼしゅう) 모집 | 問(と)い 질문, 물음 | ~に対(たい)する ~에 대한 | ~として ~으로서 | 参加(さんか) 참가 | 勤務地(きんむち) 근무지 | 経験(けいけん) 경험 | 希望(きぼう) 희망 | 申(もう)し込(こ)み 신청 | ~に関(かん)して ~에 관해서 | 超(こ)える 넘기다, 초과하다 | 用意(ようい) 용의, 준비 | 支払(しはら)う 지불하다 | 割引(わりびき) 할인 | ~につき ~당, ~마다 | 定期(ていき) 정기 | 開催(かいさい) 개최 | 対象(たいしょう) 대상 | 在勤(ざいきん) 재근, 재직 | 体操(たいそう) 체조 | 筋肉(きんにく) 근육 | 予防(よぼう) 예방 | 改善(かいぜん) 개선 | 体質(たいしつ) 체질 | 修了(しゅうりょう) 수료 | 限(かぎ)る 한정하다, 제한하다 | 初心者(しょしんしゃ) 초심자 | 泳法(えいほう) 영법, 헤엄치는 법 | 卓球(たっきゅう) 탁구 | 基礎(きそ) 기초 | 受講(じゅこう) 수강 | 詳細(しょうさい) 상세함, 자세함 | 往復(おうふく) 왕복 | 氏名(しめい) 성명 | 性別(せいべつ) 성별 | 抽選(ちゅうせん) 추천 | 所定(しょてい) 소정, 정해져 있음 | 可否(かひ) 가부, 찬반 | 返信用(へんしんよう) 회신용 | 講座(こうざ) 강좌 | 手帳(てちょう) 수첩 | 提示(ていじ) 제시 | 介護者(かいごしゃ) 간병인

2교시 청해

問題 1

問題 1 では、まず質問を聞いてください。それから話を聞いて、問題用紙の 1 から 4 の中から、最もよいものを一つ選んでください。

では練習しましょう。

문제1에서는 우선 질문을 들어 주세요. 그러고 나서 이야기를 듣고 문제 용지의 1부터 4 중에서 가장 알맞은 것을 하나 고르세요.

그럼 연습하겠습니다.

例

会社で男の人と女の人が話しています。女の人は、このあとまず何をしなければなりませんか。

M 今、ちょっと時間ある？

F はい。

M あのさ、今日の午後の理事会の会議のこと。聞いた？

F はい、聞きました。みんな大騒ぎで。緊張しちゃいますよね。

M そうなんだよ。悪いけど、手貸してくれない？やることいっぱいで人手が足りないんだ。

F えーと、そうですね。実は午前中、人事部から頼まれたアンケートの書類のまとめと、取引先の見積書を送らないと…。

M そっか。じゃ、それが終わってからでいいよ。会議で使う資料のコピーだけ渡しておくね。人数分用意すればいいよ。で、それを事務課の担当者に渡してくれる？

F はい、承知しました。担当者には前もって電話しなくても大丈夫ですか。

M いいよ、僕が電話しとくから。あと見積書の件も僕が送っておくから。君はそっちを頼む。なるべく急いでくれ。

女の人は、このあとまず何をしなければなりませんか。

회사에서 남자와 여자가 이야기하고 있습니다. 여자는 이후에 먼저 무엇을 해야 합니까?

M 지금 잠깐 시간 있어?

F 네.

M 저어, 오늘 오후에 이사회 회의. 들었어?

F 네, 들었습니다. 모두 난리여서. 긴장되네요.

M 맞아. 미안한데, 도와주지 않을래? 할 일이 너무 많아서 일손이 부족해.

F 음, 그렇군요. 실은 오전 중으로 인사부로부터 부탁받은 앙케트 서류 정리와 거래처에 견적서를 보내지 않으면 안 되는데….

M 그래? 그럼, 그거 끝나고 나서 해도 좋아. ⓒ회의에서 사용할 자료 복사만 건네 둘게. 인원수만큼 준비하면 돼. 그리고 그걸 사무과 담당자에게 전해 줄래?

F 네, 알겠습니다. 담당자에게는 미리 전화하지 않아도 괜찮을까요?

M 괜찮아. 내가 전화해 둘 거니까. 그리고 견적서 건도 내가 보내 놓을게. 자네는 그쪽을 부탁해. 가능한 한 서둘러 줘.

여자는 이후에 먼저 무엇을 해야 합니까?

1　取引先の担当者にファックスを送る
2　会議で使う資料をコピーする
3　アンケートの書類をまとめる
4　事務課に電話する

1　거래처의 담당자에게 팩스를 보낸다
2　회의에서 사용할 자료를 복사한다
3　앙케트 서류를 정리한다
4　사무과에 전화한다

最もよいものは３番です。解答用紙の問題１の例のところを見てください。最もよいものは３番ですから、答えはこのように書きます。

では始めます。

가장 알맞은 것은 3번입니다. 해답 용지의 문제 1의 [예] 부분을 봐 주세요. 가장 알맞은 것은 3번이므로 답은 이렇게 씁니다.

그럼 시작하겠습니다.

1番

会社で女の人と男の人が話しています。女の人はこの後、まず何をしなければなりませんか。

F　部長、さくら商事から連絡が来たのですが、一昨日届くはずだった商品のサンプルがまだ届いていないそうです。

M　うん？ 新商品のサンプルが？ 来週から販売を開始すると言ってたんじゃなかったっけ？ 大変なことになったね。

F　工場の担当者に連絡してみましょうか。先週工場から直接送ることになっていましたが。

M　うん。すぐ連絡をしてみないとだね。ⓐ今会社に新商品の在庫がいくつあるかから確認して。きっといくつか残っているはずだから。

F　ⓑ分かりました。商品の紹介資料も一緒に送ってありましたが、メールで資料だけでも送っておきましょうか。

M　あ、資料は以前にも送ったものがあるから大丈夫だと思うよ。念のため確認はしてみるよ。さくら商事の部長に電話しなければならなさそうだから。

F　分かりました。それじゃ、工場の担当者に連絡してみます。

회사에서 여자와 남자가 이야기하고 있습니다. 여자는 이후에 먼저 무엇을 해야 합니까?

F　부장님, 사쿠라 상사로부터 연락이 왔는데요, 그저께 도착하기로 한 상품의 샘플이 아직 도착하지 않았다고 합니다.

M　응? 신상품 샘플이? 다음주부터 판매를 시작한다고 하지 않았나? 큰일 났네.

F　공장 담당자에게 연락해 볼까요? 지난주에 공장에서 직접 보내기로 되어 있었는데.

M　응. 바로 연락을 해 봐야겠네. ⓐ 지금 회사에 신상품 재고가 몇 개 있는지부터 확인해 줘. 분명 몇 개 남아 있을 거야.

F　ⓑ 알겠습니다. 상품 소개 자료도 같이 보냈었는데, 메일로 자료만이라도 보내 둘까요?

M　아, 자료는 예전에도 보낸 것이 있어서 괜찮을 거야. 혹시 모르니 확인은 해 볼게. 사쿠라 상사 부장님에게 전화를 해야 할 것 같으니까.

F　알겠습니다. 그럼, 공장 담당자에게 연락해 보겠습니다.

M あ、本当に時間がなさそうだから在庫があったら、違う運送会社からサンプルを先に送っといて。先週送ったものが後で届くのは構わないし、遅れた原因も確認しなきゃならないからね。とにかく今週までに届かないと発売日に間に合わないだろう。
F 分かりました。すぐ用意します。

M 아, 정말 시간이 없을 것 같으니까, 재고가 있다면 다른 운송회사로부터 샘플부터 먼저 보내 둬. 지난주에 보낸 것이 나중에 도착하는 것은 상관없고, 늦어진 원인도 확인해야 하니까. 어쨌든 이번 주까지 도착하지 않으면 발매일에 못 맞출 거니까.
F 알겠습니다. 바로 준비하겠습니다.

女の人はこの後、まず何をしなければなりませんか。

여자는 이후에 먼저 무엇을 해야 합니까?

1 工場の担当者に連絡する
2 商品の在庫があるか確認する
3 工場からサンプルを送り直す
4 さくら商事に電話する

1 공장 담당자에게 연락한다
2 상품의 재고가 있는지 확인한다
3 공장에서 샘플을 다시 보낸다
4 사쿠라 상사에 전화한다

[풀이]

ⓐ 공장 담당자에게 연락하기 전에 회사에 신상품 재고부터 확인해 달라고 말하고 있고, ⓑ 여자도 알겠다고 말하고 있다. 따라서 정답은 선택지 2번이다. 사쿠라 상사에게 전화를 하는 것은 여자가 할 일이 아니기 때문에 선택지 4번은 정답이 될 수 없다.

[단어]

届く 이르다, 도착하다 | ～はずだ ～일 것이다 | 商品 상품 | 販売 판매 | 開始 개시 | 担当者 담당자 | 直接 직접 | 送る 보내다 | 在庫 재고 | 確認 확인 | 残る 남다 | 紹介 소개 | 資料 자료 | 念のため 만약을 위해서, 혹시 몰라서 | 運送 운송 | 原因 원인 | 間に合う 충분하다, 늦지 않다 | ～直す 다시 ～하다

2番

会社で女の人と男の人が社員の送別会のことを話しています。女の人は、このあとまず何をしなければなりませんか。

M 田中さんの送別会の件なんだけど、どの店がいいかな。そろそろ決めておかなくちゃね。
F うん、そうね。なるべく、この辺のお店を予約するのがいいわね。移動に便利なとこ。
M まあ、そうだろうけど、この辺で20人入れる店ってなかなかないからな…。
F うん。まず、近くのお店をリストアップしてみないとね。あ、みんな参加できるのかな。みんなのスケジュール、わかる？

회사에서 여자와 남자가 사원의 송별회에 관한 것을 이야기하고 있습니다. 여자는 이후에 바로 무엇을 해야 합니까?

M 다나카 씨의 송별회 건 말인데, 어느 가게가 좋을까? 슬슬 정해 두어야 하는데.
F 응, 그러네. 가능한 한 이 근처 가게를 예약하는 것이 좋겠네. 이동에 편리한 곳.
M 뭐, 그렇긴 하지만, 이 근처에서 20명이 들어가는 가게는 좀처럼 없으니까….
F 응. 우선, 근처 가게 리스트를 작성해 봐야겠네. 아, 다들 참석할 수 있으려나? 모두의 스케줄, 알아?

M いや、わからない。まずは今週までに参加者の数を把握しておこう。あ、それと、日にちも決めないと。

F うん。ⓐじゃ、みんなの予定をチェックするときに、日程の希望も聞いてみるわね。でも、ⓑ田中さん、今月いっぱいだから、やっぱりお店を先に予約したほうがいいわね。人数と日にちが決まっても予約できないと困るから。

M ⓒうん、そっちはよろしくね。僕はうちのチームの人たちのスケジュールを確認してみるから。その前に、部長に報告した方がいいだろうね。

F うん。そうね。ⓓ部長への報告は頼んでもいい？

M うん、分かった。任せて。

女の人は、このあとまず何をしなければなりませんか。

M 아니, 몰라. 우선은 이번 주까지 참가자 수를 파악해 두자. 아, 그리고 날짜도 정해야 해.

F 응. ⓐ그럼, 모두의 예정을 체크할 때에 희망하는 일정도 물어볼게. 근데, ⓑ다나카 씨, 이번 달 말까지이니까, 역시 가게를 먼저 예약해 두는 편이 좋겠네. 인원수와 날짜가 정해져도 예약을 못하면 곤란하니까.

M ⓒ응, 그쪽은 잘 부탁해. 나는 우리 팀 사람들의 스케줄을 확인해 볼 테니까. 그 전에 부장님에게 보고하는 것이 좋겠지?

F 응. 그러네. ⓓ부장님에게 보고는 부탁해도 될까?

M 응, 알겠어. 맡겨 둬.

여자는 이후에 바로 무엇을 해야 합니까?

1 送別会の場所を予約する
2 送別会の人数を把握する
3 送別会の日にちを調べる
4 部長に報告する書類を作る

1 송별회 장소를 예약한다
2 송별회 인원수를 파악한다
3 송별회 날짜를 조사한다
4 부장님에게 보고할 서류를 만든다

[풀이]

ⓐ 여자는 가게 예약을 위해서 다른 사람들의 일정을 먼저 알아보려고 했지만, ⓑ 가게의 예약을 못하면 곤란할 것 같아서, 가게를 먼저 예약하는 것이 좋겠다고 말하고 있다. ⓒ 남자는 여자에게 가게 예약을 부탁하고, 팀원들의 스케줄과 희망 일정은 본인이 확인하겠다고 말하고 있다. 따라서 선택지 2번과 3번은 정답이 될 수 없다. ⓓ 부장님에게 보고하는 것도 남자가 하기로 했기 때문에, 선택지 4번도 정답이 아니다. 따라서 정답은 선택지 1번이다.

[단어]

送別会 송별회 | 件 건 | 移動 이동 | 参加 참가 | 把握 파악 | 日にち 날짜 | 希望 희망 | 確認 확인 | 報告 보고

3番

大学で女の学生と先輩が話しています。女の学生はこの式順の何を修正しますか。

F　先輩、ちょっと時間大丈夫ですか。これ、清水先生が書いた本のベストセラー記念パーティーの式順なんですけれども。ちょっと見てもらえますか。

M　あ、それか。うん。見せて。

F　はい。

M　どれどれ。うーん、なかなかいいと思うよ、長すぎずにね。先生に関する内容を文章ではなく、映像で制作したのも斬新だし。

F　そうですか。ああ、よかったです。先生に伝えたいことや質疑応答の時間が短すぎないか心配でしたが、これで大丈夫ですかね。

M　うーん、そうだね。そういわれると、少し気になるね。時間が長くなるかもしれないし、短くなるかもしれないから。じゃ、一番最後に質疑応答を持ってくるのはどう？ こうすれば、少し長くなったりしてもいいんじゃない？

F　あ、ホールの貸し出し時間が決まってて。それはちょっと困るかもしれません。

M　そう？ ⓐじゃあ、その時間を宴会の時に回すのはどう？ 先生ももっとリラックスした雰囲気で話すことを気楽に思っていらっしゃるから。

F　ⓑそれもいいですね。あと、参加者に配る資料はこのくらいの内容が適切でしょうか。

M　うーん、ちょっと長そうだけど、先生に関する内容だから大丈夫かな。でも、これ修正する時間がないんじゃない？今日か明日までには業者に渡さないと間に合わないと思うよ。

F　分かりました。今日は本当にありがとうございました。

女の学生はこの式順の何を修正しますか。

대학에서 여학생과 선배가 이야기하고 있습니다. 여학생은 이 식순의 무엇을 수정합니까?

F　선배님, 잠깐 시간 괜찮으세요? 이거, 시미즈 선생님이 쓴 책의 베스트셀러 기념 파티 식순인데요. 잠깐 봐 줄 수 있나요?

M　아, 그거구나. 응. 보여줘.

F　네.

M　어디 보자. 음, 상당히 괜찮은 것 같아, 너무 길지도 않고. 선생님에 관한 내용을 글이 아닌 영상으로 제작한 것도 참신하고.

F　그런가요? 아아, 다행이네요. 선생님에게 전하고 싶은 말이나 질의응답 시간이 너무 짧지 않을지 걱정했는데, 이걸로 괜찮을까요?

M　음, 글쎄. 그 말을 들으니까 조금 신경이 쓰이긴 하네. 시간이 길어질 수도 있고 짧아질 수도 있으니까. 그럼, 가장 마지막에 질의응답을 가져오는 것은 어떨까? 이렇게 하면, 조금 길어지거나 해도 괜찮지 않을까?

F　아, 홀의 대여시간이 정해져 있어서. 그건 좀 곤란 할 수도 있어요.

M　그래? ⓐ그럼, 그 시간을 연회 때로 돌리는 건 어때? 선생님도 좀더 편안한 분위기에서 이야기하는 것을 편하게 생각하고 계시니까.

F　ⓑ그것도 괜찮겠네요. 그리고 참가자들에게 나눠 줄 자료는 이 정도 내용이 적절한가요?

M　음, 조금 길어 보이기는 하지만, 선생님에 관한 내용이니까 괜찮을 것 같은데. 근데, 이거 수정할 시간이 없지 않아? 오늘이나 내일까지는 업자에게 넘기지 않으면 늦을 것 같은데.

F　알겠습니다. 오늘 정말 감사했습니다.

여학생은 이 식순의 무엇을 수정합니까?

1 先生の紹介映像を制作する

2 質疑応答の時間の順番を変える

3 宴会の場所を変える

4 配布資料を修正する

1 선생님의 소개영상을 제작한다

2 질의응답 시간의 순서를 바꾼다

3 연회장소를 바꾼다

4 배포자료를 수정한다

[풀이]

ⓐ 질의응답 시간을 연회 때로 바꾸는 것에 대한 제안에 ⓑ 여학생도 수긍하고 있다. 따라서 정답은 선택지 2번이다.

[단어]

式順 식순 | 修正 수정 | ～すぎる 지나치게 ～하다 | ～に関する ～에 관한 | 映像 영상 | 制作 제작 | 斬新 참신 | 質疑応答 질의응답 | 気になる 신경이 쓰이다 | 貸し出し 대출, 대여 | 困る 곤란하다 | 宴会 연회 | 回す 돌리다 | 気楽 마음 편함, 홀가분함 | 参加者 참가자 | 配る 나누어 주다 | 資料 자료 | 適切 적절 | 業者 업자 | 渡す 건네다, 넘겨주다 | 間に合う 충분하다, 늦지 않다 | 順番 순번, 차례 | 配布 배포

4番

区役所でボランティアの人と職員が話しています。ボランティアの人はこれからまず、どうしますか。

F 今日は一人暮らしのお年寄りの方にランチのお弁当配達をする日です。

M あのう、僕一人で行くんですか。

F あ、一人じゃなくて、私と一緒に行きます。

M よかったです。初めてだからミスをするんじゃないかと心配しました。あ、注意点などありますか。

F 特に注意することはありません。あ、お弁当以外にもいろんな食品を持っていきます。ⓐ今回は特に多くの方々に食料支援をいただいて、あらかじめ用意されている袋に分けて入れてから配達に行きますよ。

M そうですか。何件くらい回るんですか。

F 各グループごとに担当する地域と世帯数が決まっています。この紙に今日行く家の位置と名簿が書いてあります。一緒に行くので迷う心配はありませんが、事前に見ておくのもよさそうですね。こちらの担当区域の略図も一緒にお渡しします。

M ありがとうございます。行く前に見ておきます。

구청에서 자원봉사자와 직원이 이야기하고 있습니다. 자원봉사자는 이제부터 우선 어떻게 합니까?

F 오늘은 혼자 사는 어르신들께 점심 도시락 배달을 하는 날입니다.

M 저기, 저 혼자서 가는 건가요?

F 아, 혼자는 아니고, 저와 함께 갑니다.

M 다행이네요. 처음이라 실수할까 봐 걱정했어요. 아, 주의할 점 같은 게 있나요?

F 특별히 주의할 것은 없어요. 아, 도시락 이외에도 여러가지 식품을 가지고 가게 됩니다. ⓐ이번에는 특히 많은 분들에게 식량 지원을 받아서, 미리 준비되어 있는 봉투에 나누어 넣은 후에 배달을 갑니다.

M 그렇군요. 몇 집 정도 도는 건가요?

F 각 그룹마다 담당하는 지역과 가구 수가 정해져 있어요. 이 종이에 오늘 갈 집의 위치와 명단이 쓰여 있어요. 같이 가기 때문에 헤맬 걱정은 없지만, 미리 봐 두는 것도 좋을 것 같네요. 여기 담당 구역의 약도도 같이 드릴게요.

M 감사합니다. 가기 전에 봐 둘 게요.

F　どういたしまして。それでは、今日もよろしくお願いします。

F　천만에요. 그럼, 오늘도 잘 부탁드리겠습니다.

ボランティアの人はこれからまず、どうしますか。

자원봉사자는 이제부터 우선 어떻게 합니까?

1　配達するお弁当を作る
2　食品を袋に入れる
3　担当する地域を決める
4　お弁当を配達する

1　배달할 도시락을 만든다
2　식품을 봉투에 넣는다
3　담당할 지역을 정한다
4　도시락을 배달한다

[풀이]

ⓐ 지원받은 식량 자원을 미리 준비되어 있는 봉투에 나누어 넣은 후에 배달을 간다고 말하고 있다. 따라서 정답은 선택지 2번이다.

[단어]

区役所 구청 | 職員 직원 | 一人暮らし 독신 생활 | お年寄り 노인, 어르신 | 配達 배달 | 注意点 주의점 | 食品 식품 | 食料 식료 | 支援 지원 | あらかじめ 미리 | 用意 준비, 용의 | 袋 봉투 | 分ける 나누다 | 回る 돌다 | 担当 담당 | 地域 지역 | 世帯数 세대 수 | 位置 위치 | 名簿 명부, 명단 | 迷う 헤매다, 망설이다 | 区域 구역 | 略図 약도 | 渡す 건네주다, 넘겨주다

5番

会社で男の人が話しています。社員たちはこの後、まず何をしますか。

회사에서 남자가 이야기하고 있습니다. 사원들은 이후에 먼저 무엇을 합니까?

M　みんなさんもご存知だと思いますが、社員同士の親睦を図る交流会に関する進行と準備を我が部署を含む三つの部署が担当することになりました。ⓐまず、食事を用意しなければなりませんが、関連業者のリストをお配りします。それから、内定済みの新入社員を紹介する場でもありますので、あらかじめ名簿を確認しておいてください。終了時間や順番などは毎年ほぼ同じなので、大きく変わることはないと思いますが、今回の地域住民を交えた時間には、花火大会や屋台も入店する予定です。ⓑ各自が担う役割と活動については、後ほどお知らせします。行事の安全は警備業者が担当しますが、地域住民や社員たちの安全を最優先に考えて行動してください。

M　여러분들도 알고 계시겠지만, 사원들 간의 친목을 도모하는 교류회에 관한 진행과 준비를 우리 부서를 포함한 세 개의 부서가 담당하게 되었습니다. ⓐ 우선, 식사를 준비해야 하는데, 관련 업체 리스트를 나누어 드리겠습니다. 그리고, 내정된 신입사원을 소개하는 자리이기도 하니, 미리 명단을 확인해 두세요. 종료 시간과 순서 등은 매년 거의 같아서 크게 달라지지는 않겠지만, 이번 지역 주민들과 서로 나누는 시간에는, 불꽃축제와 포장마차들도 입점할 예정입니다. ⓑ 각자가 맡을 역할과 활동에 대해서는 잠시 후에 공지하도록 하겠습니다. 행사의 안전은 경비업체가 담당하겠지만, 지역 주민들과 사원들의 안전을 가장 우선으로 생각하고 행동하시길 바랍니다.

社員たちはこの後、まず何をしますか。

사원들은 이후에 먼저 무엇을 합니까?

1 交流会に参加する部署を確認する

2 新入社員の名簿を作成する

3 担当する役割と内容を確認する

4 安全を担当する業者を選定する

1 교류회에 참가할 부서를 확인한다

2 신입사원들의 명단을 작성한다

3 담당할 역할과 내용을 확인한다

4 안전을 담당할 업체를 선정한다

[풀이]

ⓐ 식사 준비에 관한 업체 리스트와 내정된 신입사원 명단을 미리 확인해야 하고, ⓑ 잠시 후에 각자의 역할과 활동에 대해서 공지한다고 말하고 있다. 따라서 정답은 선택지 3번이다.

[단어]

同士 끼리, 같은 부류 | 親睦 친목 | 図る 도모하다 | 交流会 교류회 | ～に関する ～에 관한 | 進行 진행 | 部署 부서 | 含む 포함하다 | 担当 담당 | 用意 용의, 준비 | 関連 관련 | 業者 업자 | 配る 나누어 주다 | 内定 내정 | ～済み ～끝남, ～완료됨 | あらかじめ 미리 | 名簿 명부, 명단 | 終了 종료 | 順番 순번, 순서 | 地域 지역 | 交える 섞다, 서로 나누다 | 花火大会 불꽃놀이, 불꽃축제 | 屋台 포장마차 | 入店 입점 | 担う 담당하다, 짊어지다 | 役割 역할 | ～について ～에 대해서 | 後ほど 조금 뒤에, 나중에 | 警備 경비 | 最優先 최우선 | 選定 선정

問題 2

問題 2 では、まず質問を聞いてください。その後、問題用紙のせんたくしを読んでください。読む時間があります。それから、話を聞いて、問題用紙の 1 から 4 の中から、最もよいものを一つ選んでください。

では練習しましょう。

문제2에서는 우선 질문을 들어 주세요. 그 다음, 문제 용지의 선택지를 읽어 주세요. 읽는 시간이 있습니다. 그러고 나서 이야기를 듣고 문제 용지의 1부터 4 중에서 가장 알맞은 것을 하나 고르세요.

그럼 연습하겠습니다.

例

男の学生と女の学生が話しています。男の学生は、何が一番心配だと言っていますか。

F どうしたの？ うかない顔しちゃって。

M ふうん、最近色々あってさ。

F そうなの？ じゃ、あたし、相談に乗ってあげるから言ってみて。

M いいよ。君に言っても何も変わることないから。君に心配させたくないし。

F 何言ってるのよ。水臭いじゃない。一人で悩むのは精神的にも悪いよ。ほら、早く。

M 実はさ、今のバイトじゃ、生活厳しいよ。もっとバイト増やさなきゃいけないけど、いいとこないし。

남학생과 여학생이 이야기하고 있습니다. 남학생은 무엇이 가장 걱정이라고 말하고 있습니까?

F 무슨 일이야? 우울한 얼굴 하고.

M 으음, 요즘 이런 저런 일이 있어서.

F 그래? 그럼, 내가 상담해 줄 테니까 말해 봐.

M 됐어. 너에게 말해도 아무것도 달라지는 일 없으니까. 너에게 걱정시키고 싶지 않고.

F 무슨 말이야. 섭섭하게. 혼자서 고민하는 것은 정신적으로도 안 좋아. 자, 얼른.

M 사실은, 지금 아르바이트로는 생활이 힘들어. 아르바이트를 더 늘리지 않으면 안 되는데 좋은 곳도 없고.

F バイト？ それなら、あたしが紹介してあげるよ。この前、見といた店があるのよ。時給高くて駅からも近いよ。

M ありがとう。でもさ、卒論の締め切りもそろそろだから、バイトする時間がないよ。後2週間でしょ、締め切り。

F うん、あたしも今やってる。卒論大変！ 特に結論のところが難しいから。

M そうだよ。論文全然うまくいってないし、バイトも何とかしないといけないし、何より論文を書く時間がない。ああ、だめだ俺は。な、ちょっと金貸してくれない？

F だめね、あんた。でも、頑張ろう。お金はないけど。

男の学生は、何が一番心配だと言っていますか。

F 아르바이트? 그거라면 내가 소개해 줄게. 요전에 봐 둔 가게가 있어. 시급이 높고 역에서도 가까워.

M 고마워. 하지만, 졸업 논문 마감도 곧 다가와서 아르바이트 할 시간이 없어. 앞으로 2주일이잖아, 마감.

F 응, 나도 하고 있어. 졸업논문 힘들어! 특히 결론 부분이 어려워서.

M 맞아. 논문, 정말 잘 안 되고 있고, 아르바이트도 어떻게 하지 않으면 안 되고, 무엇보다 논문을 쓸 시간이 없어. 아, 안 되겠어 난. 저기, 돈 좀 빌려 줄래?

F 안됐다, 얘. 그래도 힘내자. 돈은 없지만.

남학생은 무엇이 가장 걱정이라고 말하고 있습니까?

1 生活が厳しいこと
2 論文を書く時間がないこと
3 論文の内容が難しいこと
4 バイトが見つからないこと

1 생활이 힘든 것
2 논문을 쓸 시간이 없는 것
3 논문의 내용이 어려운 것
4 아르바이트를 찾지 못한 것

最もよいものは2番です。解答用紙の問題2の例のところを見てください。最もよいものは2番ですから、答えはこのように書きます。
では始めます。

가장 알맞은 것은 2번입니다. 해답 용지의 문제2의 [예] 부분을 봐 주세요. 가장 알맞은 것은 2번이므로 답은 이렇게 씁니다.
그럼 시작하겠습니다.

1番

女の学生と男の学生が話しています。女の学生は新しい図書館の何を期待していますか。女の学生です。

F 新しくできた学校図書館がいよいよ来週オープンするんだって。一緒に行ってみない？

M 図書館？ 僕、図書館はいやなんだ。閉鎖的で息苦しい感じがどうも苦手で。

여학생과 남학생이 이야기하고 있습니다. 여학생은 새로운 도서관의 무엇을 기대하고 있습니까? 여학생입니다.

F 새로 생긴 학교 도서관이 드디어 다음주에 오픈한데. 같이 가 볼래?

M 도서관? 나 도서관은 싫어. 폐쇄적이고 답답한 느낌이 너무 싫어서.

F　今回の図書館はラーニング・スクウェアといって個人だけじゃなくグループの学習にも適した環境を作っているそうよ。開放感もあって、館内にカフェや売店などの施設もあるから快適な空間になるって聞いてるけど。コーヒーを飲みながら本が読めるようになるなんて。

M　そうなの？ それは楽しみだね。パソコンやホワイトボードなんかもレンタルできるのかな。

F　それくらいは今の図書館でも借りられるんだよ。あと、ⓐ24時間365日、眠らない図書館になるんだって。遅い時間まで課題してて、閉館時間になって仕方がなく帰らなきゃならない時が一番不便だったよ。家の帰り道って人通りが少ない方だから。とにかく、楽しみにしているの。

M　へえ～、眠らない図書館とはすごいね。深夜の時間帯にもスタッフがいるのかな。あ、カフェまでできるんだったら、売店でもいよいよ食事らしい食事ができるようになるのかな。これまでの図書館はそういう点では最悪だったから。

F　まあ、それも期待してもいいんじゃない？ 今までとは違うはずだから。

女の学生は新しい図書館の何を期待していますか。

1　個人とグループ学習における開放感
2　図書館の各種施設の無料の貸し出し
3　閉館時間のない図書館の営業
4　カフェや売店などの施設

F　이번 도서관은 러닝 스퀘어라고 해서, 개인만이 아니라 그룹 학습에도 적합한 환경을 만들고 있대. 개방감도 있고, 관내에 카페나 매점 등의 시설도 있어서 쾌적한 공간이 된다고 들었는데. 커피를 마시면서 책을 읽을 수 있게 되다니.

M　그래? 그건 기대가 되네. 컴퓨터나 화이트 보드 같은 것도 대여할 수 있으려나?

F　그 정도는 지금 도서관에서도 빌릴 수 있거든. 그리고 ⓐ 24시간 365일 잠들지 않는 도서관이 된다고 해. 늦은 시간까지 과제를 하다가 폐관 시간이 되어서 어쩔 수 없이 돌아가야 할 때가 가장 불편했거든. 집에 가는 길이 사람들의 왕래가 좀 적은 편이라. 아무튼, 기대하고 있어.

M　헤에~, 잠들지 않는 도서관이라는 건 굉장하네. 심야 시간대에도 직원이 있는 걸까? 아, 카페까지 생기는 거라면 매점에서도 드디어 식사다운 식사를 할 수 있게 되는 걸까? 지금까지의 도서관은 그런 점에서는 최악이었으니까.

F　뭐, 그것도 기대해도 좋지 않을까? 지금까지와는 다를 테니까.

여학생은 새로운 도서관의 무엇을 기대하고 있습니까?

1　개인과 그룹 학습에서의 개방감
2　도서관 각종 시설의 무료 대여
3　폐관 시간이 없는 도서관 영업
4　카페나 매점 등의 시설

[풀이]

ⓐ 여학생은 도서관의 폐관 시간 때문에 어쩔 수 없이 돌아가야 하는 것이 가장 불편했다고 말하고 있다. 또 24시간 365일 영업하는 새로운 도서관을 기대하고 있다고 말하고 있다. 따라서 정답은 선택지 3번이다. 도서관의 개방감이나 매점 시설은 남학생이 기대하고 있다고 말하고 있기 때문에 선택지 1번과 4번은 정답이 될 수 없다.

[단어]

期待 기대 | 閉鎖的 폐쇄적 | 苦手 질색, 잘 못함 | 個人 개인 | 学習 학습 | 適す 적합하다 | 環境 환경 | 館内 관내 | 売店 매점 | 施設 시설 | 快適 쾌적 | 空間 공간 | 借りる 빌리다 | 眠る 잠들다 | 課題 과제 | 人通り 사람의 왕래 | 深夜 심야 | 貸し出し 대출, 대여 | 営業 영업

2番

テレビで女の人が男の人にインタビューをしています。男の人は、今年の採用には何を一番重視すると言っていますか。

F 本日はキューブ電機会社の佐藤さんにおいでいただきました。さっそくですが、今年の新入社員採用のポイントはどんなところでしょうか。

M そうですね。ⓐ今までは会社の将来に適した人材を探していましたが、これからは即戦力として使えるかどうかが何よりも大事だと思っています。将来性もさることながら、不況続きの現在の状況を考えなくてはいけませんから。

F なるほど、そうですか。今御社は海外の取引量も増加しつつありますし、海外勤務の経験や語学力を備えた人材も重要なのではないでしょうか。

M ⓑはい。その点も大事ですが、海外部門にはしばらく採用予定はありません。

F そうですか。面接ではどんなことが重要になりますか。

M そうですね。仕事に対して全般的に理解をしているかどうかについて知りたいですね。それから、ⓒ一緒に働く同僚とコミュニケーションがうまくとれるかどうかも必要です。いくら実力的に優れていても、一匹狼では、会社勤めには困難が伴いますから。

F やはり協調性とコミュニケーション能力も欠かせないということですね。今日は本当にありがとうございました。

男の人は、今年の採用には何を一番重視すると言っていますか。

TV에서 여자가 남자에게 인터뷰를 하고 있습니다. 남자는 올해 채용에는 무엇을 가장 중요시한다고 말하고 있습니까?

F 오늘은 큐브 전기회사의 사토 씨가 나와 주셨습니다. 바로 본론으로 들어가서, 올해의 신입 사원 채용의 포인트는 어떤 부분인가요?

M 글쎄요. ⓐ지금까지는 회사의 미래에 적합한 인재를 찾고 있었지만, 앞으로는 즉시 전력으로 사용할 수 있을지 어떨지가 무엇보다 중요하다고 생각하고 있습니다. 장래성도 물론이지만, 불황이 계속되고 있는 현재 상황을 생각하지 않으면 안 되기 때문입니다.

F 과연, 그렇군요. 지금 귀사는 해외 거래량도 계속 증가하고 있어서, 해외 근무 경험이나 어학 능력을 갖춘 인재도 중요하지 않을까요?

M ⓑ네. 그 점도 중요하지만, 해외 부문에는 당분간 고용할 예정이 없습니다.

F 그렇군요. 면접에서는 어떤 것이 중요하게 될까요?

M 글쎄요. 일에 대해서 전반적으로 이해를 하고 있는지에 대해서 알고 싶네요. ⓒ함께 일하는 동료들과 커뮤니케이션이 잘 될 수 있는지도 필요합니다. 아무리 실력이 뛰어나다고 해도, 독불장군은 회사 근무에는 어려움이 따르니까요.

F 역시 협조성과 커뮤니케이션 능력도 빼놓을 수는 없다는 것이네요. 오늘 정말 감사했습니다.

남자는 올해 채용에는 무엇을 가장 중요시한다고 말하고 있습니까?

1 将来的に会社にとって役立つ人材であるところ
2 すぐに会社の戦力として働いて行けるところ
3 海外勤務経験が豊富であるところ
4 性格が円満で顧客との会話スキルがあるところ

1 장래적으로 회사에 있어서 도움이 되는 인재일 것
2 바로 회사의 전력으로서 일을 해 나갈 수 있는 것
3 해외 근무 경험이 풍부할 것
4 성격이 원만하고 고객과의 대화 스킬이 있을 것

[풀이]

ⓐ 지금까지의 채용에서는 장래성을 중요시했지만, ⓑ 앞으로는 불황이 이어지는 현재 상황을 고려해서 즉시 전력으로 사용할 수 있는 인재를 채용한다고 말하고 있다. 따라서 정답은 선택지 2번이고, 선택지 1번은 정답이 될 수 없다. ⓒ 해외 근무 부문은 채용 예정이 없다고 말하고 있고, 해외 근무 경험에 관한 언급은 없었다. 따라서 선택지 3번은 정답이 아니다. ⓓ 동료와의 커뮤니케이션이 중요하다고 언급하고 있는 것이지, 고객과의 커뮤니케이션을 언급하고 있는 것은 아니다. 따라서 선택지 4번도 정답이 될 수 없다.

[단어]

採用 채용 | **重視** 중시 | **将来** 장래, 미래 | **適する** 알맞다, 적당하다 | **人材** 인재 | **戦力** 전력 | **〜として** 〜(으)로서 | **不況** 불황 | **状況** 상황 | **御社** 귀사 | **取引** 거래 | **〜つつある** 〜하고 있다, 〜하는 중이다 | **勤務** 근무 | **備える** 갖추다, 대비하다 | **面接** 면접 | **〜に対して** 〜에 대해서 | **全般的に** 전반적으로 | **実力** 실력 | **優れる** 우수하다, 뛰어나다 | **一匹狼** 독불장군 | **伴う** 동반하다, 수반하다 | **協調** 협조 | **能力** 능력 | **欠かす** 빠뜨리다, 빼다 | **〜にとって** 〜에(게) 있어서 | **役立つ** 도움이 되다 | **豊富** 풍부 | **円満** 원만

3番

テレビでアナウンサーがカメラマンの男の人にインタビューしています。カメラマンは良い映像を撮るために、重要なことは何だと言っていますか。

F　今日は20年以上、放送局の現場で活躍しているベテランカメラマンの渡辺さんとお話をしたいと思います。美しいドキュメンタリー映像で有名ですが、どうすればそんなに良い映像を撮ることができるでしょうか。

M　いいえ、私はまだまだです。それでもひとつコツをお伝えしますと、カメラを安定化させる方法から考えたほうが勉強になる思います。せっかく撮影した映像が揺れたりすると、視聴者の立場では不快に感じることがあるからです。手で持って撮影をする場合は、膝を曲げて腕を固定させるなどの自分の体に合った工夫が必要です。

F　そうですね。時間や場所による照明器具も重要ではありませんか。私の場合は、写真を撮るときはいつも暗く映るのが気になりますね。

M　私は自然光を最大限活用することを好みます。個人的な考えですが、どうしても照明を使う場合は人工的な感じがして。ドキュメンタリーでは自然を撮る場合が多いので。あ、そしてⓐ良い映像を撮るには、できるだけたくさん撮影してみる

TV에서 아나운서가 남자 카메라맨에게 인터뷰하고 있습니다. 카메라맨은 좋은 영상을 찍기 위해서 중요한 것은 무엇이라고 말하고 있습니까?

F　오늘은 20년 이상, 방송국 현장에서 활약하고 있는 베테랑 카메라맨인 와타나베 씨와 이야기를 나누려고 합니다. 아름다운 다큐멘터리 영상으로 유명하신데요, 어떻게 하면 그렇게 좋은 영상을 찍을 수 있을까요?

M　아닙니다, 저는 아직 멀었습니다. 그래도 한 가지 팁을 드리자면 카메라를 안정화시키는 방법부터 생각하는 편이 공부가 될 것 같습니다. 모처럼 촬영한 영상이 흔들리거나 하면 시청자의 입장에서는 불편하게 느낄 수 있기 때문입니다. 손으로 들고 촬영을 할 경우에는 무릎을 굽히고 팔을 고정시키는 등의 자신의 몸에 맞는 연구를 해야 합니다.

F　그렇군요. 시간이나 장소에 따른 조명기구도 중요하지 않나요? 저 같은 경우에는 사진을 찍을 때 항상 어둡게 나오는 것이 신경 쓰여요.

M　저는 자연광을 최대한 활용하는 것을 좋아합니다. 개인적인 생각이지만, 아무래도 조명을 사용하는 경우에는 인공적인 느낌이 나서. 다큐멘터리에서는 자연을 찍는 경우가 많다 보니까. 아, 그리고 ⓐ좋은 영상을 찍으려면 가능한 많이 촬영해 보는

ことをお勧めします。カメラの角度や位置、被写体との距離に合ったレンズ調節など、言葉では完璧に説明できないし、教えにくいものですから。

F ⓑ技術的な面に先立ち、多くの時間を投資することが重要なんですね。

M そうです。あと、映像撮影は写真撮影とは少し違うので、あらかじめ自分が望むストーリーボードを作成することも必要です。撮影時間によって構図が変わったり、目的によってはカメラの動線などのチェックが必要だったりする場合もあります。

것을 추천합니다. 카메라의 각도나 위치, 피사체와의 거리에 맞는 렌즈 조절 등, 말로는 완벽하게 설명할 수 없고, 가르치기 어렵기 때문입니다.

F ⓑ기술적인 면에 앞서, 많은 시간을 투자하는 것이 중요한 것이군요.

M 맞습니다. 그리고 영상 촬영은 사진 촬영과는 조금 다르기 때문에, 미리 자신이 원하는 스토리보드를 작성하는 것도 필요합니다. 촬영 시간에 따라 구도가 바뀌기도 하고, 목적에 따라서는 카메라의 동선 등의 체크가 필요한 경우도 있습니다.

カメラマンは良い映像を撮るために、重要なことは何だと言っていますか。

카메라맨은 좋은 영상을 찍기 위해서 중요한 것은 무엇이라고 말하고 있습니까?

1 カメラを持って動く方法
2 自然光や照明器具等の利用方法
3 カメラを操作する時間
4 ストーリーボードの勉強方法

1 카메라를 들고 움직이는 방법
2 자연광이나 조명기구 등의 이용방법
3 카메라를 조작하는 시간
4 스토리보드의 공부 방법

[풀이]

ⓐ 좋은 영상을 찍으려면 가능한 많은 시간을 촬영해 보는 것이 좋다고 하고, ⓑ 기술적인 면보다는 시간을 투자하는 것이 중요한 것이라고 말하고 있다. 따라서 정답은 선택지 3번이다.

[단어]

映像 영상 | **放送局** 방송국 | **現場** 현장 | **活躍** 활약 | **美しい** 아름답다 | **コツ** 요령 | **伝える** 전하다 | **安定化** 안정화 | **撮影** 촬영 | **揺れる** 흔들리다 | **視聴者** 시청자 | **立場** 입장 | **膝** 무릎 | **曲げる** 굽히다, 꺾다 | **腕** 팔 | **固定** 고정 | **工夫** 궁리, 연구 | **～による** ～에 의한, ～에 따른 | **照明** 조명 | **器具** 기구 | **暗い** 어둡다 | **映る** 비치다 | **気になる** 신경이 쓰이다 | **好む** 좋아하다, 선호하다 | **勧める** 추천하다, 권유하다 | **角度** 각도 | **被写体** 피사체 | **距離** 거리 | **調節** 조절 | **技術** 기술 | **～に先立ち** ～에 앞서서 | **投資** 투자 | **あらかじめ** 미리 | **望む** 원하다, 바라다 | **構図** 구도 | **動線** 동선 | **動く** 움직이다

4番

男の人と女の人が話しています。男の人は、花の育て方の何が問題だと言っていますか。

F この植木鉢の花がどんどん枯れてくるんですが、何が原因なのか見ていただけますか。

M ああ、そうですか。確かに健康だとは言えないですね。肥料は適度にやっていますか。

남자와 여자가 이야기하고 있습니다. 남자는 꽃을 키우는 방식의 무엇이 문제라고 말하고 있습니까?

F 이 화분의 꽃이 점점 마르고 있는데, 무엇이 원인인지 봐 주실 수 있나요?

M 아, 그래요? 확실히 건강하다고는 말할 수 없겠네요. 비료는 적당히 주고 계신가요?

F　はい、ⓐ毎月一回ずつ欠かさずやっています。水も毎日やっていますし。何が問題でしょうか。やはり日差しが足りないんでしょうか。

M　いや、ⓑこの花はあまり日光を浴びなくてもよく育つ、改良された品種なんです。でもときどきは日当たりのいいベランダなどに置いたほうがいいですね。ⓒ肥料は月に一回もやらなくてもいいです。やりすぎは植物にもよくないですから。人と同様に考えてもいいと思います。でも、今回は肥料の問題ではなく、水の量を少し減らした方がいいと思いますね。

F　そうですか。たっぷりやるのがいいと思ってました。

M　水の量が多いと、栄養分が根に吸収される前に外に出てしまいますから。毎日やるにしても今の半分ぐらいに減らすようにするのが望ましいです。あと、ⓓ害虫駆除のためにこの薬を3ヶ月に一回やれば、もっと元気に育っていくと思いますよ。

男の人は、花の育て方の何が問題だと言っていますか。

F　네, ⓐ매달 한 번씩은 빠짐없이 주고 있습니다. 물도 매일매일 주고 있고요. 뭐가 문제인 걸까요? 역시 햇볕이 부족한 건가요?

M　아니요, ⓑ이 꽃은 그다지 햇볕을 쬐지 않아도 잘 자라는, 개량된 품종이에요. 그래도 가끔은 햇볕이 잘 드는 베란다 등에 두는 것이 좋겠네요. ⓒ비료는 한 달에 한 번이나 주지 않아도 괜찮습니다. 너무 많이 주는 것은 식물에게도 좋지 않으니까요. 사람과 마찬가지로 생각하시면 될 것 같아요. 하지만 이번에는 비료의 문제가 아니라, 물의 양을 조금 줄이는 것이 좋을 것 같습니다.

F　그래요? 많이 주는 것이 좋을 거라고 생각했어요.

M　물의 양이 많으면 영양분이 뿌리에 흡수되기 전에 밖으로 빠져나가 버리니까요. 매일 주더라도 지금의 절반 정도로 줄이도록 하는 것이 바람직해요. 그리고 ⓓ해충 구제를 위해서 이 약을 3개월에 한 번 준다면, 더욱 건강하게 자라게 될 거예요.

남자는 꽃을 키우는 방식의 무엇이 문제라고 말하고 있습니까?

1　肥料をたくさん使ってしまったこと
2　日差しをたっぷりやらなかったこと
3　水の量をうまく調節できなかったこと
4　害虫の薬を適切に使えなかったこと

1　비료를 너무 많이 사용한 것
2　햇볕을 듬뿍 주지 않았던 것
3　물의 양을 제대로 조절하지 못한 것
4　해충 약을 적절히 사용하지 못한 것

[풀이]

ⓐ 여자는 비료를 한 달에 한 번씩 주고 있고, 물도 매일 주고 있다고 말하고 있다. ⓑ 햇볕을 주지 않았던 것은 문제의 원인이 아니고, ⓒ 비료는 너무 많이 주지 말라고 하지만, 이번 문제의 원인은 아니라고 말하고 있기 때문에, 선택지 1번과 2번은 정답이 될 수 없다. ⓒ 문제의 원인은 물을 너무 많이 준 것이라고 말하고 있기 때문에, 정답은 선택지 3번이다. ⓓ 더욱 건강하게 자라기 위해서 해충약을 주는 것이고, 꽃이 시드는 문제의 원인은 아니기 때문에 선택지 4번도 정답이 아니다.

[단어]

育てる 키우다, 기르다 | **植木鉢** 화분 | **枯れる** 마르다, 시들다 | **原因** 원인 | **肥料** 비료 | **日差し** 햇볕, 햇빛 | **日光を浴びる** 햇볕을 쬐다 | **育つ** 자라다, 성장하다 | **改良** 개량 | **品種** 품종 | **植物** 식물 | **減らす** 줄이다 | **栄養** 영양 | **根** 뿌리, 근원 | **吸収** 흡수 | **望ましい** 바람직하다 | **害虫** 해충 | **駆除** 구제 | **調節** 조절 | **適切** 적절

5番

市民公開講座の先生が子供の読書について話しています。先生はなぜ、子供に本を読ませるときに注意すべき点があると言っていますか。

시민 공개 강좌의 선생님이 어린이의 독서에 대해서 이야기하고 있습니다. 선생님은 왜 아이에게 책을 읽게 할 때에 주의해야 할 점이 있다고 말하고 있습니까?

F 子供に本を読ませたいと思うことがあります。このような考えをするようになったら、すぐ子供に本を読ませるのではなく、親が先に本を読む姿を見せることがいいです。子供は親が本を読んでいるのを見て、自分で本を探して読むようになるからです。ⓐ子供が自分で本を読むようになったら、子供に読んでもらいたい本を押し付けてはいけません。誰かの強要によって本を読んでしまうと、読書の楽しさが感じられなくなります。読書というものが結局ストレスになってしまうんですね。子供に本を読む姿を見せる時間がないというご両親も多いようですが、ほんの少しの時間でもいいので、読書の姿を見せてあげましょう。夜、子供が寝る前に本を読んであげるご両親も多いですが、電子書籍のブルーライトが子供の睡眠を妨げることもあることに注意しましょう。

F 자녀에게 책을 읽게 하고 싶다는 생각을 할 때가 있습니다. 이런 생각을 하게 되면, 바로 아이에게 책을 읽게 하는 것이 아니라, 부모가 먼저 책을 읽는 모습을 보여 주는 것이 좋습니다. 아이는 부모가 책을 읽는 모습을 보고, 스스로 책을 찾아서 읽게 되기 때문입니다. ⓐ아이가 스스로 책을 읽게 되면, 아이가 읽었으면 하는 책을 강요해서는 안 됩니다. 누군가의 강요에 의해서 책을 읽게 되면, 독서의 즐거움을 느낄 수 없게 됩니다. 독서라는 것이 결국 스트레스가 되어 버리는 것이죠. 아이에게 책을 읽는 모습을 보여줄 시간이 없다는 부모님도 많겠지만, 아주 잠깐의 시간이라도 좋으니까, 독서하는 모습을 보여 주도록 합시다. 밤에 아이가 자기 전에 책을 읽어 주는 부모님도 많은데요, 전자서적의 블루 라이트가 아이의 수면을 방해할 수도 있다는 것에 주의하도록 합시다.

先生はなぜ、子供に本を読ませるときに注意すべき点があると言っていますか。

선생님은 왜 아이에게 책을 읽게 할 때에 주의해야 할 점이 있다고 말하고 있습니까?

1 親が一緒に本を読まないといけないから
2 読む本を子供が選ばないといけないから
3 短い時間でも子供に本を読んであげるべきだから
4 電子書籍は子供の睡眠の邪魔になるから

1 부모가 같이 책을 읽어야 하기 때문에
2 읽을 책을 아이가 골라야 하기 때문에
3 짧은 시간이라도 아이에게 책을 읽어 줘야 하기 때문에
4 전자 서적은 아이의 수면에 방해가 되기 때문에

[풀이]

ⓐ 누군가의 강요로 책을 읽게 되면, 독서의 즐거움을 느끼지 못하고 스트레스가 되어 버린다고 말하고 있다. 따라서 정답은 선택지 2번이다. 본문에서 전자 서적이 아이의 수면을 방해할 수도 있다고 말하고 있지만, 그것은 아이에게 책을 읽게 할 때의 주의점이 아니라, 아이에게 책을 읽어 줄 때의 주의점이다. 따라서 선택지 4번은 정답이 될 수 없다.

[단어]

市民 시민 | 公開 공개 | 講座 강좌 | 注意 주의 | ～べき ～해야 할 | 姿 모습 | 押し付ける 억누르다, 강요하다 | 強要 강요 | ～によって ～에 의해서, ～에 따라서 | ほんの少し 아주 조금 | 電子 전자 | 書籍 서적 | 睡眠 수면 | 妨げる 방해하다 | 選ぶ 고르다, 선택하다 | 邪魔 방해, 훼방

6番

ラジオで女の人が話しています。最近、自転車事故が急増している理由は何だと言っていますか。

F　最近、自転車事故が急増しています。ⓐ最も多いのは、自転車と歩行者の衝突ですが、その中で、子供による事故が多いのが特徴です。ⓑ自転車にぶつかる子供はもちろんのこと、自転車に乗っている子供の注意不足による事故が相次いでいます。ⓒ子供の自転車事故を分析した結果、事故が起こる瞬間まで前だけ見て走っている場合が最も多かったです。これは子供の視野が大人のように広くないため発生した結果であると見られています。なお、ⓓ自転車のブレーキの老化やタイヤのチェックなどの自転車の安全点検も必要とされています。**自転車に乗っている子供の両親は、必ず機体の欠陥などの確認をするべきだと思います。**ⓔ横断歩道での自転車搭乗禁止や交通信号の教育など、事故防止のための両親の努力も必要です。**暖かくなるにつれて自転車を利用する人が増えてきますが、乗る前に安全を常に心がけましょう。**

最近、自転車事故が急増している理由は何だと言っていますか。

라디오에서 여자가 이야기하고 있습니다. 최근에 자전거 사고가 급증하고 있는 이유는 무엇이라고 말하고 있습니까?

F　최근에 자전거 사고가 급증하고 있습니다. ⓐ가장 많은 것은 자전거와 보행자의 충돌인데요, 그중에서 어린이에 의한 사고가 많은 것이 특징입니다. ⓑ자전거에 부딪히는 어린이는 물론, 자전거를 타고 있는 어린이의 주의 부족에 의한 사고가 잇따르고 있습니다. ⓒ어린이의 자전거 사고를 분석한 결과, 사고가 일어나는 순간까지 앞만 보고 달려가는 경우가 가장 많았습니다. 이것은 어린이의 시야가 어른처럼 넓지 않기 때문에 발생한 결과라고 보여지고 있습니다. 또한, ⓓ자전거의 브레이크 노화나 타이어 체크 등의 자전거 안전 점검도 필요하다고 여겨지고 있습니다. **자전거를 타고 있는 아이의 부모는 반드시 기체 결함 등의 확인을 해야 한다고 생각합니다.** ⓔ횡단보도에서의 자전거 탑승 금지나 교통 신호에 대한 교육 등, 사고 예방을 위한 부모들의 노력도 필요합니다. **따뜻해지는 날씨와 함께 자전거를 이용하는 사람들이 늘어나고 있습니다만, 자전거를 타기 전에 안전을 항상 명심합시다.**

최근에 자전거 사고가 급증하고 있는 이유는 무엇이라고 말하고 있습니까?

1　視力低下の子供の増加
2　自転車利用者の注意不足
3　自転車点検の注意不足
4　交通安全教育の欠如

1　시력 저하 어린이의 급증
2　자전거 이용자의 주의 부족
3　자전거 점검의 주의 부족
4　교통 안전 교육의 결여

[풀이]

ⓐ 자전거 사고가 급증하고 있는데, 그중에서 가장 많은 것은 아이에 의한 사고라고 말하고 있다. ⓑ 자전거를 타고 있는 경우와 타고 있지 않은 경우 모두 아이의 주의 부족에 의한 것이라고 말하고 있기 때문에, 정답은 선택지 2번이다. ⓒ 아이들의 시야가 좁다는 것이 사고의 배경이라고 말하고 있는 것이지, 아이들의 시력 저하가 사고의 원인은 아니다. 따라서 선택지 1번은 정답이 아니다. ⓓ자전거 점검과 ⓔ 교통 안전 교육에 관한 것은 부모에게 권고하는 내용이기 때문에, 선택지 3번과 4번은 정답이 될 수 없다.

[단어]

急増 급증 | 歩行者 보행자 | ～による ～에 의한(따른) | 特徴 특징 | 注意不足 주의 부족 | 相次ぐ 잇따르다 | 分析 분석 | 視野 시야 | 老化 노화 | 点検 점검 | 防止 방지 | 努力 노력 | ～につれて ～에 따라서, ~와 더불어 | 常に 항상, 늘 | 心がける 명심하다, 유의하다 | 視力 시력 | 低下 저하 | 欠如 결여

問題 3

問題3では、問題用紙に何も印刷されていません。この問題は、全体としてどんな内容かを聞く問題です。話の前に質問はありません。まず話を聞いてください。それから、質問とせんたくしを聞いて、1から4の中から、最もよいものを一つ選んでください。

では練習しましょう。

문제3에서는 문제 용지에 아무것도 인쇄되어 있지 않습니다. 이 문제는 전체로서 어떤 내용인지를 묻는 문제입니다. 이야기 전에 질문은 없습니다. 먼저 이야기를 들어 주세요. 그리고 나서 질문과 선택지를 듣고 1부터 4 중에서 가장 알맞은 것을 하나 고르세요.

그럼 연습하겠습니다.

例

講演会で男の人が話しています。

M 最近、言葉を略すことについての討論が話題になっています。言葉はきれいに使わないといけない、若者の略した言葉遣いは無礼だ、略語とは言語破壊活動だといった反対意見。これに対して、言葉は時代によって変化するものだ、今使われている言葉と昔の言葉とは大変差がある、無駄な時間を無くしてくれるからより効果的だといった賛成意見。いずれの意見にもちゃんとした理由を挙げています。私、個人的には賛成でも反対でもありません。今盛り上がっている略語よりは人と話している時の表情について考える必要があると思っています。いくらきれいな言葉を使っていても、丁寧ではない態度を示しているときれいに見えるはずはないでしょう。

男の人は何について話していますか。

강연회에서 남자가 이야기하고 있습니다.

M 최근 말을 생략하는 것에 대한 토론이 화제가 되고 있습니다. 말은 예쁘게 사용하지 않으면 안 된다, 젊은 사람들의 생략하는 말투는 무례하다, 약어는 언어 파괴 활동이라고 하는 반대 의견. 이것에 대해서, 언어는 시대에 따라서 변화하는 것이다, 지금 사용되고 있는 말과 옛날 말과는 큰 차이가 있다, 쓸데없는 시간을 없애 주기 때문에 보다 효과적이라고 하는 찬성 의견. 어느 쪽이나 확실한 이유를 들고 있습니다. 저 개인적으로는 찬성도 반대도 아닙니다. 지금 비등되고 있는 약어보다는 다른 사람과 이야기할 때의 표정에 대해서 생각할 필요가 있는 것 같습니다. 아무리 예쁜 말을 쓰고 있더라도, 정중하지 않은 태도를 보이고 있으면 예쁘게 보일 리가 없겠죠.

남자는 무엇에 대해서 이야기하고 있습니까?

1 略語の由来
2 略語の背景
3 会話の姿勢
4 会話の効果

1 약어의 유래
2 약어의 배경
3 대화의 자세
4 대화의 효과

最もよいものは3番です。解答用紙の問題3の例のところを見てください。最もよいものは3番ですから、答えはこのように書きます。

では始めます。

가장 알맞은 것은 3번입니다. 해답 용지의 문제3의 [예] 부분을 봐 주세요. 가장 알맞은 것은 3번이므로 답은 이렇게 씁니다.

그럼 시작하겠습니다.

1番

講演会で医者が話しています。

강연회에서 의사가 이야기하고 있습니다.

M ⓐ睡眠の質の向上は身体的、心理的健康の向上だけでなく、免疫力、集中力などの向上にもつながります。**毎日同じ時間に寝て、照明を暗くし、寝る前のスマートフォンの利用を制限することなどは、睡眠の質の向上のための方法としてよく知られており、実際に実践している人も多いです。**ⓑ眠る前の習慣を改善することで睡眠の質の向上を図るということです。一方、睡眠とは全く関係なさそうな昼間の活動も睡眠に影響を及ぼすという研究結果が出ています。**過度な昼寝、運動や飲酒の有無なども睡眠に影響を与えることがあるということです。特に昼寝の場合、個人によって差はありますが、30分くらいが適当です。**

M ⓐ수면의 질의 향상은 신체적, 심리적 건강의 향상뿐만 아니라 면역력, 집중력 등의 향상으로도 이어집니다. **매일 같은 시간에 자고, 조명을 어둡게 하고, 자기 전의 스마트폰 이용을 제한하는 것 등은 수면의 질의 향상을 위한 방법으로 잘 알려져 있고 실제로 실천하고 있는 사람도 많습니다.** ⓑ잠들기 전의 습관을 개선하는 것으로 수면의 질적 향상을 도모한다는 것이죠. 한편, 수면과는 전혀 관계가 없을 것 같은 낮의 활동도 수면에 영향을 끼친다는 연구결과가 나오고 있습니다. **과도한 낮잠, 운동이나 음주의 여부 등도 수면에 영향을 줄 수 있다는 것입니다. 특히 낮잠의 경우, 개인마다 차이가 있겠지만, 30분 정도가 적당합니다.**

医者が言いたいことは何ですか。

의사가 말하고 싶은 것은 무엇입니까?

1 健康な睡眠の効果と向上させるための方法
2 スマートフォンの使用と睡眠との関係
3 眠る前の行動改善のための方法
4 昼寝が睡眠に与える影響

1 건강한 수면의 효과와 향상시키기 위한 방법
2 스마트폰의 사용과 수면과의 관계
3 잠들기 전의 행동개선을 위한 방법
4 낮잠이 수면에게 미치는 영향

[풀이]

ⓐ 수면의 질이 향상되면, 신체적, 심리적 건강과 면역력이나 집중력의 향상으로 이어진다고 말하고 있다. 또한 ⓑ 같은 시간에 자고, 조명 조절과 스마트폰 이용 제한 등의 잠들기 전의 습관 개선과 낮잠, 운동이나 음주 여부 등의 낮의 활동도 수면에 영향을 줄 수 있다고 말하고 있다. 따라서 정답은 선택지 1번이다.

[단어]

講演会 강연회 | **睡眠** 수면 | **質** 질 | **向上** 향상 | **身体的** 신체적 | **心理** 심리 | **健康** 건강 | **免疫力** 면역력 | **集中力** 집중력 | **照明** 조명 | **暗い** 어둡다 | **制限** 제한 | **～として** ～으로서 | **実際** 실제 | **実践** 실천 | **眠る** 잠들다 | **習慣** 습관 | **改善** 개선 | **図る** 도모하다 | **一方** 한편 | **全く** 전혀, 정말로 | **昼間** 낮, 주간 | **活動** 활동 | **影響** 영향 | **及ぼす** 미치다, 끼치다 | **過度** 과도 | **飲酒** 음주 | **与える** 주다 | **～によって** ～에 의해서, ～에 따라서 | **差** 차, 차이 | **適当** 적당 | **効果** 효과

2番

テレビのニュースでアナウンサーが話しています。	TV 뉴스에서 아나운서가 이야기하고 있습니다.
F 現在日本では農業の高齢化が持続的に進んでいます。ⓐ農業に対する若者の忌避現象は今後も続くと専門家たちは予想しています。都市での成功と洗練された生活を追求する農家出身の若者が増えているということです。一方、体の自由が利かなくなったお年寄りには、農家の仕事は厳しいです。畑は放置され始め、草刈りなどといった雑務は、高齢の彼らにとって現実的に不可能なことなのです。餌を探して下りてきた野生動物が、放置された畑に出没するようになり、人身事故まで発生しています。ところで、長野県のある地域では大学生たちが農作業を手伝いながら、農産物の販売にまでかかわり、成功させているという事例があります。なお、長野地域団体ではボランティアで、農家のための支援をしています。ⓑローカルフードの生産と販売に至っては、学生たちと農家、地域団体が一丸となって行っています。このような現象が、高齢化によって苦しんでいる日本の農業の解決策としてつながっていくか関心を集めています。	F 현재 일본에서는 농업의 고령화가 지속적으로 진행되고 있습니다. ⓐ농업에 대한 젊은 사람들의 기피 현상은 앞으로 이어질 것이라고 전문가들은 예상하고 있습니다. 도시에서의 성공과 세련된 생활을 추구하는 농가 출신의 젊은 사람들이 늘어나고 있는 것입니다. 한편, 거동이 불편하게 된 노인들에게는 농가의 일은 혹독합니다. 밭은 방치되기 시작하고, 잡초 제거 같은 잡일은 고령인 그들에게 있어서 현실적으로 불가능한 일인 것입니다. 먹이를 찾아 내려온 야생 동물이 방치된 밭에 출몰하게 되고, 인명 사고까지 발생하고 있습니다. 그런데 나가노 현의 어느 지역에서는 대학생들이 농사일을 도우면서, 농산물의 판매에까지 관여하여 성공시키고 있는 사례가 있습니다. 또한 나가노 지역 단체에서는 자원봉사로 농가를 위한 지원을 하고 있습니다. ⓑ로컬 푸드의 생산과 판매에 이르러서는 학생들과 농가, 지역 단체가 하나가 되어 실시하고 있습니다. 이러한 현상이 고령화로 인해 힘들어하는 일본 농업의 해결책으로 이어질지 관심을 모으고 있습니다.
アナウンサーは何について話していますか。	아나운서는 무엇에 대해서 이야기하고 있습니까?

1 農業の高齢化の原因と対策 / 1 농업 고령화의 원인과 대책

2 野生動物による人身事故の対策 / 2 야생 동물에 의한 인명 사고의 대책

3 農家の生活補助のための政府の支援 / 3 농가의 생활 보조를 위한 정부의 지원

4 学生ボランティアによる農業活動 / 4 학생들의 자원봉사에 의한 농업 활동

[풀이]

ⓐ 농업의 고령화의 원인으로, 농가 출신의 젊은 사람들의 농업 기피 현상을 언급하고 있다. ⓑ 학생들과 농가, 지역 단체가 하나가 되어 농업의 고령화로 인해서 힘들어 하는 일본 농업의 해결책을 제시할 수도 있다고 말하고 있다. 따라서 정답은 선택지 1번이다. 학생들의 농업 자원봉사에만 초점을 맞춘 것이 아니기 때문에, 선택지 4번은 정답이 될 수 없고, 선택지 2번과 3번에 관한 언급은 없었다.

[단어]

農業 농업 | **高齢化** 고령화 | **持続** 지속 | **～に対する** ～에 대한 | **忌避** 기피 | **現象** 현상 | **洗練** 세련 | **追求** 추구 | **厳しい** 엄하다, 혹독하다 | **放置** 방치 | **～にとって** ～에(게) 있어서 | **餌** 먹이, 사료 | **出没** 출몰 | **人身事故** 인사 사고, 인명 사고 | **農産物** 농산물 | **販売** 판매 | **事例** 사례 | **団体** 단체 | **支援** 지원 | **解決策** 해결책 | **～として** ～(으)로서 | **原因** 원인 | **対策** 대책 | **政府** 정부

3番

大学の就職説明会で女の人が話しています。

F 私どもさくら産業では、リーダーに適した人材を募集しております。今回の採用試験は、二回にわたって行われますが、一次試験の書類選考でチームの一員としてうまく溶け込める要素に関する評価はすでに行いました。弊社では、リーダーシップ開発プログラムを運営しておりますので、学級委員などの活動経験がない方たちの全面的なサポートも可能です。つまり、リーダーの経験のない方にとっても不利な試験ではないということです。午後の二次試験では、個人の創意工夫と多様性に関する点を重点的に評価させていただく予定です。ⓐますます厳しくなる未来に関する予測について様々な角度から創意工夫を持って考えられる人材が必要だと思います。

女の人は、何について言っていますか。

대학 취업설명회에서 여자가 이야기하고 있습니다.

F 저희 사쿠라 산업에서는 리더에 적합한 인재를 모집하고 있습니다. 이번 채용시험은 2회에 걸쳐서 진행되는데, 1차 시험인 서류전형에서 팀의 일원으로서 잘 녹아들 수 있는 요소에 관한 평가는 이미 진행했습니다. 저희 회사에서는 리더십 개발 프로그램을 운영하고 있기 때문에, 학급 위원 등의 활동경험이 없는 분들의 전폭적인 지원도 가능합니다. 즉, 리더의 경험이 없는 분들에게도 불리한 시험은 아니라는 것입니다. 오후의 2차 시험에서는 개인의 창의적인 아이디어와 다양성에 관한 점을 중점으로 평가할 예정입니다. ⓐ갈수록 어려워지는 미래에 관한 예측에 대해서 다양한 각도에서 창의적인 아이디어를 가지고 생각할 수 있는 인재가 필요하다고 생각합니다.

여자는 무엇에 관해서 이야기하고 있습니까?

1 リーダーの経験がある人材を選ぶ理由
2 リーダーシップの開発に関心のある学生の募集
3 創意工夫を持った人材が必要な理由
4 未来が予測できる会社プロジェクト

1 리더 경험이 있는 인재를 뽑는 이유
2 리더십 개발에 관심 있는 학생 모집
3 창의적인 아이디어를 가진 인재가 필요한 이유
4 미래를 예측할 수 있는 회사 프로젝트

[풀이]

ⓐ 갈수록 어려워지는 미래를 대비하기 위해서, 창의적인 아이디어로 생각할 수 있는 인재가 필요하다고 그 이유를 말하고 있다. 따라서 정답은 선택지 3번이다.

[단어]

就職 취직 | 説明 설명 | 産業 산업 | 適す 적합하다 | 人材 인재 | 募集 모집 | 採用 채용 | ~にわたって ~에 걸쳐서 | 書類選考 서류전형 | 溶け込む 녹아들다 | 要素 요소 | ~に関する ~에 관한 | 評価 평가 | 行う 시행하다, 행하다 | 弊社 폐사, 저희 회사 | 運営 운영 | 学級委員 학급위원(반장) | 全面的 전면적 | ~にとって ~에 있어서 | 創意工夫 독창적인 사고방식과 아이디어, 창의적 고안 | 多様性 다양성 | 厳しい 엄하다, 혹독하다 | 予測 예측 | ~について ~에 대해서 | 角度 각도

4番

講演会で男の人が話しています。

강연회에서 남자가 이야기하고 있습니다.

M 今日は、ビジネスマナーについて話させていただきましょう。ビジネスマナーというのは、相手と実際に会う前からすでに始まっています。ⓐ特に電話応対の態度が重要ですが、丁寧な言い方で話すことは、すでに周知のことであり、内容の整理も必要となります。口頭だけの内容は、時間が経過するにつれて、お互いの記憶の内容にくい違いが発生したり、誤解が生じたりすることもあるからです。したがって、ⓑ電話で取り交わした内容を簡潔にまとめて、メールで送っておくといいでしょう。直接会って話をする場合よりも、電話での会話に誤解が発生しやすいということを見落としてはいけないのです。ⓒもちろん、先方の人と対面する場においては、ちゃんとした服装を着用したり、丁寧な言い方をしたりすることは言うまでもないでしょう。

M 오늘은 비즈니스 매너에 대해서 이야기하겠습니다. 비즈니스 매너라는 것은 상대방과 실제로 만나기 전부터 이미 시작됩니다. ⓐ특히 전화 응대 태도가 중요한데, 정중한 말투로 이야기를 하는 것은 이미 모두 알고 있는 것이고, 내용의 정리도 필요합니다. 말로만 했던 내용은 시간이 지남에 따라서 서로가 기억하는 내용에 차이가 발생하거나 오해가 생기거나 하는 경우도 있기 때문입니다. 따라서 ⓑ전화로 주고받은 내용들을 간결하게 정리해서 메일로 보내 두면 좋겠죠. 직접 만나서 이야기를 하는 경우보다도 전화상의 대화에 오해가 발생하기 쉽다는 사실을 간과해서는 안 되는 것입니다. ⓒ물론 상대방과 대면하는 자리에서는 제대로 된 복장을 착용하거나 정중한 말투를 사용하는 것은 말할 필요도 없겠죠.

男の人が最も言いたいことは何ですか。

남자가 가장 말하고 싶은 것은 무엇입니까?

1 電話応対における丁寧な言い方
2 電話応対における内容の整理
3 ビジネスマナーに関する服装
4 簡潔なメールの作成方法

1 전화 응대에서의 정중한 말투
2 전화 응대에서의 내용 정리
3 비즈니스 매너에 관한 복장
4 간결한 메일의 작성 방법

[풀이]

ⓐ 전화 응대를 할 때, 정중한 목소리로 말하는 것은 이미 다 알고 있는 내용이라고 말하고 있기 때문에, 선택지 1번은 정답이 될 수 없다. 또한 내용을 정리하는 것이 중요하고, ⓑ 메일로 보내 두는 것이 좋다고 말하고 있다. 따라서 정답은 선택지 2번이다. ⓒ 상대방과 대면할 때, 단정한 복장을 착용하는 것과 정중한 말투를 사용하는 것은 당연하다고 말하고 있다. 따라서 남자가 강조하고 싶은 내용이라고 보기 힘들기 때문에, 선택지 3번은 정답이 아니다. 선택지 4번에 관한 언급은 없었다.

[단어]

～について ～에 대해서 | すでに 이미, 벌써 | 応対 응대 | 態度 태도 | 丁寧 정중함, 공손한 | 周知 주지(여러 사람이 두루 알다) | 整理 정리 | 経過 경과 | ～につれて ～에 따라서, ～와 더불어 | 互い 서로 | 誤解 오해 | 生じる 발생하다, 생기다 | したがって 따라서 | 取り交わす 주고받다, 교환하다 | 簡潔 간결 | まとめる 정리하다 | 見落とす 간과하다, 빠뜨리다 | 対面 대면 | 服装 복장 | 着用 착용 | ～における ～에서의, ～경우(의) | ～に関する ～에 관한

5番

大学で先生と男子学生が話しています。

M 石井先生、いらっしゃいますか。

F あ、太田さん。話したいことがあって呼びました。今インターンシップ中ですね。

M はい。週に二日出ています。あ、前回の課題はまだ提出できていません。すいません、来週までには必ず提出します。

F 今回の課題は中間試験の代わりだから、忙しいと思いますが、ぜひ提出お願いしますね。あ、実は課題の件で呼んだのではありません。インターンシップで大変だったり、困った点があるのか気になるところもありますし、海外インターンシップのこともあってですね。

M あ、そうですか。最初は少し大変でしたが、インターンシップをしてよかったと思っています。色んな実務に関する知識も学ぶことができています。あのう、インターンシップが終わるまでまだ二週間は残っていて、他のインターンシップはちょっと無理だと思いますが…。

F あ、ⓐ海外インターンシップは次の学期から始まります。普段興味のある分野だと聞いていたような覚えがあってですね。太田さんの場合は、英語の試験の点数もいいし、他の書類も問題なさそうですね。三ヶ月の長期インターンシップで、アルバイトとは違うということは言うまでもないですよね。今もインターンとして会社に勤めているんですから。

M 出勤初日には少しそんな考えもありましたが、今はバイトとは全然違うと感じています。外国でも今のように一人の社員として頑張っていくつもりです。ぜひ挑戦してみたいと思います。

何についての話ですか。

대학에서 선생님과 남학생이 이야기하고 있습니다.

M 이시이 선생님, 계시나요?

F 아, 오타 씨. 할 말이 있어서 불렀어요. 지금 인턴십 중이죠?

M 네. 일주일에 이틀 나가고 있습니다. 아, 지난번 과제는 아직 제출을 하지 못했습니다. 죄송합니다, 다음주까지는 꼭 제출하겠습니다.

F 이번 과제는 중간 시험 대신이라서, 바쁘겠지만 꼭 제출 부탁할게요. 아, 사실 과제 건으로 부른 것은 아닙니다. 인턴십으로 힘들거나 곤란한 점이 있는지에 관해서 신경 쓰이기도 하고, 해외 인턴십에 관한 것도 있어서요.

M 아, 그렇군요. 처음에는 조금 힘들었지만, 인턴십하기를 잘했다고 생각하고 있습니다. 여러 가지 실무에 관한 지식도 배울 수 있어요. 저기, 인턴십이 끝나기까지 아직 2주는 남아 있어서, 다른 인턴십은 조금 무리가 아닐까 생각하는데….

F 아, ⓐ해외 인턴십은 다음 학기부터 시작됩니다. 평소에 관심이 있는 분야라고 들었던 기억이 있어서요. 오타 씨의 경우에는 영어시험 점수도 괜찮고, 다른 서류도 문제가 없을 것 같네요. 3개월의 장기 인턴십이고, 아르바이트와는 다르다는 것은 말할 필요도 없겠죠? 지금도 인턴으로 회사를 다니고 있으니까요.

M 출근 첫날에는 잠깐 그런 생각도 있었지만, 지금은 아르바이트와는 전혀 다르다고 느끼고 있습니다. 외국에서도 지금처럼 한 명의 사원으로서 열심히 해 나갈 생각입니다. 꼭 도전해 보고 싶습니다.

무엇에 대한 이야기입니까?

1 課題提出に関する催促	1 과제 제출에 관한 재촉
2 インターンシップの問題点の解決方法	2 인턴십 문제점의 해결 방법
3 海外インターンシップについての提案	3 해외 인턴십에 대한 제안
4 インターンシップに対する姿勢	4 인턴십에 대한 자세

[풀이]

ⓐ 3개월의 장기 해외 인턴십에 대한 안내와 제안을 하고 있다. 따라서 정답은 선택지 3번이다.

[단어]

課題 과제 | 提出 제출 | 代わり 대리, 대신 | 気になる 신경이 쓰이다 | 海外 해외 | 実務 실무 | ～に関する ～에 관한 | 知識 지식 | 残る 남다 | 学期 학기 | 普段 보통, 평소 | 覚え 기억 | 点数 점수 | 長期 장기 | 勤める 근무하다 | 初日 첫날 | ～として ～으로서 | 頑張る 분발하다, 열심히 하다 | 挑戦 도전 | 催促 재촉 | 解決 해결 | 提案 제안 | ～に対する ～에 대한 | 姿勢 자세

問題 4

問題４では、問題用紙に何も印刷されていません。まず文を聞いてください。それから、それに対する返事を聞いて、１から３の中から、最もよいものを一つ選んでください。

では練習しましょう。

문제4에서는 문제 용지에 아무것도 인쇄되어 있지 않습니다. 먼저 문장을 들어 주세요. 그러고 나서 그것에 대한 대답을 듣고, 1부터 3 중에서 가장 알맞은 것을 하나 고르세요.

그럼 연습하겠습니다.

例

F 今更行ったところで間に合わないよ。	F 이제 와서 가 봤자, 늦을 거야.
M 1 やっぱりそうだろう。仕方ないね。 2 いや、遅れて行くわけにはいかないだろう。 3 もうそろそろ帰ろうか。時間もぎりぎりだし。	M 1 역시 그렇겠지. 어쩔 수 없네. 2 아니, 늦게 갈 수는 없지. 3 이제 슬슬 집에 갈까? 시간도 아슬아슬하네.

最もよいものは１番です。解答用紙の問題４の例のところを見てください。最もよいものは１番ですから、答えはこのように書きます。

では始めます。

가장 알맞은 것은 1번입니다. 해답 용지의 문제 4의 [예] 부분을 봐 주세요. 가장 알맞은 것은 1번이므로 답은 이렇게 씁니다.

그럼 시작하겠습니다.

1番

M 部長の取引先の応対能力には本当に頭が下がるね。	M 부장님의 거래처 응대 능력에는 정말 머리가 숙여지네.
F 1 そうだよ。取引先の問題でもあるからね。 2 そう？ 私はまだ大丈夫だと思うけど。 3 本当だよ。毎回驚くんだから。	F 1 맞아. 거래처 문제이기도 하니까. 2 그래? 난 아직 괜찮으신 것 같은데. 3 정말이야. 매번 놀란다니까.

[풀이] 부장님의 거래처 능력은 정말 뛰어나다는 남자의 말에, 여자도 매번 놀란다고 말하고 있는 선택지 3번이 정답이다.

[단어] 取引先 거래처 | 応対 대응 | 能力 능력 | 頭が下がる 머리가 숙여지다(존경하는 기분이 들다) | 驚く 놀라다

2番

M 新入社員でもあるまいし、こんなミスは注意したほうがいいんじゃない？	M 신입사원도 아니고, 이런 실수는 주의하는 편이 좋지 않겠어?
F 1 すみません。私が注意させます。 2 すみません。これから注意します。 3 新入社員ですか。私が話してみます。	F 1 죄송합니다. 제가 주의를 시키겠습니다. 2 죄송합니다. 앞으로 주의하겠습니다. 3 신입사원이요? 제가 얘기해 보겠습니다.

[풀이] 신입사원도 아니기 때문에 기본적인 실수는 주의하라는 여자의 말에, 앞으로 주의하겠다고 말하는 선택지 2번이 정답이다.

[단어] 新入社員 신입사원 | 注意 주의

3番

M 清水さん、手伝わせてもらいましょうか。	M 시미즈 씨, 도와줄까요?
F 1 あ、課長。ありがとうございます。 2 私もお手伝いしたいんですが…。 3 では、私がお手伝いします。	F 1 아, 과장님. 감사합니다. 2 저도 도와드리고 싶지만…. 3 그럼, 제가 도와드릴게요.

[풀이] 도와주겠다는 남자의 말에, 고맙다고 하는 선택지 1번이 정답이다.

Tip. 「동사의 사역형 + てもらう / ていただく(~하다, ~해 드리다)」는 즉시 응답 파트에서 자주 나오니까 반드시 알아두도록 하자! 바로 해석이 되지 않으면 틀릴 확률이 굉장히 높으니까 주의하자!

[단어] 手伝う 돕다, 거들다

4番

F あのう、少しだけ席を詰めていただけないでしょうか。	F 저기, 조금만 자리를 좁혀 주실 수 없을까요?
M 1 あ、すみません。失礼しました。 2 ありがとうございます。おかげさまです。 3 それでは、使用済みの席は後片付けまでお願いしますね。	M 1 아, 죄송합니다. 실례했습니다. 2 감사합니다. 덕분이에요. 3 그럼, 사용이 끝난 자리는 뒷정리까지 잘 부탁드려요.

[풀이] 자리를 조금만 좁혀 달라는 남자의 말에, 미안하다는 대답을 하고 있는 선택지 1번이 정답이다.

[단어] 席 자리 | 詰める 좁히다, 채우다 | ～済み ～끝남 | 後片付け 뒷정리, 뒷마무리

5番

F 営業部の木村さん、遅れるなら遅れると早く連絡してくれればいいのに。	F 영업부의 기무라 씨, 늦으면 늦는다고 일찍 연락해 주면 좋을 것을.
M 1 遅くても来ると言うなら幸いですね。 2 来なくても連絡はしたほうがよさそうですね。 3 念のため、先方側に連絡しておきます。	M 1 늦어도 온다고 하면 다행이네요. 2 오지 않더라도 연락은 하는 편이 좋을 것 같네요. 3 혹시 모르니, 상대 쪽에 연락해 두겠습니다.

[풀이] 사내의 영업부 사원이 지각하는 것에 대한 연락이 늦었다고 불평하고 있는 여자의 말에 혹시 모르니 상대 쪽에 연락해 두겠다는 말하는 선택지 3번이 정답이다.

[단어] 営業 영업 | ～のに ～한데, ～텐데 | 幸い 다행 | 念のため 만약을 위해서, 혹시나 해서 | 先方 상대방

6番

F 何かあったの。浮かない顔しちゃって。	F 무슨 일 있었어? 우울한 얼굴이네.
M 1 うん、仕事はうまく行ってるから心配しないで。 2 うん、いいアイデアが浮かんで来なくてさあ。 3 うん？ 顔に何か付いてるよ。	M 1 응, 일은 잘 되고 있으니까 걱정하지 마. 2 응, 좋은 아이디어가 떠오르지 않아서 말이지. 3 응? 얼굴에 뭔가 묻어 있어.

[풀이] 무슨 일이 있냐고 물어보는 여자의 말에, 좋은 아이디어가 떠오르지 않는다고 답하고 있는 선택지 2번이 정답이다.

[단어] 浮く 뜨다, 마음이 들뜨다 | うまく行く 잘 되어가다 | 付く 붙다

7番

M このくらいの提案じゃ、打ち合わせをしたところで難しいんじゃない？	M 이 정도 제안으로는 협의를 해 봤자 힘들지 않을까?
F 1 はい、受け入れがたいかもしれませんね。 2 はい。打ち合わせをしてみたところ、反応は良かったんです。 3 いいえ、この程度なら大変かもしれません。	F 1 네, 받아들이기 힘들 수도 있겠네요. 2 네. 협의해 봤더니, 반응은 좋았습니다. 3 아니요, 이 정도라면 힘들 수도 있습니다.

[풀이] 자기 회사의 제안이 상대 회사로부터 좋은 반응을 얻기 어려울 거라는 남자의 말에, 동의하고 있는 선택지 1번이 정답이다.

[단어] 提案 제안 | 打ち合わせ 협의 | ～たところで ～해 봤자, ～한들 | 受け入れる 받아들이다 | ～がたい ～하기 어렵다, 힘들다 | ～たところ ～했더니 | 反応 반응 | 程度 정도

8番

F 今度の休みは、家でゆっくり休もうと思ってたのに。	F 이번 휴가는 집에서 푹 쉬려고 생각했었는데.
M 1 わー、今回の休暇は海外ですか。 2 え？ どうしたの？ 休み、なくなったの？ 3 やっぱり、家では、ゆっくりは休めないね。	M 1 와~, 이번 휴가는 해외인가요? 2 응? 무슨 일이야? 휴가, 없어졌어? 3 역시, 집에서는 느긋하게 쉴 수 없군.

[풀이] 이번 휴가는 집에서 푹 쉬려고 했지만, 그렇게 되지 못해서 아쉬워하는 여자에게, 휴가가 없어졌느냐고 물어보는 선택지 2번이 정답이다.

[단어] ゆっくり 천천히, 느긋하게 | 休暇 휴가 | 海外 해외

9番

M さすが有名なレストランだけのことはあるね。	M 역시 유명한 레스토랑인 이유가 있네.
F 1 そうよ。他の所に行った方が良かったね。 2 有名な割に味はまあまあだね。 3 そうだね。こんなところは初めてだよ。	F 1 맞아. 다른 곳에 가 볼 걸 그랬어. 2 유명한 것에 비해 맛은 그럭저럭이네. 3 맞아. 이런 곳은 처음이야.

[풀이] 유명한 레스토랑인 이유가 있다는 남자의 말에, 그렇다고 말하고 있는 선택지 3번이 정답이다.

[단어] ～だけのことはある ～만큼의 가치가 있다, ～할 만하다 | ～割に ～에 비해 | 味 맛

10番

F 前回話したレポートの相談のこと、今日なら時間を作れると思うんだけど。	M 지난번에 말했던 리포트 상담에 대한 것, 오늘이라면 시간 낼 수 있을 것 같은데.
M 1 なんとか今日じゃないといけないみたいだけど。 2 本当？ 君も卒業論文で忙しいのに悪いね。 3 来週までにレポート提出しなければならないだろう。	F 1 어떻게든 오늘이 아니면 안 될 것 같은데. 2 정말? 너도 졸업논문으로 바쁠 텐데 미안해. 3 다음주까지 리포트 제출해야겠지.

[풀이] 오늘이라면 남자의 리포트 상담을 할 수 있다는 여자의 말에, 반색하면서 미안해하는 선택지 2번이 정답이다.

[단어] 前回 지난번, 저번 | なんとか 어떻게든 | 卒業 졸업 | 悪い 나쁘다, 미안하다 | 提出 제출

11番

M マナーって、子供であれ大人であれ守るべきだと思う。	M 매너라는 건, 아이든 어른이든 지켜야 하는 것 같아.
F 1 うん、子供は大人を見て育つから。 2 そう？ 幼いからといって全部許されるわけじゃないと思うよ。 3 うん。私もそう思う。	F 1 응, 어린이는 어른을 보고 자라니까. 2 그래? 어리다고 다 용서되는 건 아니라고 생각해. 3 응, 나도 그렇게 생각해.

[풀이] 아이든 어른이든 매너를 지켜야 한다는 남자의 말에, 공감을 하고 있는 선택지 3번이 정답이다.

[단어] ～であれ ～であれ ～든 ～든 | 守る 지키다 | ～べきだ ～해야 한다 | 育つ 자라다 | 幼い 어리다 | ～からといって ～라고 해서 | 許す 용서하다 | ～わけじゃない (반드시)～인 것은 아니다

問題 5

問題 5 では、長めの話を聞きます。この問題には練習はありません。問題用紙にメモをとってもかまいません。

1番

問題用紙に何も印刷されていません。まず話を聞いてください。それから、質問とせんたくしを聞いて、１から４の中から、最もよいものを一つ選んでください。

では始めます。

문제5에서는 긴 이야기를 듣습니다. 이 문제에는 연습은 없습니다. 문제 용지에 메모를 해도 상관없습니다.

1번

문제 용지에 아무것도 인쇄되어 있지 않습니다. 먼저 이야기를 들으세요. 그러고 나서, 질문과 선택지를 듣고 1에서 4 중에서 가장 알맞은 것을 하나 고르세요.

그럼 시작하겠습니다.

博物館で館長とスタッフの二人が話しています。

F1 最近は、ボランティアがなかなか集まりませんね。地域の新聞にも広告を出していますが、まだ期待できる効果はありません。

M 展示物の管理を手伝ってくれるボランティアは集まりましたが、外国人観光客向けの案内や説明をしてくれる人はまだまだ足りませんね。

F2 去年まではいろんな外国語専攻の大学生たちがいろいろ助けてくれましたが、今年は就職活動を控えていて、辞めることもあると思います。

F1 あ、そうですか。ⓐそちらも備えなければなりませんね。いくつかの大学には知り合いの先生がいますから、連絡をしてみます。

M 残りは、学校内にポスターを貼らせてもらうとか、興味のある学生がいるかについても問い合わせてみます。

F2 ガイドのボランティアは、展示物に関する知識や勉強も必要だから、敬遠する傾向もあるようですよ。博物館に迷惑をかけたくないと言っていたボランティアもいました。

F1 そうかもしれませんね。外国人向けのガイドの場合は、補助でも十分効果があると思いますね。まだ経験が足りないうえに、人数が多い場合は一人で全員の管理をするのは難しいかもしれませんから。

M では、外国語ができる専門的な日本人のガイドを採用するのもいいと思います。外国人観光客の訪問が年々増えつつあり、このままでは対応が困難になると思います。

F1 そうですね。では、そうしましょう。

この博物館は、どうすることにしましたか。

1 地域新聞の広告を撤回する
2 専門的な外国人ガイドを募集する
3 市内の大学に問い合わせる
4 専門性のあるボランティアのみ募集する

박물관에서 관장과 직원 두 사람이 이야기하고 있습니다.

F1 요즘에는 자원봉사자가 좀처럼 모이지 않네요. 지역신문에도 광고를 내고 있지만, 아직 기대할 수 있는 효과는 없습니다.

M 전시물의 관리를 도와주는 자원봉사자는 모였지만, 외국인 관광객을 위한 안내와 설명을 해 줄 사람은 아직 부족하네요.

F2 작년까지는 여러 외국어 전공 대학생들이 여러모로 도와주었는데, 올해는 취직활동을 앞두고 있어서 그만 두는 경우도 있을 것 같습니다.

F1 아, 그렇군요. ⓐ그쪽도 대비를 해야겠네요. 몇몇 대학에는 아는 선생님이 있으니, 연락을 해 볼게요.

M 나머지는 학교 내에 포스터를 붙이게 하거나 관심이 있는 학생이 있는지에 대해서도 문의를 해 보겠습니다.

F2 가이드 자원봉사는 전시물에 관한 지식이나 공부도 필요해서 꺼리는 경향도 있는 것 같아요. 박물관에 민폐를 끼치고 싶지 않다고 했던 자원봉사자도 있었습니다.

F1 그럴 수도 있겠네요. 외국인 대상 가이드의 경우는 보조라도 충분한 효과가 있을 것 같네요. 아직 경험이 부족한 데다가 인원이 많을 경우에는 혼자서 모두 관리하는 것은 힘들 수도 있으니까요.

M 그럼, 외국어가 가능한 전문적인 일본인 가이드를 채용하는 것도 좋을 것 같습니다. 외국인 관광객의 방문이 해마다 늘어나고 있어서, 이대로는 대응이 곤란해질 것 같습니다.

F1 그렇군요. 그럼, 그렇게 합시다.

이 박물관은 어떻게 하기로 했습니까?

1 지역 신문 광고를 철회한다
2 전문적인 외국인 가이드를 모집한다
3 시내에 있는 대학에 문의한다
4 전문성이 있는 자원봉사만 모집한다

[풀이]

ⓐ 외국인 관광객의 안내와 설명을 위해서, 몇몇 대학의 선생님에게 연락을 한다고 말하고 있다. 따라서 정답은 선택지 3번이다. 전문적인 일본인 가이드를 채용하려고 하고 있기 때문에, 선택지 2번은 정답이 될 수 없다. 가이드는 전시물의 관한 지식 등도 필요하기 때문에, 자원봉사가 아닌 전문가를 채용할 거라고 말하고 있다. 따라서 선택지 4번도 정답이 아니다.

[단어]

博物館 박물관 | **ボランティア** 자원봉사자 | **集まる** 모이다 | **地域** 지역 | **広告** 광고 | **期待** 기대 | **効果** 효과 | **展示物** 전시물 | **管理** 관리 | **手伝う** 돕다, 거들다 | **観光客** 관광객 | **～向け** ～용, ～대상 | **説明** 설명 | **専攻** 전공 | **助ける** 돕다, 구조하다 | **就職** 취직 | **控える** 앞두다, 삼가다 | **辞める** 그만두다, 사임하다 | **備える** 대비하다, 갖추다 | **知り合い** 지인 | **貼る** 붙이다 | **～について** ～에 대해서 | **問い合わせる** 문의하다 | **～に関する** ～에 관한 | **知識** 지식 | **敬遠** 경원(관계되는 것이 싫어서 피하는 것) | **傾向** 경향 | **迷惑をかける** 민폐를 끼치다 | **補助** 보조 | **効果** 효과 | **～うえに** ～인 데다가 | **専門的** 전문적 | **採用** 채용 | **～つつある** (계속)～하고 있다 | **対応** 대응 | **撤回** 철회 | **募集** 모집

2番

まず話を聞いてください。それから、二つの質問を聞いて、それぞれ問題用紙の 1 から 4 の中から、最もよいものを一つ選んでください。

では始めます。

먼저, 이야기를 들어 주세요. 그러고 나서, 두 개의 질문을 듣고 각각 문제 용지의 1에서 4 중에서 가장 알맞은 것을 하나 고르세요.

그럼 시작합니다.

ラジオである市の議員の話を聞いた後、男の人と女の人が話しています。

F1 私どもさくら市は、来年から四年にわたって随所にある老朽化した公共施設を補修、撤去する予定です。老朽施設が市民の安全を脅かすまでに至った昨今の状況を考え、一刻も早く都市の安全化を進めていきます。まず一つ目は、地下鉄の老朽化対策です。古くなったプラットフォームを皮切りに、体の不自由な乗客や高齢者のためのバリアフリー化までの全面的な改修を目指しています。二つ目は、橋梁施設の点検です。古くなり、劣化の著しい橋から修繕する計画で、これ以上利用できないと判断した場所は撤去し、作り変える計画です。三つ目は、老朽化した信号機の更新です。交通の流れに混乱を引き起こし、事故にまでつながっている地域が続出しています。最後は、梅雨の大雨や台風のたびに水害を起こす恐れがあるとの専門家の指摘に加え、市の安全衛生管理課の意見

라디오에서 어떤 시의원의 이야기를 들은 후에 남자와 여자가 이야기하고 있습니다.

F1 저희 사쿠라시는 내년부터 4년에 걸쳐서 도처에 있는 노후화된 공공시설을 보수, 철거할 예정입니다. 노후 시설이 시민의 안전을 위협하는 지경에 이른 작금의 상황을 생각해, 한시라도 빠르게 도시 안전화를 진행하도록 하겠습니다. 우선 첫 번째는 지하철 노후화의 대책입니다. 낡은 플랫폼을 시작으로 거동이 불편한 승객이나 고령자를 위한 배리어 프리까지의 전면적인 수리를 목표로 하고 있습니다. 두 번째는 교량 시설의 점검입니다. 낡고, 열화가 두드러진 다리부터 수선할 계획이고, 더 이상 이용할 수 없다고 판단한 장소는 철거하고 다시 만들 계획입니다. 세 번째는 노후화된 신호등의 갱신입니다. 교통 흐름에 혼란을 야기시키고, 사고로까지 이어지고 있는 지역이 속출하고 있습니다. 마지막은 장마철의 폭우나 태풍 때마다 수해를 일으킬 우려가 있다는 전문가의 지적과 함께, 시의 안전위생관리과의 의견

を合わせた結果、上下水道の老朽化した地域を整備していく予定です。市の予算問題もあり、一度に進めるのは難しいですが、市民の安全を守るために毎年一つずつ進めさせていただきます。

M 最近事故に関するニュースが多かったけど、老朽化対策を取っていくと聞いて安心できるね。

F2 そうだね。ⓐ私も道路を渡るたびに不安だったの。この前急に赤信号に変わった時があったんだよね。駅の近くの交差点だったから車も多かったし、まだ渡れなかったお年寄りもいて、もう少しで事故になるところだったのよ。私はそこからまず直してほしいかな。

M そんなことあったんだ。無事でよかったね。ⓑ僕は雨がたくさん降る時が心配だよ。大雨による水害もそうだけど、橋を渡るたびに危ないなと思ってたんだ。水圧にどこまで耐えられるか心配になるほど劣化している感じがしてさ。

F2 昔に比べて今は、大雨がもっと激しく降るみたい。時間が経つにつれて施設が老朽化していくこともあるけど、気候危機に伴う自然の警告のような気もするし。

M そうだね。今回の老朽化対策も大事だけど、日頃から自然環境や周辺環境などの環境を守る方法についても考える必要があると思う。

을 모은 결과, 상하수도의 노후화된 지역을 정비해 나갈 예정입니다. 시의 예산문제도 있어서, 한번에 진행하는 것은 어렵지만, 시민의 안전을 지키기 위해서 매년 하나씩 진행하겠습니다.

M 요즘 사고에 관한 뉴스가 많았는데, 노후화 대책을 마련해 나간다고 하니 안심할 수 있겠네.

F2 맞아. ⓐ나도 도로를 건널 때마다 불안했어. 요전에 갑자기 빨간불로 바뀌었던 적이 있었다니까. 역 근처의 교차로여서 차도 많았고, 미처 못 건넌 어르신도 있어서, 자칫하면 사고 날뻔했어. 나는 거기부터 우선 고쳤으면 좋겠어.

M 그런 일이 있었구나. 무사해서 다행이네. ⓑ나는 비가 많이 올 때가 걱정이야. 폭우로 인한 수해도 그렇지만, 다리를 건널 때마다 위험하다고 생각하고 있었어. 수압에 어디까지 버틸 수 있을지 걱정이 될 만큼 열화되어 있는 느낌이 들어서 말이야.

F2 옛날에 비해서 지금은 폭우가 더 심하게 내리는 것 같아. 시간이 지나면서 시설이 노후화되어 가는 것도 있지만, 기후 위기에 따른 자연의 경고 같기도 하고.

M 맞아. 이번 노후화 대책도 중요하지만, 평소부터 자연환경이나 주변환경 등의 환경을 지키는 방법에 대해서도 생각할 필요가 있는 것 같아.

質問1）男の人は、どんなことを期待していますか。

1 地下鉄の老朽化対策
2 橋梁施設の点検
3 老朽化した信号の更新
4 上下水道の老朽化した地域の整備

질문 1) 남자는 어떤 것을 기대하고 있습니까?

1 지하철 노후화 대책
2 교량 시설의 점검
3 노후화된 신호등의 갱신
4 상하수도가 노후화된 지역의 정비

質問2）女の人は、どんなことを期待していますか。

1 地下鉄の老朽化対策
2 橋梁施設の点検
3 老朽化した信号の更新
4 上下水道の老朽化した地域の整備

질문 2) 여자는 어떤 것을 기대하고 있습니까?

1 지하철 노후화 대책
2 교량 시설의 점검
3 노후화된 신호등의 갱신
4 상하수도가 노후화된 지역의 정비

[풀이]

질문1) ⓑ 남자는 비가 많이 오는 날에 다리를 건널 때, 수압에 어디까지 버틸 수 있을지 걱정이 된다고 말하고 있다. 따라서 정답은 선택지 2번이다.

질문2) ⓐ 여자는 역 근처의 교차로에서 신호등이 갑자기 빨간불로 바뀌는 바람에 사고로 이어질 뻔했다고 말하고 있다. 이것부터 고치면 좋겠다고 말하고 있기 때문에, 선택지 3번이 정답이다.

[단어]

議員 위원 | ～にわたって ～에 걸쳐서 | 随所 도처, 곳곳, 여기저기 | 老朽化 노후화 | 公共 공공 | 施設 시설 | 補修 보수 | 撤去 철거 | 脅かす 위협하다, 협박하다 | 昨今 작금, 요즈음 | 状況 상황 | 一刻 일각, 짧은 시간 | 対策 대책 | ～を皮切りに ～를 시작으로 | 不自由 부자유, 자유롭지 못함 | 乗客 승객 | 高齢者 고령자 | 全面 전면 | 改修 개수, 수리 | 目指す 목표로 하다, 노리다 | 橋梁 교량, 다리 | 施設 시설 | 点検 점검 | 劣化 열화(상태나 성능, 품질이 나빠짐) | 著しい 현저하다, 두드러지다 | 橋 다리 | 修繕 수선, 수리 | 作り変える 바꾸다, 고쳐 만들다 | 信号機 신호기, 신호등 | 更新 갱신 | 流れ 흐름 | 混乱 혼란 | 引き起こす 일으키다, 야기하다 | 続出 속출 | 梅雨 장마 | ～たびに ～때마다 | 水害 수해 | 恐れ 우려, 두려움 | 指摘 지적 | 加える 더하다, 보태다 | 衛生 위생 | 管理 관리 | 整備 정비 | 予算 예산 | 守る 지키다 | ～に関する ～에 관한 | 交差点 교차로 | お年寄り 노인, 어르신 | 直す 고치다 | ～てほしい ～해 주기 바라다 | 水圧 수압 | 耐える 견디다, 버티다 | 激しい 거세다, 격렬하다 | 経つ 지나다, 경과하다 | ～につれて ～에 따라서 | 気候危機 기후위기 | 伴う 동반하다, 따르다 | 警告 경고 | 気がする 생각이 들다, 느낌이 들다 | 日頃 평소, 평상시 | 周辺 주변 | ～について ～에 대해서

제2회 실전 모의고사

정답 및 해석

문자·어휘

문제 1 1 ② 2 ④ 3 ① 4 ③ 5 ④ 6 ③

문제 2 7 ① 8 ③ 9 ④ 10 ② 11 ④ 12 ① 13 ②

문제 3 14 ③ 15 ② 16 ④ 17 ③ 18 ① 19 ③

문제 4 20 ② 21 ④ 22 ① 23 ③ 24 ④ 25 ②

문법

문제 5 26 ① 27 ③ 28 ④ 29 ② 30 ① 31 ④ 32 ② 33 ① 34 ② 35 ③

문제 6 36 ① 37 ④ 38 ④ 39 ② 40 ②

문제 7 41 ② 42 ④ 43 ② 44 ①

독해

문제 8 45 ② 46 ① 47 ② 48 ③

문제 9 49 ② 50 ④ 51 ④ 52 ① 53 ① 54 ② 55 ② 56 ①

문제 10 57 ③ 58 ① 59 ①

문제 11 60 ④ 61 ③

문제 12 62 ② 63 ③ 64 ①

문제 13 65 ③ 66 ③

청해

문제 1 1 ② 2 ③ 3 ③ 4 ② 5 ④

문제 2 1 ② 2 ④ 3 ③ 4 ② 5 ④ 6 ②

문제 3 1 ③ 2 ③ 3 ④ 4 ① 5 ②

문제 4 1 ③ 2 ② 3 ① 4 ② 5 ① 6 ③
7 ③ 8 ① 9 ③ 10 ② 11 ②

문제 5 1 ② 2 (1) ② (2) ③

1교시 언어지식 (문자 · 어휘 · 문법) · 독해

問題 1

_____의 단어 읽기로 가장 알맞은 것을 1 · 2 · 3 · 4에서 하나 고르시오.

1 일본이 직면하고 있는 여러 과제는 과거의 답습으로 대처할 수 있는 것이 아니다.

2 미국 대통령은 A국을 노골적으로 매도하기 시작했다.

3 세상에는 증오와 배척, 폭력이 다시 확산되고 있다.

4 그 신사에서는 액막이 행사는 일년내내 수시로 접수하고 있다.

5 아이들은 선생님의 피아노 반주에 맞추어 노래하고 있었다.

6 그 전쟁에서 엄청난 수의 병사가 목숨을 잃었다.

問題 2

(　　)에 넣기에 가장 알맞은 것을 1 · 2 · 3 · 4에서 하나 고르시오.

7 최근의 사이버 공격에는 국가 전체 규모로 이루어지고 있는 것이 다수 존재한다고 한다.

8 기업측은 경영환경 악화를 구실로 저출산 대책을 미루어서는 안 된다.

9 자원이 부족한 일본에 있어, 기술혁신이야말로 생명선이다.

10 기업은 부업금지를 취업 규칙에 담고 있는 경우가 많으며, 위반하면 처분될 수도 있다.

11 인종과 문화권을 넘어, 세계에서 보편적으로 사랑받는 색은 파랑이라고 한다.

12 코로나 사태가 장기화되면서, 결혼이나 출산을 미루는 사람이 늘어난 것이 저출산의 요인으로 보인다.

13 지금 일본 정치 현장에서는 놀랄만한 일이 연달아 일어나고 있다.

問題 3

_____의 말에 의미가 가장 가까운 것을 1 · 2 · 3 · 4에서 하나 고르시오.

14 그 가게는 매우 전망이 좋았다.

15 그는 결승선을 향해 쏜살같이 달려갔다.

16 약간 위험한 마을을 산책해 보았습니다.

17 그것은 귀중한 단서라고 한다.

18 일의 성과가 순식간에 올랐다.

19 그것은 부주의한 발언이었다.

問題 4

다음 단어의 용법으로 가장 알맞은 것을 1 · 2 · 3 · 4에서 하나 고르시오.

20 대지진으로 많은 사람들이 집을 잃었고, 폐허나 다름없는 마을도 있었다.

21 이 책은 한국어 기초를 착실히 배울 수 있도록 집필했습니다.

22 색이 선명한 신록에서 넘치는 생명력이 느껴지는 계절이 되었다.

23 후지산에 오르는데, 샌들이나 반팔 등의 가벼운 옷차림은 당치도 않다.

24 수상은 조금씩 원자력 발전소 재기동에 관한 방침을 전환하기 시작했다.

25 동영상 배속시청(속도를 올려 시청)이나 다른 일을 하며 시청하는 것 등은 타이퍼 중시의 구체(적인) 예이다.

問題 5

다음 문장의 (　　)에 들어갈 가장 알맞은 것을 1 · 2 · 3 · 4에서 하나 고르시오

26 지방에서는 현지의 얼굴이었던 백화점이 잇달아 사라지고 있다. 시대의 흐름이라고는 하나, 쓸쓸함은 부정할 수 없다.

27 이 절은 예쁘게 단풍이 들어서, 모미지(단풍) 절이라 불리고 있다.

28 경기에 져도 진 이유, 부족한 부분을 반성하고 노력으로 바꾸면 된다. 도망가지 않으면 부끄러운 것이 아니다.

29 올해도 사쿠라 초등학교 6학년 여러분에게 사회과 견학으로 공장에 오심을 받았습니다(여러분이 사회과 견학으로 공장에 오셨습니다).

30 요즘 상품은 '전자파' 등 과학용어를 다용하고 있지만, 소비자는 상품의 효과를 과학적으로 확인할 길이 없다.

31 나고야 역은 중부지방 최고의 거대 역입니다.

32 쓸데없는 도로를 만들 바에는 차라리, 자동차 사용자에게 돌려주어 부담을 줄이는 편이 낫다고 생각한다.

33 예전에 비참한 전장이었던 A국은 경제개발의 시대를 거쳐, 지금은 민주화를 요구하는 젊은 싹이 자라기 시작하고 있다.

34 당사는 앞으로도 식생활 교육 활동이나 지역 공헌에 애써 가겠습니다.

35 오타 : 스즈키 군은 복권 산 적 있어?

스즈키 : 복권 따위 당첨된 적이 없어. 사 봤자 소용없다니까.

問題 6

다음 문장의 ★ 에 들어갈 가장 알맞은 것을 1 · 2 · 3 · 4에서 하나 고르시오.

36 새로운 세계에 들어가는 것은 결단이 필요하고, 한 사람 몫을 해내기 위해서는 끈기도 빼놓을 수 없다. (4-2-1-3)

37 워크 · 라이프 · 밸런스는 일과 가정, 취미나 지역 활동 등을 함께 충실하게 하는 일하는 법, 삶의 방식을 지향한다. (3-1-4-2)

38 가축 사료값이 폭등하여, 햄 등의 제조 비용이 불어나게 되어, 상품 가격의 재검토를 강요받았다고 한다. (3-1-4-2)

39 정부는 제품에 의한 사고나 위험 정보를 모아 인터넷에서 공개하는 데이터베이스를 만드는 것과 사고 발생 상황과 각 부처의 대응책을 점검하는 옴부즈맨 제도를 창설하기로 했다. (3-1-2-4)

40 자비출판은 누구나 자유롭게 표현할 수 있는 미디어로 출판이나 언론의 다양성을 담보하는 의미에서 출판점수가 늘어나고 있는 것은 좋은 일이다. (4-3-2-1)

問題 7

다음 글을 읽고, 글 전체의 취지에 입각해서 41 부터 44 에 들어갈 가장 알맞은 것을 1 · 2 · 3 · 4에서 하나 고르시오.

무인 채소 직판장이란, 그 이름 그대로 채소를 무인으로 판매하는 점포를 말한다. 일본의 채소 무인 판매는 80년 이상의 역사가 있지만 실제로 전국적으로 침투한 것은 화폐의 침투 후부터로 비교적 최근이라고 한다. 이처럼 오랜 역사를 지닌 영업형태이지만, 비접촉 판매와 식품 손실이 의식되게 된 요즘, 무인 채소 직판장에 주목이 집중되게 되었다.

감염증 대책의 영향으로, 비접촉 요구 41 에 부응하는 채소 무인 판매소가 전국에서 증가하였으며, 24시간 이용 가능하여 식품 손실 삭감에도 기여하고 있다. 게다가 냉장 기능이 있는 락커의 등장에 의해, 채소와 과일을 신선한 상태로 제공할 수 있게 되어 소비자는 언제든 안심하고 구입할 수 있게 되었다.

상품 판매 방법도 다양하여, 이전에는 간이 요금 상자가 놓여 있는 경우가 많았지만, 최근에는 락커형 자동 판매기나 대형 냉장고를 설치하는 경우도 볼 수 있게 되었다. 계산대 앞에 서면 스캔하지 42 않고 상품이 자동으로 계산대에 표시되고, 마지막에 결산하는 것만으로 쇼핑 완료. 아이들부터 어르신들까지 편하고 즐겁게 쇼핑할 수 있다.

무인 채소 직판장의 대부분은 24시간 언제든지 이용 가능하게 되어 있어, 다양한 사람의 라이프 스타일에 맞추기 쉬운 장점이 있다. 또한 무인화에 의해 인건비를 비롯한 고정비를 삭감하고, 상품 판매 가격 상승을 억제할 수 있어, 슈퍼마켓과 비교하면 저렴한 가격으로 판매되는 경우가 많다. 덕분에 식탁에 채소를 받아들이는 43 난관이 내려가는 점도 빼놓을 수 없다. 규격 외의 채소도 판매되는 경우가 많기 때문에, 식품 손실 대책에 간편하게 참가하기 쉬운 면도 있다. 지역생산 지역소비로 이어지는 점도 중요한 장점이다. 현지에서 키운 채소를 손쉽게 소비할 수 있다는 점은 무인 채소 직판장이 갖고 있는 큰 강점이라고 할 수 있다.

무인 채소 직판장은 비접촉으로 안전하게 24시간 이용할 수 있다는 점이 지지받아, 코로나 이후 44 더욱 보급되고 있다. 냉장대응하는 락커형 자판기도 등장하여, 신선한 채소를 손쉽게 구매할 수 있어 건강 지향적인 소비자에게도 호평을 받고 있다. 또한, 식품 손실 삭감이나 지역 경제 활성화에도 공헌하고 있다.

무인 채소 직판장은 기본적으로 판매 허가는 불필요하지만, 지역에 따라서는 예외도 있다고 한다.

問題 8

次の(1)～(4)の文章を読んで、後の問いに対する答えとして最もよいものを、1・2・3・4から一つ選びなさい。

(1)

既に検証や証明済みの方式に従うと、経験すべき試行錯誤の相当な部分を減らすことができる。一言で言えば、失敗を経験する時間と努力が節約できるようになるということである。このような観点から考えると、模倣は非常に重要な役割を果たすと言える。しかし、その目的と対象が明確でない場合、模倣の意味を失うことに注意しなければならない。特に科学分野においては、新しい何かを学び、その領域をさらに進歩させ、理解するための模倣が模索されなければならないだろう。そうでなければ、すでに失敗した方法を単に盗用するにすぎない。ⓐ他人が作ってくれた安全で平穏な道によるエネルギーの蓄積は、新しい道につながるべきである。

45 筆者によると、模倣とはどのようなも行為か。

1 すでに検証されている方法に従いながら努力を惜しむ行為

2 他方で使用すべきエネルギーを保存させてくれる行為

3 科学分野においては、その使用が排除できない行為

4 失敗による副作用と資源を、最大限に減らしてくれる行為

다음 (1)~(4)의 문장을 읽고 다음의 질문에 대한 답으로 가장 알맞은 것을 1 · 2 · 3 · 4에서 하나 고르시오.

이미 검증이나 증명이 끝난 방식을 따르면, 경험해야 할 시행착오의 상당 부분을 줄일 수 있다. 한마디로 말하자면, 실패를 경험하는 시간과 노력을 절약할 수 있게 된다는 것이다. 이런 관점에서 생각하면, 모방은 상당히 중요한 역할을 한다고 말할 수 있다. 하지만 그 목적과 대상이 분명하지 않을 경우, 모방의 의미를 잃는다는 것에 주의해야 한다. 특히 과학 분야에 있어서는 새로운 무언가를 배우고, 그 영역을 더욱 진보하게 하고, 이해하기 위한 모방이 모색되어야 할 것이다. 그렇지 않으면 이미 실패한 방법을 단지 도용하는 것에 지나지 않는다. ⓐ 다른 사람이 만들어 준 안전하고 평온한 길에 의한 에너지의 축적은 새로운 길로 이어져야 한다.

45 **필자에 의하면 모방이라는 것은 어떠한 행위인가?**

1 이미 검증되어 있는 방법을 따르면서 노력을 아끼는 행위

2 다른 쪽으로 사용해야 할 에너지를 보존하게 해 주는 행위

3 과학 분야에 있어서는 그 사용을 배제할 수 없는 행위

4 실패에 따른 부작용과 자원을 최대한으로 줄여 주는 행위

[풀이]

ⓐ 다른 사람을 모방한 것으로 축적한 에너지는 새로운 방향으로 이어져야 한다고 말하고 있다. 따라서 정답은 선택지 2번이다. 본문에서 이미 검증이 끝난 방식을 따르면 실패에 의한 시간과 노력을 아낄 수 있다고 말하고 있기 때문에, 선택지 1번은 정답이 될 수 없다.

[단어]

既に 이미, 벌써 | 検証 검증 | 証明 증명 | 済み 완료, 끝남 | 従う 따르다 | 経験 경험 | ～べき ~해야 할 | 試行錯誤 시행착오 | 減らす 줄이다 | 一言 한마디 | 失敗 실패 | 努力 노력 | 節約 절약 | 観点 관점 | 模倣 모방 | 非常に 매우, 상당히 | 役割 역할 | 果たす 다하다, 달성하다 | 失う 잃다, 잃어버리다 | ～において ~에서, ~에 있어서 | 領域 영역 | 模索 모색 | 盗用 도용 | 平穏 평온 | 蓄積 축적 | 行為 행위 | 惜しむ 아끼다, 아쉬워하다 | 保存 보존 | 排除 배제 | 副作用 부작용 | 資源 자원

(2)

人間は、自分が信じたいものだけを信じて、自分が見たいものだけを見ます。自分の考えが絶対正しいという罠に陥りがちで、自分の信念や理念に反する情報を無視しやすいのです。これを確証偏向といいます。ⓐすべての指導者にとってこのような気質は、高危険レベルの警戒対象となるべきです。すべての決定の瞬間に、自分が間違っているかもしれないという考えを捨ててはなりません。自分を疑って、また疑わなければなりません。ⓑいかなる位置や地位も持っていない人なら未だしも、自分が指導している人たちのことを考えるべきです。ⓒ指導者とは、ある集団や組織の構成員を率いて、目標を達成するために努力する人です。確証偏向に陥った指導者ほど恐ろしい人はいません。

46 筆者が言いたいことは何か。

1 自分の信念に対して疑って警戒しなければならない部類がある。

2 ひねくれた考えや自分を疑う人は気をつけなければならない。

3 指導者は、構成員を偏愛したり差別してはならない。

4 しばしば自分と他人の考えが一致しないこともある。

인간은 자신이 믿고 싶어하는 것만을 믿고, 자신이 보고 싶은 것만을 봅니다. 자신의 생각이 무조건 옳다는 함정에 빠지기 쉽고, 자신의 신념이나 이념에 반대되는 정보를 무시하기 쉬운 것입니다. 이것을 확증편향이라고 합니다. ⓐ 모든 지도자들에게 있어서 이러한 기질은 고위험 수준의 경계대상이 되어야 합니다. 모든 결정의 순간에 자신이 틀릴 수도 있다는 생각을 버려서는 안 됩니다. 자신을 의심하고 또 의심해야 합니다. ⓑ 어떠한 위치나 지위도 가지지 않은 사람이라면 또 모르지만, 자신이 지도하고 있는 사람들을 생각해야 합니다. ⓒ 지도자란 어떤 집단이나 조직의 구성원을 이끌고, 목표를 달성하기 위해서 노력하는 사람입니다. 확증편향에 빠진 지도자만큼 무서운 사람은 없습니다.

46 필자가 말하고 싶은 것은 무엇인가?

1 자신의 신념에 대해서 의심하고 경계해야 할 부류가 있다.

2 삐뚤어진 생각이나 자신을 의심하는 사람은 조심해야 한다.

3 지도자는 구성원들을 편애하거나 차별해서는 안 된다.

4 종종 자신과 다른 사람들의 생각이 일치하지 않을 수도 있다.

[풀이]

ⓐ 모든 지도자들은 자신의 결정이 틀릴 수도 있고, 자신을 의심해야 한다고 말하고 있다. ⓑ 지도자는 자신이 지도하고 있는 사람을 생각해야 하고, ⓒ 집단이나 조직의 구성을 이끌고 목표 달성을 위해 노력하는 사람이라고 말하고 있다. 따라서 정답은 선택지 1번이다.

[단어]

信じる 믿다 | 罠 함정, 덫 | 陥る 빠지다 | 信念 신념 | ～に反する ～에 반한, ～에 어긋난 | 情報 정보 | 確証偏向 확증편향 | 指導者 지도자 | ～にとって ～에 있어서 | 警戒対象 경계대상 | ～べきだ ～해야 한다 | 瞬間 순간 | 間違う 잘못되다, 틀리다 | 捨てる 버리다 | 疑う 의심하다 | いかなる 어떠한 | 位置 위치 | 地位 지위 | ～なら未だしも ～라면 몰라도 | ～とは ～라는 것은 | 集団 집단 | 組織 조직 | 率いる 이끌다, 인솔하다 | 達成 달성 | 努力 노력 | ～に対して ～에 대해서 | 部類 부류 | ひねくれる 뒤틀리다, 삐뚤어지다 | 偏愛 편애 | 差別 차별 | しばしば 자주, 종종

(3)

自分が直接見たことを踏まえて、他人を罵倒する行為をする人がいる。ここで一つ注意すべき点は、人の記憶は完全ではないということだ。ⓐ特に古い記憶ほど、その記憶には間違いや捏造が起こりやすい。最近の脳科学では、これを記憶の誤りと呼んでいる。このような現象が発生する理由を進化論的観点から見れば、結局生存のためのものだ。命が危うい状況に置かれることになれば、重要でない記憶は削除され、核心的な記憶だけを早く捜し出して危険を回避しようとする。また、そのままにしておくと感情や心を傷つけ、甚だしくは体の弱化につながりかねない致命的な記憶は封印することもある。これを我々は忘却と呼ぶ。このように記憶に誤りがあるということは、致命的な短所ではない。命を延命して進化するための生命体の本能かもしれない。ⓑただし、自分が覚えていること、さらには目で直接見たことでも誤謬の可能性があることを認知するべきだ。

47 筆者が言いたいことは何か。

1 自分が考えることと目で見たこととの違いについて認知しなければならない。
2 古い記憶ほど誤りが作用することもありうるということを気付くべきだ。
3 記憶の誤りや忘却にも良い点があるということを認識しなければならない。
4 人類の進化と生存において、不完全な記憶という副作用があり得る。

자신이 직접 본 것을 근거로 다른 사람을 매도하는 행위를 하는 사람이 있다. 여기서 한 가지 주의해야 할 점은 사람의 기억은 완전하지 않다는 것이다. ⓐ특히 오래된 기억일수록 그 기억에는 오류나 날조가 일어나기 쉽다. 최근의 뇌 과학에서는 이것을 기억의 오류라고 부르고 있다. 이러한 현상이 발생하는 이유를 진화론적 관점에서 보면, 결국 생존을 위한 것이다. 목숨이 위태로운 상황에 놓이게 되면, 중요하지 않은 기억은 삭제되고, 핵심적인 기억만을 빠르게 찾아내서 위험을 회피하려고 한다. 또한, 그대로 두면 감정이나 마음을 상하게 하고, 심지어 몸의 약화로 이어질 수도 있는 치명적인 기억은 봉인하기도 한다. 이것을 우리는 망각이라고 부른다. 이처럼 기억에 오류가 있다는 것은 치명적인 단점이 아니다. 목숨을 연명하고 진화하기 위한 생명체의 본능일수도 있다. ⓑ다만, 자신이 기억하고 있는 것, 심지어 눈으로 직접 본 것이라도 오류의 가능성이 있다는 것을 인지해야 한다.

47 필자가 말하고 싶은 것은 무엇인가?

1 자신이 생각하는 것과 눈으로 본 것과의 차이점에 대해서 인지해야 한다.
2 오래된 기억일수록 오류가 작용할 수도 있다는 것을 깨달아야 한다.
3 기억의 오류나 망각에도 좋은 점이 있다는 것을 인식해야 한다.
4 인류의 진화와 생존에 있어서, 불완전한 기억이라는 부작용이 있을 수 있다.

[풀이]

ⓐ 오래된 기억일수록 오류나 날조가 일어나기 쉽고, ⓑ 심지어 직접 눈으로 본 것도 오류의 가능성이 있다고 말하고 있다. 따라서 정답은 선택지 2번이다.

[단어]

直接 직접 | **～を踏まえて** ～를 근거로, ～를 바탕으로 | **罵倒** 매도 | **行為** 행위 | **記憶** 기억 | **間違い** 틀림, 오류, 실수 | **捏造** 날조, 조작 | **脳科学** 뇌 과학 | **誤り** 잘못, 실수, 오류 | **進化論** 진화론 | **生存** 생존 | **命** 목숨, 생명 | **危うい** 위태롭다, 위험하다 | **況** 상황 | **削除** 삭제 | **核心** 핵심 | **捜し出す** 찾아내다 | **危険** 위험 | **回避** 회피 | **傷つける** 상처를 입히다, 손상하다 | **甚だしくは** 심지어 | **弱化** 약화 | **～かねない** ～ 할지도 모른다 | **致命的** 치명적 | **封印** 봉인 | **忘却** 망각 | **短所** 단점 | **延命** 연명 |

生命体 생명체 | 本能 본능 | ただし 단, 다만 | さらには 게다가 | 誤謬 오류 | 認知 인지 | ～べきだ ～해야 한다 | ～について ～에 대해서 | ～うる ～할 수 있다 | 気付く 깨닫다, 알아차리다, 눈치채다 | ～において ～에서, ～에 있어서 | 副作用 부작용

(4)

以下は、ある会社が出した社内メールである。

社員各位

お疲れ様です。総務部の橋本です。

本年4月21日をもちまして、当社は設立20周年を迎えます。

つきましては、当社の創立20周年を社員全員でお祝いしたく、下記の日程で祝賀会を開催します。繁忙期ではありますが、社員の皆様およびご家族様には万障お繰り合わせの上、ご参加いただくようにお願い致します。

なお、ⓐ祝賀会欠席の方は、3月30日までに総務部宛、ご連絡ください。

記

日時：4月21日(金) 午後6時～9時 (午後5時30分開場)

会場：日本平ホテル　3階宴会場

総務部　橋本　愛 (内線188)

48 このメールに対する説明として合っていないものはどれか。

1 社内メールを送った目的と理由が正確に書かれている。

2 パーティーに参加できない人は決まった期日内に連絡をしなければならない。

3 社員の家族がパーティーに参加する場合、3月末までに知らせなければならない。

4 宴会場に入ることができる時間は、パーティーが始まる時間の30分前からだ。

다음은 어느 회사가 보낸 사내 메일이다.

사원 여러분

수고하십니다. 총무부의 하시모토입니다.

올해 4월 21일로 당사는 설립 20주년을 맞이합니다.

관련하여 당사 창립 20주년을 사원 전원이 함께 축하하고 싶어서 아래의 일정으로 축하회를 개최합니다. 매우 바쁜 시기이긴 하지만 사원 여러분 및 가족분들 모두 부디 시간을 내셔서 참가하시도록 부탁드립니다.

또한 ⓐ축하회 불참하시는 분은 3월 30일까지 총무부로 연락 주십시오.

기

일시 : 4월 21일(금) 오후 6시~9시 (오후 5시 30분 개장)

회장 : 니혼다이라 호텔 3층 연회장

총무부　하시모토 아이 (내선 188)

48 이 메일에 대한 설명으로 맞지 않는 것은 어느 것인가?

1 사내 메일을 보낸 목적과 이유가 정확하게 쓰여 있다.

2 파티에 참가하지 못하는 사람은 정해진 기일 내로 연락을 해야 한다.

3 사원의 가족이 파티에 참가할 경우, 3월 말까지 알려야 한다.

4 연회장에 들어갈 수 있는 시간은 파티 시작 30분 전부터이다.

[풀이]

ⓐ 축하회에 불참하는 사람은 연락을 해야 한다고 말하고 있기 때문에, 본문의 내용과 다른 선택지 3번이 정답이다.

[단어]

各位 각위, 여러분 | **～をもちまして** ～으로서 | **当社** 우리 회사 | **設立** 설립 | **迎える** 맞이하다 | **創立** 창립 | **祝う** 축하하다 | **日程** 일정 | **祝賀** 축하 | **開催** 개최 | **繁忙期** 성수기, 매우 바쁜 시기 | **万障お繰り合わせの上** 만사를 제쳐 두고 | **参加** 참가 | **宛** 수신(수취)하는 곳 | **宴会場** 연회장

問題9

次の(1)～(4)の文章を読んで、後の問いに対する答えとして最もよいものを、1・2・3・4から一つ選びなさい。

(1)

我々の社会は怒るという行為に対して非常に吝嗇(注)である。いかなる場合にも怒ってはならないという立場が強く、怒る人に関しては、その理由の如何を問わず懐疑的である。怒りをうまく鎮め、我慢できる人が良い人だという認識も強い。

ⓐ怒ることは人間の本能であり、普遍的な感情の一つである。したがって、怒ることはとても自然なことだと見なすのが正しい。人だけでなく、動物、さらには植物も怒るという研究結果もある。むしろ、怒りを堪えるのが不自然である。自然に反する行動を続ける時は、必ず災いが伴う。

感情は思考や行動に移すことで我々の体を支配することになるが、怒ることを極度に嫌ったり、我慢した結果は、コンプレックスや自尊心を失うことにつながりかねない。これがさらに進んでいくと、コンプレックスを克服するために莫大な時間と費用が費やされ、自傷行動としても現れるほど危険である。

ここで重要なのは、怒る目的と方法だ。自分の怒りを発散させるために、相手を利用してはならない。怒りを発散する方向の問題だということである。暴言や暴力的、破壊的な行動に基づく怒りは、より大きな問題へと発展する可能性がある。ⓑ感情に振り回されて怒ることを避け、問題解決と改善に重点を置かなければならない。怒りを抑えるのは簡単ではないが、正しい方向に向けて怒ることも練習が必要である。健康な生活のためには、他人ではなく、自分のために怒ることができなければならない。

(注) 吝嗇：ひどく物惜しみをすること。けち。

49 筆者は、怒ることについて、どのように述べているか。

1 理由次第では、良くない方向に発展することもありうる。

2 人間にとって、当たり前の感情で、我慢することが良いとは限らない。

3 よく怒ることで、自尊心を失うことに対する予防が出来る。

4 怒るのを我慢しすぎると、病気に発展する可能性もある。

50 筆者によると、どのように怒るのが重要か。

1 相手の暴言や暴力的な行動を警戒し、その目的を忘れてはならない。

2 感情的になって怒るよりは、自分の気分晴らしのために行われるべきだ。

3 感情によって怒ることが、人間の本性に基づいた最も自然な流れだ。

4 怒る理由が、好ましくない関係を修復する方向と一致しなければならない。

다음의 (1)~(4)의 문장을 읽고, 다음의 질문에 대한 답으로 가장 알맞은 것을 1 · 2 · 3 · 4에서 하나 고르시오.

우리 사회는 화를 낸다는 행위에 대해서 굉장히 인색(주)하다. 어떠한 경우에도 화를 내서는 안 된다는 입장이 강하고, 화를 내는 사람에 관해서는 그 이유 여하를 불문하고 회의적이다. 화를 잘 다스리고 참을 수 있는 사람이 좋은 사람이라는 인식도 강하다.

ⓐ화를 내는 것은 인간의 본능이고, 보편적인 감정 중의 하나이다. 따라서 화를 내는 것은 매우 자연스러운 것이라고 간주하는 것이 옳다. 사람뿐만 아니라 동물, 심지어 식물도 화를 낸다는 연구 결과도 있다. 오히려 화를 참는 것이 부자연스럽다. 자연에 반하는 행동을 계속할 때는 반드시 화가 따른다.

감정은 생각이나 행동으로 옮기는 것으로 우리 몸을 지배하게 되는데, 화내는 것을 극도로 싫어하거나 참은 결과는 콤플렉스나 자존감을 잃는 것으로 이어질 수 있다. 이것이 더욱 진행되면, 콤플렉스를 극복하기 위해서 막대한 시간과 비용이 소비되고, 자해의 행동으로 나타날 수도 있을 만큼 위험하다.

여기에서 중요한 것은 화내는 목적과 방법이다. 자신의 화를 발산하기 위해서 상대를 이용해서는 안 된다. 화를 발산하는 방향의 문제라는 것이다. 폭언이나 폭력적, 파괴적인 행동에 근거한 화는 더 큰 문제로 발전할 가능성이 있다. ⓑ감정에 휘둘려져서 화내는 것을 피하고, 문제 해결과 개선에 중점을 두어야 한다. 분노를 억제하는 것은 쉽지 않지만, 올바른 방향을 향해서 화를 내는 것도 연습이 필요하다. 건강한 삶을 위해서는 남이 아닌 자신을 위해서 화를 낼 줄 알아야 한다.

(주) 인색 : 물건을 아끼는 것이 너무 지나치다는 것. 구두쇠.

49 **필자는 화를 내는 것에 대해서 어떻게 말하고 있는가?**

1 이유에 따라서는 좋지 않은 방향으로 발전할 수도 있다.

2 인간에게 있어서 당연한 감정이고 참는 것이 좋은 것은 아니다.

3 자주 화를 내는 것으로 자존감을 잃는 것에 대한 예방이 가능하다.

4 화내는 것을 너무 참으면 병으로 발전될 가능성도 있다.

50 **필자에 의하면 어떻게 화를 내는 것이 중요한가?**

1 상대의 폭언이나 폭력적인 행동을 경계하고, 그 목적을 잊어서는 안 된다.

2 감정적으로 화를 내기 보다는 자신의 기분을 풀기 위해서 이루어져야 한다.

3 감정에 의해서 화를 내는 것이 인간의 본성에 근거한 가장 자연스러운 흐름이다.

4 화를 내는 이유가 바람직하지 않은 관계를 회복하는 방향과 일치해야 한다.

[풀이]

49 ⓐ 화를 내는 것은 인간의 본능으로 매우 자연스러운 것이라고 말하고 있고, 화를 참는 것은 부자연스럽고 화를 초래할 수도 있다고 말하고 있다. 따라서 정답은 선택지 2번이다. 지나치게 화를 참으면 병에 걸린다는 내용은 본문에 없기 때문에, 선택지 4번은 정답이 될 수 없다.

50 ⓑ 감정보다는 문제 해결과 개선에 중점을 두어야 한다고 말하고 있기 때문에, 정답은 선택지 4번이다. 상대방의 폭언과 폭력만 경계하는 것은 아니기 때문에, 선택지 1번은 정답이 될 수 없다. 자신의 기분을 풀기 위해서 화내는 것은 감정과 연결되는 부분이기 때문에, 선택지 2번도 정답이 아니다.

[단어]

怒る 화내다 | 行為 행위 | ～に対して ～에 대해서 | 非常に 매우, 상당히 | 吝嗇 인색 | 立場 입장 | ～に関して ～에 관해서 | 如何 여하, 여부 | ～を問わず ～를 불문하고 | 懐疑的 회의적 | 鎮める 가라앉히다, 진정하다 | 我慢 참음 | 本能 본능 | 普遍的 보편적 | 感情 감정 | したがって 따라서 | 見なす 간주하다 | さらに 게다가, 더욱더 | むしろ 오히려, 차라리 | 怒り 분노 | 堪える 참다, 억누르다 | 災い 재앙, 재난, 화 | 伴う 동반하다, 따르다 | 移す 옮기다 | 支配 지배 | 極度 극도 | 嫌う 싫어하다 | 自尊心 자존심, 자존감 | 失う 잃다, 잃어버리다 | 克服 극복 | 莫大 막대 | 費やす 소비하다, 허비하다 | 自傷 자상, 자해 | 現れる 나타나다 | 発散 발산 | 暴言 폭언 | 暴力 폭력 | 破壊 파괴 | ～に基づく ～에 근거한, ～에 기반한 | 振り回す 휘두르다 | 避ける 피하다 | 改善 개선 | 抑える 억누르다, 억압하다 | 健康 건강 | ～次第では ～에 따라서는 | ～うる ～할 수 있다 | ～にとって ～에 있어서 | ～とは限らない ～라고 할 수는 없다 | 予防 예방 | 警戒 경계 | 気分晴らし 기분 풀기 | ～べきだ ～해야 한다 | 好ましい 바람직하다 | 修復 수복, 회복

(2)

人類は哺乳類の中で最も毛の少ない動物だといえる。初期の人類は、動物と同じく、体の表面が多くの毛で覆われていたのに、なぜ体毛が退化したのだろうか。狩猟の時、体の過熱を防ぐために毛がなくなったという説や、人類が衣服を製作し始めた結果、保温機能の必要性がなくなったので、人間の体毛が消えたという仮説もある。ⓐ様々な主張があるのだが、毛が短くなったり、消え始めた正確な理由は、まだ明らかになっていない。（中略）

人間にも動物にも毛は非常に重要な役割を担っている。特に、動物にとって、毛は生存のための不可欠なものであり、その中で一番重要な機能は保温である。例えば、ホッキョクグマの毛は二重構造になっていて、氷点下50度以下でも毛が凍らないようになっている。これに比べて人間の体毛は非常に短いために、卓越した保温効果を期待できないが、外部の刺激から身を保護する機能がある。特に、鼻毛と眉毛は外部からの埃や微生物を防ぐ役割も果たしている。そして、毛のある所には汗腺(注)も存在するが、これが人間の体温を調節しているのである。

毛は、体内の老廃物を排出し、微細な刺激にも反応でき、暗い状況でも身体に脅威になるものを感知してくれる安全装置でもある。ⓑ人間の体毛が、段々短くなるのは、進化なのか退化なのか。いずれにせよ、毛が持っている機能を代替できる手段がない限り、体毛を失っていく人類は、必ずその対策を整えなければならない。

（注）汗腺：汗を分泌する皮膚腺の一種。

51 人間の体毛が消え始めた理由は何か。

1 獲物を追いかける時、体温が上がりすぎるため
2 服の発明とともに、長い体毛の必要性がなくなったため
3 家を建て、部屋を暖めることができるようになったため
4 いくつかの主張らがあるが、明らかになっていない。

52 人間の体毛について、筆者が最も伝えたいものは何か。

1 体毛の退化による変化を認知し、対応できる方法を考えなければならない。
2 無分別な除毛は、人間の感覚に影響を与えかねないということを心掛けるべきである。
3 体毛のおかげで人間は、暗い空間でもバランスを維持しながら生活をすることができる。
4 人間の体毛が次第に退化していくのは、人類の進化による結果にすぎない。

인류는 포유류 중에서 가장 털이 적은 동물이라고 할 수 있다. 초기의 인류는 동물과 마찬가지로 몸 표면이 많은 털로 뒤덮여 있었는데, 왜 체모가 퇴화된 것인가? 수렵할 때 몸의 과열을 방지하기 위해서 털이 없어졌다고 하는 가설이나 인류가 의복을 제작하기 시작한 결과 보온 기능의 필요성이 없어졌기 때문에 인간의 체모가 사라졌다는 가설도 있다. ⓐ 여러 가지 주장이 있지만, 털이 짧아지거나 사라지기 시작한 정확한 이유는 아직 명백하게 밝혀지지 않았다. (중략)

인간에게도 동물에게도 털은 굉장히 중요한 역할을 담당하고 있다. 특히 동물에게 있어서 털은 생존을 위한 필수불가결한 것으로, 그중에서 가장 중요한 기능은 보온이다. 예를 들면, 북극곰의 털은 이중구조로 되어 있어, 영하 50도 이하에서도 털이 얼지 않도록 되어 있다. 이에 비해 인간의 체모는 훨씬 짧기 때문에 탁월한 보온 효과를 기대할 수 없지만, 외부의 자극으로부터 몸을 보호하는 기능이 있다. 특히 코털과 눈썹은 외부의 먼지나 미생물을 막는 역할도 하고 있다. 그리고 털이 있는 곳에는 땀샘(주)도 존재하는데, 이것이 인간의 체온을 조절하고 있는 것이다. (중략)

털은 체내의 노폐물을 배출하고 미세한 자극에도 반응할 수 있으며, 어두운 상황에서도 신체에 위협이 되는 것을 감지해 주는 안전장치이기도 하다. ⓑ 인간의 체모가 점점 짧아지는 것은 퇴화인가, 진화인가? 어느 쪽이든 털이 가지고 있는 기능을 대체할 수 있는 수단이 없는 한, 체모를 잃어 가는 인류는 반드시 그 대책을 갖추어야 한다.

(주) 땀샘 : 땀을 분비하는 피부샘의 일종.

51 **인간의 체모가 사라지기 시작한 이유는 무엇인가?**

1 사냥감을 쫓을 때, 체온이 지나치게 오르기 때문에

2 옷의 발명과 함께 긴 체모의 필요성이 사라졌기 때문에

3 집을 짓고 방을 따뜻하게 할 수 있게 되었기 때문에

4 여러 주장들이 있지만, 정확하게 밝혀지지 않았다.

52 **인간의 체모에 대해서 필자가 가장 전하고 싶은 것은 무엇인가?**

1 체모의 퇴화에 의한 변화를 인지하고 대응할 수 있는 방법을 생각해야 한다.

2 무분별한 제모는 인간의 감각에 영향을 줄 수도 있다는 사실을 유의해야 한다.

3 체모 덕분에 인간은 어두운 공간에서도 균형을 유지하며 생활할 수 있다.

4 인간의 체모가 점점 퇴화되어 가는 것은 인류의 진화에 의한 결과에 지나지 않는다.

[풀이]

51 ⓐ 인간의 체모의 퇴화에 관한 이유는 아직 명백하게 밝혀지지 않았다고 언급하고 있다. 따라서 정답은 선택지 4번이다.

52 ⓑ 필자는 인간의 체모가 점점 짧아지는 것을 의식하고, 체모의 기능을 대신할 대책이 필요하다고 주장하고 있다. 따라서 정답은 선택지 1번이다.

[단어]

哺乳類 포유류 | 表面 표면 | 覆う 덮다 | 退化 퇴화 | 狩猟 수렵 | 防ぐ 막다, 방지하다 | 衣服 의복 | 製作 제작 | 保温 보온 | 機能 기능 | 消える 꺼지다, 사라지다 | 仮説 가설 | 明らかになる 명백해지다, 밝혀지다 | 非常に 매우, 상당히 | 役割 역할 | 担う 담당하다, 짊어지다 | ～にとって ～에게 있어서 | 生存 생존 | 例えば 예를 들면 | 凍る 얼다 | ～に比べて ～에 비해서 | 卓越 탁월 | 刺激 자극 | 埃 먼지 | 果す 완수하다, 달성하다 | 汗腺 땀샘 | 老廃物 노폐물 | 排出 배출 | 微細 미세 | 反応 반응 | 状況 상황 | 脅威 위협 | 装置 장치 | 進化 진화 | 代替 대체 | 失う 잃어버리다 | 整える 조정하다, 정돈하다 | 獲物 사냥감 | 追いかける 뒤쫓아가다 | ～による ～에 의한, ～에 따른 | 対応 대응 | ～かねない ～할지도 모른다, ～할 듯하다 | ～べきだ ～해야 한다 | ～おかげで ～덕분에 | ～にすぎない ～에 지나지 않는다

(3)

人は、誰もが自由に自分の考えを語る権利を持っています。いわゆる表現の自由というものです。ある論争や事件について、特定の人に対する人格冒涜(注)や人権侵害、過度なヘイトスピーチ、フェイクニュースではない限り、自分の考えを自由に表現できるということです。ⓐ民衆に、知る権利を提供する義務を持つ記者、言論、メディアもまた、表現の自由という枠組みの中で思う存分自分の表現を実現させることができます。

できるだけ客観的に事実だけを伝えようとしても、情報に偏向性が現れるのは仕方ありません。文章を書くということは、今まで自分が生きながらに作られた思想というフィルターを通して行われる行為だからです。ニュースや新聞で取り上げられる政治、経済、世界情勢などの記事には、何らかの形で作成者の意図や思想が入るしかないということです。これ自体は悪いことではありません。AIが作成した記事にも、情報の偏り、意図の偏りが現れます。したがって、メディアを叱責し、記者の倫理性に対する批判よりは、やむを得ない現象だと考えるべきです。

（中略）

メディアというのは、その仕組み上、個人や団体などの所有者の意見に反する内容を発信しにくいものです。また、広告主やスポンサーの意見がわずかながら反映されることもあります。競争による視聴率やクリック数を無視することもできません。ニュースは事実を取り扱いますが、その内容は公正、真実とは異なるということです。議論の余地が豊富なテーマほど、私たちの生活に影響を与えるセンシティブな現象であるほど、テレビを通してニュースを見る時には注意が必要です。ⓑ一つのメディアのみ好んで視聴し、ニュースは当然真実で、それが絶対に正しいと考えるのは危険です。自分も知らないうちに扇動されてしまわないように、ニュースに接する姿勢の改善が必要です。

(注) 冒涜：ここでは、大切なものを貶める行為

53 表現の自由について、筆者はどう考えているか。

1 公正に事実を取り扱うべき報道局記者にも、表現の自由はある。
2 その意図がどうであれ、自分の意見が自由に表現できる。
3 人工知能が作成した文章では、表現の自由を見つけるのが難しい。
4 公正であるべきニュースでも、表現の自由による被害が続出している。

54 筆者が言いたいことは何か。

1 ニュースというものは、事実とは程遠いということを認識しなければならない。
2 複数の媒体に接することで、情報の偏向性に警戒しなければならない。
3 放送局はさまざまなプレッシャーから偏ったニュースを流している。
4 生活に密着したニュースであるほど、事実の如何を確認しなければならない。

사람은 누구나 자유롭게 자신의 생각을 말할 권리를 가지고 있습니다. 이른바 표현의 자유라는 것입니다. 어떤 논쟁이나 사건에 대해서 특정 사람에 대한 인격 모독(주)이나 인권 침해, 지나친 혐오 발언, 가짜 뉴스가 아닌 한, 자신의 생각을 자유롭게 표현할 수 있다는 것입니다. ⓐ민중에게 알 권리를 제공할 의무를 가지고 있는 기자, 언론, 미디어 또한, 표현의 자유라는 틀에서 마음껏 자신의 표현을 실현시킬 수 있습니다.

최대한 객관적으로 사실만을 전달하려고 해도, 정보에 편향성이 나타나는 것은 어쩔 수 없습니다. 글을 쓴다는 것은 지금까지 자신이 살아가면서 만들어진 사상이라는 필터를 통해서 이루어지는 행위이기 때문입니다. 뉴스나 신문에서 다뤄지는 정치, 경제, 세계 정세 등의 기사에는 어떠한 형태로든 작성자의 의도나 사상이 들어갈 수밖에 없다는 것입니다. 이것 자체는 나쁜 것이 아닙니다. AI가 작성한 기사에도 정보의 편향, 의도의 편향이 나타납니다. 따라서 미디어를 질책하고 기자의 윤리성에 대한 비판보다는 어쩔 수 없는 현상으로 생각해야 합니다.

(중략)

미디어라는 것은 그 구조상, 개인이나 단체 등의 소유주의 의견에 반하는 내용을 발신하기 어려운 것입니다. 또한 광고주나 스폰서의 의견이 약간이나마 반영되는 경우도 있습니다. 경쟁에 의한 시청률이나 클릭 수를 무시할 수도 없습니다. 뉴스는 사실을 다루지만, 그 내용은 공정, 진실과는 다르다는 것입니다. 논란의 여지가 많은 주제일수록, 우리의 생활에 영향을 주는 민감한 현상 일수록, TV를 통해 뉴스를 볼 때에는 주의가 필요합니다. ⓑ하나의 미디어만을 즐겨 시청하고, 뉴스는 당연히 진실이고, 그것이 무조건 옳다고 생각하는 것은 위험합니다. 자기도 모르는 사이에 선동되어 버리지 않도록, 뉴스를 접하는 자세의 개선이 필요합니다.

(주) 모독 : 여기에서는 소중한 것을 헐뜯는 행위

53 표현의 자유에 대해서 필자는 어떻게 생각하고 있나?

1 공정하게 사실을 다루어야 할 보도국 기자에게도 표현의 자유는 있다.
2 그 의도가 어떻든, 자신의 의견을 자유롭게 표현할 수 있다.
3 인공지능이 작성한 글에서는 표현의 자유를 찾아보기가 힘들다.
4 공정해야 할 뉴스에서도 표현의 자유로 인한 피해가 속출하고 있다.

54 필자가 말하고 싶은 것은 무엇인가?

1 뉴스라는 것은 사실과는 거리가 멀다는 것을 인식해야 한다.
2 여러 매체를 접하는 것으로 정보의 편향성을 경계해야 한다.
3 방송국은 여러가지 압박으로 편향된 뉴스를 내보내고 있다.
4 생활에 밀착한 뉴스일수록 사실 여부를 확인해야 한다.

[풀이]

53 ⓐ 기자도 표현의 자유라는 틀에서 자신의 의견을 마음껏 표현할 수 있다고 말하고 있기 때문에, 정답은 선택지 1번이다. 지나친 혐오 발언이나 가짜 뉴스는 자유롭게 표현해서는 안 된다고 말하고 있기 때문에, 선택지 2번은 정답이 될 수 없다. 본문에서 인공지능에 관한 언급은 정보의 편향성에 관한 내용밖에 없다. 따라서 선택지 3번도 정답이 아니다.

54 ⓑ 하나의 미디어만을 시청하는 것은 위험하다고 말하고 있고, 무조건 진실이고 옳다는 것에 선동되는 것을 주의하고 있다. 따라서 정답은 선택지 2번이다. 뉴스는 그 내용의 공정성에는 의문이 있지만, 사실을 다루고 있다고 말하고 있다. 따라서 선택지 1번은 정답이 아니다. 본문에서 미디어는 광고주나 스폰서의 의견이 미약하게 반영되는 경우가 있다고 말하고 있기 때문에, 선택지 3번도 정답이 될 수 없다. 생활에 민감한 내용일수록, 편향된 정보를 경계하라고 말하고 있지만, 사실 여부를 확인해야 한다는 언급은 없다. 따라서, 선택지 4번도 정답이 아니다.

[단어]

語る 말하다 | 権利 권리 | いわゆる 소위, 이른바 | 表現 표현 | 論争 논쟁 | ～について ～에 대해서 | ～に対する ～에 대한 | 冒涜 모독 | 人権 인권 | 侵害 침해 | ヘイトスピーチ 혐오발언 | 民衆 민중, 대중 | 提供 제공 | 義務 의무 | 言論 언론 | 枠組み 틀 | 存分 마음껏, 뜻대로 | 客観的 객관적 | 偏向性 편향성 | 思想 사상 | ～を通して ～를 통해서 | 行為 행위 | 取り上げる 들어 올리다, 채택하다 | 政治 정치 | 経済 경제 | 情勢 정세 | 意図 의도 | 偏り 치우침 | 叱責 질책 | 倫理性 윤리성 | 批判 비판 | やむを得ない 어쩔 수 없다 | 仕組み 구조 | わずか 얼마 안 되는, 고작 | 反映 반영 | 競争 경쟁 | ～による ～에 의한, ～에 따른 | 視聴率 시청률 | 取り扱う 다루다, 취급하다 | 公正 공정 | 真実 진실 | 異なる 다르다 | 議論 의논, 논의, 논란 | 余地 여지 | 豊富 풍부 | 影響 영향 | 与える 주다 | 好む 좋아하다, 즐기다 | 扇動 선동 | 接する 접하다 | 見つける 발견하다 | 被害 피해 | 続出 속출 | 程遠い 거리가 멀다, 동떨어지다 | 複数 복수 | 媒体 매체 | 警戒 경계 | 密着 밀착 | 如何 여하, 여부

(4)

ロシアのヤクーツクという所は、地球で最も寒い都市である。冬の平均気温が氷点下50度で、氷点下55度になるとすべての学校が休校になる。しかし、このような都市でも20万人を超える人々が生活していて、夏には32度まで気温が上がる。ⓐこのような過酷な自然環境のもとでも、人間はその努力と技術によって「死」の領域から「生」の領域に変えることができるのである。<u>人間の環境適応能力は実に驚くほどだ。</u>

冬の気温が氷点下50度に落ちるとヒトを含めた哺乳類と鳥類を除いたほとんどの動物が冬眠に入る。しかし、哺乳類でも熊やハリネズミは冬眠するのだ。気温が氷点下20度まで下がると、ハリネズミは冬眠に入る。ハリネズミが冬眠に入るのは自然の法則に反するものではないが、ペットとして育てるハリネズミは例外だ。野生のハリネズミは冬眠に備えて、餌を大量に摂取するが、人が育てているハリネズミは常に一定量の餌を摂取することに慣れているので、冬眠に入る前も十分な餌は摂取しない。冬眠に入ること自体は心配することではないが、冬眠から出る前に栄養不足で餓死する恐れがあるのである。（中略）

人も冬眠が可能である。現代生命工学の発展は人間を冬眠させる領域にまで至らせている。人間の冬眠と解凍に制約がなくなるほどの技術力が百年、千年先には完成するのかもしれない。人間は自然からの影響を少なく受けることができる技術を継続して発展させてきた。しかし、ⓑ人間が自然の影響を少なく受けようとするほど、生態系の破壊と異常の自然現象が逆に増えつつあるというのが皮肉なものだ。

55 筆者が、<u>人間の環境適応能力は実に驚くほどだ</u>と述べた理由は何か。

1 昼と夜の気温の差が激しい場所で生活するのは、動物には不可能なことだから
2 生命を脅かすほどの自然環境においても、生活を維持することが可能だから
3 自然を傷つけず、自然に順応しながら生きていくことが可能だから
4 人間の技術と自然環境の調和の中で、平穏な生活を享受することが可能だから

56 この文章で、筆者が一番言いたいことは何か。

1 人間の生存適応能力の発達が、自然破壊活動につながることを警戒しなければならない。
2 治療のための目的のもとに、冬眠に対する技術研究は続けなければならない。
3 人体を解凍させる技術に対する発展には限界がある。
4 厳しい自然環境の中で、人類は生存のための研究を怠けてはいけない。

러시아의 야쿠츠크라는 곳은 지구에서 가장 추운 도시이다. 겨울의 평균 기온이 영하 50도이고, 영하 55도가 되면 모든 학교가 휴교하게 된다. 하지만 이런 도시에서도 20만 명이 넘는 사람들이 생활하고 있고, 여름에는 32도까지 기온이 오른다. ⓐ 이런 가혹한 자연 환경에서도 인간은 그 노력과 기술로 인해서 '죽음'의 영역에서 '생명'의 영역으로 바꿀 수 있는 것이다. 인간의 환경 적응 능력은 실로 놀라울 정도이다.

겨울 기온이 영하 50도까지 떨어지면, 사람을 포함한 포유류와 조류를 제외한 대부분의 동물들이 동면에 들어간다. 하지만 포유류에서도 곰과 고슴도치는 동면을 한다. 기온이 영하 20도까지 떨어지면 고슴도치는 동면에 들어간다. 고슴도치가 동면에 들어가는 것은 자연의 법칙에 위반되는 것이 아니지만, 애완용으로 기르는 고슴도치는 예외이다. 야생 고슴도치는 동면에 대비해서 먹이를 대량으로 섭취하지만, 사람이 기르는 고슴도치는 항상 일정량의 먹이를 섭취하는 것에 익숙해져 있기 때문에, 동면에 들어가기 전에도 충분한 먹이는 섭취하지 않는다. 동면에 들어가는 것 자체는 걱정할 필요는 없지만, 동면에서 깨어나기 전에 영양 부족으로 아사할 우려가 있기 때문이다. (중략)

사람도 동면이 가능하다. 현대 생명 공학의 발전은 인간을 동면시키는 영역에까지 이르게 하고 있다. 인간의 동면과 해동에 제약이 없어질 정도의 기술력이 백 년, 천 년 후에는 완성될지도 모른다. 인간은 자연으로부터의 영향을 적게 받을 수 있는 기술을 계속해서 발전시켜 왔다. 그러나 ⓑ 인간이 자연의 영향을 적게 받으려고 할수록, 생태계의 파괴와 이상 자연 현상이 도리어 늘어가고 있다는 것이 아이러니하다.

55 **필자가 인간의 환경 적응 능력은 실로 놀라울 정도라고 말한 이유는 무엇인가?**

1 낮과 밤의 기온 차가 심한 곳에서 생활하는 것은 동물에게는 불가능하기 때문에
2 생명을 위협할 정도의 자연 환경에서도 생활을 유지하는 것이 가능하기 때문에
3 자연을 훼손하지 않고 자연에 순응하며 살아가는 것이 가능하기 때문에
4 인간의 기술과 자연 환경의 조화 속에서 평온한 삶을 누리는 것이 가능하기 때문에

56 **이 글에서 필자가 가장 말하고 싶은 것은 무엇인가?**

1 인간의 생존 적응 능력의 발달이 자연 파괴 활동으로 이어지는 것을 경계해야 한다.
2 치료를 위한 목적 하에 동면에 대한 기술 연구는 계속해야 한다.
3 인체를 해동시키는 기술에 대한 발전에는 한계가 있다.
4 혹독한 자연 환경 속에서 인류는 생존을 위한 연구를 게을리해서는 안 된다.

[풀이]

55 ⓐ 겨울의 평균 기온이 영하 50도가 넘는 환경에서도, 인간의 노력과 기술에 의해서 생활할 수 있다고 말하고 있다. 따라서 정답은 선택지 2번이다.

56 ⓑ 필자는 혹독한 자연 환경의 영향을 받지 않으려는 인간의 기술이 생태계의 파괴와 이상 현상을 초래하고 있다고 주장하고 있다. 따라서 정답은 선택지 1번이다.

[단어]

超(こ)える 넘다, 초월하다 | 過酷(かこく) 가혹 | 環境(かんきょう) 환경 | 努力(どりょく) 노력 | ～によって ～에 의해서, ～에 따라서 | 領域(りょういき) 영역 | 適応(てきおう) 적응 | 含(ふく)める 포함하다 | 哺乳類(ほにゅうるい) 포유류 | 鳥類(ちょうるい) 조류 | 冬眠(とうみん) 동면 | ハリネズミ 고슴도치 | 反(はん)する 위반되다, 거스르다 | 餌(えさ) 먹이 | 摂取(せっしゅ) 섭취 | 常(つね)に 항상, 늘 | 慣(な)れる 익숙해지다 | 栄養(えいよう) 영양 | 餓死(がし) 아사 | ～恐(おそ)れがある ～할 우려가 있다 | 至(いた)る 이르다 | 解凍(かいとう) 해동 | 制約(せいやく) 제약 | 破壊(はかい) 파괴 | 異常(いじょう) 이상 | ～つつある (계속) ～하고 있다 | 皮肉(ひにく) 빈정거림, 비꼼 | 激(はげ)しい 격렬하다, 격심하다 | 脅(おびや)かす 위협하다 | ～において ～에서, ～에 있어서 | 維持(いじ) 유지 | 傷(きず)つける 상처를 입히다, 손상하다 | 順応(じゅんのう) 순응 | 調和(ちょうわ) 조화 | 平穏(へいおん) 평온 | 享受(きょうじゅ) 향수 | 警戒(けいかい) 경계 | 限界(げんかい) 한계 | 怠(なま)ける 게으름을 피우다

問題10

次の文章を読んで、後の問いに対する答えとして最もよいものを、1・2・3・4から一つ選びなさい。

以下は、引退した小学校の先生が書いた文章である。

ⓐ日本は今先生がいなくなっている。いろいろな原因があると分析されているが、根本的な原因は、先生になりたい人が減っているからだ。教員になるということは、多くのことを諦める悲壮な覚悟が必要だ。教員不足の現象が、希望と犠牲、根性と意志というものを放棄した日本のサトリ世代の特徴だと片付けるわけにはいかない。日本に限ったことではなく、米国やドイツ、韓国などでも教師忌避現象が加速化しているためだ。

世の中は先生に要求することが多すぎる。ⓑまともな手当も支給されない自発的な残業をはじめ、数十年間そのままの劣悪な勤務環境、山積みの事務書類、放課後の部活の顧問、家庭訪問などなど、スーパーヒーロー並みの活躍を当然のように望んでいる。過度の業務と極度のストレスの結果、自分の命を自ら絶つ事件までも発生しているが、それさえも大きく関心を持たない時代になってしまった。

生徒は先生を尊敬するどころか、教室で暴力まで振るっており、ひいてはその対象が先生でもある。モンスターペアレントとも呼ばれる一部の保護者は、先生を崖っぷちまで追い込む。ⓒ教員採用の敷居を下げる、給与を引き上げる、劣悪な勤務環境を改善するという対策は、その効果が期待できないと思う。人数だけを満たすのに精一杯な無分別な教員の養成と、教員資格のない人まで教壇に立てることによって教育の質はさらに低くなり、保護者の抗議はより一層激しくなる。学校だよりの作成さえ自力でできない教員の増加は、事務の質の低下も伴う。その足りない部分を他の教員が分担することになり、残業が再び増加せざるを得ない悪循環が繰り返される。教育権の回復なしには、これらすべての対策は机上の空論にすぎない。

義務教育が行われる小学校と中学校、義務ではないがほとんどが自発的に進学する高校まで、その教育の対象者は未成年者だ。すなわち、教える対象が、まだ自らの行動に責任を負うことができる成人ではないということだ。学校はこのような未成年者を、校則ではなく、国の法律に従わせるための準備をさせ、学校という垣根を越えて自ら判断し行動できるよう養成しなければならない。知識の伝達だけが、すべてになってはならない。知識の伝達と大学進学だけを目標にするなら、有名な塾に通わせるのがより効果的かもしれない。

(中略)

学校はいつから行きたくないところになったのか。生徒だけでなく、先生にとっても学校は行きたくないところになってしまった。ⓓ学校へ行って友達に会うのが好きで、好きな先生に褒められて嬉しくて、放課後に友達と遊んだり、部活動をしながら泣いて笑った。休みに入ると、学校に行けないのが嫌で、訳もなく学校周辺をうろついていたり、運動場で一人で遊んだりもした。親は、先生が丁寧に書いてくれた学校だよりを一緒に読みながら、学校での自分の子供を想像し、にっこりと笑ったりもした。学校に行く用事がある時は、できるだけ自分の身なりに気を使って緊張したりもした。先生が家庭訪問で来る時は、何かお出ししてあげたくてあたふたしたりもした。

そんな思い出と記憶を持った人がとても多かった。その人たちが、今では親か祖父母の世代になっているだろう。あまりにも幸いなことに、行きたくない学校になってしまったのが、それほど長くはないことだ。ⓔもう一度、生徒と親、先生の皆が行きたい学校にしていくために、政府と自治体をはじめ、私たち皆が努力してみてはどうだろうか。たとえそれが時代の流れに逆行するとしても、学校はそういうところになるべきだと思う。

57 筆者によると、教員不足の現象が生じる理由は何か。

1 全世界的に起きている現象で、劣悪な勤務環境を避ける時代の特性のため
2 先生に対する尊敬が足りず、暴力のような危険な状況にさらされているため
3 過度な業務と深刻なストレスによって、先生になりたい人が減ったため
4 保護者の無知ないじめや抗議の増加と、教員になるためのハードルが高くなったため

58 悪循環が繰り返されることについて、筆者はどのように考えているか。

1 勤務環境の改善と資格のない教員を増やす方法は、問題の解決策にはなり得ない。
2 様々な対策が全て本来の機能を発揮してこそ、問題解決の糸口を見出すことができる。
3 未成年者に対する教育法の改善と、進学だけが学校存在の目標になってはならない。
4 教育権の回復と、自ら判断できる生徒の教育なしには、問題解決が不可能だ。

59 今の学校について、筆者はどのように考えているか。

1 学校は、生徒と先生に大切な思い出や楽しい記憶を与えることができなければならない。
2 政府主導の教員不足に関する改善策と、保護者と生徒の役割も重要だ。
3 生徒に対する指導能力と、保護者への対応などに関する努力も怠ってはならない。
4 登校拒否に対する政府レベルの対策と、行きたい学校づくりに力を入れるべきだ。

다음 글을 읽고 다음의 질문에 대한 답으로 가장 알맞은 것을 1 · 2 · 3 · 4에서 하나 고르시오.

다음은 은퇴한 초등학교 선생님이 쓴 글이다.

ⓐ 일본은 지금 선생님이 사라지고 있다. 여러가지 원인이 있다고 분석이 되고 있지만, 근본적인 원인은 선생님이 되고 싶은 사람이 줄어들고 있기 때문이다. 교원이 된다는 것은 많은 것을 포기해야 할 비장한 각오가 필요하다. 교원 부족 현상이 희망과 희생, 근성과 의지라는 것을 포기한 일본의 사토리 세대의 특징이라고 치부할 수는 없다. 일본에 국한된 것이 아니라 미국이나 독일, 한국 등에서도 교사 기피 현상이 가속화되고 있기 때문이다.

세상은 선생님에게 요구하는 것이 너무나도 많다. ⓑ 제대로 된 수당도 지급되지 않는 자발적인 잔업을 비롯해서, 수십 년째 그대로인 열악한 근무환경, 산더미 같은 업무 서류, 방과 후의 부활동의 고문, 가정 방문 등, 슈퍼 히어로 급의 활약을 당연하듯이 원하고 있다. 과도한 업무와 극도의 스트레스의 결과, 자신의 목숨을 스스로 끊어 버리는 사건까지도 발생하고 있지만, 그조차도 크게 관심을 가지고 않는 시대가 되어 버렸다.

학생은 선생님을 존경하기는 커녕, 교실에서 폭력까지 휘두르고 있고, 심지어 그 대상이 선생님이기도 한다. 몬스터 페어런트라고도 불리는 일부 보호자는 선생님을 벼랑 끝까지 몰아세운다. ⓒ 교원 채용의 문턱을 낮추겠다, 급여를 인상한다, 열악한 근무환경을 개선하겠다는 대책은 그 효과를 기대할 수 없을 것 같다. 인원수만 채우기에 급급한 무분별한 교원의 양성과 교원 자격이 없는 사람까지 교단에 세우는 것에 의해서 교육의 질은 더욱 낮아지고, 보호자의 항의는 더욱 거세진다. 학교 소식의 작성조차 자력으로 불가능한 교원의 증가는 업무의 질의 저하도 동반한다. 그 부족한 부분을 다른 교원이 분담하게 되어, 잔업이 다시 증가할 수밖에 없는 악순환이 반복된다. 교육권의 회복 없이는 이 모든 대책들은 탁상공론에 지나지 않는다.

의무교육이 진행되는 초등학교와 중학교, 의무가 아니지만 대부분이 자발적으로 진학하는 고등학교까지, 그 교육의 대상자는 미성년자다. 즉, 가르치는 대상이 아직은 스스로의 행동에 책임질 수 있는 성인이 아니라는 것이다. 학교는 이런 미성년자를 교칙이 아닌 나라의 법률에 따르게 하기 위한 준비를 시키고, 학교라는 울타리를 벗어나 스스로 판단하고 행동할 수 있도록 양성해야 한다. 지식의 전달만이 모든 것이 되어서는 안 된다. 지식의 전달과 대학 진학만을 목표로 한다면, 유명한 학원에 다니게 하는 것이 더욱 효과적일지도 모른다.

(중략)

학교는 언제부터 가고 싶지 않은 곳이 되었을까? 학생뿐만 아니라, 선생님에게 있어서도 학교는 가고 싶지 않은 곳이 되어 버렸다. ⓓ학교에 가서 친구들을 만나는 것이 좋고, 좋아하는 선생님에게 칭찬을 받아서 기쁘고, 방과 후에 친구들과 놀거나 부활동을 하면서 울고 웃었다. 방학이 되면, 학교에 갈 수 없는 것이 싫어서, 괜히 학교 주변을 서성이거나 운동장에서 혼자 놀기도 했다. 부모는 선생님이 정성스럽게 써 준 학교 소식을 함께 읽으면서, 학교에서의 자신의 아이를 상상하며, 빙그레 웃기도 했다. 학교에 갈 일이 있을 때는 최대한 자신의 옷차림에 신경을 쓰고 긴장을 하기도 했다. 선생님이 가정 방문으로 집에 올 때는 뭔가 내어 드리고 싶어서 허둥지둥 하기도 했다.

그런 추억과 기억을 가진 사람들이 정말 많았다. 그 사람들이 이제는 부모나 조부모 세대가 되어 있을 것이다. 너무나 다행스럽게도 가고 싶지 않은 학교가 되어 버린 것이 그리 길지는 않은 일이다. ⓔ다시 한번, 학생과 부모, 선생님 모두가 가고 싶은 학교로 만들어 가기 위해서, 정부와 지자체를 비롯해, 우리 모두가 노력해 보는 것은 어떨까? 설령, 그것이 시대의 흐름에 역행을 한다고 해도 학교는 그런 곳이 되어야 한다고 생각한다.

57 필자에 의하면 교원 부족 현상이 생기는 이유는 무엇인가?

1 전세계적으로 일어나는 현상으로, 열악한 근무환경을 기피하는 시대의 특성 때문에
2 선생님에 대한 존경이 부족하고, 폭력 같은 위험한 상황에 노출되어 있기 때문에
3 과도한 업무와 심각한 스트레스로 인해, 선생님이 되고 싶은 사람이 줄었기 때문에
4 보호자의 무지한 괴롭힘이나 항의의 증가와 교원이 되기 위한 허들이 높아졌기 때문에

58 악순환이 반복된다는 것에 대해서 필자는 어떻게 생각하고 있는가?

1 근무 환경의 개선과 자격이 없는 교원을 늘리는 방법은 문제의 해결책이 될 수는 없다.
2 여러 대책들이 모두 본래의 기능을 발휘해야 문제 해결의 실마리를 찾을 수 있다.
3 미성년자들에 대한 교육법의 개선과 진학만이 학교 존재의 목표가 되어서는 안 된다.
4 교육권의 회복과 스스로 판단할 수 있는 학생 교육 없이는 문제 해결이 불가능하다.

59 지금의 학교에 대해서 필자는 어떻게 생각하고 있는가?

1 학교는 학생과 선생님에게 소중한 추억이나 즐거운 기억을 줄 수 있어야 한다.
2 정부 주도의 교원 부족에 관한 개선책과 보호자와 학생의 역할도 중요하다.
3 학생에 대한 지도능력과 보호자 대응 등에 관한 노력도 게을리해서는 안 된다.
4 등교 거부에 대한 정부 차원의 대책과 가고 싶은 학교 만들기에 힘써야 한다.

[풀이]

57 ⓐ 선생님이 사라지는 근본적인 원인은 선생님이 되고 싶다는 사람이 줄어들고 있기 때문이라고 말하고 있고, ⓑ 과도한 업무와 스트레스로 인해 스스로의 목숨까지도 버리고 있다고 말하고 있다. 따라서 정답은 선택지 3번이다. 전세계적인 현상은 맞지만, 일본의 사토리 세대의 특징이라고 할 수 없다고 말하고 있기 때문에, 선택지 1번은 정답이 아니다. 교원 채용의 문턱을 낮추고 있다고 말하고 있기 때문에, 선택지 4번도 정답이 될 수 없다.

58 ⓒ 열악한 근무환경을 개선하겠다는 대책은 효과를 기대할 수 없다고 말하고 있다. 또 교원 자격이 없는 선생님 때문에 교육의 질이 낮아지고, 다른 교원의 업무의 증가로 인해 업무의 질도 저하된다고 말하고 있다. 따라서 정답은 선택지 1번이다.

59 ⓓ 학생은 학교를 가고 싶어 하고, 부모도 학교에 대한 추억이 있었다고 말하고 있고, ⓔ 학생, 부모, 선생님이 모두 가고 싶은 학교로 만들어야 한다고 말하고 있다. 따라서 정답은 선택지 1번이다. 정부의 교원 부족 대책은 효과를 기대할 수 없다고 말하고 있기 때문에, 선택지 2번은 정답이 될 수 없다. 학생의 지도 능력에 관한 내용과 등교 거부에 관한 내용은 본문에서 언급이 없기 때문에, 선택지 3번과 4번도 정답이 아니다.

[단어]

引退 은퇴 | 原因 원인 | 分析 분석 | 根本的 근본적 | 諦める 포기하다 | 悲壮 비장 | 覚悟 각오 | 希望 희망 | 犠牲 희생 | 根性 근성 | 意志 의지 | 放棄 방기, 포기 | 片付ける 치우다, 결말을 내다 | ～わけにはいかない ～할 수는 없다 | 忌避 기피 | 支給 지급 | ～をはじめ ～를 비롯해 | 劣悪 열악 | 顧問 고문 | ～並み ～같은 수준 | 活躍 활약 | 望む 원하가, 바라다 | 絶つ 끊다 | 尊敬 존경 | ～どころか ～는 커녕 | ひいては 더 나아가서는 | 崖っぷち 벼랑 끝 | 追い込む 몰아넣다 | 敷居を下げる 문턱을 낮추다 | 対策 대책 | 満たす 채우다 | 精一杯 있는 힘껏, 고작 | 養成 양성 | 教壇 교단 | 抗議 항의 | 激しい 격렬하다, 과격하다 | 分担 분담 | ～ざるを得ない ～하지 않을 수 없다 | 回復 회복 | 机上の空論 탁상공론 | すなわち 즉 | 校則 교칙 | 従う 따르다 | 垣根 울타리, 담 | 塾 사설학원 | 通う 다니다 | 褒める 칭찬하다 | 嬉しい 기쁘다 | にっこり 생긋, 방긋 | あまりにも 너무나도 | ～ことに ～하게도 | 政府 정부 | 自治体 지자체 | 努力 노력 | 逆行 역행

問題11

次のAとBの文章を読んで、後の問いに対する答えとして最も良いものを、1・2・3・4から一つ選びなさい。

A

ⓐ美味しいものを食べるという行為は、人間が感じられる幸せと肯定の感情の中で最上位に属すると思います。だから人間の三大欲求に、睡眠欲や性欲と共に食欲が入っているのです。延命だけのために食べ物を摂取する行為は、人間の尊厳性というものを思い出させます。単に空腹を満たすために、何かを食べることには何の楽しみも感じられません。満腹感の後に押し寄せる、得体のしれない空虚さとすっきりしない気持ちを感じることもあります。つまり、ⓑ食べ物から味という要素が欠けてしまうと、いくら栄養学的に完璧な食べ物でも、それが人間を幸せで健康にすることはないということです。

どうすればもっとおいしく食べられるかという悩みから、食文化の発展が始まりました。味への渇望は、農業や外食産業の発展、食料品の流通、食品の生産や加工の発達などを呼び起こしました。ⓒ健康に食べることは重要ですが、まずいものを無理やり食べたり、食べさせたりすることは、虐待や苦痛につながる可能性があります。決して健康的な食習慣ではないということです。そして、犬や猫も自分にとっておいしいエサをより好み、偏食します。

B

味を追求することを人間の本能と言うが、それは錯覚だ。味には絶対的な基準がなく、文化や社会、国や時代によっても味の基準が異なる。人間の本能がおいしいものに対する渇望だとすれば、誰もが同じ味を好むか、もしくは嫌いでなければならない。味というのは、特殊な文化の進化の結果にすぎない。幼い頃は嫌いだったにんじんやたまねぎなどが、大人になってからおいしいと感じる経験をする人も多いからだ。

ⓓ食べ物を摂取するときは、栄養のバランスを考えるべきだ。特定の材料にアレルギーやじんましん反応が起きるかどうかも考慮しなければならない。おいしいものを食べながら幸せな人生を送りたいということの前提には、当然健康が欠かせない。食べ物の味を左右するのは調味料というものだ。この調味料が使われすぎると、問題になりかねない。ⓔ甘い物をたくさん食べると、糖尿病や肥満、しょっぱい物をたくさん食べると、高血圧や心血管疾患などを招く恐れがあるからだ。食べることは、徹底的にコントロールされた状況下において行われなければならない。

60 味について、AとBはどのように述べているか。

1 AもBも、人間が追求する本能のようなものだと述べている。

2 AもBも、栄養の重要性と味による偏食を警戒すべきだと述べている。

3 Aは食べ物の味の起源について述べ、Bは偏重しすぎた味を警戒しなければならないと述べている。

4 Aは味の追求の当為性について述べ、Bは味による否定的な状況に注意するべきだと述べている。

61 食べることについて、AとBの認識で共通していることは何か。

1 おいしく食べることと、健康に食べることは同じではない。

2 おいしく食べるための方法や栄養とのバランスを考えるべきだ。

3 幸せな人生のために、健康的に食べることは欠かせない。

4 健康的な食べ方を学び、無理してまで食べる必要はない。

다음 A와 B의 글을 읽고, 다음의 질문에 대한 대답으로 가장 알맞은 것을, 1 · 2 · 3 · 4에서 하나 고르시오.

A

ⓐ맛있는 것을 먹는다는 행위는 인간이 느낄 수 있는 행복과 긍정의 감정 중 최상위에 속한다고 생각합니다. 그렇기 때문에 인간의 3대 욕구에 수면욕이나 성욕과 함께 식욕이 들어가 있는 것입니다. 연명만을 위해서 음식을 섭취하는 행위는 인간의 존엄성이라는 것을 떠올리게 합니다. 단지 공복을 채우기 위해서 무언가를 먹는 것에는 어떠한 즐거움도 느낄 수 없습니다. 포만감 뒤에 밀려 오는 정체 모를 공허함과 개운하지 않은 기분을 느끼는 경우도 있습니다. 즉 ⓑ음식에서 맛이라는 요소가 빠져 버리면, 아무리 영양학적으로 완벽한 음식이라도 그것이 인간을 행복하고 건강하게 하지는 않는다는 것입니다.

어떻게 하면 더욱 맛있게 먹을 수 있을까라는 고민에서 식문화의 발전이 시작되었습니다. 맛에 대한 갈망은 농업이나 외식산업의 발전, 식료품의 유통, 식품의 생산이나 가공의 발달 등을 불러 일으켰습니다. ⓒ건강하게 먹는 것은 중요하지만, 맛없는 것을 억지로 먹거나 먹이는 것은 학대나 고통으로 이어질 가능성이 있습니다. 결코 건강한 식습관이 아니라는 것입니다. 그리고 강아지나 고양이도 자신에게 맛있는 먹이를 더 좋아하고, 편식을 합니다.

B

맛을 추구하는 것을 인간의 본능이라고 하지만, 그것은 착각이다. 맛에는 절대적인 기준이 없고, 문화나 사회, 나라와 시대에 따라서도 맛의 기준이 다르다. 인간의 본능이 맛있는 것에 대한 갈망이라고 한다면, 누구나 같은 맛을 좋아하거나 혹은 싫어해야 한다. 맛이라는 것은 특수한 문화의 진화의 결과에 지나지 않는다. 어릴 때는 싫어했던 당근이나 양파 등이 성인이 되고 나서 맛있다고 느껴지는 경험을 하는 사람도 많기 때문이다.

ⓓ음식을 섭취할 때는 영양의 밸런스를 생각해야 한다. 특정 재료에 알레르기나 두드러기 반응이 일어날지 어떨지도 고려해야 한다. 맛있는 것을 먹으면서 행복한 삶을 보내고 싶다는 것의 전제에는 당연히 건강이 빠질 수 없다. 음식의 맛을 좌우하는 것은 조미료라는 것이다. 이 조미료가 지나치게 사용되면, 문제가 될 수 있다. ⓔ단것을 많이 먹으면 당뇨병이나 비만, 짠 것을 많이 먹으면 고혈압이나 심혈관 질환 등을 초래할 우려가 있기 때문이다. 먹는 것은 철저하게 통제된 상황에서 이루어져야 한다.

60 맛에 대해서 A와 B는 어떻게 말하고 있는가?

1 A도 B도 인간이 추구하는 본능 같은 것이라고 말하고 있다.

2 A도 B도 영양의 중요성과 맛에 의한 편식을 경계해야 한다고 말하고 있다.

3 A는 음식의 맛의 기원에 대해서 말하고, B는 지나치게 편중된 맛을 경계해야 한다고 말하고 있다.

4 A는 맛의 추구의 당위성에 대해서 말하고, B는 맛에 의한 부정적인 상황을 주의해야 한다고 말하고 있다.

61 먹는 것에 대해서 A와 B의 인식에서 공통되는 것은 무엇인가?

1 맛있게 먹는 것과 건강하게 먹는 것은 동일하지 않다.

2 맛있게 먹기 위한 방법이나 영양과의 밸런스를 생각해야 한다.

3 행복한 삶을 위해서 건강하게 먹는 것은 빼놓을 수 없다.

4 건강하게 먹는 방법을 배우고 무리하면서까지 먹을 필요는 없다.

[풀이]

60 ⓐ A는 맛있는 것을 먹는 것은 인간의 3대 욕구라고 언급하면서 그 당위성에 대해서 주장하고 있다. ⓔ B는 달거나 짠 것을 지나치게 먹으면 여러 가지 질병을 초래할 우려가 있기 때문에 먹는 것은 철저하게 통제된 상황에서 이루어져야 한다고 말하고 있다. 따라서 정답은 선택지 4번이다. 선택지 1번의 본능에 관한 언급은 B에 경우 착각이라고 말하고 있기 때문에, 정답이 될 수 없다. 선택지 2번의 편식에 관한 내용도 B의 글에서는 찾아볼 수 없기 때문에 정답이 아니다. 선택지 3번은 B의 내용은 맞지만, A의 글에서 맛의 기원에 관한 언급은 찾아볼 수 없기 때문에 정답이 아니다.

61 ⓑ A는 영양학적으로 완벽한 맛없는 음식이 인간을 행복하고 건강하게 하지는 않다고 말하고 있다. 또, ⓒ 건강하게 먹는 것은 중요하지만, 맛없는 것을 억지로 먹거나 먹이는 것은 결코 건강한 식습관이 아니라고 말하고 있다. ⓓ B도 맛있는 것을 먹으면서 행복한 삶을 보내기 위해서는 건강이 빠질 수 없다고 말하고 있다. 따라서 정답은 선택지 3번이다. B의 글에서 맛있게 먹는 것과 건강하게 먹는 것에 관한 언급이 나와 있지 않기 때문에, 선택지 1번은 정답이 될 수 없다. A의 글에서 영양학적으로 완벽한 음식이 중요한 것은 아니라고 말하고 있기 때문에 선택지 2번도 정답이 아니다. B의 글에서 무리하면서까지 건강하게 먹을 필요는 없다는 언급이 없기 때문에 선택지 4번도 정답이 될 수 없다.

[단어]

行為 행위 | 肯定 긍정 | 最上位 최상위 | 属する 속하다 | 欲求 욕구 | 睡眠 수면 | 延命 연명 | 摂取 섭취 | 尊厳性 존엄성 | 思い出す 떠올리다 | 単に 단지, 다만 | 空腹 공복 | 満たす 채우다 | 満腹感 포만감 | 押し寄せる 몰려들다, 들이닥치다 | 得体 정체 | 空虚 공허 | すっきり 깨끗이, 말끔히 | つまり 즉 | 要素 요소 | 欠ける 빠지다, 부족하다 | 栄養 영양 | 渇望 갈망 | 流通 유통 | 呼び起こす 불러 일으키다 | 虐待 학대 | 苦痛 고통 | 食習慣 식습관 | 好む 좋아하다, 즐기다 | 偏食 편식 | 追求 추구 | 錯覚 착각 | ～によって ～에 의해서, ～에 따라서 | 異なる 다르다 | もしくは 혹은, 그렇지 않으면 | 特殊 특수 | ～にすぎない ～에 지나지 않는다 | 幼い 어리다 | 頃 때, 시절 | 反応 반응 | 考慮 고려 | 前提 전제 | 調味料 조미료 | ～すぎる 지나치게 ～하다 | ～かねない ～할지도 모른다 | 糖尿病 당뇨병 | 肥満 비만 | しょっぱい 짜다 | 高血圧 고혈압 | 心血管疾患 심혈관질환 | 招く 부르다, 초래하다 | 徹底 철저 | 状況 상황 | ～において ～에서, ～에 있어서 | 述べる 말하다, 기술하다 | 警戒 경계 | ～べきだ ～해야 한다 | 起源 기원 | ～について ～에 대해서 | 当為性 당위성 | 否定的 부정적 | 認識 인식 | 欠かす 빼다, 빠뜨리다

問題12

次の文章を読んで、後の問いに対する答えとして最もよいものを、１・２・３・４から一つ選びなさい。

寂しさは、扱いにくく複雑で原始的な感情です。集団、または群れの生活に慣れている存在ほど、寂しさに過敏な反応を示します。人はもちろん、一部の群れを成して生活する動物も寂しさを感じます。オウムという鳥を一羽だけ飼うと、寂しさによるストレスで、羽毛を自分で抜くなどの自傷行為をすることもあると言われています。人間も寂しさによる副作用で、自責したり、自害します。また、免疫力の低下、認知症発病率の増加、老化の進行にも影響を与えるそうです。身体に悪影響を与える寂しさというものを、病気に分類する必要があります。

ⓐ一人でいるときだけでなく、大勢の人で混み合う地下鉄の中や、店内でも寂しさを感じます。さらに自分が属している集団でも、寂しさを感じたりします。集団に属さない寂しさはもちろん、集団内での対人関係から生じる寂しさもあるということです。極めて稀なケースでしょうが、最初から一人だったら、寂しさについて認知できなかったかもしれません。こういう側面からみると、人間はやはり社会的な動物に違いありません。それなら寂しさもやはり、社会的レベルの病気に分類しなければなりません。イギリスでは、寂しさを担当する国レベルの部署が新設され、その部署に大臣を任命しただけに、社会問題として認識されています。寂しさによる国民の苦痛や自尊心の喪失から派生する問題を、無視できないと判断したからです。（中略）

寂しさを克服するために、人間はコミュニケーションというものを作りました。コミュニケーションの発達は、特に芸術と科学分野の発達にも大きく役立っています。しかし、コミュニケーションに関する知識や技術の不在により、誤解、けんか、ストーカー、ガスライティングなどの誤ったコミュニケーションの発生が頻繁になり、社会的な問題にまで至っています。正しいコミュニケーションに関する教育が必要な時代になりました。

日本は、1970年に高齢化社会、2007年からは超高齢化社会となりました。超高齢化社会というのは、65歳以上の人口が総人口の21%以上を占めるという意味です。つまり、五人のうち一人は、65歳以上の高齢者だということです。国民の中に占める高齢者の割合が多くなりましたが、若者より高齢者に寂しさはさらに致命的に近寄ってきます。そのくらいの歳になると、世の中を先に経験した先輩として、多くの知識や知恵をもとに、寂しさへの対応もしやすいと思いがちですが、実状は少し違います。

高齢者にとって寂しさは、孤独と孤立、苦痛のどこかに存在する非常に奇妙な感情かもしれません。職場という集団に属して、寂しさという感情に向き合う暇もなく、仕事に没頭する時代を生きてきました。時間が経つにつれて、社会生活の引退とともに少しずつ断絶していく対人関係、子供たちの独立、かけがえのない大切な配偶者との死別を経験することになります。気の置けない親しい友人も、ある瞬間から一人二人、この世を去り、もう自分も死について考えざるを得なくなります。一人でご飯を食べることをはじめ、すべてを一人で経験する時間がどんどん多くなります。

ⓑ老人の寂しさというのは、誰にでも訪れるものですが、私たちはまだそれに向き合う方法を知りません。コミュニケーションを通じて寂しさを克服しろと言われますが、どのようにコミュニケーションを図り、どのように寂しさに備えなければならないのか分からないし、尋ねる人もいません。寂しさは個人の問題で、個人の感情だと思っているからです。こうした状況で高齢者の孤独死、うつ病、自殺への関心が高まり、社会問題として取り上げられるようになったのは、本当に幸いだと言えます。

社会的な問題として台頭しているということは、今や国レベルの管理が介入できるようになったのです。国は国民の幸せのために努める責任があり、国民の健康な生活の実践を図らなければならないからです。国民を対象に、ⓒ特に高齢者を中心に、コミュニケーションに関する教育の実施や寂しさを病気と認識し、数値化、客観化しながら管理するべきだと思います。ⓓ私たち国民もまた、寂しさを個人の感情の問題として見なしたり、無関心になってはいけません。

62 寂しさについて、筆者の考えに合うのはどれか。

1 集団だけでなく、群れを成していない個体にも影響を与えかねない。
2 人の場合、一人でいる時だけ寂しさの感情を感じるとは言えない。
3 政府が主導して治療しなければならない病気の一つに分類され始めた。
4 集団生活をする人や動物の共通的な特徴として認識しなければならない。

63 老人の寂しさについて、筆者はどのように述べているか。

1 超高齢化時代の台頭とともに、社会的な問題として受け止められ始めた。
2 老人も経験できなかった未知の領域において原因に関する研究が必要だ。
3 好ましくない影響につながる寂しさを克服するためのコミュニケーションの教育が必要だ。
4 老人の孤独死や自殺等に関する深刻性について、国民の認識が必要な時期となった。

64 筆者が言いたいことは何か。

1 寂しさを個人的な感情と認識してはならない。
2 寂しさに関する国レベルの取り組みは、さらに詳細化するべきだ。
3 お年寄りの寂しさを、国や国民が無視してはならない。
4 老人の孤独死、コミュニケーションの不在に関心を持たなければならない。

다음 글을 읽고 다음 질문에 대한 답으로 가장 알맞은 것을 1 · 2 · 3 · 4에서 하나 고르시오.

외로움은 다루기 어렵고 복잡하고 원시적인 감정입니다. 집단 또는 무리 생활에 익숙한 존재일수록 외로움에 과민한 반응을 보입니다. 사람은 물론 일부 무리를 이루어서 생활하는 동물도 외로움을 느낍니다. 앵무새라고 하는 새를 한 마리만 기르면, 외로움으로 인한 스트레스로 깃털을 스스로 뽑는 등의 자해행동을 하는 경우도 있다고 합니다. 인간도 외로움에 의한 부작용으로 자책이나 자해를 합니다. 또한 면역력의 저하, 치매 발병율의 증가, 노화 진행에도 영향을 준다고 합니다. 신체에 악영향을 주는 외로움이라는 것을 질병으로 분류할 필요가 있습니다.

ⓐ혼자 있을 때뿐만 아니라, 많은 사람들로 북적이는 지하철 안이나 매장 안에서도 외로움을 느낍니다. 심지어 자신이 속한 집단에서도 외로움을 느끼곤 합니다. 집단에 속하지 못하는 외로움은 물론, 집단 내에서의 대인관계에서 생기는 외로움도 있다는 것입니다. 극히 드문 경우이겠지만, 처음부터 혼자였다면 외로움에 대해서 인지하지 못했을 수도 있습니다. 이런 측면에서 보면, 인간은 역시 사회적인 동물임에 틀림없습니다. 그렇다면 외로움도 역시, 사회적인 수준의 질병으로 분류해야 합니다. 영국에서는 외로움을 담당하는 국가차원의 부서가 신설되었고, 그 부서에 장관을 임명한 만큼, 사회 문제로 인식되고 있습니다. 외로움에 의한 국민의 고통이나 자존감의 상실에서 파생되는 문제를 무시할 수 없다고 판단했기 때문입니다.

(중략)

외로움을 극복하기 위해서 인간은 소통이라는 것을 만들었습니다. 소통의 발달은 특히 예술과 과학 분야의 발달에도 크게 도움이 되고 있습니다. 하지만 소통에 관한 지식이나 기술의 부재로 인해 오해, 싸움, 스토커, 가스라이팅 등의 잘못된 소통의 발생이 빈번해지고, 사회적인 문제로까지 이르고 있습니다. 올바른 소통에 관한 교육이 필요한 시대가 되었습니다.

일본은 1970년에 고령화 사회, 2007년부터는 초고령화 사회가 되었습니다. 초고령화 사회라는 것은 65세 이상의 인구가 총 인구의 21% 이상을 차지한다는 뜻입니다. 즉, 5명 중 1명은 65세 이상의 고령자라는 것입니다. 국민 중에 고령자가 차지하는 비율이 많아졌지만, 젊은 사람보다 고령자에게 외로움은 더욱 치명적으로 다가옵니다. 그 정도의 나이가 되면, 세상을 먼저 경험한 선배로서 많은 지식이나 지혜를 토대로 외로움에 대한 대응도 쉬울 거라고 생각하기 쉽지만, 실상은 조금 다릅니다.

고령자에게 있어서 외로움은 고독과 고립, 고통의 어딘가에 존재하는 매우 이상한 감정일 수도 있습니다. 직장이라는 집단에 속해서 외로움이라는 감정을 마주할 새도 없이, 일에 몰두하는 시대를 살아 왔습니다. 시간의 흐름에 따라서 사회생활의 은퇴와 함께 조금씩 단절되어 가는 대인관계, 자식들의 독립, 둘도 없이 소중한 배우자와의 사별을 경험하게 됩니다. 마음을 터놓을 수 있는 친한 친구도 어느 순간부터 하나 둘 씩, 이 세상을 떠나게 되고, 이제 자신도 죽음에 대해서 생각하지 않을 수 없게 됩니다. 혼자 밥을 먹는 것을 비롯해, 모든 것을 혼자서 경험하는 시간이 점점 많아집니다.

ⓑ노인의 외로움이라는 것은 누구에게나 찾아오는 것이지만, 우리는 아직 그것을 마주하는 방법을 모릅니다. 소통을 통해서 외로움을 극복하라고 하는데, 어떻게 소통을 도모하고, 어떻게 외로움에 대비해야 하는지 알지 못하고, 물어볼 사람도 없습니다. 외로움은 개인의 문제이고, 개인의 감정이라고 생각하기 때문입니다. 이런 상황에서 고령자의 고독사, 우울증, 자살에 대한 관심이 높아지고, 사회문제로 다루어지게 된 것은 정말 다행이라고 말할 수 있습니다.

사회적인 문제로 대두되고 있다는 것은 이제 국가차원의 관리가 개입을 할 수 있게 된 것입니다. 국가는 국민의 행복을 위해 힘쓸 책임이 있고, 국민의 건강한 삶의 실천을 도모해야 하기 때문입니다. 국민을 대상으로 ⓒ특히 노인을 중심으로 소통에 관한 교육의 실시나 외로움을 질병으로 인식하고, 수치화, 객관화를 하면서 관리해야 한다고 생각합니다. ⓓ우리 국민들도 또한, 외로움을 개인의 감정의 문제로 간주하거나 무관심해져서는 안 됩니다.

62 외로움에 대해서, 필자의 생각에 맞는 것은 어느 것인가?

1 집단뿐만 아니라 무리를 이루지 않는 개체에게도 영향을 줄 수 있다.
2 사람의 경우, 혼자 있을 때만 외로움의 감정을 느낀다고는 말할 수 없다.
3 정부가 주도해서 치료해야 할 질병의 한 가지로 분류되기 시작했다.
4 집단 생활을 하는 사람이나 동물의 공통적인 특징으로 인식해야 한다.

63 노인의 외로움에 대해서 필자는 어떻게 말하고 있나?

1 초고령화 시대의 대두와 함께, 사회적인 문제로 받아들여지기 시작했다.
2 노인도 경험하지 못한 미지의 영역에 관해서 원인에 관한 연구가 필요하다.
3 바람직하지 않은 영향으로 이어지는 외로움을 극복하기 위한 소통의 교육이 필요하다.
4 노인의 고독사나 자살 등의 관한 심각성에 관해서 국민의 인식이 필요한 시기가 되었다.

64 필자가 말하고 싶은 것은 무잇인가?

1 외로움을 개인적인 감정으로 인식해서는 안 된다.
2 외로움에 관한 국가차원의 대처는 더욱 상세화해야 한다.
3 노인의 외로움을 국가나 국민이 무시해서는 안 된다.
4 노인의 고독사, 소통의 부재에 관심을 가져야 한다.

[풀이]

62 ⓐ 사람은 혼자 있을 때뿐만 아니라, 사람들이 많은 곳에서도 외로움을 느낀다고 말하고 있다. 따라서 정답은 선택지 2번이다. 처음부터 혼자인 경우에는 외로움을 인지하지 못할 수도 있다고 말하고 있기 때문에, 선택지 1번은 정답이 아니다.

63 ⓑ 노인의 외로움에 대해서 소통으로 극복해야 한다고 하고 있지만, 그 방법을 모르기 때문에 ⓒ 노인들을 중심으로 소통의 교육이 실시되어야 한다고 말하고 있다. 따라서 정답은 선택지 3번이다. 노인의 고독사와 자살에 대한 관심이 높아지고 있다고 말하고 있기 때문에, 선택지 4번은 정답이 될 수 없다.

64 ⓓ 외로움을 개인의 감정 문제로 간주하거나 무관심해서는 안 된다고 말하고 있다. 따라서 정답은 선택지 1번이다. 외로움을 무시하는 것이 아니라 무관심하면 안 된다고 말하고 있기 때문에, 선택지 3번은 정답이 아니다. 노인의 고독사에 대한 관심은 이미 높아지고 있다고 말하고 있기 때문에, 선택지 4번도 정답이 될 수 없다.

[단어]

扱う 다루다, 취급하다 | 原始的 원시적 | 群れ 무리 | 慣れる 익숙해지다 | 過敏 과민 | 成す 이루다, 만들다 | 一羽 한 마리 | 飼う 기르다 | 羽毛 우모, 깃털 | 自傷 자상, 자해 | 副作用 부작용 | 自責 자책 | 免疫力 면역력 | 認知症 치매 | 与える 주다 | 混み合う 북적이다, 혼잡하다 | 属す 속하다 | 極めて 지극히 | 稀 드묾 | ～について ～에 대해서 | 担当 담당 | 部署 부서 | 新設 신설 | 大臣 대신, 장관 | 任命 임명 | 喪失 상실 | 派生 파생 | 克服 극복 | 不在 부재 | 誤解 오해 | 誤る 잘못하다, 실수하다 | 頻繁 빈번 | 至る 이르다 | 占める 점하다, 차지하다 | 割合 비율 | 致命的 치명적 | 近寄る 접근하다, 다가오다 | 実状 실상 | ～にとって ～에 있어서 | 孤独 고독 | 孤立 고립 | 非常に 매우, 상당히 | 奇妙 기묘 | 没頭 몰두 | 経つ 지나다, 경과하다 | ～につれて ～에 따라서 | 引退 은퇴 | 断絶 단절 | かけがえのない 둘도 없는, 매우 소중한 | 配偶者 배우자 | 気の置けない 마음을 터놓다, 허물없다 | 親しい 친하다 | 去る 떠나다 | ～ざるを得ない ～하지 않을 수 없다 | ～をはじめ ～를 비롯해 | 訪れる 방문하다, 찾아오다 | 向き合う 마주보다 | 克服 극복 | 図る 도모하다 | 備える 준비하다, 갖추다 | 尋ねる 묻다, 찾다 | 状況 상황 | うつ病 우울증 | 自殺 자살 | 取り上げる 집어 올리다, 채택하다 | 台頭 대두 | 管理 관리 | 介入 개입 | 努める 노력하다 | 実践 실천 | 数値 수치 | 影響 영향 | ～かねない ～할지도 모른다 | 特徴 특징 | 受け止める 막아내다, 받아들이다 | 未知 미지 | 領域 영역 | 好ましい 바람직하다 | 深刻 심각 | 詳細 상세함, 자세함

問題13

右のページは、ある市の研究発表会に関する案内である。下の問いに対する答えとして最もよいものを、１・２・３・４から一つ選びなさい。

65 次の４人は、桜市自治学会の研究発表会に応募したいと思っている。応募可能な者は誰か。

名前（グループ名）	住所	発表テーマ	研究期間	発表経験
渡辺さん	桜市内	幼稚園の問題点と改善策	六ヵ月	有り
レヴィンさん	桜市外	桜市の高齢化と周辺環境	二年	無し
ⓐ子供学会	桜市内	幼稚園の周辺環境について	一年六ヵ月	無し
鈴木さん	桜市外	小学英語教育の問題点	一年	有り

1 渡辺さん

2 レヴィンさん

3 子供学会

4 鈴木さん

66 佐藤さんは、桜市自治学会の会員として「子どものための美術教育」というテーマで、二年以上研究してきた。この研究発表会に応募するにはどうしなければならないか。

1　個人での参加はできないので、一緒に参加する人を募集して応募する。
2　必須入力項目を記入した申請書類を持参し、桜自治学会まで直接応募しに行く。
3　自治学会ホームページからダウンロードした申請書類を作成し、ファックスで応募する。
4　研究発表会の開催予定日までに、必須入力事項を記入した申請書類をEメールで応募する。

桜市自治学会の研究発表会のご案内

普段研究していることを発表してみてはどうですか。あなたの研究が住みやすいコミュニティづくりの第一歩になるかもしれません。

1. 発表テーマ

今年のテーマは、「子どもが暮らしやすい町づくり」です。ⓑ子どもに関する地域社会の問題点への対策であれば、すべてテーマの対象となります。福祉、環境、経済、文化、教育など分野は問いません。

2. 応募資格

・発表者は会員に限ります。ⓒただし、会員以外でも、市内に在住し、子どものための公共政策などについて1年以上積極的に研究、活動している方も応募できます。
・ⓓ個人だけではなく、グループでの応募も可能です。
・発表者は、当自治学会の基準に基づいた書類選考に基づき決定します。
・ⓔ以前に当自治学会で発表したことがある方は、対象外とします。

3. 応募方法

① ⓕ桜自治学会の研究発表会のホームページから申請書類をダウンロードしてください。
② ⓖ必須入力項目を必ずご記入の上、メール、またはファックスでご応募ください。
・必須入力項目
：所属、氏名(グループ名)、住所、連絡先、メールアドレス、発表テーマ、発表要旨(発表趣旨や研究内容を500文字程度で簡潔に作成してください。)

4. 応募期間

8月15日～9月15日の午後6時まで

5. 結果通知

10月15日の午前中

6. 研究発表会開催予定日

① 日時：11月の第二土曜日
② 場所：桜市内
③ 内容：1部 講演会、2部 研究発表会

7. お問い合わせ先

桜市自治学会　　ホームページ：http://www.sakurasi_jichigakkai.ac.jp
電話：123-456-7890　　Eメール：Sakura-kenkyu@sakura.ac.jp
ファックス：123-789-0456

오른쪽 페이지는 어떤 시의 연구발표회에 관한 안내이다. 아래의 질문에 대한 답으로 가장 알맞은 것을 1 · 2 · 3 · 4에서 하나 고르시오.

65 다음 4명은 사쿠라시 자치학회 연구발표회에 응모하고 싶다고 생각하고 있다. 응모 가능한 사람은 누구인가?

이름 (그룹 명)	주소	발표 테마	연구 기간	발표 경험
와타나베 씨	사쿠라 시내	유치원의 문제점과 개선책	6개월	유
레빈 씨	사쿠라 시외	사쿠라시의 고령화와 주변환경	2년	무
ⓐ어린이 학회	사쿠라 시내	유치원의 주변환경에 대해서	1년 6개월	무
스즈키 씨	사쿠라 시외	초등학교 영어 교육의 문제점	1년	유

1 와나나베 씨

2 레빈 씨

3 어린이 학회

4 스즈키 씨

66 사토 씨는 사쿠라시 자치학회 회원으로 '어린이를 위한 미술 교육'이라는 주제로, 2년 이상 연구해 왔다. 이 연구발표회에 응모를 하기 위해서는 어떻게 해야 하는가?

1 개인으로 참가는 불가능하기 때문에, 함께 참가할 사람을 모집해서 응모한다.

2 필수 입력항목을 기입한 신청서류를 지참해서, 사쿠라 자치학회까지 직접 응모하러 간다.

3 자치학회 홈페이지에서 다운로드 한 신청서류를 작성하고, 팩스로 응모한다.

4 연구발표회의 개최 예정일까지, 필수 입력사항을 기입한 신청 서류를 이메일로 응모한다.

사쿠라시 자치학회 연구발표회 안내

평소에 연구하고 있는 것을 발표해 보는 것은 어떨까요? 당신의 연구가 살기 좋은 지역사회 만들기의 첫 걸음이 될 수도 있습니다.

1. 발표 테마

이번 년도의 테마는 '어린이가 살기 좋은 마을 만들기'입니다. ⓑ어린이에 관한 지역사회의 문제점에 대한 대책이라면, 모두 테마의 대상이 됩니다. 복지, 환경, 경제, 문화, 교육 등 분야는 묻지 않습니다.

2. 응모 자격

· 발표자는 회원으로 제한합니다. ⓒ단, 회원 이외에도 시내에 거주하고 어린이를 위한 공공정책 등에 대해서 1년 이상 적극적으로 연구, 활동하고 있는 분도 응모할 수 있습니다.

· ⓓ개인뿐만 아니라, 그룹으로의 응모도 가능합니다.

· 발표자는 저희 자치학회의 기준에 근거한 서류 전형에 의거하여 결정합니다.

· ⓔ이전에 저희 자치학회에서 발표를 한 적이 있는 분은 대상 외로 합니다.

3. 응모 방법

① ⓕ사쿠라 자치학회 연구발표회 홈페이지에서 신청서류를 다운로드해 주세요.

② ⓖ필수 입력항목을 반드시 기입하신 후, 메일 또는 팩스로 응모해 주세요.

· 필수 입력항목

: 소속, 성명(그룹 명), 주소, 연락처, 메일주소, 발표테마, 발표 요지(발표 취지나 연구 내용을 500자 정도로 간결하게 작성해 주세요.)

4. 응모 기간

8월 15일~9월 15일 오후 6시까지

5. 결과 통지

10월 15일 오전 중

6. 연구발표회 개최 예정일

① 일시 : 11월 두번째 토요일

② 장소 : 사쿠라시내

③ 내용 : 1부 강연회, 2부 연구발표회

7. 문의처

사쿠라시 자치학회　　　홈페이지: http://www.sakurasi_jichigakkai.ac.jp

전화: 123-456-7890　　　이메일: Sakura-kenkyu@sakura.ac.jp

팩스: 123-789-0456

[풀이]

65 ⓐ 어린이 학회는 ⓑ 어린이에 관한 환경을 발표 테마로, ⓒ 1년 이상 연구하고 있는 사쿠라 시내에 위치하고 있다. ⓓ 그룹으로 참가도 가능하고, ⓔ 이전에 발표한 경험도 없기 때문에 정답은 선택지 3번이다.

66 ⓕ 발표회 응모를 위해서는 홈페이지에서 신청서류를 다운로드 받아서, ⓖ 작성 후에 메일 또는 팩스로 응모하라고 말하고 있다. 따라서 정답은 선택지 3번이다.

[단어]

研究 연구 | **～に関する** ～에 관한 | **応募** 응모 | **幼稚園** 유치원 | **改善策** 개선책 | **高齢化** 고령화 | **周辺** 주변 | **環境** 환경 | **～について** ～에 대해서 | **教育** 교육 | **問題点** 문제점 | **会員** 회원 | **美術** 미술 | **参加** 참가 | **募集** 모집 | **必須** 필수 | **項目** 항목 | **申請** 신청 | **持参** 지참 | **直接** 직접 | **作成** 작성 | **開催** 개최 | **対象** 대상 | **福祉** 복지 | **限る** 제한하다, 한정하다 | **ただし** 단, 다만 | **政策** 정책 | **積極的** 적극적 | **～に基づく** ～에 근거한 | **所属** 소속 | **要旨** 요지 | **趣旨** 취지 | **簡潔** 간결 | **講演会** 강연회

2교시 청해

問題 1

問題 1 では、まず質問を聞いてください。それから話を聞いて、問題用紙の 1 から 4 の中から、最もよいものを一つ選んでください。

では練習しましょう。

문제 1에서는 우선 질문을 들어 주세요. 그러고 나서 이야기를 듣고 문제 용지의 1부터 4 중에서 가장 알맞은 것을 하나 고르세요.

그럼 연습하겠습니다.

例

会社で男の人と女の人が話しています。女の人は、このあとまず何をしなければなりませんか。

M 今、ちょっと時間ある？

F はい。

M あのさ、今日の午後の理事会の会議のこと。聞いた？

F はい、聞きました。みんな大騒ぎで。緊張しちゃいますよね。

M そうなんだよ。悪いけど、手貸してくれない？やることいっぱいで人手が足りないんだ。

F えーと、そうですね。ⓐ実は午前中、人事部から頼まれたアンケートの書類のまとめと、取引先の見積書を送らないと……。

M そっか。ⓑじゃ、それが終わってからでいいよ。ⓒ会議で使う資料のコピーだけ渡しておくね。人数分用意すればいいよ。で、それを事務課の担当者に渡してくれる？

F はい、承知しました。担当者には前もって電話しなくても大丈夫ですか。

M いいよ、ⓓ僕が電話しとくから。あと見積書の件も僕が送っておくから。君はそっちを頼む。なるべく急いでくれ。

女の人は、このあとまず何をしなければなりませんか。

회사에서 남자와 여자가 이야기하고 있습니다. 여자는 이후에 먼저 무엇을 해야 합니까?

M 지금 잠깐 시간 있어?

F 네.

M 저어, 오늘 오후에 이사회 회의. 들었어?

F 네, 들었습니다. 모두 난리여서. 긴장되네요.

M 맞아. 미안한데, 도와주지 않을래? 할 일이 너무 많아서 일손이 부족해.

F 음, 그렇군요. ⓐ실은 오전 중으로 인사부로부터 부탁받은 앙케트 서류 정리와 거래처에 견적서를 보내지 않으면 안 되는데…….

M 그래? ⓑ그럼, 그거 끝나고 나서 해도 좋아. ⓒ회의에서 사용할 자료 복사만 건네 둘게. 인원수만큼 준비하면 돼. 그리고 그걸 사무과 담당자에게 전해 줄래?

F 네, 알겠습니다. 담당자에게는 미리 전화하지 않아도 괜찮을까요?

M 괜찮아. ⓓ내가 전화해 둘 거니까. 그리고 견적서 건도 내가 보내 놓을게. 자네는 그쪽을 부탁해. 가능한 한 서둘러 줘.

여자는 이후에 먼저 무엇을 해야 합니까?

1 取引先の担当者にファックスを送る
2 会議で使う資料をコピーする
3 アンケートの書類をまとめる
4 事務課に電話する

1 거래처의 담당자에게 팩스를 보낸다
2 회의에서 사용할 자료를 복사한다
3 앙케트 서류를 정리한다
4 사무과에 전화한다

最もよいものは３番です。解答用紙の問題１の例のところを見てください。最もよいものは３番ですから、答えはこのように書きます。

では始めます。

가장 알맞은 것은 3번입니다. 해답 용지의 문제 1의 [예] 부분을 봐 주세요. 가장 알맞은 것은 3번이므로 답은 이렇게 씁니다.
그럼 시작하겠습니다.

1番

旅行会社で男の人と女の人が話しています。男の人はこの後、どうしますか。

M 課長、お呼びですか。

F あ、小川さん。話したいことがあって呼びました。昨日入院した旅行プラン担当の村上さんから連絡が来たんですが、退院までもう少し時間がかかるそうです。

M そうですか。では、僕に村上さんの担当している夏休みの旅行プランを手伝わせてください。

F あら、そう言ってくれてありがとう。そうじゃなくてもみんなで少しずつ担当してもらおうと思ってました。ⓐ夏休みの特別旅行プランは私と村上さんとで色々と話し合いましたので、私が担当します。明日村上さんのお見舞いに行くつもりなんですが、その際に資料も渡してもらうことにしました。小川さんにはシニア向けのパッケージ旅行プランを担当してもらいたいのですが。

M ⓑ分かりました。

F 今やっているパンフレット作成の方はどうですか。締め切り、大丈夫ですか。

M すみません。今週までには終わらせたいと思います。

F あ、締め切りまでにあまり遅れないようにお願いしますね。印刷業者に送る前に内容チェックもしなければならないから。

여행회사에서 남자와 여자가 이야기하고 있습니다. 남자는 이후에 어떻게 합니까?

M 과장님, 부르셨나요?

F 아, 오가와 씨. 할말이 있어서 불렀어요. 어제 입원한 여행 플랜 담당자 무라카미 씨에게 연락이 왔는데, 퇴원까지 조금 더 시간이 걸린다고 하네요.

M 그렇군요. 그럼, 제에게 무라카미 씨가 담당하고 있는 여름방학 여행플랜을 돕게 해 주세요.

F 아, 그렇게 말해 줘서 고마워요. 그렇지 않아도 다같이 조금씩 맡아 보려고 했어요. ⓐ여름 방학 특별여행 플랜은 저와 무라카미 씨가 얘기를 여러 가지로 얘기를 나눴기 때문에 제가 담당할게요. 내일 무라카미 씨 병문안에 갈 예정인데, 그때 자료도 건네 받기로 했어요. 오가와 씨는 시니어전용 패키지여행 플랜을 담당을 해 줬으면 하는데요.

M ⓑ알겠습니다.

F 지금 하고 있는 팸플릿 작성 쪽은 어떤가요? 마감, 괜찮을까요?

M 죄송합니다. 이번 주까지는 끝내도록 하겠습니다.

F 아, 마감까지 너무 늦지 않게 부탁드릴게요. 인쇄업자에게 보내기 전에 내용 체크도 해야 하니까.

M　はい、分かりました。

F　今も十分仕事が多いのに、ごめんなさいね。では、よろしくお願いします。

男の人はこの後、どうしますか。

M　네. 알겠습니다.

F　지금도 충분히 일이 많은데, 미안하네요. 그럼, 잘 부탁드릴게요.

남자는 이후에 어떻게 합니까?

1　夏休みの旅行プランを手伝う

2　シニア向けのパッケージプランを担当する

3　入院した同僚から資料をもらう

4　締切前に印刷業者に連絡する

1　여름방학 여행플랜을 돕는다

2　시니어전용 패키지 플랜을 담당한다

3　입원한 동료에게 자료를 받는다

4　마감 전에 인쇄업자에게 연락한다

[풀이]

ⓐ 입원한 동료의 일은 여자가 맡는다고 하고, 남자에게 시니어전용 패키지여행 플랜을 담당하라고 말하고 있다. ⓑ 남자도 알겠다고 말하고 있기 때문에, 정답은 선택지 2번이다.

[단어]

呼ぶ 부르다 | 担当 담당 | 退院 퇴원 | 夏休み 여름 방학, 여름 휴가 | 手伝う 돕다, 거들다 | 特別 특별 | お見舞い 문병, 문안 | 際 때 | 資料 자료 | 渡す 건네주다, 넘겨주다 | 向け ~용, ~대상 | 作成 작성 | 締め切り 마감 | 遅れる 늦다, 늦어지다 | 印刷 인쇄 | 業者 업자 | 十分 충분함 | 同僚 동료

2番

会社で男の人と女の人が話しています。女の人は、このあとまず何をしますか。

M　相沢さん、ちょっと時間ある？

F　はい、どんなことでしょうか。

M　明日の会議で使う企画書のことなんだけど、少し変更してもらいたいところがあって。ⓐ全体的に、内容は分かりやすくまとまっているけど、写真が少し足りないようで追加した方がいいと思う。

F　はい、分かりました。

M　そして、ⓑグラフの数値がちょっと間違ってたから修正しておいたよ。

F　あぁ、そうでしたか。すみませんでした。

M　最後に、ⓒこのグラフのことなんだけど。サイズが少し小さくて見る人によっては、数字がよく見えないこともあるんじゃないかと思う。ちょっとだけ拡大するほうがいいんじゃない？ お年を召した社長や部長もいらっしゃるからね。

회사에서 남자와 여자가 이야기하고 있습니다. 여자는 이후 먼저 무엇을 합니까?

M　아이자와 씨, 잠깐 시간 있어?

F　네, 무슨 일인가요?

M　내일 회의에서 쓸 기획서 말인데, 조금 변경해 주었으면 하는 부분이 있어서. ⓐ 전체적으로 내용은 알기 쉽게 정리가 되어 있는 것 같은데, 사진이 조금 부족한 것 같아서 추가하는 것이 좋을 것 같아.

F　네, 알겠습니다.

M　그리고, ⓑ 그래프 수치가 조금 잘못되어 있어서 수정해 두었어.

F　아, 그랬나요? 죄송합니다.

M　마지막으로, ⓒ 이 그래프에 말인데. 사이즈가 조금 작아서 보는 사람에 따라서는 숫자가 잘 안 보일 수도 있을 것 같아. 조금 확대하는 것이 좋지 않을까? 나이가 있으신 사장님이나 부장님도 오시니까.

F あ、そうかもしれませんね。分かりました。ⓓ全体的にもう一度、内容のチェックをしてみます。 M ⓔうん、その方がいいと思う。写真の大きさもそれに合わせて修正する必要があるから、予めしておいた方がいいだろう。 F そうですね。分かりました。	F 아, 그럴 수도 있겠네요. 알겠습니다. ⓓ전체적으로 다시 한 번 내용 체크를 해 보겠습니다. M ⓔ응, 그게 좋겠어. 사진의 크기도 거기에 맞춰서 수정할 필요가 있으니 미리 해 두는 것이 좋겠지. F 그렇군요. 알겠습니다.
女の人は、このあとまず何をしますか。	**여자는 이후 먼저 무엇을 합니까?**

1 企画書の内容を分かりやすく直す	1 기획서의 내용을 알기 쉽게 고친다
2 企画書のグラフのサイズと数字を修正する	2 기획서의 그래프 사이즈와 숫자를 수정한다
3 企画書の全般的な内容をチェックする	3 기획서의 전반적인 내용을 체크한다
4 企画書の写真を変更して追加する	4 기획서의 사진을 변경하고 추가한다

[풀이]

ⓐ 기획서의 내용은 전체적으로 잘 정리가 되어 있지만, 사진을 조금 추가해야 한다. 따라서 선택지 1번은 정답이 아니다. ⓑ 그래프 숫자는 수정을 해 두었지만, ⓒ 사이즈를 조금 확대하는 것이 좋다고 말하고 있기 때문에, 선택지 2번도 정답이 될 수 없다. ⓓ 전체적으로 내용을 다시 한 번 체크한다고 말하고 있기 때문에, 정답은 선택지 3번이다. ⓔ 내용의 수정에 따라서 사진의 크기를 맞춘다고 말하고 있다. 따라서 여자는 먼저 기획서 내용을 체크한 후에, 사진 크기를 수정하는 것이기 때문에, 선택지 4번도 정답이 아니다.

[단어]

企画書 기획서 | 変更 변경 | 全体 전체 | 追加 추가 | 修正 수정 | ～によって ～에 의해, 따라 | 拡大 확대 | 年を召す 나이를 드시다(「年をとる」의 높임말) | 直す 고치다

3番

電話で男の人と女の人が話しています。男の人は、このあと何をしますか。	**전화로 남자와 여자가 이야기하고 있습니다. 남자는 이후에 무엇을 합니까?**
F はい、さくら図書館でございます。 M もしもし。そちらの利用者カードの再発行について案内してもらいたいのですが。 F 図書館利用者カードの再発行の件ですね。カードを紛失された場合は、来館して再発行申込書にご記入いただけますと、仮カードをお渡しいたします。申込書を提出した翌日、本人確認が可能な書類と仮カードをお持ちいただければ、新しいカードをお受け取りいただけます。 M ⓐあ、紛失じゃなくてですね、ずっと前から利用してきたカードがもう使えないみたいなんです。	F 네, 사쿠라 도서관입니다. M 여보세요. 그쪽의 이용자 카드 재발행에 대해서 안내를 받고 싶은데요. F 도서관 이용자 카드의 재발행 건이군요. 카드를 분실하신 경우에는 내관하셔서 재발행 신청서를 작성하시면 임시 카드를 건네 드립니다. 신고서를 제출한 다음 날, 본인 확인이 가능한 서류와 임시 카드를 가지고 오시면 새로운 카드를 받으실 수 있습니다. M ⓐ아, 분실은 아니고요, 오래전부터 이용해 온 카드를 더 이상 사용할 수 없을 것 같아서요.

F そうですか。ⓑ原則としては、カードの経年劣化などをご確認してから、その場で新しいカードに交換させていただくことになっています。

M そうなんですね。あの、今借りている本が何冊かあるんですが、その本も持って行けばいいですか。

F 貸し出しの延滞中でなければ、お持ちいただく必要はございません。

M 分かりました。ⓒじゃ、明日伺います。

F はい。一階のカウンターにお越しください。お待ちしております。

男の人は、このあと何をしますか。

F 그렇군요. ⓑ 원칙적으로는 카드의 경년열화 등을 확인하고, 그 자리에서 새로운 카드로 교환해 드리게 되어 있습니다.

M 그렇군요. 저기, 지금 빌린 책이 몇 권 있는데, 그 책도 가지고 가면 되나요?

F 대여 연체 중이 아니라면, 가지고 오실 필요는 없습니다.

M 알겠습니다. ⓒ 그럼, 내일 방문할게요.

F 네. 1층 카운터로 오시면 됩니다. 기다리고 있겠습니다.

남자는 이후에 무엇을 합니까?

1 図書館で再発行申請書を作成する
2 図書館で仮カードの発行を申請する
3 図書館で新しいカードをもらう
4 図書館に借りている本を返却する

1 도서관에서 재발행 신청서를 작성한다
2 도서관에서 임시카드 발급을 신청한다
3 도서관에서 새로운 카드를 받는다
4 도서관에 빌린 책을 반납한다

[풀이]

ⓐ 카드 분실이 아니라, 오래 이용한 카드가 더 이상 사용할 수 없게 되었다고 말하고, ⓑ 원칙적으로 카드의 경년열화(세월이 지나면서 제품의 질이나 성능이 저하되는 것)를 확인 후에, 그 자리에서 새로운 카드로 교환해 준다고 말하고 있다. ⓒ 도서관에 내일 방문하다고 말하고 있기 때문에 정답은 선택지 3번이다. 분실이 아니기 때문에 재발행 신청서나 임시카드 발급 신청을 할 필요가 없다. 따라서 선택지 1번과 2번은 정답이 아니다.

[단어]

再発行 재발행 | **～について** ～에 대해서 | **紛失** 분실 | **申込書** 신청서 | **記入** 기입 | **仮** 임시 | **渡す** 건네주다, 넘겨주다 | **提出** 제출 | **翌日** 익일, 다음 날 | **受け取る** 수취하다, 받다 | **原則** 원칙 | **～として** ～으로서 | **経年劣化** 경년열화(세월이 지나면서 제품의 질·성능이 저하되는 것) | **交換** 교환 | **借りる** 빌리다 | **貸し出し** 대출, 대여 | **延滞** 연체 | **伺う** 여쭙다, 찾아 뵙다 | **申請** 신청 | **返却** 반납

4番

女の学生が電話で大学の職員と話しています。女の学生は、当日何をしなければなりませんか。

여학생이 전화로 대학교 직원과 이야기하고 있습니다. 여학생은 당일에 무엇을 해야 합니까?

F もしもし。あのう、再来週の児玉教授のセミナーに参加したいんですが、まだ空いてますか。

M 再来週の児玉教授のセミナーですね。少々お待ちください。今確認して参ります。

F はい、お願いします。

F 여보세요. 저어, 다다음주 고다마 교수님의 세미나에 참가하고 싶은데요, 아직 자리가 있나요?

M 다다음주 고다마 교수님의 세미나 말이죠? 잠시만 기다려 주세요. 지금 확인하고 오겠습니다.

F 네, 부탁 드려요.

M あ、もしもし。お待たせしました。まだ何席か残っておりますが、一番後ろの席でもよろしいでしょうか。人気のセミナーなので。

F あ、よかった。全然構いません。参加費はどう払えばいいですか。

M ⓐ参加費は今週までにお振り込みください。あ、恐縮ですが、駐車場が小さいとのことですので、なるべく電車やバスなどをご利用ください。

F ええ、ⓑ私はバスに乗るつもりなんで大丈夫です。

M それから、ⓒ入場券は当日のセミナーの一時間前から受付でお渡ししております。セミナーの案内冊子も無料で配布しておりますので、ご利用ください。もし、お車の場合は駐車料金がかかります。一時間までは無料となっておりますが。

F はい、分かりました。

M それでは、最後に、お名前とご住所をお願いいたします。

女の学生は、当日何をしなければなりませんか。

M 아, 여보세요. 오래 기다리셨습니다. 아직 몇 자리 남아 있는데, 가장 뒤쪽 좌석이라도 괜찮으시겠습니까? 인기 있는 세미나라서요.

F 아, 다행이다. 전혀 상관없어요. 참가비는 어떻게 내면 되나요?

M ⓐ참가비는 이번 주까지 입금해 주세요. 아, 대단히 죄송하지만, 주차장이 협소하기 때문에 가능한 한 전철이나 버스를 이용해 주십시오.

F 네, ⓑ저는 버스를 탈 거라서 괜찮습니다.

M 그리고 ⓒ입장권은 당일 세미나 한 시간 전부터 접수처에서 건네드리고 있습니다. 세미나 안내 책자도 무료로 배포하고 있으니 이용해 주세요. 만약 자동차로 오실 경우에는 주차 요금이 듭니다. 1시간까지는 무료이지만.

F 네, 알겠어요.

M 그럼, 마지막으로 이름과 주소를 부탁 드리겠습니다.

여학생은 당일에 무엇을 해야 합니까?

1 参加費を払う
2 入場券をもらう
3 セミナーの資料代を払う
4 駐車料金を追加精算する

1 참가비를 지불한다
2 입장권을 받는다
3 세미나 자료비를 지불한다
4 주차 요금을 추가 정산한다

[풀이]

ⓐ 다다음주 세미나 참가비는 이번 주까지 입금을 해야 하기 때문에, 선택지 1번은 정답이 아니다. ⓑ 여자는 버스를 타고 간다고 말하고 있기 때문에, 선택지 4번도 정답이 될 수 없다. ⓒ 입장권은 당일에 접수처에서 받을 수 있고, 안내 책자도 무료로 받을 수 있다고 말하고 있다. 따라서 정답은 선택지 2번이다. 선택지 3번에 관한 언급은 없었다.

[단어]

参加(さんか) 참가 | **確認**(かくにん) 확인 | **参る**(まいる) 가다, 오다(「行く, 来る」의 겸사말) | **恐縮**(きょうしゅく) 공축(죄송스럽게 여김), 황송 | **入場券**(にゅうじょうけん) 입장권 | **受付**(うけつけ) 접수(처) | **冊子**(さっし) 책자 | **配布**(はいふ) 배포 | **追加**(ついか) 추가 | **精算**(せいさん) 정산

5番

レストランで店長がスタッフに話しています。この店のスタッフは、まず何をしますか。

F　最近、お店の近くの住民からクレームが入っています。オープンテラスで食事をする人の喧嘩する声が聞こえる、道を塞いでいる自転車がある、喫煙する人が多くて不快だなどです。今すぐにではなくても、こうした問題に対して何の対応もせずにはいられません。まず、当店は室内だけでなく、オープンテラス席も全席禁煙なので、これは問題ないと思います。自転車に関しては工夫が必要です。お店の隣に小さな駐輪場を作るなど、ある程度の費用が必要な意見でも構いません。遅い時間帯に喧嘩するお客さんを見た覚えはありませんが、住宅街にある当店の特性を考えると、住民との共生という部分も考えるべきですね。ⓐ当分の間、営業中にこのようなお客さんを目撃したスタッフは私に話してください。では、今日も一日よろしくお願いします。

この店のスタッフは、まず何をしますか。

레스토랑에서 점장이 직원들에게 이야기하고 있습니다. 이 가게의 직원은 우선 무엇을 합니까?

F　최근에 가게 근처 주민들로부터 클레임이 들어오고 있습니다. 오픈테라스에서 식사하는 사람의 싸움 소리가 들린다, 길을 막고 있는 자전거가 있다, 흡연을 하는 사람이 많아서 불쾌하다는 등등입니다. 지금 당장은 아니더라도 이러한 문제에 대해서 아무런 대응을 하지 않을 수는 없습니다. 먼저, 우리 가게는 실내뿐만 아니라 오픈테라스 자리도 전석 금연이라 이것은 문제될 것이 없다고 생각합니다. 자전거에 관해서는 연구가 필요합니다. 가게 옆에 작은 자전거 주차장을 만드는 등의 어느 정도의 비용이 필요한 의견이라도 상관없습니다. 늦은 시간대에 싸우는 손님들을 본 기억은 없지만, 주택가에 위치한 우리 가게의 특성을 생각하면, 주민과의 공생이라는 부분도 생각해야 하겠죠. ⓐ당분간 영업 중에 이런 손님들을 목격한 직원은 저에게 얘기를 해 주세요. 그럼, 오늘 하루도 잘 부탁드립니다.

이 가게의 직원은 우선 무엇을 합니까?

1　オープンテラスを禁煙席に変える
2　地域住民のための駐輪場を設置する
3　夜の客の喧嘩を止める
4　営業中の特記事項について知らせる

1　오픈테라스를 금연석으로 바꾼다
2　지역 주민을 위한 자전거 주차장을 설치한다
3　야간 손님의 싸움을 말린다
4　영업 중의 특이사항에 대해서 알린다

[풀이]

ⓐ 늦은 시간대에 싸우는 등의 손님을 영업 시간에 목격한 직원은 점장에게 얘기를 해 달라고 말하고 있다. 따라서 정답은 선택지 4번이다. 아직 싸우는 손님을 본 적이 없다고 말하고 있기 때문에, 선택지 3번은 정답이 될 수 없다.

[단어]

住民 주민 | **喧嘩** 싸움 | **聞こえる** 들리다 | **塞ぐ** 막다, 가로막다 | **喫煙** 흡연 | **～に対して** ～에 대해서 | **対応** 대응 | **～ずにはいられない** ～하지 않을 수 없다 | **室内** 실내 | **禁煙** 금연 | **～に関して** ～에 관해서 | **工夫** 궁리, 연구 | **駐輪場** 자전거 주차장 | **費用** 비용 | **住宅街** 주택가 | **特性** 특성 | **共生** 공존 | **～べきだ** ～해야 한다 | **目撃** 목격 | **変える** 바꾸다, 변하다 | **設置** 설치 | **止める** 멈추다, 말리다 | **特記事項** 특기사항, 특이사항 | **～について** ～에 대해서

問題 2

問題２では、まず質問を聞いてください。その後、問題用紙のせんたくしを読んでください。読む時間があります。それから、話を聞いて、問題用紙の１から４の中から、最もよいものを一つ選んでください。

では練習しましょう。

문제2에서는 우선 질문을 들어 주세요. 그 다음, 문제 용지의 선택지를 읽어 주세요. 읽는 시간이 있습니다. 그러고 나서 이야기를 듣고 문제 용지의 1부터 4 중에서 가장 알맞은 것을 하나 고르세요.

그럼 연습하겠습니다.

例

男の学生と女の学生が話しています。男の学生は、何が一番心配だと言っていますか。

F どうしたの？ うっかない顔しちゃって。

M ふうん、最近色々あってさ。

F そうなの？ じゃ、あたし、相談に乗ってあげるから言ってみて。

M いいよ。君に言っても何も変わることないから。君に心配させたくないし。

F 何言ってるのよ。水臭いじゃない。一人で悩むのは精神的にも悪いよ。ほら、早く。

M 実はさ、今のバイトじゃ、生活厳しいよ。もっとバイト増やさなきゃいけないけど、いいとこないし。

F バイト？ それなら、あたしが紹介してあげるよ。この前、見といた店があるのよ。時給高くて駅からも近いよ。

M ありがとう。でもさ、卒論の締め切りもそろそろだから、バイトする時間がないよ。後２週間でしょ、締め切り。

F うん、あたしも今やってる。卒論大変！ 特に結論のところが難しいから。

M そうだよ。論文全然うまくいってないし、バイトも何とかしないといけないし、何より論文を書く時間がない。ああ、だめだ俺は。な、ちょっと金貸してくれない？

F だめね、あんた。でも、頑張ろう。お金はないけど。

男の学生は、何が一番心配だと言っていますか。

남학생과 여학생이 이야기하고 있습니다. 남학생은 무엇이 가장 걱정이라고 말하고 있습니까?

F 무슨 일이야? 우울한 얼굴 하고.

M 으음, 요즘 이런 저런 일이 있어서.

F 그래? 그럼, 내가 상담해 줄 테니까 말해 봐.

M 됐어. 너에게 말해도 아무것도 달라지는 일 없으니까. 너에게 걱정시키고 싶지 않고.

F 무슨 말이야. 섭섭하게. 혼자서 고민하는 것은 정신적으로도 안 좋아. 자, 얼른.

M 사실은, 지금 아르바이트로는 생활이 힘들어. 아르바이트를 더 늘리지 않으면 안 되는데 좋은 곳도 없고.

F 아르바이트? 그거라면 소개해 줄게. 요전에 봐 둔 가게가 있어. 시급이 높고 역에서도 가까워.

M 고마워. 하지만, 졸업 논문 마감도 곧 다가와서 아르바이트 할 시간이 없어. 앞으로 2주일이잖아, 마감.

F 응, 나도 하고 있어. 졸업 논문 힘들어! 특히 결론 부분이 어려워서.

M 맞아. 논문 정말 안 되고 있고, 아르바이트도 어떻게 하지 않으면 안 되고, 무엇보다 논문을 쓸 시간이 없어. 아, 안되겠어 난. 저기, 돈 좀 빌려 줄래?

F 안됐다, 얘. 그래도 힘내자. 돈은 없지만.

남학생은 무엇이 가장 걱정이라고 말하고 있습니까?

1 生活が厳しいこと
2 論文を書く時間がないこと
3 論文の内容が難しいこと
4 バイトが見つからないこと

1 생활이 힘든 것
2 논문을 쓸 시간이 없는 것
3 논문의 내용이 어려운 것
4 아르바이트를 찾지 못한 것

最もよいものは 2 番です。解答用紙の問題 2 の例のところを見てください。最もよいものは 2 番ですから、答えはこのように書きます。
では始めます。

가장 알맞은 것은 2번입니다. 해답 용지의 문제2의 [예] 부분을 봐 주세요. 가장 알맞은 것은 2번이므로 답은 이렇게 씁니다.
그럼 시작하겠습니다.

1番

ラジオでレポーターの男の人とホテルの職員が話しています。このホテルが、外国人に人気がある理由は何だと言っていますか。

M 今日は、最近外国人観光客の人気を集めているホテルに来ています。いつからこんなに人気を集めるようになったんですか。

F ⓐ以前は、日本の伝統的な美に合う家具や装飾、畳の備わった和室を好む外国人の方々が大勢でした。しかし、ベッドがなくて不便だったたり、全体的に客室が狭いという不満の声もありました。それ以降、こうした点を補って大々的にホテルをリニューアルした点が外国人のお客様に好評を得ているようです。

M そうですね。あ、それからこのホテルならではの特別なサービスがあるそうですが。

F はい。私どもは外国人宿泊客を対象に町を案内するサービスを提供しております。昔からこの町は、伝統工芸作りを体験したり、茶道体験などで有名でした。多くの外国人のお客様にそこまでの行き方や時間などをご案内してきましたが、聞き間違えたり、迷ったりするお客様が多くてこのようなサービスを行うことになりました。

M 様々な体験ができるのも、この地域のメリットだったんですね。

라디오에서 리포터인 남자와 호텔 직원이 이야기하고 있습니다. 이 호텔이 외국인들에게 인기가 있는 이유는 무엇이라고 말하고 있습니까?

M 오늘은 최근 외국인 관광객들의 인기를 모으고 있는 호텔에 와 있습니다. 언제부터 이렇게 인기를 모으게 된 건가요?

F ⓐ 예전에는 일본의 전통적인 미에 맞는 가구나 장식, 다다미가 갖추어진 일본식 객실을 선호하는 외국인 분들이 많았습니다. 하지만, 침대가 없어서 불편하거나 전체적으로 객실이 좁다는 불만의 소리도 있었습니다. 그 이후, 이런 점을 보완해서 대대적으로 호텔을 리뉴얼한 점이 외국인 손님들에게 호평을 얻고 있는 것 같습니다.

M 그렇군요. 아, 그리고 이 호텔만의 특별한 서비스가 있다고 하는데요?

F 네. 저희는 외국인 투숙객을 대상으로 마을을 안내하는 서비스를 제공하고 있습니다. 예전부터 이 마을은 전통공예 만들기를 체험하거나 다도 체험 등으로 유명했습니다. 많은 외국인 손님분들에게 그곳까지 가는 방법이나 시간 등을 안내해 왔는데, 잘못 알아듣거나 헤매거나 하는 손님들이 많아서, 이런 서비스를 실시하게 되었습니다.

M 다양한 체험을 할 수 있는 것도 이 지역의 장점이었군요.

F ええ。まだ色々な言語でお客様にご案内することは不十分ですが、今後このような点に備えるために努力しております。

M そうなると、より多くの外国人観光客に人気を博すことになりますね。

このホテルが、外国人に人気がある理由は何だと言っていますか。

F 네. 아직은 여러 언어로 손님들에게 안내하는 것은 미흡하지만, 앞으로 이런 점도 대비하기 위해서 노력하고 있습니다.

M 그렇게 되면 더욱 많은 외국인 관광객들에게 인기를 누리게 되겠네요.

이 호텔이 외국인들에게 인기가 있는 이유는 무엇이라고 말하고 있습니까?

1 日本の伝統的な美が好きだから
2 和室の不便さを改善したから
3 様々な体験を提供しているから
4 色々な言語で対応しているから

1 일본의 전통적인 미를 좋아하기 때문에
2 일본식 객실의 불편함을 개선했기 때문에
3 다양한 체험을 제공하고 있기 때문에
4 여러 가지 언어로 대응을 하고 있기 때문에

[풀이]

ⓐ 이전에는 일본식 객실이 인기였지만, 침대가 없거나 객실이 좁아서 불편했다고 한다. 이런 점을 보완한 객실의 대대적인 리뉴얼로 외국인 손님들에게 호평을 받고 있다고 말하고 있다. 따라서 정답은 선택지 2번이다. 다양한 체험을 제공하는 곳이 호텔이 아니고, 그곳을 안내만 하고 있기 때문에 선택지 3번은 정답이 아니다. 여러 언어로 손님들을 안내하는 것이 아직은 미흡하다고 말하고 있기 때문에 선택지 4번도 정답이 될 수 없다.

[단어]

職員 직원 | 観光 관광 | 集める 모으다 | 伝統 전통 | 装飾 장식 | 備わる 갖추어지다, 구비되다 | 和室 일본식 객실 | 好む 좋아하다, 선호하다 | 大勢 많은 사람, 여럿 | 客室 객실 | 狭い 좁다 | 不満 불만 | 補う 채우다, 보충하다 | 好評 호평 | 得る 얻다 | 特別 특별 | 宿泊 숙박 | 対象 대상 | 提供 제공 | 工芸 공예 | 体験 체험 | 茶道 다도 | 聞き間違える 잘못 듣다 | 迷う 헤매다, 망설이다 | 行う 시행하다, 행하다 | 地域 지역 | 備える 갖추다, 구비하다 | 努力 노력 | 博す 받다, 누리다 | 改善 개선 | 対応 대응

2番

夫と妻が話しています。夫は、このコンピューターの何に一番驚いたと言っていますか。

M ついに届いたね。このコンピューター。

F うん、コンピューター？ また、買い替えたの？

M またって。コンピューターはね、消耗品なので定期的に買うしかないよ。平均寿命って５年ぐらいだから。

F でも、今のコンピューター、まだ使えるんでしょ？

M 今のはもうダメだ。ワープロのファイル１つ開くのに５分もかかっちゃって。知美ももうすぐ大学の試験のために動画の授業を受けなければならないって言ってるし。

남편과 아내가 이야기하고 있습니다. 남편은 이 컴퓨터의 무엇에 가장 놀랐다고 말하고 있습니까?

M 드디어 도착했네. 이 컴퓨터.

F 응, 컴퓨터? 또 새로 산 거야?

M '또'라니. 컴퓨터는 소모품이기 때문에 정기적으로 살 수밖에 없어. 평균 수명이 5년 정도니까.

F 하지만 지금 있는 컴퓨터 아직 쓸 수 있잖아.

M 지금 건 이제 안 돼. 워드 파일 하나 여는 데도 5분이 걸려. 도모미도 곧 대학 시험을 위해서 동영상 수업을 들어야 한다고 하니까.

F それはそうだけど。コンピューターは、高いんだから…。

M ご心配なく。ⓐこれは特売キャンペーンで買ったから、すっごく安いんだ。7万円で、このレベルの性能のコンピューターが買えたってことは運がよかったとしか言えないよ。

F そう？ それはよかったね。今月は家の出費が多いんだけどな…。

M 君は、映画好きなんだろ？ ⓑハードディスクの容量も十分だから、いくつかダウンロードしてみようか。

F 本当？ ⓒモニターも大きくて映画も見ごたえがあるかもね。テレビと同じぐらいの画面でこの値段だなんて信じられないわ。

M だろう？ ⓓしかも、何といっても、このモニターは最高だ。目の疲れも少ないし、使い道に応じて画面の選択もできるし。

夫は、このコンピューターの何に一番驚いたと言っていますか。

F 그건 그렇지만, 컴퓨터는 비싸니까….

M 걱정 마시죠. ⓐ이건 특별 캠페인으로 산 거라 굉장히 싸. 7만 엔으로 이 정도 성능의 컴퓨터를 살 수 있었다는 것은 운이 좋았다고밖에 말할 수 없지.

F 그래? 그건 다행이네. 이번 달은 가계 지출이 많아서….

M 당신, 영화 좋아하지? ⓑ하드 디스크의 용량도 충분하니 몇 개 정도 다운로드 받아 볼까?

F 정말? ⓒ모니터도 커서 영화도 볼만하겠네. TV와 비슷한 화면으로 이 가격이라니 믿을 수 없어.

M 그렇지? ⓓ게다가 뭐니 뭐니 해도 이 모니터는 최고야. 눈의 피로도 적고, 사용 용도에 따라서 화면 선택도 가능하고.

남편은 이 컴퓨터의 무엇에 가장 놀랐다고 말하고 있습니까?

1 性能に比べて安いこと
2 保存スペースが十分なこと
3 モニターの画面サイズ
4 モニターの様々な機能

1 성능에 비해 저렴한 것
2 저장 공간이 충분한 것
3 모니터의 화면 크기
4 모니터의 다양한 기능

[풀이]

ⓐ 성능에 비해서 가격이 싸다는 것과 ⓑ 하드의 저장 공간도 충분하다고 말하고 있다. ⓒ 모니터 화면이 크다는 것은 여자가 놀란 점이기 때문에, 선택지 3번은 정답이 될 수 없다. ⓓ 남자가 가장 놀란 것은 모니터의 다양한 기능이라는 것을 알 수 있다. 따라서 정답은 선택지 4번이다. 성능에 비해 저렴한 가격과 컴퓨터의 저장 공간이 충분하다는 언급도 있지만, 더욱 강조한 것(**何といっても、このモニターは最高だ**)은 선택지 4번이기 때문에 선택지 1번과 2번은 정답이 될 수 없다.

[단어]

驚く 놀라다 | **届く** 닿다, 도달하다 | **買い替える** 새로 사다, 교체하다 | **消耗** 소모 | **定期** 정기 | **平均** 평균 | **寿命** 수명 | **動画** 동영상 | **特売** 특매, 특가 | **性能** 성능 | **出費** 지출, 지출 비용 | **容量** 용량 | **信じる** 믿다 | **使い道** 용도, 사용법 | **～に応じて** ～에 따라서, ～에 맞게 | **画面** 화면 | **選択** 선택 | **～に比べて** ～에 비해서 | **保存** 보존

3番

大学で女の学生と外国人留学生が話しています。女の学生は、面接で何が役に立つと言っていますか。

M 清水さん、僕、あさって面接の日なんだけど、何かまた注意すべきことはあるかな。この前の面接では緊張しすぎてまともに話せなかったこともあったし、面接官に宗教などについて質問されたりもしたんだ。それでもっと萎縮したりもしちゃって。

F えっ？そんな面接官がいるの？ そういう会社は絶対やめたほうがいいよ。今の時代にはね。もちろんきちんとした服装で臨まなきゃならないけど。服装や外見などに対する差別的な発言や質問をする会社なんかには通わないほうがいいと思う、私は。日本語の面ではアドバイスするようなことはないと思うし、緊張して早口だったりとかはなかったよね。

M 普段も緊張して早口になったりとかはしないから、それは大丈夫だったと思う。この前に清水さんがアドバイスしてくれたとおりに面接官の質問にしっかり答えようとしたしね。

F そうよ。あまり自信のない態度で答えたり、相手の視線を回避したりするのはよくないから。あと、ⓐある程度はそちらの会社に入社したいというアピールもしなきゃね。もちろん、日本で働きたい理由についても質問されそうだし。

M ⓑあ、そうなんだよ。どうして自分の国じゃなくて日本なのかという質問に対しては、準備したとおりによくやったと思うんだけど、会社側への質問はちゃんと準備できてなかったみたい。

F さあじゃ、今度はそっちを中心に対策してみてね。

M うん。会社のビジョンや目標などに関しては、今回も事前に調べておいたから。

女の学生は、面接で何が役に立つと言っていますか。

대학에서 여학생과 외국인 유학생이 이야기하고 있습니다. 여학생은 면접에서 뭐가 도움이 될 거라고 말하고 있습니까?

M 시미즈 씨, 나 모레 면접 날인데, 뭔가 또 주의해야 할 것이 있을까? 저번 면접에서는 너무 긴장해서 제대로 말을 못한 것도 있었고, 면접관에게 종교 같은 것에 대해서 질문을 받기도 했어. 그래서 더 위축되기도 했고.

F 응? 그런 면접관이 있다고? 그런 회사는 무조건 그만두는 편이 좋겠어. 지금 같은 시대에 말이지. 물론 제대로 된 옷차림으로 임해야겠지만. 복장이나 외모 등에 대한 차별적인 발언이나 질문을 하는 회사 따위는 다니지 않는 게 좋다고 생각해 나는. 일본어 면에서는 조언할 만한 것은 없을 것 같고, 긴장해서 너무 빨리 말하거나 그런 것은 없었지?

M 평소에도 긴장해서 말이 빨라지거나 그러지는 않으니까, 그건 괜찮았다고 생각해. 저번에 시미즈 씨가 조언해 준 대로 면접관의 질문에 확실하게 대답하려고 했고 말이지.

F 맞아. 너무 자신감 없는 태도로 대답하거나 상대방의 시선을 회피하거나 하는 건은 좋지 않으니까. 그리고 ⓐ어느 정도는 그쪽 회사에 입사하고 싶다는 어필도 해야 해. 물론, 일본에서 일하고 싶어하는 이유에 대해서도 질문을 받을 것 같고.

M ⓑ아, 그렇구나. 왜 자신의 나라가 아니고 일본이냐는 질문에 대해서는 준비 한 대로 잘 했던 것 같은데, 회사 측에 대한 질문은 준비되어 있지 않았던 것 같아.

F 자, 그럼 이번에는 그 쪽을 중심으로 대책을 세워 봐.

M 응. 회사의 비전이나 목표 같은 것에 관해서는 이번에도 미리 조사해 두었으니까.

여학생은 면접에서 뭐가 도움이 될 거라고 말하고 있습니까?

1 面接官の批判的な質問に備えること
2 緊張して早口で答えないこと
3 入社動機について準備すること
4 会社のビジョンと目標をリサーチすること

1 면접관의 비판적인 질문에 대비하는 것
2 긴장해서 빠른 말로 대답하지 않는 것
3 입사동기에 대해서 준비하는 것
4 회사의 비전과 목표를 조사하는 것

[풀이]

ⓐ 여학생은 어느 정도는 회사에 입사하고 싶다는 어필을 해야 하고, 일본에서 일하는 이유도 질문 받을 거라고 말하고 있다. 남학생은 일본에서 일하고 싶은 이유만 준비를 했다고 말하고 있다. 따라서 정답은 선택지 3번이다.

[단어]

留学生 유학생 | 面接 면접 | 役に立つ 도움이 되다 | 注意 주의 | ～べき ～해야 할 | 緊張 긴장 | 宗教 종교 | ～について ～에 대해서 | 萎縮 위축 | 服装 복장 | 臨む 임하다 | 差別 차별 | 発言 발언 | 通う 다니다 | 早口 말이 빠름 | 普段 평소, 보통 | 答える 대답하다 | 態度 태도 | 視線 시선 | 回避 회피 | ～に対して ～에 대해서 | 対策 대책 | ～に関して ～에 관해서 | 批判 비판 | 備える 갖추다, 준비하다

4番

会社で男の人と課長が話しています。二人は、今度の博覧会のために新しく何をすべきだと言っていますか。

M 課長、今回東京で開かれる食品博覧会の件ですが、出品するリストをまとめてみました。去年とそこまで変更はないんですが、今年の新製品をはじめチョコレートのお菓子が数点追加されています。

F いいですね。あ、ⓐ今回の博覧会では出展者のセミナーも用意しなければなりません。開発部と工場担当者との打ち合わせをお願いします。今月中に話し合いをした方がいいと思います。

M はい、分かりました。それから、これはうちの会社のブースの位置です。昨年とは全く違うホールなので、一度見に行く必要があるんじゃないでしょうか。

F そうですね。最寄りのバス停や駅の出口など、案内を直さないといけませんね。これについては広報部と話してみます。今年も会社の案内資料を作りますから。外国人のお客さんの応対のために外国語ができる社員の名簿もお願いします。営業部で確認したほうが早そうですね。

회사에서 남자와 과장이 이야기하고 있습니다. 두 사람은 이번 박람회를 위해서 새롭게 무엇을 해야 한다고 말하고 있습니까?

M 과장님, 이번에 도쿄에서 열리는 식품박람회 건말인데요, 출품할 리스트를 정리해 보았습니다. 작년과 그렇게까지 변경은 없지만, 올해의 신제품을 비롯해, 초콜릿 과자들이 몇 점 추가되어 있습니다.

F 좋네요. 아, ⓐ이번 박람회에서는 출전자 세미나도 준비해야 합니다. 개발부와 공장 담당자와의 미팅을 부탁드려요. 이번 달 내로 논의를 하는 편이 좋을 것 같네요.

M 네, 알겠습니다. 그리고 이건 우리 회사의 부스 위치입니다. 작년과는 전혀 다른 홀이라서, 한번 보러 가야 할 필요가 있지 않을까요?

F 그렇군요. 가장 가까운 버스 정류장이나 역의 출구 등, 안내를 고치지 않으면 안 되겠네요. 이것에 대해서 홍보부와 얘기를 해 볼게요. 올해도 회사 안내 자료를 만드니까요. 외국인 손님의 대응을 위해서, 외국어가 가능한 사원 명단도 부탁드릴게요. 영업부에서 확인하는 편이 빠를 것 같네요.

M あ、名簿はすでに作成しておきました。どうぞ、こちらです。去年は特に外国の会社やお客さんからの問い合わせが多くて、慌てたこともありましたから。

F あ、お疲れ様。来週には、前回の博覧会での問題点や対応策について毎年開かれる会議があります。うちの部署が会議を進行することになりましたから、去年の博覧会の報告書からもう一度チェックしてみましょう。

M はい、分かりました。

二人は、今度の博覧会のために新しく何をすべきだと言っていますか。

M 아, 명단은 이미 작성해 두었습니다. 여기 있습니다. 작년에는 특히 외국 회사나 손님들의 문의가 많아서, 당황한 적도 있었으니까요.

F 아, 수고했어요. 다음주에는 지난 박람회에서의 문제점이나 대응책에 대해서 매년 열리는 회의가 있을 거예요. 우리 부서가 회의를 진행하게 되었으니, 작년 박람회 보고서부터 다시 한번 체크해 봅시다.

M 네, 알겠습니다.

두 사람은 이번 박람회를 위해서 새롭게 무엇을 해야 한다고 말하고 있습니까?

1 博覧会の出品リストを作成すること
2 博覧会でのセミナーの準備をすること
3 ブース位置の確認と外国人社員を割り当てること
4 問題点の改善のために会議を行うこと

1 박람회의 출품 리스트를 작성하는 것
2 박람회의 세미나 준비를 하는 것
3 부스 위치 확인과 외국인 사원을 배정하는 것
4 문제점 개선을 위해서 회의를 실시하는 것

[풀이]

ⓐ 박람회를 위해서 출전자 세미나를 준비해야 한다고 말하고 있다. 따라서 정답은 선택지 2번이다. 출품 리스트는 작성이 이미 완료가 되었기 때문에 선택지 1번은 정답이 아니다. 외국인 사원을 배정하는 것이 아니라, 외국어가 가능한 사원을 배정하자고 말하고 있기 때문에 선택지 3번도 정답이 될 수 없다. 문제점 개선 회의는 매년 열리는 회의이고 새롭게 하는 것이 아니기 때문에 선택지 4번도 정답이 아니다.

[단어]

博覧会 박람회 | **～べきだ** ～해야 한다 | **出品** 출품 | **変更** 변경 | **新製品** 신제품 | **～をはじめ** ～를 비롯해 | **追加** 추가 | **出展** 출전 | **用意** 용의, 준비 | **開発** 개발 | **担当者** 담당자 | **打ち合わせ** 협의 | **位置** 위치 | **全く** 전혀, 완전히 | **最寄り** 가장 가까움 | **直す** 고치다 | **広報** 홍보, 광보 | **資料** 자료 | **応対** 대응 | **名簿** 명부, 명단 | **慌てる** 당황하다, 서두르다 | **進行** 진행 | **割り当てる** 배정하다, 분담하다 | **行う** 실시하다, 행하다

5番

大学の新入生オリエンテーションで先生が話しています。先生は、このクラスの最も重要な目標は何だと言っていますか。

대학의 신입생 오리엔테이션에서 선생님이 이야기하고 있습니다. 선생님은 이 수업의 가장 중요한 목표는 무엇이라고 말하고 있습니까?

M 家というのは、昔も今も重要なものと考えられています。この授業では、まず、家を建てる形式と特徴に関する内容を学んでいきます。それから、ⓐ各地域に合わせた家の建て方と起源について、また、それがどのように変化して行ったのかについても勉強しましょう。もちろん歴史的な背景についても考えてみなければなりませんね。また、ⓑ各時代に合わせて家という建築物がどのような形をしていたかについての課題も出すつもりです。ⓒそして、何よりも、家の構造と特徴が人々の生活にどのような影響をもたらしているのかを調べてみることが大切な課題となるでしょう。皆さんが建築に対して興味をもてるように、色々面白い映像も紹介する予定ですから、みんなで楽しい授業にしていきましょう。

M 집이라는 것은 예전에도 지금도 중요한 것으로 생각되고 있습니다. 이 수업에서는 먼저, 집을 짓는 형식과 특징에 관한 내용을 배워 나갈 것입니다. 그리고 ⓐ각 지역에 맞는 집 짓는 방법과 기원에 대해서, 또한 그것이 어떻게 변화되어 간 것인가에 대해서도 공부합시다. 물론, 역사적인 배경에 대해서도 생각하지 않으면 안 되겠죠. 또한 ⓑ각 시대에 맞게 집이라는 건축물이 어떤 형태를 하고 있었는지에 대한 과제도 낼 생각입니다. ⓒ그리고 무엇보다 집의 구조와 특징이 사람들의 생활에 어떤 영향을 가져오고 있는지를 알아보는 것이 중요한 과제가 되겠죠. 여러분이 건축에 대해서 흥미를 가질 수 있도록 여러 가지 재미있는 영상도 소개할 예정이니, 모두 즐거운 수업으로 만들어 갑시다.

先生は、このクラスの最も重要な目標は何だと言っていますか。

선생님은 이 수업의 가장 중요한 목표는 무엇이라고 말하고 있습니까?

1 家を建てる方法と起源
2 地域による家の構造の違い
3 時代に応じた建築の特徴
4 家の造りと生活の関連性

1 집을 짓는 방법과 기원
2 지역에 따른 집의 구조와 차이
3 시대에 따른 건축의 특징
4 집의 구조와 생활의 연관성

[풀이]

ⓐ 지역에 따라 집을 짓는 방법과 기원, 변화에 대해서 공부한다고 말하고 있다. 지역에 따른 집의 구조와 차이에 관한 언급은 없기 때문에, 선택지 2번은 정답이 될 수 없다. ⓑ 시대에 따른 건축의 특징에 대한 과제도 낸다고 말하고 있다. ⓒ 무엇보다도 집의 구조와 특징이 생활에 어떤 영향을 주는지가 가장 중요하다고 말하고 있기 때문에, 정답은 선택지 4번이다. 선택지 1번과 3번에 관한 언급도 있지만, 가장 중요하다는 내용은 없기 때문에 정답이 될 수 없다.

[단어]

最も 가장 | 建てる 세우다, 짓다 | 形式 형식 | 特徴 특징 | ～に関する ～에 관한 | 合わせる 맞추다 | 起源 기원 | ～について ～에 대해서 | 歴史 역사 | 背景 배경 | 建築 건축 | 構造 구조 | 影響 영향 | ～に対して ～에 대해서 | 映像 영상 | ～による ～에 의한(따른) | 応じる 응하다, 따르다 | 関連 관련

6番

会社の会議で課長が新商品について話しています。この課長は、どうしたほうがいいと言っていますか。

회사 회의에서 과장이 신상품에 대해서 이야기하고 있습니다. 이 과장은 어떻게 하는 편이 좋다고 이야기하고 있습니까?

F　来月発売予定の新商品に関するモニター調査結果が出ました。わさび味のお菓子だけに、その味については好き嫌いがありそうだという予想に反して肯定的な意見が多かったです。ⓐお菓子の名前が子供向けの商品っぽいという懸念のとおり、これはやはり検討の余地がありそうです。価格面では、多少高いという意見もありましたが、わが社の信念だけあって、より安心できる食べ物のために割高なエコ包装紙をあきらめることはまずありません。新商品の広告は、従来どおりに進める予定ですが、若者の味覚をターゲットにした今回の商品の特性上、SNSなどによる広告についても検討しています。

F　다음달에 발매 예정인 신상품에 관한 모니터 조사 결과가 나왔습니다. 고추냉이 맛의 과자인 만큼, 그 맛에 대해서는 호불호가 있을 것 같다는 예상과는 달리 긍정적인 의견이 많았습니다. ⓐ과자 이름이 너무 어린이용 상품 같다는 우려대로, 이것은 역시 검토의 여지가 있을 것 같습니다. 가격면에서는 다소 비싸다는 의견도 있었지만, 우리 회사의 신념인 만큼 보다 안심할 수 있는 음식을 위해서 다소 비싼 친환경 포장지를 포기하는 것은 우선 없습니다. 신상품의 광고는 종래대로 진행 예정이지만, 젊은 사람들의 미각을 타겟으로 한 이번 상품의 특성상 SNS 등에 의한 광고에 대해서도 검토하고 있습니다.

この課長は、どうしたほうがいいと言っていますか。

이 과장은 어떻게 하는 편이 좋다고 이야기하고 있습니까?

1　好き嫌いのはっきりしたお菓子の味を変えたほうがいい
2　発売予定の商品名を変えたほうがいい
3　包装紙の値段を少し安くしたほうがいい
4　SNSを利用した広告に変えたほうがいい

1　호불호가 뚜렷한 과자의 맛을 바꾸는 편이 좋다
2　발매 예정인 상품명을 바꾸는 편이 좋다
3　포장지의 가격을 조금 싸게 하는 편이 좋다
4　SNS를 이용한 광고로 바꾸는 편이 좋다

[풀이]

ⓐ 과자 이름이 너무 어린이용 상품 같다는 것은 검토의 여지가 있다고 말하고 있기 때문에 선택지 2번이 정답이다.

[단어]

新商品 신상품 | ～について ～에 대해서 | 発売 발매 | ～に関する ～에 관한 | 調査 조사 | ～だけに ～인 만큼 | 好き嫌い 호불호, 좋아함과 싫어함 | ～に反して ～와는 달리, ～에 반대해서 | 肯定的 긍정적 | ～向け ～용, ～대사 | ～っぽい ～스럽다, ～같다 | 懸念 괘념, 근심, 염려 | ～とおり ～대로 | 検討 검토 | 余地 여지 | 価格 가격 | ～だけあって ～인 만큼 | 割高 비교적 비쌈 | 包装紙 포장지 | 広告 광고, 홍보 | 従来 종래, 지금까지 | 進める 진행하다 | 味覚 미각 | 特性 특성 | 変える 바꾸다

問題 3

問題 3 では、問題用紙に何も印刷されていません。この問題は、全体としてどんな内容かを聞く問題です。話の前に質問はありません。まず話を聞いてください。それから、質問とせんたくしを聞いて、1から4の中から、最もよいものを一つ選んでください。

では練習しましょう。

문제3에서는 문제 용지에 아무것도 인쇄되어 있지 않습니다. 이 문제는 전체로서 어떤 내용인지를 묻는 문제입니다. 이야기 전에 질문은 없습니다. 먼저 이야기를 들어 주세요. 그러고 나서 질문과 선택지를 듣고 1부터 4 중에서 가장 알맞은 것을 하나 고르세요.

그럼 연습하겠습니다.

例

講演会で男の人が話しています。

M 最近、言葉を略すことについての討論が話題になっています。言葉はきれいに使わないといけない、若者の略した言葉遣いは無礼だ、略語とは言語破壊活動だといった反対意見。これに対して、言葉は時代によって変化するものだ、今使われている言葉と昔の言葉とは大変差がある、無駄な時間を無くしてくれるからより効果的だといった賛成意見。いずれの意見にもちゃんとした理由を挙げています。私、個人的には賛成でも反対でもありません。今盛り上がっている略語よりは人と話している時の表情について考える必要があると思っています。いくらきれいな言葉を使っていても、丁寧ではない態度を示しているときれいに見えるはずはないでしょう。

男の人は何について話していますか。

강연회에서 남자가 이야기하고 있습니다.

M 최근 말을 생략하는 것에 대한 토론이 화제가 되고 있습니다. 말은 예쁘게 사용하지 않으면 안 된다, 젊은 사람들의 생략하는 말투는 무례하다, 약어는 언어 파괴 활동이라고 하는 반대 의견. 이것에 대해서, 언어는 시대에 따라서 변화하는 것이다, 지금 사용되고 있는 말과 옛날 말과는 큰 차이가 있다, 쓸데없는 시간을 없애 주기 때문에 보다 효과적이라고 하는 찬성 의견. 어느 쪽이나 확실한 이유를 들고 있습니다. 저 개인적으로는 찬성도 반대도 아닙니다. 지금 비등되고 있는 약어보다는 다른 사람과 이야기할 때의 표정에 대해서 생각할 필요가 있는 것 같습니다. 아무리 예쁜 말을 쓰고 있더라도, 정중하지 않은 태도를 보이고 있으면 예쁘게 보일 리가 없겠죠.

남자는 무엇에 대해서 이야기하고 있습니까?

1 略語の由来
2 略語の背景
3 会話の姿勢
4 会話の効果

1 약어의 유래
2 약어의 배경
3 대화의 자세
4 대화의 효과

最もよいものは 3 番です。解答用紙の問題 3 の例のところを見てください。最もよいものは 3 番ですから、答えはこのように書きます。

では始めます。

가장 알맞은 것은 3번입니다. 해답 용지의 문제3의 [예] 부분을 봐 주세요. 가장 알맞은 것은 3번이므로 답은 이렇게 씁니다.

그럼 시작하겠습니다.

1番

ラジオで画家が話しています。

F　私は、知的障害や発達障害を持っている子供たちのための絵を描いています。私の甥も軽度の発達障害を持っていましたが、私と一緒に絵を描く時間は目がキラキラ輝いていました。今は障害があったのかさえ分からないほど、元気な中学生になりました。ⓐ自然を描くのが好きで美術を専攻しましたが、甥との時間を過ごした後は子供たちのための画家になりたいという気持ちが大きくなりました。言語の発達が少し遅い子供でも、絵の中では自由に自分の話をしていました。ⓑ私もやはり活発な子供ではなかったので、そういう子たちがもっと気になったのかもしれません。実は、子供たちと一緒に過ごす時間は私にとってもとても役に立っています。前向きな視線で世の中を見ることができるようになり、生きがいと幸せを感じる人に変わっていっているからです。

画家は、何について話していますか。

1　絵を専攻するようになったきっかけ
2　治療のための絵の鑑賞
3　画家になった理由と背景
4　絵と幸せの相関関係

라디오에서 화가가 이야기하고 있습니다.

F　저는 지적장애나 발달장애를 가지고 있는 아이들을 위한 그림을 그리고 있습니다. 저의 조카도 약간의 발달장애를 가지고 있었는데, 저와 함께 그림을 그리는 시간에는 눈이 반짝반짝 빛나곤 했습니다. 지금은 장애가 있었는지조차 모를 만큼, 건강한 중학생이 되었습니다. ⓐ자연을 그리는 것이 좋아서 미술을 전공했지만, 조카와의 시간을 보낸 후에는 아이들을 위한 화가가 되고 싶다는 마음이 커졌습니다. 언어의 발달이 조금 늦은 아이라도 그림 속에서는 자유롭게 자신의 이야기를 하고 있었습니다. ⓑ저 역시 활발한 아이가 아니었기 때문에, 그런 아이들이 더욱 신경이 쓰였을 수도 있습니다. 사실은 아이들과 함께 하는 시간은 저에게도 많은 도움이 되고 있습니다. 긍정적인 시선으로 세상을 볼 수 있게 되어서, 삶의 보람과 행복을 느끼는 사람으로 변해가고 있기 때문입니다.

화가는 무엇에 대해서 이야기하고 있습니까?

1　그림을 전공하게 된 계기
2　치료를 위한 그림 감상
3　화가가 된 이유와 배경
4　그림과 행복의 상관관계

[풀이]

ⓐ 조카와의 시간 이후에 아이들을 위한 화가가 되고 싶다고 말하고 있고, 자신도 활발한 아이가 아니었다고 말하고 있다. 따라서 정답은 선택지 3번이다.

[단어]

画家 화가 | **知的** 지적 | **障害** 장애, 장해 | **発達** 발달 | **描く** 그리다 | **甥** 남자 조카 | **軽度** 경도, 정도가 가벼움 | **キラキラ** 반짝반짝 | **輝く** 빛나다 | **美術** 미술 | **専攻** 전공 | **過ごす** 지내다, 보내다 | **気になる** 신경이 쓰이다 | **～にとって** ～에 있어서 | **役に立つ** 도움이 되다 | **前向き** 긍정적임, 앞쪽을 향함 | **世の中** 세상 | **生きがい** 사는 보람, 삶의 보람 | **幸せ** 행복 | **治療** 치료 | **鑑賞** 감상 | **背景** 배경 | **相関** 상관 | **関係** 관계

2番

さくら市の議会で議員が話しています。

M 当市は、五年前に海外戦略室を作って以来、現在では年間訪日客数が50万人を超えています。こうした訪日客の増加は、市役所の職員をはじめ、さくら市民の皆様の積極的な努力の結果とも言えます。現在、外国人住民の数も500人を超え、ホテルや道路などのインフラの拡充もすでに行われています。ただ、ⓐ利用客の増加や老朽化によりさくら駅の再整備を望む市民の声も高まっています。市の予算が十分とは限りませんが、安全のために老朽化した施設の改修や障害者向けのバリアフリー化、市民の憩いの場づくりなどのリニューアルが必要だと思います。

この議員は、何について話していますか。

사쿠라시 의회에서 의원이 이야기하고 있습니다.

M 저희 시는 5년 전에 해외전략실을 만들고 난 이후, 현재는 연간 방일 객수가 50만 명을 넘어서고 있습니다. 이러한 방일객의 증가는 시청 직원을 비롯해 사쿠라 시민 여러분들의 적극적인 노력의 결과라고도 말할 수 있습니다. 현재 외국인 주민들의 수도 500명이 넘었고, 호텔이나 도로 등의 인프라의 확충도 이미 이루어져 있습니다. 다만, ⓐ 이용객의 증가와 노후화로 인해 사쿠라 역의 재정비를 원하는 시민들의 소리도 높아지고 있습니다. 시의 예산이 충분하다고는 할 수 없지만, 안전을 위해서 노후화된 시설 수리와 장애인을 위한 배리어 프리화, 시민들의 쉼터 만들기 등의 리뉴얼이 필요하다고 생각합니다.

이 의원은 무엇에 대해서 이야기하고 있습니까?

1 観光客誘致のための海外戦略室の開設
2 道路舗装工事とインフラ拡充の必要性
3 古い駅の改修工事の必要性
4 市民のための憩いの場の確保

1 관광객 유치를 위한 해외전략실 개설
2 도로 포장공사와 인프라 확충의 필요성
3 오래된 역의 보수 공사의 필요성
4 시민들을 위한 쉼터의 확보

[풀이]

ⓐ 이용객 증가와 노후로 인한 사쿠라 역의 재정비, 장애인이나 시민들을 위한 리뉴얼이 필요하다고 말하고 있다. 따라서 정답은 선택지 3번이다. 선택지 4번의 시민들을 위한 쉼터의 확보는 사쿠라 역의 리뉴얼이라는 언급이 없기 때문에 정답이 아니다.

[단어]

議会 의회 | **議員** 의원 | **海外** 해외 | **戦略室** 전략실 | **～て以来** ～한 이후 | **超える** 넘기다, 초과하다 | **増加** 증가 | **市役所** 시청 | **職員** 직원 | **～をはじめ** ～를 비롯해 | **積極的** 적극적 | **努力** 노력 | **拡充** 확충 | **老朽化** 노후화 | **～により** ～에 의해, ～에 따라 | **再整備** 재정비 | **望む** 바라다, 원하다 | **予算** 예산 | **～とは限らない** (반드시)～라고는 할 수 없다 | **施設** 시설 | **改修** 개수, 수리 | **障害** 장애 | **～向け** ～용, ～대상 | **憩いの場** 휴식 공간, 쉼터 | **誘致** 유치 | **開設** 개설 | **舗装** 포장 | **確保** 확보

3番

女の人が話しています。

F　私がアナウンサーになったのは、すべて祖母のおかげです。子供の頃から祖母と一緒に育ったことで、その影響をたくさん受けたのですが、特に祖母が読んでくれた新聞記事の内容があまりにも面白かったのです。また、祖母の声がとても落ち着いていて地震や火災などの災害に関する記事でも恐ろしいと感じませんでした。ⓐその記事を聞きながら成長するにつれて、自然にメディアへの関心が高まっていき、特に放送局の仕事に興味を持つようになりました。ⓑ個人の意見を出すことなく、事実を正確に伝えることができる声。アナウンサーになるために最も難しいことが声でした。声が高くてアナウンサーとしては適切ではないなどとも言われました。声のせいでたくさんの涙を流しました。今は亡くなった祖母の声を思い出しながら、癒されたり、そのための対策を立てたりすることができました。ⓒ時代が少し変わったためか、私の明るくて高い声が好きだとおっしゃってくださる視聴者の方々もおり、非常に感謝しております。ⓓ欠点を長所に変える努力をして、練習を続けていれば、皆さんにも間違いなく良いことが起こると思います。

女の人が最も伝えたいことは何ですか。

여자가 이야기하고 있습니다.

F　제가 아나운서가 된 것은 모두 할머니 덕분입니다. 어린 시절부터 할머니와 함께 자랐기 때문에 그 영향을 많이 받았는데요, 특히 할머니가 읽어 준 신문 기사 내용이 너무 재미있었습니다. 또한 할머니의 목소리가 너무 차분해서 지진이나 화재 등의 재해에 관한 기사도 무섭다고 느끼지 않았습니다. ⓐ그 기사를 들으며 성장함에 따라서 자연스럽게 미디어에 대한 관심이 높아져 갔고, 특히 방송국의 일에 흥미를 가지게 되었습니다. ⓑ개인의 의견을 내는 것이 아니라, 사실을 정확하게 전달할 수 있는 목소리. 아나운서가 되기 위해서 가장 힘든 것이 목소리였습니다. 목소리가 높아서 아나운서로서는 적절하지 않다는 얘기도 들었습니다. 목소리 때문에 많은 눈물을 흘렸습니다. 지금은 돌아가신 할머니의 목소리를 떠올리면서 위로 받기도 하고 그것을 위한 대책을 세울 수도 있었습니다. ⓒ시대가 조금 변해서인지 저의 밝고 높은 목소리가 좋다고 말씀해 주시는 시청자 분들도 있어서 매우 감사하고 있습니다. ⓓ결점을 장점으로 바꾸는 노력을 하고 연습을 계속해 간다면, 여러분들에게도 틀림없이 좋은 일이 생길 겁니다.

여자가 가장 전하고 싶은 것은 무엇입니까?

1　アナウンサーになったきっかけ
2　アナウンサーに必要な技術
3　時代の変化を利用する方法
4　困難を克服する姿勢

1　아나운서가 된 계기
2　아나운서에게 필요한 기술
3　시대의 변화를 이용하는 방법
4　어려움을 극복하는 자세

[풀이]

ⓐ 아나운서가 된 계기와 ⓑ 아나운서에게 필요한 것에 대해서 언급하고 있다. ⓒ 시대의 변화를 이용하는 방법에 대한 소개는 없기 때문에, 선택지 3번은 정답이 될 수 없다. ⓓ 단점을 장점으로 바꾸기 위해서 노력하는 것이 중요하다고 말하고 있으므로, 여자가 가장 전하고 싶은 것은 선택지 4번이다. 선택지 1번과 2번에 관한 언급도 있지만, 가장 전하고 싶은 내용이라고 보기는 힘들다.

[단어]

頃 무렵, 때 | **落ち着く** 침착하다, 차분하다 | **災害** 재해 | **恐ろしい** 두렵다, 무섭다 | **〜につれて** 〜에 따라서 | **癒す** 치유하다 | **対策を立てる** 대책을 세우다 | **視聴者** 시청자 | **欠点** 결점 | **長所** 장점 | **努力** 노력 | **きっかけ** 계기 | **技術** 기술 | **克服** 극복

4番

講演会で男の人が話しています。

M **我々人間が感じられる味は、甘味、塩味、苦味、そして酸味です。しかし、**ⓐ温度の変化につれて前述の4つの味をより豊かにすることも、抑制することもできます。ⓑ普通、温度が上昇するにつれて甘味はさらに増加され、塩味と苦味は減少されます。逆に温度が下がるにつれて塩味と苦味は強くなり、甘味は弱まる性質があります。そして、酸味は、温度の変化に大きく左右されないということです。**このように、温度と味の関係を利用したら、食べ物をよりおいしく食べることができます。簡単な例を挙げますと、味噌汁を飲む時、温めて飲むときと冷めたまま飲むときにその味が違うことに気づいたことがあると思います。温かい時と、そうではない時とに感じる甘味と塩味が違うからです。**

男の人は何について話していますか。

1 味と温度の関連性
2 温度による甘味の変化
3 温度の変化に関係ない酸味
4 甘味と塩味の比較

강연회에서 남자가 이야기하고 있습니다.

M **우리 인간이 느낄 수 있는 맛은 단맛, 짠맛, 쓴맛, 그리고 신맛입니다. 하지만** ⓐ온도의 변화에 따라서 앞에서 말한 네 가지 맛을 더욱더 풍부하게 하는 것도, 억제하는 것도 가능합니다. ⓑ보통 온도가 상승함에 따라서 단맛은 더욱 증가되고, 짠맛과 쓴맛은 감소됩니다. 반대로 온도가 내려감에 따라서 짠맛과 쓴맛은 강해지고, 단맛은 약해지는 성질이 있습니다. 그리고 신맛은 온도 변화에 크게 좌우되지 않는다고 합니다. **이와 같이 온도와 맛의 관계를 이용한다면 음식을 보다 맛있게 먹을 수 있습니다. 간단한 예를 들자면, 된장국을 먹을 때 따뜻하게 데워서 먹을 때와 식은 채 먹을 때에, 그 맛이 달랐던 것을 알아차린 적이 있을 것입니다. 따뜻할 때와 그렇지 않을 때에 느끼는 단맛과 짠맛이 다르기 때문입니다.**

남자는 무엇에 대해서 이야기하고 있습니까?

1 맛과 온도의 관련성
2 온도 변화에 따른 단맛의 변화
3 온도 변화에 관계없는 신맛
4 단맛과 짠맛의 비교

[풀이]

ⓐ 온도의 변화에 따라서 맛을 더 풍부하게 하거나 억제하는 것이 가능하다고 말하고 있다. ⓑ 구체적으로 온도의 변화와 네 가지 맛의 변화를 설명하고 있다. 따라서 정답은 선택지 1번이다. 선택지 2번과 3번에 관한 언급이 있지만, 전체적인 내용을 묻는 문제의 형식을 생각한다면, 정답으로 보기에는 다소 부족함이 있다. 선택지 4번에 관한 언급은 없었다.

[단어]

講演会 강연회 | 甘味 단맛, 감미 | 塩味 짠맛 | 苦味 쓴맛 | 酸味 신맛, 산미 | 変化 변화 | ～につれて ～에 따라서, ～와 더불어 | 豊か 풍부함, 풍족함 | 抑制 억제 | 上昇 상승 | 増加 증가 | 減少 감소 | 弱まる 약해지다 | 性質 성질 | 左右 좌우 | 例を挙げる 예를 들다 | 温める 따뜻하게 하다 | 冷める 식다 | 気づく 알아차리다, 깨닫다 | 関連 관련 | 比較 비교

5番

会社で男の人と女の人が話しています。

F 今回の新商品の企画は中山さんの案にすることにしたんだって？

M うん、そうだよ。ⓐもしかしたら、新人だから可能だったかもしれない。おかげで僕が新しい挑戦をためらっていることも分かるようになったんだ。

F 確かにね。ⓑ最初は斬新だけれど実現可能性がないと思ったんだけど、今考えてみたら面白そうな気もする。あたしも今回、外国語を習ってみようと思ってるのよ。何か違う方向への発想の転換ができるんじゃないかと思ってね。

M 自己啓発ってことかな。偉いね。新入社員の教育も任されてて忙しいのに。

F 外国語の勉強には興味もあったし。ⓒ今のあたしって、甘っちょろく仕事をしていたんじゃないかなと反省もするようになったんだ。うちの会社は社内の雰囲気もいいし、業界の他社より実績もいいのは事実だけど、それに安住しすぎていたみたいで。

M 確かにここ数年、会社に大変なことはなかったねぇ。こうゆう時ほど気をつけるべきかもしれない。だんだん顧客のニーズが何なのか把握するのも難しいなぁ。ⓓそういえば、今回スペイン支社の赴任に関する募集をしていなかったっけ。考えてみようと思って。

F え？ そんな急に？

M 実は、去年からスペイン語を勉強していたんだ。別に目的があるわけじゃなかったし、まだ大して上手くもないんだけどね。ⓔやっぱり新しいことに挑戦する時が来たみたい。よおし！ これからもっと勉強しなきゃ。

二人は、何について話していますか。

회사에서 남자와 여자가 이야기하고 있습니다.

F 이번에 신상품 기획은 나카야마 씨의 안으로 하기로 했다며?

M 응, 맞아. ⓐ어쩌면 신입이라서 가능했을지도 몰라. 덕분에 내가 새로운 도전을 주저하고 있다는 것도 알게 되었지.

F 그러네. ⓑ처음에는 참신하지만 실현 가능성이 없는 것 같다고 생각했는데, 지금 생각해 보면 재미있을 것 같기도 해. 나도 이번에 외국어를 좀 배워 보려고 해. 뭔가 다른 방향으로의 발상의 전환이 가능하지 않을까 해서.

M 자기계발이라는 건가? 훌륭하네. 신입사원 교육도 맡고 있어서 바쁠 텐데.

F 외국어 공부에는 흥미도 있고. ⓒ지금의 나는 너무 안이하게 일을 하고 있지 않았나 하고 반성도 하게 되었지. 우리 회사는 사내 분위기도 좋고 업계의 다른 회사들보다 실적도 좋은 것은 사실이지만, 거기에 지나치게 안주하고 있었던 것 같아서.

M 확실히 요 몇 년간, 회사에 어려운 일은 없었지. 이런 때일수록 조심해야 할지도 몰라. 점점 고객의 요구가 무엇인지 파악하는 것도 어렵고. 그러고 보니, ⓓ이번에 스페인 지사 부임에 관한 모집을 하고 있지 않았나? 생각해 보려고.

F 응? 그렇게 갑자기?

M 사실, 작년부터 스페인어를 공부하고 있었어. 딱히 목적이 있는 건 아니었고, 아직 그다지 잘하지도 못하지만. ⓔ역시 새로운 것에 도전을 할 때가 온 것 같아. 좋아! 지금부터 더 공부해야지.

두 사람은 무엇에 대해서 이야기하고 있습니까?

1 新しい商品開発の必要性
2 新入社員の企画書からの影響
3 社内の雰囲気と売上との関係
4 海外勤務募集に応募した動機

1 새로운 상품 개발의 필요성
2 신입사원의 기획서의 영향
3 사내 분위기와 매출과의 관계
4 해외근무 모집에 응모한 동기

[풀이]

ⓐ 남자는 신입사원의 기획서를 계기로, 자신이 새로운 도전을 주저하고 있다는 것을 알게 되었다고 말하고 있다. ⓑ 여자도 신입사원의 기획서에서 깨달은 것이 있어서 외국어를 배우려고 하고 있고, ⓒ 안주하고 있었던 것을 반성하고 있다. ⓓ 남자는 스페인 지사 부임에 응모하려고 하는데, ⓔ 새로운 것에 도전할 때가 왔다고 말하고 있다. 따라서 정답은 선택지 2번이다. 해외근무에 아직 응모를 하지 않았기 때문에, 선택지 4번은 정답이 될 수 없다.

[단어]

新商品 신상품 | **企画** 기획 | **もしかしたら** 어쩌면 | **おかげで** 덕분에 | **挑戦** 도전 | **ためらう** 주저하다, 망설이다 | **斬新** 참신 | **発想** 발상 | **転換** 전환 | **自己啓発** 자기계발 | **偉い** 훌륭하다 | **教育** 교육 | **任す** 맡기다 | **甘っちょろい** 안이하다, 어설프다 | **反省** 반성 | **業界** 업계 | **実績** 실적 | **事実** 사실 | **安住** 안주 | **～すぎる** 지나치게 ~하다 | **数年** 수년, 여러 해 | **気をつける** 조심하다, 주의하다 | **～べきだ** ~해야 한다 | **顧客** 고객 | **把握** 파악 | **そういえば** 그러고 보니 | **支社** 지사 | **赴任** 부임 | **～に関する** ~에 관한 | **募集** 모집 | **別に** 특별히, 별로 | **大して** 그다지, 별로 | **上手い** 맛있다, 솜씨가 좋다 | **影響** 영향 | **売上** 매상, 매출 | **関係** 관계 | **勤務** 근무 | **応募** 응모 | **動機** 동기

問題 4

問題４では、問題用紙に何も印刷されていません。まず文を聞いてください。それから、それに対する返事を聞いて、１から３の中から、最もよいものを一つ選んでください。

では練習しましょう。

문제4에서는 문제 용지에 아무것도 인쇄되어 있지 않습니다. 먼저 문장을 들어 주세요. 그러고 나서 그것에 대한 대답을 듣고, 1부터 3 중에서 가장 알맞은 것을 하나 고르세요.

그럼 연습하겠습니다.

例

F 今更行ったところで間に合わないよ。

M 1 やっぱりそうだろう。仕方ないね。
2 いや、遅れて行くわけにはいかないだろう。
3 もうそろそろ帰ろうか。時間もぎりぎりだし。

F 이제 와서 가 봤자, 늦을 거야.

M 1 역시 그렇겠지. 어쩔 수 없네.
2 아니, 늦게 갈 수는 없지.
3 이제 슬슬 집에 갈까? 시간도 아슬아슬하네.

最もよいものは１番です。解答用紙の問題４の例のところを見てください。最もよいものは１番ですから、答えはこのように書きます。

では始めます。

가장 알맞은 것은 1번입니다. 해답 용지의 문제 4의 [예] 부분을 봐 주세요. 가장 알맞은 것은 1번이므로 답은 이렇게 씁니다.

그럼 시작하겠습니다.

1番

F 中山商事との契約の件で、田中部長にお渡しいただきたい書類があるのですが。

M 1 わかりました。お渡しいただきます。
2 では。後々、こちらからご連絡いたします。
3 かしこまりました。後ほど渡しておきます。

F 나카야마 상사와의 계약 건으로, 다나카 부장님에게 건네주셨으면 하는 서류가 있는데요.

M 1 알겠습니다. 건네 드리겠습니다.
2 그럼. 나중에 저희 쪽에서 다시 연락 드리겠습니다.
3 **알겠습니다. 나중에 건네 두겠습니다.**

[풀이] 다나카 부장님에게 서류를 건네 달라는 여자의 말에, 나중에 건네 두겠다고 답하는 선택지 3번이 정답이다.

[단어] 契約 계약 | 後ほど 조금 후에, 나중에

2番

F 診断結果は来週出ます。いつお越し願えますか。

M 1 来週また来ます。
2 では、水曜日に来ます。
3 あのう、今日の結果はどうですか。

F 진단 결과는 다음주에 나옵니다. 언제 오실 수 있나요?

M 1 다음주에 다시 오겠습니다.
2 **그럼, 수요일에 오겠습니다.**
3 저기, 오늘 결과는 어떤가요?

[풀이] 다음주에 나오는 진단 결과를 듣기 위해서 언제 오냐는 여자의 말에, 수요일에 오겠다고 대답하는 선택지 2번이 정답이다. 다음주에 다시 오겠다는 선택지 1번은 구체적인 날짜가 없기 때문에 정답이 될 수 없다.

[단어] 診断 진단 | お越し願う 와 주시다, 와 주시기를 청하다

3番

M 最近は、人間としてあるまじき行為に関するニュースが多いですね。

F 1 全くです。世の中本当に怖くなりましたね。
2 そうですね。人間としては当然すべきことですね。
3 それでも人間らしい面が一番重要ではないでしょうか。

M 요즘에는 인간으로서 해서는 안 되는 행위에 관한 뉴스가 많네요.

F 1 **정말이에요. 세상 참 무서워졌네요.**
2 맞아요. 인간으로서는 당연히 해야 하는 거죠.
3 그래도 인간다운 면이 가장 중요하지 않을까요?

[풀이] 요즘에는 반인간적인 뉴스가 만나는 남자의 말에, 동의하고 있는 선택지 1번이 정답이다.

[단어] ～として ～으로서 | あるまじき 있을 수 없는, 그래서는 안 될 | 行為 행위 | ～に関する ～에 관한 | 全く 완전히, 정말로 | 世の中 세상 | ～べき ～해야 할 | ～らしい ～답다, ～같다

4番

M 田中君、明日のマラソン大会に参加するんだって？今日はゆっくり休むに越したことはないね。	M 다나카 군, 내일 마라톤 대회에 참가한다며? 오늘은 푹 쉬는 게 제일 좋겠네.
F 1 はい。休まず頑張ってみます。 2 そういわれなくても早く寝ようと思っていました。 3 僕も明日の大会に参加すればよかったですね。	F 1 네. 쉬지 않고 열심히 해 볼게요. 2 그렇게 말하지 않아도 일찍 자려고 했어요. 3 저도 내일 대회에 참가할 걸 그랬네요.

[풀이] 내일 열리는 마라톤 대회에 참가를 위해서 푹 쉬는 것이 좋겠다는 여자의 말에, 그렇지 않아도 일찍 자려고 했다는 선택지 2번이 정답이다.

[단어] 参加 참가 | ～に越したことはない ～보다 좋은 것은 없다

5番

F 今回のプロジェクトは水に流されちゃったみたい。	F 이번 프로젝트는 없던 일이 되어 버린 것 같아.
M 1 あんなに頑張って準備したのに。 2 ここでは水を流してはいけません。 3 プロジェクトのことで、みんな、張り切ってますね。	M 1 그렇게 열심히 준비했는데. 2 이곳에서는 물을 흘려 보내면 안 돼요. 3 프로젝트 일로 모두 힘이 넘치네요.

[풀이] 프로젝트가 무산되었다는 여자의 말에, 아쉬워하는 선택지 1번이 정답이다.

[단어] 水に流す 없었던 일로 하다 | 張り切る 힘이 넘치다

6番

M 卒論がはかどらないよ。	M 졸업 논문이 순조롭지 않아.
F 1 もう書き終わったの？ すごいね。 2 そう？ 予想より早いね。 3 締め切りまでまだ余裕があるから頑張ろう。	F 1 벌써 다 썼어? 굉장하네. 2 그래? 예상보다 빠르네. 3 마감까지 아직 여유가 있으니까 힘내자.

[풀이] 졸업 논문이 순조롭지 않다는 남자의 말에, 마감까지 여유가 있으니까 힘내자는 선택지 3번이 정답이다.

[단어] 卒論 졸업 논문 | 予想 예상 | 締め切り 마감 | 余裕 여유

7番

F 今日の試合は普段の練習あっての勝利だね。	F 오늘의 시합은 평소의 연습이 아니고는 불가능한 승리네.
M 1 もっと練習したらよかったのに。 2 それって、まだ練習が足りないってこと？ 3 うん。一生懸命練習した甲斐があったね。	M 1 좀더 연습했으면 좋았을 것을. 2 그건, 아직 연습이 부족하다는 건가? 3 응. 열심히 연습한 보람이 있었네.

[풀이] 평소에 연습을 잘했기 때문에 오늘 시합에서 이길 수 있었다는 여자의 말에, 남자도 열심히 연습한 보람이 있었다고 말하고 있는 선택지 3번이 정답이다.

[단어] 普段 보통, 평소 | ～あっての ～가 있고 나서야, ～가 아니고는 불가능한 | 勝利 승리 | 足りない 부족하다 | 甲斐 보람

8番

M この絵、村上先生ならではの繊細さが際立ってるね。	M 이 그림, 무라카미 선생님만의 섬세함이 돋보이네.
F 1 そうですね。やっぱりさすがですね。 2 このくらいなら、先生に見せてもいいですね。 3 そうなんですか。じゃ、もう一度描き直します。	F 1 그러네요. 역시 대단하네요. 2 이 정도라면, 선생님에게 보여줘도 되겠네요. 3 그래요? 그럼, 다시 그릴게요.

[풀이] 선생님만의 섬세함이 돋보인다는 남자의 말에, 역시 대단하다고 답하고 있는 선택지 1번이 정답이다.

[단어] ～ならではの ～만의, ～가 아니고는 할 수 없는 | 繊細 섬세 | 際立つ 뛰어나다, 눈에 띄다 | 描く 그리다 | ～直す 다시 ～하다

9番

F 清水さん、割れた瓶を素手で片付けるのは危険極まりないんですよ。	F 시미즈 씨, 깨진 병을 맨 손으로 치우는 것은 너무 위험해요.
M 1 そこまで危険ではないんですか。 2 あ、危ないと思いました。 3 うっかりしてました。次からは注意します。	M 1 그 정도로 위험하지는 않는 건가요? 2 아, 위험할 거라고 생각했어요. 3 깜박했어요. 다음부터는 주의할게요.

[풀이] 깨진 병을 맨손으로 치우는 것은 너무 위험하다는 남자의 말에, 깜박해서 다음부터 주의하겠다는 선택지 3번이 정답이다.

[단어] 割れる 깨지다 | 瓶 병 | 素手 맨손 | 片付ける 치우다, 정돈하다 | 危険 위험 | ～極まりない ～하기 짝이 없다 | うっかり 깜박, 무심코

10番

F こちらがこの春の新商品です。よろしければお召しになってみてください。

M 1 すみません。後でお召しになりますか。

2 では、お願いします。

3 あ、お召しにならなくても結構です。

F 이쪽이 이번 봄 신상품입니다. 괜찮으시면 입어 보세요.

M 1 죄송합니다. 나중에 입어 보실래요?

2 그럼, 부탁드릴게요.

3 아, 입어 보시지 않아도 괜찮습니다.

[풀이] 괜찮으면 입어 보라는 여자의 말에, 입어 보겠다는 선택지 2번이 정답이다.

[단어] 新商品 신상품 | 召す 입으시다 | 結構 좋음, 이제 됐음

11番

F お客様、只今ご購入された製品の発送は、本日は難しいようですが、いかがいたしましょうか。

M 1 大丈夫です。今日もらっていいですから。

2 では、いつもらえますかね。

3 何とか受けてもらえませんか。

F 손님, 지금 구입하신 제품의 발송은 오늘은 어려울 것 같은데, 어떻게 할까요?

M 1 괜찮습니다. 오늘 받아도 되니까요.

2 그럼, 언제 받을 수 있나요?

3 어떻게든 받아줄 수 없나요?

[풀이] 지금 구입한 제품의 발송이 오늘은 어렵다는 점원의 말에, 언제 받을 수 있냐고 물어보는 선택지 2번이 정답이다.

[단어] 只今 지금, 방금 | 購入 구입 | 製品 제품 | 発送 발송

問題 5

問題 5 では、長めの話を聞きます。この問題には練習はありません。問題用紙にメモをとってもかまいません。

1番

問題用紙に何も印刷されていません。まず話を聞いてください。それから、質問とせんたくしを聞いて、 1から 4の中から、最もよいものを一つ選んでください。

では始めます。

문제5에서는 긴 이야기를 듣습니다. 이 문제에는 연습은 없습니다. 문제 용지에 메모를 해도 상관없습니다.

1번

문제 용지에 아무것도 인쇄되어 있지 않습니다. 먼저 이야기를 들으세요. 그러고 나서, 질문과 선택지를 듣고 1에서 4 중에서 가장 알맞은 것을 하나 고르세요.

그럼 시작하겠습니다.

会社で部長と社員二人が話しています。

F1 明日からは若手社員向けの研修が始まりますね。新入社員研修も経験したことがあるだろうから、今回も頑張ってくれると信じていますよ。

M はい。そのときは、ビジネスマナーやコミュニケーションに関して大変勉強になりました。ⓐ今回は異文化理解に関する内容やメンタリングプログラムが楽しみです。

F2 個人的に申し込んで参加した研修で、チームとしての協業研修を受けてみましたが、実際の業務とは少し異なって残念な点がありました。でも、今回の研修では、うちの会社出身のシニアメンターの方々と交流する時間があると聞きました。顧客や取引先との良好な関係を築くのに大いに役立つと思います。

F1 そうですね。実戦でのコミュニケーションというのは、教育と実習だけでは物足りないのが事実ですから。中堅社員級の研修では、チームビルディングとかリーダーシップに関する教育もあります。

M 機会があれば、ビジネス文書作成能力の向上やクレーム対応に関する研修にも参加したいと思います。

F1 今後とも、皆さんの成長を支援する様々な研修が用意されています。あ、今回の研修では他の支社からも参加者がいます。研修の冒頭では自己紹介する時間が十分ありますし、チーム対抗のゲームなどもありますから、研修期間中には困るようなことはないでしょう。

F2 はい、分かりました。今回の研修を通じてより良く成長した姿をお見せします。

M 後輩たちの模範になれるように頑張ります。

F1 皆さんがどんな社員になるか、どんなリーダーに成長していくのか楽しみですね。

今回の研修では、どんな教育をしますか。

회사에서 부장과 사원 두 명이 이야기하고 있습니다.

F1 내일부터는 젊은 사원들 대상의 연수가 시작되겠군요. 신입사원 연수도 경험한 적이 있을 테니, 이번에도 열심히 해 줄 거라고 믿고 있어요.

M 네. 그때는 비즈니스 매너나 커뮤니케이션에 관해서 많은 공부가 되었습니다. ⓐ이번에는 이문화 이해에 관한 내용이나 멘토링 프로그램이 기대됩니다.

F2 개인적으로 신청하고 참가했던 연수에서 팀으로서의 협업 연수를 받아보았지만, 실제 업무와는 조금 달라서 아쉬운 점이 있었습니다. 하지만 이번 연수에서는 저희 회사 출신의 시니어 멘토분들과 교류하는 시간이 있다고 들었습니다. 고객이나 거래처와의 좋은 관계를 만드는 데 도움이 많이 될 것 같습니다.

F1 맞아요. 실전에서의 커뮤니케이션이라는 것은 교육과 실습만으로는 어딘가 부족한 것이 사실이니까요. 중견사원급의 연수에서는 팀 빌딩이나 리더십에 관한 교육도 있습니다.

M 기회가 있다면, 비즈니스 문서 작성 능력의 향상이나 클레임 대응에 관한 연수에도 참가하고 싶습니다.

F1 앞으로도 여러분들의 성장을 지원할 다양한 연수가 준비되어 있습니다. 아, 이번 연수에서는 다른 지사에서도 참가자가 있습니다. 연수 서두에서는 자기 소개하는 시간이 충분히 있고, 팀 대항 게임 등도 있어서 연수기간 중에는 곤란할 일은 없을 것 같네요.

F2 네, 알겠습니다. 이번 연수를 통해서 더 좋게 성장한 모습을 보여드리겠습니다.

M 후배들의 모범이 될 수 있도록 열심히 하겠습니다.

F1 여러분이 어떤 사원이 될지, 어떤 리더로 성장해 갈지 기대되네요.

이번 연수에서는 어떤 교육을 합니까?

1 ビジネスマナーとコミュニケーション教育
2 異文化理解とメンタリングプログラム教育
3 チームビルディングと協同に関する教育
4 ビジネス文書作成能力向上のための教育

1 비즈니스 매너와 커뮤니케이션 교육
2 이문화 이해와 멘토링 프로그램 교육
3 팀 빌딩과 협동에 관한 교육
4 비즈니스 문서 작성 능력 향상을 위한 교육

[풀이]

ⓐ 이번 연수에서는 이문화 이해와 멘토링 프로그램이 기대된다고 말하고 있다. 따라서 정답은 선택지 2번이다.

[단어]

若手 젊은이, 젊은 사람 | ～向け ～용, ～대상 | 研修 연수 | 頑張る 분발하다, 열심히 하다 | 信じる 믿다 | ～に関して ～에 관해서 | 異文化 이문화 | 理解 이해 | 個人 개인 | 申し込む 신청하다 | 参加 참가 | ～として ～으로서 | 協業 협업 | 業務 업무 | 異なる 다르다 | 交流 교류 | 顧客 고객 | 取引先 거래처 | 良好 양호 | 築く 쌓다 | 大いに 크게, 대단히 | 役立つ 도움이 되다 | 実戦 실전 | 教育 교육 | 実習 실습 | 物足りない 어딘가 부족하다 | 事実 사실 | 中堅 중견 | 機会 기회 | 文書 문서 | 作成 작성 | 能力 능력 | 向上 향상 | 対応 대응 | 支援 지원 | 用意 용의, 준비 | 支社 지사 | 冒頭 서두, 첫머리 | 対抗 대항 | 困る 곤란하다 | ～を通じて ～를 통해서 | 姿 모습, 모양 | 後輩 후배 | 模範 모범

2番

まず話を聞いてください。それから、二つの質問を聞いて、それぞれ問題用紙の 1 から 4 の中から、最もよいものを一つ選んでください。

では始めます。

먼저, 이야기를 들어 주세요. 그러고 나서, 두 개의 질문을 듣고 각각 문제 용지의 1에서 4 중에서 가장 알맞은 것을 하나 고르세요.

그럼 시작합니다.

農業体験教室の説明会で農家が話しています。その後、夫婦が話しています。

M1 私は、五年前から小学生、中学生のための農業教室を運営しています。私たちの農業教室で栽培できる救荒作物は四つです。まず、フランス語で「大地のリンゴ」と呼ばれるジャガイモです。ジャガイモは、全国的に栽培されていますが、栽培地域の六割、生産量の八割は北海道です。次は、1,600年頃海外から沖縄に入ってきたサツマイモです。熱帯性植物なので日本ではなかなか見かけませんが、もともとはアサガオのような花が咲くそうです。稲科のトウモロコシは世界三大作物の一つで、日本には16世紀に伝来して全国に広まったそうです。

농업 체험 교실 설명회에서 농부가 이야기하고 있습니다. 그 후 부부가 이야기하고 있습니다.

M1 저는 5년 전부터 초등학생, 중학생을 위한 농업교실을 운영하고 있습니다. 저희 농업교실에서 재배할 수 있는 구황작물은 네 개입니다. 먼저, 프랑스어로 '대지의 사과'로 불리는 감자입니다. 감자는 전국적으로 재배되고 있지만, 재배지역의 6할, 생산량의 8할은 홋카이도입니다. 다음은 1,600년경에 해외에서 오키나와로 들어온 고구마입니다. 열대성 식물이라 일본에서는 좀처럼 볼 수 없지만, 원래는 나팔꽃 같은 꽃이 핀다고 합니다. 볏과의 옥수수는 세계 3대 작물 중 하나로, 일본에는 16세기에 전래되어서 전국으로 퍼졌다고 합니다.

地方ごとにいろいろな呼び方がありますが、山形県ではトウキビ、山梨県や長野県ではモロコシなど、なんと40の方言で呼ばれているのが興味深いです。最後のニンジンは、大きく東洋ニンジンと西洋ニンジンに分けられます。東洋ニンジンは細長く、西洋ニンジンは太く短いのが特徴です。ニンジンはクセのある香りがあり、加熱すると甘みが出ます。

지방마다 다양하게 부르는 호칭이 있는데, 야마가타현에서는 토우키비, 야마나시현이나 나가노현에서는 모로코시 등, 무려 40개의 사투리로 불리고 있는 점이 흥미롭습니다. 마지막 당근은 크게 동양 당근과 서양 당근으로 나눌 수 있습니다. 동양 당근은 가늘고 길고, 서양 당근은 굵고 짧다는 것이 특징입니다. 당근은 중독성 있는 향기가 있고, 가열하면 단맛이 납니다.

F 本当に久しぶりだね、この感じ。うちの実家、前は農家だったじゃんね。その時、サツマイモとジャガイモをたくさん植えたんだ。

M2 えっ？そうだったの？ 全然知らなかった。ヒナちゃんも一緒だから、ちょっと簡単なものにしたらいいと思うんだけど。どう？

F 私たちと一緒だから大丈夫だと思うよ。この機会にヒナちゃんにニンジンを食べさせたいとも思ってるんだけどね。ⓐでもこれ、花が咲くのは知らなかった。花が咲くのを見るのは大変だと言ってるけど、私たち一度挑戦してみない？

M2 それもいいね。ⓑ僕は、これがこんなに方言が多いとは思わなかった。子供の頃、夏休みに田舎に行ったら、おばあちゃんがよく蒸してくれたんだ。懐かしいなぁ。あの時の思い出の味がするかな。ヒナちゃんにもこの思い出の味を教えてあげたいんだけどね。

F ふふ。そう、それもいい思い出だよね。じゃあ、帰ってヒナちゃんに聞いて決めよう。

F 정말 오랜만이네, 이런 느낌. 우리 본가, 예전에는 농가였잖아. 그때, 고구마랑 감자 많이 심었어.

M2 응? 그랬어? 전혀 몰랐네. 히나도 함께 하니까, 좀 쉬운 걸로 하면 좋을 것 같은데. 어때?

F 우리와 함께 하니까 괜찮을 거야. 이번 기회에 히나에게 당근을 먹이고 싶기도 한데. ⓐ근데 이게, 꽃이 피는 줄은 몰랐네. 꽃이 피는 것 보기는 힘들다고 하지만, 우리 한번 도전해 볼까?

M2 그것도 괜찮네. ⓑ나는 이게 이렇게 사투리가 많은 줄은 몰랐어. 어렸을 때 여름방학에 시골에 가면, 할머니가 자주 쪄 주었어. 그립네. 그때의 추억의 맛이 나려나. 히나에게도 이 추억의 맛을 알려주고 싶은데.

F 후후. 맞아, 그것도 좋은 추억이지. 그럼, 돌아가서 히나짱에게 물어보고 결정하도록 하자.

質問1） 女の人は、どの作物を栽培したいと言っていますか。

1 ジャガイモ

2 サツマイモ

3 トウモロコシ

4 ニンジン

질문 1) 여자는 어느 작물을 재배하고 싶다고 말하고 있습니까?

1 감자

2 고구마

3 옥수수

4 당근

質問2） 男の人は、どの作物を栽培したいと言っていますか。

1 ジャガイモ

2 サツマイモ

3 トウモロコシ

4 ニンジン

질문 2) 남자는 어느 작물을 재배하고 싶다고 말하고 있습니까?

1 감자

2 고구마

3 옥수수

4 당근

[풀이]

질문1) ⓐ 여자는 꽃이 피는 작물을 도전해 보고 싶다고 말하고 있다. 따라서 정답은 선택지 2번이다.

질문2) ⓑ 남자는 사투리가 많은 작물에 추억을 가지고 있고, 이 추억을 자녀에게도 알려주고 싶다고 말하고 있다. 따라서 정답은 선택지 3번이다.

[단어]

農業 농업 | 体験 체험 | 説明会 설명회 | 夫婦 부부 | 運営 운영 | 栽培 재배 | 救荒作物 구황작물 | 大地 대지 | 生産量 생산량 | 熱帯性 열대성 | 植物 식물 | 見かける 가끔 보다 | アサガオ 나팔꽃 | 咲く 피다 | 稲 벼 | 世紀 세기 | 伝来 전래 | 広まる 넓어지다, 널리 퍼지다 | ～ごとに ～마다 | 方言 방언, 사투리 | 興味深い 매우 흥미롭다 | 東洋 동양 | 西洋 서양 | 細長い 가늘고 길다, 홀쭉하다 | 特徴 특징 | 香り 향기 | 加熱 가열 | 甘み 단맛 | 実家 본가, 친정 | 植える 심다 | 挑戦 도전 | 田舎 시골, 고향 | 蒸す 찌다, 무덥다 | 懐かしい 그립다 | 思い出 추억

Memo

Memo

Memo

Memo

Memo

일본어능력시험

일단 합격 JLPT

N1 완벽 대비

기본서 + 모의고사 + 단어장